CRIMINAL INVESTIGATION

제3판

범죄수사
실무론

유재두 | 박원배 | 김도우 | 박동수 공저

박영사

머리말

　너무도 부족했던 「범죄수사실무론」 초판에 비해 과분한 애정을 보내주신 많은 분들께 감사의 말씀을 올린다. 지난 2년 동안 수많은 법령의 제정과 개정이 있었음에도 바로 수정하지 못해 죄스러운 말씀 또한 올린다.

　개정판은 초판의 기본적 틀을 유지하되 새로운 법령 등에 대해 다음의 내용을 중점적으로 다루었다.

　첫째, 대학 전공뿐만 아니라 경찰 특채 시험에도 대비가 될 수 있도록 하였다.

　둘째, 가급적 표로 정리하여 읽기 편하도록 하였다.

　그러나 아직도 고칠 부분이 너무도 많다. 특히, 성폭력범죄의 처벌에 관한 특례법 등 특별법과 일반인들에게는 피부로 와 닿지 않는 개별법, 최근 논란이 있는 금융 범죄 등 앞으로도 관련 내용을 계속 보완할 것을 약속드린다.

2020년 8월

공저자

목 차

제1편 수사총론

제1장 수사의 개념 ··· 3

　제 1 절　수사의 개관 ··· 3
　제 2 절　범죄수사의 원리 ··· 7
　제 3 절　수사조직 ·· 18

제2장 수사의 과정 ·· 27

　제 1 절　수사 단계 ··· 27
　제 2 절　수사의 개시 ··· 34
　제 3 절　임의수사 ··· 54
　제 4 절　강제수사 ··· 61

제3장 수사 지휘 ··· 122

　제 1 절　수사 지휘 ·· 122
　제 2 절　수사와 언론 ·· 132
　제 3 절　범죄피해자 보호 ·· 134

제4장 수사의 실행 ··· 147

　제 1 절　초동 수사 ·· 149
　제 2 절　현장관찰 ·· 157
　제 3 절　기초수사 ·· 158
　제 4 절　탐문수사 ·· 159
　제 5 절　감별 수사 ·· 161

제 6 절 수법수사 ··· 164

제 7 절 유류품 수사 ··· 168

제 8 절 장물수사 ··· 170

제 9 절 알리바이 수사 ··· 171

제10절 미행·잠복감시 ··· 173

제11절 체포 요령 ··· 177

제12절 공조수사 ··· 179

제5장 조사 및 서류 작성 ······································· 181

제 1 절 조사 요령 ··· 186

제 2 절 수사서류 작성 요령 ····································· 193

제6장 과학수사 ·· 215

제 1 절 과학수사의 의의 ··· 215

제 2 절 현장감식·사진촬영 ····································· 223

제 3 절 사체현상 ··· 226

제 4 절 지문감식 ··· 237

제 5 절 족흔적 감식 ··· 259

제 6 절 법의 혈청학 ··· 262

제 7 절 유전자 감식 ··· 266

제 8 절 거짓말 탐지기 수사 ····································· 271

제 9 절 화학적 감정 ··· 273

제10절 의약품(약독물) 감정 ····································· 275

제11절 마약류 감정 ··· 279

제12절 법물리학 ··· 281

제13절 기타감정 ··· 282

제14절 증거물 채취 요령 ··· 287

제15절 법의 곤충학 ··· 291

제7장	수사행정	293
	제 1 절 피의자 유치	293
	제 2 절 호 송	302
	제 3 절 우범자 첩보 수집활동	306
	제 4 절 범죄통계	309
	제 5 절 수배와 공조	310
	제 6 절 조회제도	321

제2편 수사각론

제1장	대인범죄수사	335
	제 1 절 강력범죄 수사	335
	제 2 절 살인사건 수사	336
	제 3 절 강도사건 수사	340
	제 4 절 화재 사건 수사	342
	제 5 절 성폭력범사건 수사	346
	제 6 절 약취·유인 사건 수사	372
제2장	폭력사건 수사	399
	제 1 절 폭력범죄 수사	399
	제 2 절 전화·문서 협박수사	426
제3장	지능범죄 사건 수사	428
	제 1 절 지능범죄 사건 일반론	428

제 2 절 사기사건 수사 ·· 429
제 3 절 횡령사건 수사 ·· 430
제 4 절 배임 사건 수사 ··· 431
제 5 절 위조·변조 사건 수사 ·································· 432
제 6 절 수표·어음 사건 수사 ·································· 436
제 7 절 유령회사 관련 수사 ···································· 440
제 8 절 공무원 및 화이트칼라 범죄수사 ··············· 440

제4장 **절도사건 수사** ··· 443

제 1 절 일반절도사건 수사 ···································· 443
제 2 절 치기사범 수사 ·· 446

제5장 **마약류 사건 수사** ···································· 449

제 1 절 수사의 개관 ··· 449

제6장 **풍속범죄 사건 수사** ································· 460

제 1 절 도박 사건 수사 ··· 460
제 2 절 풍속영업사범수사 ····································· 462

제7장 **특별사범 수사** ··· 467

제 1 절 사이버범죄 수사 ······································· 467
제 2 절 신용카드범죄 수사 ···································· 470
제 3 절 지적재산권침해사범 수사 ························· 472
제 4 절 생활경제사범 수사 ···································· 476
제 5 절 환경범죄 수사 ·· 478
제 6 절 기타 사건 특칙 ··· 487

찾아보기 ··· 509

제 **1** 편

수사총론

제1장 수사의 개념

경 찰 수 사 실 무 론

제1절 수사의 개관

1. 수사의 의의

수사란 수사기관이 형사사건에 대해 범죄의 혐의가 있다고 사료되는 경우 범죄 혐의의 유무를 밝혀 공소제기 여부 결정 및 공소유지를 위한 준비로서 범인을 발견·확보하고 증거를 수집·보전하는 수사기관의 활동을 의미한다(백형구, 1996)[1].

수사에 해당하는 것	수사에 해당하지 않는 것
① 수사기관의 활동이며, 형사 사건 ② 범죄의 주관적 혐의가 있는 때 개시 ③ 범죄의 진압을 목적 ④ 피고인 조사, 참고인 조사, 임의 제출물 압수, 양형·소송 조건 수사, 피의자 유리한 사항 조사	① 사인의 현행범인 체포 ② 법원의 강제처분(소환·제출명령·피고인 구속) ③ 검사의 증인신문·피고인신문 등 당사자로서의 활동(피고인 조사는 수사임) ④ 수사개시 이전의 활동인 불심검문·변사자 검시·내사

(1) 형식적 의의의 수사와 실질적 의의의 수사

수사에 대한 형식적 의의는 형사소송법, 기타 절차법에서 법률상 권리의무관계로 규정된 범죄수사로서 주로 수사의 수단 및 방법과 관련된 내용이며, 실질적 의의는 수사를 통해 문제된 사건의 범죄 여부 및 범인과 범행 동기 등 수사의 사실상의 활동으로 범행의 수단 및 방법과 관련된 수사를 의미한다(임준태. 2007).

---

1) 수사의 개념에 대해 접근 방법에 따라 다양한 견해가 있다. 차용석(1986)은 공소를 제기·유지하기 위한 준비로서 범죄 사실을 조사하고 사료하여 범인과 증거를 발견 및 수집하는 수사기관의 활동으로, 임창호(2004), 성광호(1997)는 수사란 범죄발생 위험요소에 대한 범죄정보를 수집하고, 범죄혐의 유무를 결정하기 위한 내사활동을 포함하여, 범죄발생 후 범인을 발견·검거하고, 증거를 수집·보전하는 수사기관의 활동이라고 정의하고 있다. 임준태(2007)는 범죄수사란 수사기관이 범죄에 관한 증거를 수집하여, 범인을 발견하는 일련의 절차라고 정의하고 있다.

구분	형식적 의의 수사	실질적 의의 수사
내용	1. 수사를 하는 과정에서 어떤 수단과 방법을 택할 것인가 하는 절차적 측면에서의 수사 2. 합법성 요구 3. 형사소송법의 절차적 이념인 인권보장과 공공복리의 조화 추구 4. 미란다 판결	1. 목적 또는 내용에 관한 실체적 측면의 수사 　• 범인은 누구인가? 　• 범행의 동기는 무엇인가? 　• 범행의 수단과 방법은 무엇인가? 　• 수사에 대하여 무엇을 명백히 할 것인가? 2. 합리성 요구 3. 형사소송법의 실질적 이념인 실체적 진실발견 추구
	수사의 수단 및 방법과 관련된 수사	범행의 수단 및 방법과 관련된 수사

2. 수사의 대상

수사 대상은 '범죄수사로서 무엇을 탐색하고 명확하게 할 것인가' 하는 사실적 내용과 법률적 내용으로 분류된다.[2]

(1) 수사의 사실적 내용

수사의 사실적 내용은 사실적 측면이라고도 한다. 범죄가 발생하거나 또는 범죄혐의가 있는 경우 수사는 무엇보다 '그 사건의 범인이 누구인가?', '그 범인은 어떤 행위를 하였는가?' 하는 사실적 실체면을 명확하게 해야 한다. 따라서 범죄 성립 여부 등 법률적 실체면을 명확하게 하기 위해서는 그런 평가의 소재가 되는 행위사실을 명확하게 할 필요가 있다. 수사의 사실적 실체면은 법률적 평가에 앞서서 구체적인 행위를 명확하게 하는 활동이다. 수사의 사실적 내용에는 수사요소의 충족, 행위의 필연성, 사건의 형태성이 구성요소이다.

① 수사요소의 충족

일반적으로 행위자에 대해 기본적으로 6하 원칙아래 명확한 행위 여부를 결정하는 것이며 필요시 공범과 객체를 추가하여 8하 원칙을 활용하기도 한다.

〈수사요소의 충족〉

4하 원칙				6하 원칙		8하 원칙	
누가	언제	어디서	무엇을	어떻게	왜	누구와	누구를
주체	일시	장소	결과	수단	동기	공범	객체

---

2) 실제 수사 활동에서는 항상 동시적으로 상호 불가분의 관계에서 진행된다.

② 행위의 필연성(必然性)

범행은 현실적인 이유와 원인이 반드시 있으며, 그렇게 되지 않으면 안 되는 필연적인 조건을 필요로 한다. 따라서 수사에 있어서 수사요소를 명확히 하기 위해서는 범인이 범행을 하게 된 이유는 무엇인지, 왜 그 시간과 장소를 선택하였고, 그 시간과 장소에서의 행동이 어떤 점에 영향을 주었는지 범행의 이유와 경과 또는 조건 등을 포괄하여 그 행위의 필연성을 파악해야 한다. 예를 들어, 담당경찰관이 살인사건에 대해 범인이 왜 그 시간을 택했는지, 그 시간이 범행에 어떤 점에 영향을 주었는지를 조사하여 범죄일시를 명확히 하고자 하는 것을 말한다.

③ 사건의 형태성(形態性)

수사자료를 질서 있게 전체적으로 집약하여 사건의 전모를 밝히는 것을 사건의 형태성이라고 한다. 예를 들어, 사건 담당 경찰관이 살인사건의 실체적 진실을 발견하기 위하여 직원들이 수집해 온 자료를 보고 사건의 전모를 파악하고자 한다. 형사과장이 파악하려는 것이 사건의 형태성인 것이다.

(2) 수사의 법률적 내용

수사의 사실적 내용을 통해 밝혀진 범인과 범죄사실에 대해 범죄가 성립하는지 여부 및 어떤 범죄가 되는 가를 법률적으로 평가하는 것을 말한다. 범죄행위의 전모가 명확하게 됨으로써 비로소 법률적 평가가 시작된다는 시간적인 순서가 있는 것은 아니고, 수사 개시에 있어서도 반드시 법률적으로 범죄성립의 평가를 받아야만 하는 것도 아니다.

3. 수사의 조건

수사는 임의수사·강제수사를 불문하고 인권 제한적 처분을 의미하므로, 수사를 받는 피의자에 대한 인권보장의 필요가 대두된다. 이에 수사에 대한 제한의 법리로서 등장한 것이 수사 조건론이다. 수사개시 조건이란 수사절차의 개시와 진행 및 유지에 필요한 조건을 수사 개시의 조건이라 할 수 있는데 이는 수사의 필요성과 상당성을 내용으로 한다.

(1) 수사의 필요성

① 개념

수사는 수사목적을 달성함에 필요한 경우에 한해서 허용된다. 즉 임의수사의 경우는 '수사에 필요한 때' 강제수사의 경우는 '체포·구속·압수·수색·검증의 필요성'이 인정되어야 한다.

② 임의수사와 강제수사

임의수사의 경우는 피의자신문, 참고인 조사, 감정·통역·번역의 위촉 등 '수사에 필요한 때'에 한해 허용된다. 강제수사의 경우는 「형사소송법」에 특별한 규정이 없으면 하지 못하며(제199조 제1항 단서), '체포·구속·압수·수색·검증의 필요성'이 인정되어야 한다.

③ 일반적 소송조건

소송조건의 결여로 인하여 공소제기의 가능성이 없는 때에는 수사의 필요성도 부인된다고 보아야 하며, 친고죄나 반의사불벌죄: 고소나 처벌희망의사 표시가 없더라도 가능성이 있는 경우 원칙적으로 수사는 가능하다고 보는 것이 통설이다(단, 판례는 제한적 허용설 입장을 취하고 있다).

(2) 수사의 상당성

① 수사의 신의칙(信義則): 수사방법이 사회적으로 용인될 수 있는 적정한 것이어야 한다는 원칙을 말한다. 따라서 범죄를 유발하는 함정수사는 국가가 사술에 의해 국민을 함정에 빠뜨리기 때문에 수사의 신의칙에 반하므로 용인되지 않는다고 해야 한다.[3]

② 수사비례(搜査比例)의 원칙: 경미한 범죄에 대한 수사권의 발동을 제한하는 원리를 의미하는데, 강제처분은 그 목적을 달성하기 위한 최소한도에 그쳐야 한다는 원칙을 말한다. 형사소송법은 강제수사에 관하여 강제처분은 법률에 특별한 규정이 있는 경우에 한하며, 필요·최소한도의 범위 안에서만 하여야 한다는 비례성원칙을 규정하고 있다(제199조 제1항 단서).

(3) 수사 개시의 조건

수사기관의 주관적 혐의로 범죄수사는 개시되는데 이 경우 구체적인 사실에 근거하여 주위의 사정을 합리적으로 판단하여 범죄의 혐의유무를 결정해야한다. 수사기관의 객관적 혐의는 피의자 체포·구속의 조건이다.

(4) 소송조건과 수사

수사는 공판절차를 위한 준비절차이므로 공소제기의 가능성이 있어야만 수사가 허용된다. 따라서 소송조건의 결여로 인하여 공소제기의 가능성이 없는 때에는 수사는 허용되지 않는다.

---

3) 수사의 신의칙은 함정수사와 관련이 있다. 함정수사라 함은 수사기관이 범죄를 교사한 후 그 실행을 기다려 범인을 체포하는 수사방법을 말한다. 함정수사는 범의 유발형과 기회제공형으로 구분한다. 범의 유발형은 범의 없는 자에게 범죄를 유발한 경우, 기회제공형은 이미 범의를 가지고 있는 자에 대하여 범죄에 나갈 기회를 제공한 경우를 의미한다. 판례는 함정수사에 대해 '본래 범의를 가지지 아니한 자에 대하여 수사기관이 사술이나 계략 등을 써서 범죄를 유발케 하여 범죄인을 검거하는 수사방법을 말하는 것이므로, 범의를 가진 자에 대하여 범행의 기회를 주거나 범행을 용이하게 한 것에 불과한 경우에는 함정수사라고 할 수 없다(대판 2004. 5. 14. 2004도1066)'는 입장을 보이고 있다.

친고죄에 있어서 고소가 없는 경우, 즉 고발사건에서 고발이 없는 경우 경우에 수사가 가능한가의 문제이다.

① 전면적 허용설

친고죄에 관하여 고소가 없는 경우에도 임의수사는 물론 강제수사도 허용된다는 견해로서 친고죄의 고소는 공소제기의 조건, 즉 소송조건에 불과하고 수사의 조건은 아니라는 점을 논거로 내세우고 있다.

② 전면적 부정설

친고죄에 관해서 고소가 없으면 강제수사는 물론 임의수사도 허용되지 아니한다는 견해로서 친고죄의 경우 고소가 없으면 공소권이 발생하지 아니하므로 그 준비를 위한 수사권도 발생하지 아니 한다는 견해이다.

③ 제한적 허용설(다수설·판례)

고소가 없는 경우에도 수사는 허용되지만 고소의 가능성이 없는 때에는 수사가 허용되지 않거나 제한되어야 한다는 견해이다. 고소의 가능성이 없는 경우란 고소기간의 경과, 고소권자가 고소를 하지 않을 것을 명백히 한 경우이다.

제2절 범죄수사의 원리

1. 범죄수사의 가능성

(1) 범죄의 흔적

모든 범죄행위는 그 과정에서 범죄의 흔적(범적)을 남긴다. 수사에 있어서도 완전수사가 없는 것과 같이, 완전히 범적을 남기지 않는 '완전 범죄란 있을 수 없다.' 따라서 모든 범죄사건은 수사를 통해 해결될 수 있다.

(2) 범죄와 범적의 관계

범죄수사는 범적을 통해 범죄 사건의 전부 또는 일부를 추리하고 그 추리에 대한 사실확인의 과정으로 추진되는 것이며, 이런 범적은 범죄행위의 결과로서 범죄행위와 범적 양자는 인과관계 속에 결부된다. 범죄의 결과물인 범적을 통하여 범죄를 본다는 것은 결과를 살펴서 원인인 범죄를 탐색하는 것이다.

(3) 범죄 수사 가능성의 3대 근원

범죄 수사가 가능한 이유는 첫 번째, 범죄는 인간의 행동이기 때문이다. 사람의 생물학적·심리학적 특징에 의한 흔적(예: 지문, 혈액, 수법, 동기, 언어, 인상, 습관 등)을 남기기 때문이다. 두 번째, 범죄는 사회적 행동이기 때문이다. 사회적 법칙에 따른 흔적(예: 도구입수, 목격자, 소문 등)을 남기기 때문이다. 세 번째, 범죄는 물건 기타 자연현상을 수반하는 행동이기 때문이다. 범죄는 자연현상 속에서 발생하는 것이며, 필연적으로 자연과학적 법칙에 따른 흔적(예: 현장 변화, 물건 이동 등)을 남기기 때문이다.

2. 범죄징표

(1) 개념

범죄에 수반하여 나타나는 내적·외적 현상을 범죄징표라 한다. 그 중 범죄의 외적 징표를 범적(범죄의 흔적)이라고 한다. 수사의 대상이 되는 범죄징표는 수사자료로 될 수 있는 것이어야 하며, 수사수단에 의해서 수집되는 것이어야 한다.

(2) 기능

범죄징표는 범인 및 범죄사실의 발견을 위한 수사자료로서의 기능을 하며, 주로 범인, 범행시간, 범행장소, 물건 등 수사 요소를 확정하는데 이용된다. 따라서 범죄 징표의 형태에 따라 수사방식의 형태가 결정되고, 구체적인 수사방침의 수립을 용이하게 하는데 이용된다.

(3) 형태

범죄 징표의 형태는 범인의 생물학적 특징에 의한 징표, 범인의 심리학적 특징에 의한 징표, 범인의 사회적 제반법칙에 의한 징표, 자연현상에 의한 징표, 문서에 의한 징표로 구분된다. 범죄징표는 구별표준에 따라 유형적 징표와 무형적 징표(예: 심리적, 사회적인 특징) 또는 직접적 징표와 간접적 징표(예: 사람의 기억을 진술에 의해 간접적으로 듣는 것)로 구분하기도 한다(경찰공제회, 2014).

범인의 생물학적 특징에 의한 징표	인상, 지문, 혈액형, 기타의 신체 특징		
범인의 심리학적 특징에 의한 징표	보통심리	범행동기	원한, 치정, 미신, 이욕, 이상심리
		범행결의	불안, 초조, 심리적 갈등, 흉기·도구의 준비, 현장 사전답사[4], 알리바이 공작
		범행 중	목적 달성에 용이한 방법, 숙지·숙달된 기술 선호
		범행 후	특수한 꿈·잠꼬대, 피해자에 대한 위로, 친지 등에게 고백, 자살, 도주, 증거인멸, 변명준비
	이상 심리		심리과정에 합리적인 일관성이 결여
범인의 사회적 제반법칙에 의한 징표	성명, 가족, 주거, 경력, 직업[5], 목격자(사회적 지문), 사회적 파문(소문, 풍설, 언론 보도 등)[6]		

자연현상에 의한 징표	물건의 이동(移動: 도범수사, 장물수사), 물건의 특정(범죄사실의 확정), 자연현상(일시의 확정7) 등)8)
문서에 의한 범죄징표	문자의 감정, 사용잉크의 감정, 지질의 감정

3. 수사선

(1) 개념

범죄현장에서 구체적으로 수집된 지문 등 범죄흔적을 기초로 범인 및 범죄사실을 추리하는 선을 의미한다.

(2) 종류

개인의 특징에 관한 수사선	① 범죄는 인간의 행동이다. ② 신체적 특징에 의한 개인 식별: 인상, 지문, 혈액형, 연령, 성별 ③ 성격 또는 습성의 특징에 의한 개인의 식별: 습관, 동기, 언어, 성격, 가정환경, 범행 후 행동
사회관계에 관한 수사선	① 범죄는 인간의 사회적 행동이다. ② 범인의 사회적 환경: 성명, 주거, 배회처, 직업, 비행경력, 가족관계, 교유관계 ③ 범죄의 사회적 파문: 사회적 배경, 풍설, 인심 동향, 소문
자연과학에 관한 수사선	① 범죄는 물건 기타 자연현상을 수반한다. ② 물건의 이동, 물건의 특징, 문서, 자연현상, 현장관찰

4. 범죄징표와 수사선의 비교

	범 죄 징 표	수 사 선
개념	어떠한 범행이 그러한 범적을 낳게 하는가라는 결과를 캐는 범행에서 징표로의 이론적 지식 체계이다.	범적을 보고 그러한 범적은 어떠한 범행에서 비롯된 것일까 하는 원인을 캐는 징표에서 범죄로의 추리의 체계이다.
특징	(1) 합리적 지식에 기초한 이론면이다. (2) 수사수단(수사상 자료의 입수방법)을	(1) 구체적으로 수집된 범적을 기초로 범죄징표 이론을 응용하여 범인 및 범죄사실을 추리하는 선

---

4) 예를 들어, 범행 이전에 피해자의 집 주변 도주로를 답사한 후 수일이 지난 범행을 실행한 경우를 들 수 있다.
5) 예를 들어, 범죄현장에 유류된 옷에서 짧은 머리카락이 많이 발견되는 경우 범인의 직업은 이발사로 추정할 수 있다.
6) 예를 들어, 특정 강(江)에 있는 일부 공장들의 불법 폐수 방류로 인해 수돗물에서 악취가 난다는 보도가 빈발하자 경찰에서는 수사에 착수하였다는 내용을 들 수 있다.
7) 일시의 확정은 자연현상(일출, 일몰 등)과 사회적 요소(신문 등)를 결합하여 이루어지는 경우도 있다.
8) 예를 들어, 살인사건의 피해자 사체 위를 감정한 결과 점심 식사 후 3시간 정도 경과하였음을 알게 된 경우를 들 수 있다.

통하여 수집된 여러 가지 범적이 범인 및 범죄사실의 어떤 것을 징표로 하는가를 수사지식을 기초로 하여 이론적으로 정리한 것	을 의미하는 것으로, 범죄징표 이론을 특정사건 수사에 응용하는 것이다. (2) 수사는 확정된 사실이 수집되고, 다시 기존의 사실을 기초로 하여 미확정의 사실을 향해 많은 수사선을 방사함으로서 진전되는 것이다. (3) 수사선은 추리와 자료 수집의 선이다.

5. 수사 수단

(1) 개념

구체적인 사건의 수사에 필요한 자료를 입수하는 방법을 의미한다.

(2) 종류

수사수단의 종류는 듣는 수사, 보는 수사, 추리 수사가 있다.

① 듣는수사

범죄를 직접 경험 했거나 또는 타인의 경험을 전문한 자의 기억을 증거화하는 수사수단으로서 예를 들어, 용의자 조사, 참고인 조사, 풍설의 탐문 등과 같이 주로 사람에 대한 조사를 말한다.

② 보는 수사

시각을 동원하여 현장 또는 물건의 형상과 이동에 따라 남겨진 수사자료를 입수하여 증거화하는 수사수단이다. 광의의 현장관찰을 말하는데, 증거물의 발견(수색), 물건 또는 장소의 현상관찰 등을 목적으로 한다. 보는 수사에는 장소의 관찰, 장소에서의 물건 입수 및 관찰, 물건의 수색발견, 물건 현상의 관찰, 감식적인 검사 등이 있다.

③ 추리 수사

추리의 선에 따라 수사 자료를 입수하는 수사수단으로서 추리수사는 듣는 수사와 보는 수사의 보충적 수단의 역할을 한다.

(3) 수사 수단의 방향

① 횡적수사

폭을 넓혀가는 수사로 범행에 관계있는 자료의 발견·수집을 목적으로 하는 수사활동이다. 현장관찰, 탐문수사, 행적수사, 미행, 수색, 감수사가 그 예이며 노력과 시간에 있어 비경제적이라는 단점이 있다.

② 종적수사

깊이 파고드는 수사로 수집된 특정자료의 성질, 특징 등을 깊이 관찰 범인에 도달하는 수사활동이다. 유류품수사, 수법수사, 장물수사, 인상특징수사, 수배수사 등이 그 예이며, 한정된 자료로 판단을 그르칠 가능성이 있다.

6. 범죄 수사의 원칙

(1) 수사의 기본 원칙[경찰청훈령 제858호, 2018.1.2]

관할	① 사법경찰관리인 경찰공무원(이하 "경찰관"이라 한다)은 소속관서의 관할구역 내에서 관할구역 내의 사건에 대하여 직무를 행하여야 한다. 다만, 필요한 경우에는 관할구역 밖에서도 그 직무를 행할 수 있다. ② 관할이 경합하여 책임수사관서를 결정할 수 없을 때에는 차상급 기관에 보고하여 지휘를 받아야한다.	
인권 보호	① 경찰관은 수사를 할 때에는 개인의 인권을 존중하고 신속·공정·성실하게 하여야 한다. ② 경찰관은 수사를 할 때에는 피의자, 피해자 등 사건 관계인의 명예를 훼손하지 않도록 주의하여야 한다.	
법령 등 준수	경찰관은 수사를 할 때에는 「형사소송법」 등 관계 법령과 규칙을 준수하여야 한다.	
합리적인 수사	① 경찰관은 수사를 할 때에는 기초수사를 철저히 하여 모든 증거의 발견수집에 힘써야 하며 과학수사기법과 지식·기술·자료를 충분히 활용하여 수사를 합리적으로 진행하여야 한다. ② 경찰관은 수사를 할 때에는 상사의 지시명령을 성실히 수행하고 경찰관 상호 협력하여야 한다.	
임의수사	① 경찰관이 수사를 할 때에는 임의수사를 원칙으로 한다. ② 경찰관이 임의수사를 위해서 상대방의 승낙을 구할 때에는 승낙을 강요하거나 강요의 의심을 받을 염려가 있는 태도나 방법을 취하여서는 아니된다.	
비밀의 준수	경찰관은 수사를 하면서 알게 된 사건관계인의 관련 비밀을 엄수하여야 한다.	
제척의 원인	경찰관은 다음 경우에 수사직무(조사 등 직접적인 수사 및 수사지휘를 포함한다)의 집행에서 제척된다. 　1. 경찰관 본인이 피해자인 때 　2. 경찰관 본인이 피의자나 피해자의 친족이거나 친족관계가 있었던 자인 때 　3. 경찰관 본인이 피의자나 피해자의 법정대리인이나 후견감독인인 때	
기피	원인과 신청권자	① 피의자, 피해자, 변호인은 다음 경우에 해당 경찰관의 기피를 신청할 수 있다. 　1. 경찰관이 전조 각 호의 사유에 해당되는 때 　2. 경찰관이 사건 청탁, 인권 침해, 방어권 침해, 사건 방치 등 불공정한 수사를 하였거나, 불공정한 수사를 할 염려가 있다고 볼만한 객관적·구체적 사정이 있는 때 ② 변호인은 변호하는 자의 명시한 의사에 반하지 아니하는 경우에 한해 기피 신청을 할 수 있다.
	신청 방법과	① 기피 신청을 하려는 사람은 별지 제233호 서식의 기피신청서를 작성하여 기피 신청 대상 경찰관이 소속된 경찰관서 내 감찰부서의 장에게 제출하여야

	대상	한다. 이 경우 해당 감찰부서의 장은 즉시 기피 신청 대상 경찰관이 소속된 수사부서의 장에게 기피 신청 사실을 통보하여야 한다. ② 기피 신청을 하려는 사람은 기피 신청을 한 날부터 3일 이내에 기피사유를 서면으로 소명하여야 한다. ③ 기피 신청은 경찰관서에 접수된 고소·고발·진정·탄원·신고 사건, 교통사고 사건에 한하여 신청할 수 있다. 이 경우 검찰에 접수되어 경찰에 수사 의뢰한 사건도 신청할 수 있다.

	신청
	각하와
	처리
		① 기피 신청을 접수한 감찰부서의 장은 다음 각 호의 경우 해당 신청을 각하한다.
		  1. 기피 신청 대상 사건이 송치된 경우
		  2. 동일한 사건에 대하여 이미 기피 신청이 있었던 경우
		  3. 기피사유에 대한 소명이 없는 경우
		  4. 제8조의2제2항의 규정에 위배되어 기피 신청이 이루어진 경우
		② 기피 신청 대상 경찰관이 소속된 수사부서의 장은 기피 신청 사실을 통보받은 후 지체없이 별지 제234호 서식의 의견서를 작성하여 소속 경찰관서 내 감찰부서의 장에게 제출하여야 한다. 다만, 해당 기피 신청이 제1항에 따라 각하되는 경우에는 그러하지 아니하다.
		③ 제2항의 경우 수사부서의 장이 기피 신청 이유 있다고 인정하는 때에는 기피 신청 사실을 통보받은 날부터 3일 이내에 사건 담당 경찰관을 재지정하여 소속 경찰관서 내 감찰부서의 장에게 해당 사실을 통보하여야 한다.
		④ 제2항의 경우 수사부서의 장이 기피 신청 이유 있다고 인정하지 않는 때에는 소속 경찰관서 내 감찰부서의 장은 기피 신청 접수일부터 7일 이내에 공정수사위원회를 개최하여 기피 신청 수용 여부를 결정하여야 한다.
		⑤ 공정수사위원회는 위원장 1인을 포함하여 5인의 위원으로 구성하되, 기피 신청 대상 경찰관이 소속된 경찰관서 내 감찰부서의 장을 위원장으로, 수사부서 경찰관 2명과 수사부서 이외의 부서 경찰관 2명을 위원으로 구성한다.
		⑥ 공정수사위원회는 재적위원 전원의 출석으로 개의하고 출석위원 과반수의 찬성으로 의결한다.
		⑦ 제3항 또는 제4항의 경우 기피 신청 대상 경찰관이 소속된 경찰관서 내 감찰부서의 장은 기피 신청자에게 별지 제235호 서식에 따라 결과를 통보하여야 한다.
		⑧ 기피 신청 접수일부터 수용 여부 결정일까지 해당 사건의 수사는 중지된다. 다만, 수사기일 임박, 증거인멸 방지 등 수사의 필요성이 있어 수사부서 장의 지휘가 있는 경우에는 그러하지 아니하다.

회피의 원인 등		① 경찰관은 모든 수사에 있어 제8조의2제1항 각 호의 규정에 해당하는 사유가 있거나 기타 공정성을 잃을 염려가 있다고 사료한 때에는 회피하여야 한다. ② 회피하려는 경찰관은 소속 부서장에게 별지 제236호 서식을 작성하여 제출하여야 한다.
공판절 차의 고려		경찰관은 수사는 공소의 제기와 공판 심리의 전단계라는 점을 고려하여 증거를 확보하고 실체적 진실을 발견하기 위해 노력하여야 한다.
수사의 메모		경찰관은 필요하다고 인정할 경우에는 수사의 진행 경과와 그 밖의 참고가 될 사항을 메모하여 당해 사건의 공판심리의 증인으로 출석하는 경우에 대비하고 관련 사건 수사에 참고하여야 한다.
법정 증언		① 경찰관은 수사한 사건과 관련하여 법원으로부터 증인으로 소환을 받은 경우에는 소속 부서의 장에게 보고하고 관련 자료 및 예상 질의답변을 준비하여야 한다.

	② 경찰관은 법원에 증인으로 출석할 때에는 품위 있는 자세와 단정한 차림을 갖추도록 하고, 증언을 할 때에는 기억에 기초하여 진실되고 정확하게 하여야 한다.
언론 발표시 주의사항	각 경찰기관의 장(이하 "경찰관서장"이라 한다)은 신문 그 밖의 언론매체에 수사에 관한 사실을 발표할 때에는 「형법」 제126조(피의사실공표)에 해당하는지의 여부 등을 신중히 고려하여 공보책임자로 지정된 자가 발표하도록 하여야 한다.

(2) 범죄 수사 3대 원칙

① 신속착수 원칙(Speedy Initiation): 범죄의 흔적은 시간이 경과함에 따라 소멸·변개되어 수사가 어려워 질 수 있으므로 수사는 신속히 착수하여 죄증이 인멸되기 전에 종결되어야 한다.

② 현장보존 원칙(Scene Preservation): 범죄 현장은 "증거의 보고"라 표현된다.

③ 공중(민중)협력의 원칙(Support by the public): 목격자나 전문가가 있는 사회는 "증거의 바다"라고 표현되는데, 평소에도 민중의 협력을 얻을 수 있도록 노력해야 한다.

(3) 범죄 수사 준수원칙

① 선증후포 원칙: 인권보장과 관련된 내용으로서 범인을 확정할 수 있는 증거 수집 후 체포해야 한다는 원칙이다.

② 법령 준수의 원칙: 수사를 행할 때에는 관련 법령 등을 준수하여 개인의 자유와 권리를 부당하게 침해하는 일이 없도록 해야 한다.

③ 민사사건 불간섭 원칙: 범죄수사는 형사사건에 한하여 행해야 한다.

④ 종합수사의 원칙: 수사는 모든 정보와 자료를 종합하여 상황을 판단하며 동시에 모든 지식과 기술을 활용해야 한다.

(4) 범죄 수사실행 5원칙

① 수사자료 완전수집의 원칙: 수사의 1조건으로서 사건과 관련된 모든 수사자료를 수사관이 완전히 수집해야 한다.

② 수사자료 감식·검토의 원칙: 수사 자료가 완전 수집 되었다면 그 자료를 감식·검토해야 한다.

③ 적절한 추리의 원칙: 수사 자료의 검토·감식 후 문제점이 도출되었다면 적절한 추리로서 문제의 해결 방법을 찾아야 한다.

④ 검증적 수사의 원칙: 추측 하나하나를 모든 각도에서 검토하는 것이다. 이 단계에서는 수사사항의 결정, 수사방법의 결정, 수사실행 순으로 진행되며, 추측을 확인하는 동시에 새로운 자료수집의 단계이다.

⑤ 사실판단 증명의 원칙: 수사에 의해 획득한 확실한 판단은 검사에게 송치 후 재판

정에서 심리를 받게 된다.

(5) 사건의 단위

> **검사의 사법경찰관리에 대한 수사지휘 및 사법경찰관리의 수사준칙에 관한 규정 제16조**
>
> 1. 법 제11조에 따른 관련 사건. 이미 검찰청 또는 이에 상응하는 관서에 송치하거나 이송한 후에 수리(受理)한 사건도 또한 같다.
> 2. 불기소처분이 내려진 사건과 그 처분이 내려진 후 검사의 지휘에 따라 다시 수사를 개시한 사건
> 3. 검사의 수사지휘를 받은 사건
> 4. 다른 관서로부터 이송받은 사건
> 5. 검찰청에 송치하기 전의 맞고소 사건
> 6. 판사가 청구기각 결정을 한 즉결심판 청구 사건
> 7. 피고인으로부터 정식재판이 청구된 즉결심판 사건

7. 범죄수사의 추리

(1) 개념

범죄수사 추리란 범인을 특정하거나 나머지 증거를 수집하는 등 사건을 재구성해 가는 사고과정을 의미한다. 범죄수사는 범죄의 결과로 나타난 범죄흔적과 범죄정보 등 각종 수사자료를 수집·종합하여 그것을 관찰·분석·판단함으로써 범인과 범죄사실을 추리, 검증하는 방법으로 진행된다.

(2) 추리의 대상과 방법

범죄 추리의 대상은 범죄의 사실적 내용을 이루는 범인과 범죄사실이다. 따라서 범죄수사의 추리 방법은 어떤 정형이 없다.

(3) 추리의 종류

연역적 추리(전개적 추리)	하강과정의 수사(심증형성과정)에서 이용
귀납적 추리(집중적 추리)	상승과정의 수사(획득한 판단을 증명하는 과정)에서 이용

(4) 추리의 사례

① 인간은 특별히 증명되지 않는 한 정상인으로 추정된다.

② 사람의 행위는 사람이 보통 의식하는 과정을 밟는 것으로 추정된다.

③ 사람이나 사물의 상태는 특별한 사정이 없는 한 보통 같은 상태로 계속된 것으로 추정된다.

④ 사물의 시작과 끝이 확정되면 중간상태는 추정된다.

⑤ 이웃사람은 일반적으로 이웃의 사정을 잘 알고 있는 것으로 추정된다.

8. 수사 자료

(1) 개념

범인 및 범죄사실을 명확히 하고 범인과 범죄와의 관계를 추리 및 판단하기 위해 수집되는 유·무형의 증거가치가 있는 자료[9]와 수사 활동에 도움이 되는 모든 자료를 의미한다.

(2) 특성

① 수사자료는 범죄수사의 주요 대상이다.

② 수사자료는 특정의 구체적 사건자료에 국한되는 것은 아니다.

③ 수사자료는 이미 일어난 사건은 물론 앞으로 일어날 사건의 해결을 위해서 평소에 수집하는 기초자료까지를 포함한다.

(3) 효용성

① 범인이나 재물의 소재발견 등을 위한 참고자료로 활용되는 등 수사목적 달성에 제공된다.

② 구속영장 신청 시 구속사유를 소명하기 위한 소명자료로 활용된다.

③ 공판에서 증거로 제출되어 법관에 의해 범죄사실의 진위를 밝히는 증명자료로서의 가치가 있다.

(4) 종류

종류	의 의	예 시
기초자료	구체적인 범죄사건 수사와 관계없이 평소의 수사활동을 통하여 범죄가 현실적으로 발생했을 경우에 제공하기 위하여 기초가 되는 자료	범죄와 관련된 사회적 통계, 우범자 동향
사건자료	구체적인 범죄사건 수사와 관련 그 사건의 수사방침수립과 범인 및 범죄사실의 발견을 위하여 수집되는 모든 자료	① 유류품 등과 같은 유형의 자료 ② 수법·냄새와 같은 무형의 자료 ③ 탐문, 미행, 은신, 파수와 같은 내탐에 의한 자료
감식자료	수사를 과학적으로 추진하기 위하여 과학적 감식기술, 장비 등을 이용하여 범인의 발견, 범죄의 증명에 활용되는 자료	지문, 유전자, 혈액형
참고자료	수사과정의 반성, 분석, 검토 등을 통하여 얻어진 자료로서 차후의 수사에 활용이 되는 자료	수사실패의 교훈, 새로운 범죄수법

---

9) 증거자료는 소송의 목적이 되는 특정의 구체적 사건의 처리에 필요한 한도로 그 수집 및 조사가 국한된다.

(5) 수사 자료 수집 시 유의사항

① 수사자료 발견 시 객관성이 유지돼야 한다. 따라서 실황조사서를 작성하고 제3자의 참여가 필요하다.

② 수사자료 발견 당시 주위에 있던 자의 인적사항을 확인하여 추후 증거가치에 대한 시비에 대비해야 한다.

③ 수사자료는 과학기자재 등으로 신중히 채취하고 보관 및 송부 시 변질·훼손·혼동되지 않도록 주의해야 한다.

9. 수사의 과정

범죄수사는 하강과정과 상승과정 두 과정으로 구분하여 접근할 수 있다.

(1) 하강과정과 상승과정

하강과정(1단계)	상승과정(2단계)
1. 수사관 자신이 범죄사실의 진상을 파악·확인하고 심증을 형성하기 위한 과정이다. 2. 엄격한 의미에서의 증거는 필요없으므로 수사관은 자유자재로 수사를 추진할 수 있다. 3. 용의자의 조사는 하강과정에서 행하는 수사로 법관의 심증형성과정에 이르기 위한 수사이다. 4. 전개적(연역적) 추리를 한다. 　－ 하나의 사실로서 다수의 추리선을 전개한다.	1. 수사관이 획득한 판단을 형사절차의 발전단계에 따라 검사 및 법관에게 제시하여 틀림없다는 심증을 가지도록 증명하기 위하여 필요한 증거를 수집하는 과정이다. 2. 고소·고발수사는 피고소인이 특정되어 있는 등 사실관계가 보다 확실하므로 수사의 중점은 상승과정 수사이다. 3. 현행범인의 수사는 증거가 확실하여 바로 피의자로 입건되므로 상승과정의 수사만이 행하여진다. 4. 집중적(귀납적) 추리를 한다. 　－ 다수의 사실로서 하나의 사실을 추론하는 것

(2) 내용

① 범죄수사는 대체로 하강과정을 거쳐 상승과정으로 발전하는 것이 일반적이나 이순서가 반드시 고정적인 것은 아니다.

② 현행범인을 체포한 경우와 같이 범죄 사실의 진상이 처음부터 분명한 경우에는 수사관 자신의 진상파악을 위한 별도의 활동이 없이 상승과정의 활동만이 전개된다.

③ 상승과정 없는 하강과정은 있을 수 없지만, 하강과정 없는 상승과정은 있을 수 있다.

10. 수사의 기본이념

(1) 실체적 진실발견

① 의의: 법원이 당사자의 주장에 구애 받지 아니하고 소송의 실체에 관하여 사안의 진상을 명백히 규명하자는 것을 말한다. 형사소송의 최고의 목적으로 수사절차·공판절차 등 형사소송절차전체를 지배하는 근본원리이다.

② 실체적 진실발견의 한계[10]

- 인간의 능력과 제도상의 한계
- 다른 법적 이익과의 충돌로 인한 제한
- 인권보장적 측면에서 가해지는 제한

(2) 기본적 인권보장

수사를 하며 기본적 인권은 임의수사의 원칙, 강제수사법정주의, 영장주의, 합법성이 요구된다.

11. 수사의 원칙

실체적 진실주의	현행법은 진술거부권, 변호인 선임권, 증거보전청구권 등을 보장하고 있다
무죄추정의 법리	현행법에 임의수사 원칙, 체포·구속적부심사제도, 접견교통권 보장 등과 관련이 있다.
필요최소한도의 법리	강제수사는 물론 임의수사의 경우에도 필요 최소한의 범위 내에서 허용되어야 한다.
적정절차의 법리	인권보장의 기초 원리이다

12. 수사구조

수사과정을 전체의 형사절차에 어떻게 위치시키고, 수사절차에서 등장하는 활동주체의 관계를 어떻게 정립시킬 것인가를 규명하기 위한 이론이다. 수사에 있어서 적정절차의 원리(due process)와 영장주의·묵비권·변호권의 보장 및 이를 실현하기 위한 법적 규제를 포괄적으로 이론화할 것을 시도한 것으로 볼 수 있다.

(1) 규문적 수사관

수사의 구조를 규문적으로 파악하는 견해로서, 수사절차는 수사기관이 피의자를 조사하는 절차과정이기 때문에 수사기관의 고유한 기능으로서 강제처분의 권한이 인정되며, 강제처분에 대한 영장은 허가장의 성질을 가지고 피의자신문을 목적으로 하는 구인도 허

---

10) 임의수사원칙에서 기인하는 한계는 실체적 진실발견의 한계에 해당되지 않는다.

용되게 된다.

(2) 탄핵적 수사관

수사의 구조를 탄핵적으로 파악하는 견해로서, 수사는 수사기관이 단독으로 행하는 준비단계에 불과하므로 피의자도 독립하여 준비활동을 할 수 있고, 강제처분은 장래의 재판을 위하여 법원이 행하는 것이라고 한다. 따라서 영장은 명령장의 성질을 가지고 피의자신문을 위한 구인이 허용되지 않는다.

(3) 소송적 수사관

수사는 판단자인 검사를 정점으로 하여 사법경찰관과 피의자를 대립당사자로 하는 소송적 구조일 것을 요하며, 피의자는 수사의 객체가 아니라 수사의 주체가 되어야 한다고 한다.

제3절 수사조직

1. 수사 조직의 운영

(1) 경찰청장

① 경찰청장은 국가경찰의 수사에 관한 사무를 총괄하고 지휘·감독하며, 경찰청의 수사업무를 관장한다.

② 경찰청장은 다음 각 호의 사항을 제외한 일반적인 사건수사에 대한 지휘는 지방경찰청장에게 위임할 수 있다.

1. 수사관할이 수개의 지방청에 속하는 사건
2. 고위공직자 또는 경찰관이 연루된 비위 사건으로 해당관서에서 수사하게 되면 수사의 공정성이 의심받을 우려가 있는 경우
3. 경찰청장이 수사본부 또는 특별수사본부를 설치하여 지정하는 사건
4. 그 밖에 사회적 이목이 집중되거나, 파장이 큰 사건으로 경찰청장이 특별히 지정하는 사건

(2) 지방경찰청장

내용	지방경찰청장은 합리적이고 공정한 수사를 위하여 소속 공무원 및 소속 경찰관서의 범죄수사에 대하여 전반적인 지휘·감독을 하며, 체계적인 수사 인력·장비·시설·예산 운영 및 지도·교양 등을 통해 그 책임을 다하여야 한다.
수사지휘 방식	① 지방경찰청장이 경찰서장에게 사건에 대한 구체적 지휘를 할 때에는 별지 제1호의2 서식의 수사지휘서를 작성하거나 제22호의2 서식에서 규정하는 형사사법정보시스템을 이용하여 지휘하여야 한다. 다만, 다음 각 호의 경우에는 구두나 전화 등 간편한 방식으로 지휘할 수 있으며, 사후에 신속하게 서면 또는 형사사법정보시스템을 이용하여 지휘내용을 송부하여야 한다. 　1. 천재지변 또는 긴급한 상황 　2. 이미 수사지휘 한 내용을 보완하거나 지휘 내용이 명확한 경우 　3. 수사 현장에서 지휘하는 경우 ② 경찰서장은 제1항 단서에도 불구하고 지휘내용을 송부받지 못한 경우에는 지방경찰청장에게 서면 또는 형사사법정보시스템을 이용하여 지휘내용을 송부해 줄 것을 요청할 수 있다. ③ 제2항의 요청을 받은 지방경찰청장은 신속하게 지휘내용을 서면 또는 형사사법정보시스템을 이용하여 송부하여야 한다. ④ 경찰관은 제1항 또는 제3항에 따라 작성된 수사지휘서를 사건기록에 편철하여야 하며, 제3항에도 불구하고 지방경찰청장의 서면 또는 형사사법정보시스템을 이용한 지휘를 받지 못한 경우에는 관련사항을 수사보고서로 작성하여야 한다.
수사지휘사항	방경찰청장이 경찰서장에 대해 수사지휘하는 경우 다음 각 호의 사항은 구체적으로 지휘하여야 한다. 　1. 수사착수, 사건의 이송·인계 　2. 수사본부 설치 및 해산 　3. 사건을 수사할 지방경찰청 주무부서, 전담경찰서 및 수사주책임관 지정 　4. 수사방침의 수립 또는 변경 　5. 언론지원팀과 공보책임자 지정 등 언론창구 단일화에 관한 사항 　6. 피의자의 체포·구속·압수수색 등 강제수사 및 체포한 피의자의 신병조치 　7. 그 밖에 수사에 관하여 지휘를 요한다고 인정되는 사항

(3) 경찰서장

내용	경찰서장은 해당 경찰서 관내의 범죄수사에 대하여 지휘·감독을 하며, 합리적이고 공정한 수사를 위하여 그 책임을 다하여야 한다.
수사지휘 건의	① 경찰서장은 사건수사를 함에 있어서 지방경찰청장의 지휘가 필요한 때에는 지방경찰청장에게 건의하여 구체적 지휘를 받아 수사할 수 있다. ② 지방경찰청장은 제1항의 수사지휘건의를 받은 때에는 신속하게 지휘하여야 한다.

(4) 수사간부

범죄수사를 담당하는 경찰관서의 수사간부는 소속 경찰관서장을 보좌하고 그 명에 의하여 범죄수사의 지휘·감독을 하여야 한다.

(5) 수사지휘

내용	① 경찰청장, 지방경찰청장, 경찰서장, 수사간부는 명시적인 이유를 근거로 구체적으로 수사지휘를 하여 그 책임을 명백히 하여야 한다. ② 지방경찰청장이 지휘할 사건은 별표1과 같으며, 사건의 경중, 사건관할경찰서의 수사인력 등을 종합적으로 검토하여 수사본부 운영 등 별표1의3의 수사체계 중 하나를 지정하여야 한다. ③ 경찰서장이 지휘할 사건은 별표1 중 지방경찰청장이 경찰서장에게 그 지휘를 일임한 사건과 별표1 이외의 경미한 사건으로 한다. ④ 지방경찰청장은 별표1의3에 따라서 경찰서장에게 수사를 일임한 사건에 대하여는 원칙적으로 관여하여서는 아니 된다. 다만, 최초에 지방경찰청장의 수사지휘대상이 아니었더라도 수사진행과정에서 새롭게 중요사항이 발견되거나 사회적 이목이 집중되는 등 별표1에 해당하는 때에는 지방경찰청장은 별표1의3의 수사체제를 다시 지정하여 지휘할 수 있다.
경찰관서 내 수사지휘	① 경찰관서 내에서 수사지휘권이 있는 자가 다음 각 호에 규정된 사안에 대해 수사지휘를 할 경우에는 별지 제1호 서식의 수사지휘서 또는 형사사법정보시스템을 이용하거나 수사서류의 결재 수사지휘란에 기재하는 방식으로 하여야 한다. 다만 수사의 긴급 등 불가피한 사유가 있는 때에는 구두나 전화 등 간편한 방식으로 수사지휘를 할 수 있다. 1. 체포·구속에 관한 사항 2. 영장에 의한 압수·수색·검증에 관한 사항 3. 송치의견에 관한 사항 4. 사건 이송 등 책임수사관서 변경에 관한 사항 ② 수사지휘권자가 제1항 단서에 따라 간편한 방식으로 수사지휘를 한 경우에는 사후에 신속하게 제1항 본문의 방식으로 지휘내용을 전달하여야 한다. ③ 경찰관은 제2항에도 불구하고 지휘내용을 전달받지 못한 경우에는 해당 수사지휘권자에게 서면 또는 형사사법정보시스템을 이용하여 지휘내용을 전달해 줄 것을 요청할 수 있다. ④ 제3항의 요청을 받은 해당 수사지휘권자는 신속하게 지휘내용을 서면 또는 형사사법정보시스템을 이용하여 전달하여야 한다. ⑤ 경찰관은 제1항 또는 제2항, 제4항에 따라 전달받은 수사지휘서를 사건기록에 편철하여야 하며, 제4항에도 불구하고 해당 수사지휘권자의 서면 또는 형사사법정보시스템을 이용한 지휘를 받지 못한 경우에는 관련사항을 수사보고서로 작성하여야 한다. ⑥ 경찰관서 내 일상적인 수사지휘의 위임과 수사서류 전결에 관한 사항은 별도로 정한다.
긴급한 경우	① 지방경찰청장과 경찰청장은 각각 제15조제5항·제8항·제11항, 제15조의2제2항·제4항에 따라 지휘함에 있어서 해당사건수사에 대한 지휘를 늦출 수 없는 긴급한 사유가 있는 경우에 한하여 수사이의심사위원회와 경찰수사정책위원회의 의견을

듣지 않고 지휘할 수 있다.

② 제1항에 따라 지휘한 지방경찰청장과 경찰청장은 각각 신속하게 수사이의심사위원회와 경찰수사정책위원회에 다음 각 호의 사항을 설명하여야 한다.

1. 해당 이의제기 내용

2. 수사이의심사위원회 또는 경찰수사정책위원회의 의견을 듣지 않고 지휘한 사유 및 지휘내용

(6) 수사에 관한 보고

① 경찰관은 범죄와 관계가 있다고 인정되는 사항과 수사상 참고가 될 만한 사항을 인지한 때에는 신속히 상관에게 보고하여야 한다.

② 경찰서장은 관할구역 내에서 별표1에 규정된 수사지휘 대상 중요사건이 발생하였거나 범인을 검거하였을 때에는 별표1의2에 규정된 보고 절차 및 방법에 따라 지방경찰청장에게 신속히 보고하여야 한다.

(7) 수사주책임관

① 지방경찰청장은 자신이 지휘하는 사건에 대하여 사건의 수사를 주재하는 수사주책임관을 지정하여야 한다.

② 경찰서장은 필요한 경우 자신이 지휘하는 사건에 대하여 수사주책임관을 지정할 수 있다.

③ 수사주책임관의 지정 기준은 다음 각 호와 같다.

1. 지방경찰청장 지휘사건 : 지방청 과·계장 또는 경찰서 과장급

2. 경찰서장 지휘사건 : 경찰서 과장급 또는 수사 계(팀)장

④ 수사주책임관은 소속 경찰관 등을 지휘·감독하며, 상급자에게 수사관련 사항을 보고하고 수사지휘를 받아 다음 각 호의 직무를 수행한다.

1. 수사할 사항과 수사 경찰관의 임무분담 지정

2. 압수물 및 그 환가대금의 출납 승인과 보관상황 파악

3. 수사방침 수립

4. 수사 경찰관에 대한 수사보고 요구

5. 유치장에 유치된 피의자를 경찰시설 외에서 실황조사, 현장검증 등 수사하는 경우, 수사 경찰관의 임무분담과 일시·장소, 이동경로 등 사전 계획 수립

6. 수사의 적정한 수행 및 피의자의 도주와 자살, 각종 사고 방지 등에 대한 지도·교양

7. 그 밖에 법령의 규정에 의해 그 권한에 속하거나 지방경찰청장 또는 경찰서장으로부터 특별히 명령을 받은 사항

(8) 이의 제기

경찰관서 내 이의제기	① 경찰관은 구체적 수사와 관련된 상관의 지휘·감독의 적법성 또는 정당성에 이견이 있는 경우에는 해당 상관에게 별지 제1호의3 서식을 작성하여 이의를 제기할 수 있다. ② 제1항의 이의제기를 받은 상관은 신속하게 이의제기에 대해 검토한 후 그 사유를 적시하여 별지 제1호 서식에 따라 재지휘를 하여야 한다. ③ 경찰서 소속 경찰관은 제2항의 재지휘에 대해 이견이 있는 경우에는 경찰서 장에게 별지 제1호의3 서식을 작성하여 다시 이의를 제기할 수 있고, 경찰서 장은 이의제기에 대해 신속하게 판단한 후 그 사유를 적시하여 별지 제1호 서식에 따라 지휘하여야 한다. ④ 제3항에 따른 경찰서장의 지휘에 따르는 것이 명백히 위법하다고 판단하는 해당 경찰관은 지방경찰청장에게 별지 제1호의3 서식을 작성하여 다시 이의 를 제기할 수 있다. ⑤ 제4항의 이의제기를 받은 지방경찰청장은 신속하게 수사이의심사위원회의 의견을 들어 판단한 후 그 사유를 적시하여 별지 제1호의2 서식에 따라 지휘 하여야 한다. ⑥ 지방경찰청 소속 경찰관은 제2항의 재지휘에 대해 이견이 있는 경우에는 지 방경찰청장에게 별지 제1호의3 서식을 작성하여 다시 이의를 제기할 수 있고, 지방경찰청장은 이의제기에 대해 신속하게 판단한 후 그 사유를 적시하여 별 지 제1호 서식에 따라 지휘하여야 한다. ⑦ 제6항에 따른 지방경찰청장의 지휘에 따르는 것이 명백히 위법하다고 판단하 는 해당 경찰관은 경찰청장에게 별지 제1호의3 서식을 작성하여 다시 이의를 제기할 수 있다. ⑧ 제7항의 이의제기를 받은 경찰청장은 신속하게 경찰수사정책위원회의 의견 을 들어 판단한 후 그 사유를 적시하여 별지 제1호의2 서식에 따라 지휘하여 야 한다. ⑨ 경찰청 소속 경찰관은 제2항의 재수사지휘에 대해 이견이 있는 경우에는 소 속 국장에게 별지 제1호의3 서식을 작성하여 다시 이의를 제기할 수 있고, 소 속 국장은 이의제기에 대해 신속하게 판단한 후 그 사유를 적시하여 별지 제1 호 서식에 따라 수사지휘하여야 한다. ⑩ 제9항에 따른 소속 국장의 지휘에 따르는 것이 명백히 위법하다고 판단하는 해당 경찰관은 경찰청장에게 별지 제1호의3 서식을 작성하여 다시 이의를 제 기할 수 있다. ⑪ 제10항의 이의제기를 받은 경찰청장은 신속하게 경찰수사정책위원회의 의견 을 들어 판단한 후 그 사유를 적시하여 별지 제1호의2 서식에 따라 지휘하여 야 한다. ⑫ 지방경찰청 수사이의심사위원회와 경찰청 경찰수사정책위원회의 설치 및 운 영에 관한 사항은 별도로 정한다.
상급경찰관서장에 대한 이의제기	① 경찰서장은 지방경찰청장의 구체적 수사와 관련된 지휘·감독의 적법성 또는 정당성에 이견이 있는 경우에는 직권 또는 소속 경찰관의 이의제기 신청을 받 아 지방경찰청장에게 별지 제1호의4 서식에 따라 이의를 제기할 수 있다. 이 때 소속 경찰관의 이의제기 신청에 대한 처리 절차에 대하여는 제15조제1항 부터 제3항까지의 규정을 준용한다. ② 지방경찰청장은 제1항에 따른 경찰서장의 이의제기에 대하여 신속하게 수사

이의심사위원회의 의견을 들어 판단한 후 그 사유를 적시하여 별지 제1호의2 서식에 따라 지휘하여야 한다.

③ 지방경찰청장은 경찰청장의 구체적 수사와 관련된 지휘·감독의 적법성 또는 정당성에 이견이 있는 경우에는 직권 또는 소속 경찰관의 이의제기 신청을 받아 경찰청장에게 별지 제1호의4 서식에 따라 이의를 제기할 수 있다. 이때 소속 경찰관의 이의제기 신청에 대한 처리 절차에 대하여는 제15조제1항, 제2항 및 제6항의 규정을 준용한다.

④ 경찰청장은 제1항에 따른 지방경찰청장의 이의제기에 대하여 신속하게 경찰수사정책위원회의 의견을 들어 판단한 후 그 사유를 적시하여 별지 제1호의2 서식에 따라 지휘하여야 한다.

(9) 수사본부

① 경찰청장 또는 지방경찰청장은 살인 등 중요사건이 발생하여 종합적인 수사를 통하여 해결할 필요가 있다고 인정할 때에는 수사본부를 설치할 수 있다.

② 경찰청장은 제1항에도 불구하고 경찰고위직의 내부비리사건, 사회적 관심이 집중되고 공정성이 특별하게 중시되는 사건에 대하여는 그 직무에 관하여 경찰청장 등 상급자의 지휘·감독을 받지 않고 독자적 수사가 가능한 "특별수사본부"를 설치·운용할 수 있다.

③ 경찰청장 또는 지방경찰청장은 국가기관간 공조수사가 필요한 경우에 관계기관과 "합동수사본부"를 설치·운용할 수 있다.

④ 제1항부터 제3항까지 규정에 의한 수사본부의 설치절차와 운영방법은 별도 규칙으로 정한다.

⑤ 경찰청장은 각 지방경찰청의 수사본부의 수사활동을 지휘통제, 조정 및 감독하기 위하여 "종합수사지휘본부"를 설치·운영할 수 있으며, 종합수사지휘본부의 설치대상, 구성 및 운영 등에 관한 사항은 따로 정한다.

(10) 다른 기관과의 협조

경찰관은 수사에 관하여 다른 수사기관과 협조하여야 할 사안이 있을 때에는 미리 소속 경찰관서의 장에게 보고하여 그 지휘를 받아야 한다.

(11) 사법경찰관리(형사소송법 제197조)

① 경무관, 총경, 경정, 경감, 경위는 사법경찰관으로서 범죄의 혐의가 있다고 사료하는 때에는 범인, 범죄사실과 증거를 수사한다.

② 경사, 경장, 순경은 사법경찰리로서 수사의 보조를 하여야 한다.

2. 특별사법경찰관리와의 관계

(1) 공조의 원칙

경찰관은 수사를 위하여 필요한 경우에는 「형사소송법」 제197조의 규정에 따라 다른 법령에서 정한 사법경찰관리의 직무를 행할 자(이하 "특별사법경찰관리"라 한다)와 공조를 하여야 하며, 공조에 관하여 다른 법령에 특별한 규정이 없는 경우에는 이 절에서 정하는 바에 의한다.

(2) 직접 수사하는 경우

경찰관은 특별사법경찰관리의 직무범위에 속하는 범죄를 먼저 알게 되어 직접 수사하고자 할 때에는 경찰관서장의 지휘를 받아 수사하여야 한다. 이 경우에는 해당 특별사법경찰관리와 긴밀히 협조하여야 한다.

(3) 이송하는 경우

경찰관은 특별사법경찰관리에게 사건을 인계하고자 할 때에는 필요한 조치를 한 후 관련 수사자료와 함께 신속하게 인계하여야 한다.

(4) 인계를 받았을 경우

① 경찰관은 특별사법경찰관리가 그 직무범위에 해당하는 범죄를 경찰관이 수사 중인 다른 사건과 관련된다는 등의 이유로 인계하려 하는 경우에는 사건을 인수하여 수사하여야 하며, 수사를 종결한 후에는 수사결과를 통보하여야 한다.

② 전항의 경우에 있어서 필요한 때에는 해당 특별사법경찰관리에게 증거물의 인도 그 밖의 수사를 위한 협력을 요구하여야 한다.

(5) 수사가 경합되는 경우

특별사법경찰관리의 직무범위에 해당하는 범죄를 수사 중인 경찰관은 해당 사건 수사가 특별사법경찰관리가 행하는 수사와 경합될 때에는 경찰관서장의 지휘를 받아 해당 특별사법경찰관리와 그 수사에 관하여 필요한 사항을 협의하여야 한다.

3. 검찰 · 경찰 수사권 조정안

구분	조정전	조정후
검경관계	지휘 관계 - 경찰은 모든 수사에 관해 검사의 지휘를 받아야 함 - 검사가 지휘하면 경찰은 따라야 함	상호협력관계(검찰 수사지휘권 폐지) - 경찰이 사건을 검찰로 송치하기 전에는 원칙적으로 검사의 수사 지휘 폐지 - 수사 과정에서 경찰의 법령 위반, 인권 침해, 수사권 남용이 의심되면 검사는 시정 조치를 요구할 수 있음
경찰수사	모든 사건 검찰 송치(수사 종결권 없음)	범죄 혐의 인정된 경우 송치(경찰에 1차적 수사종결권 부여)
검찰수사	모든 사건 수사	대통령령으로 정하는 중요 범죄, 경찰 공무원 범죄, 경찰 송치 범죄 수사 과정에서 인지한 직접 관련성 있는 범죄
검사 작성 조서 증거능력	피고인이 조서 내용 인정하지 않더라도 객관적 증명되면 증거능력 인정	경찰 작성 조서와 동일하게 '피고인이 그 내용을 인정할 때' 한해 증거능력 인정

4. 광역수사대[11]

설치	지방경찰청장 소속하에 광역수사대를 둔다.
임무	1. 지방경찰청장이 지시한 중요한 광역사건(2개 이상의 경찰서에 걸쳐 발생한 동종 또는 유사사건)과 사회적 관심도가 큰 사건 수사 2. 강력 · 폭력 · 지능 등 수사팀별 중요사건의 첩보수집 및 인지수사 3. 범죄권에 대한 집중단속 및 검거활동 4. 신종 수법범죄 등에 대한 기획수사 5. 기타 지방경찰청장이 필요하다고 인정하는 범죄수사
편성	① 광역수사대는 팀 · 반별 전문수사팀 체제로 편성한다. ② 광역수사대장은 경정, 팀장은 경감 또는 경위로 보한다. 다만, 필요한 경우 관할의 규모, 수사인력 등을 고려하여 지방청장이 조정할 수 있다. ③ 광역수사대의 편제는 지역실정 등을 고려하여 지방청장이 정한다. ④ 광역수사대의 팀 · 반의 수 및 정원은 지방경찰청장이 정한다. ⑤ 지방경찰청장은 관내 사정을 고려하여 광역수사대 지대를 둘 수 있다.
대원 선발	① 지방경찰청장은 광역수사대원선발 인사위원회를 구성한다. ② 인사위원회 위원장은 수사 · 형사과가 통합된 경우는 수사과장, 분리된 경우는 형사과장(이하 "수사과장"이라 한다)으로 하고, 위원은 광역수사대장을 포함한 5인으로 한다. ③ 인사위원회는 다음 각 호의 어느 하나에 해당하는 요건을 갖춘 수사경과자 중에서 광역수사대원을 선발한다. 　1. 경정 · 경감은 수사부서 3년이상 근무경력자로 사건 수사 및 지휘에 탁월한 능력이 있는

---

11) 광역수사대 운영규칙〔1999. 7. 31 경찰청훈령 제59호〕

	사람 2. 경위 이하는 수사부서 3년이상 근무경력자로 사건해결에 대한 적극적인 의지·활동력· 책임감이 있는 사람
운 영	① 광역수사대는 지방경찰청장의 명을 받아 수사과장이 운영한다. ② 경찰청장은 지방경찰청장의 요청에 따라 필요하다고 인정될 때에는 다른 지방청 광역수 사대에 대하여 파견을 명할 수 있다. ③ 전항의 규정에 의하여 파견된 광역수사대는 파견받은 지방경찰청장의 지휘를 받는다. ④ 광역수사대장은 각종 사건 수사사항 및 검거보고시에는 지방경찰청 주무계장에게 통보하 여야 하고, 지방경찰청 주무계장은 관내 범죄 발생·검거현황을 광역수사대장에게 통보 하여야 한다. ⑤ 광역수사대장은 지방경찰청 관내에서 발생한 중요 강력사건에 대하여 현장에 임장할 수 있으며, 경찰서 수사·형사과장은 이에 협조하여야 한다.
수사 활동	① 지방경찰청장이 지시한 광역사건과 사회적 관심도가 큰 사건의 수사본부장은 지방경찰청 수사과장으로 하고, 광역수사대장은 전담 수사하여야 한다. ② 사건 관할경찰서장은 광역수사대장의 요청에 따라 인력·장비·장소 제공 등 수사에 필 요한 사항을 지원하고, 경찰서 강력반을 파견하여야 한다. ③ 광역수사대장은 파견된 직원에 대한 포괄적인 지휘권을 갖는다. ④ 경찰서장은 광역수사대 전담 수사사건에 대한 첩보 입수시 반드시 광역수사대장에게 통 보하여야 한다. ⑤ 광역수사대장은 전담수사 종료시 관할 경찰서장 또는 지방청장이 지정하는 경찰서장에게 사건을 인계하여야 한다.
포상	각급 지휘관은 광역수사대원중 다음 각호에 해당하는 자가 있을 때에는 포상을 추천할 수 있다. 1. 근무중 중요범인 검거 등 유공자 2. 각종 범죄의 초동수사 등 임무를 완수하여 타의 귀감이 되는 자 3. 각종 범죄에 관한 첩보를 사전입수, 미연에 방지한 자 4. 기타 광역수사대 발전에 특별한 공로가 있는 자

경 찰 수 사 실 무 론

제1절 수사 단계

1. 수사의 전개 과정

수사의 전개 과정은 크게 수사 개시 이전과 수사의 활동으로 구분할 수 있다. 수사개시 이전의 단계로 내사는 신문기사 또는 풍문, 진정, 익명의 신고 또는 풍설 등의 내용이 범죄의 혐의 유무를 조사할 만한 가치가 있다고 판단된 때 그 진상을 규명하기 위하여 형사사건으로 입건되기 이전단계에서 조사하는 것을 의미한다.

수사활동으로 입건은 수사기관이 사건을 수리하여 수사를 개시하는 것으로서 내사의 용의자가 피의자의 자격을 갖는다. 수사실무상 사건을 접수하여 범죄사건부에 기록하는 단계이다. 입건은 인지, 고소·고발의 접수, 검사의 수사지휘 등이 있을 때에 한한다.

이후 수사 실행의 단계로서 사건이 수리되면 수사를 실행하게 되는데 범인, 범죄사실, 증거 등(형사소송법 제195조)을 수사해야 한다. 구속사건은 체포·구속한 날로부터 10일 이내, 고소·고발사건은 수리한 때로부터 2개월 이내에 수사를 완료하여야 한다. 이 후 이후 수사 종결처분으로 기소 내지 불기소 처분을 해야 한다.

2. 내 사

(1) 개념

형사입건하기 전단계의 수사 활동으로서 신문기사 또는 풍문, 진정, 익명의 신고, 또는 풍설 등의 내용이 범죄의 혐의 유무를 조사할만한 가치가 있다고 판단될 때 그 진상을 규명하기 위한 활동을 내사라 한다. 대상자의 신분은 용의자로서 사건번호를 부여할 필요도 없다.

내사단계에서는 체포·구속 등 대인적 강제처분은 허용되지 않고, 사실조회 및 참고인 조사, 출입국금지조치, 강제 수사 중 대물적 강제처분에 해당하는 압수 등은 허용된다고 본다.

(2) 범위

내사는 수사 개시 이전 단계이기 때문에 기초적 주변수사, 신원관련 조회, 주거지 이동상황, 부동산 보유상황, 출입국 상황 등의 사실조회, 감시·미행·사진촬영, 관계인 등 참고인 조사, 전문가에 대한 감정의뢰, 피내사자에 대한 임의조사 형식의 참고인 조사(진술거부권, 변호인선임권 인정), 출입국금지 요청, 내사와 관련이 있는 물건의 압수 등이 그 범위에 해당한다.

(3) 내사의 착수

① 내사의 대상

내사는 범죄첩보 및 진정·탄원과 범죄에 관한 언론·출판물·인터넷 등의 정보, 익명의 신고 또는 풍문 중에서 출처·사회적 영향 등을 고려하여 그 진상을 확인할 가치가 있는 사안을 그 대상으로 한다(경찰 내사 처리규칙 훈령 제563호 제3조).

② 내사의 분류

내사는 범죄첩보에 대한 내사인 첩보내사, 서면으로 접수되는 진정·탄원사건 등에 대한 내사, 이외에 일반내사로 구분한다. 첩보내사는 해당 범죄첩보의 사본을 첨부하고 내사할 대상 및 내용, 내사가 필요한 이유 등을 기재한 서면에 의하여 소속 경찰관서의 수사부서의 장에게 보고하고 그 지휘를 받아 내사에 착수한다. 진정·탄원내사는 접수된 서면에 대하여 소속 경찰관서의 수사부서의 장의 지휘를 받아 내사에 착수한다. 일반내사는 내사할 대상 및 내용, 내사가 필요한 이유 등을 기재한 서면에 의하여 소속 경찰관서의 수사부서의 장에 보고하고 그 지휘를 받아 내사에 착수한다. 경찰관서의 수사부서의 장은 수사단서로서 내사할 가치가 있다고 판단한 경우에는 첩보내사와 일반내사의 보고를 받지 않고

구분	개념	내사의 착수	기재부
첩보 내사	범죄첩보에 대한 내사	해당 범죄첩보의 사본을 첨부하고 내사할 대상 및 내용, 내사가 필요한 이유 등을 기재한 서면에 의하여 소속 경찰관서의 수사부서의 장에게 보고하고 그 지휘를 받아 내사에 착수한다.	첩보내사사건부
진정 탄원 내사	서면으로 접수되는 진정·탄원 사건 등에 대한 내사	접수된 서면에 대하여 소속 경찰관서의 수사부서의 장의 지휘를 받아 내사에 착수한다.	진정·탄원내사사건부
일반 내사	첩보, 진정·탄원 내사를 제외한 내사	내사할 대상 및 내용, 내사가 필요한 이유 등을 기재한 서면에 의하여 소속 경찰관서의 수사부서의 장에 보고하고 그 지휘를 받아 내사에 착수한다.	일반내사사건부

도 소속 경찰관에게 각각 첩보내사와 일반내사를 지휘할 수 있다. 이 경우에도 내사할 대상 및 내용, 내사가 필요한 이유 등을 기재한 서면에 의하여야 한다. 경찰관서의 수사부서의 장은 내사사건의 특성 등을 파악하여 내사사건을 배당하고 지휘하여야 하며 필요하다고 인정할 경우 해당 경찰관서의 장에게 이를 보고하여야 한다(경찰 내사 처리규칙 훈령 제563호 제4조).

③ 신중과 이첩

익명 또는 허무인 명의의 신고·제보, 진정·탄원 및 투서로 그 내용상 수사단서로서의 가치가 없다고 인정될 때에는 내사하지 아니할 수 있다. 토지 또는 사물관할이 없거나 범죄특성 등을 고려하여 자체 내에서 내사하는 것이 적당하지 않은 경우에는 내사착수 전에 관할 있는 경찰관서 및 해당기관에 이첩하여야 한다(경찰 내사 처리규칙 훈령 제563호 제5조).

④ 내사사건의 등재 절차

내사의 착수 지휘를 받은 내사는 지휘를 받은 직후 바로 기록표지 상단 중앙부에 별지 형식의 접수인을 찍어 수리하여야 한다. 첩보내사사건은 첩보내사사건부에, 진정·탄원내사사건은 진정·탄원내사사건부에, 일반내사사건은 일반내사사건부에 각각 소정의 사항을 기재하여야 한다. 일반내사사건이 많지 않은 경우에는 첩보내사사건부에 통합하여 관리할 수 있다. 이 경우 구분이 되는 면에는 간지를 넣고 일련번호를 달리하는 등 구분이 쉽도록 하여야 한다(경찰 내사 처리규칙 훈령 제563호 제6조).

(4) 내사의 진행

① 내사의 방식

내사는 임의적인 방법으로 진행하는 것이 원칙이다(경찰 내사 처리규칙 훈령 제563호 제7조).

② 책임내사

토지 또는 사물관할이 없거나 범죄특성 등을 고려하여 자체 내에서 내사하는 것이 적당하지 않은 경우에는 내사착수 전에 관할 있는 경찰관서 및 해당기관에 이첩하여야 한다(경찰 내사 처리규칙 훈령 제563호 제8조).

③ 특별관리

내사과정에서 압수·수색·검증, 통신제한조치, 통신사실 확인자료제공 등 법원의 통제를 받는 대물적 강제조치가 이루어진 경우에는 즉시 내사사건부의 비고란에 해당되는 강제조치의 종류와 일련번호를, 해당되는 강제조치 관리대장의 비고란에 내사사건번호를 적색펜으로 각각 기재하여 특별관리하여야 한다(경찰 내사 처리규칙 훈령 제563호 제9조).

(5) 내사의 종결

① 내사의 종결

내사과정에서 범죄혐의가 인정되어 수사할 필요가 있는 경우에는 내사를 종결하고 범죄사건부에 등재하여 수사하여야 한다. 다만, 형사소송법 제200조의3제1항에 해당하여 긴급체포한 경우에는 즉시 검사의 승인을 얻는 등 관련조치와 함께 입건하여야 한다(경찰 내사 처리규칙 훈령 제563호 제11조).

② 입건하지 않은 내사의 처리

입건하지 않은 내사는 내사 종결, 내사 중지, 내사 병합, 내사 이첩 처리를 한다. 내사종결은 혐의없음, 죄가안됨, 공소권없음 등에 해당하여 입건의 필요가 없는 경우에, 내사중지는 피내사자 또는 참고인 등의 소재불명으로 사유해소시까지 내사를 계속할 수 없는 경우에 내사병합은 동일 또는 유사한 내용의 내사사건이거나 경합범으로 다른 사건과 병합처리할 필요가 있는 경우, 내사이첩은 토지 또는 사물관할이 없거나 범죄특성 및 병합처리 등을 고려하여 다른 경찰관서 및 수사기관에서 내사할 필요가 있는 경우를 의미한다(경찰 내사 처리규칙 훈령 제563호 제11조).

③ 진정 탄원 내사의 공람종결 처리

3회 이상 반복 진정하여 2회 이상 그 처리결과를 통지한 진정과 같은 내용인 경우, 무기명 또는 가명으로 한 경우, 단순한 풍문이나 인신공격적인 내용인 경우, 완결된 사건 또는 재판에 불복하는 내용인 경우, 민사소송 또는 행정소송에 관한 사항인 경우에는 공람종결할 수 있다(경찰 내사 처리규칙 훈령 제563호 제11조).

(6) 내사 처리 기록 관리

입건 처리로 종결된 내사기록은 당해 사건기록에 합철한다. 다만, 내사사건중 일부의 사실만 입건처리되는 경우에는 그 일부만을 사건기록에 합철하고 나머지 일부는 사본하여 내사기록으로 분리하여 보존할 수 있다. 내사종결, 내사중지 처리를 한 내사사건의 기록은 내사사건기록철에 편철하여 보관하며 내사이첩을 하는 경우에는 내사사건 인계서를 내사사건기록철에 편철한다. 이 경우 그 구분을 쉽게 하기 위하여 내사사건기록철의 표지 제목 밑 괄호안에 각각 내사종결, 내사중지, 내사이첩을 표시하여 별도로 관리할 수 있다. 내사병합의 처리를 한 경우에는 병합하는 기록에 합철한다(경찰 내사 처리규칙 훈령 제563호 제12조).

(7) 주의사항

범죄수사를 담당하는 경찰관이 수사착수 전에 내사를 하는 경우 내사과정에서 적법절차 준수 및 국민 인권보호 증진을 위해 주의해야 한다. 또한 내사는 청탁에 의하지 않아야 하며 항상 법령·규칙을 준수하고 업무편의에 앞서 관계인의 인권보호에 유의하여야 한다. 내사를 빙자하여 막연히 관계인의 출석을 요구하거나 물건을 압수하는 일이 없도록 하여야 하며, 내사혐의 및 내사관련자 등의 정보가 외부로 유출되거나 공표되는 일이 없도록 주의하여야 한다(경찰 내사 처리규칙, 경찰청 훈령 제563호 제1조, 제2조).

3. 수사첩보

(1) 개념(수사첩보 수집 및 처리 규칙 제2조)

용어	정의	
수사첩보	수사와 관련된 각종 보고자료로서 범죄첩보와 정책첩보	
범죄첩보	범죄내사첩보	대상자, 혐의 내용, 증거자료 등이 특정된 내사 단서 자료
	범죄동향첩보	범죄 관련 동향
기획첩보	범죄첩보 중 일정기간 집중적으로 수집이 필요한 내사 단서 자료 및 동향	
정책첩보	수사제도 및 형사정책 개선, 범죄예방 및 검거대책에 관한 자료	
수사첩보분석시스템	수사첩보의 수집, 작성, 평가, 배당 등 전 과정을 전산화한 수사국 범죄첩보분석시스템(Criminal Intelligence Analysis System)과 사이버안전국 사이버첩보관리시스템(Cyber Intelligence Management System)으로서 경찰청 범죄정보과(사이버안전과)에서 운영하는 것	

(2) 수사첩보 수집 및 처리 적용범위와 수집의무

수사첩보 수집 및 처리는 모든 경찰공무원에게 적용되며, 경찰공무원은 항상 적극적인 자세로 범죄와 관련된 첩보를 발굴 수집하여야 한다.

(3) 월 수집 기준량 및 제출 방법

① 수사·형사 외근요원은 4건 이상의 수사첩보를 수집·보고하고, 수사내근·지구대·파출소 직원은 1건 이상의 수사첩보를 수집·보고하도록 한다. 다만, 별도 지침을 마련한 경우 이에 따른다.

② 경찰공무원은 수집한 수사첩보를 보고할 경우 수사첩보분석시스템을 통하여 작성 및 제출하여야 한다.

③ 경찰공무원은 허위의 사실을 수사첩보로 제출해서는 아니 된다.

(4) 수사첩보 평가 및 기록 관리 책임

① 평가 및 기록관리 책임자(이하 "평가 책임자"라 한다)는 다음과 같다.

1. 경찰청은 범죄정보(사이버안전)과장

2. 지방경찰청 및 경찰서는 수사(사이버안전)과장, 형사과가 분리된 경우 형사과장

② 평가 책임자는 제출된 수사첩보를 신속히 검토 후 적시성, 정확성, 활용성 등을 종합 판단하여 공정하게 평가하고 필요한 조치에 대하여 구체적으로 지시하여야 한다.

③ 평가 책임자는 제출된 수사첩보의 정확한 평가를 위하여 제출자에게 사실 확인을 요구할 수 있다.

④ 평가 책임자는 제출된 수사첩보의 내용이 부실하여 보충할 필요성이 있는 경우 제출자에게 보완을 요구할 수 있다.

⑤ 평가 책임자는 제출된 수사첩보를 비공개하여야 한다. 다만 범죄예방 및 검거 등 수사목적상 수사첩보 내용을 공유할 필요가 있다고 인정할 경우 수사첩보분석시스템상에서 공유하게 할 수 있다.

⑥ 평가 책임자는 제출된 수사첩보에 대하여 적절한 수사가 이루어지도록 수사부서 책임자에게 필요한 조치를 요구할 수 있다.

(5) 수사첩보 처리

① 경찰공무원이 입수한 모든 수사첩보는 수사첩보분석시스템을 통하여 처리되어야 한다.

② 각급 경찰관서장은 입수된 수사첩보를 신속하게 처리하도록 한다.

③ 입수된 수사첩보와 관련하여 당해 관서에서 처리하기가 적합하지 않다고 인정될만 한 사유가 있는 경우에 한하여 상급관서에서 처리할 수 있도록 지체없이 보고한다.

④ 모든 수사첩보는 수사 착수 전에 누설되는 일이 없도록 철저히 보안을 유지하여야 한다.

⑤ 수사부서 책임자는 평가책임자로부터 필요한 조치를 요구받은 경우 신속히 처리하여야 한다

(6) 이송

① 수집된 수사첩보는 수집관서에서 처리하는 것을 원칙으로 한다. 다만, 평가 책임자는 수사첩보에 대해 범죄지, 피내사자의 주소 · 거소 또는 현재지 중 어느 1개의 관할권도 없는 경우 이송할 수 있다.

② 이송을 하는 수사첩보의 평가 및 처리는 이송 받은 관서의 평가 책임자가 담당한다.

(7) 기획첩보의 수집

각 경찰관서 수사부서의 장은 수사 목적상 필요한 경우 소속 관서의 경찰공무원에게 기획첩보를 수집하도록 요구할 수 있다.

(8) 수사첩보의 평가

① 범죄첩보 및 정책첩보의 성적 평가를 위한 1건당 배점은 아래와 같다.

구분		내용	점수
범죄첩보	특보	1) 전국 단위 기획수사에 활용될 수 있는 첩보 2) 2개 이상의 지방청과 연관된 중요 사건 첩보 등 경찰청에서 처리해야 할 첩보	10점
	중보	2개 이상 경찰서와 연관된 중요 사건 첩보 등 지방청 단위에서 처리해야 할 첩보	5점
	통보	경찰서 단위에서 내사할 가치가 있는 첩보	2점
	기록	내사할 정도는 아니나 추후 활용할 가치가 있는 첩보	1점
	참고	단순히 수사업무에 참고가 될 뿐 사용가치가 적은 첩보	0점
정책첩보	특보	전국적으로 활용·시행할 가치가 있는 첩보	10점
	중보	지방청 단위에서 활용·시행할 가치가 있는 첩보	5점
	통보	경찰서 단위에서 활용·시행할 가치가 있는 첩보	2점
	기록	추후 활용·시행할 가치가 있는 첩보	1점
	참고	단순히 수사업무에 참고가 될 뿐, 활용·시행할 가치가 적은 첩보	0점

② 수사첩보 수집 내역, 평가 및 처리결과는 수사첩보분석시스템을 이용하여 전산관리한다.

(9) 수사첩보의 보존 및 폐기

① 수사첩보 및 수사첩보 전산관리대장의 보존기간은 다음 각 호와 같다. 이 경우 보존기간의 기산일은 다음 해 1월 1일로 한다.

수사첩보	2년
수사첩보 전산관리대장	10년

② 보존기간이 경과한 수사첩보 및 수사첩보 전산관리대장은 매년 초 일괄 폐기하고, 로그기록을 보존하여야 한다.

(10) 포상

① 수사첩보에 의해 사건해결 또는 중요범인을 검거하였을 경우 수사첩보 제출자를 사건을 해결한 자 또는 검거자와 동등하게 특별승진 또는 포상할 수 있다.

② 일정기간 동안 개인별로 수사첩보 성적을 평가하여 포상 및 특별승진 등 기준으로 사용할 수 있다.

③ 제출한 수사첩보에 의해 수사시책 개선발전에 기여한 자는 별도 포상한다.

④ 범죄정보과에서는 범죄첩보 마일리지 제도를 통해 별도 포상을 실시할 수 있다.

(11) 첩보 탐문 방법

① 항상 관내 실태 및 민심의 동향파악에 주력한다.

② 첩보수집 전 수집목적을 이해하고 상대방이 편리한 시간을 택하며, 상대방이 만족하는 방법으로 묻는다.

③ 관계기관·단체, 비공식 조직 등과의 연락을 긴밀히 한다.

④ 상대방이 이해할 수 있는 탐문방법을 택하며, 상대방과 이야기하는 도중에 경찰수첩에 기재하는 것은 삼간다.

⑤ 상대방 입장이 되어 질문하되, 선동하거나 실례가 되는 것은 묻지 않는다.

⑥ 중대한 사항은 가능한 한 상세하게 질문하되 사사건건 질문하지 않는다.

⑦ 명령조나 강요하는 듯한 말투로 묻지 않는다.

(12) 범죄첩보

범죄첩보는 수사첩보의 일종으로 수사상 참고가 될 만한 제반사항으로 범죄가 다양화·교묘화 됨에 따라 매우 중요하다. 경찰은 범죄의 수사에 있어 제1차적 책임을 지고 있으므로 범죄의 종류와 지역을 가리지 않고 적극적으로 범죄첩보를 얻도록 노력하여야 한다. 범죄첩보는 시한성, 결과지향성, 가치변화성, 결합성, 혼합성의 특성을 갖는다.

〈범죄첩보의 특성〉

시한성	범죄첩보는 시간이 경과함에 따라 가치가 감소함
결과지향성	범죄첩보는 수사 후 현출되는 결과가 있어야 함
가치변화성	범죄첩보는 수사기관의 필요성에 따라 가치가 달라짐
결합성	범죄첩보는 여러 첩보가 서로 결합되어 이루어짐
혼합성	범죄첩보는 그 속에 하나의 원인과 결과를 내포하고 있음

제2절 수사의 개시

검사의 사법경찰관리에 대한 수사지휘 및 사법경찰관리의 수사준칙

제17조(수사 개시)

① 사법경찰관은 법 제196조제2항에 따라 범죄의 혐의가 있다고 인식하는 때에는 수사를 개시하고 지체 없이 별지 제2호서식의 범죄인지서를 작성하여 수사기록에 편철(編綴)하여야 한다.

② 제1항의 범죄인지서에는 피의자의 성명, 주민등록번호, 직업, 주거, 범죄경력, 죄명, 범죄사실의 요지, 적용법조 및 수사의 단서와 범죄 인지 경위를 적어야 한다.

제18조(사건기록의관리)

① 사법경찰관리가 다음 각 호의 어느 하나에 해당하는 행위를 한 때에는 범죄인지서 작성 여부와 관계없이 관계 서류와 증거물을 검사에게 제출하여야 한다.

　1. 피의자신문조서를 작성한 때

　2. 긴급체포를 한 때

　3. 검사에게 체포·구속영장을 신청한 때

　4. 사람의 신체, 주거, 관리하는 건조물, 자동차, 선박, 항공기 또는 점유하는 방실(房室)에 대하여 압수·수색·검증영장을 신청한 때

② 사법경찰관리는 다음 각 호의 어느 하나에 해당하는 행위를 하고, 범죄인지서를 작성하지 아니한 사건에 대해서는 매 분기별로 해당 사건의 목록과 요지를 검사에게 제출하여야 한다.

　1. 제1항제4호의 압수·수색·검증을 제외한 압수·수색·검증, 통신제한조치, 통신사실확인자료 제공 등 법원으로부터 법 및 다른 법령에 따른 영장 또는 허가서를 발부받아 대물적(對物的) 강제처분을 집행한 때

　2. 피혐의자를 출석시켜 조사한 때

　3. 현행범인을 체포·인수한 때

③ 제2항의 경우 사건관계인이 검사에게 이의를 제기하거나, 검사가 사건관계인의 인권이 침해되었다고 인정할 만한 현저한 이유가 있다고 판단하여 검사가 구체적 사건을 특정하여 관계 서류와 증거물을 제출할 것을 서면으로 지시한 때에는 사법경찰관리는 그 지시에 따라야 한다.

범죄수사규칙

제5절 고소·고발·자수 사건

제42조(고소·고발의 접수) ①경찰관은 고소·고발이 있는 때에는 이를 접수하되, 다음 각호의 하나에 해당되는 경우에는 수리하지 않고 반려할 수 있다.

　1. 고소·고발사실이 범죄를 구성하지 않을 경우

　2. 공소시효가 완성된 사건

　3. 동일한 사안에 대하여 이미 법원의 판결이나 수사기관의 처분이 존재하여 다시 수사할 가치가 없다고 인정되는 사건. 다만, 고소·고발인이 새로운 증거가 발견된 사실을 소명한 때에는 예외로 함

　4. 피의자가 사망하였거나 피의자인 법인이 존속하지 않게 되었음에도 고소·고발된 사건

　5. 반의사불벌죄의 경우, 처벌을 희망하지 않는 의사표시가 있거나 처벌을 희망하는 의사가 철회되었음에도 고소·고발된 사건

　6. 「형사소송법」 제223조의 규정에 의해 고소 권한이 없는 자가 고소한 사건

　7. 「형사소송법」 제224조, 제232조, 제235조에 의한 고소 제한규정에 위반하여 고소·고발된 사건

②전항에 의한 반려시 그 사유와 이의를 제기할 수 있음을 고지하여야 한다.

③전항의 이의제기가 있는 경우, 심의위원회를 개최하여 수리여부를 결정할 수 있다.

④고소·고발은 관할여부를 불문하고 접수하여야 한다. 단, 「고소·고발사건 이송 및 수사촉탁에 관한 규칙」 제4조에 규정된 관할권이 없어 계속 수사가 어려운 경우에는 제190조에 따라 책임수사가 가능한 관서로 인계하여야 한다.

제43조(고소·고발인 진술조서) ①경찰관은 구술에 의한 고소·고발을 받았을 때에는 진술조서를 작성하여야 한다.

②경찰관은 서면에 의한 고소·고발을 받았을 때에는 그 취지가 불분명할 경우 고소·고발인에게 보충서면을 제출하게 하거나 진술조서를 작성하여야 한다.

제44조(자수와 준용규정) ①제42조제4항 본문 및 제43조의 규정은 자수의 경우에 준용한다.

②경찰관은 자수사건을 수사할 때에는 해당 범죄사실이나 자수인이 범인으로서 이미 발각되어 있었던 것인지 여부와 진범인이나 자기의 다른 범죄를 숨기기 위해서 해당 사건만을 자수하는 것인지 여부를 주의하여야 한다.

제45조(고소의 대리 등) ①경찰관은 「형사소송법」 제236조의 규정에 따라 피해자로부터 위임을 받은 대리인으로부터 고소를 수리할 때에는 위임장을 제출하게 하여야 한다.
②경찰관은 「형사소송법」 제225조부터 제228조까지에서 규정한 피해자 이외의 고소권자로부터 고소를 수리할 때에는 그 자격을 증명하는 서면을 제출하게 하여야 한다.
③전항 고소권자의 위임에 따른 대리인으로부터 고소를 수리할 때에는 제1항 및 제2항의 서면을 함께 제출하게 하여야 한다.
④제1항부터 제3항까지의 규정은 고소를 취소하는 경우에 준용한다.

제46조(고소·고발 수리시 주의사항) ①경찰관은 고소사건을 수사할 때에는 고소권의 유무, 자기 또는 배우자의 직계존속에 대한 고소 여부, 친고죄에 있어서는 「형사소송법」 제230조 소정의 고소기간의 경과여부, 죄에 있어서는 「형사소송법」 제229조 소정의 조건의 구비여부, 피해자의 명시한 의사에 반하여 죄를 논할 수 없는 사건에 있어서는 처벌을 희망하는가의 여부를 각각 조사하여야 한다.
②경찰관은 고발사건을 수사할 때에는 자기 또는 배우자의 직계존속에 대한 고발인지 여부, 관세법·조세범처벌법 등 고발이 소송조건인 범죄에 있어서는 고발권자의 고발이 있는지 여부 등을 조사하여야 한다.

제47조(고소·고발사건의 수사) ①경찰관은 고소·고발을 수리하였을 때에는 즉시 수사에 착수하여야 한다.
②경찰관은 고소·고발에 따라 범죄를 수사할 때에는 다음 각호의 사항에 주의하여야 한다.
1. 무고, 중상을 목적으로 하는 허위 또는 현저하게 과장된 사실의 유무
2. 해당 사건의 범죄사실 이외의 범죄 유무

제48조(고소·고발사건의 수사기간) ①고소·고발 사건은 접수한 날로부터 2개월 이내에 수사를 완료하여야 한다.
②경찰관은 전항의 기간 내에 수사를 완료하지 못하였을 때에는 그 이유를 경찰서장에게 보고하고 지방검찰청 또는 지청 검사의 지휘를 받아야 한다.

제49조(친고죄의 긴급수사착수) 경찰관은 친고죄에 해당하는 범죄가 있음을 인지한 경우에 즉시 수사를 하지 않으면 증거수집 등 그 밖의 사후 수사가 현저히 곤란하게 될 우려가 있다고 인정될 때에는 고소권자의 고소가 제출되기 전에도 수사할 수 있다. 다만, 고소권자의 명시한 의사에 반하여 수사할 수 없다.

제50조(고소 취소 등에 따른 조치) ①경찰관은 고소·고발의 취소가 있을 때에는 그 사유를 명백히 조사하여야 한다.
②피해자의 명시한 의사에 반하여 죄를 논할 수 없는 범죄에 관하여 처벌을 희망하는 의사표시의 철회가 있을 때에도 전항과 같다.
③경찰관은 친고죄에 해당하는 사건을 송치한 후 고소인으로부터 그 고소의 취소를 수리하였을 때에는 즉시 필요한 서류를 작성하여 검사에게 송부하여야 한다.

제51조(범칙사건의 고발) 경찰관은 범칙사건에 관하여 세무공무원 등으로부터 고발을 받았을 때에는 즉시 수사를 하여야 하며 항상 해당 공무원과 긴밀한 연락을 취하여야 한다.

제52조(범칙사건의 긴급수사착수) 경찰관은 범칙사건에 관하여 즉시 수사를 하지 않으면 증거의 수집 그 밖의 사후에 있어서의 수사가 현저히 곤란하게 될 우려가 있다고 인정될 때에는 세무공무원 등의 고발이 제출되기 전이라도 수사하여 그 결과를 해당 공무원에게 통지하여야 한다.

제53조(범칙사건의 통지 등) ①경찰관은 「관세법」, 「조세범처벌법」 등에 따른 범칙사건을 인지하였을 때에는 해당 사건의 관할관서에 통지하여야 한다.
②경찰관은 세무공무원 등이 조사를 위한 조사, 수색, 압수를 함에 있어서 협조를 요구할 때에는 필요한 지원을 할 수 있다.

1. 수사개시의 일반

수사기관이 사건을 수리하여 수사를 개시하는 것을 입건이라고 하며 범죄혐의 있다고 인정할 때 수사개시 된다. 사건을 수리하는 것은 단순한 접수가 아니라 수리사유에 해당된 다고 판단되어 사건번호를 부여하는 절차이며, 입건된 사건의 피의자[1]에 대한 모든 사건 은 수사를 한 후 검찰청에 송치하여야 한다. 입건의 원인은 내사를 통한 범죄의 인지, 고 소·고발·자수의 수리시다.

2. 수사의 단서

(1) 의의

수사를 개시할 수 있는 자료를 수사단서라고 하며, 수사의 단서는 제한이 없으므로 어 떤 것도 수사의 단서가 될 수 있다. 경찰관은 수사 단서를 얻는데 적극적인 노력을 해야 한다.

(2) 종류

수사기관 체험에 의한 단서	타인의 체험에 의한 단서
현행범 체포 변사자 검시, 불심검문, 신문, 출판물, 풍설 등	고소, 고발 자수 피해신고 등(익명신고 포함) 투서

(3) 수사 개시

① 고소·고발·자수가 있는 때에는 즉시 수사가 개시되고 피고소인 등은 피의자의 지 위를 가지게 된다. 그러나 그 이외에는 수사의 단서가 있다고 하여 바로 수사가 개 시되는 것이 아니라 수사기관의 범죄인지에 의하여 비로소 수사가 개시된다. 예를 들어, 진정이 있으면 수사기관이 내사단계를 거쳐 범죄혐의를 인지한 경우 피의자 가 된다.

---

1) 범죄인지보고서의 작성 시에 피의자가 되는 것은 아니다(2000도2986).

② 범죄인지란 수사기관이 고소·고발·자수 이외의 수사단서(변사자의 검시·불심검문·기사·풍설·세평·진정·범죄신고 등)가 있는 경우에 범죄의 혐의가 있다고 판단하여 수사를 개시하는 것을 말하며, 입건이라고도 한다. 범죄인지 전의 수사기관에 의한 조사를 내사라고 하며, 피내사자는 범죄인지에 의해서 피의자로 된다.

범죄수사규칙

제29조(피해신고의 접수 및 처리) ① 경찰관은 범죄로 인한 피해신고가 있는 경우에는 관할구역 여부를 불문하고 이를 접수하여야 한다.
 ② 경찰관은 피해신고 중 범죄에 의한 것이 아님이 명백한 경우 피해자 구호 등 필요한 조치를 행한 후 범죄인지는 하지 않는다.
 ③ 경찰관은 제1항의 신고가 구술에 의한 것일 때에는 신고자에게 별지 제8호 서식의 피해신고서 또는 진술서를 작성하게 하여야 한다. 이 경우 신고자가 피해신고서 또는 진술서에 그 내용을 충분히 기재하지 않았거나 기재할 수 없을 때에는 별지 제33호 서식에서 제39호 서식까지의 진술조서를 작성하여야 한다.

---

③ 범죄사건부 작성[2]

(사법경찰관리집무규칙 제10조) 범죄사건부에 기재하고 사건번호를 별도 부여할 사건

① 형사소송법 제11조 소정의 관련사건, 이미 검찰청 또는 상당관서에 송치하거나 이송한 후에 수리한 사건
② 불기소처분이 있은 후 검사의 지휘에 따라 다시 수사를 개시한 사건
③ 검사로부터 수사지휘를 받은 사건
④ 타인으로 부터의 이송 받은 사건
⑤ 검찰청에 송치하기 전의 맞고소 사건
⑥ 판사로부터 검찰청에 송치명령을 받은 즉결심판 사건
⑦ 피고인으로부터 정식재판 청구가 있는 즉결심판 사건

---

3. 수사기관 자신의 체험에 의한 단서

현행범 체포(후술), 변사자 검시, 불심검문, 신문, 출판물, 풍설 등이 있다.

(1) 변사자 검시(檢視)[3]

① 개념

사망 사건이 범죄에 기인한 것인가를 판단하기 위하여 변사체 및 그 주위 현장을 종합

---

2) ① 범죄사건부에 기재 불요 : 내사지휘사건, 범죄첩보사건, 진정·탄원·민원사건의 경우 별도의 사건번호를 부여하지 않고 형사민원접수처리부에 등재하여 별도 관리한다.
 ② 수사의 단서가 입수되면 즉시 수사가 개시된다. (X) → 수사 단서가 입수되면 내사 과정을 거친 후 범죄 혐의가 입증되었을 때 수사가 개시된다.
 ③ 고소를 수리 한 후 혐의 없음으로 판단되어 내사종결하였다. (X) → 고소를 수리하였다면 검찰로 송치하여야 한다.
3) 검시(檢屍)란 의사가 죽음에 대한 의학적인 판단을 위해 주로 시체에 대하여 시행하는 검사(檢查)를 의미한다.

적으로 조사하는 것으로서, 수사기관이 범죄혐의 유무를 조사하는 것을 의미한다. 변사자의 검시는 범죄혐의의 존재를 전제로 하지 아니하고 검시의 결과 그 사망이 범죄에 기인한 것이라고 인정되는 경우에 비로소 수사가 개시되는 것이다. 따라서 변사자의 검시는 수사가 아니라 수사전의 처분인 수사의 단서에 해당한다.[4]

② 관련 법규

변사자의 검시(범죄수사규칙)

제31조(변사자의 검시) ①경찰관은 변사자 또는 변사로 의심되는 사체를 발견하거나 사체가 있다는 신고를 받았을 때에는 즉시 관할 경찰서장에게 보고하여야 한다.

②사법경찰관은 전항의 경우에 「형사소송법」 제222조의 규정에 따른 검시가 이루어질 수 있도록 즉시 관할 지방검찰청 또는 지청의 검사에게 다음 각호의 사항을 보고하여 지휘를 받아야 한다.

  1. 발견일시 · 장소와 발견자의 주거, 직업, 성명, 연령
  2. 발견경위
  3. 발견자의 신고일시
  4. 변사자의 주거, 직업, 성명, 연령, 성별(판명되지 않을 때에는 인상, 체격, 추정 연령, 특징, 착의 등)
  5. 사망의 추정년월일시
  6. 사인(특히 범죄행위에 기인 여부)
  7. 사체의 상황
  8. 소지금품 등 증거품 및 참고사항
  9. 의견

제33조(검시와 참여인) 전조의 경우 사법경찰관리와 의사를 참여하게 하는 외에 검시에 특별한 지장이 없다고 인정할 때에는 변사자의 가족, 친족, 이웃사람, 관련 공무원 등 필요한 자를 참여하게 하여야 한다.

제34조(검시의 요령과 주의사항) ① 사법경찰관은 검시할 때에는 다음 각호의 사항을 면밀히 조사하여야 한다.

  1. 변사자의 등록기준지 또는 국적, 주거, 직업, 성명, 연령과 성별
  2. 변사장소 주위의 지형과 사물의 상황
  3. 변사체의 위치, 자세, 인상, 치아, 전신의 형상, 상처, 문신 그 밖의 특징
  4. 사망의 추정연월일
  5. 사인(특히 범죄행위에 기인 여부)
  6. 흉기 그 밖의 범죄행위에 사용되었다고 의심되는 물건
  7. 발견일시와 발견자
  8. 의사의 검안과 관계인의 진술
  9. 소지금품 및 유류품
  10. 착의 및 휴대품
  11. 참여인
  12. 중독사의 의심이 있을 때에는 증상, 독물의 종류와 중독에 이른 경우
  ② 사법경찰관은 검시할 때에는 다음 각 호의 사항에 주의하여야 한다.
  1. 검시에 착수하기 전에 변사자의 위치, 상태 등이 변하지 않도록 현장을 보존할 것
  2. 변사자의 소지금품이나 그 밖의 유류한 물건으로서 수사에 필요가 있다고 인정할 때에는 이를 보

---

[4] 범죄의 혐의가 인정되어 수사가 개시된 경우에 하는 수사상 처분인 검증과 구별된다.

존하는데 유의할 것

3. 잠재지문과 변사자지문 채취에 유의하고 의사로 하여금 검안서를 작성하게 할 것

4. 자살자나 자살의 의심있는 시체를 검시할 때에는 교사자 또는 방조자의 유무, 유서가 있을 때에는 그 진위를 조사할 것

5. 지문미등록자의 경우 DNA 감정을 의뢰하고, 입양자로 확인된 경우에는 입양기관 탐문 등 신원확인을 위한 보강 조사를 할 것

제35조(사진의 촬영과 지문의 채취) 사법경찰관은 변사자에 관하여 검시, 검증, 해부, 조사 등을 하였을 때에는 특히 인상·전신의 형상·착의 그 밖의 특징있는 소지품의 촬영, 지문의 채취 등을 하여 사후의 수사 또는 신원조사에 지장을 초래하지 않도록 하여야 한다.

③ 사법검시와 행정검시 비교

	사법검시 I	사법검시 II	행정검시
보고	변사체를 발견하거나 신고를 받았을 때 즉시 경찰서장에게 보고		
	검사에게 발생보고 및 지휘건의		검사의 지휘 불요
목적	자·타살 등 그 사인을 규명 신원불상 변사체의 신원파악		국민 편익 도모 업무처리 신속
검시 · 부검	1. 대행검시시 의사의 참여 요구하여 검시를 행하고 검시조서 작성 2. 의사의 사체검안서 작성 첨부	1. 수사상 필요한 때에는 영장을 받아 검증하되 의사 기타 적당한 감정인에게 시체해부를 위촉 2. 긴급을 요할 때에는 영장없이 검증할 수 있으며 사후에 영장을 받아야 함(이 경우 검증조서와 감정서만을 작성하고 검시조서 작성 생략가능)	1. 지구대장·파출소장(이하 "지구대장등"이라 한다)은 관내에서 변사체로 발견되거나 사체가 있다는 신고를 받았을 때에는, 즉시 경찰서장에게 보고하여야 한다. 2. 보고를 받은 경찰서장은, 변사체가 행정검시 대상에 해당한다고 인정될 때에는 지구대장등에게 행정검시를 명한다. 3. 행정검시의 명을 받은 지구대장등은 의사의 검안을 거쳐 행정검시 조서를 작성하고, 사체는 즉시 유족에게 인도하여야 한다. 다만, 사체를 인수할 자가 없거나 신원이 판명되지 아니한 때에는 「범죄수사규칙」 제37조 및 제38조에 의한 조치를 취하여야 한다. 4. 행정검시를 행한 지구대장등은 행정검시 조서, 의사검안서, 사체인수서를 첨부하여 처리결과를 보고하여야 한다. 5. 경찰서장은 지구대장등이 보고한 변사사건 발생보고서(여백에 행정검시 지휘서명날인)에 행정검시결과 보고서를 첨부, 일자순으로 빠짐없이 철하고 색인을 기록한 행정검시부를 비치하여야

			한다.
대상 · 요건	1. 익사·소사·감전사·추락사·약물 또는 가스중독사·산업재해사·교통사고 사체(단, 도주차량에 의한 사고 사체, 표류익사체, 암장 사체는 제외) 2. 원거리, 도서지역 등 검사의 직접 검시로 시간이 현저하게 지연되는 지역의 모든 변사사건 3. 의사의 소견, 유족, 발견 목격자 등의 진술 및 현장 조사결과 범죄에 기인하지 않는 사실이 분명하거나 4. 범죄사실이 특정되어 고의 또는 과실에 기인한 변사체로서 5. 부검의 필요가 없거나 유족이 사인을 다투지 않는 변사사건에 한함	1. 살인·강도 등 중요 강력사건에 기인한 변사사건 2. 범죄 기인 여부 또는 사인이 불명하여 부검을 요하는 사건 3. 유족이 사인을 다투는 사건 4. 사회이목이 집중된 변사사건 또는 중요인사에 대한 변사사건	1. 수재·낙뢰·파선 등 자연재해사 또는 행려병사자 중 범죄에 기인하지 않는 사실이 명백하다고 인정될 때 2. 유의사항: 지구대장등은 행정검시 도중 사체가 범죄에 기인한 것으로 의심될 경우에는 지체없이 경찰서장에게 보고하여야 하며, 경찰서장은 수사에 착수하여야 한다.
사체 인도	발생시간 접수 12시간 이내 유족에게 인도	사건접수 24시간 이내에 사체를 유족에게 인도	사체는 즉시 유족에게 인도

④ 변사사건의 처리 요령(범죄수사규칙 제31조-38조).

변사자 발견보고	① 경찰관은 변사자 또는 변사에 의심이 있는 시체를 발견하거나 시체가 있다는 신고를 받았을 때에는 즉시 경찰서장에게 보고하여야 한다. ② 변사자 발생보고를 받은 사법경찰관은 검시가 행하여지도록 즉시 관할지방검찰청 또는 지청의 검사에게 보고 하여 그 지휘를 받아야 한다.
검시의 대행	① 사법경찰관은 검사로부터 「형사소송법」 제222조제3항의 규정에 따른 처분 지휘를 받았을 때에는 직접 검시하여야 한다. ② 사법경찰관은 제1항의 경우에 의사를 참여시켜 시체를 검시하고 즉시 그 결과를 경찰서장과 검사에게 보고하여야 한다. ③ 사법경찰관이 검시를 할 때에는 검시 관련 공무원을 참여시킬 수 있다. 이때 검시에 참여한 검시조사관은 별제 제205호 서식의 변사자조사결과보고서를 작성하여야 한다. ④ 사법경찰관은 제1항의 검시를 할 때 별지 제10호 서식의 검시조서를 작성하여야 하며, 변사자의 가족, 친족, 이웃사람, 관계자 등의 진술조서를 작성하였을 때에는 이를 의사의 검안서와 촬영한 사진 등과 함께 검시조서에 첨부하여야 한다.
검시에 이은 수사	① 검시를 한 경우에 사망이 범죄에 기인한 것으로 인정될 때에는 즉시 경찰서장과 당해 검시를 지휘한 검사에게 보고하는 동시에 수사를 개시하여야 한다.

	② 범죄수사에 필요한 때에는 압수 수색 검증영장을 받아 검증을 하되, 의사 기타 적당한 감정인에게 시체의 해부를 위촉하여야 한다. 다만, 긴급을 요할 때에는 영장 없이 검증할 수 있으나, 이 경우에는 사후에 지체없이 영장을 발부 받아야 한다.[5] ③ 이 경우 검증조서와 감정서만을 작성하고, 검시조서의 작성을 생략할 수 있다.
사체의 인도	① 사법경찰관은 변사체를 사법검시한 결과 그 사망이 범죄에 기인하지 아니한 것으로 명백히 인정되었을 때에는 검사의 지휘를 받아 소지품 등과 같이 시체를 신속히 유족 등에게 인도 하여야 한다. 다만, 시체를 인수할 자가 없거나, 그 신원이 판명되지 아니한 때에는 시체 현재지 구청장 시장 또는 읍·면장에게 인도하여야 한다 ② 이 때 시체 및 소지금품 인수서를 받아야 한다. ③ 변사체는 후일을 위하여 매장함을 원칙으로 한다.
총보	① 사법경찰관은 변사체의 검시를 한 경우에 사망자의 등록기준지가 분명하지 않거나 사망자를 인식할 수 없을 때에는 「가족관계의 등록 등에 관한 법률」 제90조제1항의 규정에 따라 지체없이 사망지역의 구·시·읍·면의 장에게 검시조서를 첨부하여 사망통지서를 송부하여야 한다. ② 사법경찰관은 전항에 따라 통보한 사망자의 등록기준지가 분명하여졌거나 사망자를 인식할 수 있게 된 때에는 「가족관계의 등록 등에 관한 법률」 제90조제2항의 규정에 의하여 지체없이 그 취지를 해당 구·시·읍·면의 장에게 통보하여야 한다.

⑤ 검사의 사법경찰관리에 대한 수사지휘 및 사법경찰관리의 수사준칙

제51조 (변사자의 검시)	① 사법경찰관리는 변사자(變死者) 또는 변사한 것으로 의심되는 사체가 있으면 별지 제51호서식의 변사사건 발생 보고 및 지휘 건의서 또는 별지 제52호서식의 교통사고 변사사건 발생 보고 및 지휘 건의서를 작성하여 즉시 관할 지방검찰청 또는 지청의 검사에게 보고하고 지휘를 받아야 한다. 이 경우 검사는 신속하게 지휘하여야 한다. ② 사법경찰관리는 변사사건에 대한 검사의 지휘 내용 등에 대하여 조사를 마쳤을 때에는 별지 제53호서식의 변사사건 처리결과 및 지휘 건의서를 작성하여 관할 지방검찰청 또는 지청의 검사에게 보고하고 지휘를 받아야 한다. ③ 검사의 지휘를 받아 검시(檢視)를 하였을 때에는 별지 제54호서식에 따른 검시조서를 작성하여야 한다.
제52조 (검시의 주의사항)	① 사법경찰관리는 검시에 착수하기 전에 변사자의 위치, 상태 등이 변하지 아니하도록 현장을 보존하여야 한다. ② 변사자의 소지품이나 그 밖에 변사자가 남겨 놓은 물건이 수사에 필요하다고 인정될 때에는 이를 보존하는 데에 유의하여야 한다. ③ 검시할 때에는 잠재지문 및 변사자의 지문을 채취하는 데에 유의하고 의사로 하여금 사체검안서를 작성하게 하여야 한다.
제53조 (검시와 참여자)	사법경찰관리는 검시에 특별한 지장이 없다고 인정하면 변사자의 가족·친족·이웃사람·친구, 시·군·구·읍·면·동의 공무원이나 그 밖에 필요하다고 인정하는 자를 참여시켜야 한다.

---

5) 검시는 수사의 단서에 불과하므로 법관의 영장을 요하지 않는다. 검시 후 범죄의 혐의가 인정 되어 부검의 필요가 있을 때에는 영장을 요한다. 부검은 사체에 대한 검증이기 때문이다. 다만, 긴급을 요할 때에는 영장 없이 검증을 할 수 있다(222조제2항). 그러나 사후에 영장을 발부받아야 한다(범죄수사규칙 제 56조).

제54조 (자살자의 검시)	사법경찰관리는 자살한 사람을 검시할 때에는 자살을 교사(敎唆)하거나 방조한 자가 있 는지를 조사하여야 하며, 유서가 있으면 그 진위를 조사하여야 한다.

(2) 불심검문

① 의 의

경찰관이 거동이 수상한자를 발견한 때에 이를 정지시켜 질문하는 것을 말한다(경찰관직무집행법 제3조 제1항).[6] 범죄수사의 단서 및 범인발견의 계기가 된다.

② 대 상

수상한 거동 또는 기타 주위의 사정을 합리적으로 판단하여 죄를 범하려 하고 있다고 의심할 만한 상당한 이유가 있는 자 또는 이미 행하여진 범죄나 행하여지려고 하는 범죄행위에 관하여 그 사실을 안다고 인정되는 자가 그 대상이 된다(경찰관직무집행법 제3조 제1항). 거동불심자의 판단기준은 형식적인 거동 이상뿐만 아니라 경찰관이 가지고 있는 지식 정보를 고려하여 판단하여야 한다.

③ 방 법

불심검문은 정지와 질문 및 질문을 위한 동행요구를 그 내용으로 한다. 여기서 문제되는 것이 소지품검사의 허용여부이다.

정지와 질문	정지는 질문을 위한 수단이므로 강제수단에 의하여 정지시키는 것은 허용되지 아니한다. 따라서 정지요구에 응하지 않고 지나가거나 질문도중에 떠나는 경우에 실력행사를 인정할 수 있는 가가 문제되는데, 다수설은 사태의 긴급성, 혐의의 정도, 질문의 필요성과 수단의 상당성을 고려하여 강제에 이르지 않는 정도의 유형력의 행사는 허용된다고 본다. 질문은 임의수단이므로 질문에 대하여 상대방은 신체를 구속당하지 아니하며 답변을 강요당하지 아니 한다.
동행요구	경찰관은 그 장소에서 질문하는 것이 당해인에게 불리하거나 교통의 방해가 된다고 인정되는 때에는 질문하기 위하여 당해인을 부근의 경찰서, 파출소 또는 출장소에 동행할 것을 요구할 수 있으며, 당해인은 경찰관의 동행요구를 거절할 수 있다(경찰관직무집행법 제3조 제2항) 동행을 요구할 경우 경찰관은 자신의 신분을 표시할 증표를 제시하면서 소속과 성명을 밝히고 그 목적과 이유를 명하여야 하며, 동행장소를 밝혀야 한다. 동행한 경우 경찰관은 당해인의 가족 또는 친지 등에게 동행한 경찰관의 신분, 동행장소, 동행 목적과 이유를 고지하거나, 본인으로 하여금 즉시 연락할 수 있는 기회를 부여하여야 한다. 변호인의 조력을 받을 권리가 있음을 고지하여야 한다. 6시간을 초과하여 당해인을 경찰관서에 머무르게 할 수 없다(초과시 형법상 불법체포·감금죄 성립[7]).

---

6) 불심검문은 경찰행정작용으로 범죄수사와는 엄격하게 구별되어야 하며, 질문할 때 신분을 증명하는 증표(證票)와 소속, 성명, 목적과 이유 등을 고지해야 한다.

7) 경찰관직무집행법 제3조 제6항이 임의 동행한 경우 당해인을 6시간을 초과하여 경찰관서에 머물게 할 수

(3) 소지품 검사

소지품검사란 불심검문에 수반하여 흉기 기타 물건의 소지여부를 밝히기 위하여 거동 불심자의 착의 또는 휴대품을 조사하는 것을 말한다. 경찰관직무집행법은 불심검문에 관하여 질문시의 흉기소지의 조사에 대하여만 규정하고 있다(경찰관직무집행법 제3조 제3항).

범죄수사를 위한 경우 형사소송법상 영장주의가 적용되어 허용되지 않지만 범죄예방을 위한 흉기 소지품검사가 문제된다. 소지인의 승낙에 의한 소지품검사는 임의처분으로서 허용된다고 보아야 한다. 즉 거동불심자를 정지시켜 의복 또는 휴대품의 외부를 손으로 만져서 확인하는 외표검사(Stop and Frisk)는 불심검문에 수반하는 행위로 허용된다고 할 것이다. 또한 소지품의 내용을 개시할 것을 요구하는 것은 강요적 언동에 의하지 않는 한 허용된다고 보아야 할 것이다.[8]

(4) 타사건 수사 중 범죄발견

① 입건하여 수사 중인 해당 피의자에 대해 새로운 범죄혐의를 발견하게 되면 수사의 단서가 된다.

② 다른 사건 수사 중 새로운 범죄사실을 발견한 경우에는 별도의 사건번호를 부여하고 인지절차에 따르며, 관련사건으로 합철하여 처리하기도 한다.

(5) 보도·풍설·기사

수사기관은 신문·방송 보도, 풍설, 기사의 내용 중 범죄에 관한 것이 있는 때에는 진상을 내사한 후 범죄혐의가 있다고 인정되는 경우에는 즉시 수사에 착수하여야 한다.

4. 타인 체험에 의한 수사 단서

(1) 고소

형사소송법

제223조【고소권자】범죄로 인한 피해자는 고소할 수 있다.

제224조【고소의 제한】자기 또는 배우자의 직계존속을 고소하지 못한다.

제225조【비피해자인 고소권자】

① 피해자의 법정대리인은 독립하여 고소할 수 있다.

② 피해자가 사망한 때에는 그 배우자, 직계친족 또는 형제자매는 고소할 수 있다. 단, 피해자의 명시한 의사에 반하지 못한다.

없다고 규정하고 있다고 하여 그 규정이 임의로 6시간 동안은 경찰관서에 구금하는 것을 허용하는 것은 아니다(대판 1997 3 22, 97 도 1240).

8) Terry사건은 경관이 강도의 의심이 있는 3인을 검문하면서 의복의 외부를 만진 결과 pistol을 발견 한 후 무기휴대죄로 기소한 사건에서 합리적인 압수수색이므로 증거로 사용이 가능하다. Sibron사건은 마약상습자와 식당에서 대화하고 있는 Sibron의 포켓을 손에 넣고 조사하여 헤로인을 발견한 것은 상당한 방법에 의한 수색이 아니다.

제226조【동전】피해자의 법정대리인이 피의자이거나 법정대리인의 친족이 피의자인 때에는 피해 자의 친족은 독립하여 고소할 수 있다.

제227조【동전】사자의 명예를 훼손한 범죄에 대하여는 그 친족 또는 자손은 고소할 수 있다.

제228조【고소권자의 지정】친고죄에 대하여 고소할 자가 없는 경우에 이해관계인의 신청이 있으면 검사는 10일 이내에 고소할 수 있는 자를 지정하여야 한다.

제229조【배우자의 고소】

① 형법 제241조의 경우에는 혼인이 해소되거나 이혼소송을 제기한 후가 아니면 고소할 수 없다.

② 전항의 경우에 다시 혼인을 하거나 이혼소송을 취하한 때에는 고소는 취소된 것으로 간주한다.

제230조【고소기간】

① 친고죄에 대하여는 범인을 알게 된 날로부터 6월을 경과하면 고소하지 못한다. 단, 고소할 수 없는 불가항력의 사유가 있는 때에는 그 사유가 없어진 날로부터 기산한다.

② 형법 제291조의 죄로 약취, 유인된 자가 혼인을 한 경우의 고소는 혼인의 무효 또는 취소의 재판이 확정된 날로부터 전항의 기간이 진행된다.

제231조【수인의 고소권자】

고소할 수 있는 자가 수인인 경우에는 1인의 기간의 해태는 타인의 고소에 영향이 없다.

제232조【고소의 취소】

① 고소는 제1심 판결선고전까지 취소할 수 있다.

② 고소를 취소한 자는 다시 고소하지 못한다.

③ 피해자의 명시한 의사에 반하여 죄를 논할 수 없는 사건(반의사불벌죄)에 있어서 처벌을 희망하는 의사표시의 철회에 관하여도 전2항의 규정을 준용한다.

제233조【고소의 불가분】

친고죄의 공범중 그 1인 또는 수인에 대한 고소 또는 그 취소는 다른 공범자에 대하여도 효력이 있다.

① 의의

고소는 범죄의 피해자 또는 그와 일정한 관계있는 자(고소권자)가 수사기관에 대하여 범죄사실을 신고하여 범인의 처벌을 구하는 의사표시를 말한다. 범인의 처벌을 구하는 의사표시로서 도난신고, 피해전말서의 제출 등 피해사실을 신고하는데 지나지 않는 경우에는 고소라고 할 수 없으며, 고소에는 고소의 의미를 이해할 수 있는 소송행위능력(고소능력)이 있어야 한다.

수사기관에 대한 신고	고소는 수사기관에 대한 의사표시이다. 따라서 법원에의 진정서제출이나 피고인의 처벌을 구하는 증언은 고소가 아니다.
범죄사실의 신고	대상범죄사실의 특정을 요한다. 그러나 특정의 정도는 범죄사실의 지정과 범인의 처벌을 구하는 의사를 확정할 수 있으면 족하다. 범죄의 일시, 장소, 방법, 죄명, 피해 등을 특정할 필요는 없다. 범인의 적시도 불필요하다. 단, 상대적 친고죄에서는 신분관계 있는 범인을 지정을 요한다.[9]

---

9) 고소는 고소인이 일정한 범죄사실을 수사기관에 신고하여 범인의 처벌을 구하는 의사표시이므로 그 고소한 범죄사실이 특정되어야 할 것이지만 그 특정의 정도는 고소인의 의사가 구체적으로 어떤 범죄사실을 지정하여 범인의 처벌을 구하고 있는가를 확정할 수만 있으면 되는 것이고, 고소인 자신이 직접 범행의 일시·장소와 방법 등까지 구체적으로 상세히 지정하여 범죄사실을 특정할 필요까지는 없다(대판

② 구별개념

고소는 피해자나 고소권자의 의사표시인 점에서 그 이외의 제3자가 수사기관에 범죄사실을 신고하여 처벌을 구하는 의사표시인 고발과 구별되며, 범인이 스스로 수시기관에 범죄사실을 신고하는 자수와 구별된다.

③ 성 격

고소는 수사개시의 단서가 되며, 친고죄에 있어서는 소송조건이 된다. 그러므로 친고죄에서 고소 없는 공소제기는 무효이나 반의사불벌죄인 폭행죄에서 고소 없는 공소제기는 유효이다.

④ 고소권자

고소는 고소권자에 의하여 행하여져야 한다. 따라서 고소권이 없는 자의 고소는 고소로서의 효력이 없다.

피해자	ⓐ 범죄로 인한 피해자는 고소할 수 있다(제223조). 피해자는 직접적인 피해자를 의미하므로 간접적 피해자는 제외된다. 그러므로 절도죄의 피해자에게 채권자는 간접적인 피해자에 불과하여 고소권자가 아니다. ⓑ 침해법익의 주체 행위의 객체도 포함된다. 그러므로 공무집행방해죄에서의 공무원도 피해자가 될 수 있다. ⓒ 삼각사기의 피해자도 고소권자이다 ⓓ 고소권은 일신전속적인 권리이므로 상속·양도의 대상이 될 수 없다. 다만, 특허권·저작권과 같이 침해가 계속적인 경우에는 권리 이전에 따라 고소권도 이전된다(다수설).
피해자의 법정대리인	ⓐ 피해자의 법정대리인은 독립하여 고소할 수 있다(제225조 제1항). ⓑ '독립하여 고소할 수 있다'에 관하여 법정대리인의 고소권을 고유권으로 보는 견해(판례)와 독립대리권으로 보는 견해(다수설)의 대립이 있다.[10] • 독립대리권설 고소권은 일신전속적인 것이고, 친고죄에 있어서 법률관계의 불안정을 피하기 위해서 독립대리권으로 해석해야 한다는 견해이다. 따라서 피해자의 고소권이 소멸하면 법정 대리인의 고소권도 소멸하고, 피해자는 법정대리인이 한 고소를 취소할 수 있다. • 고유권설 고소권의 행사를 무능력자의 보호를 위하여 고유권으로 해석해야 한다는 견해이다. 따라서 피해자의 고소권이 소멸해도 법정대리인은 고소권을 행사할 수 있다. ⓒ 법정대리인의 지위는 고소할때에 있어야 한다. 따라서 범죄당시에 존재하지 않았거나 고소 후 에 지위를 상실하여도 고소는 유효하다.
피해자의 배우자· 친족[11]	ⓐ 피해자의 법정대리인이 피의자이거나, 피해자의 법정대리인의 친족이 피의자인 때에는 피해자의 친족은 독립하여 고소할 수 있다(제226조). 예) 아버지가 딸을 강제추행 한 경우 피해자의 생모가 아버지를 고소할 수 있다.

1988.10.25, 87 도 1114).

	ⓑ 피해자가 사망한 때에는 그 배우자·직계친족 또는 형제자매는 고소할 수 있다. 단, 피해자의 명시한 의사에 반하지 못한다(제225조 제2항). ⓒ 사자의 명예를 훼손한 경우 그 친족 또는 자손이 고소할 수 있다(제227조).
지정고소권자	친고죄에 대하여 고소할 자가 없는 경우에는 이해관계인의 신청이 있으면 검사는 10일 이내에 고소할 수 있는 자를 지정하여야 한다(제228조). 이해관계인은 법률상 또는 사실상의 이해관계인을 불문한다.
고소의 대리	고소는 대리인으로 하여금 하게 할 수 있다(제236조).[12]

⑤ 고소의 제한

직계존속에 대한 제한	① 자기 또는 배우자의 직계존속을 고소하지 못한다(제224조). ② 가정폭력의 행위자가 자기 또는 배우자의 직계존속인 경우에는 고소할 수 있으며(가정폭력범죄법 제6조).

⑥ 고소 시기[13]

  ⓐ 비친고죄는 고소기간에 제한이 없으나, 친고죄에 대하여는 범인을 알게 된 날로부터 6월을 경과 하면 고소하지 못한다. 단, 친고죄의 경우에 고소할 수 없는 불가항력의 사유가 있는 때에는 그 사유가 없어진 날로부터 기산한다(제230조 제1항).

  ⓒ 범인이란 정범뿐만 아니라 교사범과 종범을 포함한다. 다만, 상대적 친고죄에 있어서는 신분관계 있는 범인을 알아야 한다.

⑦ 고소의 방식

서면 또는 구술에 의한 방식	ⓐ 고소는 서면 또는 구술로써 검사 또는 사법경찰관에게 하여야 한다(제237조 제1항).[14] ⓑ 검사 또는 사법경찰관이 구술에 의한 고소를 받은 때에는 조서를 작성하여야 한다

---

10) 형사소송법 제225조 제1항이 규정한 법정대리인의 고소권은 무능력자의 보호를 위하여 법정대리인에게 주어진 고유권으로서 피해자의 고소권 소멸여부에 관계없이 고소할 수 있는 것이므로 법정대리인의 고소기간은 법정대리인 자신이 범인을 알게 된 날로부터 진행한다(대판 1987. 6. 3, 87도857).

11) 친고죄에 있어서 피해자가 사망하였다 하더라도 그의 모가 고소를 제기하였다면 그 공소제기는 적법하다 (67도1181).

12) 1. 대리인에 의한 고소의 방식 및 그 경우 고소기간의 산정 기준
  형사소송법 제236조의 대리인에 의한 고소의 경우, 대리권이 정당한 고소권자에 의하여 수여되었음이 실질적으로 증명되면 충분하고, 그 방식에 특별한 제한은 없으므로, 고소를 할 때 반드시 위임장을 제출한다거나 '대리'라는 표시를 하여야 하는 것은 아니고, 또 고소기간은 대리고소인이 아니라 정당한 고소권자를 기준으로 고소권자가 범인을 알게 된 날부터 기산한다(대판 2001. 9. 4. 선고 2001도3081).
  2. 피해자로부터 고소를 위임받은 대리인은 수사기관에 구술에 의한 방식으로 고소를 제기할 수도 있다(대판 2002. 6. 14. 선고 2000도4595).

13) 범인을 알게 된다 함은 범인이 누구인지 특정할 수 있을 정도로 알게 된다는 것을 의미하고, 범인의 동일성을 식별할 수 있을 정도로 인식함으로써 족하며, 범인의 성명, 주소, 연령 등까지 알 필요는 없다(대판 1999. 4. 23, 99도576).

	(동조 제2항).15) ⓒ 전보 또는 전화에 의한 고소는 조서를 작성하지 않는 한 유효한 고소로 볼 수 없다.
범죄사실의 특정	고소는 범인이 아닌 범죄사실이 특정되어야 한다. 특정의 정도는 고소인의 의사가 수사기관에 대하여 일정한 범죄사실을 지정신고하여 범인의 처벌을 구하는 의사표시가 있었다고 볼 수 있을 정도로 족하여 범인이 누구인지 특정할 필요가 없다.

⑧ 고소의 효력(고소불가분의 원칙)

고소불가분의 원칙은 친고죄의 고소 또는 그 취소의 효력이 미치는 범위에 관하여 객관적 불가분의 원칙과 주관적 불가분의 원칙이 있다. 형사소송법에는 주관적 불가분의 원칙에 관한 명문의 규정이 있으며(233조), 객관적 불가분의 원칙에 관해서는 명문의 규정은 없으나 이론적으로 당연한 것으로 인정되고 있다. 적용범위는 친고죄에서만 적용이 있고 비친고죄에는 적용이 없다.

ⓐ 객관적 불가분의 원칙

의의		1개의 범죄의 일부에 대한 고소 또는 그 취소는 효력은 동일성이 인정되는 그 범죄사실의 전부에 미친다는 원칙이다. 객관적 불가분 원칙을 인정하는 이유는 고소권자에 의한 국가 형벌권이 좌우 되는 것을 방지하여 형사사법의 공정성을 실현하기 위해서이다.
인정범위16)	단순일죄	단순일죄에 관하여는 예외 없이 적용된다.
	과형상 일죄	• 과형상 일죄의 각 부분이 모두 친고죄이고 피해자가 같을 때에는 객관적 불가분의 원칙이 적용된다 • 일죄의 각 부분이 친고죄라 하더라도 피해자가 다른 경우 예) 하나의 문서로 甲, 乙, 丙 3명을 모욕한 경우 甲의 고소는 乙, 丙에게 미치지 않는다. • 일죄의 일부분만이 친고죄인 때 비친고죄에 대한 고소의 효력은 친고죄에 미치지 않는다. • 친고죄에 대하여 고소를 취소한 경우 비친고죄에 대하여는 효력이 미치지 아니한다.
	수죄	객관적 불가분의 원칙은 한 개의 범죄사실을 전제로 한 원칙이므로 수죄, 즉 경합범에 대하여는 적용되지 않는다.

---

14) 수사기관 작성의 피해자 진술조서에 기재된 범인의 처벌을 요구하는 의사 표시의 효력과 관련하여 친고죄에 있어서의 고소는 고소권 있는 자가 수사기관에 대하여 범죄사실을 신고하고 범인의 처벌을 구하는 의사표시로서 서면뿐만 아니라 구술로도 할 수 있는 것이고, 다만 구술에 의한 고소를 받은 검사 또는 사법경찰관은 조서를 작성하여야 하지만 그 조서가 독립된 조서일 필요는 없으며 수사기관이 고소권자를 증인 또는 피해자로서 신문한 경우에 그 진술에 범인의 처벌을 요구하는 의사표시가 포함되어 있고 그 의사표시가 조서에 기재 되면 고소는 적법하게 이루어진 것이다(대판 1985. 3. 12. 선고 85도190).

15) 수사기관이 피해자에 대하여 고소의 의사 유무를 묻고 피해자가 고소의 의사표시를 하여 수사기관이 이를 참고인진술조서에 기재한 때에도 고소는 적법하다(대판1956. 1. 31, 4288 형상370).

16) 고소와 고소취소는 고소의 대상이 된 범죄사실과 동일성이 인정되는 범위내의 공소사실 전 부에 대하여 그 효력이 미친다(대판 1999. 4. 15 96도 1922).

ⓑ 주관적 불가분의 원칙

의의		친고죄의 공범 중 그 1인 또는 수인에 대한 고소 또는 그 취소는 다른 공범자에 대하여도 효력이 있다(제233조). 이를 고소의 주관적 불가분의 원칙이라고 한다. 여기에서 '공범'은 형법총칙에서 규정하고 있는 임의적 공범(공동정범, 교사범, 종범)에 한하지 않고 필요적 공범도 포함한다(85도1940).
적용 범위	절대적 친고죄의 경우	절대적 친고죄에 대해서는 예외없이 적용된다. 절대적 친고죄는 범인의 신분과는 무관하게 범죄의 성질 자체로 인해 친고죄로 되는 경우이므로 공범 중 1인에 대한 고소의 효력은 전원에 대하여 미친다.
	상대적 친고죄의 경우	• 공범자중 일부만이 신분관계에 있는 경우 비신분자에 대한 고소의 효력은 신분관계 있는 공범에게는 미치지 아니하며, 신분관계에 있는 자에 대한 피해자의 고소취소는 비신분자에게 효력이 없다.[17] • 친족 2인 이상이 공범관계에 있는 사건에 관하여는 1인의 친족에 대하여 한 고소라도 다른 친족에 그 효력이 미친다. 예) 조카 2명이 삼촌의 시계를 절취한 경우 1인에 대한 고소취소는 다른 공범자에게도 미친다.

ⓒ 반의사불벌죄에서 주관적 불가분의 원칙적용여부

형소법 제232조 ①, ② 항은 반의사불벌죄에서 적용되지만 제233조인 친고죄에서 인정된 고소의 주관적 불가분의 원칙은 명문의 규정으로 인정하고 있지 않아 적용여부가 문제된다. 예) "신문기자 甲과 乙은 A가 C양과 부적절한 관계에 있다고 기사를 작성하여 출판물에 의한 명예훼손죄로 고소를 받은 후 甲은 C로부터 고소를 취하 받았지만 乙은 고소취하를 받지 못한 경우 乙의 처벌문제이다" 우리 판례는 불가분의 원칙이 반의사불벌죄에 대하여 적용되지 아니하므로 甲은 공소기각판결하여야 하지만(제 327조 6호) 乙에 대하여는 실체재판 하여야 한다.[18]

---

17) 상대적 친고죄에 있어서의 피해자의 고소취소는 친족관계 없는 공범자에게는 그 효력이 미치지 아니한다 (대판 1964. 12. 15, 64도481).

18) 1. 형사소송법이 고소와 고소취소에 관한 규정을 하면서 제232조 제1항, 제2항에서 고소취소의 시한과 재고소의 금지를 규정하고 제3항에서는 반의사불벌죄에 제1항, 제2항의 규정을 준용하는 규정을 두면서도, 제233조에서 고소와 고소취소의 불가분에 관한 규정을 함에 있어서는 반의사불벌죄에 이를 준용하는 규정을 두지 아니한 것은 처벌을 희망하지 아니하는 의사표시나 처벌을 희망하는 의사표시의 철회에 관하여 친고죄와는 달리 공범자 간에 불가분의 원칙을 적용하지 아니하고자 함에 있다고 볼 것이다(대판 1994. 4. 26. 93도 1689)

2. 관세법상의 즉고발사건에 대하여는 고소·고발불가분의 원칙이 적용되지 않는다(대판 71도 1106). 그러므로 甲과 乙이 공동으로 조세법을 위반한 경우 세무서장이 甲에 대하여 고발을 행한 경우 甲에 대한 고발의 효력은 乙에게 미치지 아니하므로 甲만 검사는 공소제기 할 수 있다.

⑨ 고소의 취소와 포기

고소의 취소	고소취소 권자	고소를 취소할 수 있는 자는 고유의 고소권자와 대리행사권자다. 다만, 고유의 고소권자가 한 고소를 대리권자가 취소할 수 없다.[19]
	고소취소 시기	ⓐ 고소의 취소란 고소후 고소의 의사표시를 철회하는 소송행위로서 친고죄인 경우 제1심판결 전까지 취소할 수 있으며 고소를 취소한 자는 다시 고소할 수 없다. 반의사불벌죄의 처벌희망의사 철회도 동일하므로 1심판결선고전까 지 가능하다(232조). 단 비친고죄의 고소취소는 언제나 가능하다.
	고소취소 방법	고소의 방법과 동일하므로 서면 또는 구술로 가능하다. 공소제기 전에는 수사기 관에, 공소제기 후에는 법원에 해야 한다. 합의서를 고소의 취소라는 의사표시 로 인정할 수 있는지 여부는 합의서의 내용에 의하여 판단하여야 한다.
	고소취소 의 효과	ⓐ 고소를 취소한 자는 다시 고소하지 못한다(232조2항). ⓑ 고소를 취소한 때는 공소권 없음의 불기소처분이나 공소기각판결을 하여야 한다. 또한 고소 불가분의 원칙도 적용된다(제233조).
고소의 포기[20]	ⓐ 적극설 고소의 취소를 인정하는 이상 고소의 포기도 인정해야 하고, 이를 인정하는 경우 친고죄의 수사를 신속히 종결할 수 있으므로 고소의 포기를 인정해야 한다. ⓑ 소극설 • 고소의 포기에 관한 명문 규정이 없으며 고소권은 공법상 권리이므로 개인이 처분 할 수 없 다는 견해이다. • 공법상의 권리이므로 사적 처분을 허용할 수 없고, 고소권 소멸을 위한 폐단이 생길 수 있 으므로 포기를 인정할 수 없다.(판례)	

(2) 고발

형사소송법
제234조【고발】 ① 누구든지 범죄가 있다고 사료하는 때에는 고발할 수 있다. ② 공무원은 그 직무를 행함에 있어 범죄가 있다고 사료하는 때에는 고발하여야 한다. 제235조【고발의 제한】제224조의 규정은(제224조 자기 또는 배우자의 직계존속을 고소하지 못한다) 고발에 준용한다. 제237조【고소, 고발의 방식】 ① 고소 또는 고발은 서면 또는 구술로써 검사 또는 사법경찰관에게 하여야 한다. ② 검사 또는 사법경찰관이 구술에 의한 고소 또는 고발을 받은 때에는 조서를 작성하여야 한다. 제238조【고소, 고발과 사법경찰관의 조치】사법경찰관이 고소 또는 고발을 받은 때에는 신속히 조사하

---

19) 피해자가 한 고소를 피해자가 사망 후 父가 한 고소는 적법한 고소취소라 할 수 없다(83도 516).

20) 1. 친고죄에 있어서 피해자의 고소권은 공법상의 권리이고 법이 명문으로 인정하는 경우를 제외하고는 자
유처분 할 수 없고, 고소취소는 232조에 명문의 규정이 있으나 고소포기는 명문의 규정이 없으므로 고소
전에 고소권을 포기 할 수 없다(대판 1967 523 67도471).

2. 피해자가 고소장을 제출하여 처벌을 희망하는 의사를 분명히 표시한 후 고소를 취소한 바 없다면 비록
고소전에 피해자가 처벌을 원하지 않았다하더라도 그 후에 한 피해자의 고소는 유효하다(대판1993. 10.
22, 93도1620).

여 관계서류와 증거물을 검사에게 송부하여야 한다.

제239조【준용규정】전2조의 규정은 고소 또는 고발의 취소에 관하여 준용한다.

① 고발은 범인과 고소권자 이외의 제 3자가 수사기관에 대하여 범죄사실을 신고하여 범인의 소추를 구하는 의사표시이므로 반드시 범인을 지적할 필요도 없고 범인을 지적한 경우에도 진범인임을 요하지 않는다.

② 공무원은 그 직무를 행함에 있어서 범죄가 있다고 사료하는 때에는 고발하여야 한다(동조 제2항). '직무를 행함에 있어서'란 범죄의 발견이 직무내용에 포함되는 경우를 말하고, 직무집행과 관계없이 우연히 범죄를 발견한 경우는 여기에 해당하지 않는다.

③ 고발의 소송 조건

해당기관의 고발 필요 범죄	관세법(제284조), 조세범처벌법(제6조), 조세범처벌저차법(제12조) 물가안정에관한법률(제31조), 독점규제 및 공정거래에 관한 법률(제31조), 전투경찰대설치법(제11조), 출입국관리법(제101조) (즉 소속기관장의 고발이 있어야 수사할 수 있는 경우(고발이 소추조건)
해당기관의 고발 불요 범죄	• 특정범죄가중처벌에관한법률 • 폭력행위등처벌등에관한법률 • 자동차관리법 • 경범죄처벌법 • 식품위생법 • 병역법

(3) 고소 · 고발 · 자수사건(범죄수사규칙 제42조-제53조)

고소 · 고발의 접수	① 경찰관은 고소 · 고발이 있는 때에는 이를 접수하되, 다음 각호의 하나에 해당되는 경우에는 수리하지 않고 반려할 수 있다. 　1. 고소 · 고발사실이 범죄를 구성하지 않을 경우 　2. 공소시효가 완성된 사건 　3. 동일한 사안에 대하여 이미 법원의 판결이나 수사기관의 처분이 존재하여 다시 수사할 가치가 없다고 인정되는 사건. 다만, 고소 · 고발인이 새로운 증거가 발견된 사실을 소명한 때에는 예외로 함 　4. 피의자가 사망하였거나 피의자인 법인이 존속하지 않게 되었음에도 고소 · 고발된 사건 　5. 반의사불벌죄의 경우, 처벌을 희망하지 않는 의사표시가 있거나 처벌을 희망하는 의사가 철회되었음에도 고소 · 고발된 사건 　6. 「형사소송법」 제223조의 규정에 의해 고소 권한이 없는 자가 고소한 사건 　7. 「형사소송법」 제224조, 제232조, 제235조에 의한 고소 제한규정에 위반하여 고소 · 고발된 사건 ② 전항에 의한 반려시 그 사유와 이의를 제기할 수 있음을 고지하여야 한다. ③ 전항의 이의제기가 있는 경우, 심의위원회를 개최하여 수리여부를 결정할 수 있다. ④ 고소 · 고발은 관할여부를 불문하고 접수하여야 한다. 단, 「사건의 관할 및 관할 사건수사에 관한 규칙」 제5조에 규정된 관할권이 없어 계속 수사가 어려운 경우에는 제190조에 따라 책임수사가 가능한 관서로 인계하여야 한다.

고소·고발인 진술조서	① 경찰관은 구술에 의한 고소·고발을 받았을 때에는 진술조서를 작성하여야 한다. ② 경찰관은 서면에 의한 고소·고발을 받았을 때에는 그 취지가 불분명할 경우 고소·고발인에게 보충서면을 제출하게 하거나 진술조서를 작성하여야 한다.
자수와 준용규정	경찰관은 자수사건을 수사할 때에는 해당 범죄사실이나 자수인이 범인으로서 이미 발각되어 있었던 것인지 여부와 진범인이나 자기의 다른 범죄를 숨기기 위해서 해당 사건만을 자수하는 것인지 여부를 주의하여야 한다.
고소의 대리 등	① 경찰관은 「형사소송법」제236조의 규정에 따라 피해자로부터 위임을 받은 대리인으로부터 고소를 수리할 때에는 위임장을 제출하게 하여야 한다. ② 경찰관은 「형사소송법」제225조부터 제228조까지에서 규정한 피해자 이외의 고소권자로부터 고소를 수리할 때에는 그 자격을 증명하는 서면을 제출하게 하여야 한다. ③ 전항 고소권자의 위임에 따른 대리인으로부터 고소를 수리할 때에는 제1항 및 제2항의 서면을 함께 제출하게 하여야 한다. ④ 제1항부터 제3항까지의 규정은 고소를 취소하는 경우에 준용한다.
고소·고발 수리시 주의사항	① 경찰관은 고소사건을 수사할 때에는 고소권의 유무, 자기 또는 배우자의 직계존속에 대한 고소 여부, 친고죄에 있어서는 「형사소송법」제230조 소정의 고소기간의 경과여부, 피해자의 명시한 의사에 반하여 죄를 논할 수 없는 사건에 있어서는 처벌을 희망하는가의 여부를 각각 조사하여야 한다. ② 경찰관은 고발사건을 수사할 때에는 자기 또는 배우자의 직계존속에 대한 고발인지 여부, 관세법·조세범처벌법 등 고발이 소송조건인 범죄에 있어서는 고발권자의 고발이 있는지 여부 등을 조사하여야 한다.

고소·고발사건의
수사
	① 경찰관은 고소·고발을 수리하였을 때에는 즉시 수사에 착수하여야 한다.
	② 경찰관은 고소·고발에 따라 범죄를 수사할 때에는 다음 각호의 사항에 주의하여야 한다.
	  1. 무고, 중상을 목적으로 하는 허위 또는 현저하게 과장된 사실의 유무
	  2. 해당 사건의 범죄사실 이외의 범죄 유무

고소·고발사건의 수사기간	① 고소·고발 사건은 접수한 날로부터 2개월 이내에 수사를 완료하여야 한다. ② 경찰관은 제1항의 기간 내에 수사를 완료하지 못하였을 때에는 그 이유를 소속 경찰관서장에게 보고하고 검사에게 별지 제215호 서식에 따라 수사기일 연장지휘를 건의하여야 한다.
친고죄의 긴급수사착수	경찰관은 친고죄에 해당하는 범죄가 있음을 인지한 경우에 즉시 수사를 하지 않으면 증거수집 등 그 밖의 사후 수사가 현저히 곤란하게 될 우려가 있다고 인정될 때에는 고소권자의 고소가 제출되기 전에도 수사할 수 있다. 다만, 고소권자의 명시한 의사에 반하여 수사할 수 없다.
고소 취소 등에 따른 조치	① 경찰관은 고소·고발의 취소가 있을 때에는 그 사유를 명백히 조사하여야 한다. ② 피해자의 명시한 의사에 반하여 죄를 논할 수 없는 범죄에 관하여 처벌을 희망하는 의사표시의 철회가 있을 때에도 전항과 같다. ③ 경찰관은 친고죄에 해당하는 사건을 송치한 후 고소인으로부터 그 고소의 취소를 수리하였을 때에는 즉시 필요한 서류를 작성하여 검사에게 송부하여야 한다.
범칙사건의 고발	경찰관은 범칙사건에 관하여 세무공무원 등으로부터 고발을 받았을 때에는 즉시 수사를 하여야 하며 항상 해당 공무원과 긴밀한 연락을 취하여야 한다.
범칙사건의 긴급수사착수	경찰관은 범칙사건에 관하여 즉시 수사를 하지 않으면 증거의 수집 그 밖의 사후에 있어서의 수사가 현저히 곤란하게 될 우려가 있다고 인정될 때에는 세무공무원 등의

	고발이 제출되기 전이라도 수사하여 그 결과를 해당 공무원에게 통지하여야 한다.
범칙사건의 통지 등	① 경찰관은「관세법」,「조세범처벌법」 등에 따른 범칙사건을 인지하였을 때에는 해당 사건의 관할관서에 통지하여야 한다. ② 경찰관은 세무공무원 등이 조사를 위한 조사, 수색, 압수를 함에 있어서 협조를 요구할 때에는 필요한 지원을 할 수 있다.

〈고소와 고발의 비교〉

	고 소	고 발
제기권자	고소권자만	제한이 없다.
기간	친고죄는 6개월. 비친고죄는 제한 없다.	제한 없다.
대리	허용된다.	허용되지 아니한다.
취소시기	제1심 판결 선고 전까지, 비친고죄는 제한 없다.	제한 없다.
취소의 효과	재고소 금지	재고발 가능
제한	자기나 자기배우자의 직계존속은 고소할 수 없다.	자기나 자기배우자의 직계존속은 고소할 수 없다.

(4) 자수

① 자수는 범인이 스스로 수사기관에 대하여 자기의 범죄사실을 신고하여 그 수사와 소추를 구하는 의사표시이다.[21]

② 구별개념: 자수는 수사기관에 신고한다는 점에서 가해자가 피해자에게 자기의 범죄사실을 고백 하는 자복과 구별된다.

③ 자수는 형사소송법상 범죄수사의 유력한 단서이지만, 실체법상으로는 형의 감경 또는 감면사유이다(형법 제52조 제1항).[22]

④ 방식 구두 또는 서면으로 하며, 자수의 방식과 절차에 관하여는 고소와 고발에 관한 규정이 준용된다(제240조). 또한 자수의 취소는 인정되지 아니한다.[23]

---

21) 1. 자진출석하여 사실을 밝히고 처벌을 받고자 담당 검사에게 전화를 걸어 조사를 받게 해 달라고 요청하여 출석시간을 지정받은 다음 자진 출석하여 혐의사실을 인정하는 내용의 진술서를 작성하는 것은 자수에 해당한다(대판 1994. 9. 9. 94도 619)
2. 세관 검색기 금속탐지기에 의하여 대마휴대사실이 발각된 상황에서 세관 검색원의 추궁에 의하여 대마수입범행을 인정한 경우 자발성이 결여되어 자수에 해당하지 아니한다(대판 1999. 4. 13, 98도4560). 수사기관의 직무상의 질문, 조사에 응하여 범죄사실을 진술하는 것은 자백일 뿐 자수가 아니다(대판 1982. 9. 28, 82도1965).
3. 경찰관에게 검거되기 전 친지에게 전화로 자수의 의사를 전달한 것은 자수가 아니다(대판 1985. 9. 24, 85도1498).

22) 범죄사실을 부인하거나 죄의 뉘우침이 없는 자수는 진정한 자수로 볼 수 없다(대판 1994. 10. 14. 94도 2130).

23) 일단 자수가 성립하면 자수의 효력은 확정적으로 발생하고 그 후 법정에서 범행을 부인하더라도 일단 발생

⑤ 자수의 시기는 제한이 없다.[24]

(5) 검사의 사법경찰관리에 대한 수사지휘 및 사법경찰관리의 수사준칙의 고소, 고발 사건

제55조 (고소의 대리)	사법경찰관리는 법 제236조에 따른 대리인이 고소를 하거나 고소를 취소할 때에는 본인의 위임장을 제출받아야 한다.
제56조 (고소사건 등에 대한 주의사항)	사법경찰관은 고소사건에 대하여서는 고소권의 유무, 친고죄에 있어서는 법 제230조 및「성폭력범죄의 처벌 등에 관한 특례법」제18조의 규정에 의한 고소기간의 경과 여부, 죄에 있어서는 법 제229조의 규정에 의한 조건의 구비 여부, 피해자의 명시한 의사에 반하여 죄를 논할 수 없는 사건에 있어서는 처벌을 희망하는지 여부를 각각 조사하여야 한다.
제57조 (고소사건의 수사기간)	① 사법경찰관이 고소나 고발에 의하여 범죄를 수사할 때에는 고소나 고발이 있는 날부터 2개월 이내에 수사를 마쳐야 한다. ② 제1항의 기간 내에 수사를 마치지 못하였을 때에는 검사에게 별지 제1호서식에 따라 수사기일 연장지휘를 건의하여야 한다.
제58조 (고소 등의 취소)	① 사법경찰관은 고소나 고발의 취소가 있을 때에는 그 사유를 명백히 조사하여야 한다. ② 피해자의 명시한 의사에 반하여 죄를 논할 수 없는 사건의 경우 피해자가 처벌을 희망하는 의사표시를 철회하였을 때에도 제1항과 같다.

제3절 임의수사

1. 출석요구

(1) 출석요구의 방법(범죄수사규칙 제54조)

① 경찰관은 피의자 또는 참고인 등에 대하여 출석을 요구할 때에는 사법경찰관 명의로 별지 제18호 및1 제19호 서식의 출석요구서를 발부하여야 한다. 이 경우 출석요구서에는 출석요구의 취지를 명백하게 기재하여야 한다.

② 경찰관은 신속한 출석요구를 위하여 필요한 경우에는 전화·팩스·전자우편·문자메시지(SMS)전송 그 밖에 적당한 방법으로 출석요구를 할 수 있다.

③ 출석한 피의자 또는 참고인에 대하여는 지체없이 진술을 들어야 하며 장시간 기다리게 하는 일이 없도록 하여야 한다.

한 자수는 소멸되지 아니한다(대판 1994. 12. 27, 99도1695).
24) 1. 범죄사실과 범인이 누구인가가 발각된 후라 하더라도 범인이 자발적으로 자기의 범죄사 실을 수사기관에 신고한 경우 자수에 해당한다.(65도597)
2. 범죄사실이 발각된 후 신고하거나 지명수배를 받은 후라 할지라도 체포전에 행한 자발적으로 한 이상 자수에 해당한다(대판1968. 7. 30, 68도754).

(2) 출석요구통지부의 작성

범죄수사규칙 제55조	경찰관은 피의자 또는 참고인 등에 대하여 출석요구시에는 출석요구통지부에 필요사항을 등재하여 그 처리상황을 명백히 정리하여야 한다
검사의 사법경찰관리에 대한 수사지휘 및 사법경찰관리의 수사준칙 제19조	① 사법경찰관이 피의자 또는 참고인에게 출석을 요구할 때에는 별지 제4호서식 또는 별지 제5호서식에 따른 출석요구서를 발부하여야 한다. 이 경우 출석요구서에는 출석요구의 취지를 명백하게 적어야 한다. ② 사법경찰관은 신속한 출석요구 등을 위하여 필요할 때에는 전화, 팩스, 그 밖의 상당한 방법으로 출석을 요구할 수 있다. ③ 사법경찰관은 출석요구서를 발부하였을 때에는 그 사본을 수사기록에 첨부하여야 하며, 출석요구서 외의 방법으로 출석을 요구하였을 때에는 그 취지를 적은 수사보고서를 수사기록에 첨부하여야 한다. ④ 피의자나 참고인이 출석하였을 때에는 지체 없이 진술을 들어야 하며, 오랫동안 기다리게 하는 일이 없도록 하여야 한다. ⑤ 외국인을 조사할 때에는 국제법과 국제조약에 위배되는 일이 없도록 유의하여야 한다.

2. 피의자신문 및 피의자 아닌 자에 대한 조사

임의성의 확보	① 경찰관은 조사를 할 때에는 고문, 폭행, 협박, 신체구속의 부당한 장기화 그 밖에 진술의 임의성에 관하여 의심받을 만한 방법을 취하여서는 아니된다. ② 경찰관은 조사를 할 때에는 희망하는 진술을 상대자에게 시사하는 등의 방법으로 진술을 유도하거나 진술의 대가로 이익을 제공할 것을 약속하거나 그 밖에 진술의 진실성을 잃게 할 염려가 있는 방법을 취하여서는 아니된다. ③ 경찰관은 부득이한 사유가 있는 경우 이외에는 심야에 조사하는 것을 피하여야 한다. ④ 경찰관은 조사를 할 때에는 소속 경찰관서 사무실에서 하여야 하며 부득이한 사유로 그 이외의 장소에서 할 경우에는 소속 경찰관서장의 사전 승인을 받아야 한다.
진술 거부권 등의 고지	① 경찰관은 피의자를 조사할 때에는 미리 다음 각 호의 사항을 알려주어야 한다. 　1. 일체의 진술을 하지 아니하거나 개개의 질문에 대하여 진술을 하지 아니할 수 있다는 것 　2. 진술을 하지 않더라도 불이익을 받지 아니한다는 것 　3. 진술을 거부할 권리를 포기하고 행한 진술은 법정에서 유죄의 증거로 사용될 수 있다는 것 　4. 신문을 받을 때에는 변호인을 참여하게 하는 등 변호인의 조력을 받을 수 있다는 것 ② 경찰관은 전항에 따라 알려준 때에는 피의자가 진술을 거부할 권리와 변호인의 조력을 받을 권리를 행사할 것인지의 여부를 질문하고, 이에 대한 피의자의 답변을 조서에 기재하여야 한다. 이 경우 피의자의 답변은 피의자로 하여금 자필로 기재하게 하거나 경찰관이 답변을 기재한 부분에 기명날인 또는 서명하게 하여야 한다. ③ 제1항 및 제2항의 고지는 조사를 상당기간 중단하였다가 다시 개시할 경우 또는 담당 경찰관이 교체된 경우에도 다시 하여야 한다.

변호인의 선임	① 경찰관은 피의자 또는 사건관계인이 변호인을 선임하는 경우에는 변호인과 연명 날인한 선임서를 제출하게 하여야 한다. ② 경찰관은 변호인의 선임에 관하여 특정의 변호인을 시사하거나 추천하여서는 아니된다.

변호인의
피의자신문 등
참여
	① 경찰관은 피의자 또는 그 변호인·법정대리인·배우자·직계친족 또는 형제자매의 신청이 있는 경우에는 정당한 사유가 없는 한 변호인을 피의자의 신문과정에 참여하게 하여야 한다. 이 경우 정당한 사유란 변호인의 참여로 인하여 신문방해, 수사기밀 누설 등 수사에 현저한 지장을 줄 우려가 있다고 인정되는 경우를 말한다.
	② 경찰관은 제1항의 경우에 피의자 또는 피의자가 선임한 변호인에게 신문 일시를 통보하여야 한다.
	③ 경찰관은 변호인의 참여 신청을 받은 경우에는 변호인과 신문 일시를 협의하고, 변호인이 참여할 수 있도록 상당한 시간을 주어야 한다. 다만 변호인이 상당한 시간 내에 출석하지 않거나 변호인 사정으로 출석하지 않는 경우에는 변호인의 참여 없이 피의자를 신문할 수 있다.
	④ 사법경찰관은 피의자신문 중이라도 변호인의 참여로 인하여 다음 각호의 어느하나의 사유가 발생하여 신문방해, 수사기밀 누설 등 수사에 현저한 지장을 초래한 경우에는 변호인의 참여를 제한할 수 있다.
	  1. 사법경찰관의 승인 없이 부당하게 신문에 개입하거나 모욕적인 언동 등을 행하는 경우
	  2. 피의자를 대신하여 답변하거나 특정한 답변 또는 진술 번복을 유도하는 경우
	  3. 「형사소송법」 제243조의2 제3항의 취지에 반하여 부당하게 이의를 제기하는 경우
	  4. 피의자 신문내용을 촬영, 녹음, 기록하는 경우. 다만, 기록의 경우 피의자에 대한 법적 조언을 위해 변호인이 기억환기용으로 간략히 메모를 하는 것은 제외한다.
	⑤ 경찰관은 신문에 참여한 변호인에게 신문 후 의견을 진술할 수 있는 기회를 주고 해당 의견을 진술조서에 기재하여야 한다. 다만, 신문 중이라도 부당한 신문방법에 대한 이의 제기나 조사 중인 경찰관의 승인을 받은 경우에도 의견 진술권을 줄 수 있다.
	⑥ 경찰관은 변호인의 의견이 기재된 피의자신문조서는 변호인에게 열람하게 한후 변호인으로 하여금 그 조서에 기명날인 또는 서명하게 하여야 한다.
	⑦ 경찰관은 피의자신문조서 등에 변호인 참여 및 제한에 관한 사항을 기재하여야 한다.

변호인이 수인인 경우 신문참여 변호인 선정	사법경찰관은 신문에 참여하고자 하는 변호인이 2인 이상이고 피의자가 신문에 참여할 변호인을 지정하지 않는 경우에는 이를 직접 지정할 수 있다.
피의자의 신뢰관계자 동석	① 「형사소송법」 제244조의5 규정에 따라 피의자와 동석할 수 있는 신뢰관계에 있는 자는 피의자의 직계친족, 형제자매, 배우자, 가족, 동거인, 보호시설 또는 교육시설의 보호 또는 교육담당자 등 피의자의 심리적 안정과 원활한 의사소통에 도움을 줄 수 있는 자를 말한다. ② 사법경찰관은 피의자 또는 법정대리인이 제1항에 기재된 자에 대한 동석 신청을 한 때에는 신청인으로부터 별지 제23호 서식의 동석 신청서 및 피의자와의 관계를 소명할 수 있는 자료를 제출받아 기록에 편철하여야 한다. 다만, 신청서

	작성에 시간적 여유가 없는 경우 등에 있어서는 신청서를 작성하게 하지 않고, 수사보고서나 조서에 그 취지를 기재하는 것으로 갈음할 수 있으며, 대상자와 피의자와의 관계를 소명할 서류를 동석 신청시에 제출받지 못하는 경우에는 조사의 긴급성, 동석의 필요성 등이 현저히 존재하는 때에 한하여 예외적으로 동석조사 이후에 자료를 제출받아 기록에 편철할 수 있다. ③ 사법경찰관은 제2항에 의한 신청이 없더라도 동석의 필요성이 있다고 인정되는 때에 있어서는 피의자와의 신뢰관계 유무를 확인한 후 직권으로 신뢰관계자를 동석하게 할 수 있다. 다만, 이러한 취지를 수사보고서나 조서에 기재하여야 한다. ④ 사법경찰관은 수사기밀 누설이나 신문방해 등을 통해 수사에 부당한 지장을 초래할 우려가 있다고 인정할 만한 상당한 이유가 존재하는 때에는 동석을 거부할 수 있다. ⑤ 사법경찰관은 동석자가 수사기밀 누설이나 신문방해 등을 통해 부당하게 수사의 진행을 방해하는 경우에는 신문 도중에 동석을 중지시킬 수 있다.
피해자의 신뢰관계자 동석	① 「형사소송법」 제221조제3항, 제163조의2의 규정에 따라 피해자와 동석할 수 있는 신뢰관계에 있는 자는 피해자의 직계친족, 형제자매, 배우자, 가족, 동거인, 보호시설 또는 교육시설의 보호 또는 교육담당자 등 피해자의 심리적 안정과 원활한 의사소통에 도움을 줄 수 있는 자를 말한다. ② 전조 제2항부터 제5항까지의 규정은 피해자에 대한 신뢰관계자 동석에 준용한다. 이 경우 피의자는 피해자로, 신문은 조사로 본다.
공범자의 조사	① 경찰관은 공범자에 대한 조사를 할 때에는 분리조사를 원칙으로 하여 범행은폐 등 통모를 방지하여야 하며, 필요시에는 대질신문 등을 할 수 있다. ② 경찰관은 대질신문을 하는 경우에는 그 시기와 방법에 주의하여 한쪽이 다른 한쪽의 위압을 받는 등의 일이 없도록 하여야 한다.
증거물의 제시	경찰관은 조사 과정에서 피의자에게 증거물을 제시할 필요가 있는 때에는 적절한 시기와 방법을 고려하여야 하며, 그 당시의 피의자의 진술이나 정황 등을 조서에 기재해 두어야 한다.
임상조사 등	① 경찰관은 가료중인 피의자나 참고인을 임상조사하는 경우에는 피조사자의 건강상태를 충분히 고려하여야 하며, 수사에 중대한 지장이 없으면 가족, 의사, 그 밖의 적당한 사람을 참여시켜야 한다. ② 경찰관은 피의자 신문 이외의 경우 피조사자가 경찰관서로부터 멀리 떨어져 거주하거나 그 밖의 사유로 출석조사가 곤란한 경우에는 우편, 팩스, 전자우편 등의 방법으로 조사할 수 있다.
직접진술의 확보	① 경찰관은 사실을 명백히 하기 위하여 피의자 이외의 관계자를 조사할 필요가 있을 때에는 되도록 그 사실을 직접 경험한 자의 진술을 들어야 한다. ② 경찰관은 사건 수사에 있어 중요한 사항에 속한 것으로서 타인의 진술을 내용으로 하는 진술을 들었을 때에는 그 사실을 직접 경험한 자의 진술을 듣도록 노력하여야 한다.
진술자의 사망 등에 대비하는 조치	경찰관은 피의자 아닌 자를 조사하는 경우에 있어서 그 자가 사망, 정신 또는 신체상 장애 등의 사유로 인하여 공판준비 또는 공판기일에 진술하지 못하게 될 염려가 있고, 그 진술이 범죄의 증명에 없어서는 안될 것으로 인정할 경우에는 수사에 지장이 없는 한 피의자, 변호인 그 밖의 적당한 자를 참여하게 하거나 검사에게 증

	인 신문 신청을 하는 등 필요한 조치를 취하여야 한다.
피의자에 대한 조사사항	경찰관은 피의자를 신문하는 경우에는 다음 각 호의 사항에 유의하여 별지 제26호 서식에서 제32호 서식까지의 피의자신문조서를 작성하여야 한다. 1. 성명, 연령, 생년월일, 주민등록번호, 등록기준지, 주거, 직업, 출생지, 피의자가 법인 또는 단체인 경우에는 명칭, 상호, 소재지, 대표자의 성명 및 주거, 설립목적, 기구 2. 구(舊)성명, 개명, 이명, 위명, 통칭 또는 별명 3. 전과의 유무(만약 있다면 그 죄명, 형명, 형기 ,벌금 또는 과료의 금액, 형의 집행유예 선고의 유무, 범죄사실의 개요, 재판한 법원의 명칭과 연월일, 출소한 연월일 및 교도소명) 4. 형의 집행정지, 가석방, 사면에 의한 형의 감면이나 형의 소멸의 유무 5. 기소유예 또는 선고유예 등 처분을 받은 사실의 유무(만약 있다면 범죄사실의 개요, 처분한 검찰청 또는 법원의 명칭과 처분년월일) 6. 소년보호 처분을 받은 사실의 유무(만약 있다면 그 처분의 내용, 처분을 한 법원명과 처분년월일) 7. 현재 다른 경찰관서 그 밖의 수사기관에서 수사 중인 사건의 유무(만약 있다면 그 죄명, 범죄사실의 개요와 당해 수사기관의 명칭) 8. 현재 재판 진행 중인 사건의 유무(만약 있다면 그 죄명, 범죄사실의 개요, 기소 연월일과 당해 법원의 명칭) 9. 병역관계 10. 훈장, 기장, 포장, 연금의 유무 11. 자수 또는 자복하였을 때에는 그 동기와 경위 12. 피의자의 환경, 교육, 경력, 가족상황, 재산과 생활정도, 종교관계 13. 범죄의 동기와 원인, 목적, 성질, 일시장소, 방법, 범인의 상황, 결과, 범행 후의 행동 14. 피해자를 범죄대상으로 선정하게 된 동기 15. 피의자와 피해자의 친족관계 등으로 인한 죄의 성부, 형의 경중이 있는 사건에 대하여는 그 사항 16. 범인은닉죄, 증거인멸죄와 장물에 관한 죄의 피의자에 대하여는 본범과 친족 또는 동거 가족관계의 유무 17. 미성년자나 피성년후견인 또는 피한정후견인인 때에는 그 친권자 또는 후견인의 유무(만약 있다면 그 성명과 주거) 18. 피의자의 처벌로 인하여 그 가정에 미치는 영향 19. 피의자의 이익이 될 만 한 사항 20. 전 각호의 사항을 증명할 만한 자료 21. 피의자가 외국인인 경우에는 제243조 각 호의 사항
피의자 아닌 자에 대한 조사사항	경찰관은 피의자 아닌 자를 조사하는 경우에는 특별히 필요 없다고 인정되는 경우가 아니면 다음 각 호의 사항에 유의하여 별지 제33호 서식에서 제39조 서식까지의 진술조서를 작성하여야 한다. 1. 피해자의 피해상황 2. 범죄로 인하여 피해자 및 사회에 미치는 영향 3. 피해회복의 여부 4. 처벌희망의 여부 5. 피의자와의 관계 6. 그 밖의 수사상 필요한 사항

피의자신문조서 등 작성시 주의사항	① 경찰관은 피의자신문조서와 진술조서를 작성할 때에는 다음 각 호의 사항에 주의하여야 한다. 　1. 형식에 흐르지 말고 추측이나 과장을 배제하며 범의 착수의 방법, 실행행위의 태양, 미수·기수의 구별, 공모사실 등 범죄 구성요건에 관한 사항에 대하여는 특히 명확히 기재 　2. 필요할 때에는 진술자의 진술 태도 등을 기입하여 진술의 내용뿐 아니라 진술 당시의 상황을 명백히 알 수 있도록 함 ② 경찰관은 진술을 기재하였을 때에는 이를 진술자에게 열람하게 하거나 읽어 들려주어야 하며, 진술한 대로 기재되지 않았거나 사실과 다른 부분의 유무를 물어 진술자가 증감 변경의 청구 등 이의를 제기하거나 의견을 진술한 때에는 이를 조서에 추가로 기재하여야 한다. 이 경우 피의자가 이의를 제기하였던 부분은 읽을 수 있도록 남겨두어야 한다. ③ 경찰관은 제2항의 경우에 진술자가 조서에 대하여 이의나 이견이 없음을 진술한 때에는 진술자로 하여금 그 취지를 자필로 기재하게 하고 조서에 간인한 후 기명날인 또는 서명하게 하여야 한다.
진술서 등 접수	① 경찰관은 피의자와 그 밖의 관계자로부터 수기, 자술서, 경위서 등의 서류를 제출받는 경우에도 필요한 때에는 피의자신문조서 또는 진술조서를 작성하여야 한다. ② 경찰관은 진술인의 진술내용이 복잡하거나 진술인이 원하는 경우에는 진술서로 작성하여 제출하게 할 수 있다. 이 경우에는 될 수 있는 대로 진술인이 자필로 작성하도록 하고 경찰관이 대신 쓰지 않도록 하여야 한다.
수사과정의 기록	① 경찰관은 피의자신문조서를 작성하거나, 피의자가 아닌 자에 대한 진술조서를 작성할 때에는 별지 제44호 서식의 수사과정확인서를 작성하여 이를 조서의 끝부분에 편철하여 조서와 함께 간인함으로써 조서의 일부로 하거나 기록에 편철하여야 한다. ② 제1항의 수사과정확인서에는 조사장소 도착시각, 조사시작 및 종료시각 등을 기재하고,, 만약 조사장소 도착시각과 조사시작 시각에 상당한 시간적 차이가 있는 때에는 구체적인 이유 등을 기재하며, 조사가 중단되었다가 재개된 경우 그 이유와 중단 및 재개시각 등을 구체적으로 기재하는 등 조사과정의 진행경과를 확인하기 위해 필요한 사항을 기재하여야 한다. ③ 제1항 및 제2항은 수사과정에서 진술서를 작성하는 경우에도 준용한다
참고인의 진술	검사의 사법경찰관리에 대한 수사지휘 및 사법경찰관리의 수사준칙에 관한 규정 제24조 ① 사법경찰관리가 참고인의 진술을 들을 때에는 법 제317조에 따라 증거로 사용될 수 있도록 그 진술의 임의성을 보장하여야 하며, 조금이라도 진술을 강요하는 일이 있어서는 아니 된다. ② 참고인의 진술은 별지 제12호서식 또는 별지 제13호서식에 따른 진술조서에 적어야 하며, 별지 제8호서식 또는 별지 제9호서식에 따른 조서 끝 부분에 참고인으로부터 기명날인 또는 서명을 받아야 한다. ③ 진술사항이 복잡하거나 참고인이 서면진술을 원할 때에는 진술서를 작성하여 제출하게 할 수 있다. ④ 제3항의 경우에는 가능하면 자필로 작성할 것을 권고하여야 하며 수사담당 사법경찰관리가 대필(代筆)하지 아니하도록 한다.

3. 영상녹화

대상 (제73조)	① 경찰관은 피의자 또는 피의자 아닌 자의 조서를 작성하는 때에는 그 조사 과정을 영상녹화 할 수 있다. ② 영상녹화는 조사실 전체를 확인할 수 있고 조사받는 사람의 얼굴과 음성을 식별할 수 있도록 하여야 한다.
범위 (제74조)	① 경찰관은 조사과정을 영상녹화할 때에는 그 조사의 시작부터 조서에 기명날인 또는 서명을 마치는 시점까지의 모든 과정을 영상녹화하여야 한다. 다만, 조사 도중 영상녹화의 필요성이 발생하였을 때에는 그 시점에서 진행 중인 조사를 종료하고, 그 다음 조사의 시작부터 조서에 기명날인 또는 서명을 마치는 시점까지의 모든 과정을 영상녹화하여야 한다. ② 경찰관은 조사를 마친 후 조서 정리에 오랜 시간이 필요할 때에는 조서 정리과정을 영상녹화하지 아니하고, 조서 열람 시부터 영상녹화를 재개할 수 있다.
피의자 진술 영상녹화시 고지 (제75조)	경찰관은 피의자의 진술을 영상녹화하는 경우에는 다음 각 호의 사항을 고지하여야 한다. 1. 조사실 내의 대화는 영상녹화가 되고 있다는 것 2. 영상녹화를 시작하는 시각, 장소 3. 조사 및 참여 사법경찰관리 성명과 직급 4. 제57조 각 호에 규정된 진술거부권 및 변호인의 도움을 받을 권리 5. 조사를 중단·재개하는 경우 중단 이유와 중단 시각, 중단 후 재개하는 시각 6. 조사 종료 및 영상녹화를 마치는 시각, 장소
피의자 아닌 자의 진술 영상녹화시 고지 및 동의 (제76조)	① 경찰관은 피의자 아닌 자의 진술을 영상녹화하는 경우에는 진술자에게 별지 제45호 서식의 서면동의서를 제출받고, 제75조 제1호의 내용을 고지하여야 한다. ② 제75조 제1호부터 제3호까지, 제5호, 제6호는 피의자 아닌 자의 진술을 영상녹화하는 경우에 준용한다.
영상녹화시 참여자(제77조)	피의자 신문을 영상녹화하는 경우 「형사소송법」 제243조[25]의 규정에 의한 참여자는 조사실 내에 위치하여야 한다.
영상녹화물 작성 및 봉인 (제78조)	① 경찰관은 영상녹화를 종료한 경우에는 영상녹화물(CD, DVD 등) 2개를 제작하고 영상녹화물 표면에 사건번호, 죄명, 진술자 성명 등 사건정보를 기재하여야 한다. ② 제1항에 따라 제작된 영상녹화물 중 하나는 피조사자의 기명날인 또는 서명을 받아 조사받는 사람 또는 변호인의 면전에서 봉인하여 보관하고, 나머지 하나는 수사기록에 편철한다. ③ 경찰관은 피조사자의 기명날인 또는 서명을 받을 수 없는 경우에는 기명날인 또는 서명란에 그 취지를 기재하고 직접 기명날인 또는 서명한다. ④ 경찰관은 영상녹화물을 제작한 후 영상녹화용 컴퓨터에 저장되어 있는 영상녹화 파일을 데이터베이스 서버에 전송하여 보관할 수 있다. ⑤ 경찰관은 손상 또는 분실 등으로 인하여 제1항의 영상녹화물을 사용할 수 없을 때에는 데이터베이스 서버에 저장되어 있는 영상녹화 파일을 이용하여 다시 영상녹화물을 제작할 수 있다. ⑥ 경찰관은 영상녹화물을 생성한 후 별지 제46호 서식에 따른 영상녹화물 관리대장에 등록하여야 한다.

봉인 전 재생· 시청 (제79조)	경찰관은 원본을 봉인하기 전에 진술자 또는 변호인이 녹화물의 시청을 요구하는 때에는 영상녹화물을 재생하여 시청하게 하여야 한다. 이 경우 진술자 또는 변호인이 녹화된 내용에 대하여 이의를 진술하는 때에는 그 취지를 기재한 서면을 사건기록에 편철하여야 한다.

4. 기타

실황조사	수사기관이 강제력을 사용하지 않고 범죄현장 기타 범죄관련 장소·물건·신체 등의 존재 상태를 5관의 작용으로 실험·경험·인식한 사실을 명확히 하는 수사활동
사실조회	공무소 기타 공사단체에 필요한 특정사항을 조회하여 그 회답을 구하는 수사활동
촉탁수사	타 수사기관에 일정한 사실의 수사를 의뢰하는 것으로 일종의 공조수사
임상의 조사	사법경찰관이 치료 중인 피의자나 참고인이 있는 곳에서 임상신문(臨床訊問)할 때에는 상대방의 건강상태를 충분히 고려하여야 하며, 수사에 중대한 지장이 없으면 가족, 의사, 그 밖의 적당한 사람을 참여시켜야 한다(검사의 사법경찰관리에 대한 수사지휘 및 사법경찰관리의 수사준칙 제27조)
수사과정의 기록	검사의 사법경찰관리에 대한 수사지휘 및 사법경찰관리의 수사준칙 제28조 ① 법 제244조의4에 따라 사법경찰관은 피의자나 참고인을 조사하면서 별지 제16호서식의 수사과정 확인서에 수사과정을 기록하고, 확인서를 조서의 끝 부분에 편철하여 조서와 함께 간인(間印)함으로써 조서의 일부로 하거나, 별도의 서면으로 기록에 편철하여야 한다. ② 수사과정을 기록할 때에는 조사장소에 도착한 시각, 조사의 시작 및 종료 시각 등을 적고, 조사장소에 도착한 시각과 조사를 시작한 시각에 상당한 시간적 차이가 있으면 그 구체적인 이유 등을 적으며, 조사가 중단되었다가 재개되면 그 이유와 중단 시각 및 재개 시각 등을 구체적으로 적는 등 조사과정의 진행 경과를 확인하기 위하여 필요한 사항을 적어야 한다.

제4절 강제수사

1. 강제수사 개념

강제처분이란 소송의 진행과 형의 집행을 확보하기 위하여 강제력을 행사하는 것을 의미하는데, 수사기관에 의한 강제처분을 강제수사라 한다.

---

25) 형사소송법 제243조(피의자신문과 참여자) 검사가 피의자를 신문함에는 검찰청수사관 또는 서기관이나 서기를 참여하게 하여야 하고 사법경찰관이 피의자를 신문함에는 사법경찰관리를 참여하게 하여야 한다.

2. 강제처분의 종류

(1) 객체를 표준으로 한 분류

대인적 강제처분	대물적 강제처분
소환 · 체포 · 구속(구인과 구금) · 증인신문	제출명령 · 압수 · 수색 · 수사상의 검증

(2) 주체를 표준으로 한 분류

수소법원의 강제처분	피고인에 대한 소환. 구속. 피고인에 대한 감정유치. 공판정외에서의 압수 · 수색 · 증인에 대한 구인 · 감정인의 감정 · 통역 · 번역
수사기관의 강제처분	피의자에 대한 체포(영장에 의한 체포 · 긴급체포 · 현행범체포). 구속 압수 · 수색 · 검증 · 국가보안법 제 18조에 의한 참고인에 대한 구인
판사의 강제처분	증거보전 (제 184조), 참고인에 대한 증인신문(제 221조2), 피의자에 대한 수사상의 감정유치(제221조3항)

(3) 강제의 정도를 표준으로 한 분류

직접강제	간접강제
체포 · 구속 · 압수 · 수색 등과 같이 직접적으로 물리적인 힘을 행사하는 경우	소환 · 제출명령과 같이 심리적 강제

(4) 체포 · 구속 비교

	체포			구속
	체포	긴급체포	현행범 체포	
요건	1. 범죄혐의 상당성 2. 출석불응(우려) 3. 체포 필요성 4. 경미범죄 특칙(주거부정 또는 출석 불응)	1. 범죄혐의 상당성 2. 범죄혐의 중대성 3. 체포의 긴급성 4. 체포 필요성(도망 또는 증거인멸 우려)	1. 범죄혐의 상당성 2. 현행범 · 준현행범인 3. 범인의 명백성 4. 행위 가벌성 5. 체포 필요성 6. 경미범죄 특칙(주거부정)	1. 범죄혐의 상당성 2. 주거부정 3. 구속의 필요성(도망 또는 증거인멸 우려) 4. 경미범죄 제한(주거부정)
영장 청구	1. 체포영장 청구 2. 재체포영장 청구 3. 피의자심문 불가			1. 구속영장 청구 2. 청구사건 제한 3. 재구속영장 청구 4. 피의자 심문 가능
절차	1. 체포영장 제시 2. 긴급집행 인정 3. 체포 이유등 고지	1. 긴급 체포 이유 등 고지 2. 긴급체포서 작성	1. 체포이유 고지 2. 현행범인 체포서 작성	1. 구속영장 제시 2. 긴급집행 인정 3. 구속이유 등 고지

체포·구속후 절차	1. 체포 통지 2. 피의자 석방(검사 승인) 3. 석방 보고	1. 긴급체포 통지 2. 피의자 석방 (검사 승인) 3. 석방 보고	1. 현행범인 인수 2. 현행범인 인수서 작성 3. 현행범인 체포통지 4. 피의자 석방(검사 승인) 5. 석방보고	1. 구속의 통지 2. 피의자 석방(검사 승인) 3. 석방보고
재체포	가능	영장 없이 불가	가능	재구속 가능(다른 중요한 증거 발견시)
기간	48시간 이내	지체없이 (48시간 이내)	48시간 이내	경찰10일 검찰10일(10일 내 연장 가능)

경범죄처벌법

경범죄처벌법위반 중 예를 들어 불안감조성은 10만 원 이하의 벌금, 구류 또는 과료의 형으로 규정(「경범죄 처벌법」제1조 제24호)되어 있으므로 경미범죄의 특칙에 의하여
- 범죄를 범하였다고 의심할 만한 상당한 이유가 있고,
- 일정한 주거가 없거나 또는 정당한 이유 없이 수사기관의 출석요구에 불응한 경우에 한하여 체포영장의 발부가 가능하고 단지 수사기관의 출석요구에 불응할 우려가 있는 경우에는 체포영장의 발부 요건에 해당되지 않는다.

3. 영장에 의한 체포

형사소송법

제200조의2【영장에 의한 체포】
① 피의자가 죄를 범하였다고 의심할 만한 상당한 이유가 있고, 정당한 이유없이 제200조의 규정에 의한 출석요구에 응하지 아니하거나 응하지 아니할 우려가 있는 때에는 검사는 관할 지방법원판사에게 청구하여 체포영장을 발부 받아 피의자를 체포할 수 있고, 사법경찰관은 검사에게 신청하여 검사의 청구로 관할지방법원판사의 체포영장을 발부받아 피의자를 체포할 수 있다. 다만, 다액 50만원이하의 벌금, 구류 또는 과료에 해당하는 사건에 관하여는 피의자가 일정한 주거가 없는 경우 또는 정당한 이유없이 제200조의 규정에 의한 출석요구에 응하지 아니한 경우에 한한다.
② 제1항의 청구를 받은 지방법원판사는 상당하다고 인정할 때에는 체포영장을 발부한다. 다만, 명백히 체포의 필요가 인정되지 아니하는 경우에는 그러하지 아니하다.
③ 제1항의 청구를 받은 지방법원판사가 체포영장을 발부하지 아니할 때에는 청구서에 그 취지 및 이유를 기재하고 서명날인하여 청구한 검사에게 교부한다.
④ 검사가 제1항의 청구를 함에 있어서 동일한 범죄사실에 관하여 그 피의자에 대하여 전에 체포영장을 청구하였거나 발부받은 사실이 있는 때에는 다시 체포영장을 청구하는 취지 및 이 유를 기재하여야 한다.
⑤ 체포한 피의자를 구속하고자 할 때에는 체포한 때부터 48시간이내에 제201조의 규정에 의하여 구속영장을 청구하여야 하고, 그 기간내에 구속영장을 청구하지 아니하는 때에는 피의자를 즉시 석방하여야 한다.

(1) 의의

체포란 상당한 범죄혐의가 있고 일정한 체포사유가 존재할 경우 단기간 피의자를 수사관서 등 일정한 장소에 강제로 인치하는 제도를 말한다(제200조의 2). 수사초기에 피의자의 신병을 확보하기 위한 구속의 전단계 처분으로서 체포기간이 단기이고 요건이 완화되어 있는 점에서 구속과 구별된다.

(2) 요건

체포영장을 발부하기 위해서는 피의자가 죄를 범하였다고 의심할 만한 상당한 이유가 있고, 수사기관의 출석요구에 응하지 아니하거나 응하지 아니할 우려가 있어야 한다. (제200조의 2 제1항). 다만, 다액 50만원 이하의 벌금, 구류, 과료에 해당하는 사건에 대하여는 피의자가 일정한 주거가 없는 경우 또는 정당한 이유없이 출석요구에 불응한 때에 한하여 체포영장에 의한 체포를 할 수 있다(동조 제1항 단서).[26]

(3) 절차

체포영장의 신청과 청구	① 사법경찰관은 체포영장을 신청하는 때에는 지명수배 전산망의 조회를 통해 현재 수사 중인 다른 범죄 사실에 관하여 그 피의자에 대하여 발부된 유효한 체포영장이 있는지 여부를 확인하여 해당사항이 있는 경우에는 체포영장신청서에 그 사실을 기재하여야 한다(범죄수사규칙 제80조) ② 사법경찰관은 체포영장을 신청할 경우에는 별지 제48호 서식의 체포영장신청부에 필요한 사항을 기재하여야 한다(범죄수사규칙 제80조) ③ 사법경찰관은 체포영장에 따라 피의자를 체포한 경우에는 체포·구속영장 집행원부에 그 내용을 등재하여야 한다(범죄수사규칙 제80조) ④ 체포영장은 검사가 청구하고 관할지방법원 판사가 발부한다. 사법경찰관도 검사에 신청하여 검사의 청구로 관할지방법원 판사의 체포영장을 발부받아 피의자를 체포할 수 있다(형사소송법 제200조의 2 제1항). 검사가 체포영장을 청구함에 있어서 동일범죄 사실에 관하여 그 피의자에 대하여 전에 체포영장을 청구하였거나, 발부받은 사실이 있는 때에는 다시 체포영장을 청구하는 취지 및 이유를 기재하여야 한다(동조 제4항). ⑤ 체포영장의 청구시에 긴급체포와 달리 재체포의 제한이 적용되지 아니한다.
	검사의 사법경찰관리에 대한 수사지휘 및 사법경찰관리의 수사준칙 제29조 ① 사법경찰관이 피의자에 대하여 구속영장을 신청할 때에는 별지 제17호부터 별지 제20호까지의 서식에 따른다. 이 경우 체포한 피의자에 대하여 구속영장을 신청할 때에는 체포영장, 긴급체포서, 현행범인 체포서 또는 현행범인 인수서를 제출하여야 한다. ② 사법경찰관은 피의자에 대하여 구속영장을 신청하면서 법 제209조에 따라 준용되는 법 제70조제2항의 필요적 고려사항이 있을 때에는 구속영장 신청서에 적어야 한다.

---

26) 예를 들어, 노상방뇨의 혐의가 인정된 피의자에 대하여 일정한 주거가 없는 경우 또는 정당한 이유없이 출석요구에 불응한 때에 한하여 체포영장에 의한 체포를 할 수 있다.

	③ 사법경찰관은 검사로부터 법 제201조의2제3항에 따른 심문기일과 장소를 통지받으면 검사의 지휘를 받아 지정된 기일과 장소에 체포된 피의자를 출석시켜야 한다.
영장의 재신청	**사법검사의 사법경찰관리에 대한 수사지휘 및 사법경찰관리의 수사준칙 제30조** 경찰관은 다음 각 호의 어느 하나에 해당하는 경우에 동일한 범죄사실로 다시 체포·구속·압수·수색 또는 검증영장의 발부를 신청할 때에는 그 취지를 신청서에 적어야 한다. 1. 영장의 유효기간이 지난 경우 2. 영장을 신청하였으나 발부받지 못한 경우 3. 피의자가 체포·구속되었다가 석방된 경우
체포영장의 발부	① 체포영장의 청구를 받은 지방법원판사는 상당하다고 인정할 때에는 체포영장을 발부한다(제200 조의 2 제2항). 구속영장과 달리 체포영장 발부시에 피의자 신문은 인정되지 않는다. 즉, 체포영 장실질심사제도는 없다. ② 체포영장의 청구를 받은 지방법원판사가 체포영장을 발부하지 아니할 때에는 청구서에 그 취지 및 이유를 기재하고 서명날인하여 청구한 검사에게 교부한다(제200조의 2 제3항).
체포영장의 집행	① 체포영장의 집행에 관하여는 구속영장의 집행에 관한 규정이 대부분 준용된다(제200조의 5). 검사의 지휘에 의하여 사법경찰관리가 집행한다(제200조의 5, 제81조 제1항 본문). 교도소 또는 구치소에 있는 피의자에 대하여 발부된 체포영장은 검사의 지휘에 의하여 교도관리가 집행한다(제200조의 5, 제81조 제3항). ② 체포영장을 집행함에는 피의자에게 제시해야 한다. 그러나 체포영장을 소지 하지 아니한 경우 에 급속을 요하는 때에는 피의자에 대하여 사실의 요지와 영장이 발부되었음을 고하고 집행할 수 있으나, 집행을 종료한 후에는 신속히 체포영장을 제시하여야 한다(제200조의 5, 제85조 제3 항·제4항). ③ 체포영장을 집행하는 사법경찰관리는 피의자에 대하여 범죄사실의 요지, 체포의 이유와 변호인 을 선임할 수 있음을 말하고 변명할 기회를 준 후가 아니면 피의자를 체포할 수 없다(제172조).

(4) 체포에 수반하는 강제처분

체포와 압수·수색·검증	체포영장의 집행시에는 수색영장 없이 타인의 주거에 들어가서 피의자의 발견을 위한 수색을 할 수 있으며, 체포현장에서는 영장 없이 압수·수색·검증을 할 수 있다(제216조 제1항).
무기사용	경찰관은 체포시 상당한 이유가 있는 때에는 무기를 사용할 수 있다(경찰관직무집행법 제10조 의 4).단 범죄예방을 위하여는 사용할 수 없다.

(5) 집행 후의 절차

① 피의자를 체포한 때에 변호인에게, 변호인이 없는 경우에는 피의자의 법정대리인, 배우자, 직계친족, 형제자매와 호주 중 피의자가 지정한 자에게 지체 없이 서면으로 피고사건명, 체포일 시·장소, 범죄사실의 요지, 체포의 이유와 변호인을 선임할 수 있는 취지를 알려야 한다(제 200조의 5, 제87조).

검사의 사법경찰관리에 대한 수사지휘 및 사법경찰관리의 수사준칙 제32조

① 사법경찰관이 피의자를 체포·구속하였을 때에는 법 제200조의6 또는 제209조에서 준용하는 법 제87조에 따라 변호인이 있으면 변호인에게, 변호인이 없으면 법 제30조제2항에 규정된 자 중 피의자가 지정한 자에게 체포·구속한 때부터 늦어도 24시간 이내에 별지 제22호서식의 체포·긴급체포·현행범인체포·구속 통지서로 체포·구속의 통지를 하여야 한다. 이 경우 법 제30조제2항에 규정된 자가 없어 체포·구속의 통지를 하지 못할 때에는 별지 제23호서식에 따라 그 취지를 적은 수사보고서를 기록에 편철하여야 한다.

② 사법경찰관은 긴급한 경우에는 전화, 팩스, 전자우편, 휴대전화 문자전송, 그 밖에 상당한 방법으로 체포·구속의 통지를 할 수 있다. 이 경우 다시 서면으로 체포·구속의 통지를 하여야 한다.

③ 체포·구속의 통지서 사본은 수사기록에 편철하여야 한다.

④ 법 제214조의2제2항에 따라 법 제214조의2제1항에 규정된 자 중에서 피의자가 지정한 자에게 적부심사를 청구할 수 있음을 통지할 때에는 제1항부터 제3항까지의 규정을 준용한다.

② 피의자를 체포한 때에는 즉시 공소사실의 요지와 변호인을 선임할 수 있음을 알려야 한다(제 200조의 5, 제88조).

③ 체포된 피의자는 수사기관, 교도소장 또는 구치소장이나 그 대리자에게 변호인을 지정하여 변호인의 선임을 의뢰할 수 있고, 의뢰를 받은 위의 사람은 급속히 피의자가 지정한 변호사에게 그 취지를 알려야 한다(제200조의 5, 제90조).

④ 체포된 피의자는 법률의 범위 내에서 타인과 접견하고 서류 또는 물건을 수수하며 의사의 진료를 받을 수 있다(제200조의 5, 제89조).

(6) 체포 후의 조치

구속영장 청구 또는 석방	① 체포한 피의자를 구속하고자 할 때에는 체포한 때부터 48 시간 이내에 제201조의 규정에 의하여 구속영장을 청구하여야 한다. 그 기간 내에 구속영장을 청구하지 아니하는 때에는 피의자를 즉시 석방하여야 한다(제1200조의 2 제5항). ② 체포영장에 의하여 체포된 피의자를 구속영장에 의하여 구속한 때에는 구속기간은 체포된 때부터 기산한다(제203조의 2).
체포적부심사청구	체포영장에 의하여 체포된 피의자에게도 체포적부심사청구권이 인정된다(제214조의 2 제1항). 단 법원이 수사관계서류와 증거물을 접수한때부터 결정 후 검찰청 반환할 때까지 48시간의 청구 제한 시간에 산입되지 아니한다.
영장 등의 반환	검사의 사법경찰관리에 대한 수사지휘 및 사법경찰관리의 수사준칙 제34조 ① 사법경찰관은 법 제200조의6 또는 제209조에서 준용하는 법 제75조에 따라 체포·구속영장을 반환할 때에는 영장 및 별지 제25호서식의 영장반환 보고서 사본을 그 사건기록에 편철하여야 한다. ② 법 제82조에 따라 체포·구속영장이 여러 통 발부되었을 때에는 이를 전부 반환하여야 한다. ③ 영장반환 보고서에는 발행 통수 및 집행 불능의 사유를 적어야 한다. ④ 통신제한조치의 집행이 불가능하거나 필요 없게 되었을 때에는 제1항부터 제3항까지의 규정을 준용하여 통신사실확인자료 제공요청 또는 통신제한조치 허가서를 법원에 반환하여야 한다. 이 경우 서식은 별지 제26호서식의

통신사실확인자료 제공요청 허가서 반환 보고서 또는 별지 제27호서식의
통신제한조치 허가서 반환 보고서에 따른다.

체포 통지

피의자를 체포한 때는 변호인이 있는 경우에는 변호인에게, 변호인이 없는 경우에는 변호인 선임권자
중 피의자가 정한 자에게 피의사건명, 체포의 일시·장소, 범죄사실의 요지, 체포의 이유와 변호인을
선임할 수 있음을 알려야 한다(「형사소송법」제200조의5, 제87조 제1항).

체포통지는 지체 없이 서면으로 해야 하고(동법 제200조의5, 제87조 제2항), 긴급을 요하여 전화 또는
모사전송으로 통지한 경우에도 다시 서면으로 통지를 하여야 한다.

실무상 구두로 체포통지를 한 후 재차 서면통지를 하지 않는 경우가 있으나, 문제의 소지가 많기 때문
에 주의를 요하며 반드시 서면으로 재차 통지할 것을 요한다. 형사소송법상 체포통지는 체포 후 지
체 없이 하도록 되어 있으나(동법 제200조의5, 동법 제87조), 규칙에서는 24시간 이내의 규정이 있
다.

---

4. 긴급체포

(1) 긴급체포의 의의

긴급체포란 중대한 범죄혐의가 있고 체포의 필요성이 인정되며 긴급을 요하는 경우에
수사기관이 영장없이 피의자를 체포하고 사후에 영장을 청구할 수 있도록 하는 제도이다
(제200조의 3).

(2) 긴급체포의 요건(제200조의 3 제1항)

① 긴급체포의 요건이 갖추어졌는지 여부는 체포당시의 상황을 기준으로 판단하여야
하고 사후의 사정을 기초로 판단할 것이 아니다(2002모 81).[27]

범죄의 중대성	피의자가 사형·무기 또는 장기 3년 이상의 징역이나 금고에 해당하는 죄를 범하였다고 의심할 만한 상당한 이유가 있어야 한다. 예) 혼인빙자간음죄. 폭행죄는 법정형이 2년 이하 – 1개월 이상의 징역. 금고 사

---

27) 1. 도로교통법위반 피의사건에서 기소유예 처분을 받은 재항고인이 그 후 혐의 없음을 주장함과 동시에 수
사경찰관의 처벌을 요구하는 진정서를 검찰청에 제출함으로써 이루어진 진정사건을 담당한 검사가, 재항
고인에 대한 위 피의사건을 재기한 후 담당검사인 자신의 교체를 요구하고자 부장검사 부속실에서 대기하
고 있던 재항고인을 위 도로교통법위반죄로 긴급체포하여 감금한 경우, 그 긴급체포는 형사소송법이 규정
하는 긴급체포의 요건을 갖추지 못한 것으로서 당시의 상황과 경험칙에 비추어 현저히 합리성을 잃은 위법
한 체포에 해당한다.
2. 긴급체포의 요건을 갖추었는지 여부는 사후에 밝혀진 사정을 기초로 판단하는 것이 아니라 체포 당시의
상황을 기초로 판단하여야 하고, 이에 관한 검사나 사법경찰관 등 수사주체의 판단에는 상당한 재량의 여
지가 있다고 할 것이나, 긴급체포 당시의 상황으로 보아서도 그 요건의 충족 여부에 관한 검사나 사법경찰
관의 판단이 경험칙에 비추어 현저히 합리성을 잃은 경우에는 그 체포는 위법한 체포라 할 것이다(대판
2003. 3. 27. 2002모81).
3. 긴급체포의 요건을 갖추었는지 여부는 사후에 밝혀진 사정을 기초로 판단하는 것이 아니 라 체포 당시의
상황을 기초로 판단하여야 하고, 긴급체포는 위법한 경우 그 체포에 의 한 유치 중에 작성된 피의자신문조
서는 위법하게 수집된 증거로서 특별한 사정이 없는 한 이를 유죄의 증거로 할 수 없다(대판 2002. 6. 11.
2000도57).

	건이어서 긴급체포의 대상이 아니다.
체포의 필요성	피의자가 증거를 인멸할 염려가 있는 때 또는 도망하거나 도망할 염려가 있어야 한다. 따라서 주거부정은 독자적인 긴급체포의 사유가 되지 않는다.
체포의 긴급성	긴급체포를 하려면 긴급을 요하여 지방법원판사의 체포영장을 받을 수 없어야 한다. 긴급을 요한다 함은 피의자를 우연히 발견한 경우 등과 같이 체포영장을 받을 시간적 여유가 없는 때를 말한다(제200조의 3 제1항).

② 사법경찰관이 법 제200조의3제1항에 따른 긴급체포를 할 때에는 피의자의 나이·경력·범죄성향이나 범죄의 경중·태양, 그 밖의 여러 사정을 고려하여 인권의 침해가 없도록 신중히 하여야 한다(검사의 사법경찰관리에 대한 수사지휘 및 사법경찰관리의 수사준칙 제35조 1항).

긴급체포의 방법	① 검사 또는 사법경찰관은 긴급체포의 사유가 되는 사실을 알리고 영장없이 피의자를 체포할 수 있다(형사소송법 제200조의 3 제1항). 사법경찰관이 긴급체포한 경우에는 즉시 검사의 승인을 얻어야 한다. 즉, 검사의 사전 지휘를 받을 필요없이 사후승인으로 족하다. ② 긴급체포를 하려면 범죄사실의 요지, 체포의 이유와 변호인을 선임할 수 있음을 말하고 변명 할 기회를 주어야 하며(제200조의 5, 제72조), 긴급체포서를 작성하여야 한다(제200조의 3 제3항).
긴급체포에 수반한 강제처분	① 긴급체포와 압수·수색·검증 피의자를 긴급체포하는 경우 영장없이 타인의 주거에서 피의자를 수색하거나, 체포현장에서 압수·수색·검증을 할 수 있고(제216조 제1항), 긴급체포된 피의자가 소유·소지 또는 보관한 물건에 대해서는 체포한 때로부터 24시간 이내에 영장없이 압수·수색·검증을 할 수 있다(제217조 제1항). ② 무기사용 피의자에 대한 긴급체포시 상당한 이유가 있으면 경찰관은 무기를 사용할 수 있다(경찰관직무 집행법 제11조).
체포 후 영장청구기간	① 검사 또는 사법경찰관이피의자를 긴급체포한 경우 피의자를 구속하고자 할 때에는 지체 없이 검사는 관할지방법원판사에게 구속영장을 청구하여야 하고, 사법경찰관은 검사에게 신청하여 검사의 청구로 관할지방법원판사에게 구속영장을 청구하여야 한다. 이 경우 구속영장은 피의자를 체포한 때부터 48시간 이내에 청구하여야 하며, 긴급체포서를 첨부하여야 한다(형사소송법 제200조의 4 제1항). ② 이 경우 구속영장을 청구하지 아니하거나 발부받지 못한 때에는 피의자를 즉시 석방하여야 한다(형사소송법 제200조의 4 제2항). ③ 제2항의 규정에 의하여 석방된 자는 영장 없이는 동일한 범죄사실에 관하여 체포하지 못한다(형사소송법 제200조의 4 제3항). ④ 검사는 제1항에 따른 구속영장을 청구하지 아니하고 피의자를 석방한 경우에는 석방한 날부터 30일 이내에 서면으로 다음 각 호의 사항을 법원에 통지하여야 한다. 이 경우 긴급체포서의 사본을 첨부하여야 한다(형사소송법 제200조의 4 제4항). 1. 긴급체포 후 석방된 자의 인적사항

	2. 긴급체포의 일시 · 장소와 긴급체포하게 된 구체적 이유 3. 석방의 일시 · 장소 및 사유 4. 긴급체포 및 석방한 검사 또는 사법경찰관의 성명 ⑤ 긴급체포 후 석방된 자 또는 그 변호인 · 법정대리인 · 배우자 · 직계친족 · 형제자매는 통지서 및 관련 서류를 열람하거나 등사할 수 있다(형사소송법 제200조의 4 제5항). ⑥ 사법경찰관은 긴급체포한 피의자에 대하여 구속영장을 신청하지 아니하고 석방한 경우에는 즉시 검사에게 보고하여야 한다(형사소송법 제200조의 4 제6항). ③ 체포구속적부심의 청구와 피의자 보석 규정에는 영장에 의해 체포된자에 한하여 인정하고 있으나 헌법에서 누구든지 체포, 구속을 당한 때에는 누구든지 적부의 심사를 법원에 청구할 권리를 가진다(제12조 6항)는 규정에 따라 긴급체포된 자도 적부심사를 청구할 수 있으나 보증금납입조건부 피의자 석방은 허용 되지 아니한다(판례).
기타 (범죄수사규칙 제81조)	① 사법경찰관은 긴급체포 후 12시간 내에 관할지방검찰청 또는 지청의 검사에게 긴급체포승인건의를 하여야 한다. 다만, 기소중지된 피의자를 당해 수사관서가 위치하는 특별시, 광역시, 도 또는 특별자치도 이외의 지역에서 긴급체포한 경우에는 24시간 내에 긴급체포승인건의를 할 수 있다. ② 긴급체포승인건의는 긴급체포 승인 건의서로 하여야 한다. 다만, 급속을 요하는 경우에는 긴급체포한 사유와 체포를 계속하여야 할 사유를 상세히 기재하여 팩스 또는 형사사법정보시스템을 이용하여 긴급체포승인건의를 할 수 있다. ③ 긴급체포한 피의자를 석방한 때에는 긴급체포원부에 석방일시 및 석방사유를 적어야 한다. ④ 사법경찰관은 긴급체포 후 석방된 자 또는 그 변호인 · 법정대리인 · 배우자 · 직계친족 · 형제자매로부터 통지서 및 관련 서류의 열람 · 등사 요청이 있는 경우 이에 응하여야 한다.

(3) 긴급체포의 절차[28]

긴급체포의 절차	
일반적 절차	긴급체포→범죄사실 등 고지→긴급체포서 작성→긴급체포원부 기재→긴급체포통지→긴급체포승인건의→구속영장 신청 또는 석방 ※실무상 긴급체포통지는 긴급체포승인 건의 전에 또는 후에 통지하고 24시간 이내에 이루어진다.
사후 절차	① 12시간 이내에 긴급체포승인건의

---

28) 1. 긴급체포되었다가 수사기관의 조치로 석방된 후 법원이 발부한 구속영장에 의하여 구속이 이루어진 경우, 형사소송법 제200조의4 제3항, 제208조에 위배되는 위법한 구속인지 여부(소극)
2. 형사소송법 제200조의4 제3항은 영장 없이 긴급체포 후 석방된 피의자를 동일한 범죄사실에 관하여 체포하지 못한다는 규정으로, 위와 같이 석방된 피의자라도 법원으로부터 구속영장을 발부받아 구속할 수 있음은 물론이고, 같은 법 제208조 소정의 '구속되었다가 석방된 자'라 함은 구속영장에 의하여 구속되었다가 석방된 경우를 말하는 것이지, 긴급체포나 현행범으로 체포되었다가 사후영장발부 전에 석방된 경우는 포함되지 않는다 할 것이므로, 피고인이 수사 당시 긴급체포되었다가 수사기관의 조치로 석방된 후 법원이 발부한 구속영장에 의하여 구속이 이루어진 경우 앞서 본 법조에 위배되는 위법한 구속이라고 볼 수 없다(대판 2001. 9. 28. 2001도4291).

	② 기소중지된 피의자를 당해 수사관서가 위치하는 특별시, 광역시, 도 이외의 지역에서 긴급체포 한 경우 24시간 이내에 긴급체포승인건의 ③ 체포구속적부심의 청구와 피의자 보석 규정에는 영장에 의해 체포된 자에 한하여 인정하고 있으나 현행법에서 누구든지 체포, 구속을 당한 때에는 누구든지 적부의 심사를 법원에 청구할 권리를 가진다(제 12조 6항)는 규정에 따라 긴급체포된 자도 적부심사를 청구할 수 있으나 보증금납입조건부 피의자 석방은 허용 되지 아니한다(대법원 판례 1997. 8. 27, 97모21). ④ 재체포의 제한 – 긴급체포 후 구속영장을 청구하지 아니하거나 발부받지 못하여 석방한 피의자는 영장 없이는 동일한 범죄사실에 관하여 다시 긴급체포하지 못한다.(「형사소송법」제200조의4 제3항)

5. 현행범인의 체포

형사소송법

제211조【현행범인과 준현행범인】
  ① 범죄의 실행중이거나 실행의 즉후인 자를 현행범인이라 한다.
  ② 다음 각호의 1에 해당하는 자는 현행범인으로 간주한다.
  1 범인으로 호창되어 추적되고 있는 때
  2 장물이나 범죄에 사용되었다고 인정함에 충분한 흉기 기타의 물건을 소지하고 있는 때
  3. 신체 또는 의복류에 현저한 증적이 있는 때
  4. 누구임을 물음에 대하여 도망하려 하는 때
제212조【현행범인의 체포】현행범인은 누구든지 영장없이 체포할 수 있다.
제213조【체포된 현행범인의 인도】
  ① 검사 또는 사법경찰관리 아닌 자가 현행범인을 체포한 때에는 즉시 검사 또는 사법경찰관리에게 인도하여야 한다.
  ② 사법경찰관리가 현행범인의 인도를 받은 때에는 체포자의 성명, 주거, 체포의 사유를 물어야 고 필요한 때에는 체포자에 대하여 경찰관서에 동행함을 요구할 수 있다.
제213조의2【준용규정】제72조, 제87조 내지 제90조 및 제200조의2제5항의 규정은 검사 또는 사법경찰관리가 현행범인을 체포하거나 현행범인을 인도받은 경우에 이를 준용한다.
제214조【경미사건과 현행범인의 체포】다액 50만원이하의 벌금, 구류 또는 과료에 해당하는 죄의 현행범인에 대하여는 범인의 주거가 분명하지 아니한 때에 한하여 제212조 내지 제213 조의 규정을 적용한다.

(1) 현행범인체포의 의의

현행범이란 범죄의 실행중이거나 실행의 직후인 자를 말한다(제211조 제1항). 현행범은 누구든지 영장없이 체포할 수 있고 긴급체포와 함께 영장주의의 예외에 속한다. 이는 범죄증거가 명백하여 수사기관의 권한남용의 위험성이 없고, 초동수사의 필요성이 높다는 점에서 영장주의의 예외를 인정한 것이다.

(2) 현행범인과 준현행범인[29)

현행범인	범죄의 실행중이거나 실행의 직후인 자를 말한다(제211조 제1항). ① '범죄의 실행중'이란 범죄의 실행에 착수하여 실행행위를 아직 종료하지 아니한 경우를 말한다. ② 미수를 벌하는 경우에는 실행의 착수가, 예비·음모를 벌하는 경우에는 예비·음모행위가 실행 행위에 해당한다. ③ 교사범·종범은 정범의 실행행위가 개시된 때에 현행범인이 된다. ④ 간접정범의 경우에는 배후자의 이용행위가 실행행위에 해당한다. ⑤ '범죄의 실행의 직후'란 범죄행위를 실행하여 종료한 순간 또는 이에 근접한 시간적 단계인 경우를 말한다.
준현행범인	준현행범인은 현행범은 아니지만 현행범인으로 간주하여 현행범인과 동일하게 취급된다 (제 1211조 제2항). ① 범인으로 호창되어 추적되고 있는 자 ② 장물이나 범죄에 사용되었다고 인정함에 충분한 흉기 기타의 물건을 소지하고 있는 자 ③ 신체 또는 의복류에 현저한 증적이 있는 자 ④ 누구임을 물음에 대하여 도망하려 하는 자. 단 불심검문에 불응하는 자. 불심검문에 횡설수설 하는 자, 신분증제시를 거부하는 자는 준현행범인에 해당하지 아니한다.

(3) 현행범체포의 요건[30)

범죄의 명백성	① 체포시에 특정범죄의 범인이 명백하여야 한다. 따라서 구성요건해당성이 없거나, 위법성이 조각되거나 책임이 조각되는 경우는 체포할 수 없다. 예) 형사미성년자임이 명백한 현행범으로 체포할 수 없다. ② 소송조건은 체포의 요건이 아니므로 소송조건의 결여시에도 고소의 가능성이 없는 경우만을 제외하고 체포할 수 있다. 예) 친고죄의 고소가 없는 경우 체포가 가능하다.
체포의 필요성	구속의 사유인 도망이나 증거인멸우려와 같은 구속사유가 있어야 하는가이다.
비례성의 원칙	50만원 이하의 벌금·구류 또는 과료에 해당하는 죄의 현행범인에 대하여는 범인의 주거가 분명하지 아니한 경우에만 그 체포를 허용한다(제214조)

---

29) 1. 형사소송법 제211조가 현행범인으로 규정한 '범죄의 실행의 즉후인 자'라고 함은, 범죄의 실행행위를 종료한 직후의 범인이라는 것이 체포하는 자의 입장에서 볼 때 명백한 경우를 일컫는 것이며, '범죄의 실행행위를 종료한 직후'라고 함은 범죄행위를 실행하여 끝마친 순간 또는 이에 아주 접착된 시간적 단계를 의미하는 것으로 해석되므로, 시간적으로나 장소적으로 보아 체포를 당하는 자가 방금 범죄를 실행한 범인이라는 점에 관한 죄증이 명백히 존재 하는 것으로 인정되는 경우에만 현행범인으로 볼 수 있다.(대판 2002. 5. 12 2001도300)
2. 순찰 중이던 경찰관이 교통사고를 낸 차량이 도주하였다는 무전연락을 받고 주변을 수색하다가 범퍼 등의 파손상태로 보아 사고차량으로 인정되는 차량에서 내리는 사람을 발견한 경우, 형사소송법 제211조 제2항 제2호 소정의 '장물이나 범죄에 사용되었다고 인정함에 충분한 흉기 기타의 물건을 소지하고 있는 때'에 해당하므로 준현행범으로서 영장 없이 체포할 수 있다(대판 2000. 7. 4. 99도4341).
30) 현행범인은 누구든지 영장 없이 체포할 수 있으므로 사인의 현행범인 체포는 법령에 의한 행위로서 위법성이 조각된다고 할 것인데, 현행범인 체포의 요건으로서는 행위의 가벌성, 범죄의 현행성·시간적 접착성, 범인·범죄의 명백성 .체포의 필요성 즉, 도망 또는 증거 인멸의 염려가 있을 것을 요한다(대판 1999. 1. 26, 98도3029).

(4) 현행범인의 체포절차[31]

현행범인은 누구든지 영장없이 체포할 수 있다(제212조). 이는 현행범에 대하여 긴급할 체포의 필요성이 인정될 뿐만 아니라, 죄증이 확실하므로 부당한 인권침해의 염려가 없기 때문이다.

체포		① 체포는 누구든지 할 수 있다. 따라서 사인은 체포의무는 없고, 체포권한만 가지고 있다. ② 현행범인을 체포하였을 때에는 체포의 경위를 상세히 기재한 현행범인체포서를 작성하여야 한다(범죄수사규칙 제82조).
체포권한	일반인의 현행범 체포	① 경찰관은 현행범인을 인도받은 때에는 체포자로부터 성명, 주민등록번호(외국인인 경우에는 외국인등록번호, 위 번호들이 없거나 이를 알 수 없는 경우에는 생년월일 및 성별, 이하 '주민등록번호등'이라 한다), 주거, 직업, 체포일시·장소 및 체포의 사유를 청취하여 현행범인인수서를 작성하여야 한다. ② 이 경우에 현행범인인 때에는 범행과의 시간적 접착성과 범행의 명백성이 인정되는 상황을, 준현행범인인 때에는 범행과의 관련성이 강하게 인정되는 상황을 현행범인체포서 또는 인수서에 구체적으로 기재하여야 한다. ③ 경찰관은 현행범인을 체포하거나 인도받은 경우에는 별지 제56호 서식의 현행범인체포원부에 필요한 사항을 등재하여야 한다. ④ 경찰관이 다른 경찰관서의 관할구역 내에서 현행범인을 체포하였을 때에는 체포지를 관할하는 경찰관서에 인도하는 것을 원칙으로 한다. ⑤ 일반인은 타인의 주거에 들어가지 못한다. 그러므로 일반인의 주거침입은 주거침입죄가 성립 한다. ⑥ 사법경찰관리가 현행범인의 인도를 받은 때에는 체포자의 성명, 주거, 체포의 사유를 물어야 하고 필요한 때에는 체포자에 대하여 경찰관서에

---

31) 1. 교장실에서 난동 후 40분 경과 후에 교무실에서의 체포는 적법한 현행범인의 체포에 해당하지 아니 한다.(91도1314)
2. 폭력행위를 범한 후 10분후에 출동한 경찰관이 학교 운동장에서 체포한 경우 현행범인체포에 해당한다(93도 926)
3. 형사소송법 제72조는 '피고인에 대하여 범죄사실의 요지, 구속의 이유와 변호인을 선임할 수 있음을 말하고 변명할 기회를 준 후가 아니면 구속할 수 없다.'고 규정하는 한편, 이 규정은 같은 법 제213조의2에 의하여 검사 또는 사법경찰관리가 현행범인을 체포하거나 일반인이 체포한 현행범인을 인도받는 경우에 준용되므로, 사법경찰관리가 현행범인으로 체포하는 경우에는 반드시 범죄사실의 요지, 구속의 이유와 변호인을 선임할 수 있음을 말하고 변명할 기회를 주어야 할 것임은 명백하며, 이러한 법리는 현행범인을 체포하는 경우뿐 만 아니라 긴급체포의 경우에도 마찬가지로 적용되는 것이고, 이와 같은 고지는 체포를 위한 실력행사에 들어가기 이전에 미리 하여야 하는 것이 원칙이나, 달아나는 피의자를 쫓아가 붙들거나 폭력으로 대항하는 피의자를 실력으로 제압하는 경우에는 붙들거나 제압하는 과정에서 하거나, 그것이 여의치 않은 경우에라도 일단 붙들거나 제압한 후에는 지체 없이 행하여야 한다(대판 2000. 7. 4. 99도4341).
4. 형법 제136조가 규정하는 공무집행방해죄는 공무원의 직무집행이 적법한 경우에 한하여 성립하는 것이고, 여기서 적법한 공무집행이라 함은 그 행위가 공무원의 추상적 권한에 속할 뿐 아니라 구체적 직무집행에 관한 법률상 요건과 방식을 갖춘 경우를 가리키는 것이므로, 경찰관이 적법절차를 준수하지 아니한 채 실력으로 현행범인을 연행하려고 하였다면 적법한 공무집행이라고 할 수 없고, 현행범인이 그 경찰관에 대하여 이를 거부하는 방법으로써 폭행을 하였다고 하여 공무집행방해죄가 성립하는 것은 아니다(대판 2000.7.4. 99도 4341).

		동행을 요구할 수 있다(형사소송법 제213조 제2항).
	사법경찰 관리의 현행범체포	사법경찰관리는 현행범 체포시에 영장없이 타인의 주거에 들어갈 수 있다(제216조 제1항 1호). 불가피한 경우 필요한 최소한의 범위에서 무기를 사용할 수 있으며, 체포현장에서 영장없이 압수·수색·검증을 할 수 있다(제216조 제1항 2호). 현행범인 체포시에도 범죄사실의 요지, 체포의 이유, 변호인을 선임권의고지, 변명의 기회를 주어야 한다.
체포 후의 절차	현행범인의 조사 및 석방	① 경찰관은 현행범인을 체포하거나 이를 인수하였을 때에는 약물 복용 또는 음주 등으로 인하여 조사가 현저히 곤란한 경우가 아니면 지체없이 조사하고 계속 구금할 필요가 없다고 인정할 때에는 소속 경찰관서장의 지휘를 받아 즉시 석방하여야 한다. ② 위 규정에 따라 현행범인을 석방한 때에는 지체 없이 그 사실을 검사에게 보고하여야 하고, 석방일시와 석방사유를 기재한 피의자석방보고를 작성하여 사건기록에 편철하여야 한다. ③ 경찰관은 체포한 현행범인을 석방하는 때에는 현행범인 체포원부에 석방일시 및 석방사유를 기재하여야 한다.
	구속영장의 청구	① 현행범을 체포한 후 48시간 이내에 구속영장을 청구하지 아니한 때에는 즉시 피의자를 석방하여야 한다(제213조의 2, 제200조의 2 제5항). ② 현행범 체포는 그 성격상 재체포 제한은 적용되지 않는다.

6. 구속

형사소송법

제69조【구속의 정의】본법에서 구속이라 함은 구인과 구금을 포함한다.

제70조【구속의 사유】
① 법원은 피고인이 죄를 범하였다고 의심할 만한 상당한 이유가 있고 다음 각호의 1에 해당하는 사유가 있는 경우에는 피고인을 구속할 수 있다.
1. 피고인이 일정한 주거가 없는 때
2. 피고인이 증거를 인멸할 염려가 있는 때
3. 피고인이 도망하거나 도망할 염려가 있는 때
② 다액 50만원이하의 벌금, 구류 또는 과료에 해당하는 사건에 관하여는 제1항 제1호의 경우를 제외하고는 구속할 수 없다.

제71조【구인의 효력】구인한 피고인을 법원에 인치한 경우에 구금할 필요가 없다고 인정한 때에는 그 인치한 때로부터 24시간내에 석방하여야 한다.

제71조의2【구인 후의 유치】법원은 인치받은 피고인을 유치할 필요가 있는 때에는 교도소·구치소 또는 경찰서 유치장에 유치할 수 있다. 이 경우 유치기간은 인치한 때부터 24시간을 초과할 수 없다.

제72조【구속과 이유의 고지】피고인에 대하여 범죄사실의 요지, 구속의 이유와 변호인을 선임할 수 있음을 말하고 변명할 기회를 준 후가 아니면 구속할 수 없다. 다만, 피고인이 도망한 경우에는 그러하지 아니하다.

제73조【영장의 발부】피고인을 소환함에는 소환장을, 구인 또는 구금함에는 구속영장을 발부하여야 한다.

제75조【구속영장의 방식】
① 구속영장에는 피고인의 성명, 주거, 죄명, 공소사실의 요지, 인치 구금할 장소, 발부년월일, 그 유효기간과 그 기간을 경과하면 집행에 착수하지 못하며 영장을 반환하여야 할 취지를 기재하고 재판장 또는 수명법관이 서명날인하여야 한다.

② 피고인의 성명이 분명하지 아니한 때에는 인상, 체격 기타 피고인을 특정할 수 있는 사항으로 피고인을 표시할 수 있다.

③ 피고인의 주거가 분명하지 아니한 때에는 그 주거의 기재를 생략할 수 있다.

제77조【구속의 촉탁】

① 법원은 피고인의 현재지의 지방법원판사에게 피고인의 구속을 촉탁할 수 있다.

② 수탁판사는 피고인이 관할구역 내에 현재하지 아니한 때에는 그 현재지의 지방법원판사에게 전촉할 수 있다.

③ 수탁판사는 구속영장을 발부하여야 한다.

제78조【촉탁에 의한 구속의 절차】

① 전조의 경우에 촉탁에 의하여 구속영장을 발부한 판사는 피고인을 인치한 때로부터 24시간이내에 그 피고인임에 틀림없는가를 조사하여야 한다.

② 피고인임에 틀림없는 때에는 신속히 지정된 장소에 송치하여야 한다.

제79조【출석, 동행명령】법원은 필요한 때에는 지정한 장소에 피고인의 출석 또는 동행을 명할 수 있다.

제81조【구속영장의 집행】

① 구속영장은 검사의 지휘에 의하여 사법경찰관리가 집행한다. 단, 급속을 요하는 경우에는 재판장, 수명법관 또는 수탁판사가 그 집행을 지휘할 수 있다.

② 제1항 단서의 경우에는 법원사무관등에게 그 집행을 명할 수 있다. 이 경우에 법원사무관등은 그 집행에 관하여 필요한 때에는 사법경찰관리·교도관 또는 법원경위에게 보조를 요구할 수 있으며 관할구역 외에서도 집행할 수 있다.

③ 교도소 또는 구치소에 있는 피고인에 대하여 발부된 구속영장은 검사의 지휘에 의하여 교도관이 집행한다.

제85조【구속영장집행의 절차】

① 구속영장을 집행함에는 피고인에게 반드시 이를 제시하여야 하며 신속히 지정된 법원 기타 장소에 인치하여야 한다.

② 제77조제3항의 구속영장에 관하여는 이를 발부한 판사에게 인치하여야 한다.

③ 구속영장을 소지하지 아니한 경우에 급속을 요하는 때에는 피고인에 대하여 공소사실의 요지와 영장이 발부되었음을 고하고 집행할 수 있다.

④ 전항의 집행을 완료한 후에는 신속히 구속영장을 제시하여야 한다.

제86조【호송중의 가유치】구속영장의 집행을 받은 피고인을 호송할 경우에 필요한 때에는 가장 접근한 교도소 또는 구치소에 임시로 유치할 수 있다.

제87조【구속의 통지】

① 피고인을 구속한 때에는 변호인이 있는 경우에는 변호인에게, 변호인이 없는 경우에는 제30조제2항에 규정한 자중 피고인이 지정한 자에게 피고사건명, 구속일시·장소, 범죄사실의 요지, 구속의 이유와 변호인을 선임할 수 있는 취지를 알려야 한다.

② 제1항의 통지는 지체없이 서면으로 하여야 한다.

제88조【구속과 공소사실 등의 고지】피고인을 구속한 때에는 즉시 공소사실의 요지와 변호인을 선임할 수 있음을 알려야 한다.

제89조【구속된 피고인과의 접견, 수진】구속된 피고인은 법률의 범위 내에서 타인과 접견하고 서류 또는 물건을 수수하며 의사의 진료를 받을 수 있다.

제90조【변호인의 의뢰】① 구속된 피고인은 법원, 교도소장 또는 구치소장 또는 그 대리자에게 변호사를 지정하여 변호인의 선임을 의뢰할 수 있다.

② 전항의 의뢰를 받은 법원, 교도소장 또는 구치소장 또는 그 대리자는 급속히 피고인이 지명한 변호사에게 그 취지를 통지하여야 한다.

제91조【비변호인과의 접견, 교통의 접견】법원은 도망하거나 또는 죄증을 인멸할 염려가 있다고 인정

할 만한 상당한 이유가 있는 때에는 직권 또는 검사의 청구에 의하여 결정으로 구속된 피고인과 제 34조에 규정한 외의 타인과의 접견을 금하거나 수수할 서류 기타 물건의 검열, 수수의 금지 또는 압수를 할 수 있다. 단, 의류, 양식, 의료품의 수수를 금지 또는 압수할 수 없다.

제92조【구속기간과 갱신】① 구속기간은 2개월로 한다.

② 제1항에도 불구하고 특히 구속을 계속할 필요가 있는 경우에는 심급마다 2개월 단위로 2차에 한하여 결정으로 갱신할 수 있다. 다만, 상소심은 피고인 또는 변호인이 신청한 증거의 조사, 상소이유를 보충하는 서면의 제출 등으로 추가 심리가 필요한 부득이한 경우에는 3차에 한하여 갱신할 수 있다.

③ 제22조, 제298조제4항, 제306조제1항 및 제2항의 규정[32]에 의하여 공판절차가 정지된 기간 및 공소제기전의 체포·구인·구금 기간은 제1항 및 제2항의 기간에 산입하지 아니한다.

제201조【구속】

① 피의자가 죄를 범하였다고 의심할 만한 상당한 이유가 있고 제70조제1항 각 호의 1에 해당하는 사유가 있을 때에는 검사는 관할지방법원판사에게 청구하여 구속영장을 받아 피의자를 구속할 수 있고 사법경찰관은 검사에게 신청하여 검사의 청구로 관할지방법원판사의 구속영장을 받아 피의자를 구속할 수 있다. 다만, 다액 50만원이하의 벌금, 구류 또는 과료에 해당하는 범죄에 관하여는 피의자가 일정한 주거가 없는 경우에 한한다.

② 구속영장의 청구에는 구속의 필요를 인정할 수 있는 자료를 제출하여야 한다.

③ 제1항의 청구를 받은 지방법원판사는 신속히 구속영장의 발부여부를 결정하여야 한다.

④ 제1항의 청구를 받은 지방법원판사는 상당하다고 인정할 때에는 구속영장을 발부한다. 이를 발부하지 아니할 때에는 청구서에 그 취지 및 이유를 기재하고 서명날인하여 청구한 검사에게 교부한다

⑤ 검사가 제1항의 청구를 함에 있어서 동일한 범죄사실에 관하여 그 피의자에 대하여 전에 구속영장을 청구하거나 발부받은 사실이 있을 때에는 다시 구속영장을 청구하는 취지 및 이유를 기재하여야 한다.

(1) 개 념

구속이란 피고인 또는 피의자의 신체의 자유를 체포에 비하여 장기간 제한하는 대인적 강제처분으로 피의자 구속은 수사 절차에서 수사기관이 법관의 영장을 발부받아 구인, 구금하는 것이고, 반드시 체포된 자 임을 요하지 아니한다(201조 201조의 2). 피고인 구속은 공소제기 후 법원이 행하는 구속이다(제69조). 구인이란 피고인 등을 법원 또는 일정한 장소에 실력을 행사하여 인치하는 강제처분으로 구인한 피고인을 법원에 인치한 경우에 구금할 필요가 없다고 인정한 때에는 그 인치한 때로부터 24시간 내에 석방하여야 한다(제71조).

(2) 구속의 요건

형사소송법 제201조 제1항은 피의자 구속요건을, 제70조는 피고인 구속사유를 규정하고 있다.

범죄혐의의 상당성	피의자, 피고인이 죄를 범하였다고 의심할 만한 상당한 이유가 있어야 한다(제201조 제1항. 제70조 제1항). 수사의 개시는 수사기관의 주관적 혐의에 의해 시작하나

---

32) 형사소송법 제22조(기피신청과 소송의 정지), 제298조(공소장의 변경), 제306조(공판절차의 정지)

	개인의 자유를 침해하는 구속은 수사기관의 주관적 혐의로는 부족하고 객관적 혐의, 즉 무죄 추정을 깨뜨릴 정도의 유죄판결에 대한 고도의 개연성이 있어야 한다. 범죄혐의 유무는 구속시를 기준으로 한다.
구속 영장의 신청(범죄수사 규칙 제85조)	① 사법경찰관은 피의자가 죄를 범하였다고 의심할 만한 이유가 있고 다음 각호의 하나에 해당하는 사유가 있는 경우에는 구속영장을 신청할 수 있다. 1. 피의자가 일정한 주거가 없는 때 2. 피의자가 증거를 인멸할 염려가 있는 때 3. 피의자가 도망하거나 도망할 염려할 염려가 있는 때 다만, 다액 50만원 이하의 벌금, 구류 또는 과료에 해당하는 사건에 관하여는 피의자가 일정한 주거가 없는 경우에 한한다. ② 전항의 규정에 따라 구속 여부를 판단할 때에는 범죄의 중대성, 재범의 위험성, 피해자 및 중요 참고인 등에 대한 위해 우려, 피의자의 연령, 건강상태 그 밖의 제반사항 등을 고려하여야 한다. ③ 사법경찰관은 구속영장을 신청할 때에는 체포영장, 긴급체포서, 현행범인체포서 또는 현행범인 인수서와 제1항 및 제2항의 사유를 인정할 수 있는 자료를 첨부하여야 하며 긴급체포 후 구속영장을 신청할 때에는 제81조제1항 및 제2항의 사유를 인정할 수 있는 자료도 함께 첨부하여야 한다. ④ 사법경찰관은 영장 또는 현행범인으로 체포한 피의자에 대하여는 체포한 때로부터 48시간 내에 구속영장을 신청하되 검사의 영장청구 시한을 고려하여야 한다. ⑤ 사법경찰관은 긴급체포한 피의자를 구속하고자 할 때에는 체포한 후 지체없이 구속영장을 신청하되 검사의 영장청구 시한을 고려하여 48시간을 넘지 않도록 하여야 한다. ⑥ 사법경찰관은 구속영장을 신청하였을 때에는 구속영장신청부에 필요한 사항을 등재하여야 한다. ⑦ 사법경찰관은 제2항, 제3항의 경우 구속영장을 발부받지 못하였을 때에는 즉시 피의자를 석방하여야 한다.

(3) 구속의 절차

사전 구속 영장	구속영장 신청서 및 신청부 작성→영장신청→구인을 위한 구속영장 발부→영장실질심사→구속영장 발부→영장제시 및 집행→범죄사실 등 고지→구속영장 집행원부 기재→구속통지(24시간 이내)
체포영장, 긴급체포, 현행범인 체포에 따른 구속영장	구속영장 신청서 및 신청부 작성→영장신청→영장실질심사→구속영장 발부→영장제시 및 집행→범죄사실 등 고지→구속영장 집행원부 기재→구속통지(24시간 이내)

(4) 청구방식

서면 주의	검사의 영장청구는 형식적 절차의 확실성을 위하여 서면으로 한다(규칙 제93조).
자료의 제출	구속영장의 청구에는 구속의 필요를 인정할 수 있는 자료를 제출하여야 한다(제 201조 2항). • 체포영장에 의하여 체포된 자 또는 현행범인으로 체포된 자에 대하여 구속영장을 청

	구하는 때에는 체포영장 또는 현행범인으로 체포되었다는 취지와 체포의 일시와 장소가 기재된 서류를 제출하여야 한다.
	• 피의자도 구속영장의 청구를 받은 판사에게 유리한 자료를 제출할 수 있다(규칙 제96조 제(2) 3항).
	• 동일한 구속영장을 청구하거나 발부받은 사실이 있을 때에는 다시 구속 영장을 청구하는 취지, 이유를 기재하여야 한다(제201조5항).

(5) 구속영장의 집행과 집행 후의 절차

① 구속영장의 집행

주 체	피고인, 피의자에 대한 구속영장은 검사의 지휘에 의하여 사법경찰관리가 집행한다.단 피고인의 구속시 급속을 요하는 경우에는 재판장, 수명법관, 또는 수탁판사가 그 집행을 지휘할 수 있고 법원서기관 서기는 그 집행에 관하여 필요한 때에는 사법경찰관리에게 보조를 요구할 수 있다.(제81조 제(1)2항 제209조) 또한 검사는 관할구역외에서 집행을 지휘할 수 있으며 교도소 또는 구치소에 있는 피고인 또는 피의자에 대하여 발부된 구속영장도 검사 지휘에 의하여 교도관리가 집행한다(제81조 제3항, 제209조).
집행 방법	• 구속영장을 집행함에는 피고인 또는 피의자에게 이를 제시하여야 하며 신속히 지정된 법원 기타 장소에 인치하여야 한다(제85조 제1항, 제209조). 다만, 영장을 발부 받은 후 구속영장을 소지하지 아니한 경우에 긴급을 요하는 때에는 피의자에게 범죄사실의 요지와 영장이 발부되었음을 고지하고 집행할 수 있고, 이 경우에는 집행 완료 후 신속히 영장을 제시하여야한다 (제85조 제209조). • 피고인, 피의자에게 구속영장을 집행할 때에는 사전에 피의자에게 범죄사실의 요지·체포의 이유와 변호인을 선임할 수 있음을 말하고 변명할 기회를 주어야 한다 (제72조, 제209조).

② 영장집행 후의 절차

피의사실 등의 고지	피고인 또는 피의자를 구속한 때에는 즉시 공소사실 또는 피의사실의 요지와 변호인을 선임할 수 있음을 알려야 한다(제88조, 제209조).
구속의 통지	피의자에 대하여 구속영장을 집행하는 때에는 지체 없이 서면으로 변호인 또는 변호인선임권자(제30조 제2항) 가운데 피고인 또는 피의자가 지정한 자에게 피고사건명, 구속일시, 장소, 범죄사실의 요지, 구속의 이유와 변호인을 선임할 수 있는 취지를 알려야 한다(제87조). 구속의 통지는 구속을 한 때로부터 늦어도 24시간 이내에 서면으로 하여야 한다.(규칙 제51조 ②).

(6) 수사기관의 구속기간 및 연장

① 사법경찰관이 피의자를 구속한 때에는 10일 이내에 피의자를 검사에게 인치하지 아니하면 석방하여야 한다(제202조). 검사가 피의자를 구속하거나 사법경찰관으로부터 피의자의 인치를 받은 때에는 10일 이내에 공소를 제기하지 아니하면 석방하여야 한다(제203조).

② 구속기간의 연장: 지방법원판사는 검사의 신청에 의하여 수사를 계속함에 상당한 이유가 있다고 인정한 때에는 10일을 초과하지 아니하는 한도에서 검사의 구속기간의 연장을 1차에 한하여 허가할 수 있다(제205조 제1항).

③ 국가보안법사건의 수사기관의 구속은 검사가 2회 연장이 가능하고 사법경찰관은 10일의 연장이 가능하여 최장 50일까지 구속이 가능하다. 단 판례는 찬양고무죄와 불고지죄에 대하여 구속기간의 50일의 인정은 무죄추정의 원칙 및 신속한 재판을 받을 권리를 침해한 것이라고 판시했다.

④ 법원의 피고인 구속기간

  ⓐ 피고인에 대한 구속기간은 2월로 한다. 그러나 특별히 계속할 필요가 있는 경우에는 심급 마다 2차에 한하여 2월의 한도 안에서 갱신할 수 있다(제92조).

  ⓑ 공소제기 후 구속된 경우에는 공소제기시가 아닌 교도소에 인치된 날부터 구속기간을 기산한다.

  ⓒ 구속 중에 도주 후 재수감된 경우 도주기간·구속집행정지 기간은 산입되지 않으나 도주 일과 재수감일, 구속집행정지일과 재구속일은 구속기간에 산입된다.

    예) 2000. 12. 5 구속되어 1심 재판을 받던 피고인이 2000. 12. 30 구속집행정지로 석방되었다가 2001. 1. 10 재수감된 경우 구속만기일은 언제인가? 구속집행정지기간은 구속 기간에 산입되지 않으므로 2000. 12. 5~2001. 2. 4(2개월)까지 기간 중 구속집행 정지기간 2000. 12. 31~2001. 1. 9(10일)은 제외되고 10일간 지연되어 2001. 2. 14일이 구속만기일이다.

⑤ 체포적부심사 기간·감정유치기간·기피신청기간·공소장 변경·피고인의 의사무능력·질병에 의한 소송절차의 정지·보석기간은 구속기간에 산입되지 아니한다(형소법 92조 3항). 그러나 관할이전·지정 병합심리에 의한 공판절차의 정지된 경우 그 정지기간은 구속기간에 산입된다(형사소송규칙 제7조).

⑥ 구속기간의 계산

• 피의자가 체포영장에 의한 체포·긴급체포·현행범인의 체포에 의하여 체포되거나 구인을 위한 구속영장에 의하여 구인된 경우에, 검사 또는 사법경찰관의 구속기간은 피의자를 체포 또는 구인한 날로부터 기산한다(제203조의 2). 구속기간의 계산에 관하여 초일은 시간을 계산함이 없이 1 일로 산정하며(제66조 제1항 단서), 기간의 말일이 공휴일에 해당하는 경우에도 이를 기간에 산입한다.

• 구속기간의 연장 결정이 있을 때에 그 연장기간은 구속기간만료 다음날부터 기산한다(규칙 제98조).

(7) 재구속의 제한

① 검사 또는 사법경찰관에 의하여 구속되었다가 석방된 자는 다른 중요한 증거를 발견한 경우를 제외하고는 동일한 범죄사실에 관하여 재차 구속하지 못한다(제208조 제1항).

② 1개의 목적을 위하여 동시 또는 수단결과의 관계에서 행하여진 행위는 동일한 범죄사실로 간주한다(동조 제2항).

③ 재구속의 제한은 수사기관의 피의자구속의 경우만 적용되고 법원이 피고인을 구속하는 경우에는 적용되지 않는다(대판 1969. 5. 27, 69도 509).

(8) 구속 전 피의자 심문

경찰관은 검사로부터 「형사소송법」 제201조의2의 규정에 따라 심문기일과 장소를 통지받은 때에는 지정된 기일과 장소에 체포된 피의자를 출석시켜야 한다.

형사소송법

제201조의2(구속영장 청구와 피의자 심문) ① 제200조의2(영장에 의한 체포)·제200조의3(긴급체포) 또는 제212조(현행범 체포)에 따라 체포된 피의자에 대하여 구속영장을 청구받은 판사는 지체 없이 피의자를 심문하여야 한다. 이 경우 특별한 사정이 없는 한 구속영장이 청구된 날의 다음날까지 심문하여야 한다.

②제1항 외의 피의자에 대하여 구속영장을 청구받은 판사는 피의자가 죄를 범하였다고 의심할 만한 이유가 있는 경우에 구인을 위한 구속영장을 발부하여 피의자를 구인한 후 심문하여야 한다. 다만, 피의자가 도망하는 등의 사유로 심문할 수 없는 경우에는 그러하지 아니하다.

③판사는 제1항의 경우에는 즉시, 제2항의 경우에는 피의자를 인치한 후 즉시 검사, 피의자 및 변호인에게 심문기일과 장소를 통지하여야 한다. 이 경우 검사는 피의자가 체포되어 있는 때에는 심문기일에 피의자를 출석시켜야 한다.

④검사와 변호인은 제3항에 따른 심문기일에 출석하여 의견을 진술할 수 있다.

⑤판사는 제1항 또는 제2항에 따라 심문하는 때에는 공범의 분리심문이나 그 밖에 수사상의 비밀보호를 위하여 필요한 조치를 하여야 한다.

⑥제1항 또는 제2항에 따라 피의자를 심문하는 경우 법원사무관등은 심문의 요지 등을 조서로 작성하여야 한다.

⑦피의자심문을 하는 경우 법원이 구속영장청구서·수사 관계 서류 및 증거물을 접수한 날부터 구속영장을 발부하여 검찰청에 반환한 날까지의 기간은 제202조(사법경찰관의 구속기간) 및 제203조(검사의 구속기간)의 적용에 있어서 그 구속기간에 이를 산입하지 아니한다.

⑧심문할 피의자에게 변호인이 없는 때에는 지방법원판사는 직권으로 변호인을 선정하여야 한다. 이 경우 변호인의 선정은 피의자에 대한 구속영장 청구가 기각되어 효력이 소멸한 경우를 제외하고는 제1심까지 효력이 있다.

⑨법원은 변호인의 사정이나 그 밖의 사유로 변호인 선정결정이 취소되어 변호인이 없게 된 때에는 직권으로 변호인을 다시 선정할 수 있다.

⑩제71조[33], 제71조의2[34], 제75조[35], 제81조부터 제83조까지[36], 제85조제1항·제3항·제4항[37], 제86

---

33) 제71조(구인의 효력) 구인한 피고인을 법원에 인치한 경우에 구금할 필요가 없다고 인정한 때에는 그 인치한 때로부터 24시간 내에 석방하여야 한다.

조[38], 제87조제1항[39], 제89조부터 제91조[40]까지 및 제200조의5[41]는 제2항에 따라 구인을 하는 경우에 준용하고, 제48조[42], 제51조[43], 제53조[44], 제56조의2[45] 및 제276조의2[46]는 피의자에 대한 심

---

34) 제71조의2(구인 후의 유치) 법원은 인치받은 피고인을 유치할 필요가 있는 때에는 교도소·구치소 또는 경찰서 유치장에 유치할 수 있다. 이 경우 유치기간은 인치한 때부터 24시간을 초과할 수 없다.

35) 제75조(구속영장의 방식) ①구속영장에는 피고인의 성명, 주거, 죄명, 공소사실의 요지, 인치 구금할 장소, 발부년월일, 그 유효기간과 그 기간을 경과하면 집행에 착수하지 못하며 영장을 반환하여야 할 취지를 기재하고 재판장 또는 수명법관이 서명날인하여야 한다.
②피고인의 성명이 분명하지 아니한 때에는 인상, 체격, 기타 피고인을 특정할 수 있는 사항으로 피고인을 표시할 수 있다.
③피고인의 주거가 분명하지 아니한 때에는 그 주거의 기재를 생략할 수 있다.

36) 제81조(구속영장의 집행) ①구속영장은 검사의 지휘에 의하여 사법경찰관리가 집행한다. 단, 급속을 요하는 경우에는 재판장, 수명법관 또는 수탁판사가 그 집행을 지휘할 수 있다.
②제1항 단서의 경우에는 법원사무관등에게 그 집행을 명할 수 있다. 이 경우에 법원사무관등은 그 집행에 관하여 필요한 때에는 사법경찰관리·교도관 또는 법원경위에게 보조를 요구할 수 있으며 관할구역 외에서도 집행할 수 있다.
③교도소 또는 구치소에 있는 피고인에 대하여 발부된 구속영장은 검사의 지휘에 의하여 교도관이 집행한다.
제82조(수통의 구속영장의 작성) ①구속영장은 수통을 작성하여 사법경찰관리 수인에게 교부할 수 있다.
②전항의 경우에는 그 사유를 구속영장에 기재하여야 한다.
제83조(관할구역 외에서의 구속영장의 집행과 그 촉탁) ①검사는 필요에 의하여 관할구역 외에서 구속영장의 집행을 지휘할 수 있고 또는 당해 관할구역의 검사에게 집행지휘를 촉탁할 수 있다.
②사법경찰관리는 필요에 의하여 관할구역 외에서 구속영장을 집행할 수 있고 또는 당해 관할구역의 사법경찰관리에게 집행을 촉탁할 수 있다.

37) 제85조(구속영장집행의 절차) ①구속영장을 집행함에는 피고인에게 반드시 이를 제시하여야 하며 신속히 지정된 법원 기타 장소에 인치하여야 한다.
②제77조제3항의 구속영장에 관하여는 이를 발부한 판사에게 인치하여야 한다.
③구속영장을 소지하지 아니한 경우에 급속을 요하는 때에는 피고인에 대하여 공소사실의 요지와 영장이 발부되었음을 고하고 집행할 수 있다.

38) 제86조(호송 중의 가유치) 구속영장의 집행을 받은 피고인을 호송할 경우에 필요한 때에는 가장 접근한 교도소 또는 구치소에 임시로 유치할 수 있다.

39) 제87조(구속의 통지) ①피고인을 구속한 때에는 변호인이 있는 경우에는 변호인에게, 변호인이 없는 경우에는 제30조제2항에 규정한 자 중 피고인이 지정한 자에게 피고사건명, 구속일시·장소, 범죄사실의 요지, 구속의 이유와 변호인을 선임할 수 있는 취지를 알려야 한다.

40) 제89조(구속된 피고인과의 접견, 수진) 구속된 피고인은 법률의 범위 내에서 타인과 접견하고 서류 또는 물건을 수수하며 의사의 진료를 받을 수 있다.
제90조(변호인의 의뢰) ①구속된 피고인은 법원, 교도소장 또는 구치소장 또는 그 대리자에게 변호사를 지정하여 변호인의 선임을 의뢰할 수 있다.
②전항의 의뢰를 받은 법원, 교도소장 또는 구치소장 또는 그 대리자는 급속히 피고인이 지명한 변호사에게 그 취지를 통지하여야 한다.
제91조(비변호인과의 접견, 교통의 접견) 법원은 도망하거나 또는 죄증을 인멸할 염려가 있다고 인정할 만한 상당한 이유가 있는 때에는 직권 또는 검사의 청구에 의하여 결정으로 구속된 피고인과 제34조에 규정한 외의 타인과의 접견을 금하거나 수수할 서류 기타 물건의 검열, 수수의 금지 또는 압수를 할 수 있다. 단, 의류, 양식, 의료품의 수수를 금지 또는 압수할 수 없다

41) 제200조의5(체포와 피의사실 등의 고지) 검사 또는 사법경찰관은 피의자를 체포하는 경우에는 피의사실의 요지, 체포의 이유와 변호인을 선임할 수 있음을 말하고 변명할 기회를 주어야 한다.

42) 제48조(조서의 작성방법) ①피고인, 피의자, 증인, 감정인, 통역인 또는 번역인을 신문하는 때에는 참여한 법원사무관등이 조서를 작성하여야 한다.
②조서에는 다음 사항을 기재하여야 한다.
1. 피고인, 피의자, 증인, 감정인, 통역인 또는 번역인의 진술

2. 증인, 감정인, 통역인 또는 번역인이 선서를 하지 아니한 때에는 그 사유

③조서는 진술자에게 읽어주거나 열람하게 하여 기재내용의 정확여부를 물어야 한다.

④진술자가 증감변경의 청구를 한 때에는 그 진술을 조서에 기재하여야 한다.

⑤신문에 참여한 검사, 피고인, 피의자 또는 변호인이 조서의 기재의 정확성에 대하여 이의를 진술한 때에는 그 진술의 요지를 조서에 기재하여야 한다.

⑥전항의 경우에는 재판장 또는 신문한 법관은 그 진술에 대한 의견을 기재하게 할 수 있다.

⑦조서에는 진술자로 하여금 간인한 후 서명날인하게 하여야 한다. 단, 진술자가 서명날인을 거부한 때에는 그 사유를 기재하여야 한다.

43) 제51조(공판조서의 기재요건) ①공판기일의 소송절차에 관하여는 참여한 법원사무관등이 공판조서를 작성하여야 한다.

②공판조서에는 다음 사항 기타 모든 소송절차를 기재하여야 한다.

1. 공판을 행한 일시와 법원
2. 법관, 검사, 법원사무관등의 관직, 성명
3. 피고인, 대리인, 대표자, 변호인, 보조인과 통역인의 성명
4. 피고인의 출석여부
5. 공개의 여부와 공개를 금한 때에는 그 이유
6. 공소사실의 진술 또는 그를 변경하는 서면의 낭독
7. 피고인에게 그 권리를 보호함에 필요한 진술의 기회를 준 사실과 그 진술한 사실
8. 제48조제2항에 기재한 사항
9. 증거조사를 한 때에는 증거될 서류, 증거물과 증거조사의 방법
10. 공판정에서 행한 검증 또는 압수
11. 변론의 요지
12. 재판장이 기재를 명한 사항 또는 소송관계인의 청구에 의하여 기재를 허가한 사항
13. 피고인 또는 변호인에게 최종 진술할 기회를 준 사실과 그 진술한 사실
14. 판결 기타의 재판을 선고 또는 고지한 사실

44) 제53조(공판조서의 서명 등) ①공판조서에는 재판장과 참여한 법원사무관등이 기명날인 또는 서명하여야 한다.

②재판장이 기명날인 또는 서명할 수 없는 때에는 다른 법관이 그 사유를 부기하고 기명날인 또는 서명하여야 하며 법관전원이 기명날인 또는 서명할 수 없는 때에는 참여한 법원사무관등이 그 사유를 부기하고 기명날인 또는 서명하여야 한다.

③법원사무관등이 기명날인 또는 서명할 수 없는 때에는 재판장 또는 다른 법관이 그 사유를 부기하고 기명날인 또는 서명하여야 한다.

45) 제56조의2(공판정에서의 속기 · 녹음 및 영상녹화) ①법원은 검사, 피고인 또는 변호인의 신청이 있는 때에는 특별한 사정이 없는 한 공판정에서의 심리의 전부 또는 일부를 속기사로 하여금 속기하게 하거나 녹음장치 또는 영상녹화장치를 사용하여 녹음 또는 영상녹화(녹음이 포함된 것을 말한다. 이하 같다)하여야 하며, 필요하다고 인정하는 때에는 직권으로 이를 명할 수 있다.

②법원은 속기록 · 녹음물 또는 영상녹화물을 공판조서와 별도로 보관하여야 한다.

③검사, 피고인 또는 변호인은 비용을 부담하고 제2항에 따른 속기록 · 녹음물 또는 영상녹화물의 사본을 청구할 수 있다.

46) 제276조의2(장애인 등 특별히 보호를 요하는 자에 대한 특칙) ①재판장 또는 법관은 피고인을 신문하는 경우 다음 각 호의 어느 하나에 해당하는 때에는 직권 또는 피고인 · 법정대리인 · 검사의 신청에 따라 피고인과 신뢰관계에 있는 자를 동석하게 할 수 있다.

1. 피고인이 신체적 또는 정신적 장애로 사물을 변별하거나 의사를 결정 · 전달할 능력이 미약한 경우
2. 피고인의 연령 · 성별 · 국적 등의 사정을 고려하여 그 심리적 안정의 도모와 원활한 의사소통을 위하여 필요한 경우

②제1항에 따라 동석할 수 있는 신뢰관계에 있는 자의 범위, 동석의 절차 및 방법 등에 관하여 필요한 사항은 대법원규칙으로 정한다.

(9) 체포·구속영장 발부 후 사정의 변경과 영장반환(제87조)

① 사법경찰관은 체포·구속영장이 발부된 후 사정 변경에 의하여 체포·구속의 필요가 없다고 인정될 때에는 그 유효기간 내일지라도 검사의 지휘를 받아 영장 반환보고서에 첨부하여 즉시 반환하고 그 사본을 그 사건기록에 편철하여야 한다.

② 전항의 경우 체포영장 또는 구속영장이 여러 통 발부된 경우에는 모두 반환하여야 한다.

(10) 체포·구속영장의 기재사항 변경(제88조)

사법경찰관은 체포·구속영장의 발부를 받은 후 그 체포·구속영장을 집행하기 전에 인치 구금할 장소 그 밖에 기재사항의 변경을 필요로 하는 이유가 생겼을 때에는 검사를 거쳐 당해 체포·구속영장을 발부한 판사 또는 그 소속법원의 다른 판사에게 서면으로 체포·구속영장의 기재사항 변경을 신청하여야 한다.

(11) 체포·구속영장의 재신청(제89조)

사법경찰관은 다음 각 호의 사유에 해당되는 경우 동일한 범죄사실로 다시 체포·구속영장의 발부를 신청할 때에는 그 취지 및 이유를 구속영장 신청서에 기재하여야 한다.

1. 체포·구속영장의 유효기간이 경과된 경우
2. 영장을 신청하였으나 그 발부를 받지 못한 경우
3. 체포·구속되었다가 석방된 경우

(12) 체포·구속영장의 집행(제90조)

① 경찰관은 영장을 신속하고, 정확하게 집행하여야 한다.

② 경찰관이 영장을 집행할 때에는 피의자와 관계인의 인권을 침해하지 않도록 특히 유의하여야 하고 피의자 또는 관계인의 신체 및 명예를 보전하는 데에 유의하여야 한다.

③ 영장은 검사의 서명, 날인 또는 집행지휘서에 의하여 집행한다.

④ 경찰관이 「형사소송법」 제81조제1항 단서에 따라 재판장·수명법관 또는 수탁판사로부터 구속영장의 집행지휘를 받았을 때에는 즉시 구속영장을 집행하여야 한다.

⑤ 경찰관은 피의자를 체포·구속할 때에는 「형사소송법」 제200조의5(「형사소송법」 제209조에 따라 준용되는 경우를 포함한다)에 따라 피의자에게 피의사실의 요지, 체포·구속의 이유와 변호인을 선임할 수 있음을 알려주고, 변명할 기회를 준 후 피의자로부터 별지 제65호 서식의 확인서를 받아 수사기록에 편철하여야 한다. 다만, 피의자가 확인서에 기명날인 또는 서명하기를 거부할 때에는 피의자를 체포·

구속하는 경찰관은 확인서 끝 부분에 그 사유를 적고 기명날인 또는 서명하여야한다.

⑥ 경찰관은 영장을 집행할 때에는 「형사소송법」제89조 및 제90조를 준수하여야 한다.

(13) 유효기간 내에 집행불능한 경우(제91조)

경찰관은 영장의 유효기간 내에 집행할 수 없게 되었을 때에는 영장에 그 이유를 기재하여 별지 제63호 서식의 영장 반환보고서에 첨부하여 반환하여야 한다.

(14) 체포·구속영장 집행이 부적당한 경우(제92조)

경찰관은 영장의 집행을 받을 자가 심신의 장애로 의사능력이 없는 상태에 있거나, 그 집행이 부적당하다고 인정되는 이유가 있는 때에는 신속히 소속 경찰관서의 장에게 그 취지를 보고하고 지휘한 검사로부터 지휘를 받아야 한다.

(15) 보석 등의 경우에 준용(제93조)

제90조부터 제92조까지의 규정은 「형사소송법」 제102조제2항 규정에 따른 보석 또는 구속집행정지의 취소 결정에 따라 검사의 지휘를 받은 경우에 준용한다.

(16) 소년에 대한 동행영장의 집행(제94조)

제90조, 제92조의 규정은 「소년법」 제15조의 규정에 따라 소년부 판사로부터 동행영장의 집행지휘를 받은 경우에 준용한다. 이 경우에는 그 규정 중 "검사"를 "소년부 판사"로 한다.

(17) 체포·구속시의 주의사항(제95조)

① 경찰관은 피의자를 체포·구속할 때에는 필요한 한도를 넘어서 실력을 행사하는 일이 없도록 하고 그 시간·방법을 고려하여야 한다.

② 경찰관은 다수의 피의자를 동시에 체포·구속할 때에는 각각의 피의자별로 피의사실, 증거방법, 체포·구속시의 상황, 인상, 체격 그 밖의 특징 등을 명확히 구분하여 체포·구속, 압수·수색·검증 그 밖의 처분에 관한 서류의 작성, 조사, 입증에 지장이 생기지 않도록 하여야 한다.

③ 경찰관은 피의자를 체포·구속할 때에는 피의자의 건강상태를 조사하고 체포·구속으로 인하여 현저하게 건강을 해할 염려가 있다고 인정할 때에는 그 사유를 소속 경찰관서장에게 보고하여야 한다.

④ 경찰관은 피의자가 도주, 자살 또는 폭행 등을 할 염려가 있을 때에는 수갑이나 포승을 사용할 수 있다.

(18) 연행과 호송(제96조)

① 경찰관은 체포·구속한 피의자를 연행 또는 호송할 때에는 피의자의 도망·자살·피습·탈취, 증거 인멸 등에 주의하여야 한다.

② 경찰관은 연행 또는 호송 도중 필요한 경우에는 다른 경찰관서에 피의자를 임시로 유치할 수 있다.

(19) 체포·구속의 통지 등(제97조)

① 경찰관은 피의자를 체포·구속한 때에는 변호인이 있는 경우에는 변호인에게, 변호인이 없는 경우에는 다음 각호의 자 중 피의자가 지정한 자에게 체포·구속의 통지를 하여야 한다.

1. 피의자의 법정대리인
2. 배우자
3. 직계친족과 형제자매

② 경찰관은 피의자를 체포·구속한 때에는 피의자와 다음 각호의 자 중 피의자가 지정한 자에게 체포·구속 적부심사를 청구할 수 있음을 통지하여야 한다.

1. 변호인
2. 전항 각호의 자
3. 가족, 동거인, 고용주

③ 제1항 및 제2항의 통지는 체포·구속한 때로부터 24시간 이내에 사법경찰관 명의로 체포·구속 통지서에 의해 통지를 하여야 한다. 다만, 위에 규정된 자가 없어 통지를 하지 못하는 경우에는 수사보고서에 그 취지를 기재하여 사건기록에 편철하여야 한다.

④ 경찰관은 제3항에 의한 통지를 할 때에는 전화, 팩스, 전자우편, 문자메시지(SMS) 전송 그 밖에 상당한 방법으로 체포·구속의 통지를 할 수 있다. 이 경우에도 사후에 지체없이 서면으로 체포·구속의 통지를 하여야 한다.

⑤ 체포·구속의 통지서 사본은 그 사건기록에 편철하여야 한다.

(20) 체포·구속시 범죄사실 등의 고지(제98조)

경찰관은 피의자를 체포·구속한 때에는 피의자에게 범죄사실의 요지, 체포·구속의 이유와 변호인을 선임할 수 있음을 고지하고 변명할 기회를 준 후 피의자로부터 확인서를 받아 그 사건기록에 편철하여야 한다. 다만, 피의자가 확인서에 기명날인 또는 서명을 거부하는 경우에는 경찰관이 확인서 말미에 그 사유를 기재하고 기명날인 또는 서명하여야 한다.

(21) 체포·구속적부심사(제99조)

① 경찰관은 체포·구속 적부심사 심문기일과 장소를 통보받은 경우에는 수사관계서류와 증거물을 검사를 거쳐 법원에 제출하고 심문기일까지 피의자를 법원에 출석시켜야 한다.

② 경찰관은 법원이 석방결정을 한 경우에는 검사의 지휘를 받아 피의자를 즉시 석방하여야 하고, 보증금의 납입을 조건으로 석방결정을 한 경우에는 보증금 납입증명서를 제출받은 후 검사의 지휘를 받아 석방하여야 한다.

(22) 체포·구속영장 등본의 교부(제100조)

① 긴급체포서, 현행범인체포서, 체포영장, 구속영장 또는 그 청구서를 보관하고 있는 사법경찰관은 제97조제2항에 규정된 체포·구속적부심사 청구권자가 이의 등본의 교부를 청구할 경우 그 등본을 교부하여야 한다.

② 전항의 규정에 따라 체포·구속영장등본을 교부한 때에는 별지 제67호 서식의 체포·구속영장등본교부대장에 발부사항을 기재하여야 한다.

(23) 체포·구속장소 감찰(제101조)

경찰관은 검사가 「형사소송법」 제198조의2 규정에 따라 체포·구속장소를 감찰한 후 인치 또는 구금된 자의 석방을 명하거나, 사건을 송치할 것을 명한 때에는 소속 경찰관서장에게 보고한 후 즉시 피의자를 석방하거나 사건을 송치하여야 한다. 이 경우 피의자석방명령서 또는 사건송치명령서를 그 사건기록에 편철하여야 한다.

(24) 범죄경력 조회 등(제102조)

경찰관은 피의자를 체포·구속한 때에는 지문 채취, 사진 촬영 등 감식자료를 작성하고, 범죄경력 조회(수사자료를 포함한다), 여죄 조회, 지명수배·통보 유무 조회 등 수사와 관련된 경찰전산시스템의 조회를 하여야 한다.

(25) 변호인 선임의뢰의 통지(제103조)

경찰관은 체포·구속된 피의자가 변호인 선임을 의뢰한 경우에는 해당 변호인 또는 가족 등에게 그 취지를 통지하여야 하며 그 사실을 기재한 서면을 해당 사건 기록에 편철하여야 한다.

(26) 피의자와의 접견·교통·수진(제104조)

① 경찰관은 변호인 또는 변호인이 되려는 자로부터 체포·구속된 피의자와의 접견,

서류 또는 물건의 수수, 수진의 신청이 있을 때에는 친절하게 응하여야 한다.

② 경찰관은 변호인 아닌 자로부터 전항의 신청이 있을 때에는 면밀히 검토하여 피의자가 도망 또는 죄증을 인멸할 염려가 없고 유치장의 보안상 지장이 없다고 판단되는 경우에는 전항에 준하여 처리한다.

③ 경찰관은 체포·구속된 피의자로부터 타인과의 접견, 서류 또는 물건의 수수, 수진의 신청이 있을 때에는 경찰관서장의 허가를 받아 친절하게 응하여야 한다. 이 경우에 친족 이외의 접견과 서신의 수수는 필요한 용무가 있을 때에 한한다.

④ 경찰관은 체포·구속된 피의자와의 접견 서류 또는 물건의 수수 수진의 신청에 응하였을 때에는 체포·구속인접견부, 체포·구속인교통부, 물품차입부 또는 체포·구속인수진부에 그 상황을 상세히 기재하여야 한다.

(27) 체포·구속된 피의자의 처우(제105조)

경찰관서장은 체포·구속된 피의자에 대하여는 급양, 위생, 의료 등에 대하여 공평하고 상당한 대우를 하여야 한다.

(28) 피의자의 석방(제106조)

① 사법경찰관은 영장에 의해 체포하거나 구속한 피의자를 석방하려면 피의자 석방건의서를 작성·제출하여 미리 검사의 지휘를 받아야 한다.

② 제1항의 경우 검사의 석방지휘가 있을 때에는 즉시 석방하여야 한다.

③ 사법경찰관은 긴급체포한 피의자 또는 제2항에 따라 영장에 의해 체포하거나 구속한 피의자를 석방하였을 때에는 석방 보고서를 작성하여 지체 없이 그 사실을 검사에게 보고하여야 하며, 그 사본을 수사기록에 편철하여야 한다.

④ 제1항에 따른 피의자 석방건의는 서면으로 하여야 한다. 다만, 긴급한 경우에는 형사사법정보시스템, 전화, 팩스, 전자우편, 그 밖의 상당한 방법으로 석방을 건의할 수 있다.

(29) 피의자의 도주 등(제107조)

사법경찰관은 구금 중에 있는 피의자가 도주 또는 사망하거나 그 밖에 이상이 발생하였을 때에는 즉시 경찰서에 있어서는 지방경찰청장, 지방경찰청에 있어서는 경찰청장에게 보고하는 한편, 관할 지방검찰청 또는 지청의 검사에게 보고하여야 한다.

7. 압수·수색·검증

형사소송법

제106조【압수】① 법원은 필요한 때에는 피고사건과 관계가 있다고 인정할 수 있는 것에 한정하여 증거물 또는 몰수할 것으로 사료하는 물건을 압수할 수 있다. 단, 법률에 다른 규정이 있는 때에는 예외로 한다.

② 법원은 압수할 물건을 지정하여 소유자, 소지자 또는 보관자에게 제출을 명할 수 있다.

③ 법원은 압수의 목적물이 컴퓨터용디스크, 그 밖에 이와 비슷한 정보저장매체(이하 이 항에서 "정보저장매체등"이라 한다)인 경우에는 기억된 정보의 범위를 정하여 출력하거나 복제하여 제출받아야 한다. 다만, 범위를 정하여 출력 또는 복제하는 방법이 불가능하거나 압수의 목적을 달성하기에 현저히 곤란하다고 인정되는 때에는 정보저장매체등을 압수할 수 있다.

④ 법원은 제3항에 따라 정보를 제공받은 경우 「개인정보 보호법」 제2조제3호에 따른 정보주체에게 해당 사실을 지체 없이 알려야 한다.

제107조【우체물의 압수】① 법원은 필요한 때에는 피고사건과 관계가 있다고 인정할 수 있는 것에 한정하여 우체물 또는 「통신비밀보호법」 제2조제3호에 따른 전기통신(이하 "전기통신"이라 한다)에 관한 것으로서 체신관서, 그 밖의 관련 기관 등이 소지 또는 보관하는 물건의 제출을 명하거나 압수를 할 수 있다.

② 삭제

③ 제1항에 따른 처분을 할 때에는 발신인이나 수신인에게 그 취지를 통지하여야 한다. 단, 심리에 방해될 염려가 있는 경우에는 예외로 한다.

제108조【임의제출물등의 압수】 소유자, 소지자 또는 보관자가 임의로 제출한 물건 또는 유류한 물건은 영장없이 압수할 수 있다.

제109조【수색】① 법원은 필요한 때에는 피고사건과 관계가 있다고 인정할 수 있는 것에 한정하여 피고인의 신체, 물건 또는 주거, 그 밖의 장소를 수색할 수 있다

② 피고인 아닌 자의 신체, 물건, 주거 기타 장소에 관하여는 압수할 물건이 있음을 인정할 수 있는 경우에 한하여 수색할 수 있다.

제110조【군사상비밀과 압수】① 군사상 비밀을 요하는 장소는 그 책임자의 승낙없이는 압수 또는 수색할 수 없다.

② 전항의 책임자는 국가의 중대한 이익을 해하는 경우를 제외하고는 승낙을 거부하지 못한다.

제111조【공무상비밀과 압수】① 공무원 또는 공무원이었던 자가 소지 또는 보관하는 물건에 관하여는 본인 또는 그 해당공무소가 직무상의 비밀에 관한 것임을 신고한 때에는 그 소속공무소 또는 당해감독관공서의 승낙없이는 압수하지 못한다.

② 소속공무소 또는 당해감독관공서는 국가의 중대한 이익을 해하는 경우를 제외하고는 승낙을 거부하지 못한다.

제112조【업무상비밀과 압수】 변호사, 변리사, 공증인, 공인회계사, 세무사, 대서업자, 의사, 한의사, 치과의사, 약사, 약종상, 조산사, 간호사, 종교의 직에 있는 자 또는 이러한 직에 있던 자가 그 업무상 위탁을 받아 소지 또는 보관하는 물건으로 타인의 비밀에 관한 것은 압수를 거부할 수 있다. 단, 그 타인의 승낙이 있거나 중대한 공익상 필요가 있는 때에는 예외로 한다.

제113조【압수·수색영장】 공판정외에서 압수 또는 수색을 함에는 영장을 발부하여 시행하여야 한다.

제114조【영장의 방식】① 압수·수색영장에는 피고인의 성명, 죄명, 압수할 물건, 수색할 장소, 신체, 물건, 발부년월일, 유효기간과 그 기간을 경과하면 집행에 착수하지 못하며 영장을 반환하여야 한다는 취지 기타 대법원규칙으로 정한 사항을 기재하고 재판장 또는 수명법관이 서명날인하여야 한다. 다만, 압수·수색할 물건이 전기통신에 관한 것인 경우에는 작성기간을 기재하여야 한다.

② 제75조제2항의 규정은 전항의 영장에 준용한다.

제115조【영장의 집행】① 압수·수색영장은 검사의 지휘에 의하여 사법경찰관리가 집행한다. 단, 필요

한 경우에는 재판장은 법원사무관등에게 그 집행을 명할 수 있다.

② 제83조의 규정은 압수·수색영장의 집행에 준용한다.

제116조【주의사항】압수·수색영장의 집행에 있어서는 타인의 비밀을 보지하여야 하며 처분받은 자의 명예를 해하지 아니하도록 주의하여야 한다.

제117조【집행의 보조】법원사무관등은 압수·수색영장의 집행에 관하여 필요한 때에는 사법경찰관리에게 보조를 구할 수 있다.

제118조【영장의 제시】압수·수색영장은 처분을 받는 자에게 반드시 제시하여야 한다.

제119조【집행중의 출입금지】① 압수·수색영장의 집행중에는 타인의 출입을 금지할 수 있다.

② 전항의 규정에 위배한 자에게는 퇴거하게 하거나 집행종료시까지 간수자를 붙일 수 있다.

제120조【집행과 필요한 처분】① 압수·수색영장의 집행에 있어서는 건정을 열거나 개봉 기타 필요한 처분을 할 수 있다.

② 전항의 처분은 압수물에 대하여도 할 수 있다.

제121조【영장집행과 당사자의 참여】검사, 피고인 또는 변호인은 압수·수색영장의 집행에 참여할 수 있다.

제122조【영장집행과 참여권자에의 통지】압수·수색영장을 집행함에는 미리 집행의 일시와 장소를 전조에 규정한 자에게 통지하여야 한다. 단, 전조에 규정한 자가 참여하지 아니한다는 의사를 명시한 때 또는 급속을 요하는 때에는 예외로 한다.

제123조【영장의 집행과 책임자의 참여】① 공무소, 군사용의 항공기 또는 선거내에서 압수·수색영장을 집행함에는 그 책임자에게 참여할 것을 통지하여야 한다.

② 전항에 규정한 이외의 타인의 주거, 간수자있는 가옥, 건조물, 항공기 또는 선거내에서 압수·수색영장을 집행함에는 주거주, 간수자 또는 이에 준하는 자를 참여하게 하여야 한다.

③ 전항의 자를 참여하게 하지 못할 때에는 인거인 또는 지방공공단체의 직원을 참여하게 하여야 한다.

제124조【여자의 수색과 참여】여자의 신체에 대하여 수색할 때에는 성년의 여자를 참여하게 하여야 한다.

제125조【야간집행의 제한】일출전, 일몰후에는 압수·수색영장에 야간집행을 할 수 있는 기재가 없으면 그 영장을 집행하기 위하여 타인의 주거, 간수자있는 가옥, 건조물, 항공기 또는 선거내에 들어가지 못한다.

제126조【야간집행제한의 예외】다음 장소에서 압수·수색영장을 집행함에는 전조의 제한을 받지 아니한다.

1. 도박 기타 풍속을 해하는 행위에 상용된다고 인정하는 장소

2. 여관, 음식점 기타 야간에 공중이 출입할 수 있는 장소. 단, 공개한 시간내에 한한다.

제127조【집행중지와 필요한 처분】압수·수색영장의 집행을 중지한 경우에 필요한 때에는 집행이 종료될 때까지 그 장소를 폐쇄하거나 간수자를 둘 수 있다.

제128조【증명서의 교부】수색한 경우에 증거물 또는 몰취할 물건이 없는 때에는 그 취지의 증명서를 교부하여야 한다.

제129조【압수목록의 교부】압수한 경우에는 목록을 작성하여 소유자, 소지자, 보관자 기타 이에 준할 자에게 교부하여야 한다.

제130조【압수물의 보관과 폐기】① 운반 또는 보관에 불편한 압수물에 관하여는 간수자를 두거나 소유자 또는 적당한 자의 승낙을 얻어 보관하게 할 수 있다.

② 위험발생의 염려가 있는 압수물은 폐기할 수 있다.

③ 법령상 생산·제조·소지·소유 또는 유통이 금지된 압수물로서 부패의 염려가 있거나 보관하기 어려운 압수물은 소유자 등 권한 있는 자의 동의를 받아 폐기할 수 있다.

제131조【주의사항】압수물에 대하여는 그 상실 또는 파손등의 방지를 위하여 상당한 조치를 하여야 한다.

제132조【압수물의 대가보관】① 몰수하여야 할 압수물로서 멸실·파손·부패 또는 현저한 가치 감소

의 염려가 있거나 보관하기 어려운 압수물은 매각하여 대가를 보관할 수 있다.

② 환부하여야 할 압수물 중 환부를 받을 자가 누구인지 알 수 없거나 그 소재가 불명한 경우로서 그 압수물의 멸실·파손·부패 또는 현저한 가치 감소의 염려가 있거나 보관하기 어려운 압수물은 매각하여 대가를 보관할 수 있다.

제133조【압수물의 환부, 가환부】① 압수를 계속할 필요가 없다고 인정되는 압수물은 피고사건 종결 전이라도 결정으로 환부하여야 하고 증거에 공할 압수물은 소유자, 소지자, 보관자 또는 제출인의 청구에 의하여 가환부할 수 있다.

② 증거에만 공할 목적으로 압수한 물건으로서 그 소유자 또는 소지자가 계속사용하여야 할 물건은 사진촬영 기타 원형보존의 조치를 취하고 신속히 가환부하여야 한다.

제134조【압수장물의 피해자환부】압수한 장물은 피해자에게 환부할 이유가 명백한 때에는 피고사건 의 종결전이라도 결정으로 피해자에게 환부할 수 있다.

제135조【압수물처분과 당사자에의 통지】전3조의 결정을 함에는 검사, 피해자, 피고인 또는 변호인에 게 미리 통지하여야 한다.

제136조【수명법관, 수탁판사】① 법원은 압수 또는 수색을 합의부원에게 명할 수 있고 그 목적물의 소 재지를 관할하는 지방법원 판사에게 촉탁할 수 있다.

② 수탁판사는 압수 또는 수색의 목적물이 그 관할구역내에 없는 때에는 그 목적물 소재지지방법원 판사에게 전촉할 수 있다.

③ 수명법관, 수탁판사가 행하는 압수 또는 수색에 관하여는 법원이 행하는 압수 또는 수색에 관한 규정을 준용한다.

제137조【구속영장집행과 수색】검사, 사법경찰관리 또는 제81조제2항의 규정에 의한 법원사무관등이 구속영장을 집행할 경우에 필요한 때에는 타인의 주거, 간수자있는 가옥, 건조물, 항공기, 선차 내에 들어가 피고인을 수색할 수 있다.

제138조【준용규정】제119조, 제120조, 제123조와 제127조의 규정은 전조의 규정에 의한 검사, 사법경 찰관리, 법원사무관등의 수색에 준용한다.

(1) 압수·수색의 의의

압수란 물건의 점유를 취득하는 강제처분을 수색은 압수할 물건 또는 체포할 사람을 발견할 목적으로 주거·물건·사람의 신체 또는 기타 장소에 대하여 행하는 강제처분을 의미한다. 수색은 주로 압수와 함께 행해지고 실무상으로도 압수·수색영장이라는 단일영장을 사용하고 있다.

(2) 압수·수색의 대상

① 압수의 대상은 증거물 또는 몰수물이다. 증거물에 대한 압수는 절차확보라는 의미를 가지는데 반하여, 몰수물에 대한 몰수는 형집행의 확보라는 의미를 가진다.

② 압수의 대상은 유체물에 한하며, 증거물은 인증에 대비되는 물증을 의미하므로 원칙적으로 사람은 압수의 대상은 아니지만, 사람의 손톱, 머리카락과 같은 신체적 일부에 대해서는 가능할 수 있으며, 사체에 대해서 가능하다.

③ 수색의 대상은 피의자·피고인의 신체, 물건 또는 주거 기타 장소이다(제109조, 제209조). 또한 피의자·피고인이 아닌자의 신체·물건·주거 기타 장소로 그 안에 압

수할 물건이 있음을 인정할 수 있는 경우에 한해 수색이 가능하다(제109조 2항).

(3) 압수 수색의 요건

① 범죄혐의

압수·수색·검증도 수사인 이상 범죄혐의가 있어야 한다. 범죄혐의는 충분한 구체적 사실에 의해 인정될 수 있어야 한다. 여기에서 구속과 압수·수색·검증의 범죄혐의에 대해 구속과 동일한 고도의 개연성을 요구하는 견해도 있으나 압수·수색은 수사를 개시할 정도의 범죄혐의 즉 최초의 범죄혐의로 충분하다.[47] 즉 단순히 죄를 범하였다고 인정되는 정도로 족하나, 해당 사건과 관계가 있다고 인정할 수 있는 것에 한정하는데, 범죄의 혐의가 구속의 정도에 이를 것을 요하는 것은 아니다.

② 필요성

형소법은 제106조와 제109조에서 법원은 "필요한때", 제215조는 검사는 "범죄수사에 필요한때" 압수수색할 수 있다고 규정하고 있다.[48] 압수·수색의 필요성과 강제처분에 의하여야 할 필요성이 있어야 한다. 따라서 임의수사에 의하여도 수사의 목적을 달성할 수 있는 때에는 대물적 강제처분을 할 수 없다. 판례상 비례성의 원칙이 압수·수색의 경우도 준수되어야 거물 또는 몰수할 것으로 판단되는 물건을 압수하거나 타인의 주거, 간수자가 있는 한다.[49]

---

47) 형사소송법 제215조, 제219조, 제106조 제1항의 규정을 종합하여 보면, 검사는 범죄수사에 필요한 때에는 증거물 또는 몰수할 것으로 사료하는 물건을 법원으로부터 영장을 발부받아서 압수할 수 있는 것이고, 합리적인 의심의 여지가 없을 정도로 범죄사실이 인정되는 경우에만 압수할 수 있는 것은 아니라 할 것이다(대판 96모34).

48) 폐수무단방류 혐의가 인정된다는 이유로 준항고인들의 공장부지, 건물, 기계류 일체 및 폐수운반차량 7대에 대하여 한 압수처분은 수사상의 필요에서 행하는 압수의 본래의 취지를 넘는 것으로 상당성이 없을 뿐만 아니라, 수사상의 필요와 그로 인한 개인의 재산권 침해의 정도를 비교형량해보면 비례성의 원칙에 위배되어 위법하다(대판 2004. 3. 23. 자 2003모 126). ※ 부동산도 압수의 대상이 된다.

49) 피청구인이 유치장에 수용되는 자에게 실시하는 신체검사는 수용자의 생명·신체에 대한 위해를 방지하고 유치장 내의 안전과 질서를 유지하기 위하여 흉기 등 위험물이나 반입금지물품의 소지·은닉 여부를 조사하는 것으로서, 위 목적에 비추어 일정한 범위 내에서 신체수색의 필요성과 타당성은 인정된다 할 것이나, 이러한 행정목적을 달성하기 위하여 경찰청장이 일선 경찰서 및 그 직원에 대하여 그 직무권한 행사의 지침을 발한 피의자유치및호송 규칙에 따른 신체검사가 당연히 적법한 것이라고는 할 수 없고, 그 목적 달성을 위하여 필요한 최소한도의 범위 내에서 또한 수용자의 명예나 수치심을 포함한 기본권이 침해되는 일이 없도록 충분히 배려한 상당한 방법으로 이루어져야 한다. 그런데 피고인들은 공직선거및선거부정방지법 위반의 현행범으로 체포된 여자들로서 체포될 당시 흉기 등 위험물을 소지·은닉하고 있었을 가능성이 거의 없었고, 처음 유치장에 수용될 당시 신체검사를 통하여 위험물 및 반입금지물품의 소지·은닉 여부를 조사하여 그러한 물품이 없다는 사실을 이미 확인하였으며, 청구인들이 변호인 접견실에서 변호인을 접견할 당시 경찰관이 가시거리에서 그 접견과정을 일일이 육안으로 감시하면서 일부 청구인의 휴대폰 사용을 제지하기도 하였던 점 등에 비추어 청구인들이 유치장에 재수용되는 과정에서 흉기 등 위험물이나 반입금지물품을 소지·은닉할 가능성이 극히 낮았던 한편, 당해 경찰서의 경우 변호인 접견 후 신체검사를 실시하여 흉기 등 위험물이나 반입금지물품의 소지·은닉을 적발한 사례가 없었던 사실을 피청구인이 자인하였으며, 특히 청구인들의 옷을 전부 벗긴 상태에서 피고인들에 대하여 실시한 이 사건 신체수색은 그 수단과 방

③ 영장주의 원칙

경찰관은 증가옥, 건조물, 선차 내에 들어가 수색을 할 때에는 영장을 발부받아야 한다(제108조)

④ 영장에 의하지 아니한 압수(형사소송법218조)

검사, 사법경찰관은 피의자 기타인의 유류한 물건이나 소유자, 소지자 또는 보관자가 임의로 제출한 물건을 영장없이 압수할 수 있다.

(4) 압수의 종류

영장에 의한 압수로서 압류는 점유취득과정 자체에 강제력이 가하여지는 경우이다. 점유취득과정이 임의적인 영치는 유류물과 임의제출물을 점유하는 경우이며, 제출명령은 일정한 물건의 제출을 명하는 법원이 처분을 의미한다.

(5) 압수·수색의 절차

절차	내용
영장신청 (제109조)	① 사법경찰관은 검사에게 압수·수색영장을 신청할 때에는 「형사소송법」 제215조제2항 규정에 따른 사전 영장과 「형사소송법」 제216조제3항, 제217조제1항 규정에 따른 긴급 영장으로 구분하여 소속 경찰관서장의 지휘를 받아 사법경찰관 명의로 검사에게 신청한다. ② 사법경찰관은 전항의 영장을 신청할 때에는 별지 제93호 서식의 압수·수색·검증영장신청부에 신청의 절차, 발부 후의 상황 등을 명확히 기재해 두어야 한다.
소명자료 (제111조)	① 사법경찰관은 압수·수색영장을 신청할 때에는 피의자신문조서, 진술조서, 수사보고서 그 밖에 해당 처분의 필요성을 소명할 수 있는 자료를 첨부하여야 한다. ② 사법경찰관은 피의자 아닌 자의 신체, 물건, 주거 그 밖의 장소에 대하여 압수·수색영장을 신청할 때에는 압수할 물건이 있음을 인정할 수 있는 상황을 소명할 자료를 첨부하여야 한다. ③ 사법경찰관은 우편물 또는 전신에 관한 것으로서 체신관서 그 밖의 자가 소자 또는 보관하는 물건(피의자가 발송한 것이나 피의자에 대하여 발송된 것을 제외한다)에 대한 압수·수색영장을 신청할 때에는 그 물건과 해당 사건의 관련성을 소명할 자료를 첨부하여야 한다.
영장제시 (제113조)	① 경찰관은 영장에 따라 압수·수색을 할 때에는 해당 처분을 받는 자에게 반드시 영장을 제시하여야 한다. ② 전항의 경우에 부득이한 사유로 해당 처분을 받는 자에게 영장을 제시할 수 없을 때에는 참여인에게 이를 제시하여야 한다.
영장집행	부득이한 경우 이외에는 건조물·기구 등을 파괴하거나 서류 기타의 물건을 흩어지게 하는 일이 없도록 주의하며 영장을 집행한다.

법에 있어서 필요 최소한의 범위를 명백하게 벗어난 조치로서 이로 말미암아 피고인들에게 심한 모욕감과 수치심만을 안겨주었다고 인정하기에 충분하다. 따라서 수사기관의 피고인들에 대한 이러한 과도한 이 사건 신체수색은 그 수단과 방법에 있어서 필요 최소한도의 범위를 벗어났다(헌재 2002. 7. 18. 2000헌마327 전원재판부).

압수수색시 참여	피의자 그 밖의 참여권자의 참여 (제114조)	① 경찰관은 압수·수색영장을 집행함에 있어 수사상 특히 필요가 있을 때에는 피의자 등을 참여하게 하여야 한다. ② 경찰관은 전항의 경우에 있어 피의자 등의 언어와 거동에 주의하 여 새로운 수사자료를 입수하는데 노력하여야 한다.
	공무소 등 압수·수색시 참여 (제115조)	① 경찰관은 공무소, 군사용의 항공기 또는 선차 내에서 압수·수색영 장을 집행할 때에는 그 책임자에게 참여할 것을 통지하여야 한다. ② 경찰관은 전항에 규정한 이외의 타인의 주거, 간수자 있는 가옥, 건조물, 항공기 또는 선차 내에서 압수·수색영장을 집행할 때에 는 주거자, 간수자 또는 이에 준하는 자를 참여하게 하여야 한다. ③ 경찰관은 전항에 규정된 자를 참여하게 하지 못할 때에는 이웃사 람 또는 시·도 또는 시·군·구 소속 공무원을 참여하게 하여야 한다.
	제3자의 참여 (제116조)	① 경찰관은 전조 제1항, 제2항 이외의 장소에서 압수·수색영장을 집행하는 경우에도 되도록 제3자를 참여하게 하여야 한다. ② 전항의 경우에 제3자를 참여시킬 수 없을 때에는 다른 경찰관을 참여하게 하고 수색을 하여야 한다. ③ 경찰관은 여자의 신체에 대하여 수색할 때에는 성년의 여자를 참 여하게 하여야 한다.
집행중의 퇴거와 출입금지 (제117조)		① 경찰관은 압수·수색을 할 때에는 참여인 또는 따로 허가를 받은 자 이외의 자는 그 장소에서 퇴거하게 하고 그 장소에 출입하지 않도록 하여야 한다. ② 경찰관은 전항의 허가를 받지 않고 그 장소에 있는 자에 대하여는 퇴거를 강제하거 나 간수자를 붙여 수색을 방해하지 않도록 하여야 한다.
압수·수색 중지시의 조치 (제118조)		경찰관은 압수·수색에 착수한 후 이를 일시 중지하는 경우에는 그 장소를 폐쇄하거나 간수자를 두어서 사후의 압수·수색을 계속하는 데에 지장이 없도록 하여야 한다.
압수증명서 교부 (제121조)		증거물 또는 몰수물이 없을 때에도 그 취지의 수색증명서를 교부하고, 압수물이 있을 경우 압수목록을 기재한 증명서를 교부한다.
압수조서와 압수목록작성 (제119조)		① 압수조서와 압수목록 작성한다(압수조서와 목록에 간인). ② 피의자신문조서·진술조서·검증조서·실황조사서에 압수의 취지를 기재하여 압 수조서에 갈음한다(조서와 목록에 간인). ③ 소유권 포기의 의사표시가 있을 경우 소유권포기서를 수령한다.
사후절차		영장은 집행일시와 집행자의 이름을 적어 기록에 첨부한다.

(6) 압수에 긴급을 요하는 경우(제122조)

경찰관은 범죄에 관계가 있다고 인정되는 물건을 발견한 경우에 있어서 그 물건이 소유자, 소지자 또는 보관자로부터 임의의 제출을 받을 가망이 없다고 인정한 때에는 즉시 그 물건에 대한 압수영장의 발부를 신청하는 동시에 은닉·멸실·산일 등의 방지를 위한 적절한 조치를 하여야 한다.

(7) 임의 제출물의 압수 등(제123조)

① 경찰관은 소유자, 소지자 또는 보관자가 임의로 제출하는 물건은 영장 없이 압수할 수 있고, 주거주 또는 간수자가 임의로 승낙하는 경우에는 영장 없이 수색할 수 있다.

② 경찰관은 소유자, 소지자 또는 보관자에게 임의 제출을 요구할 필요가 있을 때에는 사법경찰관 명의로 물건 제출 요청서를 발부할 수 있다.

③ 경찰관은 소유자, 소지자 또는 보관자가 임의 제출한 물건을 압수할 때에는 되도록 제출자에게 임의제출서를 제출하게 하고 압수조서와 압수목록을 작성하여야 한다. 이 경우에는 제출자에게 압수증명서를 교부하여야 한다.

④ 경찰관은 임의 제출한 물건을 압수한 경우에 그 소유자가 그 물건의 소유권을 포기한다는 의사표시를 하였을 때에는 전항의 임의제출서에 그 취지를 기재하거나 별지 제77호 서식의 소유권포기서를 제출하게 하여야 한다.

(8) 영장에 의하지 않은 압수·수색(제124조)

① 사법경찰관은 「형사소송법」 제200조의2, 제200조의3, 제201조 또는 제212조의 규정에 따라 피의자를 영장에 의한 체포, 긴급체포, 현행범인 체포 또는 구속하는 경우에 필요한 때에는 영장 없이 다음 처분을 할 수 있다.

　1. 타인의 주거나 타인이 간수하는 가옥, 건조물, 항공기, 선차 내에서의 피의자 수색

　2. 체포 현장에서의 압수·수색

② 경찰관은 범행 중 또는 범행 직후의 범죄 장소에서 긴급을 요하여 법원 판사의 영장을 받을 수 없는 때에는 영장 없이 압수·수색을 할 수 있다. 이 경우에는 사후에 지체없이 영장을 받아야 한다.

③ 「형사소송법」 제200조의3의 규정에 따라 긴급체포된 자가 소유, 소지 또는 보관하는 물건에 대하여 긴급히 압수할 필요가 있는 경우에는 긴급체포한 때부터 24시간 이내에 한하여 영장 없이 압수·수색을 할 수 있다.

④ 제1항 및 제3항의 규정에 따라 압수한 물건을 계속 압수할 필요가 있는 경우 지체없이 압수·수색영장을 신청하여야 한다. 이 경우 압수·수색영장의 신청은 체포한 때부터 48시간 이내에 하여야 한다.

⑤ 전항에 따라 신청한 압수·수색영장을 발부받지 못한 때에는 압수한 물건을 즉시 반환하여야 한다.

(9) 유류물의 압수(제125조)

① 경찰관은 유류물을 압수할 때에는 거주자, 관리자 그 밖에 관계자의 참여를 얻어서

행하여야 한다.

② 전항의 압수에 관하여는 실황조사서 등에 그 물건이 발견된 상황 등을 명확히 기록하고 압수조서와 압수목록을 작성하여야 한다.

(10) 압수물의 처리

압수물의 보관	**범죄수사규칙 (제127조)** ① 경찰관은 압수물을 보관할 때에는 사건명, 피의자 성명 및 압수목록의 순위번호를 기재한 표찰을 붙여 견고한 상자 또는 보관에 적합한 창고 등에 보관하여야 한다. ② 경찰관은 압수금품 중 현금, 귀금속 등 중요금품은 임치금품과 같이 물품출납 공무원으로 하여금 보관하게 하여야 한다. ③ 경찰관은 압수물의 운반 또는 보관이 불편한 경우에는 검사의 지휘를 받아 간수자를 두거나 소유자 또는 적당한 자의 승낙을 얻어 보관하게 할 수 있다. ④ 경찰관은 제3항의 경우에는 보관자의 선정에 주의하여 성실하게 보관하도록 하고 압수물건 보관 서약서를 받아야 한다. ⑤ 압수물이 유가증권일 때에는 지체 없이 유가증권 원형보존 지휘 건의서를 검사에게 제출하여 원형보존 여부에 관한 검사의 지휘를 받아야 하며, 원형을 보존할 필요가 없다는 내용의 검사 지휘가 있으면 지체 없이 환전(換錢)하여 보관하여야 한다. **검사의 사법경찰관리에 대한 수사지휘 및 사법경찰관리의 수사준칙 제46조** ① 「통신비밀보호법」에 따른 통신제한조치 집행으로 취득한 물건은 통신제한조치 허가서 및 집행조서와 함께 봉인한 후 허가번호 및 보존기간을 표기하여 별도로 보관하고, 수사담당자 외의 자가 열람할 수 없도록 하여야 한다. ② 통신제한조치를 집행하고 범죄인지서를 작성하지 아니하였을 때에는 그 집행으로 취득한 물건·자료 등은 보존기간이 지난 후 검사의 지휘를 받아 즉시 폐기하여야 한다.
압수물의 폐기 (제128조)	① 경찰관은 위험발생의 우려가 있는 압수물은 압수물 폐기처분 지휘 건의서에 의해 검사의 지휘를 받아 폐기할 수 있다. ② 경찰관은 법령상 생산·제조·소지·소유 또는 유통이 금지된 압수물로서 부패의 염려가 있거나 보관하기 어려운 압수물은 소유자 등 권한 있는 자의 동의를 받은 후 검사의 지휘를 받아 폐기할 수 있다.
압수물의 대가보관 (제129조)	① 경찰관은 몰수하여야 할 압수물로서 멸실, 파손, 부패 또는 현저한 가치감소의 염려가 있거나 보관하기 어려운 압수물은 검사지휘를 받아 매각하여 대가를 보관할 수 있다. ② 경찰관은 환부하여야 할 압수물 중 환부를 받을 자가 누구인지 알 수 없거나 그 소재가 불명한 경우로서 그 압수물의 멸실, 파손 부패 또는 현저한 가치감소의 염려가 있거나 보관하기 어려운 때에는 검사의 지휘를 받아 매각하여 대가를 보관할 수 있다.
환부·가환부 (제133조)	① 경찰관은 압수물에 관하여 그 소유자, 소지자, 보관자 또는 제출인으로부터 환부 또는 가환부의 청구가 있거나 압수장물에 관하여 피해자로부터 환부의 청구가 있을 때에는 지체없이 압수물 환부 지휘건의서 또는 압수물 가환부 지휘건의서를 작성하여 검사의 지휘를 받아야 한다. ② 경찰관은 제1항의 압수물 환부(가환부)지휘 건의를 할 때에는 소유자, 소지자, 보관

	자, 제출인 또는 피해자(이하 "소유자등"이라 한다)로부터 압수물 환부(가환부)청구서를 제출받아 건의서에 첨부하여야 하며 청구자가 정당한 권한을 가진 자인가를 조사하여 뒤에 분쟁이 생기는 일이 없도록 하여야 한다. ③ 경찰관은 압수물의 환부 또는 가환부 할 때에는 소유자등으로부터 압수물 환부(가환부)영수증을 받아야 하며 먼저 가환부한 물건에 대하여 다시 환부의 처분을 할 필요가 있을 때에는 환부통지서를 교부하여야 한다. ④ 압수를 계속할 필요가 없다고 인정되는 압수물은 피고사건 종결 전이라도 결정으로 환부하여야 하고 증거에 공할 압수물은 소유자, 소지자, 보관자 또는 제출인의 청구에 의하여 가환부할 수 있다(형사소송법 제133조 1항). ⑤ 증거에만 공할 목적으로 압수한 물건으로서 그 소유자 또는 소지자가 계속 사용하여야 할 물건은 사진촬영 기타 원형보존의 조치를 취하고 신속히 가환부하여야 한다(형사소송법 제133조 2항). ⑥ 압수한 장물은 피해자에게 환부할 이유가 명백한 때에는 피고사건의 종결 전이라도 결정으로 피해자에게 환부할 수 있다(형사소송법 제134조)
긴급통신제한 조치 통보서 제출	검사의 사법경찰관리에 대한 수사지휘 및 사법경찰관리의 수사준칙 제49조 경찰관은 「통신비밀보호법」 제8조제5항에 따라 긴급통신제한조치가 단시간 내에 종료되어 법원의 허가를 받을 필요가 없을 때에는 지체 없이 별지 제48호서식의 긴급통신제한조치 통보서를 작성하여 관할 지방검찰청 검사장 또는 지청장에게 제출하여야 한다.
통신제한조치 등 집행사실 통지	검사의 사법경찰관리에 대한 수사지휘 및 사법경찰관리의 수사준칙 50조 사법경찰관은 「통신비밀보호법」 제9조의2제6항(같은 법 제13조의3제2항에 따라 준용되는 경우를 포함한다)에 따라 우편물의 검열, 전기통신의 감청 등 통신제한조치를 집행한 사실 또는 통신사실확인자료를 제공받은 사실과 집행·제공 요청기관 및 그 기간 등을 별지 제49호서식 또는 별지 제50호서식에 따라 그 통지대상자에게 통지하여야 한다.

(11) 압수물 폐기, 대가보관시 주의 사항(제130조)

① 경찰관은 압수물에 관하여 폐기 또는 대가보관의 처분을 할 때에는 다음 사항에 주의하여야 한다.

1. 폐기처분을 할 때에는 사전에 반드시 사진을 촬영해둘 것
2. 그 물건의 상황을 사진, 도면, 모사도 또는 기록 등의 방법에 의하여 명백히 할 것
3. 특히 필요가 있다고 인정될 때에는 해당 압수물의 성상, 가격 등을 감정해둘 것
   이 경우에는 재감정할 경우를 고려하여 그 물건의 일부를 보존해두어야 한다.
4. 위험발생, 멸실, 파손 또는 부패의 염려가 있거나 보관하기 어려운 물건이라는 등 폐기 또는 대가보관의 처분을 하여야 할 상당한 이유를 명백히 할 것

② 경찰관은 폐기 또는 대가보관의 처분을 하였을 때에는 각각 폐기조서 또는 대가보관조서를 작성하여야 한다.

(12) 폐기 등 처분시 압수목록에의 기재(제132조)

경찰관은 압수물의 폐기, 대가보관, 환부 또는 가환부의 처분을 하였을 때에는 그 물건에 해당한 압수목록의 비고란에 그 요지를 기재하여야 한다.

(13) 대가보관 등 처분시 통지(제133조)

경찰관은 압수물의 대가보관, 압수물의 환부·가환부, 압수장물의 피해자 환부 처분을 위한 검사의 지휘가 있을 때에는 지체없이 피해자, 피의자 또는 변호인에게 그 취지를 통지하여야 한다.

(14) 영장에 의한 금융거래정보 요구시 주의사항(제134조)

① 경찰관은 금융거래의 내용에 대한 정보 또는 자료(이하 "거래정보등"이라 한다)를 제공받을 때에는 압수·수색·검증영장(금융계좌 추적용)을 발부받아 해당 금융기관에 금융거래정보 등을 요구하여야 한다.

② 전항의 규정에 따라 거래정보 등을 제공받은 사법경찰관은 범죄수사목적 외의 용도로 이를 이용하거나 타인에게 제공 또는 누설하여서는 아니된다.

③ 경찰관은 금융기관이 '거래정보 등을 제공하였다는 사실'을 거래명의자에게 통보하는 것이 다음 각호 어느 하나에 해당하는 경우에는 해당 금융기관에 대하여 명의자에게 통보하는 것을 유예하도록 신청하여야 한다.

1. 해당 통보가 사람의 생명이나 신체의 안전을 위협할 우려가 있는 경우
2. 해당 통보가 증거인멸·증인위협 등 공정한 사법절차의 진행을 방해할 우려가 명백한 경우
3. 해당 통보가 질문·조사 등의 범죄수사절차의 진행을 방해하거나 과도하게 지연시킬 우려가 명백한 경우

8. 검증

형사소송법

제139조【검증】법원은 사실을 발견함에 필요한 때에는 검증을 할 수 있다.

제140조【검증과 필요한 처분】검증을 함에는 신체의 검사, 사체의 해부, 분묘의 발굴, 물건의 파괴 기타 필요한 처분을 할 수 있다.

제141조【신체검사에 관한 주의】

① 신체의 검사에 관하여는 검사를 당하는 자의 성별, 연령, 건강상태 기타 사정을 고려하여 그 사람의 건강과 명예를 해하지 아니하도록 주의하여야 한다.

② 피고인 아닌 자의 신체검사는 증적의 존재를 확인할 수 있는 현저한 사유가 있는 경우에 한하여 할 수 있다.

③ 여자의 신체를 검사하는 경우에는 의사나 성년의 여자를 참여하게 하여야 한다.

---

④ 사체의 해부 또는 분묘의 발굴을 하는 때에는 례를 잊지 아니하도록 주의하고 미리 유족에게 통지하여야 한다.

제142조【신체검사와 소환】법원은 신체를 검사하기 위하여 피고인 아닌 자를 법원 기타 지정한 장소에 소환할 수 있다.

제143조【시각의 제한】

① 일출전, 일몰후에는 가주, 간수자 또는 이에 준하는 자의 승낙이 없으면 검증을 하기 위하여 타인의 주거, 간수자있는 가옥, 건조물, 항공기, 선거내에 들어가지 못한다. 단, 일출후에는 검증의 목적을 달성할 수 없을 염려가 있는 경우에는 예외로 한다.

② 일몰전에 검증에 착수한 때에는 일몰후라도 검증을 계속할 수 있다.

③ 제126조에 규정한 장소에는 제1항의 제한을 받지 아니한다.

제144조【검증의 보조】검증을 함에 필요한 때에는 사법경찰관리에게 보조를 명할 수 있다.

제145조【준용규정】제110조, 제119조 내지 제123조, 제127조와 제136조의 규정은 검증에 관하여 준용한다

(1) 의 의

검증이란 오관의 작용에 의하여 사람이나 물건 또는 장소의 존재 및 상태를 직접적으로 실험·인식하는 것을 말한다.

(2) 종 류

검증에는 기소 전에 수사기관이 하는 검증과,[50] 기소 후에 법원이 하는 검증으로 구분할 수 있다. 법원이나 법관에 의한 검증은 증거조사의 일종으로 별도의 영장을 필요로 하지 않으나, 수사기관의 검증은 증거확보를 위한 강제처분으로서의 의미를 가지므로 원칙적으로 법관의 영장을 필요로 한다(형사소송법제215조[51]). 형사소송법은 수사기관의 검증에 관하여 법원의 검증에 관한 규정을 준용하고 있다(제219조).

(3) 검증의 절차(제138조)

① 경찰관은 범죄의 수사에 필요한 때에는 영장을 발부받아 검증을 할 수 있다.

② 경찰관은 검증을 할 때에는 신체의 검사, 사체의 해부, 분묘의 발굴, 물건의 파괴 그 밖의 필요한 처분을 할 수 있다.

③ 경찰관은 검증을 하였을 때에는 검증의 상황 및 경과를 명백히 한 검증조서를 작성하여야 한다.

---

50) 실황조사는 수사기관이 영장 없이 현장상황을 조사하여 결과를 기재한 서면을 말하며 검증과는 영장 없이 행한다는 것이 차이다.

51) 제215조(압수, 수색, 검증) ① 검사는 범죄수사에 필요한 때에는 피의자가 죄를 범하였다고 의심할 만한 정황이 있고 해당 사건과 관계가 있다고 인정할 수 있는 것에 한정하여 지방법원판사에게 청구하여 발부받은 영장에 의하여 압수, 수색 또는 검증을 할 수 있다.

② 사법경찰관이 범죄수사에 필요한 때에는 피의자가 죄를 범하였다고 의심할 만한 정황이 있고 해당 사건과 관계가 있다고 인정할 수 있는 것에 한정하여 검사에게 신청하여 검사의 청구로 지방법원판사가 발부한 영장에 의하여 압수, 수색 또는 검증을 할 수 있다.

(4) 시체검증(제139조)

① 경찰관은 시체의 해부, 분묘의 발굴 등을 하는 때에는 예를 잃지 않도록 주의하고 배우자, 직계친족 또는 형제자매가 있을 때에는 이들에게 미리 통지하여야 한다.

② 경찰관은 제1항의 경우에 수사상 필요하다고 인정되는 시체의 착의, 부착물, 분묘 내의 매장물 등은 유족으로부터 임의제출을 받거나 압수·수색·검증영장을 발부받아 압수하여야 한다.

(5) 영장 없이 행하는 검증(형사소송법 제216조)

① 검사 또는 사법경찰관은 영장에 이한 체포(제200조의2)·긴급체포(제200조의3)·구속(제201조) 또는 현행범 체포(제212조)의 규정에 의하여 피의자를 체포 또는 구속하는 경우에 필요한 때에는 영장없이 다음 처분을 할 수 있다.

1. 타인의 주거나 타인이 간수하는 가옥, 건조물, 항공기, 선차 내에서의 피의자 수사
2. 체포현장에서의 압수, 수색, 검증

② 전항 제2호의 규정은 검사 또는 사법경찰관이 피고인에 대한 구속영장의 집행의 경우에 준용한다.

③ 범행 중 또는 범행직후의 범죄 장소에서 긴급을 요하여 법원판사의 영장을 받을 수 없는 때에는 영장없이 압수, 수색 또는 검증을 할 수 있다. 이 경우에는 사후에 지체없이 영장을 받아야 한다.

(6) 영장에 의하지 아니하는 강제처분(형사소송법 제217조)

① 검사 또는 사법경찰관은 긴급체포(제200조의3)에 따라 체포된 자가 소유·소지 또는 보관하는 물건에 대하여 긴급히 압수할 필요가 있는 경우에는 체포한 때부터 24시간 이내에 한하여 영장 없이 압수·수색 또는 검증을 할 수 있다.

② 검사 또는 사법경찰관은 제1항 또는 체포현장에서의 압수, 수색, 검증(제216조제1항제2호)에 따라 압수한 물건을 계속 압수할 필요가 있는 경우에는 지체 없이 압수수색영장을 청구하여야 한다. 이 경우 압수수색영장의 청구는 체포한 때부터 48시간 이내에 하여야 한다.

③ 검사 또는 사법경찰관은 제2항에 따라 청구한 압수수색영장을 발부받지 못한 때에는 압수한 물건을 즉시 반환하여야 한다.

9. 신체검사

(1) 의 의
　신체검사란 신체 자체를 검사의 대상으로 하는 점에서 신체외부와 착의에 대해 증거물을 수색하는 신체수색과 구별된다.

(2) 성 질
　신체검사는 검증으로서의 성질을 가진다(형사소송법 제140조).

(3) 내 용
　① 신체검사도 원칙적으로 검증영장에 의하여야 한다. 피의자를 대상으로 함이 원칙이나 피의자 아닌 자라도 증적의 존재를 확인할 수 있는 현저한 사유가 있는 때에 한하여 신체검사를 할 수 있다(제141조 2항).
　② 수사기관이 여자의 신체를 검사하는 경우에는 의사나 성년여자를 참여하게 하여야 한다(제141조 제3항, 제219조). 단, 여자의 신체수색은 성년의 여자를 참여하게 하여야 한다.
　③ 법원은 신체를 검사하기 위하여 피고인 아닌자를 법원 기타 지정한 장소에 소환할 수 있다.

10. 체내검사

　체내검사란 신체의 내부에 대한 강제처분으로 신체검사의 특수한 유형으로 인권침해의 소지가 높으므로 엄격한 제한이 요구된다.

(1) 연하물의 강제배출
　① 의 의
　구토제등을 사용하여 삼킨 물건을 강제로 배출케 하는 것으로 압수 또는 감정의 목적으로 행하여진다.
　② 연 혁
　미국의 판례는 연하물의 강제배출은 양심에 대한 충격이며 적정절차의 위반이라고 판시하였으나, 강제수사의 필요성이 현저하고 의사에 의한 정당한 방법으로 실행되며 피검자의 건강을 해하지 않는 범위 내에서 압수 수색 감정의 절차에 따라 허용하는 것이 타당하다.
　③ 요 건
　전문지식 경험이 필요하다는 점에서 압수, 수색영장이외에 감정처분허가장을 요한다.

(2) 강제채혈과 강제채뇨[52]

① 강제채혈이란 의사가 주사기를 혈관에 삽입하여 혈액을 강제로 채취하는 것으로 주로 감정의 목적으로 행하여진다.

② 강제채뇨란 피의자의 하반신을 노출시키고 의사가 도뇨관을 요도를 통하여 방광에 삽입하여 체내에 있는 뇨를 강제로 채취하는 것으로 감정의 목적으로 행해진다.

11. 감정유치

(1) 개념

감정유치란 피고인 또는 피의자의 정신 또는 신체를 감정하기 위하여 일정한 기간 동안 병원 기타 적당한 장소에 피고인 또는 피의자를 유치하는 강제처분을 말한다(형사소송법제172조 제3항). 예를 들어, 21명의 부녀자를 연쇄살인 한 피고인에 대하여 공주치료감호소에서 2개월 동안 정신상태를 감정하기 위하여 구금하는 강제처분을 말한다.

(2) 법적 성질

검사의 청구와 법원의 감정유치장발부에 의하고 구속에 관한 규정이 감정유치에도 준용되므로 강제수사설이 타당하다.

(3) 대 상

수사상의 감정유치는 피의자를 대상으로 하며, 피의자가 아닌 제3자에 대하여 감정유치를 청구할 수 없다. 구속·불구속을 불문한다.

---

52) 피고인이 1995. 7. 19. 17:00경 공주시 우성면 상서리 소재 도로에서 혈중알코올농도 0.09%의 주취 상태로 화물차를 운전하다가 중앙선을 침범하여 반대차선에서 진행중이던 프라이드 및 그랜저 승용차를 충돌하여 위 승용차에 타고 있던 피해자 5명으로 하여금 약 2주 내지 6주간의 치료를 요하는 상해를 입힌사건에서 의식불명인자 가해자로부터 간호사가 채취한 혈액을 사법경찰관이 임의제출받은 혈액을 국과수의 감정의뢰회보서에 의하여 유죄판결을 인정한 사건에서 형사소송법 제218조는 "검사 또는 사법경찰관은 피의자, 기타인의 유류한 물건이나 소유자, 소지자 또는 보관자가 임의로 제출한 물건을 영장 없이 압수할 수 있다."라고 규정하고 있고, 같은 법 제219조에 의하여 준용되는 제112조 본문은 "변호사, 변리사, 공증인, 공인회계사, 세무사, 대서업자, 의사, 한의사, 치과의사, 약사, 약종상, 조산사, 간호사, 종교의 직에 있는 자 또는 이러한 직에 있던 자가 그 업무상 위탁을 받아 소지 또는 보관하는 물건으로 타인의 비밀에 관한 것은 압수를 거부할 수 있다."라고 규정하고 있을 뿐이고, 달리 형사소송법 및 기타 법령상 의료인이 진료 목적으로 채혈한 혈액을 수사기관이 수사목적으로 압수하는 절차에 관하여 특별한 절차적 제한을 두고 있지 않으므로, 의료인이 진료 목적으로 채혈한 환자의 혈액을 수사기관에 임의로 제출하였다면 그 혈액의 증거사용에 대하여도 환자의 사생활의 비밀 기타 인격적 법익이 침해되는 등의 특별한 사정이 없는 한 반드시 그 환자의 동의를 받아야 하는 것이 아니다. 따라서 원심이 적법하게 인정한 사실에 의하면, 경찰관이 간호사로부터 진료 목적으로 이미 채혈되어 있던 피고인의 혈액 중 일부를 임의로 제출 받아 이를 압수한 것으로 보이므로 당시 간호사가 위 혈액의 소지자 겸 보관자인 공주의료원 또는 담당의사를 대리하여 혈액을 경찰관에게 임의로 제출할 수 있는 권한이 없었다고 볼 특별한 사정이 없는 이상, 그 압수절차가 피고인 또는 피고인의 가족의 동의 및 영장 없이 행하여졌다고 하더라도 이에 적법절차를 위반한 위법이 있다고 할 수 없다(대판 1999. 9. 3. 선고 98도968).

(4) 요 건

　감정유치를 청구함에 있어서는 감정유치의 필요성이 인정될 것을 요한다. 감정유치의 필요성은 정신 또는 신체의 감정을 위하여 계속적인 유치와 관찰이 필요한 때에 인정된다. 따라서 피의자를 유치하지 않아도 병원에 통원함에 의하여 감정할 수 있는 때에는 감정유치를 청구할 수 없다.

(5) 절 차

　수사상 감정유치의 절차는 검사의 청구를 요건으로 하는 것 이외에는 법원의 감정유치에 관한 규정을 준용한다.

감정유치의 청구권자·방식	① 감정유치의 청구권자는 검사에 한한다.(제221조의 3 제1항). 따라서 감정유치의 청구에 대한 필요성은 종국적으로 검사가 판단하여야 한다. ② 감정유치의 청구는 감정유치청구서에 의한다.
감정유치장의 발부	① 판사는 청구가 상당하다고 인정할 때에는 감정유치장을 발부한다(제172조 제4항). 법원의 감정유치에 있어서의 감정유치장은 명령장임을 부정할 수 없으나, 피의자에 대한 감정유치는 수사기관의 강제수사에 속하므로 허가장이라고 해석하는 것이 타당하다. ② 청구서에 기재된 유치기간이 장기라고 인정될 때에는 법원은 상당한 기간으로 단축하여 감정유치장을 발부할 수 있다. ③ 감정유치를 기각하는 결정에 대해서는 물론이고 감정유치장의 발부에 대한 피의자의 준항고도 허용되지 않는다.
감정유치장의 집행	① 감정유치장의 집행에 관하여는 구속영장의 집행에 관한 규정이 준용된다.(제221조의 3 제2항, 제172조 제7항). ② 검사 또는 유치장소의 관리자가 간수의 필요가 있다고 인정할 때에는 검사는 유치의 청구와 동시에 또는 별도로 판사에 대하여 간수명령을 청구할 수 있다. 판사가 직권으로 간수명령을 발하는 것도 가능하다(제172조 제5항).
감정유치기간 (재정기간)	감정유치에 필요한 유치기간에는 제한이 없다. 수사상 감정유치에 있어서 감정유치장의 유치기간을 연장할 때에는 검사의 청구에 의하여 판사가 결정하여야 한다.(제221조의3 제6항, 제172조 제6항)

(6) 감정유치와 구속

①　감정유치는 실질적으로는 구속에 해당하므로 유치에 관하여는 구속에 관한 규정이 준용된다. 단, 보석에 관한 규정은 제외된다. 따라서 미결구금일수의 산입에 있어서 감정유치기간은 구속으로 간주한다(형사소송법제221조의 3, 제172조 제8항).

②　구속중인 피의자에 대하여 감정유치장이 집행되었을 때에는 피의자가 유치되어 있는 기간 동안 구속은 그 집행이 정지된 것으로 간주한다. 따라서 감정유치기간은 구속기간에 포함되지 않는다. 이 때 유치처분이 취소되거나 유치기간이 만료된 때에는 구속의 집행정지가 취소된 것으로 간주한다(제172조의 2).

(7) 감정에 필요한 처분

① 수사기관으로부터 감정의 위촉을 받은 자는 감정에 관하여 필요한 때에는 판사의 허가를 얻어 타인의 주거, 간수자 있는 가옥, 건조물, 항공기, 선차 내에 들어갈 수 있고 신체의 검사, 사체의 해부, 분묘의 발굴, 물건의 파괴 등 필요한 처분을 할 수 있다(형사소송법 제 221조의 4 제1항).

※ 사법경찰관으로부터 감정을 위촉받은 자가 사체를 해부하려면 법관의 감정허가 장이 필요하다

② 이 때 필요한 처분에 대한 허가는 검사가 청구하여야 하며(동조 제2항), 판사는 청구가 상당하다고 인정할 때에는 허가장을 발부하여야 한다(동조 제3항).

12. 통신수사

범죄수사규칙

제7장 통신수사
제1절 통 칙
제142조(통신비밀보호) 경찰관은 통신수사를 할 때에는 통신 및 대화의 비밀을 침해하지 않도록 필요 최소한도로 실시하여야 하며 직무상 알게된 사항을 외부에 공개하거나 누설하지 말고 통신비밀보호 에 최선을 다하여야 한다.

제143조(허가 및 자료요청의 주체) ①「통신비밀보호법」 제6조제2항, 제13조제1항의 규정에 따른 통신 제한조치 및 통신사실확인자료제공 요청의 허가신청은 사법경찰관이 하여야 한다.
② 「전기통신사업법」 제54조제3항 규정에 따른 통신자료의 요청은 경찰서장 및 지방청·경찰청 과 장 이상 결재권자의 직책, 직급, 성명을 명기하여 사법경찰관리가 요청할 수 있다.

제144조(남용방지) ①사법경찰관은 통신제한조치 허가신청을 할 때에는 「통신비밀보호법」 제5조, 제6 조에서 규정한 대상범죄, 신청방법, 관할법원, 허가요건 등을 충분히 검토하여 남용 및 기각되지 않 도록 하여야 한다.
②사법경찰관은 통신사실 확인자료제공 요청 허가신청을 할 때에는 요청사유, 해당 가입자와의 연관 성, 필요한 자료의 범위 등을 명확히 하여 남용 및 기각되지 않도록 하여야 한다.

제145조(관할) ①통신제한조치의 관할은 그 통신제한조치를 받을 통신당사자의 쌍방 또는 일방의 주 소지·소재지, 범죄지, 통신당사자와 공범관계에 있는 자의 주소지·소재지를 관할하는 지방법원 또 는 지원을 말한다.
②통신사실 확인자료의 관할은 피의자, 피내사자의 주소지·소재지, 범죄지 또는 해당 가입자의 주 소지·소재지를 관할하는 지방법원 또는 지원을 말한다.

제146조(허가신청방법) ①사법경찰관은 통신제한조치 및 통신사실확인자료제공 요청의 허가신청을 할 때에는 원칙적으로 각 피의자별 또는 각 피내사자별로 신청하여야 한다.
②사법경찰관은 통신사실 확인자료 허가신청을 할 때에는 피의자 또는 피내사자가 아닌 경우 다수의 가입자에 대하여 1건의 허가신청서로 요청할 수 있다.

제147조(자료제공요청방법) ①통신제한조치 허가신청은 반드시 서면으로 하여야 한다.

②통신사실 확인자료 및 통신자료 제공요청은 모사전송에 의하여 할 수 있다. 이 경우 신분을 표시하는 증표를 함께 제시하여야 한다.

③통신제한조치의 집행 및 통신사실 확인자료제공 요청 후에는 취득한 결과의 요지 등을 별지 제120호 서식의 집행조서에 작성하여야 한다.

제148조(허가서의 반납) 경찰관은 통신제한조치의 집행 또는 통신사실 확인자료 제공요청이 불가능하거나 필요없게 된 경우에는 허가서번호, 허가서 발부일자 및 수령일자, 수령자 성명, 집행불능의 사유를 기재하여 통신제한조치허가서 또는 통신사실확인자료 제공요청 허가서를 반환하여야 한다.

제2절 긴급통신수사

제149조(긴급통신수사) ①사법경찰관이 긴급통신제한조치를 할 경우에는 미리 검사의 지휘를 받아야 한다. 다만, 특히 급속을 요하여 미리 지휘를 받을 수 없는 사유가 있는 경우에는 긴급통신제한조치의 집행착수 후 지체없이 검사의 승인을 얻어야 한다.

②사법경찰관이 긴급통신제한조치를 하고자 하는 경우에는 반드시 긴급검열서 또는 별지 제112호 서식의 긴급감청서를 작성하여야 하며 이를 별지 제113호 서식의 긴급통신제한조치 대장에 기재하여야 한다.

③사법경찰관은 긴급 통신제한조치 및 긴급 통신사실확인자료 제공을 요청하였을 경우에는 36시간 이내에 법원의 허가를 받아 허가서 표지사본을 전기통신사업자에게 송부하여야 한다.

④사법경찰관은 긴급 통신제한조치 후 36시간 이내에 허가를 받지 못한 경우에는 즉시 집행을 중지하여야 하며 체신관서로부터 인계받은 우편물이 있는 경우 즉시 반환하여야 한다.

⑤사법경찰관은 긴급으로 통신사실확인자료를 제공받았으나 36시간 내 허가를 받지 못한 경우에는 제공받은 자료는 분쇄시키고 파일은 삭제하는 방법으로 폐기하여야 하고 허가신청서 등 관련서류 및 폐기에 대한 수사보고서를 기록에 첨부하여야 한다.

⑥사법경찰관은 긴급한 사건으로 발신기지국의 위치추적자료(실시간 위치추적)를 제공받았으나 허가를 받기 전 조기에 검거된 경우에는 그 즉시 전기통신사업자에게 전화 등으로 자료제공의 중단을 요청하고 반드시 36시간 이내에 법원의 허가를 받은 후 허가서 사본을 전기통신사업자에게 송부하여야 한다.

제150조(긴급통보서 작성 · 송부) 사법경찰관은 긴급통신제한조치가 단시간 내에 종료되어 법원의 허가를 받을 필요가 없는 경우에는 지체없이 별지 제114호 서식의 긴급통신제한조치통보서를 작성하여 관할 지방검찰청 검사장 또는 지청장에게 송부하여야 한다.

제3절 통신수사 집행 후 조치

제151조(집행결과보고) ①사법경찰관은 통신제한조치 및 통신사실확인자료를 제공받아 집행한 후 수사 또는 내사한 사건을 종결할 경우 그 결과를 검사에게 보고하여야 한다.

②타 관서에서 통신수사를 집행한 사건을 이송받아 내사한 후 내사종결한 경우는 내사종결한 관서에서 허가서를 청구한 검찰청에 집행결과를 보고한 후 허가서를 신청한 관서로 사건처리결과를 통보하여야 한다.

제152조(통신제한조치 등 집행사실 통지) ①사법경찰관은 통신제한조치를 집행한 사건에 대하여 검사로부터 공소를 제기하거나 제기하지 않는 처분(기소중지 결정을 제외한다)의 통보를 받거나 내사사건에 관하여 입건하지 않는 처분을 한 때에는 그 날로부터 30일 이내에 그 대상이 된 가입자에게 통신제한조치를 집행한 사실과 집행기관 및 그 기간 등을 서면으로 통지하여야 한다.

②사법경찰관은 통신사실 확인자료의 제공을 받은 사건에 관하여 검사가 공소를 제기하거나 공소를

제기하지 않는 처분(기소중지 결정을 제외한다)의 통보를 받거나 내사사건에 대하여 자체적으로 입건하지 않는 처분을 한 때에는 그 처분을 한 날로부터 30일 이내에 그 대상이 된 전기통신의 가입자에게 통신사실확인자료 제공을 받은 사실과 제공요청기관 및 그 기간 등을 서면으로 통지하여야 한다.

③사법경찰관은 다음 각호의 어느 하나에 해당하는 사유가 있어 통지유예 승인을 받은 경우에는 그 사유가 해소된 날로부터 30일 이내에 각각 제1항과 제2항의 규정에 의한 통지를 하여야 한다.

  1. 국가의 안전보장·공공의 안녕질서를 위태롭게 할 현저한 우려가 있는 때

  2. 사람의 생명·신체에 중대한 위험을 초래할 염려가 현저한 때

④사법경찰관은 전항의 규정에 의한 통지를 한 경우에는 지체없이 관할 지방검찰청 검사장 또는 지청장에게 통보하여야 한다.

제153조(통신제한조치 취득자료 보관) ①사법경찰관은 통신제한조치 집행으로 취득한 물건은 허가서 및 집행조서와 함께 봉인한 후 허가번호 및 보존기간을 표기하여 별도로 보관하고 수사담당자 외의 자가 열람할 수 없도록 하여야 한다.

②내사종결한 사건의 경우 전항과 같이 보존하여 25년 경과 후 검사의 지휘를 받아 즉시 폐기하여야 한다.

통신비밀보호

제5조(범죄수사를 위한 통신제한조치의 허가요건) ① 통신제한조치는 다음 각호의 범죄를 계획 또는 실행하고 있거나 실행하였다고 의심할만한 충분한 이유가 있고 다른 방법으로는 그 범죄의 실행을 저지하거나 범인의 체포 또는 증거의 수집이 어려운 경우에 한하여 허가할 수 있다. <개정 1997.12.13., 2000.1.12., 2001.12.29., 2007.12.21., 2013.4.5., 2015.1.6.>

 1. 형법 제2편중 제1장 내란의 죄, 제2장 외환의 죄중 제92조 내지 제101조의 죄, 제4장 국교에 관한 죄중 제107조, 제108조, 제111조 내지 제113조의 죄, 제5장 공안을 해하는 죄중 제114조, 제115조의 죄, 제6장 폭발물에 관한 죄, 제7장 공무원의 직무에 관한 죄중 제127조, 제129조 내지 제133조의 죄, 제9장 도주와 범인은닉의 죄, 제13장 방화와 실화의 죄중 제164조 내지 제167조·제172조 내지 제173조·제174조 및 제175조의 죄, 제17장 아편에 관한 죄, 제18장 통화에 관한 죄, 제19장 유가증권, 우표와 인지에 관한 죄중 제214조 내지 제217조, 제223조(제214조 내지 제217조의 미수범에 한한다) 및 제224조(제214조 및 제215조의 예비·음모에 한한다), 제24장 살인의 죄, 제29장 체포와 감금의 죄, 제30장 협박의 죄중 제283조제1항, 제284조, 제285조(제283조제1항, 제284조의 상습범에 한한다), 제286조[제283조제1항, 제284조, 제285조(제283조제1항, 제284조의 상습범에 한한다)의 미수범에 한한다]의 죄, 제31장 약취(略取), 유인(誘引) 및 인신매매의 죄, 제32장 강간과 추행의 죄중 제297조 내지 제301조의2, 제305조의 죄, 제34장 신용, 업무와 경매에 관한 죄중 제315조의 죄, 제37장 권리행사를 방해하는 죄중 제324조의2 내지 제324조의4·제324조의5(제324조의2 내지 제324조의4의 미수범에 한한다)의 죄, 제38장 절도와 강도의 죄중 제329조 내지 제331조, 제332조(제329조 내지 제331조의 상습범에 한한다), 제333조 내지 제341조, 제342조[제329조 내지 제331조, 제332조(제329조 내지 제331조의 상습범에 한한다), 제333조 내지 제341조의 미수범에 한한다]의 죄, 제39장 사기와 공갈의 죄중 제350조의 죄

 2. 군형법 제2편중 제1장 반란의 죄, 제2장 이적의 죄, 제3장 지휘권 남용의 죄, 제4장 지휘관의 항복과 도피의 죄, 제5장 수소이탈의 죄, 제7장 군무태만의 죄중 제42조의 죄, 제8장 항명의 죄, 제9장 폭행·협박·상해와 살인의 죄, 제11장 군용물에 관한 죄, 제12장 위령의 죄중 제78조·제80조·제81조의 죄

 3. 국가보안법에 규정된 범죄

 4. 군사기밀보호법에 규정된 범죄

5. 「군사기지 및 군사시설 보호법」에 규정된 범죄

6. 마약류관리에관한법률에 규정된 범죄중 제58조 내지 제62조의 죄

7. 폭력행위등처벌에관한법률에 규정된 범죄중 제4조 및 제5조의 죄

8. 「총포·도검·화약류 등의 안전관리에 관한 법률」에 규정된 범죄중 제70조 및 제71조제1호 내지 제3호의 죄

9. 특정범죄가중처벌등에관한법률에 규정된 범죄중 제2조 내지 제8조, 제10조 내지 제12조의 죄

10. 특정경제범죄가중처벌등에관한법률에 규정된 범죄중 제3조 내지 제9조의 죄

11. 제1호와 제2호의 죄에 대한 가중처벌을 규정하는 법률에 위반하는 범죄

②통신제한조치는 제1항의 요건에 해당하는 자가 발송·수취하거나 송·수신하는 특정한 우편물이나 전기통신 또는 그 해당자가 일정한 기간에 걸쳐 발송·수취하거나 송·수신하는 우편물이나 전기통신을 대상으로 허가될 수 있다.

[시행일: 2016.1.7.] 제5조

제6조(범죄수사를 위한 통신제한조치의 허가절차) ① 검사(검찰관을 포함한다. 이하 같다)는 제5조제1항의 요건이 구비된 경우에는 법원(군사법원을 포함한다. 이하 같다)에 대하여 각 피의자별 또는 각 피내사자별로 통신제한조치를 허가하여 줄 것을 청구할 수 있다. <개정 2001.12.29.>

② 사법경찰관(군사법경찰관을 포함한다. 이하 같다)은 제5조제1항의 요건이 구비된 경우에는 검사에 대하여 각 피의자별 또는 각 피내사자별로 통신제한조치에 대한 허가를 신청하고, 검사는 법원에 대하여 그 허가를 청구할 수 있다. <개정 2001.12.29.>

③ 제1항 및 제2항의 통신제한조치 청구사건의 관할법원은 그 통신제한조치를 받을 통신당사자의 쌍방 또는 일방의 주소지·소재지, 범죄지 또는 통신당사자와 공범관계에 있는 자의 주소지·소재지를 관할하는 지방법원 또는 지원(보통군사법원을 포함한다)으로 한다. <개정 2001.12.29.>

④ 제1항 및 제2항의 통신제한조치청구는 필요한 통신제한조치의 종류·그 목적·대상·범위·기간·집행장소·방법 및 당해 통신제한조치가 제5조제1항의 허가요건을 충족하는 사유등의 청구이유를 기재한 서면(이하 "청구서"라 한다)으로 하여야 하며, 청구이유에 대한 소명자료를 첨부하여야 한다. 이 경우 동일한 범죄사실에 대하여 그 피의자 또는 피내사자에 대하여 통신제한조치의 허가를 청구하였거나 허가받은 사실이 있는 때에는 다시 통신제한조치를 청구하는 취지 및 이유를 기재하여야 한다. <개정 2001.12.29.>

⑤ 법원은 청구가 이유 있다고 인정하는 경우에는 각 피의자별 또는 각 피내사자별로 통신제한조치를 허가하고, 이를 증명하는 서류(이하 "허가서"라 한다)를 청구인에게 발부한다. <개정 2001.12.29.>

⑥ 제5항의 허가서에는 통신제한조치의 종류·그 목적·대상·범위·기간 및 집행장소와 방법을 특정하여 기재하여야 한다. <개정 2001.12.29.>

⑦ 통신제한조치의 기간은 2월을 초과하지 못하고, 그 기간중 통신제한조치의 목적이 달성되었을 경우에는 즉시 종료하여야 한다. 다만, 제5조제1항의 허가요건이 존속하는 경우에는 제1항 및 제2항의 절차에 따라 소명자료를 첨부하여 2월의 범위안에서 통신제한조치기간의 연장을 청구할 수 있다. <개정 2001.12.29.>

⑧법원은 청구가 이유없다고 인정하는 경우에는 청구를 기각하고 이를 청구인에게 통지한다.

[헌법불합치, 2009헌가30, 2010. 12. 28. 통신비밀보호법(2001. 12. 29 법률 제6546호로 개정된 것) 제6조 제7항 단서 중 전기통신에 관한 '통신제한조치기간의 연장'에 관한 부분은 헌법에 합치하지 아니한다. 위 법률조항은 2011. 12. 31.을 시한으로 입법자가 개정할 때까지 계속 적용한다.]

제7조(국가안보를 위한 통신제한조치) ① 대통령령이 정하는 정보수사기관의 장(이하 "정보수사기관의 장"이라 한다)은 국가안전보장에 대한 상당한 위험이 예상되는 경우에 한하여 그 위해를 방지하기 위하여 이에 관한 정보수집이 특히 필요한 때에는 다음 각호의 구분에 따라 통신제한조치를 할 수 있다.

1. 통신의 일방 또는 쌍방당사자가 내국인인 때에는 고등법원 수석부장판사의 허가를 받아야 한다. 다만, 군용전기통신법 제2조의 규정에 의한 군용전기통신(작전수행을 위한 전기통신에 한한다)에 대하여는 그러하지 아니하다.

2. 대한민국에 적대하는 국가, 반국가활동의 혐의가 있는 외국의 기관·단체와 외국인, 대한민국의 통치권이 사실상 미치지 아니하는 한반도내의 집단이나 외국에 소재하는 그 산하단체의 구성원의 통신인 때 및 제1항제1호 단서의 경우에는 서면으로 대통령의 승인을 얻어야 한다.

② 제1항의 규정에 의한 통신제한조치의 기간은 4월을 초과하지 못하고, 그 기간중 통신제한조치의 목적이 달성되었을 경우에는 즉시 종료하여야 하되, 제1항의 요건이 존속하는 경우에는 소명자료를 첨부하여 고등법원 수석부장판사의 허가 또는 대통령의 승인을 얻어 4월의 범위 이내에서 통신제한조치의 기간을 연장할 수 있다. 다만, 제1항제1호 단서의 규정에 의한 통신제한조치는 전시·사변 또는 이에 준하는 국가비상사태에 있어서 적과 교전상태에 있는 때에는 작전이 종료될 때까지 대통령의 승인을 얻지 아니하고 기간을 연장할 수 있다. <개정 2001.12.29.>

③ 제6조제2항·제4항 내지 제6항 및 제8항은 제1항제1호의 규정에 의한 허가에 관하여 이를 적용한다. 이 경우 "사법경찰관(군사법경찰관을 포함한다. 이하 같다)"은 "정보수사기관의 장"으로, "법원"은 "고등법원 수석부장판사"로, "제5조제1항"은 "제7조제1항제1호 본문"으로, 제6조제2항 및 제5항 중 "각 피의자별 또는 각 피내사자별로 통신제한조치"를 각각 "통신제한조치"로 한다. <개정 2001.12.29.>

④ 제1항제2호의 규정에 의한 대통령의 승인에 관한 절차등 필요한 사항은 대통령령으로 정한다.

제8조(긴급통신제한조치) ① 검사, 사법경찰관 또는 정보수사기관의 장은 국가안보를 위협하는 음모행위, 직접적인 사망이나 심각한 상해의 위험을 야기할 수 있는 범죄 또는 조직범죄등 중대한 범죄의 계획이나 실행 등 긴박한 상황에 있고 제5조제1항 또는 제7조제1항제1호의 규정에 의한 요건을 구비한 자에 대하여 제6조 또는 제7조제1항 및 제3항의 규정에 의한 절차를 거칠 수 없는 긴급한 사유가 있는 때에는 법원의 허가없이 통신제한조치를 할 수 있다.

② 검사, 사법경찰관 또는 정보수사기관의 장은 제1항의 규정에 의한 통신제한조치(이하 "긴급통신제한조치"라 한다)의 집행착수후 지체없이 제6조 및 제7조제3항의 규정에 의하여 법원에 허가청구를 하여야 하며, 그 긴급통신제한조치를 한 때부터 36시간 이내에 법원의 허가를 받지 못한 때에는 즉시 이를 중지하여야 한다.

③ 사법경찰관이 긴급통신제한조치를 할 경우에는 미리 검사의 지휘를 받아야 한다. 다만, 특히 급속을 요하여 미리 지휘를 받을 수 없는 사유가 있는 경우에는 긴급통신제한조치의 집행착수후 지체없이 검사의 승인을 얻어야 한다.

④ 검사, 사법경찰관 또는 정보수사기관의 장이 긴급통신제한조치를 하고자 하는 경우에는 반드시 긴급검열서 또는 긴급감청서(이하 "긴급감청서등"이라 한다)에 의하여야 하며 소속기관에 긴급통신제한조치대장을 비치하여야 한다.

⑤ 긴급통신제한조치가 단시간내에 종료되어 법원의 허가를 받을 필요가 없는 경우에는 그 종료후 7일 이내에 관할 지방검찰청검사장(제1항의 규정에 의하여 정보수사기관의 장이 제7조제1항제1호의 규정에 의한 요건을 구비한 자에 대하여 긴급통신제한조치를 한 경우에는 관할 고등검찰청검사장)은 이에 대응하는 법원장에게 긴급통신제한조치를 한 검사, 사법경찰관 또는 정보수사기관의 장이 작성한 긴급통신제한조치통보서를 송부하여야 한다. 다만, 검찰관 또는 군사법경찰관이 제5조제1항의 규정에 의한 요건을 구비한 자에 대하여 긴급통신제한조치를 한 경우에는 관할 보통검찰부장이 이에 대응하는 보통군사법원 군판사에게 긴급통신제한조치통보서를 송부하여야 한다.

⑥ 제5항의 규정에 의한 통보서에는 긴급통신제한조치의 목적·대상·범위·기간·집행장소·방법 및 통신제한조치허가청구를 하지 못한 사유 등을 기재하여야 한다.

⑦ 제5항의 규정에 의하여 긴급통신제한조치통보서를 송부받은 법원 또는 보통군사법원 군판사는 긴급통신제한조치통보대장을 비치하여야 한다.

⑧ 정보수사기관의 장은 국가안보를 위협하는 음모행위, 직접적인 사망이나 심각한 상해의 위험을 야기할 수 있는 범죄 또는 조직범죄등 중대한 범죄의 계획이나 실행 등 긴박한 상황에 있고 제7조제1항제2호에 해당하는 자에 대하여 대통령의 승인을 얻을 시간적 여유가 없거나 통신제한조치를 긴급히 실시하지 아니하면 국가안전보장에 대한 위해를 초래할 수 있다고 판단되는 때에는 소속 장관(국가정보원장을 포함한다)의 승인을 얻어 통신제한조치를 할 수 있다.

⑨ 제8항의 규정에 의하여 긴급통신제한조치를 한 때에는 지체없이 제7조의 규정에 의하여 대통령의 승인을 얻어야 하며, 36시간 이내에 대통령의 승인을 얻지 못한 때에는 즉시 그 긴급통신제한조치를 중지하여야 한다.

(1) 관련용어(통신비밀보호법 제2조)

통신	우편물 및 전기통신을 말한다.
우편물	우편법에 의한 통상우편물과 소포우편물을 말한다.
전기통신	전화·전자우편·회원제정보서비스·모사전송·무선호출 등과 같이 유선·무선·광선 및 기타의 전자적 방식에 의하여 모든 종류의 음향·문언·부호 또는 영상을 송신하거나 수신하는 것을 말한다.
당사자	우편물의 발송인과 수취인, 전기통신의 송신인과 수신인을 말한다.
내국인	대한민국의 통치권이 사실상 행사되고 있는 지역에 주소 또는 거소를 두고 있는 대한민국 국민을 말한다.
검열	우편물에 대하여 당사자의 동의없이 이를 개봉하거나 기타의 방법으로 그 내용을 지득 또는 채록하거나 유치하는 것을 말한다.
감청	전기통신에 대하여 당사자의 동의없이 전자장치·기계장치등을 사용하여 통신의 음향·문언·부호·영상을 청취·공독하여 그 내용을 지득 또는 채록하거나 전기통신의 送·수신을 방해하는 것을 말한다.
감청설비	대화 또는 전기통신의 감청에 사용될 수 있는 전자장치·기계장치 기타 설비를 말한다. 다만, 전기통신 器機·기구 또는 그 부품으로서 일반적으로 사용되는 것 및 청각교정을 위한 보청기 또는 이와 유사한 용도로 일반적으로 사용되는 것중에서, 대통령령이 정하는 것은 제외한다.
불법감청 설비탐지	통신비밀보호법의 규정에 의하지 아니하고 행하는 감청 또는 대화의 청취에 사용되는 설비를 탐지하는 것을 말한다.
전자우편	컴퓨터 통신망을 통해서 메시지를 전송하는 것 또는 전송된 메시지를 말한다.
회원제정 보서비스	특정의 회원이나 계약자에게 제공하는 정보서비스 또는 그와 같은 네트워크의 방식을 말한다.
통신사실 확인자료	다음 각목의 어느 하나에 해당하는 전기통신사실에 관한 자료를 말한다. 가. 가입자의 전기통신일시 나. 전기통신개시·종료시간 다. 발·착신 통신번호 등 상대방의 가입자번호 라. 사용도수 마. 컴퓨터통신 또는 인터넷의 사용자가 전기통신역무를 이용한 사실에 관한 컴퓨터통신 또는 인터넷의 로그기록자료 바. 정보통신망에 접속된 정보통신기기의 위치를 확인할 수 있는 발신기지국의 위치추적

	자료
	사. 컴퓨터통신 또는 인터넷의 사용자가 정보통신망에 접속하기 위하여 사용하는 정보통신기기의 위치를 확인할 수 있는 접속지의 추적자료
단말기기 고유번호	이동통신사업자와 이용계약이 체결된 개인의 이동전화 단말기기에 부여된 전자적 고유번호를 말한다.

(2) 통신 및 대화비밀의 보호(통신비밀보호법 제3조)

① 누구든지 이 법과 형사소송법 또는 군사법원법의 규정에 의하지 아니하고는 우편물의 검열·전기통신의 감청 또는 통신사실확인자료의 제공을 하거나 공개되지 아니한 타인간의 대화를 녹음 또는 청취하지 못한다. 다만, 다음 각호의 경우에는 당해 법률이 정하는 바에 의한다.

환부우편물등의 처리	우편법 제28조·제32조·제35조·제36조등의 규정에 의하여 폭발물등 우편금제품이 들어 있다고 의심되는 소포우편물(이와 유사한 우편물을 포함한다)을 개피하는 경우, 수취인에게 배달할 수 없거나 수취인이 수령을 거부한 우편물을 발송인에게 환부하는 경우, 발송인의 주소·성명이 누락된 우편물로서 수취인이 수취를 거부하여 환부하는 때에 그 주소·성명을 알기 위하여 개피하는 경우 또는 유가물이 든 환부불능우편물을 처리하는 경우
수출입우편물에 대한 검사	관세법 제256조·제257조 등의 규정에 의한 신서외의 우편물에 대한 통관검사절차
구속 또는 복역중인 사람에 대한 통신	형사소송법 제91조[53], 군사법원법 제131조, 「형의 집행 및 수용자의 처우에 관한 법률」 제41조[54]·제43조[55]·제44조[56] 및 「군에서의 형의 집행 및 군수용자의 처우에 관한 법률」 제42조·제44조 및 제45조에 따른 구속 또는 복역중인 사람에 대한 통신의 관리
파산선고를 받은 자에 대한 통신	「채무자 회생 및 파산에 관한 법률」 제484조의 규정에 의하여 파산선고를 받은 자에게 보내온 통신을 파산관재인이 수령하는 경우
혼신제거등을 위한 전파감시	전파법 제49조 내지 제51조의 규정에 의한 혼신제거등 전파질서유지를 위한 전파감시의 경우

---

53) 제91조(비변호인과의 접견, 교통의 접견) 법원은 도망하거나 또는 죄증을 인멸할 염려가 있다고 인정할 만한 상당한 이유가 있는 때에는 직권 또는 검사의 청구에 의하여 결정으로 구속된 피고인과 제34조에 규정한 외의 타인과의 접견을 금하거나 수수할 서류 기타 물건의 검열, 수수의 금지 또는 압수를 할 수 있다. 단, 의류, 양식, 의료품의 수수를 금지 또는 압수할 수 없다.
54) 제41조(접견) ① 수용자는 교정시설의 외부에 있는 사람과 접견할 수 있다. 다만, 다음 각 호의 어느 하나에 해당하는 사유가 있으면 그러하지 아니하다.
  1. 형사 법령에 저촉되는 행위를 할 우려가 있는 때
  2. 「형사소송법」이나 그 밖의 법률에 따른 접견금지의 결정이 있는 때
  3. 수형자의 교화 또는 건전한 사회복귀를 해칠 우려가 있는 때
  4. 시설의 안전 또는 질서를 해칠 우려가 있는 때
  ② 소장은 다음 각 호의 어느 하나에 해당하는 사유가 있으면 교도관으로 하여금 수용자의 접견내용을 청취·기록·녹음 또는 녹화하게 할 수 있다.

② 우편물의 검열 또는 전기통신의 감청(이하 "통신제한조치"라 한다)은 범죄수사 또는 국가안전보장을 위하여 보충적인 수단으로 이용되어야 하며, 국민의 통신비밀에 대한 침해가 최소한에 그치도록 노력하여야 한다.

③ 누구든지 단말기기 고유번호를 제공하거나 제공받아서는 아니된다. 다만, 이동전화단말기 제조업체 또는 이동통신사업자가 단말기의 개통처리 및 수리 등 정당한

---

1. 범죄의 증거를 인멸하거나 형사 법령에 저촉되는 행위를 할 우려가 있는 때
2. 수형자의 교화 또는 건전한 사회복귀를 위하여 필요한 때
3. 시설의 안전과 질서유지를 위하여 필요한 때

③ 제2항에 따라 녹음·녹화하는 경우에는 사전에 수용자 및 그 상대방에게 그 사실을 알려 주어야 한다.

④ 접견의 횟수·시간·장소·방법 및 접견내용의 청취·기록·녹음·녹화 등에 관하여 필요한 사항은 대통령령으로 정한다.

55) 제43조(서신수수) ① 수용자는 다른 사람과 서신을 주고받을 수 있다. 다만, 다음 각 호의 어느 하나에 해당하는 사유가 있으면 그러하지 아니다.

1. 「형사소송법」이나 그 밖의 법률에 따른 서신의 수수금지 및 압수의 결정이 있는 때
2. 수형자의 교화 또는 건전한 사회복귀를 해칠 우려가 있는 때
3. 시설의 안전 또는 질서를 해칠 우려가 있는 때

② 제1항 본문에도 불구하고 같은 교정시설의 수용자 간에 서신을 주고받으려면 소장의 허가를 받아야 한다.

③ 소장은 수용자가 주고받는 서신에 법령에 따라 금지된 물품이 들어 있는지 확인할 수 있다.

④ 수용자가 주고받는 서신의 내용은 검열받지 아니한다. 다만, 다음 각 호의 어느 하나에 해당하는 사유가 있으면 그러하지 아니다.

1. 서신의 상대방이 누구인지 확인할 수 없는 때
2. 「형사소송법」이나 그 밖의 법률에 따른 서신검열의 결정이 있는 때
3. 제1항제2호 또는 제3호에 해당하는 내용이나 형사 법령에 저촉되는 내용이 기재되어 있다고 의심할 만한 상당한 이유가 있는 때
4. 대통령령으로 정하는 수용자 간의 서신인 때

⑤ 소장은 제3항 또는 제4항 단서에 따라 확인 또는 검열한 결과 수용자의 서신에 법령으로 금지된 물품이 들어 있거나 서신의 내용이 다음 각 호의 어느 하나에 해당하면 발신 또는 수신을 금지할 수 있다.

1. 암호·기호 등 이해할 수 없는 특수문자로 작성되어 있는 때
2. 범죄의 증거를 인멸할 우려가 있는 때
3. 형사 법령에 저촉되는 내용이 기재되어 있는 때
4. 수용자의 처우 또는 교정시설의 운영에 관하여 명백한 거짓사실을 포함하고 있는 때
5. 사생활의 비밀 또는 자유를 침해할 우려가 있는 때
6. 수형자의 교화 또는 건전한 사회복귀를 해칠 우려가 있는 때
7. 시설의 안전 또는 질서를 해칠 우려가 있는 때

⑥ 소장이 서신을 발송하거나 교부하는 경우에는 신속히 하여야 한다.

⑦ 소장은 제1항 단서 또는 제5항에 따라 발신 또는 수신이 금지된 서신은 수용자에게 그 사유를 알린 후 교정시설에 영치한다. 다만, 수용자가 동의하면 폐기할 수 있다.

⑧ 서신발송의 횟수, 서신 내용물의 확인방법 및 서신 내용의 검열절차 등에 관하여 필요한 사항은 대통령령으로 정한다.

56) 제44조(전화통화) ① 수용자는 소장의 허가를 받아 교정시설의 외부에 있는 사람과 전화통화를 할 수 있다.

② 제1항에 따른 허가에는 통화내용의 청취 또는 녹음을 조건으로 붙일 수 있다.

③ 제42조는 수용자의 전화통화에 관하여 준용한다.

④ 제2항에 따라 통화내용을 청취 또는 녹음하려면 사전에 수용자 및 상대방에게 그 사실을 알려 주어야 한다.

⑤ 전화통화의 허가범위, 통화내용의 청취·녹음 등에 관하여 필요한 사항은 법무부령으로 정한다.

업무의 이행을 위하여 제공하거나 제공받는 경우에는 그러하지 아니하다.

④ 불법검열에 의한 우편물의 내용과 불법감청에 의한 전기통신내용의 증거사용 금지 (통신비밀보호법 제4조)

(3) 범죄수사를 위한 통신제한조치(통신비밀보호법 제5조-제6조)

허가 요건		① 통신제한조치 대상범죄(통신비밀보호법 제5조 1항 각호)를 계획 또는 실행하고 있거나, 실행하였다고 의심할만한 충분한 이유가 있고 다른 방법으로는 그 범죄의 실행을 저지하거나 범인의 체포 또는 증거수집이 어려운 때에 한하여 통신제한조치를 허가할 수 있다. 따라서 통신제한조치 허가요건은 범죄혐의와 보충성의 결합이라는 2중 소명이 필요하다[57].
대상 범죄	형법	형법 제2편중 제1장 내란의 죄, 제2장 외환의 죄중 제92조 내지 제101조의 죄(여적, 모병이적, 시설제공이적, 시설파괴이적, 물건제공이적, 간첩, 일반이적, 미수범, 예비, 음모, 선동, 선전, 준국적), 제4장 국교에 관한 죄중 제107조(외국원수에 대한 폭행), 제108조(외국사절에 대한 폭행), 제111조 내지 제113조의 죄(외국에 대한 사전, 중립명령위반, 외교상 기밀의 누설), 제5장 공안을 해하는 죄중 제114조(범죄단체 등의 조직), 제115조의 죄(소요), 제6장 폭발물에 관한 죄, 제7장 공무원의 직무에 관한 죄중 제127조(공무상 비밀 누설,) 제129조 내지 제133조의 죄(수뢰, 사전 수뢰, 제삼자뇌물제공, 수뢰 후 부정처사, 알선수뢰, 뇌물공여 등), 제9장 도주와 범인은닉의 죄, 제13장 방화와 실화의 죄중 제164조 내지 제167조(현주건조물등에의 방화, 공용건조물 등에의 방화, 일반건조물 등에의 방화) · 제172조 내지 제173조(폭발성물건파열, 가스 · 전기등 방류, 가스 · 전기등 공급방해) · 제174조 및 제175조의 죄(미수범, 예비 · 음모), 제17장 아편에 관한 죄, 제18장 통화에 관한 죄, 제19장 유가증권, 우표와 인지에 관한 죄중 제214조 내지 제217조(유가증권의 위조 등, 자격모용에 의한 유가증권의 작성, 허위유가증권의 작성 등, 위조유가증권 등의 행사 등), 제223조(제214조 내지 제217조의 미수범에 한한다) 및 제224조(제214조 및 제215조의 예비 · 음모에 한한다), 제24장 살인의 죄, 제29장 체포와 감금의 죄, 제30장 협박의 죄중 제283조제1항(협박), 제284조(특수협박), 제285조(제283조제1항, 제284조의 상습범에 한한다), 제286조[제283조제1항, 제284조, 제285조(제283조제1항, 제284조의 상습범에 한한다)의 미수범에 한한다]의 죄, 제31장 약취와 유인 및 인신매매의 죄, 제32장 강간과 추행의 죄중 제297조 내지 제301조의2(강간, 유사강간, 강제추행, 준강간, 준강제추행, 미수범, 강간 등 상해 · 치상, 강간 등 살인 · 치사), 제305조의 죄(미성년자에 대한 간음, 추행), 제34장 신용, 업무와 경매에 관한 죄중 제315조의 죄(경매 · 입찰의 방해), 제37장 권리행사를 방해하는 죄중 제324조의2 내지 제324조의4(인질강요, 인질 · 상해 치상, 인질 살해 · 치사) · 제324조의5(제324조의2 내지 제324조의4의 미수범에 한한다)의 죄, 제38장 절도와 강도의 죄중 제329조 내지 제331조(절도, 야간주거침입절도, 특수절도), 제332조(제329조 내지 제331조의 상습범에 한한다), 제333조 내지 제341조(상습범, 강도, 특수강도, 준강도, 인질강도, 강도상해 · 치상, 강도살인 · 치사, 강도강간, 해상강도, 상습범) 제342조[제329조 내지 제331조, 제332조(제329조 내지 제331조의 상습범에 한한다), 제333조 내지 제341조의 미수범에 한한다]의 죄, 제39장 사기와 공갈의 죄중 제350조의 죄(공갈)

	군형법	제2편중 제1장 반란의 죄, 제2장 이적의 죄, 제3장 지휘권 남용의 죄, 제4장 지휘관의 강복과 도피의 죄, 제5장 수소이탈의 죄, 제7장 군무태만의 죄중 제42조의 죄(유해음식물 공급), 제8장 항명의 죄, 제9장 폭행·협박·상해와 살인의 죄, 제11장 군용물에 관한 죄, 제12장 위령의 죄중 제78조(초소침범)·제80조(군사 기밀 누설)·제81조의 죄(암호 부정 사용)
	기타 법률	−국가보안법에 규정된 범죄 −군사기밀보호법에 규정된 범죄 −「군사기지 및 군사시설 보호법」에 규정된 범죄 −마약류관리에관한법률에 규정된 범죄중 제58조 내지 제62조의 죄 −폭력행위등처벌에관한법률에 규정된 범죄중 제4조 및 제5조의 죄 −총포·도검·화약류등단속법에 규정된 범죄중 제70조 및 제71조제1호 내지 제3호의 죄 −특정범죄가중처벌등에관한법률에 규정된 범죄중 제2조 내지 제8조, 제10조 내지 제12조의 죄 −특정경제범죄가중처벌등에관한법률에 규정된 범죄중 제3조 내지 제9조의 죄 − 위 형법과 군형법 죄에 대한 가중처벌을 규정하는 법률에 위반하는 범죄
대상		통신제한조치는 통신비밀보호법 제5조 제1항의 요건에 해당하는 자가 발송·수취하거나 송·수신하는 특정한 우편물이나 전기통신 또는 그 해당자가 일정한 기간에 걸쳐 발송·수취하거나 송·수신하는 우편물이나 전기통신을 대상으로 허가될 수 있다(통신비밀보호법 제5조 2항).
기본 절차		통신제한조치 허가 신청서 및 신청부 기재 →허가 신청 및 청구→허가서 발부→위탁집행(표지의 사본 교부)→집행대장 기재, 보존→집행사실통지
신청 및 청구		① 검사(검찰관을 포함한다. 이하 같다)는 제5조제1항의 요건이 구비된 경우에는 법원(군사법원을 포함한다. 이하 같다)에 대하여 각 피의자별 또는 각 피내사자별로 통신제한조치를 허가하여 줄 것을 청구할 수 있다. ② 사법경찰관(군사법경찰관을 포함한다. 이하 같다)은 제5조제1항의 요건이 구비된 경우에는 검사에 대하여 각 피의자별 또는 각 피내사자별로 통신제한조치에 대한 허가를 신청하고, 검사는 법원에 대하여 그 허가를 청구할 수 있다. ③ 통신제한조치 청구사건의 관할법원은 그 통신제한조치를 받을 통신당사자의 쌍방 또는 일방의 주소지·소재지, 범죄지 또는 통신당사자와 공범관계에 있는 자의 주소지·소재지를 관할하는 지방법원 또는 지원(보통군사법원을 포함한다)으로 한다. ④ 통신제한조치청구는 필요한 통신제한조치의 종류·그 목적·대상·범위·기간·집행장소·방법 및 당해 통신제한조치가 통신제한조치의 허가요건을 충족하는 사유 등의 청구이유를 기재한 서면(이하 "청구서"라 한다)으로 하여야 하며, 청구이유에 대한 소명자료를 첨부하여야 한다. 이 경우 동일한 범죄사실에 대하여 그 피의자 또는 피내사자에 대하여 통신제한조치의 허가를 청구하였거나 허가받은 사실이 있는 때에는 다시 통신제한조치를 청구하는 취지 및 이유를 기재하여야 한다.
기간		통신제한조치의 기간은 2월을 초과하지 못하고, 그 기간중 통신제한조치의 목적이 달성되었을 경우에는 즉시 종료하여야 한다. 다만, 통신제한조치의 허가요건이 존속하는 경우에는 관련 절차에 따라 소명자료를 첨부하여 2월의 범위 안에서 통신제한조치기간의 연장을 청구할 수 있다.
집행		통신제한조치는 이를 청구 또는 신청한 검사·사법경찰관 또는 정보수사기관의 장이 집행한다. 이 경우 체신관서 기타 관련기관 등(이하 "통신기관등"이라 한다)에 그 집행을 위탁하거나 집행에 관한 협조를 요청할 수 있다(통신비밀보호법 제9조).
집행, 통지 및 유예 (통신비밀보호법		① 검사는 제6조제1항 및 제8조제1항의 규정에 의한 통신제한조치를 집행한 사건에 관하여 공소를 제기하거나, 공소의 제기 또는 입건을 하지 아니하는 처

| 제9조의 2) | 분(기소중지 결정을 제외한다)을 한 때에는 그 처분을 한 날부터 30일 이내에 우편물 검열의 경우에는 그 대상자에게, 감청의 경우에는 그 대상이 된 전기통신의 가입자에게 통신제한조치를 집행한 사실과 집행기관 및 그 기간 등을 서면으로 통지하여야 한다. |

② 사법경찰관은 제6조제1항 및 제8조제1항의 규정에 의한 통신제한조치를 집행한 사건에 관하여 검사로부터 공소를 제기하거나 제기하지 아니하는 처분(기소중지 결정을 제외한다)의 통보를 받거나 내사사건에 관하여 입건하지 아니하는 처분을 한 때에는 그 날부터 30일 이내에 우편물 검열의 경우에는 그 대상자에게, 감청의 경우에는 그 대상이 된 전기통신의 가입자에게 통신제한조치를 집행한 사실과 집행기관 및 그 기간 등을 서면으로 통지하여야 한다.

③ 정보수사기관의 장은 제7조제1항제1호 본문 및 제8조제1항의 규정에 의한 통신제한조치를 종료한 날부터 30일 이내에 우편물 검열의 경우에는 그 대상자에게, 감청의 경우에는 그 대상이 된 전기통신의 가입자에게 통신제한조치를 집행한 사실과 집행기관 및 그 기간 등을 서면으로 통지하여야 한다.

④ 제1항 내지 제3항의 규정에 불구하고 다음 각호의 1에 해당하는 사유가 있는 때에는 그 사유가 해소될 때까지 통지를 유예할 수 있다.
  1. 통신제한조치를 통지할 경우 국가의 안전보장·공공의 안녕질서를 위태롭게 할 현저한 우려가 있는 때
  2. 통신제한조치를 통지할 경우 사람의 생명·신체에 중대한 위험을 초래할 염려가 현저한 때

⑤ 검사 또는 사법경찰관은 제4항의 규정에 의하여 통지를 유예하고자 하는 경우에는 소명자료를 첨부하여 미리 관할지방검찰청검사장의 승인을 얻어야 한다. 다만, 검찰관 및 군사법경찰관이 제4항의 규정에 의하여 통지를 유예하고자 하는 경우에는 소명자료를 첨부하여 미리 관할 보통검찰부장의 승인을 얻어야 한다.

⑥ 검사, 사법경찰관 또는 정보수사기관의 장은 제4항 각호의 사유가 해소된 때에는 그 사유가 해소된 날부터 30일 이내에 제1항 내지 제3항의 규정에 의한 통지를 하여야 한다.

(4) 국가안보를 위한 통신제한조치

| 주체 및 사유 | 대통령령이 정하는 정보수사기관의 장은 국가안전보장에 대한 상당한 위험이 예상되는 경우에 한하여 그 위해를 방지하기 위하여 이에 관한 정보수집이 특히 필요한 때에는 통신제한조치를 할 수 있다(통신비밀 | 1. 통신의 일방 또는 쌍방당사자가 내국인인 때 | 정보수사기관의 장이 고등검찰청 검사에게 신청→고등검찰청 검사의 청구→고등법원 수사부장판사의 허가 |
| | | 2. 대한민국에 적대하는 국가, 반국가활동의 혐의가 있는 외국의 기관·단체와 외국인, 대한민국의 통치권이 사실상 미치지 아니하는 | 대통령의 승인 |

---

57) 대표적 통신제한조치대상범죄 불포함 범죄로는 외국국기·국장모독죄, 직무유기, 존석협박죄, 장물취득, 관세법위반, 사기, 주거침입, 자동차불법사용죄, 자동차관리법 위반, 상해치사, 폭행치사, 공무집행방해죄, 폭처법위반(상해·폭행), 선거방해죄, 선거법위반, 미성년자등에대한간음죄, 손괴, 간음, (업무상)실화, 연소죄 등이 있다.

	보호법 제7조 1항) 대통령령이 정하는 정보수사기관의 장(이하 "情報搜査機關의 長"이라 한다)은 국가안전보장에 상당한 위험이 예상되는 경우 또는 「국민보호와 공공안전을 위한 테러방지법」 제2조제6호의 대테러활동에 필요한 경우에 한하여 그 위해를 방지하기 위하여 이에 관한 정보수집이 특히 필요한 때에는 다음 각호의 구분에 따라 통신제한조치를 할 수 있다.	한반도내의 집단이나 외국에 소재하는 그 산하단체의 구성원의 통신	
기간	대통령령이 정하는 정보수사기관의 장은 국가안전보장에 대한 상당한 위험이 예상되는 경우에 한하여 그 위해를 방지하기 위하여 이에 관한 정보수집이 특히 필요한 때 통신제한조치의 기간은 4월을 초과하지 못하고, 그 기간 중 통신제한조치의 목적이 달성되었을 경우에는 즉시 종료하여야 하되, 제1항의 요건이 존속하는 경우에는 소명자료를 첨부하여 고등법원 수석부장판사의 허가 또는 대통령의 승인을 얻어 4월의 범위 이내에서 통신제한조치의 기간을 연장할 수 있다. 다만, 제1항제1호 단서의 규정에 의한 통신제한조치는 전시·사변 또는 이에 준하는 국가비상사태에 있어서 적과 교전상태에 있는 때에는 작전이 종료될 때까지 대통령의 승인을 얻지 아니하고 기간을 연장할 수 있다.		

(5) 긴급통신제한조치

주체 및 사유	① 검사, 사법경찰관 또는 정보수사기관의 장은 국가안보를 위협하는 음모행위, 직접적인 사망이나 심각한 상해의 위험을 야기할 수 있는 범죄 또는 조직범죄 등 중대한 범죄의 계획이나 실행 등 긴박한 상황에 있고 ② 범죄수사와 국가안보를 위한 통신제한 조치의 요건을 구비한 자에 대하여 보통 통신제한조치 절차를 거칠 수 없는 긴급한 사유가 있는 때(통신비밀보호법 제8조 1항)
집행	① 긴급통신제한조치를 한 때로부터 36시간 이내에 법원의 허가를 받아야 하며, 법원의 허가를 받지 못한 때에는 즉시 중지해야 한다(통신비밀보호법 제8조 2항). ② 사법경찰관이 긴급통신제한조치를 할 경우에는 미리 검사의 지휘를 받아야 한다. 다만, 특히 급속을 요하여 미리 지휘를 받을 수 없는 사유가 있는 경우에는 긴급통신제한조치의 집행 착수후 지체없이 검사의 승인을 얻어야 한다(통신비밀보호법 제8조 3항). ③ 긴급통신제한조치가 단시간내에 종료되어 법원의 허가를 받을 필요가 없는 경우에는 그 종료후 7일 이내에 관할 지방검찰청검사장(제1항의 규정에 의하여 정보수사기관의 장이 제7조제1항제1호의 규정에 의한 요건을 구비한 자에 대하여 긴급통신제한조치를 한 경우에는 관할 고등검찰청검사장)은 이에 대응하는 법원장에게 긴급통신제한조치를 한 검사, 사법경찰관 또는 정보수사기관의 장이 작성한 긴급통신제한조치통보서를 송부하여야 한다. 다만, 군검사 또는 군사법경찰관이 제5조제1항의 규정에 의한 요건을 구비한 자에 대하여 긴급통신제한조치를 한 경우에는 관할 보통검찰부장이 이에 대응하는 보통군사법원 군판사에게 긴급통신제한조치통보서를 송부하여야 한다.

④ 정보수사기관의 장은 국가안보를 위협하는 음모행위, 직접적인 사망이나 심각한 상해의 위험을 야기할 수 있는 범죄 또는 조직범죄등 중대한 범죄의 계획이나 실행 등 긴박한 상황에 있고 제7조제1항제2호에 해당하는 자에 대하여 대통령의 승인을 얻을 시간적 여유가 없거나 통신제한조치를 긴급히 실시하지 아니하면 국가안전보장에 대한 위해를 초래할 수 있다고 판단되는 때에는 소속 장관(국가정보원장을 포함한다)의 승인을 얻어 통신제한조치를 할 수 있다(통신비밀보호법 제8조 8항).

⑤ 이 경우에 의해 긴급통신제한조치를 한 때에는 지체없이 제7조의 규정에 의하여 대통령의 승인을 얻어야 하며, 36시간 이내에 대통령의 승인을 얻지 못한 때에는 즉시 그 긴급통신제한조치를 중지하여야 한다(통신비밀보호법 제8조 9항).

(6) 통신제한조치의 집행·통지·유예

집행	범죄수사를 위한 통신제한조치·국가 안보를 위한 통신제한조치·긴급통신제한조치는 이를 청구 또는 신청한 검사·사법경찰관 또는 정보수사기관의 장이 집행한다. 이 경우 체신관서 기타 관련기관등(이하 "통신기관등"이라 한다)에 그 집행을 위탁하거나 집행에 관한 협조를 요청할 수 있다(통신비밀보호법 제9조 1항)
집행 통지 및 유예 (통신비밀 보호법 제9조의 2)	① 검사는 제6조제1항 및 제8조제1항의 규정에 의한 통신제한조치를 집행한 사건에 관하여 공소를 제기하거나, 공소의 제기 또는 입건을 하지 아니하는 처분(기소중지 결정을 제외한다)을 한 때에는 그 처분을 한 날부터 30일 이내에 우편물 검열의 경우에는 그 대상자에게, 감청의 경우에는 그 대상이 된 전기통신의 가입자에게 통신제한조치를 집행한 사실과 집행기관 및 그 기간 등을 서면으로 통지하여야 한다. ② 사법경찰관은 제6조제1항 및 제8조제1항의 규정에 의한 통신제한조치를 집행한 사건에 관하여 검사로부터 공소를 제기하거나 제기하지 아니하는 처분(기소중지 결정을 제외한다)의 통보를 받거나 내사사건에 관하여 입건하지 아니하는 처분을 한 때에는 그 날부터 30일 이내에 우편물 검열의 경우에는 그 대상자에게, 감청의 경우에는 그 대상이 된 전기통신의 가입자에게 통신제한조치를 집행한 사실과 집행기관 및 그 기간 등을 서면으로 통지하여야 한다. ③ 정보수사기관의 장은 제7조제1항제1호 본문 및 제8조제1항의 규정에 의한 통신제한조치를 종료한 날부터 30일 이내에 우편물 검열의 경우에는 그 대상자에게, 감청의 경우에는 그 대상이 된 전기통신의 가입자에게 통신제한조치를 집행한 사실과 집행기관 및 그 기간 등을 서면으로 통지하여야 한다. ④ 제1항 내지 제3항의 규정에 불구하고 다음 각호의 1에 해당하는 사유가 있는 때에는 그 사유가 해소될 때까지 통지를 유예할 수 있다. 1. 통신제한조치를 통지할 경우 국가의 안전보장·공공의 안녕질서를 위태롭게 할 현저한 우려가 있는 때 2. 통신제한조치를 통지할 경우 사람의 생명·신체에 중대한 위험을 초래할 염려가 현저한 때 ⑤ 검사 또는 사법경찰관은 제4항의 규정에 의하여 통지를 유예하고자 하는 경우에는 소명자료를 첨부하여 미리 관할지방검찰청검사장의 승인을 얻어야 한다. 다만, 검찰관 및 군사법경찰관이 제4항의 규정에 의하여 통지를 유예하고자 하는 경우에는 소명자료를 첨부하여 미리 관할 보통검찰부장의 승인을 얻어야 한다. ⑥ 검사, 사법경찰관 또는 정보수사기관의 장은 제4항 각호의 사유가 해소된 때에는 그 사유가 해소된 날부터 30일 이내에 제1항 내지 제3항의 규정에 의한 통지를 하여야 한다.

(7) 압수·수색·검증의 집행에 관한 통지

① 검사는 송·수신이 완료된 전기통신에 대하여 압수·수색·검증을 집행한 경우 그 사건에 관하여 공소를 제기하거나 공소의 제기 또는 입건을 하지 아니하는 처분(기소중지결정을 제외한다)을 한 때에는 그 처분을 한 날부터 30일 이내에 수사대상이 된 가입자에게 압수·수색·검증을 집행한 사실을 서면으로 통지하여야 한다(통신비밀보호법 제9조의 3 제1항).

② 사법경찰관은 송·수신이 완료된 전기통신에 대하여 압수·수색·검증을 집행한 경우 그 사건에 관하여 검사로부터 공소를 제기하거나 제기하지 아니하는 처분의 통보를 받거나 내사사건에 관하여 입건하지 아니하는 처분을 한 때에는 그 날부터 30일 이내에 수사대상이 된 가입자에게 압수·수색·검증을 집행한 사실을 서면으로 통지하여야 한다(통신비밀보호법 제9조의 3 제2항).

(8) 통신사실확인자료

범죄수사를 위한 통신사실 확인자료제공의 절차	① 검사 또는 사법경찰관은 수사 또는 형의 집행을 위하여 필요한 경우 전기통신사업법에 의한 전기통신사업자(이하 "전기통신사업자"라 한다)에게 통신사실 확인자료의 열람이나 제출(이하 "통신사실 확인자료제공"이라 한다)을 요청할 수 있다(통신비밀보호법 제13조 1항). ② 제1항의 규정에 의한 통신사실 확인자료제공을 요청하는 경우에는 요청사유, 해당 가입자와의 연관성 및 필요한 자료의 범위를 기록한 서면으로 관할 지방법원(보통군사법원을 포함한다. 이하 같다) 또는 지원의 허가를 받아야 한다. 다만, 관할 지방법원 또는 지원의 허가를 받을 수 없는 긴급한 사유가 있는 때에는 통신사실 확인자료제공을 요청한 후 지체 없이 그 허가를 받아 전기통신사업자에게 송부하여야 한다(통신비밀보호법 제13조 2항). ③ 제2항 단서의 규정에 의하여 긴급한 사유로 통신사실확인자료를 제공받았으나 지방법원 또는 지원의 허가를 받지 못한 경우에는 지체 없이 제공받은 통신사실확인자료를 폐기하여야 한다(통신비밀보호법 제13조 3항). ⑦ 전기통신사업자는 검사, 사법경찰관 또는 정보수사기관의 장에게 통신사실 확인자료를 제공한 때에는 자료제공현황 등을 연 2회 미래창조과학부장관에게 보고하고, 당해 통신사실 확인자료 제공사실등 필요한 사항을 기재한 대장과 통신사실 확인자료제공요청서등 관련자료를 통신사실확인자료를 제공한 날부터 7년간 비치하여야 한다(통신비밀보호법 제13조 7항).
범죄수사를 위한 통신사실 확인자료제공의 통지	① 제13조의 규정에 의하여 통신사실 확인자료제공을 받은 사건에 관하여 공소를 제기하거나, 공소의 제기 또는 입건을 하지 아니하는 처분(기소중지결정을 제외한다)을 한 때에는 그 처분을 한 날부터 30일 이내에 통신사실 확인자료제공을 받은 사실과 제공요청 기관 및 그 기간 등을 서면으로 통지하여야 한다(통신비밀보호법 제13조의 3 제1항). ② 제1항에 규정된 사항 외에 통신사실 확인자료제공을 받은 사실 등에 관하여는 제9조의2(동조제3항을 제외한다)의 규정을 준용한다(통신비밀보호법 제13조의 3 제2항).
국가안보를 위한 통신사실	① 정보수사기관의 장은 국가안전보장에 대한 위해를 방지하기 위하여 정보수집이 필요한 경우 전기통신사업자에게 통신사실 확인자료제공을 요청할 수 있다(통신비밀보호법 제13조의 4 제1항).

확인자료제공 의 절차 등	② 제7조 내지 제9조 및 제9조의2제3항·제4항·제6항의 규정은 제1항의 규정에 의한 통신사실 확인자료제공의 절차 등에 관하여 이를 준용한다. 이 경우 "통신제한조치" 는 "통신사실 확인자료제공 요청"으로 본다(통신비밀보호법 제13조의 4 제2항). ③ 제13조제3항 및 제5항의 규정은 통신사실확인자료의 폐기 및 관련 자료의 비치에 관 하여 이를 준용한다(통신비밀보호법 제13조의 4 제3항).
법원에의 통신사실확인 자료제공	법원은 재판상 필요한 경우에는 민사소송법 제294조 또는 형사소송법 제272조의 규정 에 의하여 전기통신사업자에게 통신사실확인자료제공을 요청할 수 있다(통신비밀보호 법 제13조의 2).

〈통신제한 조치 관련 내용 비교〉

구 분	통신제한조치	통신사실확인자료	통신자료
개 념	우편물의 검열 또는 전기통 신의 감청으로 당사자의 동 의없이 여러 방법을 사용하 여 그 내용을 지득 또는 채 록하는 등의 행위 → 내용과 관계없는 사항은 통신사실확인자료나 통신 자료에 해당	• 가입자의 전기통신일시 • 전기통신개시·종료시간 • 발·착신 통신번호 등 상대방의 가입자번호 • 사용도수 • 컴퓨터통신 또는 인터넷의 로그기록자료 • 발신기지국의 위치추적자료 • 접속지의 추적자료	가입자의 인적 사항, 가입 또 는 해지일자 등
대상범죄	동법 제5조에 규정된 280개 범죄	모든 범죄	모든범죄
요 건	범죄수사 및 국가안보	범죄수사 및 국가안보 + 형의 집행	
허가· 승인 절차	• 범죄수사 목적–법원의 허가 • 국가안보 목적–고등법 원 수석부장판사의 허가 또는 대통령의 승인	• 범죄수사 목적–관할 지방법원 또는 지원 의 허가 • 국가안보 목적–통신제한조치에 준하여 요청(고등법원 수석부장판사의 허가 또는 대통령의 승인)	관서장 명의의 협조공문으로 요청 가능
긴급 사유시	• 법원허가 또는 대통령의 승인 없이(소속장관의 승인을 요함) 긴급통신 제한조치 가능 • 36시간 이내에 허가 또는 승인을 받아야 함	• 범죄수사목적–관할 지방법원 또는 지원 의 허가없이 통신사실확인자료 제공요청 가능 → 사후 지체없이 허가를 얻어야 함 • 국가안보목적–고등법원 수석부장판사의 허가 또는 대통령의 승인없이(소속장관의 승인을 요함) 통신사실확인자료 제공요청 가능 → 36시간 이내에 허가 또는 승인	
사후통지	사후 감청사실 통지 필요, 감 청 대상자 등에게 통지의무	• 범죄수사목적–공소제기, 공소제기 또는 입 건을 하지 아니하는 처분(기소중지결정 제 외)을 한 날부터 30일 이내에 서면으로 통지 • 국가안보목적–통신사실 확인자료제공 요청을 종료한 날부터 30일 이내에 서면으 로 통지	통지의무 없음

(9) 타인의 대화비밀 침해금지

누구든지 공개되지 아니한 타인간의 대화를 녹음하거나 전자장치 또는 기계적 수단을 이용하여 청취할 수 없다(통신비밀보호법 제14조).

(10) 전기통신사업자의 협조의무

전기통신사업자는 검사·사법경찰관 또는 정보수사기관의 장이 이 법에 따라 집행하는 통신제한조치 및 통신사실 확인자료제공의 요청에 협조하여야 한다(통신비밀보호법 제15조의 2 제1항).

13. 수사종결처분의 종류

검사의 수사종결 처분에는 공소제기, 불기소처분 및 타관송치가 있다.

(1) 공소제기

① 수사결과 범죄의 객관적 혐의가 충분하고 소송조건을 구비하여 유죄판결을 받을 수 있다고 인정한때에는 공소를 제기한다(제246조).

② 경미한 재산범죄에 대하여는 공소제기와 동시에 약식명령을 청구할 수 있다(제449조).

(2) 불기소처분

협의의 불기소처분	혐의 없음	① 범죄의 구성요건에 대한 혐의가 없는 경우 ② 유죄판결을 받기에는 증거가 불충분한 경우 ③ 피의자 자백에 대해 보강증거가 없는 경우 ④ 피의 사실을 특정할 수 없는 경우
	죄가 안됨	① 위법성 조각사유(정당행위, 정당방위, 긴급피난, 자구행위, 피해자 승낙) ② 책임 조각사유(형사미성년자, 심신상실자, 강요된 행위) ③ 형법 각 본조에 '처벌하지 아니한다' 규정 • 친족 또는 동거 가족의 범인은닉(형법 제151조 2항) • 친족, 호주 또는 동거 가족의 증거인멸행위(형법 제155조 4항)
	공소권 없음	피의사건에 대하여 소송조건이 결여되었거나, 형이 면제되는 경우에 공소권 없음의 결정을 한다. 예) 친고죄에 대하여 고소가 없는 경우, 확정판결이 있는 경우, 피의자가 사망한 경우.
	각하	고소, 고발 사건에 관하여 고소인 고발인의 진술이나 고소장 또는 고발장에 의하여 혐의없음, 죄가안됨, 공소권없음, 고소권자 아닌자가 고소한 경우등 형식적 심사만으로 불기소 처분을 해야 할 사유가 명백한 경우에 각하 결정을 한다(검찰사건사무규칙 제69조 제3항 4호).
기소유예		① 피의사건에 대하여 범죄 혐의가 인정되고 소송조건이 구비되었지만 형법 제51조의 양형의 사유(범인의 연령, 성행, 지능과 환경, 범행동기, 수단과 결과, 범행 후의 정황, 피해자에 대한 관 계)를 참작하여 공소제기를 하지 아니한 경우를 말한다(제247

	조 제1항). ② 국가보안법 제20조의 공소보류도 기소유예와 유사한 제도로 공소보류 받은 자가 공 소의 제 기없이 2년을 경과한 때에는 소추할 수 없다(국가보안법 20조 2항). ※ 형소법상의 수사의 종결처분에 해당하지 않는 처분은 공소보류이다(○)
기소중지	검사가 피의자의 소재불명 등의 사유로 수사를 종결할 수 없는 경우에 그 사유가 해소 될 때까지 수사를 중지하는 처분을 말한다. 이는 수사의 종결이라기보다는 수사의 중 지처분에 속한다고 할 수 있다.
참고인중지	검사가 참고인, 고소인, 고발인 또는 같은 사건의 피의자의 소재불명으로 수사를 종결 할 수 없는 경우에는 그 사유가 해소 될 때까지 행하는 처분이다(검찰사건사무규칙 제 74조).

(3) 타관송치

타관송치	검사는 사건이 소속 검찰청에 대응한 법원의 관할에 속하지 아니한 때에는 사건을 서류와 증거물과 함께 관할 법원에 대응한 검찰청 검사에게 송치하여야 한다(형사소 송법 제256조).
군검찰관 송치	검사는 사건이 군사법원의 재판권에 속하는 사건인 때에는 사건을 서류 및 증거물과 함께 재판권을 가진 관할 군사법원 검찰부 검찰관에게 송치하여야 한다. 이 경우에도 송치 전의 소송행위는 송치 후에도 그 효력에 영향이 없다(형사소송법제256조의 2).
소년부 송치	검사는 소년에 대한 피의사건을 수사한 결과 벌금 이하의 형에 해당하는 범죄이거나 보호처분에 해당하는 사유가 있다고 인정되는 경우에는 사건을 가정법원 소년부 또 는 지방법원 소년부등 관할 소년부에 송치해야 한다(소년법 제49조 제1항).

14. 수사종결처분의 통지

(1) 수사종결처분의 통지

고소인 등에 대한 처분의 통지	① 검사가 고소 또는 고발에 의하여 범죄를 수사한 때에는 고소 또는 고발을 수리 한 날로부터 3월 이내에 수사를 완료하여 공소제기 여부를 결정하여야 한다 (제257조). ② 이때 검사는 공소를 제기하거나 제기하지 아니하는 처분, 공소취소 또는 타관송 치를 한 때에는 그 처분을 한 날로부터 7일 이내에 서면으로 고소 또는 고발인 에게 그 취지를 통지해야 한다(제258조 제1항). 이는 고소인 또는 고발인의 권 리를 보호하기 위하여 검사의 기소독점주의에 대한 규제로서 의미를 갖는다.
불기소이유의 설명	검사는 고소·고발 사건에 관하여 공소를 제기하지 않는 처분을 한 경우 고소인 또는 고발인의 청구가 있으면 7일 이내에 서면으로 고소인·고발인에게 불기소 이유를 서면으로 설명해야 한다(제259조).
피의자에 대한 처분의 통지	① 검사는 불기소 또는 타관송치의 처분을 한 때에는 피의자에게 즉시 그 취지를 통지해야 한다.(제258조 제2항). 이는 불안한 상태에 있는 피의자를 보호하기 위한 규정이다. ② 기소처분에 대하여는 피의자에게 통지하지 않는다(○).
피해자 등에 대한	검사는 범죄로 인한 피해자 또는 그 법정대리인(피해자가 사망한 경우에는 그 배

통지	우자·직계친족·형제자매를 포함한다)의 신청이 있는 때에는 당해 사건의 공소제기여부, 공판의 일시·장소, 재판결과, 피의자·피고인의 구속·석방 등 구금에 관한 사실 등을 신속하게 통지하여야 한다(형사소송법 제259조의 2).

15. 공소제기후의 수사

(1) 의의 및 필요성

수사결과 검사가 피의자의 혐의를 인정하고 공소를 제기하면 수사는 원칙적으로 종결된다. 그러나 공소제기 후에도 공소유지를 위하여 또는 공소유지 여부를 결정하기 위한 수사의 필요성은 여전히 존재한다. 그렇다고 공소제기 이후의 수사를 무제한으로 허용할 수는 없다. 왜냐하면 법원의 심리에 지장을 줄 수 있을 뿐 아니라 피고인의 당사자적 지위에 위협을 초래할 우려가 있기 때문이다. 그러므로 공소제기 이후의 수사의 허용범위가 문제되는 것이다.

(2) 공소제기 후의 강제수사

피고인 체포 및 구속	① 체포제도는 피의자에게만 인정되므로 피고인체포는 강제처분법정주의 원칙상 행할 수 없다. ② 공소제기 후의 피고인 구속은 수소법원의 권한에 속한다(제70조).
압수·수색·검증	공소제기 후에 수사기관이 수소법원과는 별개로 압수·수색·검증을 할 수 없다고 보는 것이 다수설이다. 단, 임의제출물의 압수, 피고인 구속영장 집행과정에서 압수·수색·검증은 무방하다(제216조 제2항).

(3) 공소제기후의 임의수사

형사소송법 제199조 제1항은 "수사에 관하여 그 목적을 달성하기 위하여 필요한 조사를 할 수 있다."고 규정하고 있다. 이 규정에 따라 검사 또는 사법경찰관의 공소유지 또는 그 여부를 결정하기 위한 임의수사는 가능하다고 보는 것이 일반적이다.

피고인 신문	공소제기 후에 수사기관이 공소사실에 관하여 피고인을 신문할 수 있느냐 하는 것이 문제된다. ① 긍정설 피고인 신문이 임의수사라는 전제에서 형사소송법 제199조의 임의수사에는 법적제한이 없으므로 제200조의 피의자라는 문구에 관계없이 공소유지에 필요한 신문을 할 수 있다고 한다. ② 부정설(통설) 공소제기 후에 피고인은 소송의 주체로서 당사자의 지위를 가지므로 수사기관이 피고인을 신문하는 것은 당사자주의에 모순되고 공판 외의 수사를 허용한다면 공판중심주의에 반한다는 이유로 부정한다.
참고인조사	참고인조사(제221조)는 공소제기 후에도 당연히 인정된다.

	그러나 증인의 증언 후에 진술번복을 위하여 작성된 참고인진술조서의 증거능력이 문제된다.
기타 임의수사	감정·통역·번역의 위촉, 공무소에의 조회 등은 원칙적으로 공소제기 후에도 가능하다.

16. 강제처분과 인권보장

(1) 강제처분의 허용범위

피의자·피고인의 도망을 방지하고 증거를 수집·보전하기 위하여는 어느 정도 강제처분을 허용 할 수밖에 없다. 그러나 강제처분은 이를 받는 자의 신체의 자유를 비롯한 각종 개인적 법익을 침해하는 결과를 수반하므로 본질적으로 헌법이 보장하는 기본적 인권과 대립한다.

(2) 강제처분의 규제

강제처분 법정주의	강제처분은 법률에 근거가 있어야 가능하다. 그러므로 피고인체포는 인정되지 아니한다.
영장주의	① 헌법 12조 3항은 체포 구속 압수 수색에는 검사의 신청에 의하여 법관이 발부한 영장을 제시하여야 한다. ② 영장주의 예외: 우리현행 형사소송법은 체포영장의 예외로서 긴급체포, 현행범체포를 인정하고 있으나 구속영장의 예외는 인정되지 아니한다. 법원의 압수, 수색, 검증이 공판정내에서는 영장이 불요하지만 공판 정외에서는 영장을 요한다. 또한 수사기관의 압수, 수색, 검증의 경우에도 영장이 필요하지만(제215조) 제 216-218조에서 영장주의예외를 인정하고 있다. ③ 영장의 성질: 강제처분 중에서도 중립적인 심판자로서의 지위를 갖는 법원의 의한 강제처분에 비하여 수사 기관에 의한 강제처분의 경우에는 범인을 색출하고 증거를 확보한다는 수사의 목적상 적나라하게 공권력이 행사됨으로써 국민의 기본권을 침해할 가능성이 큰만큼 수사기관의 인권침해에 대한 법관의 사전적·사법적 억제를 통하여 수사기관의 강제처분 남용을 방지하고 인권보장을 도모한다는 면에서 영장주의의 의미가 크다고 할 것이다. 이러한 면에서 법원이 직권으로 발부하는 영장과 수사기관의 청구에 의하여 발부하는 구속영장의 법적 성격은 같지 않다. 즉, 전자는 명령장으로서의 성질을 갖지만 후자는 허가장으로서의 성질을 갖는 것으로 이해되고 있다(헌재 1997. (2) 20. 95헌바27).[58]
비례성	부득이한 범위 내에서 필요최소한에 그쳐야 한다.

---

58) (1) 피고인에 대한 구속영장의 성질은 명령장의 성질을 갖고, 피의자에 대한 구속영장의 성질은 허가장의 성질을 갖는다.
   (2) 피고인에 대한 구속영장 발부시 검사의 청구가 필요없고 피의자에 대하여만 검사의 구속영장 청구가 필요하다.

(3) 인권보장을 위한 구체적제도

① 사전·사후적 구제제도

	내 용
사전적 구제제도	① 강제처분의 법적 한계(제199조 제1항 단서) ② 검사의 체포 구속장소의 감찰제도(제198조의 2) ③ 영장제도(헌법 제12조) ④ 구속사유의 제한(제70조) ⑤ 구속의 통지제도(제87조, 제209조) ⑥ 체포기간 제한(제200조의2) ⑦ 재구속의 제한(제208조) ⑧ 영장실질심사제도(제201조의2) ⑨ 변호인제도 ⑩ 자백의 증거능력 및 증명력(제309조, 제310조 참조) ⑪ 고문 및 자백강요의 금지(헌법 제12조) ⑫ 진술거부권 및 그 고지제도(제200조, 제289조)
사후적 구제제도	① 보석 및 구속집행정지, 구속의 취소 ② 체포·구속적부심사제도와 보증금납부조건부피의자석방제도(제214조의2) ③ 형사보상청구권 및 손해배상청구권 ④ 강제처분에 대한 항고(제403조 제2항) ⑤ 위법수집증거의 배제법칙

② 수사에 대한 사법적 통제제도

법원에 의한 구제제도로 영장주의, 위법, 부당한 구속에 석방을 요구하는 구속적부심제도, 준 항고, 손해배상제도 등이 있다. 그러므로 위법수집증거배제법칙, 자백배제법칙은 사법적 통제에 해당하지 않는다.

제3장 수사 지휘

제1절 수사 지휘

1. 일반적 논의

(1) 개념

수사지휘란 수사조직의 편성, 수사요원 지휘 및 사건지휘 등을 내용으로 수행하는 수사간부의 감독기술을 말한다. 경찰관이 수사를 함에는 경찰관 상호 간의 긴밀한 협력과 적정한 통제를 도모하고, 수사담당부서 이외의 다른 수사부서나 기타 관계있는 다른 경찰관서와 유기적으로 긴밀히 연락하여, 경찰의 조직적 기능을 최고도로 발휘할 수 있도록 유의하여야 한다(범죄수사규칙 제13조). 오늘날의 범죄사건의 수사는 한 사람의 능력과 활동에 의존하거나 책임을 돌리는 수사로서는 그 목적을 달성할 수 없기 때문에 효율적인 수사를 위해서는 조직적인 수사조직의 편성이 요청된다.

(2) 논거(검사의 사법경찰관리에 대한 수사지휘 및 사법경찰관리의 수사준칙)

제1조(목적)	이 규정은 「형사소송법」 제196조제3항에 따른 검사의 수사지휘에 관한 사항과 사법경찰관리의 수사에 관한 집무상의 준칙을 규정함으로써 수사과정에서 국민의 인권을 보호하고, 수사절차의 투명성과 수사의 효율성을 보장함을 목적으로 한다.
제2조(수사지휘의 원칙)	검사는 사법경찰관을 존중하고 법률에 따라 사법경찰관리의 모든 수사를 적정하게 지휘한다.
제3조(수사지휘 일반)	① 지방검찰청 검사장 또는 지청장은 국민의 인권을 보호하고 수사절차의 투명성과 수사의 효율성을 보장하기 위하여 사법경찰관리에게 필요한 일반적 수사준칙 또는 지침을 마련하여 시행할 수 있다. ② 제1항에 따른 수사준칙 또는 지침은 검찰총장이 수사에 대한 일반적 수사준칙 또는 지침을 시행하면 사법경찰관리에게 이를 시달(示達)하는 방식으로 이루어져야 한다. ③ 검사는 사법경찰관리에게 구체적 사건의 수사에 관하여 필요한 지휘를 할 수 있다.
제4조(수사지휘 건의)	사법경찰관은 사건을 수사할 때 검사의 지휘가 필요하면 검사에게 건의하여 구체적

	지휘를 받아 수사할 수 있다.
제5조(수사지휘의 방식)	① 검사는 사법경찰관리에게 사건에 대한 구체적 지휘를 할 때에는 서면 또는 「형사사법절차 전자화 촉진법」에 따른 형사사법정보시스템(이하 "형사사법정보시스템"이라 한다)을 이용하여 지휘하여야 한다. 다만, 천재지변, 긴급한 상황, 이미 수사지휘한 내용을 보완하거나 지휘 내용이 명확한 경우, 수사 현장에서 지휘하는 경우 등 서면 또는 형사사법정보시스템에 의한 지휘가 불가능하거나 필요 없다고 인정되는 경우 등에는 구두나 전화 등 간편한 방식으로 지휘할 수 있다. ② 사법경찰관은 검사가 제1항 단서에 따라 간편한 방식으로 지휘하였을 때에는 서면 또는 형사사법정보시스템을 이용하여 지휘해 줄 것을 요청할 수 있다. ③ 검사는 수사지휘를 위하여 필요할 때에는 사법경찰관리에게 모든 관계 서류와 증거물을 송부할 것을 지시할 수 있다. ④ 검사는 사건이 복잡하여 설명이 필요한 경우 사법경찰관리에게 대면하여 설명할 것을 요구할 수 있고, 사법경찰관리는 수사 중인 사건에 관하여 필요할 때에는 검사에게 대면하여 보고할 수 있다.
제6조(신속한 수사지휘)	검사는 사법경찰관으로부터 수사지휘 건의를 받은 때에는 지체 없이 지휘하여야 한다. 다만, 사안이 복잡하거나 장기간 검토하여야 할 특별한 사정이 있을 때에는 그러하지 아니하다.
제7조(수사지휘 기한 준수)	① 사법경찰관리는 검사가 기한을 지정하였을 때에는 그 기한 내에 지휘 사항을 이행하여야 한다. ② 사법경찰관리가 검사가 지휘한 기한 내에 지휘 사항을 이행하지 못하였을 때에는 그 사유를 소명하여 검사에게 별지 제1호서식에 따라 수사기일 연장지휘를 건의하여야 한다.
제8조(수사지휘에 대한 재지휘 건의)	① 사법경찰관은 구체적 사건과 관련된 검사의 수사지휘의 적법성 또는 정당성에 이견이 있거나 지휘 내용이 명확하지 않아 이행하기 어려울 때에는 해당 검사에게 의견을 밝히고 재지휘를 건의할 수 있다. ② 검사는 제1항에 따라 재지휘 건의를 받은 때에는 재지휘 여부를 결정하고, 필요한 조치를 하여야 한다. ③ 해당 사법경찰관이 소속된 관서의 장은 제2항의 조치에 의견이 있으면 해당 검사가 소속된 관서의 장에게 그 의견을 제시할 수 있다.
제9조(민감정보 등의 처리)	사법경찰관리는 「형사소송법」(이하 "법"이라 한다) 제196조에 따라 범죄 수사 업무를 수행하기 위하여 불가피한 경우 「개인정보 보호법」 제23조에 따른 민감정보, 같은 법 제24조에 따른 고유식별정보와 그 밖의 개인정보를 처리할 수 있다.

2. 수사본부 설치 및 운영

구분	내용
의의 (규칙 제1조)	살인 등 중요사건이 발생한 경우에 경찰 수사기능을 집중적으로 운용함으로써 종합수사의 효율성을 제고하기 위하여 수사본부를 설치한다.
근거	수사본부 설치 및 운영규칙, 범죄수사규칙
특성	비상설적, 통일적 수사체제(지휘체제의 변경), 강력한 수사수행력을 특성으로 한다.
특별수사	① 경찰청장 또는 지방경찰청장은 살인 등 중요사건이 발생하여 종합적인 수사를 통하

본부 등 (범죄수사 규칙 제16조)	여 해결할 필요가 있다고 인정할 때에는 수사본부를 설치할 수 있다. ② 경찰청장은 제1항에도 불구하고 경찰고위직의 내부비리사건, 사회적 관심이 집중되고 공정성이 특별하게 중시되는 사건에 대하여는 그 직무에 관하여 경찰청장 등 상급자의 지휘·감독을 받지 않고 독자적 수사가 가능한 "특별수사본부"를 설치·운용할 수 있다. ③ 경찰청장 또는 지방경찰청장은 국가기관간 공조수사가 필요한 경우에 관계기관과 "합동수사본부"를 설치·운용할 수 있다. ④ 제1항부터 제3항까지 규정에 의한 수사본부의 설치절차와 운영방법은 별도 규칙으로 정한다. ⑤ 경찰청장은 각 지방경찰청의 수사본부의 수사활동을 지휘통제, 조정 및 감독하기 위하여 "종합수사지휘본부"를 설치·운영할 수 있으며, 종합수사지휘본부의 설치 대상, 구성 및 운영 등에 관한 사항은 따로 정한다.	
설치대상중요 사건 (규칙 제2조)	① 살인, 강도, 강간, 약취유인, 방화 사건 ② 피해자가 많은 업무상 과실치사상 사건 ③ 조직폭력, 실종사건 중 중요하다고 인정되는 사건 ④ 국가중요시설물 파괴 및 인명피해가 발생한 테러사건 또는 그러한 테러가 예상되는 사건 ⑤ 기타 사회적 이목을 집중시키거나 중대한 영향을 미칠 우려가 있다고 인정되는 사건	
수사본부설치 (규칙 제3조)	경찰청장은	중요사건이 발생하여 특별하게 수사하여야 할 필요가 있다고 판단되는 경우에는 지방경찰청장에게 수사본부의 설치를 명할 수 있고, 이 경우 지방경찰청장은 수사본부를 설치하여야 한다.
	지방경찰청장은	관할 지역내에서 제2조의 중요사건이 발생하여 필요하다고 인정할 때에는 수사본부를 설치하거나 관할경찰서장에게 수사본부의 설치를 명할 수 있다.

합동수사본부
의 설치(규칙
제4조)
	① 지방경찰청장은 국가기관간 공조수사가 필요한 경우에는 관계기관과 합동수사본부(이하 "합동수사본부"라 한다)를 설치·운용할 수 있다. 이 경우 수사본부의 조직, 설치장소, 인원구성, 수사분담 등에 관하여 상호 협의하여 운용한다.
	② 제1항의 "국가기관간 공조수사가 필요한 경우"란 다음 각호의 사건이 발생한 경우를 말한다.
	  1. 군탈영병, 교도소·구치소·법정 탈주범 추적수사 등 수개의 국가기관이 관련된 사건
	  2. 마약·총기·위폐·테러수사 등 관계기관간 정보교류·수사공조가 특히 필요한 사건
	  3. 기타 경찰청장이 필요하다고 인정한 사건	

수사전담반 의 설치 (규칙 제5조)	지방경찰청장은 중요사건이 발생한 경우 필요하다고 인정하는 경우에는 해당사건에 대한 특별수사를 전담하는 수사전담반을 설치·운용할 수 있다.	
설치장소 (규칙 제6조)	수사본부는 사건 발생지를 관할하는 경찰서 또는 지구대·파출소 등 지역경찰관서에 설치하는 것을 원칙으로 한다. 다만, 지방경찰청장은 관계기관과의 협조 등을 위해 필요하거나 사건의 내용 및 성격을 고려하여 다른 곳에 설치하는 것이 적당하다고 인정될 때에는 다른 장소에 설치할 수 있다.	
구성	① 수사본부에는 수사본부장(이하 "본부장"이라 한다), 수사부본부장(이하 "부본부장"	

(규칙 제8조)	이라 한다), 수사전임관, 홍보관, 분석연구관, 지도관, 수색담당관과 관리반, 수사반 및 제보분석반을 둘 수 있다. ② 본부장과 부본부장은 지방경찰청장이 지명하며, 수사전임관, 홍보관, 분석연구관, 지도관, 수색담당관, 관리반원, 수사반원 및 제보분석반원은 본부장이 지명한다.	
수사본부장 (규칙 제9조)	① 본부장은 다음 각호의 어느 하나에 해당하는 자 중에서 지방경찰청장이 지명하는 자가 된다. 　1. 서울지방경찰청 수사부장, 경기지방경찰청 수사업무 담당 부장, 기타 지방경찰청의 차장 　2. 지방청 형사·수사과장 또는 사건관계 과장 　3. 사건관할지 경찰서장 　4. 합동수사본부의 경우에는 관계기관과 협의한 기관별 대표자 ② 본부장은 수사본부 수사요원을 지휘·감독하며, 수사본부를 운영 관리한다.	
수사부본부장 (규칙 제10조)	① 부본부장은 다음 각호의 어느 하나에 해당하는 자가 된다. 　1. 본부장이 제9조제1항제1호에 해당하는 자인 경우 <2010.6.7 개정> 　　가. 지방경찰청 주무과장 　　나. 수사본부가 설치된 관할지 경찰서장 　2. 본부장이 제9조제1항제2호 또는 제3호에 해당하는 경우 <2010.6.7 개정> 　　가. 지방경찰청 주무계장 　　나. 관할지 경찰서 형사·수사과장 ② 부본부장은 본부장을 보좌하여 수사본부가 원활하게 운영되도록 하며, 인접 지방경찰청·경찰서간의 공조수사지휘를 담당한다.	
편성 및 임무	수사전임관 (규칙 제11조)	① 수사전임관은 지방경찰청·경찰서 사건 주무과의 경정 또는 경감급 중에서 본부장이 지명하는 자가 된다. ② 수사전임관은 수사본부의 중추로써 수사본부 요원의 수사를 지도·관리하거나 직접 수사를 실시한다.
	홍보관(규칙 제12조)	① 홍보관은 총경, 경정, 경감급으로 본부장이 지명하는 자가 되며, 사건 내용 및 수사진행상황과 협조가 필요한 사항 등의 대외적 전파 등의 홍보업무를 담당한다. ② 홍보관 산하에 홍보관을 팀장으로 언론지원팀을 둘 수 있고, 언론지원팀은 보도분석 및 체계적 언론 지원 등의 활동을 수행한다.
	분석연구관 (규칙 제13조)	분석연구관은 수사경력이 많은 경정, 경감, 경위급으로 본부장이 지명하는 자가 되며, 다음 각호의 임무를 수행한다. 　1. 사건의 분석, 연구, 검토 　2. 합리적인 수사계획의 수립 　3. 수사미진사항 검토를 통한 수사상 문제점 도출, 보완 　4. 검증조서 작성 및 송치시까지 수사지침 제시
	지도관(규칙 제14조)	① 지도관은 경정, 경감, 경위급으로 본부장이 지명하는 자가 되며, 분석연구관의 사건분석 결과를 토대로 수사를 효율적으로 추진하여 사건을 조기에 해결할 수 있도록 수사반원에 대한 지도, 수사방향 제시, 공조수사 조정 등의 임무를 수행한다. ② 본부장은 경찰청 소속 직원을 지도관으로 지원받을 수 있으며, 이 경우에는 그들의 수사지도를 반영하여 사건해결에 노력하여야 한다.

	수색담당관 (규칙 제14조 의 2)	수색담당관은 경정, 경감, 경위급으로 본부장이 지명하는 자가 되며, 피해자 또는 피의자 및 증거물에 대한 수색 등의 활동을 수행한다.
	관리반(규칙 제15조)	관리반의 반장은 경정, 경감, 경위급으로 본부장이 지명하는 자가 되며, 관리반은 다음 각호의 임무를 수행한다. 1. 사건기록 및 부책관리 2. 압수물, 증거물 등 보관관리 3. 공조수사와 수사상황 보고, 시달 등 관리업무
	수사반(규칙 제16조)	수사반의 반장은 경감, 경위급으로 본부장이 지명하는 자가 되고, 수사반은 여러개의 반으로 편성할 수 있으며, 수사계획에 따라 분담하여 증거수집 및 범인검거 등의 활동을 수행한다.
	제보분석반 (규칙 제16조 의 2)	제보분석반의 반장은 경감, 경위급으로 본부장이 지명하는 자가 되며, 제보분석반은 제보 접수 및 분석 후 수사반 등 필요 부서에 전파하는 등의 활동을 수행한다.
비치서류(규 칙 제22조)		① 수사본부에는 다음 각호의 서류를 갖추고 수사진행상황을 기록하여야 한다. 1. 사건수사지휘 및 진행부 2. 수사일지 및 수사요원 배치표 3. 수사보고서철 4. 용의자 명부 5. 참고인 명부 ② 지방경찰청 또는 경찰서 해당과장은 제1항의 서류와 사건기록의 사본을 작성하여 한꺼번에 철하여 두고, 연구하는 동시에 앞으로의 수사 및 교양자료로 한다. ③ 제1항의 서류와 사건기록 사본의 보존기간은, 범인을 검거하였을 경우에는 3년, 검거하지 못한 사건인 경우에는 공소시효 완성 후 1년으로 한다.
해산사유(규 칙 제23조)		① 지방경찰청장은 다음 각호의 어느 하나에 해당한 경우에는 수사본부를 해산할 수 있다. 1. 범인을 검거한 경우 2. 오랜기간 수사하였으나 사건해결의 전망이 없는 경우 3. 기타 특별수사를 계속할 필요가 없다고 판단되는 경우 ② 지방경찰청장은 수사본부를 해산하였을 때에는 각 경찰서장, 기타 소속 관계기관 및 부서의 장에게 해산사실 및 그 사유를 알려야 한다.
해산에 따른 조치(규칙 제24조)		① 본부장은 수사본부가 해산하게 될 때에는 특별한 경우를 제외하고 해산 전에 수사본부 관계자를 소집하여, 수사검토회의를 열고 수사실행의 경과를 반성, 검토하여 수사업무의 향상을 도모하여야 한다. ② 본부장은 사건을 해결하지 못하고 수사본부를 해산할 경우에는 그 사건수사를 계속 담당하여야 할 해당 과장, 경찰서장에게 관계서류, 증거물 등을 인계하고 수사 중에 유의하여야 할 사항을 밝혀 주어야 한다. ③ 제2항의 사건을 인계받은 해당 과장 또는 경찰서장은 수사전담반으로 전환, 편성운영하고, 필요성 감소시 연 4회 이상 수사담당자를 지명하여 특별수사를 하여야 한다. 다만, 수사한 결과 범인을 검거할 가망이 전혀 없는 사건은 지방경찰청장의 승인을 얻어 수사전담반 또는 수사담당자에 의한 특별수사를 생략할 수 있다.

3. 수사 조직의 운영(범죄수사규칙)

경찰청장 (제13조의 2)	① 경찰청장은 국가경찰의 수사에 관한 사무를 총괄하고 지휘·감독하며, 경찰청의 수사업무를 관장한다. ② 경찰청장은 제1항에도 불구하고 다음 각 호의 사항을 제외한 일반적인 사건수사에 대한 지휘는 지방경찰청장에게 위임할 수 있다. 　1. 수사관할이 수개의 지방청에 속하는 사건 　2. 고위공직자 또는 경찰관이 연루된 비위 사건으로 해당관서에서 수사하게 되면 수사의 공정성이 의심받을 우려가 있는 경우 　3. 경찰청장이 수사본부 또는 특별수사본부를 설치하여 지정하는 사건 　4. 그 밖에 사회적 이목이 집중되거나, 파장이 큰 사건으로 경찰청장이 특별히 지정하는 사건
지방경찰청장 (제13조의 3)	지방경찰청장은 합리적이고 공정한 수사를 위하여 소속 공무원 및 소속 경찰관서의 범죄수사에 대하여 전반적인 지휘·감독을 하며, 체계적인 수사 인력·장비·시설·예산 운영 및 지도·교양 등을 통해 그 책임을 다하여야 한다.
경찰서장 (제13조의 4)	경찰서장은 해당 경찰서 관내의 범죄수사에 대하여 지휘·감독을 하며, 합리적이고 공정한 수사를 위하여 그 책임을 다하여야 한다.
수사간부 (제13조의 5)	범죄수사를 담당하는 경찰관서의 수사간부는 소속 경찰관서장을 보좌하고 그 명에 의하여 범죄수사의 지휘·감독을 하여야 한다.

4. 수사지휘(범죄수사규칙)

수사지휘 (제14조)	① 제13조의2부터 제13조의5까지 규정된 사람은 명시적인 이유를 근거로 구체적으로 수사지휘를 하여 그 책임을 명백히 하여야 한다. ② 지방경찰청장이 지휘할 사건은 별표1과 같으며, 사건의 경중, 사건관할경찰서의 수사인력 등을 종합적으로 검토하여 수사본부 운영 등 별표1의3의 수사체계 중 하나를 지정하여야 한다. ③ 경찰서장이 지휘할 사건은 별표1 중 지방경찰청장이 경찰서장에게 그 지휘를 일임한 사건과 별표1 이외의 경미한 사건으로 한다. ④ 지방경찰청장은 별표1의3에 따라서 경찰서장에게 수사를 일임한 사건에 대하여는 원칙적으로 관여하여서는 아니 된다. 다만, 최초에 지방경찰청장의 수사지휘대상이 아니었더라도 수사진행과정에서 새롭게 중요사항이 발견되거나 사회적 이목이 집중되는 등 별표1에 해당하는 때에는 지방경찰청장은 별표1의3의 수사체제를 다시 지정하여 지휘할 수 있다.
수사에 관한 보고 (제14조의 2)	① 경찰관은 범죄와 관계가 있다고 인정되는 사항과 그 밖의 수사상 참고가 될 만한 사항을 인지한 때에는 신속히 상관에게 보고하여야 한다. ② 경찰서장은 관할구역 내에서 별표1에 규정된 수사지휘 대상 중요사건이 발생하였거나 범인을 검거하였을 때에는 별표1의2에 규정된 보고 절차 및 방법에 따라 지방경찰청장에게 신속히 보고하여야 한다.
지방경찰청장 의 수사지휘 방식 (제14조의 3)	① 지방경찰청장이 경찰서장에게 사건에 대한 구체적 지휘를 할 때에는 별지 제1호의2 서식의 수사지휘서를 작성하거나 제22조의2에서 규정하는 형사사법정보시스템을 이용하여 지휘하여야 한다. 다만, 다음 각 호의 경우에는 구두나 전화 등 간편한 방식으로 지휘할 수 있으며, 사후에 신속하게 서면 또는 형사사법정보시스템을 이

	용하여 지휘내용을 송부하여야 한다. 1. 천재지변 또는 긴급한 상황 2. 이미 수사지휘 한 내용을 보완하거나 지휘 내용이 명확한 경우 3. 수사 현장에서 지휘하는 경우 ② 경찰서장은 제1항 단서에도 불구하고 지휘내용을 송부받지 못한 경우에는 지방경 찰청장에게 서면 또는 형사사법정보시스템을 이용하여 지휘내용을 송부해 줄 것을 요청할 수 있다. ③ 제2항의 요청을 받은 지방경찰청장은 신속하게 지휘내용을 서면 또는 형사사법정 보시스템을 이용하여 송부하여야 한다. ④ 경찰관은 제1항 또는 제3항에 따라 작성된 수사지휘서를 사건기록에 편철하여야 하며, 제3항에도 불구하고 지방경찰청장의 서면 또는 형사사법정보시스템을 이용 한 지휘를 받지 못한 경우에는 관련사항을 수사보고서로 작성하여야 한다.
지방경찰청장 의 수사지휘사항 (제14조의 4)	지방경찰청장이 경찰서장에 대해 수사지휘하는 경우 다음 각 호의 사항은 구체적으로 지휘하여야 한다. 1. 수사착수, 사건의 이송·인계 2. 수사본부 설치 및 해산 3. 사건을 수사할 지방경찰청 주무부서, 전담경찰서 및 수사주책임관 지정 4. 수사방침의 수립 또는 변경 5. 언론지원팀과 공보책임자 지정 등 언론창구 단일화에 관한 사항 6. 피의자의 체포·구속·압수수색 등 강제수사 및 체포한 피의자의 신병조치 7. 그 밖에 수사에 관하여 지휘를 요한다고 인정되는 사항
경찰서장의 수사지휘건의 (제14조의 5)	① 경찰서장은 사건수사를 함에 있어서 지방경찰청장의 지휘가 필요한 때에는 지방경 찰청장에게 건의하여 구체적 지휘를 받아 수사할 수 있다. ② 지방경찰청장은 제1항의 수사지휘건의를 받은 때에는 신속하게 지휘하여야 한다.
경찰관서 내 수사지휘 (제14조의 6)	① 경찰관서 내에서 수사지휘권이 있는 자가 다음 각 호에 규정된 사안에 대해 수사지 휘를 할 경우에는 별지 제1호 서식의 수사지휘서 또는 형사사법정보시스템을 이용 하거나 수사서류의 결재 수사지휘란에 기재하는 방식으로 하여야 한다. 다만 수사 의 긴급 등 불가피한 사유가 있는 때에는 구두나 전화 등 간편한 방식으로 수사지 휘를 할 수 있다. 1. 체포·구속에 관한 사항 2. 영장에 의한 압수·수색·검증에 관한 사항 3. 송치의견에 관한 사항 4. 사건 이송 등 책임수사관서 변경에 관한 사항 ② 수사지휘권자가 제1항 단서에 따라 간편한 방식으로 수사지휘를 한 경우에는 사후 에 신속하게 제1항 본문의 방식으로 지휘내용을 전달하여야 한다. ③ 경찰관은 제2항에도 불구하고 지휘내용을 전달받지 못한 경우에는 해당 수사지휘 권자에게 서면 또는 형사사법정보시스템을 이용하여 지휘내용을 전달해 줄 것을 요청할 수 있다. ④ 제3항의 요청을 받은 해당 수사지휘권자는 신속하게 지휘내용을 서면 또는 형사사 법정보시스템을 이용하여 전달하여야 한다. ⑤ 경찰관은 제1항 또는 제2항, 제4항에 따라 전달받은 수사지휘서를 사건기록에 편철 하여야 하며, 제4항에도 불구하고 해당 수사지휘권자의 서면 또는 형사사법정보시 스템을 이용한 지휘를 받지 못한 경우에는 관련사항을 수사보고서로 작성하여야

	한다.
	⑥ 경찰서 내 일상적인 수사지휘의 위임과 수사서류 전결에 관한 사항은 별도로 정한다.
지휘계통의 준수 (제14조의 7)	① 지방경찰청장이 소속 경찰서장을 지휘하는 경우에는 지휘계통을 준수하여 제13조의5에서 규정하는 소속 수사간부를 통하거나, 직접 경찰서장에게 수사지휘하여야 한다. ② 경찰관서장이 관서 내에서 수사지휘를 하는 경우에도 지휘계통을 준수하여야 한다.
수사주책임관 (제14조의 8)	① 지방경찰청장은 자신이 지휘하는 사건에 대하여 사건의 수사를 주재하는 수사주책임관을 지정하여야 한다. ② 경찰서장은 필요한 경우 자신이 지휘하는 사건에 대하여 수사주책임관을 지정할 수 있다. ③ 수사주책임관의 지정 기준은 다음 각 호와 같다. 　1. 지방경찰청장 지휘사건: 지방청 과·계장 또는 경찰서 과장급 　2. 경찰서장 지휘사건: 경찰서 과장급 또는 수사 계(팀)장 ④ 수사주책임관은 소속 경찰관 등을 지휘·감독하며, 상급자에게 수사관련 사항을 보고하고 수사지휘를 받아 다음 각 호의 직무를 수행한다. 　1. 수사할 사항과 수사 경찰관의 임무분담 지정 　2. 압수물 및 그 환가대금의 출납 승인과 보관상황 파악 　3. 수사방침 수립 　4. 수사 경찰관에 대한 수사보고 요구 　5. 유치장에 유치된 피의자를 경찰시설 외에서 실황조사, 현장검증 등 수사하는 경우, 수사 경찰관의 임무분담과 일시·장소, 이동경로 등 사전 계획 수립 　6. 수사의 적정한 수행 및 피의자의 도주와 자살, 각종 사고 방지 등에 대한 지도·교양 　7. 그 밖에 법령의 규정에 의해 그 권한에 속하거나 지방경찰청장 또는 경찰서장으로부터 특별히 명령을 받은 사항
수사경찰관 등 (제14조의 9)	① 경찰관은 상관의 명을 받아 범죄의 수사에 종사한다. ② 경찰관 이외의 수사관계 직원이 경찰관을 도와 직무를 행하는 경우에는 이 규칙이 정하는 바에 따라야 한다.
사건의 관리와 수사보고 요구 (제14조의 10)	① 경찰관서장과 소속 수사간부는 소속 경찰관이 담당하는 사건의 수사진행 사항에 대하여 적정한 관리를 하여야 하며, 필요한 때에는 수사진행에 관하여 소속 경찰관에게 수사보고를 요구할 수 있다. ② 제1항의 요구를 받은 경찰관은 이에 따라야 한다.

5. 이의 제기(범죄수사규칙)

경찰관서 내 이의제기 (제15조)	① 경찰관은 구체적 수사와 관련된 상관의 지휘·감독의 적법성 또는 정당성에 이견이 있는 경우에는 해당 상관에게 별지 제1호의3 서식을 작성하여 이의를 제기할 수 있다. ② 제1항의 이의제기를 받은 상관은 신속하게 이의제기에 대해 검토한 후 그 사유를 적시하여 별지 제1호 서식에 따라 재지휘를 하여야 한다. ③ 경찰서 소속 경찰관은 제2항의 재지휘에 대해 이견이 있는 경우에는 경찰서장에게 별지 제1호의3 서식을 작성하여 다시 이의를 제기할 수 있고, 경찰서장은 이의제기

	에 대해 신속하게 판단한 후 그 사유를 적시하여 별지 제1호 서식에 따라 지휘하여야 한다. ④ 제3항에 따른 경찰서장의 지휘에 따르는 것이 명백히 위법하다고 판단하는 해당 경찰관은 지방경찰청장에게 별지 제1호의3 서식을 작성하여 다시 이의를 제기할 수 있다. ⑤ 제4항의 이의제기를 받은 지방경찰청장은 신속하게 수사이의심사위원회의 의견을 들어 판단한 후 그 사유를 적시하여 별지 제1호의2 서식에 따라 지휘하여야 한다. ⑥ 지방경찰청 소속 경찰관은 제2항의 재지휘에 대해 이견이 있는 경우에는 지방경찰청장에게 별지 제1호의3 서식을 작성하여 다시 이의를 제기할 수 있고, 지방경찰청장은 이의제기에 대해 신속하게 판단한 후 그 사유를 적시하여 별지 제1호 서식에 따라 지휘하여야 한다. ⑦ 제6항에 따른 지방경찰청장의 지휘에 따르는 것이 명백히 위법하다고 판단하는 해당 경찰관은 경찰청장에게 별지 제1호의3 서식을 작성하여 다시 이의를 제기할 수 있다. ⑧ 제7항의 이의제기를 받은 경찰청장은 신속하게 경찰수사정책위원회의 의견을 들어 판단한 후 그 사유를 적시하여 별지 제1호의2 서식에 따라 지휘하여야 한다. ⑨ 경찰청 소속 경찰관은 제2항의 재수사지휘에 대해 이견이 있는 경우에는 소속 국장에게 별지 제1호의3 서식을 작성하여 다시 이의를 제기할 수 있고, 소속 국장은 이의제기에 대해 신속하게 판단한 후 그 사유를 적시하여 별지 제1호 서식에 따라 수사지휘하여야 한다. ⑩ 제9항에 따른 소속 국장의 지휘에 따르는 것이 명백히 위법하다고 판단하는 해당 경찰관은 경찰청장에게 별지 제1호의3 서식을 작성하여 다시 이의를 제기할 수 있다. ⑪ 제10항의 이의제기를 받은 경찰청장은 신속하게 경찰수사정책위원회의 의견을 들어 판단한 후 그 사유를 적시하여 별지 제1호의2 서식에 따라 지휘하여야 한다. ⑫ 지방경찰청 수사이의심사위원회와 경찰청 경찰수사정책위원회의 설치 및 운영에 관한 사항은 별도로 정한다.
상급경찰관 서장에 대한 이의제기 (제15조의 2)	① 경찰서장은 지방경찰청장의 구체적 수사와 관련된 지휘·감독의 적법성 또는 정당성에 이견이 있는 경우에는 직권 또는 소속 경찰관의 이의제기 신청을 받아 지방경찰청장에게 별지 제1호의4 서식에 따라 이의를 제기할 수 있다. 이때 소속 경찰관의 이의제기 신청에 대한 처리 절차에 대하여는 제15조제1항부터 제3항까지의 규정을 준용한다. ② 지방경찰청장은 제1항에 따른 경찰서장의 이의제기에 대하여 신속하게 수사이의심사위원회의 의견을 들어 판단한 후 그 사유를 적시하여 별지 제1호의2 서식에 따라 지휘하여야 한다. ③ 지방경찰청장은 경찰청장의 구체적 수사와 관련된 지휘·감독의 적법성 또는 정당성에 이견이 있는 경우에는 직권 또는 소속 경찰관의 이의제기 신청을 받아 경찰청장에게 별지 제1호의4 서식에 따라 이의를 제기할 수 있다. 이때 소속 경찰관의 이의제기 신청에 대한 처리 절차에 대하여는 제15조제1항, 제2항 및 제6항의 규정을 준용한다. ④ 경찰청장은 제1항에 따른 지방경찰청장의 이의제기에 대하여 신속하게 경찰수사정책위원회의 의견을 들어 판단한 후 그 사유를 적시하여 별지 제1호의2 서식에 따라 지휘하여야 한다.
긴급한 경우의 지휘 (제15조의 3)	① 지방경찰청장과 경찰청장은 각각 제15조제5항·제8항·제11항, 제15조의2제2항·제4항에 따라 지휘함에 있어서 해당사건수사에 대한 지휘를 늦출 수 없는 긴급한 사유가 있는 경우에 한하여 수사이의심사위원회와 경찰수사정책위원회의 의견을 듣지

	않고 지휘할 수 있다.
	② 제1항에 따라 지휘한 지방경찰청장과 경찰청장은 각각 신속하게 수사이의심사위원회와 경찰수사정책위원회에 다음 각 호의 사항을 설명하여야 한다.
	  1. 해당 이의제기 내용
	  2. 수사이의심사위원회 또는 경찰수사정책위원회의 의견을 듣지 않고 지휘한 사유 및 지휘내용

이의제기 목록제출 (제15조의 4)	경찰서장과 지방경찰청장은 각각 당해 경찰서 및 지방경찰청 내에서 발생한 이의제기 사건 목록을 분기별로 바로 위의 경찰관서장에게 제출하여야 한다.
불이익 금지 (제15조의 6)	① 경찰서장은 사건수사를 함에 있어서 지방경찰청장의 지휘가 필요한 때에는 지방경찰청장에게 건의하여 구체적 지휘를 받아 수사할 수 있다. ② 지방경찰청장은 제1항의 수사지휘건의를 받은 때에는 신속하게 지휘하여야 한다.

6. 수사 본부 설치(범죄수사규칙 제16조)

① 경찰청장 또는 지방경찰청장은 살인 등 중요사건이 발생하여 종합적인 수사를 통하여 해결할 필요가 있다고 인정할 때에는 수사본부를 설치할 수 있다.

② 경찰청장은 제1항에도 불구하고 경찰고위직의 내부비리사건, 사회적 관심이 집중되고 공정성이 특별하게 중시되는 사건에 대하여는 그 직무에 관하여 경찰청장 등 상급자의 지휘·감독을 받지 않고 독자적 수사가 가능한 "특별수사본부"를 설치·운용할 수 있다.

③ 경찰청장 또는 지방경찰청장은 국가기관간 공조수사가 필요한 경우에 관계기관과 "합동수사본부"를 설치·운용할 수 있다.

④ 제1항부터 제3항까지 규정에 의한 수사본부의 설치절차와 운영방법은 별도 규칙으로 정한다.

⑤ 경찰청장은 각 지방경찰청의 수사본부의 수사활동을 지휘통제, 조정 및 감독하기 위하여 "종합수사지휘본부"를 설치·운영할 수 있으며, 종합수사지휘본부의 설치 대상, 구성 및 운영 등에 관한 사항은 따로 정한다.

제2절 수사와 언론

1. 언론사 취재요청에 대한 협조방법

평소의 준비	① 가능한 신속히 응답한다. ② 각종 정보를 가지고 있어야 한다. ③ 언론사에 제공되는 정보의 정확성은 신중히 검토되어야 한다. ④ 사건관련 사진, 비디오 등 관계자료를 항상 준비해 둔다. ⑤ 언론과의 통화일지를 작성하여 관리한다.
사건용의자 익명 보다 자료 제공원칙의 준수	① 용의자는 피의자가 아니므로 반드시 익명으로 보도자료를 제공하여야 한다. ② 피의사실공표죄에 해당하지 않게 주의해야 한다. 공개수배를 요청하는 경우 용의자가 특정되고 증거자료가 완벽히 확보된 상태에서만 가능하다. ③ 공중의 입장에서 해당사안의 손익관계를 명시한다.
국민정서에 악영향이 우려되는 범죄사건의 접견제한	① 사회이목이 집중된 강력범 연행, 현장검증에 대한 사진촬영은 취재활동으로 간주되어 허용되나, 이 경우에도 피의자와의 인터뷰는 제한되어야 한다. ② 구속영장 집행 후 특정사건 피의자 등을 취재목적으로 별도 접견하거나 촬영하도록 하여서는 아니 된다.
보도사건의 브리핑 정례화	사회이목이 집중되는 사건·사고의 경우 수사진행상황 및 대언론협조사항에 대하여 경찰청 공보 담당관실과 홍보시기, 활동매체, 자료제공 범위 등을 사전 협의하여 정례적으로 브리핑을 할 필요가 있다.
언론창구의 일원화	보도자료의 발표자는 경찰청의 경우는 해당부서의 국장 또는 과장, 경찰서의 경우는 서장으로 일원화 하고 입회인을 두는 것이 좋다.

2. 언론과의 인터뷰 방법

인쇄매체의 질문에 대한 응답요령	인터뷰 전에 질문자의 신분을 확인하고 질문의 목적이나 내용에 따라 답변여부를 결정하며 정확한 사실만을 답하여야 한다.
영상매체와의 인터뷰	① 답변자의 머뭇거림, 망설임, 옷차림 등 각종 비언어적 커뮤니케이션이 수반되므로 사전에 철저한 준비를 한다. ② 인터뷰 도중에 기자 등과 논쟁하지 않도록 하고 긴장하지 말고 자연스럽게 이야기 한다.
수사관련 언론 브리핑의 준비방법	① 사전에 치밀한 준비가 필요하다. ② 브리핑장소는 넓은 장소보다는 좁은 장소가 좋고, 전화·팩스밀리, 별도의 방송인터뷰 장소 등이 마련되어야 한다. ③ 발표내용은 가급적 짧게 하고, 질문시간은 길게 한다. ④ 브리핑이 끝난 후에 질문에 대한 추가 보완자료가 필요하다고 판단되면 추가자료를 만들어 배포한다.

3. 언론 홍보(인권보호를 위한 경찰관 직무규칙)

홍보관리
(규칙
제82조)
	① 다음 각호의 자를 홍보책임자로 한다.
	  1. 경찰청: 대변인
	  2. 지방청: 홍보담당관
	  3. 경찰서: 경찰서장
	② 언론홍보를 할 때에는 원칙적으로 홍보책임자가 전담하여야 한다. 다만, 부득이한 사유로 홍보책임자가 직접 홍보할 수 없거나 홍보책임자 이외의 자의 인터뷰 및 브리핑이 필요한 경우에는 홍보책임자가 지정하는 자가 이를 담당한다.
	③ 보도자료를 배포하거나 인터뷰 및 브리핑을 할 때에는 관서장의 승인을 받아야 한다.

수사사건
언론공개
의 기준
(규칙
제83조)
	① 경찰관은 원칙적으로 수사사건에 대하여 공판청구 전 언론공개를 하여서는 아니된다.
	② 제1항의 규정에도 불구하고 공공의 이익 및 국민의 알권리를 보장하기 위해 다음 각호의 1에 해당하는 경우 홍보책임자는 언론공개를 할 수 있다.
	  1. 중요범인 검거 및 참고인·증거 발견을 위해 특히 필요하다고 인정되는 경우
	  2. 국민의혹 또는 불안을 해소하거나 유사범죄 예방을 위해 특히 필요하다고 인정되는 경우
	  3. 기타 공익을 위해 특히 필요하다고 인정되는 경우
	③ 제1항에 의해 언론공개를 하는 경우에도 객관적이고 정확한 증거 및 자료를 바탕으로 피요한 사항만 공개하여야 한다.
	④ 개인의 신상정보 등이 기록된 모든 서류 및 부책 등은 외부로 유출되지 않도록 보안관리하여야 한다.

수사사건
언론공개
의 한계
(규칙
제84조)
	제83조제2항의 언론공개를 할 때에도 다음 각호의 1에 해당하는 사항은 공개하지 않아야 한다.
	  1. 범죄와 직접 관련이 없는 명예·사생활에 관한 사항
	  2. 보복 당할 우려가 있는 사건관계인의 신원에 관한 사항
	  3. 범죄 수법 및 검거 경위에 관한 자세한 사항
	  4. 기타 법령에 의하여 공개가 금지된 사항

초상권 침해 금지 (규칙 제85조)	경찰관은 경찰관서 안에서 피의자, 피해자 등 사건관계인의 신원을 추정할 수 있거나 신분이 노출될 우려가 있는 장면이 촬영되지 않도록 하여야 한다.
예외적 촬영 허용 (규칙 제85조의 2)	경찰관은 「특정강력범죄의 처벌에 관한 특례법」 제8조의2제1항 또는 「성폭력범죄의 처벌 등에 관한 특례법」 제23조제1항에 해당하는 경우에는 피의자의 얼굴, 실명, 및 나이 등 신상에 관한 정보를 공개할 수 있다.
공개수배 (규칙 제86조)	① 경찰관이 공개수배를 할 때에는 살인·강도·강간 등 흉악범으로서 그 죄증이 명백하고, 체포영장이 발부된 자 중에서 공개수배를 인한 공익상의 필요성이 현저한 경우에만 실시하여야 한다. ② 제1항의 공개수배를 하는 경우에도 그 요건과 절차를 준수하여야 하며, 객관적이고 정확한 자료를 바탕으로 필요 최소한의 사항만 공개하여야 한다. ③ 공개수배의 필요성이 소멸된 경우에는 즉시 수배를 해제하여야 한다.

4. 언론 중재 및 피해구제 등에 관한 법률

정정보도 청구의 요건 (제14조)	① 사실적 주장에 관한 언론보도가 진실하지 아니함으로 인하여 피해를 입은 자는 당해 언론보도가 있음을 안 날부터 3월 이내에 그 보도내용에 관한 정정보도를 서면으로 언론사에 청구할 수 있다. 다만, 당해 언론보도가 있은 후 6월이 경과한 때에는 그러하지 아니하다. ② 1항의 청구에는 언론사의 고의·과실이나 위법성을 요하지 아니한다.
조정신청 (제18조)	① 이 법에 따른 정정보도청구·반론보도청구 및 추후보도청구와 관련하여 분쟁이 있는 경우 피해자 또는 언론사는 중재위원회에 조정을 신청할 수 있다. ② 피해자는 언론에 의한 피해의 배상에 대하여 언론보도가 있음을 안날로부터 3개월 이내, 언론보도가 있은 날로부터 6개월 이내의 기간에 구술·서면 등으로 언론중재위원회에 조정을 신청할 수 있다. 단, 피해자와 언론사간의 협의가 불성립된 경우에는 그 날부터 14일 이내에 신청할 수 있다.

조정결정	조정기간	조정은 신청 접수일부터 14일 이내에 하여야 하나(제19조2항), 당사자간에 합의가 이루어지지 않아 직권결정 할 경우에는 접수일부터 21일 이내에 하여야 한다(제22조).
	조정의 진행	조정은 비공개를 원칙으로 하되, 참고인의 진술청취가 필요한 경우 등 필요하다고 인정되는 경우에는 중재위원회규칙이 정하는 바에 따라 참석 또는 방청을 허가할 수 있다.
	직권조정결정	① 당사자 사이에 합의가 이루어지지 아니한 경우 또는 신청인의 주장이 이유 있다고 판단되는 경우 중재부는 당사자들의 이익 그 밖의 모든 사정을 참작하여 신청취지에 반하지 않는 한도 안에서 직권으로 조정에 갈음하는 결정을 할 수 있다(제22조). ② 직권조정결정에 불복이 있는 자는 결정 정본을 송달받은 날부터 7일 이내에 중재부에 이의신청을 할 수 있다. 이 경우 그 결정은 효력을 상실한다.

반론보도 청구 등의 소 (제26조)	① 피해자는(조정을 거칠 필요 없음) 법원에 반론보도청구등의 소를 제기할 수 있다. ② 제1항의 소는 언론보도가 있음을 안날로부터 3개월 이내, 언론보도가 있은 날로부터 6개월 이내의 기간에 제기하여야 한다. ③ 피해자는 제1항의 소와 동시에 그 인용을 조건으로 민사집행법 제261조제1항의 규정에 의한 간접강제의 신청을 병합하여 제기할 수 있다.

▌제3절 범죄피해자 보호

1. 범죄피해자 보호 목적과 기본이념

목적	범죄피해자 보호·지원의 기본 정책 등을 정하고 타인의 범죄행위로 인하여 생명·신체에 피해를 받은 사람을 구조(救助)함으로써 범죄피해자의 복지 증진에 기여함을 목적으로 한다.
기본	① 범죄피해자는 범죄피해 상황에서 빨리 벗어나 인간의 존엄성을 보장받을 권리가 있다.

이념	② 범죄피해자의 명예와 사생활의 평온은 보호되어야 한다.
	③ 범죄피해자는 해당 사건과 관련하여 각종 법적 절차에 참여할 권리가 있다.
원칙	① 경찰관은 피해자의 심정을 이해하고 그 인격을 존중하며 신체적·정신적·경제적 피해의 회복과 권익증진을 위하여 노력하여야 한다.
	② '피해자'는 타인의 범죄행위로 피해를 당한 사람과 그 배우자(사실상의 혼인관계를 포함한다), 직계친족 및 형제자매를 말한다.
	③ 범죄신고자 및 참고인으로서 범죄수사와 관련하여 보복을 당할 우려가 있는 경우 범죄피해자보호원칙의 내용을 준용한다.

2. 정의와 유의사항

(1) 정의

범죄피해자	타인의 범죄행위로 피해를 당한 사람과 그 배우자(사실상의 혼인관계를 포함한다), 직계친족 및 형제자매
범죄피해자 보호·지원	범죄피해자의 손실 복구, 정당한 권리 행사 및 복지 증진에 기여하는 행위를 말한다. 다만, 수사·변호 또는 재판에 부당한 영향을 미치는 행위는 포함되지 아니한다.
범죄피해자 지원법인	범죄피해자 보호·지원을 주된 목적으로 설립된 비영리법인
구조대상 범죄피해	대한민국의 영역 안에서 또는 대한민국의 영역 밖에 있는 대한민국의 선박이나 항공기 안에서 행하여진 사람의 생명 또는 신체를 해치는 죄에 해당하는 행위(「형법」 제9조, 제10조제1항, 제12조, 제22조제1항에 따라 처벌되지 아니하는 행위를 포함하며, 같은 법 제20조 또는 제21조제1항에 따라 처벌되지 아니하는 행위 및 과실에 의한 행위는 제외한다)로 인하여 사망하거나 장해 또는 중상해를 입은 것
장해	범죄행위로 입은 부상이나 질병이 치료(그 증상이 고정된 때를 포함한다)된 후에 남은 신체의 장해로서 대통령령으로 정하는 경우
중상해	범죄행위로 인하여 신체나 그 생리적 기능에 손상을 입은 것으로서 대통령령으로 정하는 경우
기타	범죄피해 방지 및 범죄피해자 구조 활동으로 피해를 당한 사람도 범죄피해자로 본다.

(2) 유의사항

피해자 동행시 유의사항	경찰관은 피해자를 경찰관서 등으로 동행할 때 가해자 또는 피의자 등과 분리하여 동행하여야 한다. 다만, 위해나 보복의 우려가 없을 것으로 판단되는 등 특별한 사정이 있는 경우에는 그러하지 아니하다.
피해자 조사시 주의사항	① 경찰관은 피해자에게 권위적인 태도, 불필요한 질문으로 수치심 또는 모욕감을 유발하지 않도록 유의하고, 피해자의 진술에 일관성이 없다는 이유만으로 무혐의 처리하여서는 아니된다.
	② 경찰관은 피해자를 조사할 때에는 피해자의 상황을 고려하여 조사에 적합한 장소를 이용하고, 피해자가 불안 또는 괴로움을 느끼지 않도록 주의하여야 한다.

③ 경찰관은 살인·강도·강간 등 강력범죄 피해자로서 신원 비노출을 요하거나 그 밖의 지원이 필요한 피해자에 대하여는 특별한 사정이 없는 한 현장에 찾아가 조사하거나 필요한 지원을 하여야 한다.

④ 경찰관은 강력범죄 피해자 등 정신적 충격이 심각할 것으로 추정되는 피해자에 대하여는 피해자의 심리상태를 확인 후 지방청장에게 보고하여 피해자 심리 전문요원의 조치를 받을 수 있도록 하여야 한다.

3. 범죄피해자 보호·지원의 기본 정책

(1) 손실 복구 지원

① 국가 및 지방자치단체는 범죄피해자의 피해정도 및 보호·지원의 필요성 등에 따라 상담, 의료제공(치료비 지원을 포함한다), 구조금 지급, 법률구조, 취업 관련 지원, 주거지원, 그 밖에 범죄피해자의 보호에 필요한 대책을 마련하여야 한다.

② 국가는 범죄피해자와 그 가족에게 신체적·정신적 안정을 제공하고 사회복귀를 돕기 위하여 일시적 보호시설(이하 "보호시설"이라 한다)을 설치·운영하여야 한다. 이 경우 국가는 보호시설의 운영을 범죄피해자 지원법인, 「의료법」에 따른 종합병원, 「고등교육법」에 따른 학교를 설립·운영하는 학교법인, 그 밖에 대통령령으로 정하는 기관 또는 단체에 위탁할 수 있다.

③ 국가는 범죄피해자와 그 가족의 정신적 회복을 위한 상담 및 치료 프로그램을 운영하여야 한다.

(2) 형사절차 참여 보장

① 국가는 범죄피해자가 해당 사건과 관련하여 수사담당자와 상담하거나 재판절차에 참여하여 진술하는 등 형사절차상의 권리를 행사할 수 있도록 보장하여야 한다.

② 국가는 범죄피해자가 요청하면 가해자에 대한 수사 결과, 공판기일, 재판 결과, 형 집행 및 보호관찰 집행 상황 등 형사절차 관련 정보를 대통령령으로 정하는 바에 따라 제공할 수 있다.

(3) 범죄피해자에 대한 정보 제공

① 국가는 수사 및 재판 과정에서 다음 각 호의 정보를 범죄피해자에게 제공하여야 한다.

1. 범죄피해자의 해당 재판절차 참여 진술권 등 형사절차상 범죄피해자의 권리에 관한 정보

2. 범죄피해 구조금 지급 및 범죄피해자 보호·지원 단체 현황 등 범죄피해자의 지

원에 관한 정보

3. 그 밖에 범죄피해자의 권리보호 및 복지증진을 위하여 필요하다고 인정되는 정보

(4) 사건처리 진행 상황에 대한 통지

① 경찰관은 피해자의 신고·고소·고발·진정·탄원에 따라 수사를 할 때에는 사건처리 진행상황을 통지하여야 한다.

② 경찰관은 사건을 송치하거나 타 관서로 이송하는 등 수사를 종결하였을 때에는 3일 이내에 피해자, 고소인 또는 고발인에게 그 사실을 통지하여야 한다.

③ 경찰관은 제1항 또는 제2항의 경우에 피해자가 사망 또는 의사능력이 없거나 미성년자인 경우에는 법정대리인, 배우자, 직계친족, 형제자매나 가족 등에게 통지하여야 한다.

④ 경찰관은 제1항에서 제3항까지의 통지가 수사 또는 재판에 지장을 주거나 피해자 또는 사건관계인의 명예와 권리를 부당히 침해할 우려가 있는 때에는 통지하지 않을 수 있다.

⑤ 경찰관은 제1항에서 제3항까지의 통지를 할 때에는 피해자의 비밀보호를 위해 구두, 전화, 우편, 모사전송, 이메일, 문자메시지(SMS) 등 사건을 접수할 때 피해자가 요청한 방법으로 할 수 있으며, 서면으로 통지하였을 경우 그 사본을 기록에 편철하고 그 이외의 방법으로 통지한 때에는 그 취지를 기재한 서면을 수사기록에 편철하여야 한다.

(5) 피해자의 신변안전조치

① 경찰관서장은 피의자의 범죄수법, 동기, 피해자와의 관계, 언동 그 외의 상황으로 보아 피해자가 피의자 그 밖의 사람으로부터 생명·신체에 해를 받거나 받을 염려가 있다고 인정되는 때에는 직권 또는 피해자의 신청에 의하여 신변안전에 필요한 조치를 강구하여야 한다.

② 전항의 규정에 따른 신변안전조치의 종류는 다음 각 호의 어느 하나와 같다.

1. 피해자 보호시설 등 특정시설에서의 보호
2. 외출·귀가 시 동행, 수사기관 출석 동행 및 신변경호
3. 임시숙소 제공
4. 주거지 순찰강화, 패쇄회로 텔레비전의 설치 등 주거에 대한 보호
5. 비상연락망 구축
6. 그 밖에 신변안전에 필요하다고 인정되는 조치

③ 제1항 및 제2항의 규정은 범죄수사에 관한 자료제공자에게도 준용한다.

제206조(피해자의 비밀누설금지) 경찰관은 성명, 연령, 주거지, 직업, 용모 등 피해자임을 미루어 알 수 있는 사실을 제3자에게 제공하거나 누설하여서는 아니된다. 다만, 피해자가 동의한 경우에는 그러하지 아니하다.

(6) 피해자 인적사항의 기재 생략

① 경찰관은 조서나 그 밖의 서류를 작성할 때 피해자가 보복을 당할 우려가 있는 경우에는 별지 제33호의2 서식의 가명조서와 같이 그 취지를 조서 등에 기재하고 피해자의 신원을 알 수 있는 사항을 기재하지 않을 수 있다. 이 때 피해자로 하여금 조서 등에 서명은 가명으로, 간인 및 날인은 무인으로 하게 하여야 한다.

② 경찰관은 진술서를 작성하는 경우에도 피해자에게 인적사항의 전부 또는 일부의 기재를 생략하게 할 수 있다. 이 경우 별지 제230호 서식의 가명진술서 등 승인 확인서를 작성하여 그 가명진술서 등의 끝부분에 편철한다.

③ 경찰관은 제1항 및 제2항에 따라 조서 등에 피해자의 인적 사항의 전부 또는 일부를 기재하지 아니한 경우에는 별지 제231호 서식의 범죄신고자등 인적사항 미기재 사유보고서를 작성하여 즉시 검사에게 보고하여야 하며 조서 등에 기재하지 아니한 인적사항을 별지 제184호 서식의 신원관리카드에 작성하여야 한다.

④ 경찰관은 「특정범죄신고자 등 보호법」및 다른 법률에 의해 제1항의 조치를 할 수 있도록 규정된 경우에는 피해자에게 제1항의 조치를 신청할 수 있음을 고지하여야 한다.

⑤ 제4항에 따른 피해자의 신청이 있는 경우 특별한 사유가 없으면 그 조치를 하여야 하며, 신청에도 불구하고 이를 불허한 경우에는 별지 제232호 서식의 가명조서 등 불작성 사유 확인서를 작성하여 사건 기록에 편철하여야 한다.

4. 범죄피해자 보호·지원의 기본계획 등

(1) 범죄피해자 보호·지원의 기본계획 수립

① 법무부장관 범죄피해자 보호위원회의 심의를 거쳐 범죄피해자 보호·지원에 관한 기본계획을 5년마다 수립하여야 한다.

② 기본계획에는 다음 각 호의 사항이 포함되어야 한다.

1. 범죄피해자 보호·지원 정책의 기본방향과 추진목표

2. 범죄피해자 보호·지원을 위한 실태조사, 연구, 교육과 홍보

3. 범죄피해자 보호·지원 단체에 대한 지원과 감독

        4. 범죄피해자 보호 · 지원과 관련된 재원의 조달과 운용

        5. 그 밖에 범죄피해자를 보호 · 지원하기 위하여 법무부장관이 필요하다고 인정한
           사항

(2) 범죄피해자보호위원회

    ① 범죄피해자 보호 · 지원에 관한 기본계획 및 주요 사항 등을 심의하기 위하여 법무
부장관 소속으로 범죄피해자보호위원회를 둔다.

    ② 보호위원회는 다음 각 호의 사항을 심의한다.

        1. 기본계획 및 시행계획에 관한 사항

        2. 범죄피해자 보호 · 지원을 위한 주요 정책의 수립 · 조정에 관한 사항

        3. 범죄피해자 보호 · 지원 단체에 대한 지원 · 감독에 관한 사항

        4. 그 밖에 위원장이 심의를 요청한 사항

    ③ 보호위원회는 위원장을 포함하여 20명 이내의 위원으로 구성한다.

5. 구조대상 범죄피해에 대한 구조

(1) 구조금의 지급요건

    국가는 구조대상 범죄피해를 받은 사람이 다음 각 호의 어느 하나에 해당하면 구조피
해자 또는 그 유족에게 범죄피해 구조금을 지급한다.

        1. 구조피해자가 피해의 전부 또는 일부를 배상받지 못하는 경우

        2. 자기 또는 타인의 형사사건의 수사 또는 재판에서 고소 · 고발 등 수사단서를 제
           공하거나 진술, 증언 또는 자료제출을 하다가 구조피해자가 된 경우

(2) 구조금의 종류 등

    ① 구조금은 유족구조금 · 장해구조금 및 중상해구조금으로 구분하며, 일시금으로 지
       급한다.

    ② 유족구조금은 구조피해자가 사망하였을 때 제18조에 따라 맨 앞의 순위인 유족에
       게 지급한다. 다만, 순위가 같은 유족이 2명 이상이면 똑같이 나누어 지급한다.

    ③ 장해구조금 및 중상해구조금은 해당 구조피해자에게 지급한다.

(3) 유족의 범위 및 순위

    ① 유족구조금을 지급받을 수 있는 유족은 다음 각 호의 어느 하나에 해당하는 사람으
       로 한다.

        1. 배우자(사실상 혼인관계를 포함한다) 및 구조피해자의 사망 당시 구조피해자의

수입으로 생계를 유지하고 있는 구조피해자의 자녀

2. 구조피해자의 사망 당시 구조피해자의 수입으로 생계를 유지하고 있는 구조피해자의 부모, 손자·손녀, 조부모 및 형제자매

3. 제1호 및 제2호에 해당하지 아니하는 구조피해자의 자녀, 부모, 손자·손녀, 조부모 및 형제자매

② 제1항에 따른 유족의 범위에서 태아는 구조피해자가 사망할 때 이미 출생한 것으로 본다.

③ 유족구조금을 받을 유족의 순위는 제1항 각 호에 열거한 순서로 하고, 같은 항 제2호 및 제3호에 열거한 사람 사이에서는 해당 각 호에 열거한 순서로 하며, 부모의 경우에는 양부모를 선순위로 하고 친부모를 후순위로 한다.

④ 유족이 다음 각 호의 어느 하나에 해당하면 유족구조금을 받을 수 있는 유족으로 보지 아니한다.

1. 구조피해자를 고의로 사망하게 한 경우

2. 구조피해자가 사망하기 전에 그가 사망하면 유족구조금을 받을 수 있는 선순위 또는 같은 순위의 유족이 될 사람을 고의로 사망하게 한 경우

3. 구조피해자가 사망한 후 유족구조금을 받을 수 있는 선순위 또는 같은 순위의 유족을 고의로 사망하게 한 경우

(4) 구조금을 지급하지 아니할 수 있는 경우

① 범죄행위 당시 구조피해자와 가해자 사이에 다음 각 호의 어느 하나에 해당하는 친족관계가 있는 경우에는 구조금을 지급하지 아니한다.

1. 부부(사실상의 혼인관계를 포함한다)

2. 직계혈족

3. 4촌 이내의 친족

4. 동거친족

② 범죄행위 당시 구조피해자와 가해자 사이에 제1항 각 호의 어느 하나에 해당하지 아니하는 친족관계가 있는 경우에는 구조금의 일부를 지급하지 아니한다.

③ 구조피해자가 다음 각 호의 어느 하나에 해당하는 행위를 한 때에는 구조금을 지급하지 아니한다.

1. 해당 범죄행위를 교사 또는 방조하는 행위

2. 과도한 폭행·협박 또는 중대한 모욕 등 해당 범죄행위를 유발하는 행위

3. 해당 범죄행위와 관련하여 현저하게 부정한 행위

4. 해당 범죄행위를 용인하는 행위

5. 집단적 또는 상습적으로 불법행위를 행할 우려가 있는 조직에 속하는 행위(다만, 그 조직에 속하고 있는 것이 해당 범죄피해를 당한 것과 관련이 없다고 인정되는 경우는 제외한다)

6. 범죄행위에 대한 보복으로 가해자 또는 그 친족이나 그 밖에 가해자와 밀접한 관계가 있는 사람의 생명을 해치거나 신체를 중대하게 침해하는 행위

④ 구조피해자가 다음 각 호의 어느 하나에 해당하는 행위를 한 때에는 구조금의 일부를 지급하지 아니한다.

1. 폭행·협박 또는 모욕 등 해당 범죄행위를 유발하는 행위

2. 해당 범죄피해의 발생 또는 증대에 가공(加功)한 부주의한 행위 또는 부적절한 행위

⑤ 유족구조금을 지급할 때에는 제1항부터 제4항까지의 규정을 적용할 때 "구조피해자"는 "구조피해자 또는 맨 앞의 순위인 유족"으로 본다.

⑥ 구조피해자 또는 그 유족과 가해자 사이의 관계, 그 밖의 사정을 고려하여 구조금의 전부 또는 일부를 지급하는 것이 사회통념에 위배된다고 인정될 때에는 구조금의 전부 또는 일부를 지급하지 아니할 수 있다.

⑦ 제1항부터 제6항까지의 규정에도 불구하고 구조금의 실질적인 수혜자가 가해자로 귀착될 우려가 없는 경우 등 구조금을 지급하지 아니하는 것이 사회통념에 위배된다고 인정할 만한 특별한 사정이 있는 경우에는 구조금의 전부 또는 일부를 지급할 수 있다.

(5) 손해배상과의 관계

① 국가는 구조피해자나 유족이 해당 구조대상 범죄피해를 원인으로 하여 손해배상을 받았으면 그 범위에서 구조금을 지급하지 아니한다.

② 국가는 지급한 구조금의 범위에서 해당 구조금을 받은 사람이 구조대상 범죄피해를 원인으로 하여 가지고 있는 손해배상청구권을 대위한다.

③ 국가는 제2항에 따라 손해배상청구권을 대위할 때 대통령령으로 정하는 바에 따라 가해자인 수형자나 보호감호대상자의 작업장려금 또는 근로보상금에서 손해배상금을 받을 수 있다.

(6) 구조금액

① 유족구조금은 구조피해자의 사망 당시(신체에 손상을 입고 그로 인하여 사망한 경우에는 신체에 손상을 입은 당시를 말한다)의 월급액이나 월실수입액 또는 평균임

금에 24개월 이상 48개월 이하의 범위에서 유족의 수와 연령 및 생계유지상황 등을 고려하여 대통령령으로 정하는 개월 수를 곱한 금액으로 한다.

② 장해구조금과 중상해구조금은 구조피해자가 신체에 손상을 입은 당시의 월급액이나 월실수입액 또는 평균임금에 2개월 이상 48개월 이하의 범위에서 피해자의 장해 또는 중상해의 정도와 부양가족의 수 및 생계유지상황 등을 고려하여 대통령령으로 정한 개월 수를 곱한 금액으로 한다.

③ 제1항 및 제2항에 따른 월급액이나 월실수입액 또는 평균임금 등은 피해자의 주소지를 관할하는 세무서장, 시장·군수·구청장(자치구의 구청장을 말한다) 또는 피해자의 근무기관의 장(長)의 증명이나 그 밖에 대통령령으로 정하는 공신력 있는 증명에 따른다.

④ 제1항 및 제2항에서 구조피해자의 월급액이나 월실수입액이 평균임금의 2배를 넘는 경우에는 평균임금의 2배에 해당하는 금액을 구조피해자의 월급액이나 월실수입액으로 본다.

(7) 외국인에 대한 구조

외국인이 구조피해자이거나 유족인 경우에는 해당 국가의 상호보증이 있는 경우에만 적용한다.

(8) 범죄피해구조심의회

① 구조금 지급에 관한 사항을 심의·결정하기 위하여 각 지방검찰청에 범죄피해구조심의회(이하 "지구심의회"라 한다)를 두고 법무부에 범죄피해구조본부심의회(이하 "본부심의회"라 한다)를 둔다.

② 지구심의회는 설치된 지방검찰청 관할 구역(지청이 있는 경우에는 지청의 관할 구역을 포함한다)의 구조금 지급에 관한 사항을 심의·결정한다.

③ 본부심의회는 다음 각 호의 사항을 심의·결정한다.

1. 제27조에 따른 재심신청사건

2. 그 밖에 법령에 따라 그 소관에 속하는 사항

④ 지구심의회 및 본부심의회는 법무부장관의 지휘·감독을 받는다.

⑤ 지구심의회 및 본부심의회의 구성 및 운영 등에 관한 사항은 대통령령으로 정한다.

제25조(구조금의 지급신청) ① 구조금을 받으려는 사람은 법무부령으로 정하는 바에 따라 그 주소지, 거주지 또는 범죄 발생지를 관할하는 지구심의회에 신청하여야 한다.

② 제1항에 따른 신청은 해당 구조대상 범죄피해의 발생을 안 날부터 3년이 지나거나 해당 구조대상 범죄피해가 발생한 날부터 10년이 지나면 할 수 없다.

(9) 구조결정

지구심의회는 제25조제1항에 따른 신청을 받으면 신속하게 구조금을 지급하거나 지급하지 아니한다는 결정(지급한다는 결정을 하는 경우에는 그 금액을 정하는 것을 포함한다)을 하여야 한다.

(10) 재심신청

① 지구심의회에서 구조금 지급신청을 기각(일부기각된 경우를 포함한다) 또는 각하하면 신청인은 결정의 정본이 송달된 날부터 2주일 이내에 그 지구심의회를 거쳐 본부심의회에 재심을 신청할 수 있다.

② 제1항의 재심신청이 있으면 지구심의회는 1주일 이내에 구조금 지급신청 기록 일체를 본부심의회에 송부하여야 한다.

③ 본부심의회는 제1항의 신청에 대하여 심의를 거쳐 4주일 이내에 다시 구조결정을 하여야 한다.

④ 본부심의회는 구조금 지급신청을 각하한 지구심의회의 결정이 법령에 위반되면 사건을 그 지구심의회에 환송할 수 있다.

⑤ 본부심의회는 구조금 지급신청이 각하된 신청인이 잘못된 부분을 보정하여 재심신청을 하면 사건을 해당 지구심의회에 환송할 수 있다.

(11) 긴급구조금의 지급

① 지구심의회는 제25조제1항에 따른 신청을 받았을 때 구조피해자의 장해 또는 중상해 정도가 명확하지 아니하거나 그 밖의 사유로 인하여 신속하게 결정을 할 수 없는 사정이 있으면 신청 또는 직권으로 대통령령으로 정하는 금액의 범위에서 긴급구조금을 지급하는 결정을 할 수 있다.

② 제1항에 따른 긴급구조금 지급신청은 법무부령으로 정하는 바에 따라 그 주소지, 거주지 또는 범죄 발생지를 관할하는 지구심의회에 할 수 있다.

③ 국가는 지구심의회가 긴급구조금 지급 결정을 하면 긴급구조금을 지급한다.

④ 긴급구조금을 받은 사람에 대하여 구조금을 지급하는 결정이 있으면 국가는 긴급구조금으로 지급된 금액 내에서 구조금을 지급할 책임을 면한다.

⑤ 긴급구조금을 받은 사람은 지구심의회에서 결정된 구조금의 금액이 긴급구조금으로 받은 금액보다 적을 때에는 그 차액을 국가에 반환하여야 하며, 지구심의회에서 구조금을 지급하지 아니한다는 결정을 하면 긴급구조금으로 받은 금액을 모두 반환하여야 한다.

(12) 결정을 위한 조사

① 지구심의회는 구조금 지급에 관한 사항을 심의하기 위하여 필요하면 신청인이나 그 밖의 관계인을 조사하거나 의사의 진단을 받게 할 수 있고 행정기관, 공공기관이나 그 밖의 단체에 조회하여 필요한 사항을 보고하게 할 수 있다.

② 지구심의회는 신청인이 정당한 이유 없이 제1항에 따른 조사에 따르지 아니하거나 의사의 진단을 거부하면 그 신청을 기각할 수 있다.

(13) 구조금의 환수

① 국가는 이 법에 따라 구조금을 받은 사람이 다음 각 호의 어느 하나에 해당하면 지구심의회 또는 본부심의회의 결정을 거쳐 그가 받은 구조금의 전부 또는 일부를 환수할 수 있다.

    1. 거짓이나 그 밖의 부정한 방법으로 구조금을 받은 경우

    2. 구조금을 받은 후 제19조에 규정된 사유가 발견된 경우

    3. 구조금이 잘못 지급된 경우

② 국가가 제1항에 따라 환수를 할 때에는 국세징수의 예에 따르고, 그 환수의 우선순위는 국세 및 지방세 다음으로 한다.

(14) 소멸시효와 압류

① 구조금을 받을 권리는 그 구조결정이 해당 신청인에게 송달된 날부터 2년간 행사하지 아니하면 시효로 인하여 소멸된다.

② 구조금을 받을 권리는 양도하거나 담보로 제공하거나 압류할 수 없다.

6. 형사조정

(1) 형사조정 회부

① 검사는 피의자와 범죄피해자(이하 "당사자"라 한다) 사이에 형사분쟁을 공정하고 원만하게 해결하여 범죄피해자가 입은 피해를 실질적으로 회복하는 데 필요하다고 인정하면 당사자의 신청 또는 직권으로 수사 중인 형사사건을 형사조정에 회부할 수 있다.

② 형사조정에 회부할 수 있는 형사사건의 구체적인 범위는 대통령령으로 정한다. 다만, 다음 각 호의 어느 하나에 해당하는 경우에는 형사조정에 회부하여서는 아니 된다.

    1. 피의자가 도주하거나 증거를 인멸할 염려가 있는 경우

2. 공소시효의 완성이 임박한 경우

3. 불기소처분의 사유에 해당함이 명백한 경우(다만, 기소유예처분의 사유에 해당하는 경우는 제외한다)

(2) 형사조정위원회

① 형사조정을 담당하기 위하여 각급 지방검찰청 및 지청에 형사조정위원회를 둔다.

② 형사조정위원회는 2명 이상의 형사조정위원으로 구성한다.

③ 형사조정위원은 형사조정에 필요한 법적 지식 등 전문성과 덕망을 갖춘 사람 중에서 관할 지방검찰청 또는 지청의 장이 미리 위촉한다.

④ 「국가공무원법」 제33조 각 호의 어느 하나에 해당하는 사람은 형사조정위원으로 위촉될 수 없다.

⑤ 형사조정위원의 임기는 2년으로 하며, 연임할 수 있다.

⑥ 형사조정위원회의 위원장은 관할 지방검찰청 또는 지청의 장이 형사조정위원 중에서 위촉한다.

⑦ 형사조정위원에게는 예산의 범위에서 법무부령으로 정하는 바에 따라 수당을 지급할 수 있으며, 필요한 경우에는 여비, 일당 및 숙박료를 지급할 수 있다.

(3) 형사조정의 절차

① 형사조정위원회는 당사자 사이의 공정하고 원만한 화해와 범죄피해자가 입은 피해의 실질적인 회복을 위하여 노력하여야 한다.

② 형사조정위원회는 형사조정이 회부되면 지체 없이 형사조정 절차를 진행하여야 한다.

③ 형사조정위원회는 필요하다고 인정하면 형사조정의 결과에 이해관계가 있는 사람의 신청 또는 직권으로 이해관계인을 형사조정에 참여하게 할 수 있다.

(4) 관련 자료의 송부

① 형사조정위원회는 형사사건을 형사조정에 회부한 검사에게 해당 형사사건에 관하여 당사자가 제출한 서류, 수사서류 및 증거물 등 관련 자료의 사본을 보내 줄 것을 요청할 수 있다.

② 요청을 받은 검사는 그 관련 자료가 형사조정에 필요하다고 판단하면 형사조정위원회에 보낼 수 있다. 다만, 당사자 또는 제3자의 사생활의 비밀이나 명예를 침해할 우려가 있거나 수사상 비밀을 유지할 필요가 있다고 인정하는 부분은 제외할 수 있다.

③ 당사자는 해당 형사사건에 관한 사실의 주장과 관련된 자료를 형사조정위원회에

제출할 수 있다.

④ 형사조정위원회는 제1항부터 제3항까지의 규정에 따른 자료의 제출자 또는 진술자의 동의를 받아 그 자료를 상대방 당사자에게 열람하게 하거나 사본을 교부 또는 송부할 수 있다.

⑤ 관련 자료의 송부나 제출 절차 및 열람 등에 대한 동의의 확인 방법 등에 관한 사항은 대통령령으로 정한다.

(5) 형사조정절차의 종료

① 형사조정위원회는 조정기일마다 형사조정의 과정을 서면으로 작성하고, 형사조정이 성립되면 그 결과를 서면으로 작성하여야 한다.

② 형사조정위원회는 조정 과정에서 증거위조나 거짓 진술 등의 사유로 명백히 혐의가 없는 것으로 인정하는 경우에는 조정을 중단하고 담당 검사에게 회송하여야 한다.

③ 형사조정위원회는 형사조정 절차가 끝나면 제1항의 서면을 붙여 해당 형사사건을 형사조정에 회부한 검사에게 보내야 한다.

④ 검사는 형사사건을 수사하고 처리할 때 형사조정 결과를 고려할 수 있다. 다만, 형사조정이 성립되지 아니하였다는 사정을 피의자에게 불리하게 고려하여서는 아니 된다.

⑤ 형사조정의 과정 및 그 결과를 적은 서면의 서식 등에 관한 사항은 법무부령으로 정한다.

(6) 경찰관서의 협조

범죄피해자 지원법인의 장 또는 보호시설의 장은 피해자나 피해자의 가족구성원을 긴급히 구조할 필요가 있을 때에는 경찰관서(지구대·파출소 및 출장소를 포함한다)의 장에게 그 소속 직원의 동행을 요청할 수 있으며, 요청을 받은 경찰관서의 장은 특별한 사유가 없으면 이에 따라야 한다.

범죄수사규칙

제2절 범죄현장과 증거보전

제155조 (현장조사) ①경찰관은 범죄현장을 직접 관찰(이하 "현장조사"라 한다)할 필요가 있는 범죄를 인지하였을 때에는 신속히 그 현장에 가서 필요한 수사를 행하여야 한다.

②경찰관은 전항의 경우에 있어서 따로 수사주책임관 그 밖의 자에 의한 현장조사가 행하여지게 될 때에는 현장을 보존하도록 하여야 한다.

제156조(부상자의 구호 등) ①경찰관은 현장조사시 부상자가 있을 때에는 지체없이 구호의 조치를 취하여야 한다.

②경찰관은 전항의 경우에 빈사상태의 중상자가 있을 때에는 응급 구호조치를 하는 동시에 그 자로부터 범인의 성명, 범행의 원인, 피해자의 주거, 성명, 연령, 목격자 등을 청취해 두어야 하고, 그 중상자가 사망하였을 때에는 그 시각을 기록해 두어야 한다.

제157조(현장보존의 범위) 경찰관은 범죄를 실행한 지점 뿐만 아니라 현장 보존의 범위를 충분히 정하여 수사자료를 발견하기 위해 노력하여야 한다.

제158조(현장보존을 위한 조치) 경찰관은 보존하여야 할 현장의 범위를 정하였을 때에는 즉시 출입금지 표시 등 적절한 조치를 취하여 함부로 출입하는 자가 없도록 하여야 한다. 이 경우에 있어서 현장 또는 그 근처에 있어서 배회하는 자가 있을 때에는 그들의 성명, 주거 등을 명확히 알아두어야 한다.

제159조(현장에 있어서의 수사의 통제) 현장에서 수사를 할 때에는 수사주책임관이 이에 종사하는 경찰관을 통제하여 조직적으로 수사하여야 한다.

제160조(원상태로의 보존) ①경찰관은 현장을 보존할 때에는 되도록 현장을 범행 당시의 상황 그대로 보존하여 현장에 있어서의 수사가 정확하게 행하여지도록 하여야 한다.

②경찰관은 부상자의 구호, 증거물의 변질되거나 흩어짐, 없어지는 것을 예방하기 위해 특히 부득이한 사정이 있는 경우를 제외하고는 함부로 현장에 들어가서는 아니 된다.

③경찰관은 현장에서 발견된 수사자료 중 광선, 풍우 등에 의하여 변질, 변형 또는 멸실할 우려가 있는 것에 대하여는 덮개로 가리는 등 적당한 방법으로 그 원상을 보존하도록 노력하여야 한다.

제161조(현장보존을 할 수 없을 때의 조치) 경찰관은 부상자의 구호 그 밖의 부득이한 이유로 현장을 변경할 필요가 있는 경우 등 수사자료를 원상태로 보존할 수 없을 때에는 사진, 도면, 기록 그 밖의 적당한 방법으로 그 원상을 보존하도록 노력하여야 한다.

제162조(현장에서의 수사사항) 경찰관은 현장에서 수사를 할 때는 현장 감식 그 밖의 과학적이고 합리적인 방법에 의하여 다음 각호의 사항을 명백히 하도록 노력하여 범행의 과정을 전반적으로 파악할 수 있도록 하여야 한다.
　1. 일시 관계
　　가. 범행의 일시와 이를 추정할 수 있는 사항
　　나. 발각의 일시와 상황
　　다. 범행당시의 기상 상황
　　라. 특수일 관계(시일, 명절, 축제일 등)
　　마. 그 밖의 일시에 관하여 참고가 될 사항
　2. 장소 관계
　　가. 현장으로 통하는 도로와 상황
　　나. 가옥 그 밖의 현장근처에 있는 물건과 그 상황
　　다. 현장 방실의 위치와 그 상황
　　라. 현장에 있는 기구 그 밖의 물품의 상황
　　마. 지문, 족적 그 밖의 흔적, 유류품의 위치와 상황
　　바. 그 밖의 장소에 관하여 참고가 될 사항
　3. 피해자 관계
　　가. 범인과의 응대 그 밖의 피해 전의 상황
　　나. 피해 당시의 저항자세 등의 상황
　　다. 상해의 부위와 정도, 피해 금품의 종별과 수량 등 피해의 정도
　　라. 시체의 위치, 창상, 유혈 그 밖의 상황
　　마. 그 밖의 피해자에 관하여 참고가 될 사항
　4. 피의자 관계
　　가. 현장에 있어서의 침입과 도주경로
　　나. 피의자의 수와 성별
　　다. 범죄의 수단, 방법 그 밖의 범죄 실행의 상황
　　라. 피의자의 범행의 동기, 피해자와의 면식과 현장에 대한 지식의 유무를 추정할 수 있는 상황
　　마. 피의자의 인상, 풍채, 특징, 습벽 그 밖의 특이한 언동
　　바. 흉기의 종류, 형상과 가해의 방법 그 밖의 가해의 상황
　　사. 그 밖의 피의자에 관하여 참고가 될 사항

제163조(감식자료 송부) ①경찰관은 감식을 하기 위하여 수사자료를 송부할 때에는 변형, 변질, 오손, 침습, 멸실, 산일, 혼합 등의 사례가 없도록 주의하여야 한다.
　②전항의 경우에 우송을 할 때에는 그 포장, 용기 등에 세심한 주의를 기울여야 한다.
　③중요하거나 긴급한 증거물 등은 경찰관이 직접 지참하여 송부하여야 한다.
　④주요한 감식자료의 인수·인계할 때에는 그 연월일과 인수·인계인의 성명을 명확히 해두어야 한다.

제164조(재감식을 위한 고려) 경찰관은 혈액, 정액, 타액, 대소변, 장기, 모발, 약품, 음식물, 폭발물 그 밖에 분말, 액체 등을 감식할 때에는 되도록 필요 최소한의 양만을 사용하고 잔량을 보존하여 재감식에 대비하여야 한다.

제165조(증거물의 보존) ①경찰관은 지문, 족적, 혈흔 그 밖에 멸실할 염려가 있는 증거물은 특히 그 보존에 유의하고 검증조서 또는 다른 조서에 그 성질 형상을 상세히 기재하거나 사진을 촬영하여야 한다.
　②경찰관은 시체해부 또는 증거물의 파괴 그 밖의 원상의 변경을 요하는 검증을 하거나 감정을 위촉

할 때에는 전항에 준하여 변경전의 형상을 알 수 있도록 유의하여야 한다.

③경찰관은 제1항 및 제2항의 경우 또는 유류물 그 밖의 자료를 발견하였을 때에는 증거물의 위치를 알 수 있도록 원근법으로 사진을 촬영하되 가까이 촬영할 때에는 되도록 증거물 옆에 자를 놓고 촬영하여야 한다.

④경찰관은 전항의 경우 증명력의 보전을 위하여 필요하다고 인정되는 참여인을 함께 촬영하거나 자료 발견 연월일시와 장소를 기재한 서면에 참여인의 서명을 요구하여 이를 함께 촬영하고, 참여인이 없는 경우에는 비디오 촬영 등으로 현장상황과 자료수집과정을 녹화하여야 한다.

제166조(증거보전의 신청) 사법경찰관은 미리 증거를 보전하지 않으면 그 증거를 사용하기 곤란한 사정이 있을 때에는 그 사유를 소명하여 관할 지방검찰청 또는 지청의 검사에게 증거 보전의 청구를 신청하여야 한다.

제167조(감정의뢰서 등) ①경찰관은 국립과학수사연구소 등에 감정을 의뢰할 때에는 별지 제101호 서식의 감정의뢰서를 작성하여 의뢰하여야 한다.

②경찰관은 전항 이외의 감정기관이나 적당한 학식 경험이 있는 자에게 감정위촉을 하는 경우에는 별지 제102호 서식의 감정위촉서에 따라 의뢰하며 이 경우 감정인에게 예단이나 편견을 생기게 할 만한 사항을 기재해서는 아니 된다.

③사법경찰관은「형사소송법」제221조 규정에 따른 감정을 위촉하며「형사소송법」제172조제3항의 유치처분이 필요할 때에는 별지 제104호 서식의 감정유치신청서를 검사에게 제출하여 검사의 청구로 관할 법원 판사의 감정유치장을 발부받아야 한다.

④사법경찰관이 감정을 의뢰하거나 위촉하는 경우에 감정에 관하여 타인의 주거, 간수자 있는 가옥, 건조물, 항공기, 선박, 기차 및 자동차 내에 들어가야 하거나, 신체의 검사, 사체의 해부, 분묘의 발굴, 물건의 파괴를 필요로 할 때에는 별지 제105호 서식의 감정처분허가신청서를 검사에게 제출하여 검사의 청구로 관할 법원 판사의 감정처분허가장을 발부받아 감정인에게 교부하여야 한다.

제168조(감정서) ①경찰관은 감정을 위촉하는 경우에는 감정인에게 감정의 일시, 장소, 경과와 결과를 관계자가 용이하게 이해할 수 있도록 간단명료하게 기재한 감정서를 제출하도록 요구하여야 한다.

②경찰관은 감정인이 여러 사람인 때에는 공동의 감정서를 제출하도록 요구할 수 있다.

③경찰관은 감정서의 내용이 불명확하거나 누락된 부분이 있을 때에는 이를 보충하는 서면의 제출을 요구하여 감정서에 첨부하여야 한다.

제169조(증인신문의 신청) 사법경찰관은 범죄수사에 없어서는 안 될 사실을 안다고 명백히 인정되는 자가 출석 또는 진술을 거부하고, 그의 진술이 범죄의 증명에 없어서는 안 되는 것으로 인정될 경우에는 그 사유를 증명하여 관할 지방검찰청 또는 지청의 검사에게 증인신문의 청구를 신청하여야 한다.

제1절 초동 수사

1. 개념

사건발생 초기에 증거를 확보하고 범인을 체포하기 위하여 행하는 긴급수사활동을 의미한다. 초동수사는 먼저 범인 체포에 가장 큰 목적이 있으며, 수사긴급배치, 참고인 및 목격자 진술 확보, 사건 당시의 상황을 확보하는데 목적이 있다.

2. 초동 수사 단계별 처리 과정

초동수사단계	초동조치	사건인지 ☞ 긴급전파 ☞ 긴급출동 ☞ 긴급배치 ☞ 긴급조치(범인체포, 긴급처치, 사태진압, 확산방지) ☞ 긴급채증 ☞ 현장보존
	협의의 초동수사	1. 현장감식 2. 현장수사 3. 현장탐문

3. 초동 수사의 방법

(1) 초동수사의 방법

신고접수 후 즉보를 하며 현장급행 후 현장보존을 한다.

(2) 인지자의 조치

① 신고 접수 (신고 청취 요령)

필수 청취 사항	• 신고인(주소, 성명, 직업, 연령, 신고사건과의 관계)의 신분을 확인 (피해자와 피의자의 관계는 필수 청취 사항 아님에 주의) • 신고내용(발생일시 · 장소, 범인의 성명 · 인상 · 착의, 피해자, 범행수단 · 방법 · 행위 · 원인 · 동기 · 흉기소지여부, 피해사실 · 결과, 피해사실을 알게 된 경위, 현재상황, 목격자, 범인의 도주로 · 도주방법)확인
주의 사항	관할을 불문하고 친절하게 신고를 접수한다.

② 긴급사건 신고 접수시 보고요령

1보	• 1인 근무시는 사건내용을 확인하여 상세한 것을 듣기 전에 사건개요를 신속하게 그대로 주무부서에 보고 • 2인 근무시는 1인은 피해내용을 청취 및 수리하면서 복창하고 1인은 보고하여 정확성을 기해야 한다.
2보	• 제2보 이하의 즉보는 범인의 추적, 체포와 수배를 위하여 필요한 사항 및 피해자 상황을 우선적으로 파악하면서 보고 • 수사간부 기타 경찰간부에 대한 보고 연락을 신속히 행하여 그 지시를 받을 것

※ 긴급을 요하는 사건은 형식에 구애받지 말고 신고내용을 최단 시간 내에 청취 · 기록한다.

③ 현장출동

• 신고자 또는 현장에 대해 알고 있는 자와 동행하는 것이 좋다.

• 현장출동 도중에도 범인으로 인정되는 자, 거동수상자 등의 발견에 노력하며 발견 시에 불심검문을 반드시 실시하여야 한다.

• 범인의 예상도주로를 경유하여 임장하도록 한다.

④ 신고 접수시 주의사항
- 신속한 사건청취를 제1로 하고 사건의 진위여부의 규명은 제2로 한다.

(3) 현장 수사의 통제

현장에서 수사를 할 때에는 수사주책임관이 이에 종사하는 경찰관을 통제하여 조직적으로 수사하여야 한다.

(4) 임장자의 조치

① 범죄현장에 최초로 도착한 임장자는 본서에서 수사간부 기타 현장 책임자가 올 때까지 현장 책임자로서의 임무를 수행
② 주의할 점은 증거수집을 위한 현장감식은 현장임장자가 아닌 현장감식반에서 실시하여야 한다.

부상자 구호	• 현장조사에 있어서 부상자가 있을 때에는 지체없이 구호의 조치를 취하여야 한다 • 범인의 도주 후 얼마 되지 않은 경우이고 피해자의 구호를 가족이나 관계자에게 의뢰할 수 있을 때에는 그 사람들에게 맡기고 현장에서 증거보전의 조치를 취하는 외에 현장 부근을 잘 검색하여 범인의 발견·체포에 노력하여야 한다. • 피해자의 구호를 의뢰할 수 없을 때에는 신속히 피해자의 응급구호를 실시하는 동시에 증거를 보전해야 한다. • 이 경우 범행 당시의 상태를 명확하게 해둘 필요가 있으므로 피해자를 이동시킬 경우에는 그 위치를 분필 등으로 표시하여 나중에 확인할 수 있는 조치를 해야 한다.
임상조사	• 빈사상태의 중상자가 있을 때에는 응급 구호조치를 하는 동시에 그 자로부터 범인의 성명, 범행의 원인, 피해자의 주거, 성명, 연령, 목격자 등을 청취해 두어야 하고, 그 중상자가 사망하였을 때에는 그 시각을 기록해 두어야 한다. • 빈사상태의 중상자는 즉시 구호의 조치를 하여야 하고 만약 병원으로 후송 도중 기타 적당한 기회를 가려서 수사상 필요한 최소한도의 것을 청취하여 녹음기가 있을 때에는 상황을 녹음해 두어야 한다. • 피해자의 사망여부 판단은 객관적으로 하되 의심스러운 경우 구호 조치하고 최종적인 판단은 경찰관이 하는 일이 없도록 하여야 한다.

(5) 현장보존

현장보존의 범위	경찰관은 범죄를 실행한 지점 뿐만 아니라 현장 보존의 범위를 충분히 정하여 수사자료를 발견하기 위해 노력하여야 한다.
현장보존을 위한 조치	경찰관은 보존하여야 할 현장의 범위를 정하였을 때에는 즉시 출입금지 표시 등 적절한 조치를 취하여 함부로 출입하는 자가 없도록 하여야 한다. 이 경우에 있어서 현장 또는 그 근처에 있어서 배회하는 자가 있을 때에는 그들의 성명, 주거 등을 명확히 알아두어야 한다.
현장에 있어서의 수사의 통제	현장에서 수사를 할 때에는 수사주책임관이 이에 종사하는 경찰관을 통제하여 조직적으로 수사하여야 한다.

원상태로의 보존	① 경찰관은 현장을 보존할 때에는 되도록 현장을 범행 당시의 상황 그대로 보존하여 현장에 있어서의 수사가 정확하게 행하여지도록 하여야 한다. ② 경찰관은 부상자의 구호, 증거물의 변질되거나 흩어짐, 없어지는 것을 예방하기 위해 특히 부득이한 사정이 있는 경우를 제외하고는 함부로 현장에 들어가서는 아니 된다. ③ 경찰관은 현장에서 발견된 수사자료 중 광선, 풍우 등에 의하여 변질, 변형 또는 멸실할 우려가 있는 것에 대하여는 덮개로 가리는 등 적당한 방법으로 그 원상을 보존하도록 노력하여야 한다.	
현장보존을 할 수 없을 때의 조치	경찰관은 부상자의 구호 그 밖의 부득이한 이유로 현장을 변경할 필요가 있는 경우 등 수사자료를 원상태로 보존할 수 없을 때에는 사진, 도면, 기록 그 밖의 적당한 방법으로 그 원상을 보존하도록 노력하여야 한다.	
현장에서의 수사사항	내용	경찰관은 현장에서 수사를 할 때는 현장 감식 그 밖의 과학적이고 합리적인 방법에 의하여 아래의 사항을 명백히 하도록 노력하여 범행의 과정을 전반적으로 파악할 수 있도록 하여야 한다.
	일시 관계	가. 범행의 일시와 이를 추정할 수 있는 사항 나. 발각의 일시와 상황 다. 범행당시의 기상 상황 라. 특수일 관계(시일, 명절, 축제일 등) 마. 그 밖의 일시에 관하여 참고가 될 사항
	장소 관계	가. 현장으로 통하는 도로와 상황 나. 가옥 그 밖의 현장근처에 있는 물건과 그 상황 다. 현장 방실의 위치와 그 상황 라. 현장에 있는 기구 그 밖의 물품의 상황 마. 지문, 족적 그 밖의 흔적, 유류품의 위치와 상황 바. 그 밖의 장소에 관하여 참고가 될 사항
	피해자 관계	가. 범인과의 응대 그 밖의 피해 전의 상황 나. 피해 당시의 저항자세 등의 상황 다. 상해의 부위와 정도, 피해 금품의 종별과 수량 등 피해의 정도 라. 시체의 위치, 창상, 유혈 그 밖의 상황 마. 그 밖의 피해자에 관하여 참고가 될 사항
	피의자 관계	가. 현장에 있어서의 침입과 도주경로 나. 피의자의 수와 성별 다. 범죄의 수단, 방법 그 밖의 범죄 실행의 상황 라. 피의자의 범행의 동기, 피해자와의 면식과 현장에 대한 지식의 유무를 추정할 수 있는 상황 마. 피의자의 인상, 풍채, 특징, 습벽 그 밖의 특이한 언동 바. 흉기의 종류, 형상과 가해의 방법 그 밖의 가해의 상황 　사. 그 밖의 피의자에 관하여 참고가 될 사항
	기타	① 출·입할 경우 범인의 출입통로라 생각되는 곳을 피하여 그 외의 통로를 활용한다. ② 현장보존 범위는 범죄를 실행한 지점뿐만 아니라 가능한 한 멀리 보존 범위를 선정해야 한다. ③ 출입할 경우 범인의 출입통로라 생각되는 곳을 피하여 그 외의 통로를 활용

하여야 한다.

④ 현장보존범위를 설정하는 것은 최초 임장경찰관이지 현장지휘간부는 아
니다.

⑤ 감식이 이루어지기 전 수사지휘관들이 현장을 훼손하지 않고 현장을 관찰할
수 있도록 현장을 둘러 볼 수 있는 통행판을 설치한다(비닐봉지를 쓰고 현장
을 출입해도 족적이 유류되는 등 현장을 훼손할 수 있기 때문이다).

⑥ 현장보존을 위한 조치
사진을 촬영할 때에는 되도록 증거물 옆에 줄자를 놓고 필요하다고 인정되
는 참여인과 함께 촬영하거나 자료 발견 연월일시와 장소를 기재한 지면에
그 서명을 요구하여 이를 첨부해서 촬영하는 등 증거력의 보전에 유의하여
야 한다.

(6) 감식자료 송부

① 경찰관은 감식을 하기 위하여 수사자료를 송부할 때에는 변형, 변질, 오손, 침습,
멸실, 산일, 혼합 등의 사례가 없도록 주의하여야 한다.

② 전항의 경우에 우송을 할 때에는 그 포장, 용기 등에 세심한 주의를 기울여야 한다.

③ 중요하거나 긴급한 증거물 등은 경찰관이 직접 지참하여 송부하여야 한다.

④ 주요한 감식자료의 인수·인계할 때에는 그 연월일과 인수·인계인의 성명을 명확
히 해두어야 한다.

(7) 감식자료 송부

경찰관은 혈액, 정액, 타액, 대소변, 장기, 모발, 약품, 음식물, 폭발물 그 밖에 분말,
액체 등을 감식할 때에는 되도록 필요 최소한의 양만을 사용하고 잔량을 보존하여 재감식
에 대비하여야 한다.

(8) 증거물의 보존

① 경찰관은 지문, 족적, 혈흔 그 밖에 멸실할 염려가 있는 증거물은 특히 그 보존에
유의하고 검증조서 또는 다른 조서에 그 성질 형상을 상세히 기재하거나 사진을
촬영하여야 한다.

② 경찰관은 시체해부 또는 증거물의 파괴 그 밖의 원상의 변경을 요하는 검증을 하거
나 감정을 위촉할 때에는 전항에 준하여 변경전의 형상을 알 수 있도록 유의하여야
한다.

③ 경찰관은 제1항 및 제2항의 경우 또는 유류물 그 밖의 자료를 발견하였을 때에는
증거물의 위치를 알 수 있도록 원근법으로 사진을 촬영하되 가까이 촬영할 때에는
되도록 증거물 옆에 자를 놓고 촬영하여야 한다.

④ 경찰관은 전항의 경우 증명력의 보전을 위하여 필요하다고 인정되는 참여인을 함께 촬영하거나 자료 발견 연월일시와 장소를 기재한 서면에 참여인의 서명을 요구하여 이를 함께 촬영하고, 참여인이 없는 경우에는 비디오 촬영 등으로 현장상황과 자료수집과정을 녹화하여야 한다.

(9) 증거보전의 신청

사법경찰관은 미리 증거를 보전하지 않으면 그 증거를 사용하기 곤란한 사정이 있을 때에는 그 사유를 소명하여 관할 지방검찰청 또는 지청의 검사에게 증거 보전의 청구를 신청하여야 한다.

(10) 감정의뢰서 등

① 경찰관은 국립과학수사연구소 등에 감정을 의뢰할 때에는 감정의뢰서를 작성하여 의뢰하여야 한다.
② 경찰관은 전항 이외의 감정기관이나 적당한 학식 경험이 있는 자에게 감정위촉을 하는 경우에는 감정위촉서에 따라 의뢰하며 이 경우 감정인에게 예단이나 편견을 생기게 할 만한 사항을 기재해서는 아니 된다.
③ 사법경찰관은 「형사소송법」 제221조 규정에 따른 감정을 위촉하며 「형사소송법」 제172조제3항의 유치처분이 필요할 때에는 감정유치신청서를 검사에게 제출하여 검사의 청구로 관할 법원 판사의 감정유치장을 발부받아야 한다.
④ 사법경찰관이 감정을 의뢰하거나 위촉하는 경우에 감정에 관하여 타인의 주거, 간수자 있는 가옥, 건조물, 항공기, 선박, 기차 및 자동차 내에 들어가야 하거나, 신체의 검사, 사체의 해부, 분묘의 발굴, 물건의 파괴를 필요로 할 때에는 서식의 감정처분허가신청서를 검사에게 제출하여 검사의 청구로 관할 법원 판사의 감정처분허가장을 발부받아 감정인에게 교부하여야 한다.

(11) 감정서

① 경찰관은 감정을 위촉하는 경우에는 감정인에게 감정의 일시, 장소, 경과와 결과를 관계자가 용이하게 이해할 수 있도록 간단명료하게 기재한 감정서를 제출하도록 요구하여야 한다.
② 경찰관은 감정인이 여러 사람인 때에는 공동의 감정서를 제출하도록 요구할 수 있다.
③ 경찰관은 감정서의 내용이 불명확하거나 누락된 부분이 있을 때에는 이를 보충하는 서면의 제출을 요구하여 감정서에 첨부하여야 한다.

(12) 증인신문의 신청

사법경찰관은 범죄수사에 없어서는 안될 사실을 안다고 명백히 인정되는 자가 출석 또는 진술을 거부하고, 그의 진술이 범죄의 증명에 없어서는 안 되는 것으로 인정될 경우에는 그 사유를 증명하여 관할 지방검찰청 또는 지청의 검사에게 증인신문의 청구를 신청하여야 한다.

형사소송법

제165조의2(비디오 등 중계장치 등에 의한 증인신문) 법원은 다음 각 호의 어느 하나에 해당하는 자를 증인으로 신문하는 경우 상당하다고 인정하는 때에는 검사와 피고인 또는 변호인의 의견을 들어 비디오 등 중계장치에 의한 중계시설을 통하여 신문하거나 차폐(遮蔽)시설 등을 설치하고 신문할 수 있다.

1. 「아동복지법」 제71조제1항제1호부터 제3호까지에 해당하는 죄의 피해자
2. 「아동·청소년의 성보호에 관한 법률」 제7조, 제8조, 제11조부터 제15조까지 및 제17조제1항의 규정에 해당하는 죄의 대상이 되는 아동·청소년 또는 피해자
3. 범죄의 성질, 증인의 연령, 심신의 상태, 피고인과의 관계, 그 밖의 사정으로 인하여 피고인 등과 대면하여 진술하는 경우 심리적인 부담으로 정신의 평온을 현저하게 잃을 우려가 있다고 인정되는 자

---

4. 긴급배치

(1) 발령권자

① 긴급배치를 사건발생지 관할경찰서 또는 인접경찰서에 시행할 경우는 발생지 관할 경찰서장이 발령한다. 인접 경찰서가 타시도 지방경찰청 관할인 경우도 같다.

② 긴급배치를 사건발생지 지방경찰청의 전(全)경찰관서 또는 인접 지방경찰청에 시행할 경우는 발생지 지방경찰청장이 발령한다.

③ 2개 이상의 경찰서 또는 지방경찰청에 긴급배치를 발령할 경우, 발령권자는 긴급배치 수배사항을 관련 경찰관서에 통보를 하여야 하며, 통보를 받은 해당 경찰관서장은 지체없이 긴급배치를 하여야 한다.

(2) 종별 범위

구분		갑(甲)호 사건	을(乙)호 사건
해당 범죄	살인 사건	① 강도·강간, 약취·유인 방화 살인 ② 2명 이상 집단 살인 및 연쇄 살인	① 살인·강도·강간·방화·중요 상해 치사사건 • 1억원 이상의 다액 절도 • 관공서 및 중요시설 절도 • 국보급문화재 절도 • 관공서 및 중요시설 절도 • 갑호 이외의 사건 ② 기타 경찰관서장이 중요하다고 판
	강도 사건	① 인질·해상 강도 ② 금융기관 및 5천 만원 이상 다액 강도 ③ 총기·폭발물 소지 강도 ④ 연쇄 강도 및 해상 강도	
	방화	① 관공서·산업시설·시장·열차·	

		항공기 · 대형선박 등의 방화 ② 연쇄방화, 중요 범죄은닉목적방화 ③ 보험금 취득목적 등 기타 계획적인 방화	단하여 긴급배치가 필요하다고 인정하는 사건
	사건		
	기타 중요 사건	① 총기 · 대량 탄약 및 폭발물 절도 ② 조직폭력사건 ③ 약취유인 또는 인질강도 ④ 구인 또는 구속피의자 도주	
경력동 원기준		① 형사(수사)요원 가동경력 100% ② 지구대 · 검문소 요원 가동경력 100%	① 형사(수사)요원 가동경력 100% ② 지구대 · 검문소 요원 가동경력 50%

(3) 긴급배치의 실시요령

① 긴급배치의 실시는 범행현장 및 부근의 교통요소, 범인의 도주로, 잠복, 배회처등 예상되는 지점 또는 지역에 경찰력을 배치하고, 탐문수사 및 검문검색을 실시한다. 다만, 사건의 상황에 따라 그 일부만 실시할 수 있다(수사긴급배치규칙 제3조 1항).

② 관외 중요사건 발생을 관할서장보다 먼저 인지한 서장은 신속히 지방경찰청장에게 보고하는 동시에 관할을 불문, 초동조치를 취하고 즉시 관할서장에게 사건을 인계하여야 하며, 필요한 경우 공조수사를 하여야 한다(수사긴급배치규칙 제9조 2항).

③ 사건발생지 관할서장은 당해 사건에 대하여 타서장으로부터 사건을 인수하였을 때에는 전항에 준하여 조치하여야 한다(수사긴급배치규칙 제9조 3항).

(4) 긴급배치의 생략과 해제 사유

생략사유 (수사긴급배 치규칙 제6조)	① 사건발생후 상당기간이 경과하여 범인을 체포할 수 없다고 인정될 때 ② 범인의 인상착의가 확인되지 아니하거나 사건내용이 애매하여 긴급배치에 필요한 자료를 얻지 못할 때 ③ 범인의 성명, 주거, 연고선 등이 판명되어 조속히 체포할 수 있다고 판단된 때 ④ 기타 사건의 성질상 긴급배치가 필요하지 않다고 인정될 때
해제사유 (수사긴급배 치규칙 제6조)	① 범인을 체포하였을 때 ② 허위신고 또는 중요사건에 해당되지 않음이 판단되었을 때 ③ 긴급배치를 계속한다 하더라도 효과가 없다고 인정될 때 (해제 특례) 경찰청장 또는 지방경찰청장은 긴급배치의 장기화로 인하여 당면 타업무 추진에 지장을 가져온다고 인정될 때에는 긴급배치를 해제하고 필요한 최소한도의 경찰력만으로 경계 및 수사를 명할 수 있다.

(5) 보고 및 조정

① 발령권자는 긴급배치발령시에는 지체없이 차상급기관의 장에게 보고

② 비상해제시는 6시간 내에 해제 일시 및 사유 · 단속실적 등을 보고

(6) 교양 훈련실시

경찰청	지방경찰청·서 대상 연 1회 이상
지방경찰청	관할경찰서 대상 반기 1회 이상
경찰서	자체계획에 의거 분기 1회 이상

제2절 현장관찰

1. 현장관찰의 개념과 유의 사항

(1) 개념

범죄현장에서 범행과 직·간접적으로 관련 있는 유형·무형의 자료를 발견 및 수집하기 위하여 범죄현장의 상황, 물체의 존재 및 상태를 관찰하는 것을 말한다.

(2) 유의 사항

① 현장관찰은 수사방침 결정과 범죄현장의 복원이 불가능하기 때문에 매우 중요한 의미를 갖는다.

② 현장주변을 광범위하게 관찰

③ 치밀하게 구석구석까지 세밀하게 반복 관찰

④ 모든 관찰수단을 활용

⑤ 집중적인 관찰

⑥ 수사지휘관의 통제

⑦ 현장의 모순과 불합리한 점의 발견에 노력

⑧ 완전한 관찰

2. 현장관찰의 일반적 순서

(1) 현장관찰의 일반적 순서는 전체에서 부분으로, 외부에서 내부로, 좌에서 우로(또는 우에서 좌로), 위에서 아래로, 동종에서 이종으로, 상태에서 변태의 순서가 일반적이다.

(2) 현장의 위치 및 부근상황 관찰 ☞ 가옥주변 관찰 ☞ 가옥외부 관찰 ☞ 현장내부 관찰 순서로 진행한다.

(3) 특히 옥내 현장의 구체적 관찰은 입구를 기점으로 하여 안으로 향하여 좌(우)에서 우(좌)로 관찰한다.

3. 현장관찰의 착안점

범인에 관한 사항	범인의 신체적·생리적 특징	지문, 장문, 족문, 혈액형, 족흔의 보폭, 족장 등
	범인의 착의·휴대품·소지품	현장에 유류된 착의, 흉기, 성냥 등
	범인의 지식과 지능	현장에 유류된 편지, 협박문서, 낙서, 연고감, 지리감, 전기지식 등
	범인의 수, 공범 유무	침입방법이나, 장물운반방법, 흉기나 유류품의 종별과 수
	범인의 직업 또는 생활환경	유류품의 냄새, 오염상황
	범인의 전과 또는 상습성의 유무	범행수단의 교묘, 목적물의 선정방법
범행일시에 관한 사항		시계·라디오·TV·신문·우편물·우유 각종 정기 배달물 상태·문단속·전등·식사·취사 등의 기타 상황, 욕탕·주전자 등의 물온도·시체체온·시체얼룩·시체군음·부패 진행상황, 혈흔의 색조와 응고상황 등
범행장소에 관한 사항		현장위치, 도로, 교통기관 관계, 현장부근 상황, 피해현장 상황, 유기한 용의가 있는 시체의 경우 시체의 부착물, 양손 물건, 신발, 발바닥 등 부근의 여러 흔적
범행동기에 관한 사항		피해품 종별·수량·특징·가격, 흉기 종류·성질·공격부위·횟수·정도, 흉기 소지자, 보관하고 있었던 장소 상황
범행방법에 관한 사항		혈흔의 흩어진 상황, 물건의 이동·전도상황, 침입구의 특이성, 욕실을 사용한 상황, 특수한 행동 유무, 흉기 기타 유류품 위치·상황

▌제3절 기초수사

1. 개념

수사개시 당초에 수사사항의 결정 및 수사방침 수립 등을 위하여 수사자료를 수집하는 활동을 말한다.

2. 내용

현장중심수사	범죄의 현장은 증거의 보고이므로 현장 중심수사를 통해서 범인을 파악할 수 있는 수사자료를 수집해야 한다.
피해자중심수사	피해자 및 가족의 생활상태, 재산상태, 교우관계, 고용관계 등을 중심으로 수사를 진행하여 감 유무 또는 범행동기 등을 추적한다.
피해품중심수사	증거수사의 면에서 귀중한 수사방법으로서, 피해품이 판명되면 장물수배서의 발행, 대상 업소에 대한 조사 등의 방법으로 피해품의 발견에 노력해야 한다.

제4절 탐문수사

1. 탐문수사의 일반적 내용

상대방을 가리지 않고 가능한 한 많은 사람을 탐문하는 것은 좋지 않은 방법이다.

면접순서의 경우 가장 공평한 위치에 있는 사람을 우선시 한다.

탐문은 연쇄적으로 한다.

때로는 상대방에 내재하는 이해관계·대립감정을 이용한다.

2. 탐문의 방법

(1) 직접 탐문과 간접 탐문

① 직접탐문: 수사관이 직접 상대자와 면접하여 탐문을 행하는 것으로서 일반적으로 행하여지는 방법이다.

신분명시	• 사실 등이 명확할 때 • 제3자의 협력을 얻어서 탐문하고자 할 때 • 사후의 수사에 영향이 없을 것이라고 판단될 때 • 상대가 범인과 통모하거나 증거인멸을 할 염려가 없을 때 • 피해자 가옥에 대한 탐문
신분비닉	• 장물취득자 등에 대한 탐문 • 선거사범 등에 대한 탐문 • 전과자에 대한 탐문 • 상대자에게 직접탐문하기가 어렵고 그 효과를 거두기 어려울 때 • 우범지역 등에서 탐문하고자 할 때 피의자가족, 친족 또는 사건에 대하여 이해관계가 있는 자에 대하여 탐문 할 때 • 피해자의 정부(情婦·情夫)

② 간접탐문

범죄 또는 피의자를 탐지하기 위하여 꼭 필요한 정보를 얻고자 할 때 경찰관이 그 상대자에게 직접탐문을 하기가 어렵고 또한 그 효과를 거두기 어려울 때 제3자의 협력을 얻어서 간접적으로 탐문을 행하는 방법이다.

(2) 질문의 방식과 선정

① 상대방의 사회적 지위 또는 직업에 맞는 말을 사용한다.

② 상대방이 이해하기 어려운 전문용어는 가급적 피한다.

③ 상대방이 싫어하는 말은 삼간다.

③ 질문에 암시와 유도가 있어서는 안 된다.

④ 효과적인 탐문시간은 사건 직후, 상대방에게 편리한 시간이다.

⑤ 탐문장소의 선정은 상대자에게 편리한 장소 또는 정숙한 분위기를 가진 장소가 좋다.

3. 질문 방법

전체법과 일문일답법	전체법	"무엇인가 수상한 점이 없었습니까?" 등으로 막연하게 질문하는 방법이고, 암시 · 유도가 되지 않아 자연스러운 답변을 얻을 수 있다. ※ 답변의 정리가 어렵다.
	일문일답법	질문자가 듣고 싶은 점을 하나하나 묻는 방법 ※ 질문 이외의 정보를 얻기가 어렵다.
자유응답법과 선택응답법	자유응답법	질문에 대하여 자유로이 대답하게 하는 방법
	선택응답법	질문자가 미리 준비한 몇 개의 답변 중에서 하나를 선택해서 답변 하게 하는 방법 (※ 암시 유도의 염려가 있다.)
부정문과 긍정문	부정문	부정어를 가지고 질문하는 것 "A는 아니겠지요?"
	긍정문	긍정어를 가지고 확인하는 방향으로 질문 "A 였지요?"

4. 선면수사

(1) 방법

범인의 특징발견	실물에 의한 선면	피해자 등이 직접 용의자의 실물을 확인
	사진 등에 의한 선면	피해자 등에게 용의자의 사진을 관찰시키거나, 다수의 사 진 중 용의자를 선정하게 하는 방법
	사진 등에 의한 식별	범인의 사진, 몽타주, 화상 등으로 경찰관이 불특정 다수인 중에서 용의자를 식별해 내는 것으로 미행 · 잠복감시에 많이 이용된다.
	인상서에 의한 선면	용의자의 얼굴형 등 인상의 각 부분의 형, 특징 등을 탐 문하여 글로써 표현한 것을 이용
변사체의 신원확인		신원을 알 수 없는 변사체의 안면사진을 촬영하여 연고자 등에게 관찰하게 하는 방법. 백 골사체의 경우 복안법(復顔法)에 의해 작성된 일종의 몽타쥬사진을 통해 신원확인한다.

(2) 유의사항

① 실물에 의한 선면은 피해자 등이 목격한 당시와 같은 환경 · 명암 등의 조건하에서 관찰하게 해야 한다.

② 범인이 틀림없다는 주장을 하더라도 반드시 확실한 증거를 수집하여 진위여부를

확인해야 한다.

③ 용의자와 직접적인 대면을 피하고 피의자 식별술 등으로 통해 용의자가 알아 볼 수 없도록 선면하는 것이 바람직하다.

④ 피선면자 단독으로 선면하게 되면 선면자는 범인으로 보려는 경향이 농후해지므로 비슷한 표정, 비슷한 차림 등 여러 사람을 관찰하게 하여 범인과 부합하는 자를 식별해야 한다.

(3) 단독면접과 복수면접

① Show-up (단독면접)

범죄피해자 또는 목격자에게 피의자의 체포 직후에 피의자를 보여주는 방법

② Line-up (복수면접)

범죄피해자 또는 목격자에게 피의자를 포함한 여러 사람을 보여주는 방법

제5절 감별 수사

1. 감별수사의 일반적 내용

(1) 감별수사란 범인과 피해자 또는 범인과 범행지 및 그 주변 지역 간에 존재하는 각종 사정·관계 등에 근거를 둔 수사방법을 말한다.

(2) 감별수사 중 연고감은 범인과 피해자, 피해자 가족, 피해 가옥와의 관계를, 지리감은 범인과 범행지 및 그 주변지역과의 관계를 의미한다.

(3) 연고감 또는 지리감을 이용하는 것이 일반적 범행이라는 범인의 심리적 행동의 원리를 응용한 과학수사이다.

(4) 감별수사의 가치(유용성)

① 수사방침의 기초
② 용의자에 대한 결정적 판단자료
③ 유력한 정황증거

2. 감별수사의 종류

연고감	범인과 피해자, 그 가족, 피해가옥과의 관계
지리감	범인과 범행지 및 그 주변지역과의 관계

농감	범인과 피해자와의 관계가 밀접한 경우
박감	범인과 피해자와의 관계가 희박한 경우
직접감	범인과 직접적인 관련
간접감	타인관의 관계로부터 들어서 알고 있는 지식을 가지고 범행한 경우의 관계

3. 감별수사의 방법

(1) 일반적 방법

연고감과 지리감의 유·무 판단 → 감적격자의 자료 수집 → 감적격자 수사

(2) 연고감 수사

① 범행장소(옥외)검토: 피해자의 동의로 함께 갔을 만한 한적한 장소에서 살해 되었다면 일견 면식범(연고감)의 소행으로 볼 수 있다.

② 피해가옥 검토: 피해자의 집이 현금이 있어 보이지 않는데도, 다른 집에는 침입 시도의 흔적이 없고 피해자만이 범행목표로 선정된 경우라면 연고감이 있는 자의 소행으로 추정할 수 있다.(복권 당첨, 부동산 처분한 돈 등)

③ 특수사정의 유무검토: 협박 말투나 공범자간의 대화로 보아 집안 사정을 알고 있는 경우(셋방 사람의 유무, 가족의 수 등), 집안사람의 외출 시간이나 기타 습관을 알고 있는 경우라면 연고감이 있는 자의 소행이다.

④ 침입구, 침입방법의 검토: 보통사람이라면 알 수 없는 장소로 침입한 경우, 난폭한 방법으로 문을 부수고 침입한 경우(집안에 부녀자나 노약자만 있는 경우 등의 사정을 알고 있었다)라면 연고감 있는 자의 소행이다

⑤ 접대상태, 숙박상태의 유무검토: 함께 마신 커피잔이나 방에 이부자리 등이 발견되었다면 연고감이 있다.

⑥ 협박, 폭행수단 검토: 복면을 하였거나 흉기를 들이대며 무언의 협박을 하였다면 연고감의 소행으로 의심해 볼 수 있다.

⑦ 물색방법 검토: 집안에 귀중품이나 현금 있는 장소로 바로 직행하였다면 연고감이 있는 자이다.

⑧ 위장공작의 유무검토: 범죄 현장을 위장하는 등 범죄 발각을 방지하는 공작을 하였다면 연고감 있는 자에 가깝다.

⑨ 사체조치에 대한 검토: 범행 후 사체를 덮거나 착의상태를 바로 고치는 경우라면 근친자의 소행, 참혹하게 난자하는 수법이라면 원한 있는 자의 소행으로 볼 수 있다.

4. 지리감 수사

(1) 지리감 수사 대상자가 연고감 수사대상보다 많고 수사범위도 넓다. 따라서 연고감
이 있다면 대체로 지리감도 있다.

(2) 지리감 유무의 판단방법

① 범행장소의 검토: 범행이 어떠한 장소에서 이루어졌는가. 그 지리적 조건으로 그
장소에 정통한 자가 아니면 안 될 장소라고 하면 지리감 있는 것으로 판단할 수 있다.

② 범행 전후의 행동검토: 범인은 어디서 어디로 도망 했는가 혹은 은신, 휴식한 장소는
어디인가 등등에 대해서 검토하여 다음과 같은 사실이 있는 경우에는 지리감이 있는
것으로 판단된다.

• 범인의 행동경로가 보통사람으로서는 다니지 않는 으슥한 골목길이나 뒷길, 논둑
길과 같은 곳을 이용하였을 경우

• 다른 지역에서 온 사람으로서는 알 수 없는 곳에 있는 가건물, 빈집, 동굴 같은
곳에 은신 또는 휴식한 것으로 보이는 경우

• 미리 범행현장 부근의 사람들의 동태를 알고서 안전한 방법으로 현장에 들어갔다
가 범행 후 도주하였을 경우

③ 교통기관의 이용 상황 검토: 범인이 그 지방 교통기관의 발착시간, 운행계통 등을
사전에 알고 그것을 교묘히 이용하였다면 지리감이 있는 것으로 판단된다.

④ 범행시간 검토: 심야의 범행으로서 주요 대중 교통수단은 모두 정지되었고 요소에
비상 배치를 하고 주변 차량검문을 철저히 했음에도 체포되지 않았다면 범인은 현
장부근에 거주하는 지리감이 있는 자로 추정할 수 있다.

⑤ 피해자 선택상황 검토: 피해자 선택에 있어서 일정한 장소를 정기적으로 통행하는
사람을 노렸을 경우에는 지리감이 있는 것으로 추정할 수 있다.

⑥ 범인의 언어 검토: 범행장소의 지리적 조건, 지명, 인명, 도로, 건물, 축제일 등의
상황 기타 그 지방에 익숙한 자가 아니면 알 수 없는 것을 말하였다고 하면 지리감
이 있는 것으로 추정된다.

5. 연고감과 지리감의 수사대상자

연고감 수사 대상자	지리감 수사 대상자
1. 가족, 친지, 동거인, 고용인, 우인, 지인, 전동거인, 전고용인 등 2. 본적지, 출생지, 전거주지 등의 관계로 내왕이 있는 자	1. 범행지 부근에 거주하는 자 또는 거주하였던 자 2. 범행지 부근에 통근, 통학하는 자 또는 통근, 통학하였던 자 3. 범행지 부근에 친족, 지인 등이 있어 자주 내왕

3. 직장관계로 출입한 자	한 일이 있는 자
4. 외판원, 전기, 수도 등의 각종 수금원, 신문, 우유 등의 각종 배달인	4. 전에 범행지 부근 공사장 등에서 일한자
5. 거래, 대차관계로 출입한 자	5. 전에 범행지 부근에 행상, 수금, 배달 등으로 내왕한 일이 있는 자
6. 가옥의 신축, 수리공사 등에 종사했던 목수, 전공, 기타 종업원	6. 범행지 부근에서 범죄의 전력이 있는 자
7. 피해자의 일기, 메모, 우편물, 명함, 거래장부, 주소록, 영수증 등에 의하여 파악된자	
8. 이상의 자들과 면식자 또는 교제자 즉 간접관계자	

제6절 수법수사

1. 개 념

수법수사라 함은 정형화(定型化)된 수법에 착안하여 수법범죄 발생시 과거에 그러한 수법을 사용했던 자를 유력한 용의자로 보고 조사하는 수사기법을 의미하며, 범죄수법 외에 다각적인 수사효과를 얻는다.

2. 범죄수법의 특성

(1) 반복성·관행성

① 일정한 형태로 고정되는 경향이 있다.

② 쉽게 변경되지는 않는다.

③ 반복적으로 행해진다.

④ 개인적인 특성 및 습성을 지닌다.

(2) 잔존성·필존성

범죄수법은 반드시 현장에 남아 있기 마련이다. 즉, '완전범죄란 있을 수 없다.'

3. 범죄수법제도

(1) 목 적

범죄수법과 피의자의 사진 등 각종 인적, 물적 특징에 관한 자료의 수집, 관리방법과 그 조직적인 운영절차를 규정함으로써 과학적인 범죄수사에 기여함을 목적으로 한다(범죄수법공조자료관리규칙 제1조).

(2) 관련 용어의 정의

범죄수법	반복적인 범인의 범행수단 방법 및 습벽에 의하여 범인을 식별하려는 인적특징의 유형기준을 말한다.
수법범죄	범죄수법자료를 활용하여 범죄수사를 실행할 수 있는 범죄를 말한다.
수법·수배·피해통보 전산자료 입력코드번호부	수법원지, 피해통보표 기재사항과 지명수배·통보자의 죄명에 전산입력 번호를 부여한 부책을 말한다.
수법원지	수법범인의 인적사항, 인상특징, 수법내용, 범죄사실, 직업, 사진, 필적 등을 수록한 기록지 또는 이를 전산입력한 것을 말한다.
피해통보표	피해사건이 발생하여 그 범인이 누구인지 판명되지 아니하였을 때에 해당사건의 피해자, 범인의 인상·신체·기타 특징, 범행수법, 피해사실, 용의자 인적사항, 피해품, 유류품 등 수사자료가 될 수 있는 내용을 수록한 기록지 또는 이를 전산입력한 것을 말한다.
공조제보	경찰관서 상호간에 있어서 범인, 여죄, 장물을 발견하고 범인을 검거하기 위하여 필요한 수사자료를 서면, 전신, 영상 또는 전산자료로 행하는 수배, 통보, 조회 등을 말한다.
지문자동검색시스템 (AFIS)	개인의 인적사항 및 십지지문 등이 채취되어 있는 주민등록발급신청서를 고속의 대용량 컴퓨터에 이미지 형태로 입력, 필요시 단말기에 현출시켜 지문을 확인하거나 변사자 인적사항 및 현장유류 지문 등을 자동으로 검색하여 동일인 여부를 확인하는 체계로서 과학수사센터에서 구축·운영중인 것을 말한다.
수사종합검색시스템	수법·마약·변사·조직폭력 영상시스템을 통합하고, 경찰청 주전산기(IBM HOST)·교통전산망·지문자동검색시스템(AFIS) 수용자료 등과 연계하여 다양한 수사자료를 검색할 수 있는 체계로서 과학수사센터에서 구축·운영중인 것을 말한다.

4. 수법원지와 피해통보표

(1) 수법원지와 피해통보표 비교

	수법원지	피해통보표
수법범죄 유형	① 강도 ② 절도 ③ 사기 ④ 위조·변조(통화, 유가증권, 우표, 인지, 인장, 문서) ⑤ 약취·유인 ⑥ 공갈 ⑦ 방화 ⑧ 강간 ⑨ ①-⑧중 특별법에 위반하는 죄 ⑩ 장물	
작성대상	• 범인을 검거한 경우에 작성 • 공범자가 있을 경우 일부만 검거 되도 작성 • 구속피의자는 전원 작성 • 불구속 피의자라도 재범의 우려가 있는 자 ※수법원지는 수법범죄 피의자 중 구속	발생한 반복성 수법범죄사건(수법원지 대상범죄와 동일) ※당해 범죄의 피의자가 즉시 검거되었거나 피의자의 성명·생년월일·소재 등 정확한 신원이 판명된 경우에는 검거하지 못했더라도 작성하지 않는다.

	피의자에 대해서만 작성한다(X) ※수법범죄의 피의자가 여죄가 있고 그것이 범죄수법 소분류가 각각 상이한 유형의 수법일 때에는 그 수법마다 수법원지를 작성하여야 한다.	
작성자	피의자를 수사하거나 조사 송치 경찰관	당해 사건 담당 경찰관
작성시기	사건을 검찰에 송치할 때	발생 즉시
이용목적	범인조회	여죄조회
조회방법	CRIFISS	CIMS
폐기 (삭제) 사유	수법원지가 다음 각호의 1에 해당할 때에는 전산자료를 삭제하고 이를 폐기하여야 한다. 1. 피작성자가 사망하였을 때 2. 피작성자가 80세 이상이 되었을 때 3. 원지작성후 10년이 경과하였을 때 4. 작성자의 수법분류번호가 동일한 원지가 2매이상 중복될 때 1매를 제외한 자료 5. 다만 제3호에 해당하는 때에는 수법원지만 폐기하고 전산입력 자료는 삭제하지 아니한다.	수법원지가 다음 각호의 1에 해당할 때에는 전산자료를 삭제하고 이를 폐기하여야 한다. 1. 피작성자가 검거되었을 때 2. 피작성자가 사망하였을 때 3. 피해통보표 전산입력 후 10년이 경과하였을 때
효용	• 동일수법 또는 유사수법 용의자 • 범인 도망했을때 배회처 • 범인 습벽 • 필적 감정 • 장물처분방법 및 처분처 • 범인 친족, 지인 등 연고관계 • 현장지문을 채취해 지문대조 • 현재지문을 채취해 지문대조 • 범인 인상, 신체적 특징	• 피해사건의 수법내용 • 피해자(피의자X)의 주소·성명 • 여죄파악 • 피해품 일괄 파악 • 연쇄범죄의 경우 수사방침 수립 자료 • 범인 추적 수사

(2) 수법원지 내용기재방법

> **범죄수법공조자료관리규칙 제4조**
>
> 수법원지 각항의 기재는 다음 각호에 의하여야 한다.
> 1. 해당죄명에 "○"표시
> 2. 작성관서·일자순으로 수법원지 작성번호 부여 및 사건연도·번호 기재
> 3. 피의자의 해당성별에 "○"표시
> 4. 피의자의 성명과 주민등록번호는 타인의 인적사항을 도용하는 일이 없도록 지문자료 대조확인 등 정확히 파악 기재
> 5. 피의자의 공범등에게 확인, 이명·별명·아명·속명 등 최대한 기재

6. 직업은 단순히 "무직" "없음"등으로 기재하기 보다는 과거의 직업 등도 파악하여 주된 것을 기재

7. 수법 소분류는 "수법·수배·피해통보 전산자료 입력코드번호부"에 따라 피의자의 주된 범행수법을 정확히 분류 기재

8. 수법내용은 해당 코드번호와 그 내용을 동시 기재

9. 출생지, 본적, 주소는 수법원지 작성 당해 피의자 1명에 한하여 기재

10. 공범은 당해 피의자의 공범 모두(미검거 공범포함)의 성명과 생년월일을 기재하고, 그 수가 많을 경우에는 각 공범이 수법원지상 상호 연계될 수 있도록 기재

11. 인상 및 신체적 특징은 수사자료로 활용할 수 있도록 특징종별, 부위, 형태 또는 크기 등을 상세하게 파악 기재

12. 혈액형은 "A, 에이" "B, 비" "AB, 에이비" "O, 오"로 기재하되, 혈액형을 모르거나 불확실한 경우에 한하여 "X, 모름"으로 기재

13. 지문번호는 반드시 피의자의 신원확인조회 또는 범죄경력조회를 실시하여 전산상의 지문분류 번호를 기재한다. 다만 전산상 신원확인자료·범죄경력이 없는 피의자의 경우에는 지문번호를 직접 분류하여 기재한다.

14. 범행(수법)개요는 피의자의 주된 범행수단과 방법이 부각되도록 상세히 기재

(3) 피해통보표의 작성, 관리 및 활용

범죄수법공조자료관리규칙 제4조

제7조(피해통보표의 작성) ① 경찰서장은 제3조제1항 각호의 1에 해당하는 범죄의 신고를 받았거나 또는 인지하였을 때에는 지체없이 별표1 "수법·수배·피해통보 전산자료 입력코드번호부"에 수록된 내용에 따라 별지 제2호 서식에 의한 피해통보표를 작성하여 전산입력하여야 한다. 다만, 당해 범죄의 피의자가 즉시 검거되었거나 피의자의 성명·생년월일·소재 등 정확한 신원이 판명된 경우에는 그러하지 아니한다.

② 피해통보표는 반드시 당해 사건을 담당하는 수사경찰관이 전산 입력하여야 한다.

③ 수사 주무과장은 사건발생보고서 검토시 경찰청 및 지방경찰청에 보고되는 속보 사건을 포함한 해당 범죄의 피해통보표의 작성여부 및 작성된 피해통보표 내용의 오기나 기재사항 누락 여부를 검토, 수정하여야 한다.

④ 피해통보표를 작성하였을 때에는 범죄사건부에 그 작성여부를 표시하여야 한다.

제8조(피해통보표의 관리 및 활용) ① 피해통보표를 작성한 담당경찰관은 작성 누락 여부를 수시로 확인하고, 입력된 전산자료를 관리하여야 한다.

② 범행수법이 동일한 피해통보표를 2건이상 작성하였을 때에는 동일범에 의한 범죄여부, 재범 우려 등을 종합 분석하여 수사자료로 활용한다.

③ 피해통보표는 동일한 수법범죄의 발생여부, 검거피의자의 여죄와 중요장물의 수배, 통보, 조회 등 수사자료로 활용한다.

(4) 공조제보 실시

① 지방경찰청장 및 경찰서장은 발생사건의 범인검거 또는 검거피의자의 여죄 및 장물 등의 발견을 위하여 다른 경찰관서에 수배·통보·조회를 할 때에는 서면, 전신, 전산기 등으로 신속히 공조제보를 하여야 한다.

② 제1항의 공조제보가 긴급을 요할 때에는 경찰전화로 할 수 있다.

(5) 피해통보표의 장물 수배

① 재산범죄 사건중 피해품에 대하여는 피해통보표의 피해품란에 각각 기재한 후 전산입력하고 장물조회등의 수사자료로 활용한다.

② 피해통보표에 수록·전산입력한 피해품은 장물수배로 본다.

(6) 수법 및 여죄장물 조회

범죄수법공조자료관리규칙 제11조

① 경찰공무원은 수법범죄사건 현장을 임장하였거나 수법범인을 검거한 경우 또는 수사활동 과정에 있어서 필요한 사안에 관하여는 다음 각호의 구분에 따라 해당사항을 적극적으로 조회하고 별지 제3호서식의 조회내역서를 출력, 관리하여야 한다.

  1. 수법범죄가 발생하였으나 즉시 범인을 검거하지 못하고 수사중인 사건에 대하여는 유형의 유류물 외에도 무형의 유류물인 범행수법 등을 수집·분석한 후 수사종합검색시스템 또는 컴퓨터 단말기 등을 이용 동일수법 조회를 실시, 수사에 활용하여야 한다.

  2. 동일수법 조회는 수법코드·신체특징·성명(이명)별로 각각 또는 종합적으로 하는 것을 원칙으로 하여 신상·사진·범행사실·자필을 검색하고 검색된 자료는 교통면허사진, 지문자동검색시스템 (AFIS) 지문, 수용자, 수배자, 주민자료 등을 연계 검색하여 수사자료의 효용성을 높인다.

  3. 수사경찰관은 필요한 때에는 수법원지를 직접 열람하거나 범인을 목격한 목격자에게 수법원지에 첨부된 피의자의 사진을 열람(수사종합검색시스템 열람 포함)하게 할 수 있다. 다만, 열람에 의하여 알게 된 피의자 및 수사종합검색시스템 관련사항을 누설하여서는 아니된다.

  4. 동일수법 조회결과 검색한 용의자에 대하여는 행적수사 등을 철저히 하고 그 결과를 명확히 기록 관리하여야 하며, 검색자료의 편철 및 폐기 등은 보안에 유의, 합리적인 방법으로 관리한다.

② 현재 검거 조사중인 피의자의 여죄 및 발생사건들의 범죄수법의 동일성 또는 불심대상자등이 소지한 수상한 물건, 중고품 상가나 사회에서 거래·유통되고 있는 수상한 물건·출처불명품 등에 대한 장물여부는 다음 각호의 구분에 따라 적극적으로 조회하여야 한다.

  1. 검거한 피의자의 여죄 및 발생사건의 동일성 조회는 별지 제4호 서식의 여죄·장물 조회부에 기록하고 피해정보 전산시스템을 활용 동입수법 분류·내용·특성·발생지(관서)·발생기간 등을 다각적으로 대조·검색하고 지명수배·통보중인 여죄는 인적사항등에 의한 수배(B)조회의 실시로 파악하여야 한다.

  2. 장물조회는 전산시스템을 활용, 전산 입력되어있는 피해통보표의 피해품과 물품 고유번호, 품명, 재료, 중량 등 특징을 대조·검색하여야 한다.

  3. 발견한 여죄 및 장물은 각 피해통보표 입력 경찰관서 및 지명수배·통보관서와 공조수사하여야 한다.

제7절 유류품 수사

1. 유류품과 유류물의 비교

		의의 및 종류	수집시 유류물의 비교
유류	유류품	범인이 현장에 남기고 간, 흉기,	• 유류된 상태가 자연스러운가

품		신발, 의류 등	• 범행에 쓰인 것인가 • 범인의 연령, 직업, 성별을 나타내는 특징은 없는가 • 지문채취가 가능한 물건인가
	유류물	분변, 타액, 정액 등 인체에서 유류된 것	• 피해자의 손톱 등에 범인의 혈액, 모발 등이 묻어있지 않은가 • 지문, 족흔적이 범인의 것이 분명한가 • 범인이 버린 담배꽁초, 휴지, 혈액, 가래침, 체액, 배설물 등 혈액형 검출자료를 확보하였는가

2. 특 성

직접 범인 추정	범죄현장에서 발견된 유류품에서 확인된 성명, 채취된 지문 등이 있다면 범인 추정이 가능하다.
범인 속성 추정	(1) 유류품에 묻은 타액, 담배꽁초로부터 범인의 혈액형을 추정할 수 있다. (2) 옷, 신발 등을 통해 범인의 신체적 특징, 연령, 직업 등 추정할 수 있다. (3) 먹다 남은 음식의 치흔에서 범인의 치아 특성을 파악할 수 있다. (4) 유류품의 부착물에서 범인의 직업 및 행동범위를 추정 (5) 족적(상태)에서 신장, 성별, 기타 직업적 특징을 추정할 수 있다. (6) 유류품의 마멸상태 등에서 범인의 흉기사용의 버릇이나 직업적 특징을 알 수 있다.
범인의 행동 추정	(1) 어떤 장소에 담배꽁초, 휴지 등이 많이 유류 되어 있다면, 그 장소에서 범인이 범행 전 대기했었다고 추정 (2) 범행현장 주변의 족적에서 침입, 도주의 방향 추정. 혹은 훔친 물건이 무거웠는지 등
범행상황 등의 추정	(1) 흉기가 유류된 상황으로 범행방법 추정(상해 또는 살인의 방법이 흉기 사용이다 등) (2) 족적의 위치를 통해 물색 상황 추정 (3) 수 종류의 족적으로 공범의 수 추정 (4) 차량흔(타이어 흔적)으로 2륜차, 3륜차, 4륜차 및 차종 추정 (5) 유류된 편지나 낙서 내용으로 범인의 지능 정도 추정

3. 유류품 수사의 검토사항

구분	관계	내용
동일성	범행과의 관계	범인이 피해자를 단도로 찔렀다는 사건에서 상해 부위와 그 단도가 합치하는가는 감정 등을 통해 명확히 밝혀야 한다.
관련성	범인과의 관계	흉기에 묻어 있는 지문, 성명이 기재된 카드 등은 범인과의 관련성이 더욱 명확해졌다고 볼 수 있다.
기회성	현장과의 관계	범인이 유류 할 기회가 있었는가? 범인이 현장에 갈 수 있었다는 것과 또한 유류의 기회가 있었음을 정황자료에 의하여 증명해야 한다.
완전성	범행시의 관계	유류품이 범행당시와 동일한 성질, 상태로 보존되고 있는가?

제8절 장물수사

1. 개념

범죄 피해품을 확정하고 종류와 특징을 명백히 하여 장물수배, 장물수배서 발부, 조사, 불심검문 등을 통해 범인을 발견하는 수사방법이다.

2. 장물의 유출 경로

정상경로	매각	고물상, 노점상, 장물아비, 중고차 매매업소, 전당포 등
	담보	전당포, 금융업자
비정상 경로	소비	자기소지, 숙식, 유흥비, 도박밑천 등으로 소비 또는 증여 기타
	증여	가족, 애인, 친지 등에게
	기타	유실, 폐기, 채무변제

3. 장물수사 요령

(1) 장물수배서의 발부(범죄수사규칙 제183조)

① 장물수배서의 종류 및 용지

종류	해당사건	용지
특별중요장물수배서	수사본부설치사건	홍색용지
중요장물수배서	수사본부설치외 중요사건	청색용지
보통장물수배서	기타 사건	백색용지

② 중요장물수배서가 발부되는 피해품

> 중요문화재 기타 이에 준하는 피해품(예: 해인사의 도난사건)
> 외교사절 관련된 피해품 기타 사회적 파장이 큰 사건의 피해품(예: 대사관저의 고려청자 도난사건)
> 살인·강도 등 중요사건에 관한 피해품
> 다액 절도 또는 특이한 수법이나 상습범이라고 인정되는 침입 절도사건의 피해품
> 기타 중요하거나 또는 특이 사건의 피해품

③ 장물수배서 발부요령

경찰서장은 특별중요 장물수배서, 중요 장물수배서, 보통 장물수배서를 작성한다.

• 보존기간은 전당포업주는 장물수배서를 받았을 때에는 그 장물수배서의 도달시기를 기재하고 그 날로부터 6개월간 보존하여야 한다.

- 배부는 업자의 조합이나 협회 등에 일괄 배부하여서는 안 된다.

4. 장물수사의 종류

	일반 수사	특별수사
의의	피의자 또는 장물을 특정하지 않고 장물수사 대상업자 또는 대상자 등에 대하여 수사를 하고 장물을 발견하여 그것을 단서로 범인을 검거하는 수사 방법을 말한다.	특정장물의 발견을 목적으로 하거나 또는 특정범인에 관한 장물의 발견을 목적으로 하는 수사방법을 말한다.
내용	① 고물상, 전당포 등에 대한 수사 ② 귀금속가공업자, 각종 수리수선업자 등 기타업자에 대한 수사 ③ 장물아비에 대한 수사 ④ 피해자의 확인	① 특정장물의 수사 ② 범인상대의 장물수사: 범인의 거소 등에서 발견된 물품의 장물 여부 수사

제9절 알리바이 수사

1. 개념

(1) 의의

현장부존재증명이란 범죄의 피혐의자가 범죄가 행하여진 시간에 범죄지 이외의 장소에 있었다는 사실이 명확하여 범죄현장에 있지 않았음이 증명되는 것을 말한다.

(2) 중요성

결정적 반증으로서 수집된 증거가 아무리 많다 하여도 알리바이가 성립된다면 정황증거는 물론 직접 증거도 무너진다.

2. 알리바이의 종류

절대적 알리바이	범죄가 행하여진 시각에는 혐의자가 현실적으로 범죄현장 이외에 다른 장소에 있었다는 사실이 명확하게 입증되는 경우이다. 예: 나는 20:00시에 애인의 집에서 애인과 함께 있었어요.
상대적 알리바이	혐의자가 범행 전 또는 범행 후에 범행현장 이외의 다른 장소에 일정한 시각에 나타난 경우 도저히 범행 시에는 범행 장소에 있을 수 없었을 것이라고 인정되는 경우이다. (예) • 나는 23:00에 천안에 있는 친구 집에 있었기 때문에, 그 시간에 절대 수원에 있을 수 없습니다.

	• 23:40분에 천호동과 40분 거리에 있는 집에서 친구와 전화 통화를 했습니다.
위장 알리바이	사전에 계획적으로 자기의 존재를 확실히 인상 깊게 해놓고 그 사이에 극히 단시간 내에 감행하는 것으로 주변사람들을 속이는 것이다. (예) • 나는 22:00부터 24:30분까지 극장에 있었어요. 그때 내가 극장직원의 옷에 콜라를 쏟아서 기억할 것입니다. • 김00은 회식장소에서 화장실에 가는 척하고 이00의 집으로 가서 이00을 살해하고 태연하게 회식장소로 돌아왔다. 살인사건에 대한 수사가 진행되자 김00은 범행시간에 회식장소에 있었음을 주장하고 있다.
청탁 알리바이	범죄 실행 후 자기의 존재를 은폐하여 가족, 동료, 친지에게 시간과 장소를 약속 혹은 청탁해 놓는 것이다.

3. 알리바이 수사의 실행

(1) 알리바이 수사상 문제점(착안점)

① 기억의 문제

② 기회의 문제

③ 시간과 장소의 문제

(2) 수사방법

① 범행 일시의 확정

② 체류, 출현장소와 시간의 확정

③ 이동시간의 정확한 측정

④ 범죄태양의 고찰

• 우발적인 범죄의 경우는 알리바이가 공작될 가능성이 적다.

• 계획적인 범죄의 경우는 알리바이의 위장이나 청탁이 필연적이다.

⑤ 알리바이 공작 유무의 검토

⑥ 알리바이의 파괴

• 반증: 알리바이는 본증이 아니라 반증이므로 수사기관이 알리바이가 존재하지 않는다는 것을 입증할 필요는 없고 피의자가 주장하는 알리바이가 위장된 것임을 입증하여 이를 파괴하여야 한다.

• 간파: 알리바이의 위장이나 청탁시 교묘하게 꾸밀수록 가담자가 많을수록 간파는 쉽다.

※ 위장이나 청탁알리바이의 경우 알리바이 공작을 진실처럼 하기 위해 교묘한 행위를 하면 할수록 진실의 발견은 더 용이해 진다.

제10절 미행·잠복감시

1. 미행과 잠복의 의의

(1) 개념

① 미행

미행이란 범죄증거 및 수사자료의 수집 또는 범인의 체포, 발견을 위하여 범인, 용의자 또는 관계자를 상대자로부터 감지 당하지 않으면서 은밀히 추적·감시 하는 것을 말한다.

② 잠복감시(은신·파수)

범죄증거, 수사자료의 수집, 범인발견, 검거, 소재확인, 용의자 등의 발견을 위하여 일정한 장소 또는 특정 지역에서 지속적으로 은신하여 비밀리에 감시 하는 것을 말한다.

③ 미행과 잠복감시의 차이점

	미 행	잠 복
감시대상	사람(용의자, 우범자)	사람, 기타 사건에 관계가 있다고 인정되는 자의 배회처
행동방법	사람을 추적, 감시	일정한 장소에서 고정하여 감시
변 장	동태적 수사활동으로 수시로 변장 要	장소에 맞는 변장이면 족하다.

2. 미행과 잠복감시의 종류

미행	미행원의 수	① 단독미행 ② 공동미행
	대상자의 행동 방법	① 도보 미행 ② 자동차 미행
잠복감시	외부잠복감시 (원칙)	외부잠복감시가 원칙인데, 대상자가 배회할 염려가 있는 가옥 또는 시설에 대하여 그 외부 또는 주변에 잠복·감시하는 것으로 원거리 잠복감시와 근거리잠복감시, 고정잠복감시와 유동잠복감시가 있다.
	내부잠복감시	대상자가 배회할 염려가 있는 가옥 또는 시설의 내부에 직접 들어가서 잠복한 상태로 감시하는 것으로서 예외적으로 실시한다.
	유인잠복감시	범인을 체포하는 등의 경우에 가족이나 제3자의 협력을 얻어서 어떤 용무를 핑계로 범인을 잠복감시 장소로 꾀어내는 방법이다.

3. 미행 · 잠복감시의 준비

   (1) 평소 준비

   (2) 미행 · 잠복감시의 마음자세

   (3) 대상인물 및 가옥에 대한 충분한 조사

   (4) 적절한 복장 및 변장

   (5) 필요한 수사 장비 준비

   (6) 수사비 준비

   (7) '메모'용지 준비

   (8) 대상자에게 감지 당했을 때의 준비

     신분 노출되지 않도록 자연스러운 태도로 응답할 수 있도록 평소 연구 하도록 한다.

4. 미행의 방법

(1) 도보미행 방법

   ① 적당한 거리 유지: 도보미행의 경우 대상자의 후방 20－50미터 가량이 좋다. 그러나 상황에 따라 대상자를 놓치지 않을 정도의 거리를 유지 한다. 대상자와 마주 칠 경우 담뱃불을 붙이거나, 대화를 청하거나, 상점에서 물건을 사는 척 등의 기지를 발휘해야 한다.

   ② 보행 속도: 대상자와 같은 속도가 좋다.

   ③ 시선방향: 대상자가 갑자기 뒤를 볼 때 시선이 마주치지 않도록 대상자의 눈의 위치보다 낮은 곳에 시선을 두도록 한다.

   ④ 지형지물의 이용: 주위의 지형지물을 이용하는 것도 효과적이다. 그러나 특별한 경우를 제외하고는 피해야 할 것이다.

   ⑤ 골목길 등의 모퉁이를 도는 요령: 대상자가 골목길, 건물 등 모퉁이를 돌아간 때에는 보폭을 넓혀서 접근하도록 하며, 돌아간 모퉁이에 대상자가 숨어 있는 것도 고려해야 한다.

   ⑥ 열차 · 버스 등을 이용할 경우

    • 행선지를 탐지할 것

    • 대상자보다 먼저 승차하지 말 것

    • 승차시간에 늦지 않도록 유의할 것

    • 승차 후에는 차내를 주의 깊게 살피지 말 것

    • 승차 중에는 끊임없이 대상자를 감시할 것

- 대상자보다 먼저 하차하지 말 것

⑦ 택시 기타 자동차를 이용하는 경우: 택시기사에게 사정을 알릴 필요가 있다. 그러나 무리한 운전으로 사고를 주의해야 한다.

⑧ 엘리베이터를 이용하는 경우: 다른 대기자 없는 때에는 가까운 곳에서 물건 등을 구경하는 척하며 감시하고, 공동 미행하는 경우 전원이 탑승하면 노출우려가 있으므로 단독미행이 좋은 방법이다.

⑨ 극장에 입장할 경우: 입장할 경우 대상자보다 한 발 앞서 입장하며, 대상자를 감시하기 좋도록 옆자리나 뒤쪽에 자리를 택하는 것이 좋다.

⑩ 상점, 음식점에 들어갈 경우: 상황에 따라 대담한 행동할 필요가 있으며, 음식점의 경우 대상자가 음식을 주문하면 미행자도 음식을 주문하여 식사를 같이한다.

⑪ 타인과 대화할 경우: 가능하면 대화의 내용을 확인하도록 하며, 공동미행을 할 때는 대화의 상대자를 미행하여, 불심검문 후 내용을 확인한다.

⑫ 일정한 지역을 배회할 경우: 공원·광장 등 사람을 기다리기 위해 배회할 때는 가능한 한 많은 인원이 적당한 방법으로 감시한다.

⑬ 대상자가 시비를 걸어오는 경우: 자연스러운 태도로 응대하며, 이 경우 감지 당한 것으로 볼 수 있으므로 미행원을 교체해야 할 것이다.

⑭ 미행 중 대상자를 놓쳐버린 경우
- 대상자의 행선지를 추정할 수 있는 경우 신속히 이동하여 잠복감시를 행한다.
- 놓쳐버린 부근에서 잠복감시를 실시한다.
- 대상자가 이용한 교통기관의 하차역 또는 승차역에서 잠복감시를 행한다.
- 대상자의 주소, 배회처 등에서 잠복감시를 행한다.

(2) 자동차 미행 방법

① 교외나 시골과 같이 교통량이 적은 경우 충분히 거리를 유지하거나 제3자의 자동차를 사이에 넣어서 차폐해야 한다.

② 미행 중 급히 옆길로 들어가는 경우 놓치는 일이 없도록 시가지에 접근하거나 커브 지점에서는 될 수 있는 한 거리를 좁혀서 미행

③ 도심지처럼 교통량이 많은 경우 교차로, 신호기가 있는 장소나 횡단보도가 있는 곳에서 근접하여 미행

④ 대상자동차가 주차하였을 때는 약간 떨어진 위치에 주정차하고 그 행동을 감시하되 대상자가 자동차에서 하차하여 행동한 경우에는 미행원도 즉시 하차하여 도보 미행 실시한다.

⑤ 대상차량의 행선지를 알고 있는 경우 대상차량을 앞질러 후사경을 이용하여 감시하는 것도 좋은 방법이다.

⑥ 대상차량의 속력가감이 심할 경우는 미행유무를 확인하기 위한 것일 수 있으므로 그에 이끌리지 말고 가급적 같은 속력을 유지하며 미행하도록 한다.

5. 잠복 감시 방법

(1) 잠복 감시 대상 선정

가족·친척집, 정부의 집, 공범자·친지의 집. 전당포, 고물상, 사금융업자(장물처분시) 등은 범인 또는 용의자 기타 사건과 관계가 있다고 생각되는 자의 배회처이다. 피해자의 집은 대상으로서 부적절하다.

(2) 외부잠복감시의 방법

① 출입구에 대한 조사가 가장 중요하다.

② 장소의 선정: 사전 답사를 하여 유효적절한 장소 선정한다. 또한, 출입구가 여러 개일 경우 각 출입구마다 잠복하는 것이 원칙이다.

③ 감시 대상가옥의 맞은편 상점이나 인근 주택을 빌리거나 마당을 빌리는 착상도 필요하다.

④ 위장·변장시는 권총 기타 호신용구가 눈에 띄지 않게 소지하고, 적당한 잠복 장소가 없는 경우 그 지역에 알맞은 직업인으로 위장하여 잠복감시한다.

⑤ 감시간격 생기지 않도록 하는데, 반드시 1개소에 2명 이상 감시원을 배치하며, 교대방법을 계획한다.

(3) 내부잠복감시방법

① 내부잠복감시는 흔히 하는 것이 아니라, 수사상 필요한 경우에만 실시하도록 한다.

② 내부잠복감시는 특성상 피의자 등과 직·간접적으로 관계있는 자의 가옥 등에 대해 실시하는 것이므로, 신중히 행하여야 한다.

제11절 체포 요령

1. 건물내 체포요령

    (1) 건물내로 뛰어 들어갈 경우 원칙적으로 하나의 입구 이용

    (2) 건물내 진입시 처음부터 직접 입구에 접근금지

2. 가두에서 체포요령

    (1) 혼잡한 장소, 교통이 빈번한 큰길, 교차로, 절벽, 강변 등 위험한 장소는 지양한다.

    (2) 사람의 눈에 띄지 않도록 체포한다.

3. 버스·지하철 내에서 체포요령

(1) 신속한 체포와 사고 방지

피의자가 버스 등에서 뛰어 내리거나 격투시 밖으로 떨어지는 등의 사고가 발생하기 쉬우므로, 여유있는 경력과 충분히 피의자에게 접근한 후 신속하게 체포한다. 그리고 다른 승객에게도 위해가 미치지 않도록 충분히 주의한다.

(2) 승무원과 연락하여 그 협력을 확보

(3) 참고인 확보

소매치기 등 현행범인을 승용물 내에서 체포하는 경우에는 피의자는 물론 목격자 등 참고인을 확보하는 것이 필요하다.

4. 체포시 유의 사항

(1) 무기의 사용

흉기를 소지하고 있는 피의자를 체포할 때에 필요하다고 인정되는 경우 총기를 사용할 수 있는데, 총기사용은 필요 최소한도에 그치도록 하는 동시에 부근의 제3자에게 위해가 가지 않도록 주의해야 한다.

(2) 가스총 사용

    ① 가스충전식 가스총은 총구를 아래로 향하여 세우고 총신 앞부분과 손잡이 부분을 양손으로 꽉 잡고 돌려 분리하여 총신 앞부분에 분말가스를 넣어 충전한다.

    ② 탄환장전식가스총은 손잡이 상단 스위치를 ON 쪽으로 밀고, 총신 앞부분을 밑으로 눌러 가스탄환을 넣어 충전시킨다.

③ 범인검거 현장에서는 언제든지 가스총을 사용할 수 있도록 안전스위치를 OFF 쪽에서 ON 쪽으로 밀어 해제한다.

④ 범인발견시에는 약 3 – 4M 거리 내에서 안면을 향해, 1 – 2M 거리 내에서는 다리를 향해 총을 겨누고 방아쇠를 당겨 발사한다.

⑤ 사용 후에는 입구 등에 묻어 있는 가스등을 제거한 후 안전스위치를 ON에서 OFF로 잠근 뒤 보관한다.

(3) 전자봉

봉의 끝부분을 범인 쪽으로 향하게 한 후 봉 손잡이 앞 아래 부분에 있는 스위치를 엄지손가락으로 눌러서 1단, 2단의 봉이 자동으로 튀어 나오도록 하고 봉의 끝부분을 범인의 신체일부분에 닿게 하여 감전시켜 충격을 주고 그 틈을 이용하여 체포한다.

(4) 수갑

① 체포된 피의자가 도주 또는 자살하거나 반격 등의 염려가 있는 경우 수갑 또는 포승을 사용하여야 한다.

② 범인의 손목 아래 부분에 수갑의 톱니바퀴 부분으로 힘차게 눌러 회전하여 잠기도록 한다.

③ 중요 범인의 경우에는 수갑 고정쇠 윗부분 우측면에 있는 이중 잠금장치 구멍에 수갑 열쇠를 넣어 시계방향으로 돌려 잠근다.

5. 수법조회

(1) 수법조회의 종류

1) 범인조회

임장경찰관이 수법원지(수사종합검색시스템)를 보고 범인이 누구인지 확인하는 것

2) 여죄조회

범인을 조사한 경찰관이 피해통보표(형사사법정보시스템: KICS)로 범인의 여죄를 확인 하는 것

(2) 수사종합검색시스템

1) 개념

수사종합검색시스템은 개별적으로 운영되던 수법범죄, 마약사범, 변사관리, 조직폭력 영상시스템을 통합하고, 운전면허사진, 수형자료, 차적조회, 수배여부조회, 가출인, AFIS 등 경찰의 모든 조회시스템과 연계하여 한 컴퓨터시스템에서 간단한 조작으로 다양한 수

사자료를 검색할 수 있는 종합시스템이다.

2) 입력방법: 취합하여 경찰청 전산실에서 입력한다.

3) 특징: 범죄자들의 인적, 물적 특징을 수록한 수법원지를 고속입력한다.

4) 자료활용

① 수법범죄 발생시 목격자 및 피해자를 상대로 동일수법자 사진을 열람시켜 용의자를 색출할 수 있다.

② CCTV, 몽타쥬 등과 동일인상착의 사진대조가 가능하다.

③ 수표의 배서 및 협박편지 등의 필적을 대조하여 범인을 색출할 수 있다.

④ 동일수법내용에 따라 용의자를 검색하여 수사자료로 활용할 수 있다.

⑤ 성명, 별명, 이명에 따른 조회 및 문신 등 신체적 특징에 의한 검색이 가능하다.

⑥ 작성관서, 작성일자에 의한 수법자료 검색이 가능하다.

⑦ 본적, 주소, 출생지에 다른 검색 및 주소지 등의 변경일자 등을 검색할 수 있다.

⑧ 공범관계를 조회할 수 있다.

⑨ 연고선, 배회처, 친인척 관계를 검색할 수 있다.

⑩ 교통면허사진, AFIS(지문검색), 수용자검색 등을 연계·확인할 수 있다.(전과조회×)

제12절 공조수사

1. 서 설

(1) 공조수사의 의의

① 개념: 경찰관서 상호간 자료를 수집하고 수배·조회·통보·촉탁 등을 하는 것으로서 경찰관은 수사에 필요하다고 인정할 때에는 피의자의 체포·출석요구·조사, 장물 등 증거물의 수배, 압수·수색·검증, 참고인의 출석요구·조사 등 그 밖의 필요한 조치에 대한 공조를 다른 경찰관에게 요청할 수 있다.

② 성질: 과학적·종합적·조직적·입체적 수사에 해당한다.

(2) 공조수사의 담당자

공조수사의 당사자는 경찰관서이다.

(3) 공조수사의 효과

범인식별, 여죄색출, 장물발견, 특정인의 범죄경력확인, 신원불상자의 신원확인, 지명

수배자 및 통보자의 검거에 효과적이다.(피해자보호×)

2. 공조수사의 종류

종적공조(縱的共助)	상·하급 관서와 관서내의 상·하급부서 내지 상·하급자 상호간
횡적공조(橫的共助)	① 지방경찰청, 경찰서, 파출소 상호간 및 관서내의 각부서 상호간 내지 동료 상호간 ② 대외적으로는 특별사법경찰관리·경찰유관기관·단체·개인, 국제형사 기구와의 공조
평상공조(平常共助)	특별한 사유 없이 평소에 상호간에 도움을 주는 것으로 수배, 통보, 조회, 촉탁 등을 말한다.
비상공조(非常共助)	특이사건 발생 등 특수한 경우의 공조로서 수사비상배치, 수사본부설치운영, 특별사법경찰관리 등과의 합동수사 등을 말한다.
활동공조(活動共助)	현재 제기된 당면문제에 대한 공조수사활동으로서 수사비상배치, 불심검문, 미행, 잠복감시, 현장긴급출동 등이 있다.
자료공조(資料共助)	자료의 수집과 조회로, 모든 공조의 기본이며 이상향

제5장 조사 및 서류 작성

경 찰 수 사 실 무 론

범죄수사규칙

제54조(출석요구의 방법) ① 경찰관은 피의자 또는 참고인 등에 대하여 출석을 요구할 때에는 사법경찰관 명의로 별지 제18호 및 제19호 서식의 출석요구서를 발부하여야 한다. 이 경우 출석요구서에는 출석요구의 취지를 명백하게 기재하여야 한다.

② 경찰관은 신속한 출석요구를 위하여 필요한 경우에는 전화·팩스·전자우편·문자메시지(SMS)전송 그 밖에 적당한 방법으로 출석요구를 할 수 있다.

③ 출석한 피의자 또는 참고인에 대하여는 지체없이 진술을 들어야 하며 장시간 기다리게 하는 일이 없도록 하여야 한다.

제55조(출석요구통지부의 작성) 전조의 규정에 의한 출석요구시에는 별지 제20호 서식의 출석요구통지부에 필요사항을 등재하여 그 처리상황을 명백히 정리하여야 한다.

　　　　제2절 피의자신문 및 피의자 아닌 자에 대한 조사

제56조(임의성의 확보) ① 경찰관은 조사를 할 때에는 고문, 폭행, 협박, 신체구속의 부당한 장기화 그 밖에 진술의 임의성에 관하여 의심받을 만한 방법을 취하여서는 아니된다.

② 경찰관은 조사를 할 때에는 희망하는 진술을 상대자에게 시사하는 등의 방법으로 진술을 유도하거나 진술의 대가로 이익을 제공할 것을 약속하거나 그 밖에 진술의 진실성을 잃게 할 염려가 있는 방법을 취하여서는 아니된다.

③ 경찰관은 부득이한 사유가 있는 경우 이외에는 심야에 조사하는 것을 피하여야 한다.

④ 경찰관은 조사를 할 때에는 소속 경찰관서 사무실에서 하여야 하며 부득이한 사유로 그 이외의 장소에서 할 경우에는 소속 경찰관서장의 사전 승인을 받아야 한다.

제57조(진술 거부권 등의 고지) ① 경찰관은 피의자를 조사할 때에는 미리 다음 각 호의 사항을 알려주어야 한다.

1. 일체의 진술을 하지 아니하거나 개개의 질문에 대하여 진술을 하지 아니할 수 있다는 것
2. 진술을 하지 않더라도 불이익을 받지 아니한다는 것
3. 진술을 거부할 권리를 포기하고 행한 진술은 법정에서 유죄의 증거로 사용될 수 있다는 것
4. 신문을 받을 때에는 변호인을 참여하게 하는 등 변호인의 조력을 받을 수 있다는 것

② 경찰관은 전항에 따라 알려준 때에는 피의자가 진술을 거부할 권리와 변호인의 조력을 받을 권리를 행사할 것인지의 여부를 질문하고, 이에 대한 피의자의 답변을 조서에 기재하여야 한다. 이 경우 피의자의 답변은 피의자로 하여금 자필로 기재하게 하거나 경찰관이 답변을 기재한 부분에 기명날인 또는 서명하게 하여야 한다.

③ 제1항 및 제2항의 고지는 조사를 상당기간 중단하였다가 다시 개시할 경우 또는 담당 경찰관이 교체된 경우에도 다시 하여야 한다.

제58조(변호인의 선임) ① 경찰관은 피의자 또는 사건관계인이 변호인을 선임하는 경우에는 변호인과 연명 날인한 선임서를 제출하게 하여야 한다.

② 경찰관은 변호인의 선임에 관하여 특정의 변호인을 시사하거나 추천하여서는 아니된다.

제59조(변호인의 피의자신문 등 참여) ① 경찰관은 피의자 또는 그 변호인·법정대리인·배우자·직계

친족 또는 형제자매의 신청이 있는 경우에는 정당한 사유가 없는 한 변호인을 피의자의 신문과정에 참여하게 하여야 한다. 이 경우 정당한 사유란 변호인의 참여로 인하여 신문방해, 수사기밀 누설 등 수사에 현저한 지장을 줄 우려가 있다고 인정되는 경우를 말한다.

② 경찰관은 제1항의 경우에 피의자 또는 피의자가 선임한 변호인에게 신문 일시를 통보하여야 한다.

③ 경찰관은 변호인의 참여 신청을 받은 경우에는 변호인과 신문 일시를 협의하고, 변호인이 참여할 수 있도록 상당한 시간을 주어야 한다. 다만 변호인이 상당한 시간 내에 출석하지 않거나 변호인 사정으로 출석하지 않는 경우에는 변호인의 참여 없이 피의자를 신문할 수 있다.

④ 사법경찰관은 피의자신문 중이라도 변호인의 참여로 인하여 다음 각호의 어느 하나의 사유가 발생하여 신문방해, 수사기밀 누설 등 수사에 현저한 지장을 초래한 경우에는 변호인의 참여를 제한할 수 있다.

1. 사법경찰관의 승인 없이 부당하게 신문에 개입하거나 모욕적인 언동 등을 행하는 경우

2. 피의자를 대신하여 답변하거나 특정한 답변 또는 진술 번복을 유도하는 경우

3. 「형사소송법」 제243조의2 제3항의 취지에 반하여 부당하게 이의를 제기하는 경우

4. 피의자 신문내용을 촬영, 녹음, 기록하는 경우. 다만, 기록의 경우 피의자에 대한 법적 조언을 위해 변호인이 기억환기용으로 간략히 메모를 하는 것은 제외한다.

⑤ 경찰관은 신문에 참여한 변호인에게 신문 후 의견을 진술할 수 있는 기회를 주고 해당 의견을 조서에 기재하여야 한다. 다만, 신문 중이라도 부당한 신문방법에 대한 이의 제기나 조사 중인 경찰관의 승인을 받은 경우에도 의견 진술권을 줄 수 있다.

⑥ 경찰관은 변호인의 의견이 기재된 피의자신문조서는 변호인에게 열람하게 한 후 변호인으로 하여금 그 조서에 기명날인 또는 서명하게 하여야 한다.

⑦ 경찰관은 피의자신문조서 등에 변호인 참여 및 제한에 관한 사항을 기재하여야 한다.

제60조(변호인이 수인인 경우 신문참여 변호인 선정) 사법경찰관은 신문에 참여하고자 하는 변호인이 2인 이상이고 피의자가 신문에 참여할 변호인을 지정하지 않는 경우에는 이를 직접 지정할 수 있다.

제61조(피의자의 신뢰관계자 동석) ① 「형사소송법」 제244조의5 규정에 따라 피의자와 동석할 수 있는 신뢰관계에 있는 자는 피의자의 직계친족, 형제자매, 배우자, 가족, 동거인, 보호시설 또는 교육시설의 보호 또는 교육담당자 등 피의자의 심리적 안정과 원활한 의사소통에 도움을 줄 수 있는 자를 말한다.

② 사법경찰관은 피의자 또는 법정대리인이 제1항에 기재된 자에 대한 동석 신청을 한 때에는 신청인으로부터 별지 제23호 서식의 동석 신청서 및 피의자와의 관계를 소명할 수 있는 자료를 제출받아 기록에 편철하여야 한다. 다만, 신청서 작성에 시간적 여유가 없는 경우 등에 있어서는 신청서를 작성하게 하지 않고, 수사보고서나 조서에 그 취지를 기재하는 것으로 갈음할 수 있으며, 대상자와 피의자와의 관계를 소명할 서류를 동석 신청시에 제출받지 못하는 경우에는 조사의 긴급성, 동석의 필요성 등이 현저히 존재하는 때에 한하여 예외적으로 동석조사 이후에 자료를 제출받아 기록에 편철할 수 있다.

③ 사법경찰관은 제2항에 의한 신청이 없더라도 동석의 필요성이 있다고 인정되는 때에 있어서는 피의자와의 신뢰관계 유무를 확인한 후 직권으로 신뢰관계자를 동석하게 할 수 있다. 이 경우, 이러한 취지를 수사보고서나 조서에 기재하여야 한다.

④ 사법경찰관은 수사기밀 누설이나 신문방해 등을 통해 수사에 부당한 지장을 초래할 우려가 있다고 인정할 만한 상당한 이유가 존재하는 때에는 동석을 거부할 수 있다.

⑤ 사법경찰관은 동석자가 수사기밀 누설이나 신문방해 등을 통해 부당하게 수사의 진행을 방해하는 경우에는 신문 도중에 동석을 중지시킬 수 있다.

제62조(피해자의 신뢰관계자 동석) ① 「형사소송법」 제221조제3항, 제163조의2의 규정에 따라 피해자와 동석할 수 있는 신뢰관계에 있는 자는 피해자의 직계친족, 형제자매, 배우자, 가족, 동거인, 보호시설 또는 교육시설의 보호 또는 교육담당자 등 피해자의 심리적 안정과 원활한 의사소통에 도움

을 줄 수 있는 자를 말한다.

② 전조 제2항부터 제5항까지의 규정은 피해자에 대한 신뢰관계자 동석에 준용한다. 이 경우 피의자는 피해자로, 신문은 조사로 본다.

제63조(공범자의 조사) ① 경찰관은 공범자에 대한 조사를 할 때에는 분리조사를 원칙으로 하여 범행은폐 등 통모를 방지하여야 하며, 필요시에는 대질신문 등을 할 수 있다.

② 경찰관은 대질신문을 하는 경우에는 그 시기와 방법에 주의하여 한쪽이 다른 한쪽의 위압을 받는 등의 일이 없도록 하여야 한다.

제64조(증거물의 제시) 경찰관은 조사 과정에서 피의자에게 증거물을 제시할 필요가 있는 때에는 적절한 시기와 방법을 고려하여야 하며, 그 당시의 피의자의 진술이나 정황 등을 조서에 기재해 두어야 한다.

제65조(임상조사 등) ① 경찰관은 가료중인 피의자나 참고인을 임상조사하는 경우에는 피조사자의 건강상태를 충분히 고려하여야 하며, 수사에 중대한 지장이 없으면 가족, 의사, 그 밖의 적당한 사람을 참여시켜야 한다.

② 경찰관은 피의자 신문 이외의 경우 피조사자가 경찰관서로부터 멀리 떨어져 거주하거나 그 밖의 사유로 출석조사가 곤란한 경우에는 우편, 팩스, 전자우편 등의 방법으로 조사할 수 있다.

제66조(직접진술의 확보) ① 경찰관은 사실을 명백히 하기 위하여 피의자 이외의 관계자를 조사할 필요가 있을 때에는 되도록 그 사실을 직접 경험한 자의 진술을 들어야 한다.

② 경찰관은 사건 수사에 있어 중요한 사항에 속한 것으로서 타인의 진술을 내용으로 하는 진술을 들었을 때에는 그 사실을 직접 경험한 자의 진술을 듣도록 노력하여야 한다.

제67조(진술자의 사망 등에 대비하는 조치) 경찰관은 피의자 아닌 자를 조사하는 경우에 있어서 그 자가 사망, 정신 또는 신체상 장애 등의 사유로 인하여 공판준비 또는 공판기일에 진술하지 못하게 될 염려가 있고, 그 진술이 범죄의 증명에 없어서는 안될 것으로 인정할 경우에는 수사에 지장이 없는 한 피의자, 변호인 그 밖의 적당한 자를 참여하게 하거나 검사에게 증인 신문 신청을 하는 등 필요한 조치를 취하여야 한다.

제68조(피의자에 대한 조사사항) 경찰관은 피의자를 신문하는 경우에는 다음 각 호의 사항에 유의하여 별지 제26호 서식에서 제32호 서식까지의 피의자신문조서를 작성하여야 한다.

1. 성명, 연령, 생년월일, 주민등록번호, 등록기준지, 주거, 직업, 출생지, 피의자가 법인 또는 단체인 경우에는 명칭, 상호, 소재지, 대표자의 성명 및 주거, 설립목적, 기구

2. 구(舊)성명, 개명, 이명, 위명, 통칭 또는 별명

3. 전과의 유무(만약 있다면 그 죄명, 형명, 형기, 벌금 또는 과료의 금액, 형의 집행유예 선고의 유무, 범죄사실의 개요, 재판한 법원의 명칭과 연월일, 출소한 연월일 및 교도소명)

4. 형의 집행정지, 가석방, 사면에 의한 형의 감면이나 형의 소멸의 유무

5. 기소유예 또는 선고유예 등 처분을 받은 사실의 유무(만약 있다면 범죄사실의 개요, 처분한 검찰청 또는 법원의 명칭과 처분연월일)

6. 소년보호 처분을 받은 사실의 유무(만약 있다면 그 처분의 내용, 처분을 한 법원명과 처분연월일)

7. 현재 다른 경찰관서 그 밖의 수사기관에서 수사 중인 사건의 유무(만약 있다면 그 죄명, 범죄사실의 개요와 당해 수사기관의 명칭)

8. 현재 재판 진행 중인 사건의 유무(만약 있다면 그 죄명, 범죄사실의 개요, 기소 연월일과 당해 법원의 명칭)

9. 병역관계

10. 훈장, 기장, 포장, 연금의 유무

11. 자수 또는 자복하였을 때에는 그 동기와 경위

12. 피의자의 환경, 교육, 경력, 가족상황, 재산과 생활정도, 종교관계

13. 범죄의 동기와 원인, 목적, 성질, 일시장소, 방법, 범인의 상황, 결과, 범행 후의 행동

14. 피해자를 범죄대상으로 선정하게 된 동기

15. 피의자와 피해자의 친족관계 등으로 인한 죄의 성부, 형의 경중이 있는 사건에 대하여는 그 사항
16. 범인은닉죄, 증거인멸죄와 장물에 관한 죄의 피의자에 대하여는 본범과 친족 또는 동거 가족관계의 유무
17. 미성년자나 피성년후견인 또는 피한정후견인인 때에는 그 친권자 또는 후견인의 유무(만약 있다면 그 성명과 주거)
18. 피의자의 처벌로 인하여 그 가정에 미치는 영향
19. 피의자의 이익이 될 만 한 사항
20. 전 각호의 사항을 증명할 만한 자료
21. 피의자가 외국인인 경우에는 제243조 각 호의 사항

제69조(피의자 아닌 자에 대한 조사사항) 경찰관은 피의자 아닌 자를 조사하는 경우에는 특별히 필요 없다고 인정되는 경우가 아니면 다음 각 호의 사항에 유의하여 별지 제33호 서식에서 제39호 서식까지의 진술조서를 작성하여야 한다.
  1. 피해자의 피해상황
  2. 범죄로 인하여 피해자 및 사회에 미치는 영향
  3. 피해회복의 여부
  4. 처벌희망의 여부
  5. 피의자와의 관계
  6. 그 밖의 수사상 필요한 사항

제70조(피의자신문조서 등 작성시 주의사항) ① 경찰관은 피의자신문조서와 진술조서를 작성할 때에는 다음 각 호의 사항에 주의하여야 한다.
  1. 형식에 흐르지 말고 추측이나 과장을 배제하며 범의 착수의 방법, 실행행위의 태양, 미수·기수의 구별, 공모사실 등 범죄 구성요건에 관한 사항에 대하여는 특히 명확히 기재
  2. 필요할 때에는 진술자의 진술 태도 등을 기입하여 진술의 내용뿐 아니라 진술 당시의 상황을 명백히 알 수 있도록 함
② 경찰관은 진술을 기재하였을 때에는 이를 진술자에게 열람하게 하거나 읽어 들려주어야 하며, 진술한 대로 기재되지 않았거나 사실과 다른 부분의 유무를 물어 진술자가 증감 변경의 청구 등 이의를 제기하거나 의견을 진술한 때에는 이를 조서에 추가로 기재하여야 한다. 이 경우 피의자가 이의를 제기하였던 부분은 읽을 수 있도록 남겨두어야 한다.
③ 경찰관은 제2항의 경우에 진술자가 조서에 대하여 이의나 이견이 없음을 진술한 때에는 진술자로 하여금 그 취지를 자필로 기재하게 하고 조서에 간인한 후 기명날인 또는 서명하게 하여야 한다.

제71조(진술서 등 접수) ① 경찰관은 피의자와 그 밖의 관계자로부터 수기, 자술서, 경위서 등의 서류를 제출받는 경우에도 필요한 때에는 피의자신문조서 또는 진술조서를 작성하여야 한다.
② 경찰관은 진술인의 진술내용이 복잡하거나 진술인이 원하는 경우에는 진술서로 작성하여 제출하게 할 수 있다. 이 경우에는 될 수 있는 대로 진술인이 자필로 작성하도록 하고 경찰관이 대신 쓰지 않도록 하여야 한다.

제72조(수사과정의 기록) ① 경찰관은 피의자신문조서를 작성하거나, 피의자가 아닌 자에 대한 진술조서를 작성할 때에는 별지 제44호 서식의 수사과정확인서를 작성하여 이를 조서의 끝부분에 편철하여 조서와 함께 간인함으로써 조서의 일부로 하거나 기록에 편철하여야 한다.
② 제1항의 수사과정확인서에는 조사장소 도착시각, 조사시작 및 종료시각 등을 기재하고, 만약 조사장소 도착시각과 조사시작 시각에 상당한 시간적 차이가 있는 때에는 구체적인 이유 등을 기재하며, 조사가 중단되었다가 재개된 경우 그 이유와 중단 및 재개시각 등을 구체적으로 기재하는 등 조사과정의 진행경과를 확인하기 위해 필요한 사항을 기재하여야 한다.
③ 제1항 및 제2항은 수사과정에서 진술서를 작성하는 경우에도 준용한다.

제3절 영상녹화

제73조(영상녹화의 대상) ① 경찰관은 피의자 또는 피의자 아닌 자의 조서를 작성하는 때에는 그 조사 과정을 영상녹화할 수 있다.

② 영상녹화는 조사실 전체를 확인할 수 있고 조사받는 사람의 얼굴과 음성을 식별할 수 있도록 하여야 한다.

제74조(영상녹화의 범위) ① 경찰관은 조사과정을 영상녹화할 때에는 그 조사의 시작부터 조서에 기명날인 또는 서명을 마치는 시점까지의 모든 과정을 영상녹화하여야 한다. 다만, 조사 도중 영상녹화의 필요성이 발생하였을 때에는 그 시점에서 진행 중인 조사를 종료하고, 그 다음 조사의 시작부터 조서에 기명날인 또는 서명을 마치는 시점까지의 모든 과정을 영상녹화하여야 한다.

② 경찰관은 조사를 마친 후 조서 정리에 오랜 시간이 필요할 때에는 조서 정리과정을 영상녹화하지 아니하고, 조서 열람 시부터 영상녹화를 재개할 수 있다.

제75조(피의자 진술 영상녹화시 고지) 경찰관은 피의자의 진술을 영상녹화하는 경우에는 다음 각 호의 사항을 고지하여야 한다.

1. 조사실 내의 대화는 영상녹화가 되고 있다는 것
2. 영상녹화를 시작하는 시각, 장소
3. 조사 및 참여 사법경찰관리 성명과 직급
4. 제57조 각 호에 규정된 진술거부권 및 변호인의 도움을 받을 권리
5. 조사를 중단·재개하는 경우 중단 이유와 중단 시각, 중단 후 재개하는 시각
6. 조사 종료 및 영상녹화를 마치는 시각, 장소

제76조(피의자 아닌 자의 진술 영상녹화시 고지 및 동의) ① 경찰관은 피의자 아닌 자의 진술을 영상녹화하는 경우에는 진술자에게 별지 제45호 서식의 서면동의서를 제출받고, 제75조 제1호의 내용을 고지하여야 한다.

② 제75조 제1호부터 제3호까지, 제5호, 제6호는 피의자 아닌 자의 진술을 영상녹화하는 경우에 준용한다.

제77조(영상녹화시 참여자) 피의자 신문을 영상녹화하는 경우 「형사소송법」 제243조의 규정에 의한 참여자는 조사실 내에 위치하여야 한다.

제78조(영상녹화물 작성 및 봉인) ① 경찰관은 영상녹화를 종료한 경우에는 영상녹화물(CD, DVD 등) 2개를 제작하고 영상녹화물 표면에 사건번호, 죄명, 진술자 성명 등 사건정보를 기재하여야 한다.

② 제1항에 따라 제작된 영상녹화물 중 하나는 피조사자의 기명날인 또는 서명을 받아 조사받는 사람 또는 변호인의 면전에서 봉인하여 보관하고, 나머지 하나는 수사기록에 편철한다.

③ 경찰관은 피조사자의 기명날인 또는 서명을 받을 수 없는 경우에는 기명날인 또는 서명란에 그 취지를 기재하고 직접 기명날인 또는 서명한다.

④ 경찰관은 영상녹화물을 제작한 후 영상녹화용 컴퓨터에 저장되어 있는 영상녹화 파일을 데이터베이스 서버에 전송하여 보관할 수 있다.

⑤ 경찰관은 손상 또는 분실 등으로 인하여 제1항의 영상녹화물을 사용할 수 없을 때에는 데이터베이스 서버에 저장되어 있는 영상녹화 파일을 이용하여 다시 영상녹화물을 제작할 수 있다.

⑥ 경찰관은 영상녹화물을 생성한 후 별지 제46호 서식에 따른 영상녹화물 관리대장에 등록하여야 한다.

제79조(봉인 전 재생·시청) 경찰관은 원본을 봉인하기 전에 진술자 또는 변호인이 녹화물의 시청을 요구하는 때에는 영상녹화물을 재생하여 시청하게 하여야 한다. 이 경우 진술자 또는 변호인이 녹화된 내용에 대하여 이의를 진술하는 때에는 그 취지를 기재한 서면을 사건 기록에 편철하여야 한다.

제1절 조사 요령

1. 조사 요령

(1) 개념

범죄사실을 확정하기 위하여 피의자 기타 사건 관계인들을 만나 질문하여 임의로 그 진술을 듣고 사건의 진상을 발견하는 수사기관의 활동으로, 범죄의 주관적 요건(고의, 동기, 목적 등)을 확인하는데 목적이 있다.

(2) 기본 태도

피조사자의 심리상태를 이해하고 부인하는 피의자도 공평한 태도로 응대해야 한다.

2. 조사의 준비

(1) 조사방법의 검토

① 조사는 사람을 다루는 기술이므로 조사에 일정한 방법이 있을 수 없다. 따라서 피조사자의 연령·지식·직업 등에 따라 조사방법을 달리하여야 한다.

② 일반적으로 처음부터 핵심을 찌르지 말고 부드러운 분위기를 조성한 후에 점차 범죄사실의 핵심으로 접근하는 것이 좋다.

③ 관계법령 및 판례연구, 피조사자에 대한 자료수집(예비지식), 조사의 목적 확정 후 질문할 항목·순서·방법 검토한다.

(2) 조사장소의 선택

① 솔직한 진술을 하기 쉬운 장소: 표정관찰 가능한 밝은 곳, 창문에는 얇은 커튼 등을 쳐서 조사실 내부에서 밖을 내다 볼 수 없도록 한다.

② 임의성이 확보된 장소

③ 사고를 미연에 방지할 수 있는 장소

(3) 조사요원의 수

① 조사관과 피조사자는 1:1이 원칙이나 피의자 신문시에는 다른 사법경찰관리를 참여시켜야 한다.

② 피의자 신문시 변호인 참여 요구가 있어 경찰서장이 허가한 경우는 변호인을 참여시켜야 한다.

(4) 조사관 선정

① 상대가 고급공무원일 경우 조사간부가 담당하는 것이 효과적이다.

② 전과자일 경우 경험 많은 조사관이 담당하는 것이 효과적이다.

③ 부녀자를 추행한 사건의 경우 성년 여성의 입회하에 연령이 많은 조사관이 담당하는 것이 좋다.

(5) 심야조사

① 경찰관은 원칙적으로 심야 조사를 하여서는 아니 된다. 여기서 심야라 함은 자정부터 오전 6시까지를 말한다.

② 예외

• 자정 이후에 조사하지 않으면 피의자 석방을 불필요하게 지연시킬 수 있는 경우

• 사건의 성질상 심야 조사를 하지 않으면 공범자의 검거 및 증거 수집에 어려움이 있거나 타인의 신체, 재산에 급박한 위해가 발생 할 우려가 있는 경우

• 야간에 현행범을 체포하거나 피의자를 긴급체포한 후 48시간 이내에 구속영장을 신청하기 위해 불가피한 경우

• 공소시효가 임박한 경우

• 기타 피의자 또는 그 변호인의 서면상 동의를 받은 경우

③ 위의 경우에도 심야 조사 동의 및 허가서를 받아야 하며, 조사자 외의 경찰관을 참여시켜야 한다.

④ 소년·노약자·장애인인 피의자가 가족·친족 등 신뢰관계에 있는 자의 심야 조사 참관을 요구하는 경우에는 이를 보장해 주어야 한다. 다만, 그 외의 피의자가 가족 등의 참관을 요구하는 경우에는 수사에 지장을 초래하지 않는 범위 내에서 허용할 수 있다.

⑤ 심야 조사를 할 때에는 적절한 휴식을 보장해 주어야 한다.

(6) 조사관의 교체요령

① 피조사자의 완강한 부인으로 조기의 성과가 미흡하다고 판단되는 경우, 조사관에게 반항적이거나 감정적으로 나오는 경우 다른 조사관으로 교체하는 방법도 효과적일 수 있다.

② 조사를 상당기간 중지 후 재개 할 경우 조사관이 교체될 때마다 진술거부권을 다시 고지하여야 한다.

③ 하위계급의 조사관 보다 상위계급의 조사관으로 교체되면 효과적인 경우가 많다.

3. 피의자 신문과정의 변호인 참여제도

(1) 변호인 참여절차

① 참여신청권자: 피의자, 피의자의 변호인·법정대리인·배우자·직계존속·형제자

매 · 호주는 피의자의 명시한 의사에 반하여도 신청할 수 있다.

② 변호인의 참여신청이 없는 경우
- 피의자신문조서 작성전에 피의자에게 신문과정에 변호인의 참여희망 여부를 확인
- 피의자의 신청이 없을 때에는 참여신청권자에게도 통지하여야 한다.

③ 변호인의 참여
- 변호인 선임계의 제출
  변호인의 선임에 관하여는 변호인과 연명 날인한 선임계를 당해피의자 또는 형사
  소송법 제30조제2항의 규정에 의하여 독립하여 변호인을 선임할 수 있는 자로부터
  제출하게 하여야 한다.
- 서류의 열람 등
  참여변호인은 피의자 신문과정에 참여하여 피의자의 답변에 관하여 조언하고 작성
  된 조서를 열람할 수 있다.(기타서류×)

④ 변호인의 서명 · 날인
- 피의자 신문조서 작성시 조서의 전문에 변호인의 참여사실을 기재한다.
- 피의자 신문조서 말미에 참여한 변호인의 서명 · 날인을 받아야 한다.

⑤ 참여여부의 결정: 경찰서장은 특별한 경우를 제외하고는 참여를 보장하여야 한다.
그러나 불허사유에 해당하는 경우에는 불허 통지를 하여야 한다.

(2) 변호인 참여제한
① 국가보안법위반사건
② 조직폭력, 마약, 테러사건
③ 공범 등의 증거인멸 또는 도주를 용이하게 하거나 관련사건의 수사 및 재판에 중대
한 영향을 초래할 수 있다고 인정되는 사건
④ 피의자신문과정에 변호인을 참여시킴으로써 수사에 중대한 지장을 초래하는 경우

〈피의자 조사요령〉

---

* 피의자 신문이 생략 가능한 사건
① 명백히 공소권 없음에 해당하는 사건
② 피의자가 형사미성년자인 사건
③ 명백히 범죄가 되지 않는 사건 및 각하되어야 할 고소 · 고발사건

※ 각하처분
ⓐ 각하처분은 고소인 · 고발인의 권익을 보호하고 피고소 · 피고발인에 대한 인권침해를 방지하기 위
하여 고소 · 고발사건에 한하여 행하여지는 불기소처분의 일종이다.
ⓑ 고소장 · 고발장의 기재 및 고소인 · 고발인의 진술에 의하더라도 기소를 위한 수사의 임의성이 없다

고 명백하게 인정되는 경우, 피의자 또는 참고인을 조사하지 않고 간략하게 행하는 종국처분이다.
ⓒ 고소·고발사건이 각하사유에 해당하더라도 고소인·고발인이 고의로 출석을 기피하거나 소재불명
된 경우를 제외하고는 다른 고소인·고발인의 처리와 동일하게 고소인·고발인의 진술을 청취한 후
각하결정을 하여야 한다.

4. 피의자 신문요령

(1) 범죄혐의

범죄혐의가 인정되는 경우	① 혐의가 명백한 데 대한 확신있는 태도를 보여야 한다. ② 고소인 또는 피해자가 사실을 과장하고 있을 가능성을 강조한다. ③ 피의자에게 나타나는 생리적, 심리적 징후를 스스로 알아차리게 한다. ④ 피의자에게 동정을 표시한다. ⑤ 죄의식을 가볍게 하거나 자존심에 호소하여 범행을 자인하는 실마리를 찾는다. ⑥ 피의자의 혐의를 밝힐 수 있는 증거의 일부를 지적한다.
범죄혐의가 불확실한 경우	① 신문받는 이유를 알고 있는지 물어본다. ② 피의자로 하여금 사건, 피해자, 의심스런 인물에 대하여 알고 있는 대로 모두 말 하게 한다. ③ 피의자가 거짓말을 하는지 시험해 보아야 한다.

(2) 정서적인 자와 비정서적인 자

① 정서적인 자에게는 신문 도중 발생하는 생리적, 심리적 증후군 등의 태도에 주의하
여 그때그때 필요한 질문을 한다.

② 비정서적인 자에게는 저항해야 쓸데없는 일이라는 것을 지적하고 그의 자존심을
세워주고 친절하게 하여 자진 진술토록 유도하고, 때로는 신문 중 급소를 찌르는
질문으로 자백하도록 유도한다.

(3) 일반적 유의사항

① 사건에 따라 조사방법을 달리한다. (일률적인 정형이 없다)

② 용어사용에 주의한다 : 피조사자의 연령, 직업, 사회적 지위에 상응한 언어를 사용
하고 법률용어, 전문용어 사용 지양한다.

③ 기억을 환기하기 쉬운 순서로 질문한다.

사건의 원인 ⇒ 동기 ⇒ 준비행위 ⇒ 실행행위 ⇒ 사후행위의 순

④ 요점을 파악한 질문해야 하며, 한꺼번에 많은 질문을 하면 피조사자가 혼란스러워
하므로 주의한다.

⑤ 진술이 애매할 때는 후에 번복할 염려가 있으므로 그 진의를 확인해야 한다.

⑥ 조사의 중점을 노출시키지 말도록 한다.

⑦ 피조사자에게 유리한 사항도 충분히 청취·기록을 한다.

⑧ 진술·자백시 도중에 막지 말아야 한다.

(4) 일반적 조사방법

모순을 추궁하는 방법		① 소문다답(단문장답), 세밀하게 반복 질문 한다. ② 모순, 불합리한 점 발견시 즉시 추궁하지 말고 기회를 보아 한꺼번에 추궁하는 것이 효과적이다. ③ 모순추궁의 효과적 시기는 피조사자에게 뉘우치는 표정이나 정신적 동요가 보일 때이다.
급소를 찌르는 방법		단순 경미하고 명백한 증거 있고 여죄가 없는 피의자를 대상으로 한다.
힌트를 주는 방법	시기	• 피조사자가 조사관은 아직 아무것도 모르고 있다고 오인하고 계속 부인할 경우 • 자백할 기미를 보이다가 다시 부인할 경우 • 기간의 경과 등으로 기억하지 못하여 진술하지 못하는 것이 분명한 경우
	방법	• 구체적으로 표현하지 말고 애매하게 흘려준다. • 핵심을 직접 집어주지 말고 간접적으로 느끼게 한다. • 범행일시 등을 확실하게 하지말고 그 윤곽만을 표현한다. • 사건의 핵심에 영향을 주는 말로 직접적인 힌트를 주는 것은 피하여야 한다. • 힌트의 범위를 넘어서게 되면 결국 유도신문이 되어 자백의 임의성을 의심받게 되기 때문에 어떤 일정한 선을 그어두는 것이 필요하다.
증거제시의 요령		① 증거제시의 시기 : 피의자가 범행을 자백하고 그것이 진실이라고 확인된 후 제시하는 것이 원칙이다. ② 증거제시의 방법 : 확신이 가는 것만 제시, 여죄가 있는 경우에는 처음부터 제시하지 말고 자백의 가능성이 있는 경우에만 제시하는 것이 좋다.
여죄의 조사요령		여죄를 자백할 때까지 메모하지 말 것

(5) 기타 조사방법

부인하는 피의자 조사요령	부인 진술을 경청하고 모순, 불합리한 점 발견 나중에 한꺼번에 추궁
전과자 조사요령	① 인간성의 약점을 찔러 부모, 처자 등의 가정문제로부터 시작해 피조사자의 기분을 풀어준다. ② 설득만으로 불충분할 경우 증거를 약간 제시하여 급소를 찌르는 방법으로 체념케 한다. ③ 고압적 태도는 반항심을 불러일으킬 뿐 효과가 없다. ④ 은어를 사용하면 조사관도 은어를 사용하는 등 상대자에게 상응한 용어로 조사한다. ⑤ 전과자에 대한 조사는 경험이 많은 조사관이 적합 하다.
초범자 조사요령	공연히 큰 소리를 치거나 지나치게 이론적인 추궁을 해서는 안 된다.
소년의 조사요령	① 알기 쉬운 말을 사용하고 은어는 사용하지 않아야 한다.

	② 조사하는 것은 공개하지 않도록 한다.
	③ 조사시 연소자의 경우에는 보호자나 교사를 참여케 한다.
	④ 연소자는 암시나 유도에 걸리기 쉬우므로 질문방법에 주의해야 한다.
부녀자의 조사요령	① 원칙적으로 여자 참여인을 참여하게 하여야 한다. 　단독으로 조사할 때에는 조사실의 출입문을 약간 열어 놓아야 한다.
공범자의 조사요령	① 공범자의 조사순서는 범정이 경한자 ⇒ 성격이 약한 자 ⇒ 순진한 자 ⇒ 다변자⇒ 감정이 격한자 순으로 하는 것이 좋다. ② 공범자가 서로 불신감을 갖도록 공작하는 것도 효과적이다. ③ 대개 먼저 조사한 피조사자의 진술이 정당하다고 생각하기 쉬우므로 그런 선입감을 경계한다. ④ 대질조사요령 • 원칙적으로 하지 않는 것이 바람직하다 • 대질의 시기가 빠르면 좋지 않다. (피조사자 쌍방의 성격파악에 상당한 시일 소요되기 때문이다) • 피조사자의 관계 특히 주종관계 등이 있는 경우에 약자는 강자에게 눌리는 경향이 있으므로 주의한다. • 통모방지

(6) 자 백

자백은 임의성이 있어야 증거능력이 인정되고, 진실성을 인정받아야 실질적 증거가치인 증명력이 있다.

① 자백의 임의성 검토: 진술거부권 고지, 심야·장기간·강압수사 금지

② 자백 전·후의 행동·표정

자백 전 행동·표정	자백 후 행동·표정
① 용변을 호소한다. ② 물을 달라고 한다(목이 마름). ③ 말을 하지 않는다. ④ 얼굴빛이 변한다. ⑤ 땀을 흘리거나 몸을 떤다. ⑥ 정면을 향한다. ⑦ 발을 뻗고 앉아서 운다. ⑧ 입술이 하얗게 변한다.	① 안심하는 기색이 보인다. ② 얼굴빛이 좋아진다. ③ 조사관에게 친근감을 갖고 농담도 한다. ④ 식욕이 좋아진다. ⑤ 잠을 잘 자게 된다.

③ 자백의 진실성 검토(진위여부 판단)

• 자백에 이르게 된 경위 : 후회·반성 등에 의한 자백은 신빙성이 높다.

• 유치장 내의 행동관찰 : 진실을 자백하지 않은 피의자는 식사를 잘하지 않거나, 잠을 설치며 잠꼬대를 하거나, 무언가 심각하게 생각하는 듯한 태도를 보인다.

(7) 외국인 또는 장애인 신문 요령(범죄수사규칙 제179조)

신문요령	① 외국인 또는 장애인 등을 신문하고 그 신문이 통역인 또는 보조인의 도움을 받아 진행되는 경우에는 통역인 또는 보조인이 통역의 자격 또는 보조능력이 있음을 명기하고 그들의 통역 또는 보조에 의하여 신문이 진행된다는 사실을 신문조서 모두에 기재한다. ② 매 질문내용 또는 피신문자의 진술내용은 반드시 통역인 또는 보조인을 통하여 그 정확성을 확인한다. ③ 일반적인 구술보다 더욱 명료하고 간단하게 질문한다.
진술 후의 조치	① 조서를 통역인으로 하여금 열람하게 하여 정확성 여부를 검토하고 잘못된 부분은 수정한다. ② 조서의 검토 · 확인 · 수정이 끝나면, 피신문자 · 통역인 또는 보조인의 서명날인을 받고 주신문자와 참여경찰관이 서명날인 한다.

5. 참고인 조사요령

(1) 개념

피의자가 아닌 제3자를 참고인이라 한다(예: 피해자, 고소인, 고발인, 목격자, 감정인, 통역인 등). 참고인이 출석이 귀찮거나, 가해자 · 피해자와 모두 친분이 있거나, 제3자의 일에 관여하기 싫은 경우에는 사회 구성원으로서의 정의감에 호소 내지 피의자의 반사회성을 부각시키는 것도 좋은 방법이다.

조사요령	• 조사 장소는 경찰서나 참고인 사정에 따라 방문조사 등 편리한 장소 가능 • 진술거부권 고지 불요 • 출석 요구는 출석요구서를 발송하거나 전화 · 구두 · 인편 등으로 한다.
편의도모	• 시차제 출석요구 • 우편진술제 실시 • 절도피해자 소환억제 • 공조제도 활용

(2) 기타

보복이 두려운 경우	① 책임지고 보호하겠다는 뜻을 밝힌다. ② 사후 보복은 특별한 경우에나 있을 수 있는 일이라는 것을 강조 ③ 진술하지 않으면 나중에 법정에서 공개적으로 진술해야 하니 그럴 바에는 미리 진술함이 좋다고 인식시킨다.
수사 반감	피의자를 옹호하거나 수사에 반감을 가진 경우에는 ① 참고인 자신을 범인시하는 신문방법도 때로는 효과적이다. ② 범인과의 관계를 추궁하는 한편 범인의 배신행위를 확신시키고 그 관계를 단절하도록 노력한다.

(3) 참고인 여비의 지급

정의	참고인등이라 함은 사법경찰관으로부터 범죄수사상 필요에 의하여 일정한 장소에 출석 요구를 받은 피의자 아닌 제3자와 시체검안, 해부, 감정, 통역 또는 번역을 위촉 받은 자를 말한다(참고인등비용지급규칙 제2조).
비용	① 사법경찰관으로부터 출석을 요구받고 지정된 장소에 출석한 피의자 아닌 제3자에게 지급할 여비·일당·숙박료 ② 사법경찰관으로부터 시체검안, 시체해부, 감정, 통역 또는 번역을 위촉 받은 자에게 지급할 검안비, 해부비, 감정료, 통역 또는 번역료와 여비, 일당 및 숙박료 ③ 의사 및 감정인의 대불금
지급	① 진술, 통역 및 번역을 마친 때와 검안, 해부 및 감정서를 제출한 때에 지체없이 지급하여야 한다. 다만, 부득이한 사유가 있을 때에는 그러하지 아니할 수 있다. ② 참고인등 비용의 청구 및 지급은 별지 서식에 의하되 비용을 지급하였을 때에는 수령인의 기명날인을 받아야 한다. 다만, 수령인이 인장을 지참하지 아니하였을 때에는 무인으로 갈음할 수 있다. 이 경우에는 반드시 주민등록번호를 기재하여야 한다. ③ 참고인 등의 비용은 그 지급원인이 발생한 날로부터 2월 이내에 청구하여야 한다.
미지급	① 참고인이 허위진술을 하였다고 인정할 만한 상당한 이유가 있거나 진술을 거부하였을 때 ② 허위의 검안 또는 감정을 하였다고 인정할 만한 상당한 이유가 있거나 검안 또는 감정을 거부하였을 때 ③ 의사 또는 감정인이 그 자신에 귀책될 사유로 인하여 검안이나 감정의 목적을 달성하지 못하였을 때

제2절 수사서류 작성 요령

범죄수사규칙

제22조(수사서류의 작성) ① 경찰관이 범죄수사에 사용하는 문서와 장부는 별표 2, 서식은 별지 제1호 서식부터 제225호 서식까지와 같다.

② 경찰관이 수사서류를 작성할 때에는 다음 각 호의 사항에 주의하여야 한다.

1. 일상용어로 평이한 문구를 사용
2. 복잡한 사항은 항목을 나누어 기재
3. 사투리, 약어, 은어 등을 사용하는 경우에는 그대로 기재한 다음에 괄호를 하고 적당한 설명을 붙임
4. 외국어 또는 학술용어에는 그 다음에 괄호를 하고 간단한 설명을 붙임
5. 지명, 인명 등으로서 읽기 어려울 때 또는 특이한 칭호가 있을 때에는 그 다음에 괄호를 하고 음을 기재

제22조의2(형사사법정보시스템의 이용) 경찰관은「형사사법절차 전자화 촉진법」제2조제1호에서 정한 형사사법업무와 관련된 문서를 작성할 경우 형사사법정보시스템을 이용하여야 하며, 작성한 문서는 형사사법정보시스템에 저장·보관하여야 한다. 다만, 형사사법정보시스템을 이용하는 것이 곤란한 다음 각 호의 문서의 경우에는 예외로 한다.

1. 피의자, 피해자, 참고인 등 사건관계인이 직접 작성하는 문서

2. 형사사법정보시스템에 작성 기능이 구현되어 있지 아니한 문서

3. 형사사법정보시스템을 이용할 수 없는 시간 또는 장소에서 불가피하게 작성해야 하거나 형사사법 정보시스템 장애 또는 전산망 오류 등으로 형사사법정보시스템을 이용할 수 없는 상황에서 불가피하게 작성해야 하는 문서

제23조(기명날인 또는 서명 등) ① 수사서류에는 작성년월일, 소속관서와 계급을 기재하고 기명날인 또는 서명하여야 한다.

② 날인은 문자 등 형태를 알아볼 수 있도록 하여야 한다.

③ 수사서류에는 매장마다 간인한다.

④ 수사서류의 여백이나 공백에는 사선을 긋고 날인한다.

⑤ 피의자 신문조서(별지 서식 제26호부터 제32호)와 진술조서(별지 서식 제33호부터 제39호)는 진술자로 하여금 간인한 후 기명날인 또는 서명하게 한다. 다만, 진술자가 기명날인 또는 서명을 할 수 없거나 이를 거부할 경우, 그 사유를 조서말미에 기재하여야 한다.

⑥ 인장이 없으면 날인 대신 무인하게 할 수 있다.

제24조(통역과 번역의 경우의 조치) ① 경찰관은 수사상 필요에 의하여 학식 경험있는 자 그 밖의 적당한 자에게 통역을 위촉하여 그 협조를 얻어서 조사하였을 때에는 피의자신문조서나 진술조서에 그 취지와 통역을 통하여 열람하게 하거나 읽어주었다는 취지를 기재하고 통역인의 기명날인 또는 서명을 받아야 한다.

② 경찰관은 수사상 필요에 의하여 학식, 경험있는 자 그 밖의 적당한 자에게 피의자 그 밖의 관계자가 제출한 서면 그 밖의 수사자료인 서면을 번역하게 하였을 때에는 그 번역문을 기재한 서면에 번역인의 기명날인을 받아야 한다.

제25조(서류의 대서) 경찰관은 문맹 등 부득이한 이유로 서류를 대서하였을 경우에는 대서한 내용이 본인의 의사와 다름이 없는가를 확인한 후 대서의 이유를 기재하고 본인과 함께 기명날인 또는 서명하여야 한다.

제26조(문자의 삽입·삭제) ① 경찰관은 수사서류를 작성할 때에는 임의로 문자를 고쳐서는 아니되며, 다음 각호와 같이 고친 내용을 알 수 있도록 하여야 한다.

1. 문자를 삭제할 때에는 삭제할 문자에 두줄의 선을 긋고 날인하며 그 왼쪽 여백에 "몇자 삭제"라고 기재하되 삭제한 부분을 해독할 수 있도록 자체를 존치하여야 함

2. 문자를 삽입할 때에는 그 개소를 명시하여 행의 상부에 삽입할 문자를 기입하고 그 부분에 날인하여야 하며 그 왼쪽 여백에 "몇자 추가"라고 기재

3. 1행중에 2개소 이상 문자를 삭제 또는 삽입하였을 때에는 각 자수를 합하여 "몇자 삭제" 또는 "몇자 추가"라고 기재

4. 여백에 기재할 때에는 기재한 곳에 날인하고 그 난외에 "몇자 추가"라고 기재

② 피의자 신문조서(별지 서식 제26호부터 제32호)나 진술조서(별지 서식 제33호부터 제39호)인 경우 문자를 삽입 또는 삭제하였을 때에는 난외에 "몇자 추가" 또는 "몇자 삭제"라고 기재하고 그 곳에 진술자로 하여금 날인 또는 무인하게 하여야 한다.

③ 전항의 경우에 진술자가 외국인인 때에는 그 날인을 생략할 수 있다.

제27조(서류의 접수) 경찰관은 수사서류를 접수하였을 때에는 즉시 여백 또는 그 밖의 적당한 개소에 접수년월일을 기입하고 특히 필요하다고 인정되는 서류에 대하여는 접수 시각을 기입해 두어야 한다.

1. 증거물인 서면과 수사서류의 비교

	증거물인 서면	수사서류
증거능력	내용적 의의와 물리적인 존재	내용적 의의만이 증거
종류	위조죄의 위조문서, 협박죄의 협박문서	진술조서, 고소장, 고발장, 피해신고서
보관방법	압수하여 보관	수사기록에 편철
증거 조사방법	제시 및 요지의 고지	낭독

2. 수사서류의 종류

작성주체		종류
수사기관 작성	진술서류	피해자진술조서, 참고인진술조서, 피의자신문조서, 대질조서 등
	보고서류	범죄인지보고서, 현행범인체포서, 수사보고서 등
	기타서류	압수조서, 각종 건의서, 사실조회, 촉탁서, 수사협조의뢰서 등
사인 작성		사인이 작성한 서류도 수사기관에 제출하여 접수되는 경우 수사서류가 된다. 고소장, 고발장, 피해신고서, 진술서 등 사실조회에 대한 회보서 등본, 초본, 사본류 등

3. 수사서류 작성상의 원칙

형식적 기재사항(기술상 원칙)	실질적 기재사항(내용상 원칙)
• 수사행위자와 작성자의 일치 • 수사행위시마다 작성 • 소정의 서식을 따를 것 • 우리말을 사용할 것 • 통일된 호칭을 사용할 것 • 문자를 정확하고 명료하게 기재할 것 • 법률용어보다 일상생활용어를 사용할 것 • 성명은 한글로 기재하고 괄호속에 한자, 별명, 이명 등을 기재할 것	• 수사자료획득 선행의 원칙 • 범죄사실 증명중심의 원칙 • 사실을 그대로 기재할 것 • 요점을 망라할 것 • 간명하게 기재할 것 • 기재내용이 자연스럽게 할 것 • 객관성을 유지할 것 • 기재내용에 모순이 없을 것 • 6하 또는 8하 원칙

4. 수사 서류 작성

작성주체	작성방법
수사기관	(1) 작성년월일을 기재 (2) 소속관서를 기재 – 작성자의 소속 경찰서(소속 부·과 또는 청·과) (3) 작성자의 계급 기재 (4) 작성자의 기명날인 또는 서명

	(5) 매엽에 간인 　수사서류가 2매 이상인 때에는 계속하는 것을 증명하기 위하여 좌측에 작성자가, 우측에 진술자가 날인을 함(규정은 없고, 통상적으로) (6) 여백이나 공백에는 사선을 긋고 날인함 (7) 문자 변개 금지 (8) 문자를 삭제하거나 삽입·난 외에 기재할 필요가 있는 경우 　① 삭제할 문자에 두 줄의 선을 긋고 날인한 후 좌측 난 외에 '몇 자 삭제'라고 기재함(삭제 　　부분은 해독 가능하도록 자체 존치) 　② 그 개소를 명시하여 상부에 삽입할 문자를 기입하고 날인한 후 좌측 난 외에 '몇자 추 　　가'라고 기재함 　③ 정정에 사용하는 인장은 기명날인에 사용한 인장을 사용함 　※ 피의자신문조서나 진술조서인 때에는 삽입된 문자 또는 삭제된 문자상 작성자 날인 　　후 좌측 난 외에 '몇 자 삭제' 또는 '몇 자 추가'라 기재하고 그곳에 진술자가 날인하며, 　　진술자가 외국인인 때에는 그 날인의 생력이 가능함
사　인	(1) 작성년월일을 기재 할 것 (2) 작성자의 기명날인 또는 서명 　① 서명할 수 없을 때에는 타인으로 하여금 대서 기명하게 할 수 있음 　② 날인할 수 없을 때에는 무인 (3) 타인으로 하여금 대서하게 하였을 때에는 그 이유를 기재하고 기명날인 또는 서명 　① 경찰관이 대서하였을 때에는 그 이유를 기재하고 서명, 확인하게 함 　② 경찰관이 대서하였을 경우에는 열람하게 하거나 읽어 주어서 대서 사항이 본인의 의 　　사와 틀림이 없는가를 확인한 후 대서의 이유를 기재하고 본인과 함께 기명날인 또는 　　서명함

5. 송치서류

　(1) 사법경찰관이 수사를 종결하였을 때에는 이를 모두 관할지방검찰청 검사장 또는
　　　지청장에게 송치하여야 한다(사법경찰관리집무규칙 제54조).

　(2) 송치의 주체: 소속관서의 장인 사법경찰관의 명의로 하여야 한다.

　(3) 편철순서

　　　사건송치서 ⇒ 압수물 총목록 ⇒ 기록목록 ⇒ 의견서 ⇒ 기타서류 (작성순서대로)

　기타서류에는 각종조서, 진단서, 수사보고서 등이 포함되며 접수 또는 작성일자 순으
로 편철하여야 한다. 각하, 고소·고발사건의 불기소를 제외하고는 기타 피의자환경조사
서, 피의자의 본적조회회답서 및 범죄경력조회(지문조회)통보서 등 필요한 서류를 첨부하
여야 한다.

6. 사건송치서

범죄수사규칙

제10장 송치와 이송

제189조(송치) 수사를 종결하였을 때에는 경찰관서장의 지휘를 받아 사건을 모두 관할지방검찰청 검사장 또는 지청장에게 송치하여야 한다.

제190조(이송과 인계) ①경찰관서장은 관할구역 내의 사건이 아니거나 해당 경찰관서에서 수사하는 것이 부적당하다고 인정되는 사건 또는 검사로부터 이송 또는 인계의 지휘가 있는 사건은 신속히 이를 범죄지 또는 피의자의 거주지를 관할하는 경찰관서, 수사에 적합한 경찰관서 또는 검사가 지휘한 경찰관서나 기관에 이송 또는 인계하여야 한다. 다만, 상급 기관에서 하명된 사건을 이송할 때에는 미리 상급기관의 승인을 받아야 한다.

②경찰관은 사건을 이송할 때에는 정확한 사건의 인수, 인계를 위하여 별지 제163호 서식의 사건인 계서(피의자 인도서)인수인란에 인수인의 소속, 계급, 성명을 명기하여 기명날인 또는 서명을 받아야 한다. 단, 관서간 사건의 인수·인계시에는 전산시스템으로 인수자가 인수 여부를 확인하는 절차로 대체할 수 있다.

③경찰관은 사건을 인수, 인계한 경우에는 인계관서 범죄 접수부 비고란에 인수관서 범죄접수부의 접수 번호와 접수 일시를 기입해 두어야 한다.

④고소·고발사건 이송에 있어서는 「고소·고발사건 이송 및 수사촉탁에 관한 규칙」을 우선하여 적용한다.

제191조(사건의 단위) 다음 각호에 해당하는 범죄사건은 1건으로 처리하여야 한다.
  1. 1인이 범한 수죄
  2. 수인이 공동으로 범한 죄
  3. 수인이 동시에 동일장소에서 범한 죄
  4. 범인 은닉죄, 증거인멸죄, 위증죄, 허위감정·통역죄 또는 장물에 관한 죄와 그 본범의 죄
  5. 제1호부터 제4호까지의 사건이라도 이미 검찰청 또는 상당관서에 송치하거나 이송한 후에 접수한 사건
  6. 불기소 처분이 있은 후 검사의 지휘에 따라 다시 수사를 개시한 사건
  7. 검사로부터 수사지휘를 받은 사건
  8. 다른 관서로부터 이송을 받은 사건
  9. 검찰청에 송치하기 전의 맞고소 사건
  10. 판사로부터 검찰청에 송치명령을 받은 즉결심판 청구 사건
  11. 피고인으로부터 정식재판 청구가 있는 즉결심판 청구 사건

제192조(송치서류) ①경찰관은 사건을 송치할 때에는 수사서류에 별지 제168호 서식의 사건송치서, 별지 제169호 서식의 압수물 총목록, 별지 제170호 서식의 기록목록, 별지 제171호, 172호 서식의 의견서, 피의자환경조사서, 별지 제173호 서식의 피의자의 등록기준지조회회답서 및 범죄경력조회 (지문조회)통보서 등 필요한 서류를 첨부하여야 한다. 다만, 「형의 실효 등에 관한 법률」 제5조제1 항 단서 제2호에 해당하는 경우로서 다음 각호의 어느 하나에 해당하는 의견으로 송치할 때에는 범 죄경력조회(지문조회)통보서를 첨부하지 않는다.
  1. 혐의없음
  2. 공소권 없음
  3. 죄가 안됨
  4. 각하

---

②경찰관은 사건송치 전에 전항의 첨부서류중 조회회답 또는 통보를 받지 못하였을 때에는 그 사유를 동 사건 송치서 비고란에 기재하여야 하며 송치후에 범죄경력을 발견하였거나 그 밖의 회보를 받았을 때에는 추송서를 첨부하여 즉시 이를 추송하여야 한다.

③송치서류는 다음 순서에 따라 편철하여야 한다.

1. 사건송치서
2. 압수물 총목록
3. 기록목록
4. 의견서
5. 그 밖의 서류

④제3항제5호의 서류는 접수 또는 작성순서에 따라 편철하고 제4호와 제5호의 서류는 각 장마다 면수를 기입하고 제2호부터 제4호까지의 서류에는 송치인이 직접 간인하여야 한다.

⑤제3항제4호의 서류에는 각 장마다 면수를 기입하되, 1장으로 이루어진 때에는 1로 표시하고, 2장 이상으로 이루어진 때에는 1-1, 1-2, 1-3의 방법으로 하여야 한다.

⑥경찰관은 사건을 송치할 때에는 소속관서의 장인 사법경찰관의 명의로 하여야 한다. 다만, 소속관서장이 사법경찰관이 아닌 경우에는 수사주무과장인 사법경찰관 명의로 하여야 한다.

⑦의견서는 사법경찰관이 작성하며 통신제한조치를 집행한 사건의 송치서에는 「통신제한조치 집행사건」 부전지를 부착하여 송치하여야 한다.

제193조(송치후의 수사와 추송) ①경찰관은 사건 송치후라도 항상 그 사건에 주의하여 새로운 증거의 수집과 참고가 될 만한 사항의 발견에 힘써야 한다.

②경찰관은 사건을 송치한 후에 새로운 증거물, 서류 그 밖의 자료를 입수하였을 때에는 신속히 이를 추송하여야 한다.

③경찰관은 전항에 따른 추송을 할 때에는 앞서 송치한 사건명, 그 연월일, 피의자의 성명, 추송하는 서류와 증거물 등을 기재한 추송서를 첨부하여야 한다.

④사법경찰관은 수리한 고소·고발사건에 대하여 기소, 기소중지 또는 참고인중지의견으로 송치한 후 관할지방검찰청 또는 지청으로부터 그 사건에 대하여 혐의없음, 공소권 없음, 죄가 안됨, 각하의 처분결과와 함께 피의자에 대한 수사자료표를 폐기하도록 통보받은 때에는 그 수사자료표가 지체없이 폐기될 수 있도록 처분결과를 보고하는 등 필요한 조치를 하여야 한다.

제194조(여죄의 추송) 경찰관은 사건 송치 후에 당해 사건에 속하는 피의자의 여죄를 발견하였을 때에는 검사의 지휘를 받아 신속히 그 수사를 행하고 이를 추송하여야 한다.

제195조(소재불명자의 처리) 경찰관은 「사법경찰관리집무규칙」 제11조에 규정된 보고대상 범죄사건을 송치할 때에는 소재불명 피의자의 지명수배·통보 내용과 사진 및 별지 제175호 서식의 인상서 등 관련자료를 첨부하여야 한다.

제196조(참고인 등의 소재수사) ①사법경찰관이 참고인중지 의견으로 사건을 송치할 때에는 참고인소재수사지휘부를 작성하고 그 사본 1부를 수사기록에 편철하여야 한다.

②경찰관은 전항의 규정에 의하여 작성된 별지 제176호 서식의 참고인등 소재수사지휘부를 편철하여 관리하고 매분기 1회 이상 참고인 등에 대한 소재수사를 하여야 한다. 다만, 검사가 송치의견과 다른 결정을 한 때에는 참고인등 소재수사지휘부에 그 취지를 기재하고 소재수사를 하지 않는다.

제197조(기소중지자에 대한 수사) ①사법경찰관은 기소중지한 자를 발견하였을 때에는 즉시 수사에 착수하고 별지 제177호 서식의 기소중지자 소재발견 보고서에 따라 관할 지방검찰청 또는 지청의 검사에게 보고하여야 한다.

②전항의 기소중지가 특정 증거의 불명으로 인한 것인 경우에 이를 발견한 때 또는 참고인 중지의 경우에 참고인 등을 발견한 때에도 전항과 같다.

제198조(중요범죄 사건부와 미검거 중요범죄 사건부 등) ①지방경찰청장은 별지 제179호 서식의 중요범죄 사건부를 비치하고 그 관할구역 내에서 발생한 중요범죄 사건에 대한 발생보고나 검거보고를 접수하였을 때마다 기입, 정리하여야 한다.
②지방경찰청장은 별지 제180호 서식의 미검거 중요범죄 사건부를 비치하고 그 관할구역 내에서 발생한 중요범죄 중 발생 후 2개월 이내에 검거하지 못한 사건을 기재하고 수시로 필요 사항을 기입, 정리하여야 한다.
③경찰서장은 별지 제181호 서식의 미검거 중요범죄 사건 수사부를 비치하고 그 관할구역 내에서 발생한 중요범죄 중 발생 후 2개월 이내에 검거하지 못한 사건을 기재하고 계속 수사진행 상황을 수시 기입, 정리하여야 한다.
④경찰서장은 전항의 규정에 따라 제181호 서식에 기재된 범죄에 대하여는 연 4회 이상 수사담당자를 지명하여 특별수사를 하여야 한다. 다만, 수사한 결과 전혀 검거할 가망이 없다고 판단되는 사건은 지방경찰청장의 승인을 얻어 특별수사를 생략할 수 있다.
⑤사법경찰관은 미검거 또는 미체포 사건을 검사에게 송치할 때에는 각 피의자신문조서, 진술조서, 검증조서 등 장차 참고가 될 기록은 그 사본을 작성하여 중요범죄 미제사건으로 편철, 정리하고 계속 수사하여야 한다.
⑥미검거 사건의 수사주책임관은 해당 사건을 다른 경찰관에게 인계할 경우에는 관계서류 증거물 등의 인계를 확실히 하여 사후의 수사에 지장을 초래하는 일이 없도록 하여야 한다.

제199조(수사서류의 사본) 경찰관은 처리한 사건 중 중요도나 특이성 그 밖의 보존의 필요가 있다고 판단되는 사건에 대하여는 해당 사건의 수사서류의 사본을 작성하여 이를 보존하여야 한다.

(1) 피의자란

① 피의자의 성명은 한글로 기재하며 괄호 안에 한자·영문자를 기재하고 이명이나 별명도 그다음에 기재한다. 성명 이외에 직업, 주거, 본적, 주민등록번호 등을 기록하는데, 주민등록번호 알 수 없는 경우는 생년월일을 기재한다. 홍길동(洪吉童) (별명: 휘파람)

② 피의자의 성명 앞에는 구속(적색), 불구속·미체포(청색), 수감 중으로 구분하여 기재한다.

③ 피의자의 한자 다음에는 지문원지작성번호와 구속된 경우는 구속영장청구번호를 기재한다.

④ 피의자가 2명 이상인 경우는 1.2.3으로 표시한다.

(2) 죄명란

① 경합범인 경우 가. 나. 다 순으로 하되 형이 중하거나 공소시효가 장기인 순으로 기재한다.

② 적용되는 법률은 띄어쓰기를 하지 않는다.

③ 형법범의 죄명은 대검찰청 제정의 죄명(대검찰예규 제214호)에 의한다.

④ 형법범 및 군형법범의 경우는 미수범, 교사범, 방조범은 죄명 다음에 미수, 교사, 방조, 예비, 음모라 표시한다.

⑤ 특별법위반의 경우

죄명구분표시를 하는경우	폭력행위등처벌에관한법률, 군형법, 국가안보법, 특정범죄가중처벌에관한법률, 특정경제범죄가중처벌에관한법률, 성폭력범죄의처벌등피해자보호에관한법률, 보건범죄단속에관한특별조치법, 청소년의성보호에관한법률, 마약류관리에관한법률,유해화학물질관리법, 도로교통법
구분표시를 하지 않는 경우	공직선거법 등
미수범, 교사, 방조범의 표시	죄명 다음에 미수, 교사, 방조를 기재하는 경우와 기재하지 않는 경우가 있다.

(3) 의견란

① 기소의 경우에는 붉은 색으로 기소, 불기소의 경우에는 의견별로(혐의없음, 죄가안됨, 공소권없음, 기소중지, 참고인중지) 푸른색으로 명확히 표시한다.

② 죄명이나 피의자가 복수인 경우는 1.2 모두기소(1.나.다 불기소(혐의없음))로 기재한다, 기소를 앞에 기재하고 불기소를 뒤에 기재하며, 불기소의 경우 그 사유를 구체적으로 기재한다.

7. 목록 기재 요령

(1) 압수물 총목록

번호	품목	수량	기록면수	비고
1	휴대폰(000폰)	1대	27	가환부
2	한국은행발행 천원권 지폐	30매	27	가환부
3	칼(도루코, 길이5센티미터, 폭2센티미터)	1개	27	송치

(2) 기록목록

① 이는 송치할 사건에 대한 수사기록의 색인표이다. 서류표목에는 서류종별을 기재하고 진술자, 작성년월일과 정수를 기재한다.

② 수사서류의 편철순서는 접수 또는 작성한 순서에 따른다.

8. 의견서

(1) 의의

① 의견서 작성의 주체는 사법경찰관이다.

② 객관적 사항만 기재하는 것이 아니라 사법경찰관의 주관적 의견이 기재된 서류다.

(2) 전과사실

전과사실은 징역, 금고, 집행유예를 선고받은 경우는 먼저 연도순으로 기재하고, 벌금형이나 기소유예처분을 받은 사실은 징역, 금고, 집행유예 다음에 연도순으로 기재하는데, 처분일자→ 처분관서→ 죄명→ 처분결과 순으로 기재한다.

> (예)
> 1989년 0월 0일, 서울형사지방법원, 강도, 징역 1년
> 1990년 0월 0일, 광주지방법원, 재물손괴, 징역1년 집행유예 3년
> 1991년 0월 0일, 부산지방법원, 교통사고처리특례법, 금고1년
> 1985년 0월 0일, 서울형사지방법원, 점유이탈물횡령, 벌금 30만원
> 1987년 0월 0일, 대구지방검찰청, 병역법, 기소유예

(3) 범죄사실 (범죄의 주체)

교사범, 방조범의 경우	통설·판례가 공범종속성설을 취하므로 교사·방조 행위 이외에 정범의 범죄사실을 구체적으로 기재하여야 한다(81.11.24, 81도2422).
간접정범의 경우	정범이 처벌되지 않는 행위나 과실행위를 이용한 것이므로 그 취지를 자세히 기재
양벌규정의 경우	법인이나 감독자에 대한 범죄사실은 대표자, 종업원에 대한 범죄사실과는 별도로 독립시켜 기재

(4) 적용법조

① 사건송치서의 죄명란과 마찬가지로 죄명을 표기하고 구체적인 법률의 해당조문, 항, 호까지 기재하여야 한다.

② 여러 개의 법률 조문을 열거할 때에는 법률명이 바뀔 때마다 한 번씩 기재한다.

  예 형법 제345조 제2항, 제234조 제1항, 제2항, 부정수표단속법 제2조 제3항

③ 처벌규정, 금지규정이 별도인 경우는 양자를 모두 기재하는데, 처벌규정→ 금지규정→ 공범·누범·경합범→ 소년범 순으로 기재한다.

④ 적용법조가 여러 개 있을 때에는 특별법→ 형법각칙→형법총칙 순으로 기재한다.

⑤ 형법총칙 규정의 기재사항과 미기재사항의 구분

  ㉠ 공범(공동정범, 교사범, 방조범), 누범, 경합범(상상적·실체적 경합), 필요적 몰

수는 기재한다. 이 경우 공범·상상적 경합은 해당조문 뒤에 표기하고, 누범·경합범은 끝에 기재한다.

　　ⓛ 임의적 몰수, 추징, 간접정범, 총칙상 미수, 형의 가중·감면규정은 기재치 않는다.

(5) 정상(情狀)에 관한 사항 기재요령

　① 사회에 미치는 영향을 고려한 의견이어야 한다.

　② 부인이나 진술의 대립이 있을 때에는 심증을 표명하여야 한다.

　③ 폭력사범에 대하여는 피의자의 상습성, 악성, 배경 등에 의견과 소년사건의 경우는 처분 등에 대한 의견을 기술해야 한다.

9. 기타 서류 작성 요령

(1) 의견서

　① 의 의

수사기관이 고소·고발·자수 이외의 원인에 의하여 직접 범죄혐의를 인정하고 수사를 개시하는 경우, 사법경찰관이 범죄사실을 인지한 내용을 보고하는 서류를 말한다(범죄수사규칙 제74조, 사법경찰관리집무규칙 제21조).

　② 기재사항

　　　　　피의자 인적사항⇒ 범죄경력⇒ 범죄사실⇒ 인지경위⇒ 적용법조

(2) 수사보고서

　① 의 의

수사에 관계있는 사항을 상사에게 보고하는 서면을 말한다.

　② 중요성

수사보고서는 원칙적으로 증거능력이 없으나 수사의 합리성 증명, 영장신청의 유력한 소명자료 역할로서 중요성을 갖는다.

(3) 체포보고서

　① 종 류

피의자 체포보고서	사전영장, 체포영장에 의한 체포시 작성
현행범인 체포서	현행범인 체포시 작성
피의자 긴급체포서	긴급 체포시 작성

② 각종 체포보고서의 공통적 기재사항

인적사항	피의자의 직업, 성명 연령은 체포당시 그대로 기재
체포연월 일시	실제로 신체를 체포한 시간을 기준으로 기재, 불확실할 경우 '경' 을 붙임
체포장소 및 상황	체포장소 상황은 실제로 체포한 장소를 행정구역에 의한 지번 등으로 하여 특정할 수 있도록 구체화
증거자료 유무	증거자료의 유무 기재시는 '있다' 또는 '없다' 라고 기재

③ 체포영장(혹은 긴급체포, 현행범인)에 의한 피의자의 체포의 경우에 작성하는데, 체포보고서 작성 당시 구속영장 관계는 알 수 없으므로 사전 구속영장에 의한 피의자 체포의 경우에 작성하는 것은 아니다. 피의자체포보고서는 피의자를 체포한 경찰관이 작성한다(범죄수사규칙 제137조).

(4) 압수조서

① 압수조서 작성요령

증거물을 압수하였을 때에는 압수조서 및 압수목록을 작성한다.

이때 압수조서에는 압수경위를, 압수목록에는 물건의 특정을 기재한다.

② 물건을 압수하였을 때에는 반드시 압수조서와 압수목록을 작성하여야 하지만 피의자신문조서, 진술조서 또는 실황조사서, 검증조서에 압수의 취지를 기재함으로써 압수조서의 작성에 갈음할 수 있다.

③ 사법경찰관이 아니면 '사법경찰관사무취급'이 아닌 '사법경찰리'라고 표기하고 관직 성명을 기재한다.

④ 압수·수색영장에 의한 경우: 반드시 참여인을 두어야 하고, 반드시 집행전에 영장을 제시하여야 한다.

⑤ 영장 없이 압수한 경우: 반드시 참여인 없이도 그리고 야간에도 압수할 수 있다(제220조).

⑥ 추정, 간정정범, 총칙상 미수, 형의 가중·감면규정은 기재하지 않는다.

⑦ 임의제출물의 경우 압수한 경우

• 소유자나 소지재 보관자가 임의로 제출한 물건을 압수할 때에는 그 경위를 구체적으로 기재하여야 한다.
• 압수목록에는 압수한 물건의 외형상의 특정을 구체적으로 기재한다. 때에 따라서는 사진을 첨부하거나 복사 또는 직접 그려서 첨부한다.
• 소유자가 소유권을 포기한다는 의사를 표명하면 포기각서를 받아 압수조서에 첨부한다.

⑧ 주요 관련 판례

1. 경찰관이 음주운전 단속 중 음주운전자를 적발, 구속 체포하지 아니한 경우에도 필요하다면 그 차량열쇠를 영장없이 압수할 수 있는바, 이는 범행 중 또는 범행 직후의 범죄장소에서의 압수로서 형사소송법 제216조 제3항을 근거로 하고, 사후에 지체없이 영장을 받아야 한다(大判 1998.5.8, 97다54482).
2. 압수물은 압수절차가 위법하더라도 물건자체의 성질, 형상에 변경을 가져오는 것은 아니어서 형상 등에 관한 증거가치에는 변함이 없다(大判 1994.2.8, 93도3318).
3. 형사소송법 및 기타 법령상 의료인이 진료 목적으로 채혈한 혈액을 수사기관이 수사 목적으로 압수하는 절차에 관하여 특별한 절차적 제한을 두고 있지 않으므로, 의료인이 진료 목적으로 채혈한 환자의 혈액을 수사기관에 임의로 제출 하였다면 그 혈액의 증거사용에 대하여도 환자의 사생활의 비밀 기타 인격적 법익이 침해 되는 등의 특별한 사정이 없는 한 반드시 그 환자의 동의를 받아야 하는 것은 아니다(大判 1999.9.3, 98도968).

(5) 피의자 신문조서

① 조서 冒頭 기재요령

피의자를 특정하는 사항	1. 성명은 호적에 기재된 이름을 기재할 것. 그러나 구명·개명·이명·별명 등이 있는 경우에는 괄호를 하고 표시 2. 연령은 생년월일과 함께 기재 3. 주민등록번호는 주민등록증에 정해진 번호를 기재한다. 4. 주거란 민법의 이른바 주소 또는 거소의 뜻이며 어떤 경우에도 현재의 그것을 기재하여야 한다. 5. 본적이란 호적의 소재장소를 말한다. 전적한 자는 본적을 기재한 다음 괄호를 하고 원적을 기재하는 것이 좋다. 6. 직업은 조사 당시의 직업을 되도록 구체적으로 기재하여야 한다.
전문에 기재	1. 피의자 성명·피의사건명·조서작성연월일·조서작성장소를 기재 2. 조서작성자 계급·성명, 참여경찰관의 계급·성명을 기재 3. 피의자를 특정하는 사항을 기재한 다음 피의자에게 사건의 요지를 설명한 다음에 반드시 진술거부권을 고지해야 한다. 4. 변호인 참여 신청시 참여변호인 성명을 기재한다. (조서말미에 변호인의 서명·날인을 받는다.)

② 진술내용

신분관계	① 출생지도 진술자를 특정하는 요소 중 하나이므로 불명이거나 모르는 경우 자연스럽게 표현하면 된다. ② 포상은 과거의 공로로 정상참작사유가 된다. ③ 전과기타 범죄 경위는 정상참작 또는 누범가중 여하를 결정하는 기준이다.
조서말미 기재	① 진술조서의 기재를 마쳤을 때에는 이것을 진술자에게 열람 또는 읽어준 후 오기·증감·변경한 것이 없는 가를 확인한 후에 진술자의 서명날인을 받고, 작성연월·일, 작성자의 소속관서와 계급을 기재하고 서명·날인·간인해서 완성한다.

② 소년이나 질병자·중상자 등을 조사할 때에는 대개 사법경찰관리가 아닌 참고인을 두게 되는데 이때 진술조서 전문에 기재하여 그 뜻을 명확히 하는 외에 말미에도 그 사유를 기재한다.
③ 진술자에게 조서를 열람 또는 읽어준 후 증감·변경의 원인의 요청이 있는 경우 그 진술을 조서에 기재한다.
④ 작성공무원의 서명날인은 대법원규칙이 정하는바에 따라 기명날인으로 갈음 할 수 있다고 규정하고 있다.
⑤ 끝맺음에는 피의자에게 이익되는 사실이나 변명 등을 기재하며, 피진술자의 임의성(진실성×)을 확보하기 위해 가급적 조서말미 신문사항에 피의자 자필로 답변을 쓰게 한다.
⑥ 통역인, 보조인 등이 있는 경우는 이들의 서명날인도 받는다(외국인인 경우는 서명만).

(6) 진술조서와 진술서

진술조서	검사 또는 사법경찰관이 참고인 등 피의자 아닌 자의 진술을 기재한 조서를 말한다.
진술서	진술서란 피고인, 피의자, 참고인이 스스로 사실관계를 기재한 서면

(7) 검증조서

① 수사기관이 검증의 상황 및 결과를 명백히 기재한 서면, 즉 오관의 작용에 의하여 검증 대상물의 존재와 상태에 대하여 인식한 것을 기재한 서면
② 작위를 가하지 말아야 한다. 검증조서 작성 당시에 촬영하지 못한 사진을 후일에 비공식적으로 촬영하여 당초에 검증한 내용에 첨부하든지 해서는 안된다.
③ 적극적인 것뿐만 아니라 소극적인 것도 기재해야 한다.
④ 피의자 성명은 검증시를, 피의사건명은 검증시 추측되는 죄명(검증조서작성시×)을 표준으로 한다.
⑤ 검증시는 피의자가 불명이었으나, 그 후 검증조서작성시에 알게 된 경우에는 소급하여 기재하지 말고 "성명불상자"라고 기재한다.

(8) 실황조사서

① 의의: 수사기관이 수사상 필요에 의하여 강제력을 사용하지 않고 범죄현장 기타 범죄 관련 장소, 물건, 신체 등에 대하여 그 존재 및 상태를 오관의 작용에 의하여 실험·경험·인식한 사실을 명확히 하는 수사활동이 실황조사이고 그 결과를 서면에 작성한 것이 실황조사서이다. 실황조사서의 내용 및 법률상의 효과는 검증조서와 다름이 없다. 다만 검증이 강제절차임에 대하여 실황조사는 임의절차로 보나(경찰), 판례는 실황조사서를 검증조서와 동일하게 본다.
② 실황조사서에 기재된 피의자 진술의 증거능력: 피의자 신문조서로 봄(84.5.29. 84

도 378)

③ 실황조사서의 작성목적은 실체적 진실발견에 있다.

(9) 수사보고서

① 의의: 수사의 경과·결과 등 수사관련사항을 상사에게 보고하는 서면이다.

② 증거능력: 전문증거로서 전문법칙의 예외에 해당하지 않으므로 증거능력 없다.

③ 영장신청에 있어 소명자료가 된다.

(10) 간이서식

① 의 의

- 간이형사기소제도의 일환으로서 사안이 단순하고 정형적인 형사사건 처리에 관하여 정형화된 서식을 말한다.
- 불구속 사건 중 피의자의 4명 이하만 적용
- 피의자가 수명이고, 적용법조가 다른 경우에는 피의자별로 기재
- 구속사건의 경우에도 간이서식화 양식을 작성할 수 있다(X).

② 대상

- 교통(업무상과실치사상, 도로교통법위반사건)
- 폭력(폭력행위등처벌에관한법률위반, 폭행, 폭행치상, 상해의 기수·미수사건)
- 절도
- 향토예비군설치법위반
- 도박사건

(11) 신원보증서

① 의 의

신원보증서 작성대상자에 해당하는 불구속 피의자에 대해서는 피의자의 출석을 보증하기 위해 신원보증서를 받아 두어야 한다.

② 신원보증서 작성대상자(대검예규 제166조)

- 구속영장이 기각된 피의자,
- 구속적부심으로 석방된 자,
- 기소중지 재기사건의 피의자,
- 고소사건 중 고소가 취소되지 않은 사건의 피의자,
- 주거부정자,
- 기타관할 검찰청 검사장이 필요하다고 인정되는 경우 등이다.

(12) 피해신고서

피해신고서는 피해자나 관계자가 범죄에 의한 피해를 신고하고, 그 내용을 기재한 것으로 신고자 명의로 작성된다(범죄수사규칙 제50조).

(13) 범죄인지서

실무상 최초 범죄혐의를 발견한 경찰관이 작성하는 서류를 범죄인지서라 한다. 수사의 단서에 의하여 현실로 범죄로 인정할 수 있을 단계가 되면 범죄를 인지하고 범죄인지서를 작성하여 상사의 결재를 득한 후 범죄사건부에 접수(입건)함으로써 용의자에서 피의자로 수사의 대상이 된다. 인지한 사건은 전부 수사 종결하여 기소·불기소 여부를 확정하여 송치하여야 한다. 다만, 고소·고발, 자수는 범죄인지서를 작성하지 않는다.

10. 수사자료표의 작성

(1) 작성대상

원칙	입건된 모든 피의자에 대해 작성한다(동법 제3조).
예외	① 즉결심판대상자(정식재판 청구 피고인 포함) ② 인지사건이 아닌 것으로서, 사법경찰관이 수리한 고소·고발사건에 대해 불기소의견으로 송치하는 사건의 피의자. 단, 경찰에서 불기소 의견으로 송치하였으나 검찰에서 조사 후 기소한 피의자에 대해서는 검찰에서 작성 ③ 형사미성년자(만 14세 미만) ④ 단순 물적 피해교통사고 피의자(단, 인적 피해사고, 종합보험·공제조합 미가입, 합의되지 않은 단순 물적 피해사건은 작성하여야 함) ⑤ 가정법원 송치사건 ⇒ 인지사건으로서 불기소처분은 작성한다.

(2) 작성방법

① 십자지문의 채취 등: 수사자료표 작성대상자로서 주민등록증 미소지자

② 수사자료의 폐기(형실효등에관한법률시행령 제9조):사망한 때

③ 수사자료표에 주민등록증의 지문을 복사할 수 있는 경우

　　도로교통법, 도로교통법처리특례법, 향토예비군설치법, 식품위생법

④ 경찰컴퓨터의 주민조회상의 주소와 주민등록상의 주소가 서로 다른 경우에는 주민등록상의 주소를 기재

11. 형실효등에관한법률의 주요내용

(1) 범죄경력자료와 수사경력자료의 구분

기존의 수사자료표를 범죄경력자료(벌금이상)와 수사경력자료(벌금미만)로 구분

(2) 전과기록

수명인명부, 수형인명표 및 범죄경력자료(수사경력자료×)를 의미

(3) 범죄경력조회·수사경력조회 및 회보가 가능한 경우(제6조)

① 범죄수사, 재판, 형의집행, 사회봉사, 수강명령, 등의 집행을 위하여 필요한 경우
② 수사자료표의 내용을 확인하기 위하여 본인이 신청하는 경우

12. 장부 및 서류의 보존기간 (사법경찰관리집무규칙 제72조)

영구	수사관계예규철
15년	범죄 사건부, 압수부, 피의자소재발견처리부, 체포·구속인명부, 수사종결사건(송치사건)철, 내사종결사건철, 변사사건종결철, 수사미제사건기록철
10년	몰수·부대보전신청부
5년	통계철
3년	통신제한조치허가신청부, 통신제한조치집행대장, 긴급통신제한조치대장, 긴급통신제한조치통보서발송부, 통신제한조치집행사실통지부, 통신제한조치집행사실통지유예승인신청부, 통신사실 확인자료제공 요청허가신청부, 긴급 통신사실 확인자료제공 요청대장, 통신사실 확인자료제공 요청집행대장, 통신사실 확인자료 회신대장, 통신사실 확인자료제공 요청 집행사실통지부, 통신사실 확인자료제공 요청 집행사실통지유예 승인신청부
2년	구속영장신청부, 체포영장신청부, 체포·구속영장집행원부, 긴급체포원부, 현행범인체포원부, 압수·수색·검증영장신청부, 출석요구통지부, 체포·구속인접견부, 체포·구속인교통부, 물품차입부, 체포·구속인수진부, 처분결과통지서철, 검시조서철, 잡서류철, 특례조치 등 신청부

13. 변호인의 기록열람·등사권

(1) 의의

변호인은 소송계속중의 관계서류 또는 증거물은 열람·등사할 수 있다(제35조).

(2) 범 위

열람·등사의 인정범위는 소송계속 중이므로 공소제기이후 공판단계를 의미한다. 그러므로 공소제기 전 수사 중의 수사서류는 열람·등사권이 인정되지 않는다.

(3) 주요 관련 판례

1. 공소제기 후 검사보관의 수사기록에 대한 열람·등사의 절차

   수사기록에 대한 열람·등사신청은 수사기록을 보관하고 있는 검사에게 직접 하여야 한다(헌재1997. 11. 27. 94헌마60).

2. 변호인이 기소전에 피의자에 대한 고소장과 피의자신문조서를 열람 등사할 수 있는지 여부

   고소로 시작된 형사피의사건의 구속적부심절차에서 피구속자의 변호를 맡은 변호인으로서는 피구속자에 대한 고소장과 경찰의 피의자신문조서를 열람하여 그 내용을 제대로 파악하지 못한다면 피구속자가 무슨 혐의로 고소인의 공격을 받고 있는 것인지 그리고 이와 관련 하여 피구속자가 수사기관에서 무엇이라고 진술하였는지 그리고 어느 점에서 수사기관 등이 구속사유가 있다고 보았는지 등을 제대로 파악할 수 없게 되고 그 결과 구속적부심절차에서 피구속자를 충분히 조력할 수 없음이 사리상 명백하므로 위 서류들의 열람은 피구속자를 충분히 조력하기 위하여 변호인에게 반드시 보장되지 않으면 안되는 핵심적 권리이므로 공소제기 전 수사기관에 있는 수사서류에 대해서 피의자의 변호인은 열람·등사할 수 있다(헌재 2003. 3.27, 2000헌마474).

고소·고발사건 이송 및 수사촉탁에 관한 규칙

[시행 2012.7.17] [경찰청예규 제460호, 2012.7.17, 폐지제정]

제1장 총칙

제1조(목적) 이 규칙은 경찰관이 고소·고발사건을 처리함에 있어 그 책임수사관서를 명확히 하고, 이송 및 수사촉탁의 기준과 절차를 규정함으로써 신속·공정한 사건 처리와 사건관계인의 편의를 도모함을 목적으로 한다.

제2조(정의) 이 규칙에서 사용하는 용어의 정의는 다음 각 호와 같다.
1. "고소·고발사건(이하 '사건'이라 한다.)" 경찰관서에 고소·고발로 접수된 사건을 말하며 검찰에 최초 접수되어 경찰관서로 수사지휘된 사건을 제외한다.
2. "이송"이란 한 경찰관서에서 수사중인 사건을 다른 경찰관서로 옮기는 수사주체의 변경을 말한다.
3. "수사촉탁"이란 사건 수사의 일부분에 대하여 다른 경찰관서에 수사를 의뢰하는 것을 말한다.
4. "범죄지"란 범죄사실의 전부 또는 일부가 발생한 장소를 말하며 범죄실행장소, 결과발생장소, 결과발생의 중간지를 포함한다.
5. 이 규칙에 사용된 "관할"이란 경찰관서의 관할구역을 말한다.

제3조(타 규칙과의 관계) 이송과 수사촉탁에 있어 이 규칙이 다른 규칙보다 우선하여 적용된다. 단 다른 규칙에서 명시적으로 이 규칙의 적용을 배제하는 경우에는 그러하지 아니하다.

제2장 사건의 이송

제4조(책임수사관서) 사건에 대하여 범죄지, 피의자 주소, 거소(居所) 또는 현재지 중 어느 1개의 관할권이 있는 한 사건을 접수한 경찰관서가 사건을 이송하지 아니하고 수사촉탁등 공조수사를 활용하여 수사·송치함을 원칙으로 한다.

제5조(사건의 이송) ① 다음 각 호에 해당하는 경우에는 필요한 수사를 한 후 사건의 관할권이 있는 경찰관서로 이송할 수 있다.
1. 사건에 대해 일체의 관할권이 없는 경우 다만, 사건 접수시 관할권이 있었으나 이후 관할권이 없어진 경우는 제외
2. 타 경찰관서로부터 이송요청이 있고, 이송의 필요성이 인정되는 경우

3. 이송심의위원회의 이송결정이 있는 경우
4. 그 밖에 사건을 이송해야 할 상당한 사유가 있는 경우
② 이송여부를 판단함에 있어 사건의 신속·공정처리 및 민원인의 편의를 우선적으로 고려하여야 한다.

제6조(사건이송의 제한) ① 제5조제1항제4호의 사유로 이송하는 경우에는 이송심의위원회의 결정을 받아 이송함을 원칙으로 한다. 다만, 경찰청장은 심의를 받지 않고 이송할 수 있는 사건의 범위를 정할 수 있다.
② 동일 법원의 관할 내 경찰관서간에는 제1항의 경우에도 불구하고 이송할 수 없다.
제7조(사건이송의 절차) ① 제5조에 의해 사건을 이송할 경우에는 소속관서장의 승인을 받아 사건인계서를 작성한 후 관련 서류와 증거물을 신속히 해당 경찰관서로 인계하여야 한다.
② 사건을 이송한 때에는 그 사실을 지체없이 고소·고발인에게 통지하여야 하며 그 통지는 사건처리 진행상황 통지서 또는 고소·고발인이 원하는 방법으로 할 수 있다.

제8조(분쟁의 조정) ① 이송심의위원회의 결정을 받지 않은 이송과 관련하여 인계·인수관서간 이견이 있는 경우에는 인수관서 소속 지방경찰청 이송심의위원회의 결정에 따른다.
② 인계관서는 이송에 관한 이견이 예상되는 경우에는 미리 소속 지방경찰청 이송심의위원회의 결정을 받아 이송할 수 있다.
③ 지방경찰청 이송심의위원회는 당해 위원회에서 심의·의결함이 적당하지 않다고 판단되는 사안에 대하여 경찰청 이송심의위원회의 심의·의결을 요청할 수 있다.
④ 이송심의위원회의 결정에 대해서는 다툴 수 없다.

제3장 이송심의위원회
제9조(설치) 경찰청과 각 지방경찰청에 이송심의위원회(이하 "위원회"라 한다)를 둔다.

제10조(구성) ① 위원회는 위원장 1인과 3인 이상의 위원으로 구성한다.
② 위원회는 수사과장을 위원장으로 하고 수사업무 담당 계장 또는 팀장을 위원으로 하며 실무담당자를 간사로 둘 수 있다.
③ 위원장 또는 위원이 되어야 할 자가 유고시 그 직무대리자가 당해 자격으로 참석할 수 있다.

제11조(임무) 위원회는 다음 각호의 사항에 대하여 결정하여야 한다.
1. 경찰관서간 관할권 경합시 책임수사관서
2. 제6조, 제8조에 의한 사건 이송의 적합성
3. 그 밖에 사건 신속·공정 처리를 위해 필요한 사항

제12조(운영) ① 위원장은 제11조 각 호에 규정된 사항의 결정을 위해 필요하다고 인정하는 때에는 위원회를 소집할 수 있다.
② 위원장은 경찰관서로부터 이송심의요청서를 접수한 때로부터 2일 이내에 위원회를 소집하여야 한다.
제13조(심의·의결) ① 심의는 위원장 및 3인 이상의 위원이 참석하여야 하며 간사는 심의·의결권을 가지지 않는다.
② 위원장과 위원은 동등한 의결권을 가지며 참석자 과반수의 찬성으로 의결한다. 다만, 가부 동수인 경우에는 위원장이 결정한다.
③ 위원회는 소집된 때로부터 48시간 이내에 안건을 심의·의결해야 하며, 심의·의결된 때로부터 24시간 내에 결정 내용을 해당 경찰관서에 통보하여야 한다.

제4장 수사촉탁

제14조(수사촉탁) ① 수사를 함에 있어 다른 경찰관서에 소재하는 수사대상에 대하여 수사를 촉탁할 수 있다. 다만, 피의자 조사는 현장진출이 곤란한 경우에 한한다.

② 동일 지방경찰청 내 또는 경찰청장이 별도 지정한 경찰관서에서는 구치소, 교도소, 대용감방에 수용된 자에 대한 조사를 위하여 수사촉탁할 수 없다. 다만, 울릉경찰서는 예외로 한다.

제15조(수사촉탁 절차) ① 수사촉탁은 촉탁사항을 구체적으로 기재한 촉탁서에 의해야 하고 수사진행 사항을 알 수 있는 수사기록 원본 또는 사본을 첨부하여야 한다.

② 수사를 촉탁한 수사관은 수사촉탁을 이유로 사건을 방치하여서는 안되며 수사 진행사항을 파악하여 수사보고 하여야 한다.

③ 수사촉탁 사건은 수사지원팀에서 접수하여 대장에 등재한 후 촉탁관서 수사팀에 대응하는 수사팀에 배당하여야 한다.

④ 수탁관서는 촉탁사항에 대한 수사를 완료한 후 회답서 및 관련서류 일체를 신속히 등기송달, 직접 전달 등의 방법으로 촉탁관서에 송부하여야 한다.

제16조(수사촉탁 처리기한) ① 수사촉탁의 처리기한은 각호와 같다.
 1. 피의자 조사 1개월
 2. 고소인, 고발인, 참고인 등 조사 15일
 3. 소재수사, 사건기록 사본 송부 10일
② 제1항의 처리기한 내에 촉탁사항에 대한 수사를 완료하지 못하는 경우에는 촉탁한 수사관과 협의하여 처리기한을 연장하고 수사보고 하여야 한다.

제17조(장부의 비치 및 보존) ① 경찰관서는 수사지원팀에 수사촉탁 접수 관리대장을 비치하여야 한다.
② 수사촉탁 접수 관리대장 보존기간은 3년으로 한다.

14. 경찰 수사서류 열람 · 복사[1]

(1) 용어의 정의

사건관계인	고소인, 고발인, 진정인, 피의자, 피진정인
담당수사관	열람 · 복사의 신청을 받은 때에 당해 사건을 직접 수사하는 정 · 부 수사관 및 종결된 사건의 담당으로 지정된 경찰관
본인진술서류	경찰관이 작성한 서류로서 열람 · 복사를 신청하는 사람의 진술이 기재된 서류
본인제출서류	본인진술서류 외의 서류로서 열람 · 복사를 신청하는 사람이 제출한 서류
수사지원부서	수사부서에서 정보공개시스템 관리자 기능을 부여받은 부서 등 정보공개 업무를 처리하는 부서

---

1) 제정 2017. 6 . 21 . 경찰청 예규 제524호

(2) 신청인 및 신청가능서류

① 사건관계인·참고인, 그 대리인은 수사 중인 기록, 내사 중인 기록, 종결된 내사 기록 중 본인진술서류 및 본인제출서류의 전부 또는 일부에 대하여 열람·복사를 신청할 수 있다. 다만, 대질신문 조서의 경우 본인 진술부분에 한하여 신청할 수 있다.

② 피의자·피진정인, 그 변호인은 필요한 사유를 소명하고 고소장, 고발장, 진정서의 열람·복사를 신청할 수 있다. 이 경우 고소·고발장, 진정서의 내용 중 혐의사실에 한정하고 개인정보, 혐의사실 중 참고인에 관한 사실, 증거방법 및 첨부된 제출서류 등은 제외한다.

③ 구속영장이 청구되거나 체포 또는 구속된 피의자, 그 변호인, 법정대리인, 배우자, 직계친족, 형제자매나 동거인 또는 고용주는 긴급체포서, 현행범인체포서, 체포영장, 구속영장의 열람·복사를 신청할 수 있다.

④ 긴급체포 후 석방된 사람 또는 그 변호인, 법정대리인, 배우자, 직계친족, 형제자매는 체포통지서, 긴급체포 승인건의서의 열람·복사를 신청할 수 있다.

(3) 신청 접수, 결정, 부분공개 또는 비공개결정의 사유

접수	① 경찰 수사서류 열람·복사를 신청하고자 하는 경우 인터넷, 우편을 이용하거나 기타 당해 사건을 관할하는 경찰청 및 소속기관에 방문하여 정보공개청구의 방법으로 접수할 수 있다. ② 수사지원부서는 접수 즉시 신청사실 및 신청의 요지를 수사부서의 장에게 보고하고 담당수사관에게 전달하여야 한다.
결정	① 수사부서의 장은 접수를 받은 날로부터 10일 이내에 다음 각 호의 어느 하나에 해당하는 결정을 하여야 한다. 1. 공개결정 : 신청한 서류 내용 전부의 열람·복사를 허용 2. 부분공개결정 : 신청한 서류 내용 중 일부의 열람·복사를 허용 3. 비공개결정 : 신청한 서류 내용에 대하여 열람·복사 불허용 ② 수사부서의 장은 요건이 충족되는 경우 공개 결정을 하는 것을 원칙으로 한다.
부분공개 또는 비공개결정의 사유	수사부서의 장은 제5조 제2항에도 불구하고 다음 각 호의 사유가 있을 경우에 부분공개결정·비공개의 결정을 할 수 있다. 이 경우 결정과 함께 그 사유를 명시하여야 한다. 1. 수사서류의 공개로 인하여 국가안전보장 등 국가의 중대한 이익을 현저히 해칠 우려가 있는 경우 2. 수사서류의 공개로 인하여 사건관계인 또는 참고인의 명예나 사생활의 비밀 또는 생명·신체의 안전이나 생활의 평온을 현저히 해칠 우려가 있는 경우 3. 수사서류의 공개로 인하여 사건관계인 또는 참고인의 개인정보를 침해할 우려가 있는 경우 4. 수사서류의 공개로 인하여 자기 또는 공범의 증거인멸이나 도주를 용이하게 할 우려가 있는 경우 5. 수사서류의 공개로 인하여 당해 사건 또는 관련 사건의 내사나 수사에 중대한

	장애를 가져올 우려가 있는 경우 6. 수사서류의 공개로 인하여 수사방법상의 기밀이 누설되거나 불필요한 새로운 분쟁이 야기될 우려가 있는 경우 7. 그 밖에 신청대상 서류 중 일부만을 공개할 필요가 있거나 수사서류를 공개함이 적합하지 아니하다고 인정되는 현저한 사유가 있는 경우
증거자료 유무	증거자료의 유무 기재시는 '있다' 또는 '없다' 라고 기재

(4) 제공

① 공개/부분공개 결정을 할 경우 수사서류 원본을 열람·복사하여 제공하여야 한다. 이 경우 형사사법정보시스템(KICS)상 전산화된 문서를 출력하여 제공하여서는 아니 된다.

② 제공을 할 때 사건관계인 또는 참고인의 개인정보가 공개되지 아니하도록 비실명 처리 등 보호조치를 하여야 한다.

(5) 주소 또는 연락처의 고지

① 사건관계인이 합의 또는 피해회복을 위하여 상대방의 주소나 연락처를 알고자 수사서류의 열람·복사를 신청하는 경우 담당수사관은 수사서류의 열람·복사를 하지 않고 정보주체의 동의를 얻어 그 주소나 연락처를 고지할 수 있다.

② 정보주체가 동의하는 경우 그 일시·방법을 정보공개 결정이유 또는 수사보고서에 기재하여야 한다.

(6) 다른 기관의 열람 · 복사 요청이 있는 경우

검찰, 법원 등에서 수사서류의 열람·복사 요청이 있는 경우 수사부서의 장은 다음 각 호에 해당하는 사유가 있는 때에는 수사서류의 열람·복사를 제한 또는 거부할 수 있다.

1. 현재 진행 중인 내사 또는 수사에 장애가 되거나 될 우려가 있는 경우

2. 사건관계인 또는 참고인의 권익을 침해할 우려가 있는 경우

3. 요청사유가 분명하지 아니한 경우

4. 기타 수사서류를 공개함이 적절하지 않다고 인정할 상당한 이유가 있는 경우

(7) 신청의 각하

① 다음 각 호에 해당하는 경우에는 열람·복사의 신청을 각하할 수 있다.

1. 제3조 각 항 및 제9조의 신청인이 아닌 사람이 신청한 경우

2. 사건을 검찰에 송치하는 등 서류를 보관하고 있지 아니하거나, 신청서류가 제3조 각 항의 신청가능서류에 해당하지 아니하는 경우

3. 신청의 취지 및 범위가 불명확하여 상당한 기간을 정하여 소명을 요구하였음
   에도 신청인이 이에 응하지 아니한 경우
4. 단순 반복적 신청에 불과한 경우
② 각하하는 경우 비공개결정을 하여야 한다.

제6장 과학수사

경 찰 수 사 실 무 론

제1절 과학수사의 의의

(경찰청) 과학수사 기본규칙

제1장 총칙

제1조 (목적) 이 규칙은 과학수사 활동의 구체적인 방법과 절차, 증거물의 관리·보관 등 필요한 사항을 정함으로써 사건 해결과 법정 증거능력 확보 및 국민의 인권 보장에 기여함을 목적으로 한다.

제2조 (적용 범위) 경찰의 과학수사 업무에 대하여 다른 법령 및 규칙에 특별한 규정이 있는 경우를 제외하고는 이 규칙이 정하는 바에 따른다.

제3조 (용어의 정의) 이 규칙에서 사용하는 용어의 정의는 다음과 같다.

1. "과학수사"란, 법의학, 생물학, 화학, 물리학, 독물학, 혈청학 등 자연과학 및 범죄학, 심리학, 사회학, 철학, 논리학 등 사회과학적 지식과 과학기구 및 시설을 이용하는 체계적이며 합리적인 수사를 말한다.

2. "현장감식"이란, 범죄현장에 임하여 현장 및 변사체의 상황과 유류된 여러 자료를 통하여 현장을 재구성하고 증거자료를 수집하는 활동을 말한다.

3. "증거물 연계성"이란, 과학수사 활동을 통해 수집·채취한 증거물이 법적 증거능력을 확보할 수 있도록 수집·채취부터 감정, 송치까지 매 단계에서 이력이 관리되는 것을 말한다.

4. "증거물의 수집"이란 증거물의 추가적인 분석이나 감정을 위하여 원상의 변경 없이 현장에서 증거물을 수거하는 것을 말한다.

5. "증거물의 채취"란 현장이나 실험실 등에서 원상의 증거물로부터 2차적인 처리 과정을 거쳐 지문을 현출하거나, 미세증거, 디엔에이 감식 시료 등을 전이하는 것을 말한다.

6. "과학수사요원"이란 경찰청 및 소속기관의 과학수사 담당부서에 소속된 경찰공무원 및 일반직 공무원을 말한다.

7. "검시조사관(檢視調査官)"이란 변사체 및 그 주변 환경을 종합적으로 조사하여 생물학·해부학·병리학 등 전문 지식에 따라 범죄 관련 여부를 판단하는 과학수사요원을 말한다.

8. "과학적범죄분석시스템(SCAS)"이란 범죄분석 자료의 관리를 통한 수사 지원을 위하여 범죄 개별 항목 등을 입력·분석하고 현장 데이터·장비·인적자원 현황을 관리하는 전산시스템을 말한다.

9. "증거물관리시스템(EMS)"이란 증거물 연계성 확보를 위해 증거물의 수집·채취부터 감정, 송치까지의 입·출고 이력을 관리하는 전산시스템을 말한다.

10. "지문자동검색시스템(AFIS)"이란 전산입력된 주민등록증 발급신청서, 외국인 지문원지 및 수사자료표 등을 이미지 형태로 현출시켜 현장에서 수집·채취한 지문과 열람·비교·확인할 수 있는 시스템을 말한다.

11. "족·윤적감정시스템(FTIS)"이란 전산입력된 신발·타이어 문양을 이미지 형태로 현출시켜 현장에

서 수집한 족·윤적과 열람·비교·확인할 수 있는 시스템을 말한다.

12. "지문 감정"이란 현장에서 수집·채취한 지문의 문형, 특징, 그 밖에 지문에 나타난 정보를 분석한 후 지문자동검색시스템(AFIS)에 전산입력된 지문과 비교·확인·검증하여 동일 지문 여부를 판정하는 것을 말한다.

13. "족·윤적 감정"이란 현장에서 수집·채취한 발자국·타이어자국 등 흔적 정보를 분석한 후 족·윤적감정시스템(FTIS)에 전산입력된 신발·타이어 문양과 비교·확인하여 동일 여부를 판정하는 것을 말한다.

제4조 (전문가 활용) ① 경찰청장은 과학수사 기법 선진화, 표준업무처리절차 개발 등을 위하여 분야별 전문가 연구모임을 구성 및 운영할 수 있다.

② 경찰청장은 과학수사 정책 등에 대한 자문을 구하기 위하여 필요한 경우 전문가로 구성된 자문위원회를 구성 및 운영할 수 있다.

③ 전문가 활용과 관련하여 필요한 세부 사항은 경찰청장이 정한다.

④ 「공직선거법」에 따라 실시하는 선거에 후보자(예비후보자 포함)로 등록한 사람, 「공직선거법」에 따른 선거사무관계자 및 선거에 의하여 취임한 공무원, 「정당법」에 따른 정당의 당원은 위원이 될 수 없다.

⑤ 위원이 제4항에 해당하게 된 때에는 당연 해촉된다.

제2장 현장감식

제6조 (현장감식 절차) 현장감식은 다음 각 호의 순서에 따라 효율적으로 실시한다.

1. 현장 임장, 보존 및 판단

현장에 도착한 과학수사요원은 최초 도착한 경찰관(이하 '초동 경찰관'이라 한다)의 설명을 청취하고, 현장의 위험성, 현장통제, 피해자 생존 여부와 사건의 종류, 기타 현장상황을 종합적으로 판단하여 현장감식에 필요한 과학수사 인력, 장비, 전문기법 적용 여부를 결정한다.

2. 현장 관찰

과학수사요원은 본격적인 기록과 증거채취 전에 범행과 직·간접적으로 연관되어 있는 유·무형 증거자료를 수집하기 위해 현장에 있는 물체의 존재 및 상태를 관찰하여야 한다.

3. 현장 기록

과학수사요원은 현장 관찰, 증거자료 수집 등 현장에서 행하는 과학수사 활동을 시간 순서대로 감식 기록, 상황도, 사진 촬영, 동영상 촬영 등을 통해 기록하여야 한다.

4. 증거물 검색

과학수사요원은 과학적 기법과 장비를 활용하여 범죄현장에 남아 있는 다양한 형태의 증거물을 빠짐없이 검색하여야 한다.

5. 증거물 채취

과학수사요원은 지문, 족적, 미세증거, 디엔에이 감식시료 등 모든 증거물을 적절한 순서에 따라 채취하여야 한다.

6. 감정과 분석

과학수사요원은 채취한 증거물을 다양한 기법을 활용하여 감정하고 분석한다.

7. 결과보고서 작성

현장감식 실시 후 과학수사요원은 과학적범죄분석시스템(SCAS)을 통하여 「범죄수사규칙」 별지 제204호서식에 따른 현장감식결과보고서를 작성한다.

제1절 현장 임장

제7조 (현장 임장의 원칙) ① 과학수사요원은 다음 각 호의 경우 지체 없이 사건 현장에 임장하여야 한다.

1. 수사본부가 설치되거나 설치될 것이 예상되는 중요 사건

2. 담당 부서에서 과학수사요원의 현장 임장을 요청하는 사건

3. 그 밖에 과학수사요원이 임장할 필요가 있다고 인정되는 사건

② 과학수사요원의 현장 임장 시 소속 상관에게 보고하여야 하며, 사건에 따라 비노출 감식이 필요한 경우 사복을 착용할 수 있다.

③ 현장은 과학수사요원 2인 이상이 동시에 임장하여야 한다. 다만, 근무인원 등 상황에 따라 불가피한 경우에는 그러하지 않을 수 있다.

④ 과학수사요원은 필요시 상급관청 또는 국립과학수사연구원 등 관련기관에 협조를 요청할 수 있다.

제8조 (부상자 구호 등) 초동 경찰관 및 과학수사요원은 현장 임장 시 부상자의 구호가 필요한 때에는 지체 없이 구호 조치를 취하되, 구호 과정에서 현장 훼손을 최소화하여야 한다.

제9조 (사건현장 인계) ① 현장감식이 필요한 사건 발생 시 과학수사요원은 현장 임장 후 초동 경찰관으로부터 현장에 출입한 자의 성명, 전화번호, 주소(소속), 출입 일시 등 현장에 대한 종합적인 상황을 인계받아야 한다.

② 현장이 변경되었거나 훼손된 부분이 있을 경우 과학수사요원은 최초 발견자, 신고자, 구조대원, 초동 경찰관 등에게 질문하여 면밀히 확인하여야 한다.

제10조 (현장보존 시 유의사항) 초동 경찰관 및 과학수사요원은 범죄현장이 훼손되지 않도록 다음 각 호의 사항에 유의하여야 한다.

1. 경찰통제선 안으로 출입할 필요가 없는 사람의 출입을 제한하고, 현장책임자의 통제에 의하여 현장자료 등이 훼손되지 않도록 한다.

2. 현장접근 시 보호장구 등을 착용하고 통행판 등을 이용하여 현장에 들어간다.

3. 쓰레기를 버리거나 담배를 피우는 행위 및 화장실 사용 등 현장을 훼손하는 행위를 하지 않는다.

4. 다른 절차에 앞서 현장사진 및 동영상을 촬영하고, 촬영 이후에 현장 자료를 채취한다.

5. 그 밖에 수사 과정에서 현장을 훼손할 수 있는 행위를 최소화한다.

제2절 현장 관찰

제11조 (현장 관찰시 유의사항) 과학수사요원은 현장 관찰 시 「범죄수사규칙」 제162조제1항 각 호의 사항을 고려하는 동시에 다음 각 호의 사항에 유의하여야 한다.

1. 냉정하고 침착하게 행동한다.

2. 예단이나 선입감에 의하지 말고, 면밀하고 객관적으로 관찰한다.

3. 가능한 한 관찰범위를 광범위하게 설정한다.

4. 외곽으로부터 중심부로 관찰한다.

5. 현장 상황과 맞지 않는 모순점 발견에 노력한다.

6. 제3자에 의한 현장변경 여부를 확인한다.

제3절 현장 기록

제12조 (감식 기록) 과학수사요원은 범죄현장의 임장부터 현장감식 종료 시까지 활동 사항을 다음 각 호에 따라 시간 순서대로 작성하여야 한다. 다만, 사건의 경중에 따라 작성하는 세부내용은 다를 수 있다.

1. 현장 도착 시각 및 기상상태

2. 현장상황

3. 증거자료 수집 진행 경과

4. 감식종료 시각

5. 기타 특이사항

제13조 (현장 상황도) 과학수사요원은 필요한 경우 사건현장을 일목요연하게 표현할 수 있도록 다음 각 호에 따라 평면도 등으로 현장 상황도를 작성할 수 있다.

1. 방위각과 사건현장 주변의 상황을 자세하게 표시한다.

2. 범죄현장의 크기와 증거물의 위치를 알 수 있도록 실측하여 평면도를 작성하고 현장감식 시 부여한 번호표를 기록하여 상세한 설명을 덧붙인다.

3. 시체 상처의 위치, 형태 등은 신체도를 이용하여 작성한다.

제14조 (현장사진 및 동영상 촬영) 과학수사요원은 현장의 기록·보존을 위해 범죄현장에서 범죄와 관련 있는 사람, 물건, 그 밖의 상황이 포함된 현장을 별표 1과 같이 촬영하여야 한다. 다만, 사건의 내용에 따라 촬영할 필요가 없다고 판단될 때에는 촬영을 생략할 수 있다.

제15조 (현장 기록의 작성 및 관리) ① 현장사진 등 기록물은 제6조제7호에 따른 현장감식결과보고서와 함께 과학적범죄분석시스템(SCAS) 등에 입력한다.

② 과학수사요원은 현장사진 등 기록물이 훼손되지 않도록 관리하여야 한다.

제4절 증거물 채취

제16조 (증거물 채취 원칙) 증거물은 최대한 원형상태를 유지하여 각 증거물의 특성에 맞는 최적의 방법으로 채취한다. 이 때 증거물 연계성 준수를 고려하여야 한다.

제17조 (증거물 채취 대상) 과학수사요원이 채취하여야 하는 증거물은 다음 각 호와 같다.

1. 지문, 혈액, 타액, 정액, 모발 등 개인 식별을 위해 채취되는 생물학적 증거물

2. 유리, 페인트조각, 토양, 고무, 섬유 등 미세증거물

3. 족적, 윤적, 공구흔 등 물리학적 증거물

4. 손상 등 시체에 대한 법의학적 증거물

5. 사진, 동영상자료 등 영상 증거물

6. 그 밖에 범죄현장의 재구성을 위하여 필요하다고 인정되는 증거물

제18조 (증거물 채취 시 주의사항) 증거물을 채취할 때에는 다음 각 호의 사항을 고려하여 가장 효과적인 방법을 사용하여야 한다.

1. 증거수집 장소와 폐기물 처리장소를 구분하고, 현장 출입자가 있는 경우 당사자의 동의를 받아 채취한 디엔에이 감식시료를 추후 대조 증거로 활용할 수 있다.

2. 증거물의 수집단계에서는 현장 참여자들에 의하여 오염되지 않도록 최대한 주의하여야 한다.

3. 현장에서 증거물과 직접 접촉이 있었던 일회용 수집 도구는 모두 폐기하고, 이후 재사용을 금지하여야 한다. 다만 지속적으로 사용하는 도구에 대해서는 소독을 실시하여 증거물 교차오염을 방지하여야 한다.

제19조 (증거물 포장) ① 채취한 증거물은 오염·손상·분실을 방지하기 위하여 봉투·용기·상자 등 증거물의 특성에 맞는 용구를 선택하여 증거물 종류, 채취 일시·장소, 채취자 등을 기재한 후 원형이 훼손되지 않도록 포장한다.

② 증거물 포장 시에는 별표 2의 주의사항에 유의하여야 하며, 증거물의 포장이 불가능한 경우에는 적절한 대책을 마련하여야 한다.

제5절 변사체 검시

제20조 (변사체 검시) ① 사법경찰관 또는 「범죄수사규칙」 제32조제3항에 따라 검시에 참여한 검시조사관은 변사체를 조사하고 필요한 자료를 채취한다. 이 때 참여한 검시조사관은 「범죄수사규칙」 별지 제205호서식에 따른 변사자조사결과보고서를 작성하여 사건 담당 경찰관에게 제공하여야 한다. <2014.12.24. 개정>

② 사법경찰관 또는 검시조사관은 변사체 개인식별을 위하여 지문을 채취하며, 부패 등으로 인하여 지문 채취가 곤란할 때에는 디엔에이 감식시료, 치아, 유골 등 자료를 채취하여 감정기관에 의뢰하여야 한다. <2014.12.24. 개정>

제21조 (검시의 방법) 검시 단계에서의 유의사항은 별표 3에 따른다.

제3장 증거물 관리 및 보관

제22조 (증거물 관리의 원칙) ① 증거물은 채취부터 감정, 송치 단계까지 증거물 연계성을 준수하여 증거물의 객관적 가치가 훼손되지 않도록 한다.

② 지문, 족적, 혈흔 등 훼손이나 멸실의 우려가 있는 증거물은 특히 그 보존에 유의하여야 한다.

③ 증거물의 이동, 변경, 파손 등 원상의 변경을 요하는 검증을 하거나 감정을 의뢰할 때에는 반드시 사진이나 동영상을 촬영하는 등 변경 전의 형상을 알 수 있도록 조치를 취하여야 한다.

제23조 (보관 대상 증거물) 범죄사건의 증거물로 보관하여야 할 대상은 경찰관 또는 검시조사관이 현장에서 채취한 제17조의 증거물 중 다음 각 호의 사유로 보관이 필요한 증거물을 말한다. <2014.12.24. 개정>

1. 미해결 사건의 증거물

2. 공소시효가 도래하지 않은 증거물

3. 그 밖에 계속 보관이 필요하다고 판단되는 증거물

제24조 (증거물보관실 운용) ① 증거물보관실은 증거물을 저장할 수 있는 공간으로 항온·항습·냉동·냉장 등 증거물에 따라 최적의 방법으로 관리한다.

② 증거물관리실의 종합적인 관리를 위해 과학수사요원 중에서 정·부책임자를 지정하고, 출입 시 출입자 명부를 작성하여야 한다.

③ 증거물의 입·출고 내역 등은 「경찰 정보통신 운영규칙」에 따라 전용 시스템을 통해 관리하는 것을 원칙으로 하며, 운영부서의 장은 전산자료의 보호대책을 마련하여야 한다.

④ 증거물보관실 책임자는 주기적으로 점검을 실시하여 정전, 화재, 보안 사고 방지 등 증거물보관실 관리에 노력을 기울여야 한다.

제25조 (증거물보관실 이용) 증거물의 입·출고 및 인계 절차 등 구체적 이용 방법은 별표 4에 따른다.

제4장 전문 과학수사 기법 및 감정

제26조 (목적 및 유의사항) ① 과학수사요원은 범죄사건 등 수사에 필요한 경우, 현장감식과 병행하여 전문 과학수사 기법을 활용할 수 있다.

② 과학수사요원은 현장에서 채취한 증거물을 수사 자료로 활용하기 위하여 감정을 실시할 수 있다.

③ 제27조부터 제35조까지의 전문 과학수사기법 및 제36조부터 제38조까지의 과학수사 감정은 전문 교육 이수 등 관련 자격을 갖춘 전문요원이 실시하여야 한다.

제1절 전문 과학수사 기법

제27조 (화재감식) ① 화재현장에 유류된 증거를 분석하여 발화점, 발화 원인, 확산 과정 및 방화의 경우 방화자 등을 규명하기 위하여 화재감식을 실시할 수 있다.

② 화재감식은 범죄 관련성을 염두에 두고 과학적인 방법으로 실시하여야 한다.

③ 관할경찰서에 화재감식 전문요원이 없는 경우 인접 경찰서 또는 관할지방청에 소속된 화재감식 전문요원의 지원을 받아 실시할 수 있다.

④ 화재감식은 발화원인 조사를 중점으로 실시하며 필요한 경우 피해발생 원인, 확산 원인 등에 대하여 조사할 수 있다.

⑤ 화재감식 원인 분석을 위해 기구 및 시설에 대하여 분해검사 및 관련 실험을 실시 할 수 있으며, 전문지식과 경험이 필요한 경우 민·관 관련기관에 자문을 요청하거나 감정을 위촉할 수 있다

⑥ 화재감식을 실시하였을 경우 별지 제1호서식에 따라 화재감식 결과보고서를 작성하여 사건 담당 경찰관에게 회보하여야 한다.

제28조 (혈흔형태분석) ① 혈흔이 관찰되는 사건현장에서 일어난 일련의 행위를 시간 순서대로 재구성하기 위하여 혈흔의 위치, 크기, 모양 등을 면밀히 관찰하여 혈흔형태분석을 실시할 수 있다.

② 혈흔형태분석을 실시할 경우 별지 제2호서식에 따라 혈흔형태분석 보고서를 작성하여 사건 기록

에 첨부하여야 한다.

③ 사건현장에서 직접 혈흔형태분석을 할 수 없을 경우, 향후 혈흔형태분석을 대비하여 사건현장의 혈흔에 대해 면밀하게 사진 촬영하여 보관·관리하여야 한다.

제29조 (범죄분석) ① 살인, 강도, 강간, 방화 등 강력사건, 미제사건, 연쇄사건, 그 밖에 분석이 필요하다고 판단되는 사건에 대하여 범죄분석을 실시할 수 있다.

② 범죄분석은 범죄현장 분석, 범죄 심리·행동 분석, 범죄자 면담 등을 통하여 체계적 수사자료를 구축하고, 수사 방향 제시, 사건 간 연관성 파악, 범인 검거, 신문 전략 제시 등을 통하여 강력범죄 수사를 지원하는 것을 말한다.

③ 범죄분석을 실시하였을 경우, 별지 제3호서식의 발생사건 분석보고서 또는 별지 제4호서식의 피의자면담 결과보고서를 작성하여 사건 담당 경찰관에게 회보하여야 하며, 범죄분석 자료의 체계적 관리 및 공유를 위해 과학적범죄분석시스템(SCAS)에 입력하여야 한다.

④ 범죄분석요원은 2개 지방청 이상의 합동 분석이 필요한 경우, 경찰청 과학수사센터에 광역권 범죄분석팀 편성을 요청하여 운영할 수 있다.

제30조 (폴리그래프 검사) ① 사건과 관련하여 피검사자의 심리상태에 따른 호흡, 혈압 및 맥박, 피부 전기저항, 뇌파 등 생체 현상을 측정하여 진술의 진위 여부를 판단하기 위하여 폴리그래프 검사를 실시할 수 있다.

② 폴리그래프 검사는 피의자 및 중요 수사대상자에 대한 진술의 진위확인 등을 위하여 수사의 지원·보조수단으로 실시할 수 있다.

③ 폴리그래프 검사는 외부 소음 그 밖에 자극의 영향이 없고 녹음 및 녹화시설이 갖추어진 장소에서 실시하여야 한다.

④ 폴리그래프 검사는 다음 각 호의 어느 하나에 해당하는 경우에만 실시할 수 있다.

1. 진술의 진위 확인
2. 사건의 단서 및 증거 수집
3. 상반되는 진술의 비교 확인
4. 진술의 입증

⑤ 폴리그래프 검사관은 피검사자가 동의할 경우에만 폴리그래프 검사를 실시할 수 있으며, 피검사자가 검사에 부적합하다고 판단되는 경우에는 검사를 하여서는 아니 된다.

⑥ 폴리그래프 검사를 실시한 경우에는 별지 제5호서식에 따라 폴리그래프 검사 결과서를 작성하여 사건 담당 경찰관에게 회보하여야 한다.

제31조 (법최면) ① 최면기법을 활용하여 사건 관련 피해자나 목격자 등의 기억을 되살림으로써 사건의 단서 또는 증거를 수집하고 수사를 지원하기 위하여 법최면을 실시할 수 있다.

② 법최면은 외부 소음 등 자극의 영향이 없고 녹음 및 녹화시설이 갖추어진 장소에서 실시하여야 한다.

③ 법최면은 수사목적상 적합하다고 판단되는 경우에 한하여, 피최면자가 동의할 경우에만 실시하여야 한다. 다만, 피의자나 용의자를 대상으로 실시하여서는 아니 된다.

④ 법최면을 실시하였을 경우 별지 제6호서식에 따라 법최면수사 결과서를 작성하여 사건 담당 경찰관에게 회보하여야 한다.

제32조 (영상분석) ① 범죄수사와 관련된 CCTV 등 영상물에서 영상보정 작업을 통해 인물, 문자, 물체 등의 식별, 동일인 여부 판별, 그 밖에 범죄수사 단서 제공을 위하여 필요한 사항에 대하여 영상분석을 실시할 수 있다.

② 영상분석은 영상분석프로그램 등을 이용하고, 별지 제7호서식에 따라 영상분석 결과서를 작성하여 사건 담당 경찰관에게 회보하여야 한다.

제33조 (진술분석) ① 수사대상자의 자필진술서 및 진술녹화 자료를 과학적 기법으로 분석하여 진술 의도를 파악하고 진술의 진위여부를 평가하는 등 신문전략에 도움을 주기 위하여 진술분석을 실시할 수 있다.

② 진술분석을 위하여 사건 발생 직후 대상자의 자필 진술서 및 영상 녹화자료를 확보하여야 한다.

③ 진술분석을 실시하였을 경우 별지 제8호서식에 따라 진술분석 의견서를 작성하여 사건 담당 경찰관에게 회보하여야 한다.

제34조 (체취증거 활용) ① 범인의 추적, 실종자·시체 수색, 마약 등 목적물 발견, 용의자 체취와 유류품 냄새의 동일성 식별, 용의자 구별을 위해 체취증거를 활용할 수 있다.

② 체취증거는 임무를 수행하기 위한 전문 훈련을 받고 지정된 견(이하 "체취견"이라 한다) 등을 활용할 수 있으며, 이를 운영하기 위한 전문요원을 둔다.

③ 체취견 등을 수사에 활용하였을 때에는 별지 제9호서식에 따라 결과보고서를 작성하여 보관·관리하여야 한다.

제35조 (몽타주 작성) ① 사건과 관련하여 용의자가 특정되지 않았을 경우 목격자 등의 진술을 토대로 사건 관련 용의자의 얼굴, 신체 모습 등을 묘사한 몽타주를 작성하여 용의자 수배 및 탐문에 활용할 수 있다.

② 몽타주 작성 시 목격자의 기억을 돕기 위해 법최면을 병행하여 실시할 수 있다.

③ 몽타주를 작성하였을 경우에는 별지 제10호서식에 따라 몽타주 작성 결과서를 사건 담당 경찰관에게 회보하여야 한다.

제2절 과학수사 감정

제36조 (지문 감정) ① 범죄현장 등에서 채취한 지문 또는 신원불상자의 신원확인을 위해 지문 감정이 필요할 경우 경찰청 및 각급 경찰관서에서 지문 감정을 할 수 있다.

② 의뢰된 지문에 대해서는 지문검색시스템(AFIS) 등의 지문 자료와 대조하여 감정하고, 감정결과는 공문 또는 별지 제11호서식에 따른 감정서를 이용하여 회보하여야 한다.

제37조 (족·윤적 감정) ① 범죄현장에서 채취된 족·윤적에 대해 감정이 필요할 경우 경찰청 및 각급 경찰관서에서 족·윤적 감정을 할 수 있다.

② 족·윤적 감정은 족·윤적감정시스템 등을 이용하여 실시하고 별지 제12호서식에 따른 감정서를 회보하여야 한다.

③ 경찰청장과 지방경찰청장은 족·윤적 감정업무를 위해 정기적으로 신발, 타이어 등 문양자료를 수집하여 족·윤적감정시스템에 입력·관리하여야 한다.

제38조 (그 밖의 과학수사 감정) 경찰청 및 각급 경찰관서는 수사목적으로 활용하기 위하여 다음 각 호의 증거자료에 대하여 첨단 과학수사 장비를 활용하여 감정을 실시할 수 있다.

1. 디엔에이 증거물
2. 미세증거물
3. 음성분석 자료
4. 수사 지원을 위한 그 밖의 증거자료

제3절 과학수사 전산시스템 이용 등

제39조 (과학수사 전산시스템의 이용) 본 규칙에 따른 과학수사 활동의 효율적 운영 및 과학수사 자료의 보관·관리를 위하여 별표 5의 과학수사 전산시스템을 이용할 수 있다. 다만 시스템을 이용하는 것이 곤란한 경우 예외로 한다.

제40조 (세부 운영지침) 이 규칙의 시행을 위하여 필요한 세부 사항은 경찰청장이 따로 정한다.

제41조 (유효기간) 이 규칙은 「훈령·예규 등의 발령 및 관리에 관한 규정」(대통령훈령 제248호)에 따라 이 규칙을 발령한 후의 법령이나 현실 여건의 변화 등을 검토하여야 하는 2016년 8월 31일까지 효력을 가진다.

1. 과학수사의 일반적 논의

(1) 법과학의 창시자는 물적증거에 대한 과학적인 실험의 중요성을 주장했던 오스트리아의 법관 한스그로스이다. 이에 법과학의 방법론상 초기에 공헌을 한 사람은 프랑스의 에드몽 로카르트이다. 로카르트는 1910년 프랑스 리옹 경찰청에 과학연구실을 만들고 스스로 실장이 되었다.

(2) 과학수사 방법의 과정

자료수집 → 자료검토 → 수사방침 수립 → 검증

(3) 과학수사의 중요성

① 광역화, 기동화, 교묘화 되어 가는 범죄에 능률적으로 대처해야 한다.

② 경제성장과 도시화에 따른 주민의 연대의식이 희박해져 증인확보와 탐문에 의한 수사자료 수집이 어렵다.

③ 시민 등의 인권옹호의식의 향상 등으로 증거수집이 어렵다.

④ 조사기술만으로는 사건해결이 불가능하다.

⑤ 과학수사의 중심은 감식수사이다.

2. 범죄감식

구분	자료감식	기술감식
의의	평소 수집한 자료로 범인 추정 등을 행하는 것	사건현장에서 수집한 자료를 감식하는 것
해당례	• 지문자료에 의한 신원 · 범죄경력확인 • 피의자사진에 의한 범인추정 • 수법원지에 의한 감식 • 족흔적에 의한 용의자 추정	• 잠재지문 · 족흔적 · 혈흔 · 모발 · 섬유 · 미물 등의 채취와 검사 및 감정 • 화재 감식 · 필적감정 • 사진촬영 · 거짓말탐지기 검사

제2절 현장감식 · 사진촬영

경찰청훈령 제658호(2012. 6. 1)

범죄현장 사진 · 비디오물의 작성 및 기록 관리 규칙

제1조(목적) 이 규칙은 범죄 현장에서의 현장상황에 대한 자료와 증 거 수집 · 보전을 위한 사진 및 비디오 촬영에 대한 기준과 이에 따른 자료 관리를 위하여 필요한 사항을 규정함을 목적으로 한다.

제2조(정의) 이 규칙에 사용하는 용어의 정의는 다음과 같다.
　1. "현장사진"이란 범죄현장에서 범죄와 관련된 사람, 물건, 기타 상황, 증거물 등을 촬영한 사진을 말한다.
　2. "현장사진기록"이란 현장사진, 검시 · 부검사진, 감정사진, 현장약도와 그에 관련된 수사기록 등을 말한다.
　3. "현장비디오"란 범죄현장에서 범죄현장과 관련된 사람, 물건, 기타 주변 상황, 증거물을 촬영하거나 수사의 과정을 촬영하는 것을 말한다.

제3조(현장사진 및 비디오 촬영) 지방경찰청 또는 경찰서 수사 · 형사과 과학수사 담당 직원 등은 범죄현장에 임장하였을 때에는 현장사진 및 현장비디오 촬영을 하여야 한다. 다만, 사건의 내용에 따라 촬영할 필요가 없다고 판단될 때에는 촬영을 생략할 수 있다.

제4조(촬영시 유의사항) 현장사진 및 현장비디오를 촬영하는 지방경찰 청 또는 경찰서 수사 · 형사과 과학수사 담당 직원 등(이하 "촬영담당자"라 한다)은 촬영한 자료를 증거와 수사자료로 사용하는데 문제가 없도록 최대한 빨리 현장에 도착하여 촬영할 수 있도록 하여야 하며, 촬영을 할 때에는 다음 각호의 사항에 유의하여야 한다.
　1. 최초 도착하였을 때의 원상태를 그대로 촬영하고, 수사의 진행순서에 따라 수사상황을 촬영
　2. 증거물을 촬영할 때는 그 소재와 상태가 명백히 나타나도록 하며, 필요에 따라 구분이 용이하게 번호표 등을 넣어 촬영
　3. 흉기, 창상, 흔적 등이나 특정한 증거물로서 그 크기를 나타낼 필요가 있을 때에는 그 길이, 폭 등을 명백히 하기 위하여 측정용 자 또는 대조도구를 사용하여 촬영
　4. 사건상황을 추정할 수 있는 다음 각목의 대상물의 형상은 면밀히 관찰 후 자세히 촬영
　가. 사람, 물건, 장소에 부착되어 있는 혈흔
　나. 시체의 얼룩, 끈 자국(삭흔), 점 출혈
　다. 부검의 경우 장기의 상처 및 점 출혈, 혈액 변색 등
　라. 사건과 연관성이 크다고 판단되는 피해품, 유류품
　마. 상해 등의 사건과 피해자의 저항으로 입은 멍, 쓸린 상처 등 신체에 나타나 있는 상흔

제5조(현장사진 기록의 작성) ① 촬영담당자는 촬영한 사진으로 관련 서류를 작성할 때에는 다음 각호의 서식에 따라 작성하여야 한다.
　1. 사건현장사진기록은 별지 제1호서식
　2. 현장약도는 별지 제2호서식
　3. 현장사진, 부검사진, 감정사진 등은 별지 제3호서식
　② 지방경찰청장 및 경찰서장은 현장사진 및 현장비디오 촬영물에 대한 기록의 작성 및 보관 · 관리를 위하여 별지 제4호서식의 현장사진 등 기록처리부를 비치하고 촬영담당자로 하여금 기록 · 유지하게 하여야 한다.

제6조(기록의 정리 · 보관) 촬영담당자는 현장사진과 현장비디오를 촬영하였을 때는 그 자료를 범죄의 발생 또는 발견한 날짜순으로 정리 · 보관하여야 한다. 다만, 디지털카메라로 촬영된 사진파일은 원본상태로 디지털 저장매체에 정리 보관하여 훼손되지 않도록 주의를 다하여야 한다.

제7조(기록 사본의 송부) 지방경찰청장 또는 경찰서장은 현장사진 및 현장비디오 촬영물중 중요하고 특이한 사건으로 경찰청장 또는 지방경찰청장의 제출요구가 있는 때에는 신속하게 촬영물과 관련 수사자료를 디지털 저장 매체에 기록하여 송부하여야 한다.

제8조(초상권 및 개인정보보호) 현장사진 및 현장비디오 촬영물은 사건 관련자의 초상권 및 개인정보의 보호를 위해 수사 또는 재판 이외의 목적으로 제공하여서는 아니 된다.

제9조(유효기간) 이 규칙은 「훈령 · 예규 등의 발령 및 관리에 관한 규정」(대통령훈령 제248호)에 따라 이 규칙을 발령한 후의 법령이나 현실 여건의 변화 등을 검토하여야 하는 2015년 7월 31일까지 효력을 가진다.

1. 현장감식

(1) 의의

범죄현장에 존재하는 범죄흔적을 발견하여 범죄의 유무, 범죄사실, 범인 등에 관하여 판단을 하는 동시에 현장자료를 채취하고 검사와 식별을 통하여 증거화 하는 활동이다.

(2) 현장감식의 작업순서

현장출입통제 → 간부의 관찰 → 사진촬영 → 채증감식 → 범죄수법검토

(3) 현장자료 채취시 유의 사항

① 범위는 될 수 있는 대로 넓게 종합적으로 관찰하여야 한다.

② 외곽으로부터 중심적으로 관찰하여 들어가며, 면밀하고 객관적인 관찰을 하여야 한다.

③ 비교 · 대조 등을 필요로 하는 것은 반드시 대조물도 함께 채취하여야 한다.

④ 제3자에 의한 현장변경이 있었을 때에는 그 원인을 확실히 규명하여야 한다.

⑤ 현장상태와 물건 등의 위치를 변경하지 말아야 하는데, 부득이 변경할 때에는 분필(백묵)로 원래의 위치를 표시해 두어야 한다.

⑥ 검은 것은 백지에, 흰 것은 흑색지에 포장하며, 변질, 휘발우려가 있을 때에는 차광성 용기에 넣어 밀봉한다.

⑦ 핀셋을 사용하여 채취할 때에는 자료의 손상에 주의하고, 가급적 나무젓가락을 사용하며 채취시 인위적으로 가하여진 변화에 대해서는 상세히 기업한다.

⑧ 과일 등에 치아의 형태가 남아있는 경우 탈지면으로 타액을 흡입시키고, 실리콘러버법으로 치흔을 채취한다.

⑨ 현장자료는 사진 및 비디오촬영 종료 후가 아니면 채취하여서는 아니 된다.

2. 사진 촬영

(1) 감정사진의 분류

적외선·자외선 사진	주로 문서감정에 이용되는데, 말소변개한 문자를 검출하는데 효과적이다.
현미경 사진	주로 탄환, 인영 및 통화 등의 동이식별에 이용된다.

(2) 사진 촬영시 유의사항

① 도착했을 때의 상태 그대로 촬영한 후 현장검증에 의하여 분명하게 된 세부사항을 촬영한다.

② 임장자 또는 감식기자재 등 범행과 관계없는 것을 넣고 촬영하는 일이 없도록 한다.

③ 증거물 등의 촬영에 있어서는 입회인이 직접 서명한 표찰을 함께 놓고 촬영한다.

④ 사진촬영은 범죄수사에 있어서 다른 어떤 절차보다도 앞서 선행되어야 한다.

⑤ 사진촬영은 사진촬영요령에 따라 신중히 하여야 하며 1회의 촬영으로 목적을 달성할 수 있어야 한다.

⑥ 적시성이 있고 증거능력이 인정되도록 촬영하여야 하며, 물건의 크기나 길이 등을 참작할 수 있도록 자 또는 담배 값 등을 함께 놓고 대비하여 촬영하면 효과적이다.

⑦ 끈졸림사는 목부위의 상태가 명확히 표현되도록 근접촬영하고, 손졸림사는 손톱 등의 흔적을 중심으로 채광(採光)과 조사각도(照射角度)를 변경시켜가면서 촬영한다.

⑧ 복도는 각 실내의 출입구를 알 수 있도록 양쪽에서 촬영하고, 가구 등이 파괴되고 물색되어 흩어져 있는 경우에는 여러방향에서 촬영한다.

⑨ 루미놀반응 검사시에는 발광상황의 촬영이 어려우므로 혈흔의 위치를 확인하고 참고인을 입회시키고 반응검사를 한다.

제3절 사체현상

1. 사체 초기 현상

사체냉각 → 사체건조 → 각막혼탁 → 시체얼룩 → 시체굳음

(1) 체온 하강

① 체온 하강 속도는 사후 10시간 이내는 시간당 1℃씩, 그 이후는 시간당 약 0.5~0.25℃ 씩 하강한다.

② 주위의 대기온도와 같아지거나 수분이 증발하면서 주위의 기온보다 더 낮아진다.

③ 체온은 항문에 검온기를 삽입하여 곧창자 온도를 측정한다. 이때 사후 16－17시간 이내에 측정하여야 한다.

④ 체온하강은 환경이나 개인차 등에 의해 다른데 어린이 · 노인 > 청장년, 남자 > 여자, 마른 사람 > 비만한 사람보다 체온냉각이 빠르다.

⑤ 체온하강은 습도가 낮을수록, 통풍이 좋을수록, 수분이 빨리 증발되므로 하강속도는 빠르다.

⑥ 사망초기에 가장 정확히 사후 경과시간을 추정할 수 있는 방법이다.

(2) 사체건조

① 사람이 죽으면 피부에 수분의 보급이 정지되기 때문에 피부가 건조하게 되는 현상을 말한다.

② 특히 입술, 항문 등 외부에 노출된 부분은 피혁상(皮革商)화 된다.

(3) 각막혼탁

각막은 사후 12시간 전후가 되면 안개가 낀 것처럼 흐려지기 시작하여 약 24시간이 지나면 현저히 흐려지고 동공도 흐려지는데(입, 코, 눈에 구더기도 생김), 그 후 약 48시간이 지나면 불투명하게 된다.

(4) 시체얼룩

① 개념

사람이 사망하면 적혈구의 자체중량에 의한 혈액침하현상(血液沈下現象)으로 시체하부의 피부가 암적갈색으로 변화하는데 이러한 현상을 시체얼룩이라고 한다.

② 발생상태

시간별	사후 30분－1시간 경과	시체얼룩이 나타나기 시작한다.

	사후 4−5시간 경과	이동성 시체얼룩이 형성된다. 이때 사체의 위치를 바꾸어 놓으면 시체얼룩도 이동한다.
	사후 12시간 경과	침윤성 시체얼룩이 형성된다. 이때 사체의 위치를 바꾸어 놓더라도 이미 형성된 시체얼룩은 사라지지 않는다.
내용별		• 주위온도가 높을수록 시체얼룩은 빠르게 나타난다. • 사망 후 누운 자세로 있었다면 가장 아랫부분인 등 부위와 목과 다리의 뒷부분에 발갛거나 파란 색깔변화를 일으킨다. 시체가 딱딱한 것 위에 있었다면 그 맞닿은 부분은 압력에 의해 혈관계가 막혀서 창백하게 남게 되며 보통 엉덩이와 어깨날개 부분에서 보인다. • 시체가 사망 당시 의자에 앉아 있었다면 시체얼룩은 발·다리·아래부분·손·턱 아래부분에서 주로 형성된다. • 목맴시체(의사체)에 있어서는 주로 손·발의 끝부분에 시체얼룩이 형성되고, 목맴시체의 등부위에 시체얼룩이 형성되었다면 이는 타살로 의심된다. • 급사나 질식사의 경우 유동혈이 많아 적혈구의 이동성이 크기 때문에 시체 얼룩은 빠르고 강하게 나타난다.

③ 사망 원인에 따른 시체얼룩 색 변화

암적색	정상적인 시체얼룩은 암적색을 띰. 질식사에서 현저함
선홍색	• 차가운 곳에서(익사나 저체온사) 사망한 경우 • 일산화탄소나 사이안산, 청산류에 의한 중독으로 사망한 경우
갈색조	독물 중 염소산칼륨이나 아질산소다 등의 중독일 경우 황갈색 또는 암갈색이나 초콜릿과 같은 갈색조를 띰
녹갈색	황화수소가스 중독일 경우

(5) 시체굳음: 근육현상

① 사후에 일시 이완되었다가 시간이 경과하면서 점차 경직된다.

② 턱관절에서 경직되기 시작하여 사후 12시간 정도면 전신에 미친다.

③ 경직순서: 지연기 → 시작단계 → 시체 굳음 완성 → 완해기

④ 시강의 형성 (Nysten 법칙)

　　　턱관절 → 어깨관절 → 손발의 상지 → 손·발가락 순으로 진행된다.

⑤ 급사체는 굳음의 지속시간이 길다.

⑥ 근육이 발달할수록 시체 굳음이 강하고, 노인·소아·쇠약자는 약하게 나타나고 속히 와해된다.

> ※ 활력반응
>
> 1. 의의
>   생전에 신체의 내부 또는 외부로부터 가해진 자극에 대하여 생체로서 반응하여 생긴 현상을 말한다.
> 2. 활력반응의 특징
>   (1) 사망 후에도 사망 전에 가하여진 외인은 소실되지 않고 반드시 남아있다.
>   (2) 사후에 가해진 외인자에 대해서는 그 반응이 나타나지 않는다.
>   (3) 시체에서 활력반응을 볼 수 있다면 그 소견은 생전에 이루어졌다는 것을 말한다.
> 3. 활력반응의 예
>   (1) 활력반응에는 출혈, 굳은피, 상처구멍의 벌어짐, 상처가장자리의 부풀어오름, 치유기전, 감염 등
>   (2) 화재사의 경우에 기도내에 그을음부착이 있으며, 익사체의 각 장기내에 프랑크톤이 분포한다.
>   (3) 동맥이 절단되어 혈액의 체외유출로 빈혈이 일어난다.
> * 화재사의 시체가 투사형을 취하는 것은 사후에 열을 가하여 형성된 것이므로 활력반응이 아니다.

2. 사체의 후기현상

자가융해	1) 사후에는 미생물의 관여 없이도 세포 가운데의 자가효소에 의하여 분해가 일어나 세포 구성성분은 분해되어 변성되고 세포 간 결합의 붕괴로 조직은 연화된다. 2) 초기현상으로 보는 견해가 있다.	
부 패	1) 부패균의 작용에 의해 일어나는 질소화합물의 분해 2) 부패의 3대 조건 　① 공기의 유통이 좋고 ② 온도는 20~35℃ ③ 습도는 60~66%일 때 최적 3) Casper 법칙 (공기: 물: 흙 = 1: 2: 8)	
미이라화	고온·건조지대에서 시체의 건조가 부패·분해보다 빠를 때 생기는 시체의 후기현상	비정형적 부패
시랍화	화학적 분해에 의해 고체형태의 지방산 혹은 그 화합물로 변화한 상태로서 비정형적 부패로 수중 또는 수분이 많은 지중(地中)에서 형성된다.	
백골화	뼈만 남는 상태, 소아 사후 4~5년, 성인시체는 7~10년 후 완전 백골화 된다.	

 * 사천왕현상: 사후 3−5일 경과하면 얼굴의 안구, 눈꺼풀, 입술 등이 부풀어 올라 이른바 사천왕현상으로 보이게 된다.

3. 위장 내용물의 상태와 사망시각의 추정

위장관 내용물의 상태	추 정 시 간
위에 내용물이 충만되어 있고 전혀 소화가 진행되지 않은 상태	식사직후 사망
위 및 십이지장에 음식물이 남아 있고 소화가 어느 정도 진행된 상태	식후 약2~4시간 후 사망
위는 비어있고 십이지장에 식물의 고형잔사가 남아 있는 상태	식후 약4~5시간 후 사망
위 및 십이지장이 모두 비어 있는 상태	식후 6시간 이상 경과

4. 시체얼룩과 피부밑출혈의 차이

	시체얼룩	피부밑출혈
발생시기	사후	생전
발현부위	시체의 저부위에 압박되지 않는 부분에 체위의 아래쪽에 나타난다.	시체의 고·저부위에 관계없음
압박시 퇴색	사후 얼마 안됐을 때에는 그 부위를 손가락으로 누르면 하얗게 일시적으로 지워진다.	지압을 가해도 퇴색하지 않는다.
절개	응고하지 않으므로 피부를 절개해서 거즈(가제) 등으로 닦으면 닦아진다.	닦아지지 않는다.
조직검사	모세혈관이 파괴되지 않아서 혈구나 파괴물이 보이지 않는다.	모세혈관이 파괴되어 혈구나 파괴물이 있다
압박부	시체얼룩을 보지 못한다.	관계없이 나타난다.
이동성	침윤성 시체얼룩 전에는 이동성이 있다.	이동성이 없다.

* 점출혈은 구분기준이 아니다.

5. 질식사

점출혈 발생	피부, 결막, 점막 밑, 장막 밑 등에서 점출혈이 생긴다.
혈액의 암적색 유동성	혈액이 응고되지 않으면서 그 색깔이 암적색(검붉은색)을 띠는 상태이다.
내장의 울혈	뇌, 폐, 간, 신장, 혀 등의 혈관 내에 많은 피를 함유하고 있는 상태를 말한다.

(1) 질식사의 3대 징후

점출혈, 혈액의 암적색 유동성, 내장의 울혈은 내인성 급사 등 다른 급사에서도 볼 수 있어 급사의 3대 징후도 된다.

(2) 질식사의 종류

① 목 맴

의의	줄이나 끈이나 목 주위에 두르고 줄이나 끈의 양쪽 또는 한쪽 끝을 매단점에 고정시켜 자기의 체중으로 목을 졸라 사망하는 것
특징	• 자살인 경우가 거의 대부분이다. • 끈자국이 형성되고 끈자국 주변의 피부밑출혈·피부까짐 가능성이 있다. • 혀가 튀어나오는 경우가 많고, 안구도 울혈로 인하여 돌출되는 경우가 많다. • 체액을 누출하는 경우가 많다. • 얼굴(안면)과 눈꺼풀(안결막)이 창백하다.
자·타살 구별	* 목맴에서의 자·타살 구별

구 분	자 살	타 살
사용된 끈	자신이 일상적으로 사용하는 것이나 피부에 닿아도 아프지 않은 연한 것	튼튼한 것이면 무엇이든 사용
맨 방법	제일 먼저 감은 것이 제일 강하며 몇 번이고 감는 수도 있음.	주로 한번 세게 감는다. 특이한 매듭
삭흔	• 삭흔이 끈과 일치된다. • 체중 때문에 턱에 걸려 더 이상 올라가지 못할 때까지 올라가기 때문에 삭흔은 목의 윗 부분에 있다.	• 삭흔이 끈과 일치되지 않고, 끈과 삭흔 사이에 머리카락·낙엽·흙 등의 이물질을 발견할 수 있다. • 일반적으로 의사보다 목의 아래쪽에 있다.
시체얼룩 등	• 체위에 합당하게 하반신에서 발견 • 안면부에 점상출혈이 있다.	• 체위에 합당하지 않는 부위에서도 발견된다. • 안면부에 울혈, 점상출혈이 있다.
장소·상황	현장상황이 자연스럽다.	현장을 과도하게 꾸미는 경향이 있다.
보조물	가끔 발견된다.	거의 발견되지 않는다.
저항흔	없다.	있는 경우가 많다.

② 끈졸림사

의의	목에 감겨진 줄이나 끈에 자신의 체중 이외의 힘에 졸려서 질식 사망하는 것이다.
특징	• 끈졸림사는 타살이 거의 대부분이다. • 목에 끈자국이 있으나 목맴보다 낮은 지점에 있다. • 혀가 튀어나오거나 체액을 누출하는 것은 목맴과 유사하나 끈자국 주변에 손톱자국있는 경우가 많다. • 끈자국의 위치는 목맴보다 낮아 방패연골의 높이 또는 그 하방에 형성되며 그 상방에는 흔하지 않다. • 끈졸림사체에서는 끈이 목부위를 수평을 일주하며 뒤목부위보다 앞목부위의 위치에서 끈자국이 뚜렷하게 나타난다. • 끈을 여러 번 회전하였을 때는 회전수에 따라 여러 개의 끈자국이 형성되며 끈자국의 주행이 단절되고 여기에 피부까짐을 본다면 이는 끈의 매듭 위치를 말해준다.

〈익사〉

의의	액체를 기도에 흡입하는 것을 물론, 흡입하지 않고 익수와의 접촉만으로 사망하는 경우도 포함한다. 거의 자살이거나 과실사이다.
특징	• 눈꺼풀 결막에 점출혈이 있으며 시체얼룩이 약하거나 없다. • 손이나 발에 주위의 물체를 잡고 있다. • 기도내 또는 위장내에 개울물의 프랑크톤, 부유생물 등이 발견된다. • 체온이 냉각속도가 지상에서보다 빠르다. 흐르는 물에서 더욱 빠르다. • 사람에 따라 다르나 익사가 일어나기까지의 시간은 5~8분 정도로 보고 있다.
소견	• 판단의 어려움: 익사여부를 판단하는 데는 단정적인 소견이나 검사법으로는 부족하여 논란

	이 많다.
	• 백색거품: 기도를 개방하여 미세한 포말로 구성된 백색의 거품이 코와 입에서 마치 버섯모양으로 유출되며 닦아내면 또 다시 나타날 수 있다. 이러한 거품덩이가 나타나면 의심할 여지 없이 생전에 물이 들어갔다는 가장 확실한 근거가 된다.
사후 투수	• 익사하여 프랑크톤을 함유한 익수가 폐를 통하여 혈액내로 들어오게 되면 혈류를 타고 전신 각 기관에 퍼지게 된다. • 사후투수(死後投水)일 경우에도 폐와 위장관에 물이 들어갈 수 있으며 위장내에는 음식물 중에 함유되어 있던 프랑크톤이 검출될 수 있기 때문에 폐와 위장내에 프랑크톤이 있더라도 이를 자살로 추정할 수 없다. • 사람이 물에 뛰어 들 때 인위적인 노력 없이 물속으로 빠질 수 있는 깊이는 355cm이하다. 따라서 입수장소의 추정을 위한 프랑크톤 검사시 수표층을 비롯한 350cm 이내의 것을 대조수 (對照水)로 채취해야 한다.

③ 손졸림사: 목을 손으로 눌러 사망하게 하는 것으로 대부분 타살이다.

④ 익사

⑤ 기도막힘질식사: 기도 내의 막힘 또는 좁아짐으로 인해 호흡을 못하여 사망하는 것이다.

6. 손상사의 분류 및 자·타살 구별

(1) 손상사의 분류

손상은 피부의 연속성이 파괴되었는가에 따라 열린손상, 닫힌손상으로 분류하고 있다. 열린손상은 창(創), 닫힌손상은 상(傷)이라고 하며 이를 합쳐 창상(創傷)이라고 한다.

열린손상	손상 받은 결과 피부의 연속성이 파괴된 손상을 말한다.
닫힌손상	피부의 연속성이 상실되지 않고 피부와 피부 밑에 형태학적인 변화가 초래된 상태를 말한다.

(2) 둔기에 의한 손상의 종류

종 류	의 의
피부까짐	피부의 표피가 떨어져 나간 손상을 말하는데 찰과상이라고도 한다.
피부밑출혈	피부밑의 모세혈관이 파괴되어 출혈로 인한 응고상태를 말하며 피하출혈, 타박상, 멍 이라고도 한다.
찢긴상처	둔체가 신체를 강타하여 그 부위의 피부가 극도로 긴장되어 탄력성의 한계를 넘어 피부가 파열된 손상이다.
찢은상처	견고한 둔체가 인체에 작용하여 좌멸된 손상을 형성한 것으로 차량에 받치거나 구타 당했을 때 형성된 손상이다.
두줄출혈	회초리, 지팡이, 혁대, 대나무자, 채찍 등과 같이 어느 정도 폭이 있으면서 비교적 가벼운 물체로 가격하면 오력이 가하여진 양측에서 출혈을 보는데 이를 두줄출혈이라 한다.
교합손상	깨물 때 피부는 변형이 잘 일어나고 가해당시와 체포당시는 발치 및 치료 등으로 달라질 수 있다. 따라서 법치의사에게 전문적인 감정을 의뢰해야 한다.
골절	골절의 형상을 통하여 성상물체나 작용기전을 추정할 수 있다.

(3) 예기에 의한 손상

종 류	의 의
벤상처	• 면도칼 등 예리한 흉기(인기)를 밀거나 당겨서 조직의 연결이 끊어진 손상이다. • 상처각은 양측이 모두 예리하며, 상처바닥은 상처구멍의 길이에 비하여 대체로 짧다. • 벤상처는 피부까짐이나 잠식상을 보지 못하므로 찢긴 상처와의 구별이 가능하다.
찔린상처	• 송곳 등 끝이 예리하고 가늘고 긴 흉기(자기)로 찔러서 생기는 손상이다. • 상처가장자리의 길이보다 체내로 들어간 상처벽의 길이가 길다. • 찔린입구 주변에서 피부밑출혈이나 피부까짐이 있다면 날이 전부 삽입되어 손잡이나 손, 주먹 등에 의해서 발생한 것으로 볼 수 있다.
큰칼상처	도끼, 식도 등 중량이 있고 날이 있는 흉기로 내리쳤을 때 생기는 손상으로 타살이 대부분

(4) 손상사의 자·타살 구별

	자 살	타 살
사용 흉기	흉기는 거의 하나 몸 가까이에서 흉기 발견	2개 이상의 흉기에 의한 벤 상처 발견 흉기가 시체에서 멀리 떨어져 있는 경우
손상 부위	급소에 있는 것이 보통 늘 쓰는 손의 반대쪽에 기점	신체 모든 부위에서 발견
손상 수	손상의 수는 적다 특히, 치명상은 1–2개 정도	중·치명상의 숫자가 여러 개인 경우가 많다.
손상 방향	손상이 비교적 집중되어 있으면서도 상호 평행한 방향을 취함	손상이 불규칙하고 여러 방향을 이루는 경우도 많다.
손상 형태	벤상처·찔린 상처가 많다	벤상처·찔린상처 외에 타박상·찢긴상처·큰칼 상처 등 다양하다
주저흔·방어흔	잘 쓰이는 손에 혈액이 부착되어 있고 창상 주변에 주저흔이 발견	방어흔이 있다.
착의 관계	옷을 걷어 올리고 직접 피부에 상해를 가한다	옷을 입은 채로 상해를 입히므로 옷에 손상이 있다.

(5) 총창사

① 총알상처의 종류

관통총창(貫通銃創)	총알입구(사입구), 사출구, 사창관이 모두 있는 경우
맹관총창(盲管銃創)	총알입구와 사창관만이 있고, 탄환이 체내에 남아 있는 경우
찰과총창(擦過銃創)	탄두가 체표만 찰과하였을 경우
반도총창(反跳銃創)	탄환의 속도가 떨어져 피부를 뚫지 못하고 피부까짐이나 피부밑출혈만 형성하였을 경우
회선총창(回旋銃創)	탄환이 골격에 맞았으나 천공시키지 못하고 뼈와 언부조직 사이를 우회하였을 경우

② 총알 상처와 발사거리

접사	⊙ 총구가 피부에 밀착된 상태에서 발사된 것 ⓛ 상처구멍이 파열되어 불규칙한 성상 또는 분화구상을 보이며 탄환의 직경보다 커진다. ⓒ 접사일 경우에는 총구가 피부에 밀착된 상태에서 발사되어 총알 입구 내에까지 화약잔사분말이 침입현상이 나타난다.
근접사	⊙ 피부에 밀착되지 않고 약 0.5~1㎝이내에서 발사된 경우 ⓛ 근접사의 경우 접사와는 달리 폭풍이 피사체의 내부에 영향을 미치지 못하므로 상처가 장자리가 파열되지 않으며 탄환에 의한 전형적인 상처구멍을 본다.
근사	⊙ 권총은 약 30~45cm, 장총은 1~2m 이내의 거리에서 발사된 것 ⓛ 근사에 있어서 그을음부착의 형태는 거리가 멀어질수록 직경은 커지고 밀집도는 감소하기 때문에 거리를 추정하는데 도움을 준다. ⓒ 총알입구는 원형상을 이루고 주위에는 이른바 소륜을 형성하여 폭연, 화약잔사분말, 녹, 기름성분 등이 부착된다.
원사	⊙ 근사이상의 거리에서 발사된 것 ⓛ 근사와 다른 점은 폭열 및 탄연에 의한 변화를 보지 못하며 탄환자체에 의한 변화 상처 가장자리에 오물고리와 까진고리만 본다. ⓒ 다만, 같은 거리라 할지라도 사용된 총기, 탄환의 종류 및 화약의 종류나 양 등에 따라 총알입구의 소견이 달라지며 또한 옷을 입었거나 중간 피사체를 통과하였을 때는 큰 혼동을 초래하므로 항상 염두에 두어야 한다.

* 공기총의 경우 화약의 폭발력에 의하여 탄환이 발사되는 것이 아니므로 화약가스에 의한 그을음부착 등을 볼 수 없어 발사거리를 추정할 수 없다.

③ 총알 상처에서의 자·타살 구별

자 　 살	타 　 살
• 피부에 접착시켜 발사하는 접사(接射)가 보통이다. • 창상(創傷)은 대개 급소부위에 있다. • 총기는 사자(死者)의 손 또는 주변에 있다. • 사자(死者)의 손, 소매 등에 화약 잔재가 묻어 있다.	• 원사(遠射), 근사(近射: 피부에 접착되지 않은 가까운 거리에서 발사하는 것)인 것이 보통이다. • 창상(創傷)은 급소에 한하지 않는다. • 사자 이외의 물체에도 탄흔이 남아있다.

※ 화약잔사물 반응시험에 사용되는 물질 – 질산 또는 알미늄테이프

④ 총기사건 발생시 증거물 수집방법

- 총기를 다룰 때에 연필이나 이와 유사한 물건을 총신에 넣어 바닥에서 집어 올리는 일이 없도록 해야 한다.
- 현장에서 발사물의 수집시 많은 인원의 공동작업을 피하고 적은 인원이 침착하게 수집하여야 한다.

(6) 교통사고로 인한 손상

① 운전상태의 추정

교통사고로 인한 시체의 손상을 관찰하여 차종, 차량의 속도, 충격상황, 충격방향 등을 추정할 수 있으나, 운전자의 운전상태를 추정할 수는 없다.

② 손상 과정

종 류	의 의
1차충격손상	차량에 충격된 손상을 말한다(범퍼손상).
2차충격손상	신체가 차의 외부구조에 재차 부딪혀 생기는 손상을 말한다.
3차충격손상	지면에 떨어지면서 지면이나 지상구조물에 부딪혀 상기는 손상이다(전도손상).
째찍질손상	차량을 갑자기 감속 또는 가속하여 운전자의 두부가 과도하게 전후로 움직여 목부위에 손상이 발생한 경우를 말한다.
떼인상처	자동차의 바퀴가 역과할 때 주로 형성되며 회전하는 둔력에 의하여 피부와 피하조직이 하방의 근막(筋膜)과 박리(剝離)되는 현상이다.

7. 중독사의 분류

유기산 음독사	유기산에는 초산, 수산, 석탄산 등이 있다. 무기산과 같은 부식독의 일종이다. 식도 및 위점막은 부식으로 인해 백색의 가피(痂皮:딱지)를 형성한다. 대부분 공업용으로 쓰이지만 집에서는 화장실 소독에 쓰일 때가 있다.
무기산 음독사	무기산은 황산, 염산, 질산 등이 있다. 무기산은 24시간 정도 내에 사망하며, 자살인 경우가 많다. 염산을 마실 때 흘리거나 구토로 인해 턱, 입술 등에서 백색의 화상 흔적을 볼 수 있다.
청산가리 음독사	두통, 구토, 질식감이 나타나며, 호흡곤란과 경련을 일으키며 상당히 빠른 시간내에 사망을 한다. 살충제, 전기도금, 사진인화, 합성고무 제조 등에 널리 사용되는 원료로서 구하기가 용이하여 자살의 목적으로 많이 이용된다.
일산화탄소중독사	무색·무미·무취의 특징이 있으며, 탄소를 함유한 물체가 불완전 연소되어 발생한다. 비중이 공기보다 약간 가벼운 특징이 있는데, 특히 비오는 날과 같이 수분이 많은 날에는 공기 하부층에 많이 분포하게 된다. 시체 외부소견은 선홍색의 시체얼룩이다.
LPG, 부탄가스 중독사	비중이 공기보다 높으므로 가스가 실내에 유출되면 저산소증으로, 불완전 연소에 의한 일산화탄소 중독 그리고 환각상태를 유발하기 위하여 흡입하는 경우에는 가스 자체에 의한 중독으로 사망할 수가 있다.

8. 저체온사

(1) 대개 심부체온이 30℃이하가 되면 사망한다(시체얼룩은 선홍색).

(2) 호흡기능의 마비로 인하여 종말성 환각 또는 열감 때문에 스스로 옷을 벗으며 때로는 나체가 된다. 여성인 경우 강간당한 것처럼 보일 수 있으므로 주의를 요한다.

9. 기타 사망 사고

(1) 화상사

1도	수포는 형성되지 않으나 표피가 벗겨질 수도 있으며, 표제성으로 표피에 홍반만 보이기 때문에 홍반성 화상이라고도 한다.
2도	수포가 형성되고 수포 주위에 홍반을 볼 수 있어 특히 이를 수포성 화상이라고도 부른다.
3도	조직이 응고성 괴사에 빠지며 외견상 건조하고 회백색을 띠며 수포를 형성하지 않는다. 전신의 1/3 정도에 3도 화상을 입으면 약 50%가 사망하는 것으로 되어 있다.
4도	피부 및 그 하방의 조직이 탄화되는 것으로 뜨거운 액체로 인한 화상의 경우에는 나타나지 않는다.

(2) 소사체

① 소사체란 말 그대로 탄 시체를 말하는 것으로 그 사인이 소사인 것을 비롯하여 다른 원인으로 사망한 후 탄 시체를 포함한다.

② 피부와 피하조직이 균열 또는 파열되어 벤상처 또는 찢긴상처와 유사한 소견을 보인다.

(3) 강간, 강제추행 등 성범죄로 인한 손상

① 성기·유방 등에 가해자에 의한 물린손상(교합손상)

② 등부위, 넓적다리의 개갠상처와 같은 저항손상(握抗趙傷)

③ 윤간사건에 있어서의 손·발 등에 볼 수 있는 억압손상(柳壓鎭傷)

④ 후면에는 개갠상처, 타박상 등의 저항손상

(4) 홀로색밝힘사망 (자기색정사: Autoerotic death)

① 기구나 장치를 이용하여 스스로 성적 쾌감을 즐기다가 일어나는 사고사를 말한다.

② 대부분 나체로 발견되며, 시체 주변에 도색 사진 또는 포르노테이프 등이 발견되기도 한다.

③ 거의 대부분이 남자이나 근래에는 가끔씩 여자들도 볼 수 있다.

④ 목맴, 끈졸림사의 방법 또는 비닐주머니를 뒤집어 쓴 경우도 있다.

(5) 생산아(生盧兒)와 사산아(死盧兒)

생산아	사산아
폐장이 물에 뜬다.	폐장이 물에 뜨지 않는다.
흉위가 복부보다 크다(호흡을 했으므로).	복부 둘레가 흉위 둘레보다 크다.
폐포의 확장상태가 확실하다.	폐포의 확장상태가 불확실하다.

(6) 영아살해(嬰兒殺害)와 학대아(虐待兒)

① 일반적으로 영아살해에서 가장 흔한 방법은 질식사이고, 두부손상이 두 번째로 흔한 사인이다.

② 평상시 건강하던 어린이가 돌연히 사망하는 것을 영유아급사증후군(SIDS) 이라고 한다.

③ 영아급사증후군은 특히 2~4개월 사이의 유아에게서 압도적으로 많으며, 1년이 지나면 거의 보지 못한다.

④ 학대아는 주로 6개월에서 3세 사이에서 많이 보며 머리부위 손상에 의한 사망이 가장 많다.

(7) 감전사

① 전류가 출입한 부위에 생기는 피부를 비롯한 조직이 손상을 감전자국이라 한다.

② 감전자국은 일반적으로 원형 또는 계란형의 피부함몰로서 주름에 의하여 둘러쌓이는 것이 전형적인 형태다.

③ 중심부의 피부는 백색 또는 회백색으로 창백하며 편평화(扁平化) 된다.

④ 감전자국은 사후에 생길 수도 있으므로 감전사라는 단정적인 증거는 되지 못하며 특히 충혈(充血)이 동반되지 않았다면 사후에 형성되었을 가능성이 있다.

제4절 지문감식

1. 지문의 의의
　　지문이란 사람의 손가락 끝마디(指頭)의 안쪽면 피부에 융기한 선 또는 점으로써 형성된 각종 문형(線形) 및 인상(印象)을 말하며, '융기한 선 또는 점'을 융선이라 한다.

2. 지문의 특징
(1) 만인부동(萬人不同)
　　동일한 지문을 가지고 있는 사람은 전 세계에 존재하지 않으며, 일란성 쌍둥이의 경우에도 지문은 동일하지 않다.

(2) 종생불변(終生不變)
　　지문은 태어난 지 약 3개월 정도 후부터 나타나기 시작하며, 사망할 때까지 변하지 않는다.

3. 지문의 효용
　　(1) 피의자의 신원·범죄경력의 확인
　　(2) 변사자 신원 확인
　　(3) 지명 수배자 발견

4. 지문의 분류와 대조요령

(1) 분류
　① Henry식 분류법: 주로 영미계에서 사용하며 세계적으로 가장 널리 사용한다.
　② 함부르크식 지문분류법: 우리나라는 독일인 Rosher가 창안한 것을 우리 실정에 맞게 변형시켜 사용하고 있다.

(2) 대조요령
　① 지문의 동일성 여부를 판단하려면 최소 10개 이상의 지문 특징점이 있어야 한다.
　② 미국 FBI·일본 경시청의 경우 12개 이상의 일치를 보여야 동일한 지문으로 보고 있다.

5. 지문의 종류와 채취방법

(1) 종류

종류			의 의	채취방법
현장지문	현재지문	의의	가공을 하지 않고서도 육안으로 식별되는 지문	사진촬영, 전사법 실리콘러버법
		정상지문	손끝에 묻은 혈액·잉크·먼지 등이 손가락에 묻은 후 피사체에 인상된 지문이므로 무인했을 때의 지문과 동일	
		역지문	먼지 쌓인 물체, 연한 점토, 마르지 않은 도장면에 인상된 지문을 가리키는 것으로 이 경우 선의 고랑과 이랑이 반대로 현출된다.	
	잠재지문		인상된 그대로의 상태로는 육안으로 식별되지 않고 이화학적 가공을 하여야 비로소 가시(可視)상태로 되는 지문	고체법,액체법, 기체법 등
준현장 지문			피의자 검거를 위하여 범죄현장 이외의 장소에서 채취한 지문	
관계자 지문			현장지문 또는 준현장지문 중에서 범인이외의 자(피해자, 현장출입자 등)가 남긴 것으로 추정되는 지문	
유류지문			현장지문 또는 준현장지문 중에서 관계자 지문을 제외하고 남은 지문으로 범인지문으로 추정되는 지문	

※ 육지와 합지의 지문분류

1. 육지
   (1) 육지는 큰손가락(간지)과 작은 손가락(지지)으로 구분한다.
   (2) 큰 손가락의 분류가 가능한 경우에는 큰 손가락을 지문분류한다.
   (3) 큰손가락의 분류가 불가능한 경우 작은 손가락을 지문분류한다.
   (4) 둘 다 불가능한 경우에는 변태문으로 분류한다.
2. 합지
   (1) 합지의 경우 육지처럼 분류가 가능할 때는 각각 고유번호를 부여한다.
   (2) 분류가 불가능한 경우 변태문으로 분류한다.
3. 추측번호 부여
   (1) 와상문의 경우 표준각이 불분명하여 분류를 할 수 없는 경우 분류번호'8'을 부여한다.
   (2) 을종제상문의 경우 외단이 불명하거나 이를 추정할 수 있을 때에는 가장 가까운 것으로 인정되는 분류번호를 표시한다.

(2) 채취방법

① 직접채취법

- 손가락을 180도 이상 회전하여 중심부와 삼각도 형태가 모두 나타나도록 한다.
- 회전 채취시 무리한 힘을 가하면 융성의 모양과 특징 등이 달라지므로 힘을 빼고 자

연스럽게 채취한다.

② 간접채취법(실리콘러버 이용)
- 요철이 심한 손, 미이라화 된 손, 익사 등 물에 젖어 불은 손 등은 실리콘러버법을 이용한다.
- ※ 입회인을 확보하지 못했을 때에는 피해자나 동료 경찰관을 참여시켜야만 하는 것이 아니라, 그 상황을 사진촬영해야 한다.

6. 십지지문 분류표

문 형		분 류 방 법
궁상문		궁상문은 모두 <1>
제상문	갑종	갑종제상문은 모두 <2>
	을종	내단과 외단사이의 가상의 직선에 접촉된 융선의 수를 기준으로 3~6까지 다음과 같이 분류된다. ① 7개 이하: <3>　　② 8~11개: <4> ③ 12~14개: <5>　　④ 15개 이상: <6>
와상문		추적선이 우측각의 위 또는 아래로 흐를 때 추적선과 우표준점 사이의 융선의 수를 기준으로 ① 상류와상문: 우측각 위로 흘러 융선의 수가 4개 이상: <7> ② 하류와상문: 우측각 아래로 흘러 융선의 수가 4개 이상: <9> ③ 중류와상문: 우측각 위, 아래로 흘러 융선의 수가 3개 이하: <8>
변태문		<9>: 9의 원 안에 · 이 있다.
절단문		<0>
손상문		<0>: 원 안에 · 이 있다.

1. 지문의 종류

지문의 종류	설 명	형 태
(1) 궁상문 (弓狀紋)	가. 궁상문의 정의 활(弓)모양의 궁상선으로 형성된 지문을 말한다.	궁 상 선
	나. 궁상문의 종류	
	① 보통궁상문 평탄하게 흐른 활모양의 궁상선으로 형성된 지문을 말한다.	보통 궁상문
	② 돌기궁상문 돌기한 활모양의 궁상선으로 형성된 지문을 말한다.	돌기궁상문
(2) 제상문 (蹄狀紋)	가. 제상문의 정의 말(馬)발굽(蹄)모양의 제상선으로 형성되고 융선이 흐르는 반대측에 삼각도가 1개 있는 지문을 말한다	제상선
	나. 제상문의 종류	
	① 갑종 제상문 좌수의 지문을 찍었을 때 삼각도가 좌측에 형성되어 있거나 우수의 지문을 찍었을 때 삼각도가 우측에 형성되어 있는 지문을 말한다.	갑종제상문 좌수 우수
	② 을종제상문 좌수의 지문을 찍었을 때 삼각도가 우측에 형성되어 있거나 우수의 지문을 찍었을 때 삼각도가 좌측에 형성되어 있는 지문을 말한다.	을종제상문 좌수 우수

지문의 종류	설 명	형 태
(3) 와상문 (渦狀紋)	가. 와상문의 정의 와상선, 환상선, 이중제상선, 제상선 기타 융선이 독립 또는 혼재되어 있는 2개 이상의 삼각도가 있는 지문을 말한다. 단, 유태제형(有胎蹄形)와상문은 삼각도가 1개이다	와상선 환상선 이중 제상선 제상선
	나. 와상문의 종류	
	① 순와상문 와상문의 중심부융선이 와상선으로 형성된 지문을 말한다.	순와상문
	② 환상문 와상문의 중심부융선이 환상선으로 형성된 지문을 말한다.	환상문
	③ 이중제형 와상문 와상문의 중심부를 형성한 1개 또는 2개의 융선이 이중으로 제상선을 형성한 지문을 말한다.	이중제형와상문
	④ 유태제형(有胎蹄形) 와상문 제상문중심부에 거꾸로 형성된 제상선이 있거나 거꾸로 형성된 호상선이 2개 이상 있는 지문을 말한다.	유태제형와상문
	⑤ 혼합문 2개 이상의 문형이 혼합하여 1개의 문형을 형성한 지문을 말한다.	혼합문
(4) 변태문 (變態紋)	변태문이란 궁상문, 제상문, 와상문에 속하지 않아 정상적으로 분류번호를 부여할 수 없는 지문을 말한다.	변태문

2. 지문융선의 종류

융선의 종류	설 명	형 태
(1) 궁상선 (弓狀線)	활(弓)모양의 곡선으로 이뤄진 지문을 말하여 삼각도는 형성되지 않는다. 완만한 경사를 이루며 흐르는 선을 보통궁상선이라 하고 급격한 경사를 이루며 흐르는 선을 돌기궁상선이라 한다.	
(2) 제상선 (蹄狀線)	좌측 또는 우측으로부터 흐르기 시작하여 말발굽형태를 이루면서 시작한 방향으로 되돌아가는 융선을 말한다.	
(3) 중핵 제상선 (中核蹄狀線)	여러 개의 제상선중에서 가장 중심부에 있는 제상선을 말하며 제상선의 기상반원에 다른 융선이 교차하거나 외측으로부터 접촉되어 있을 때는 그 다음 제상선이 중핵제상선이 된다.	
	중핵제상선의 가상반원 내에 2개 이상의 융선이 동일한 모양으로 같이 있을 때에는 내단 지정의 예에 따른다.	
(4) 가상반원 (假想半圓) 과 가상반원선 (假想半圓線)	제상선의 상부에 가상원을 그린 후 그원을 2등분하는 직선을 그었을 때 상부를 가상반원이라 하고 그 선을 가상반원선이라 한다. 단 가상반원선에 이르지 못한 제상선은 제상선으로 볼 수 없다.	

융선의 종류	설 명	형 태
(5) 가상정점 (假想頂點)	삼각도 또는 기준각을 형성한 2개의 융선이 접합할 때는 접합점, 병행할 때는 가상의 삼각도 꼭지점을 말한다.	 가상정점
(6) 가상직선 과 가상수직선	제상문의 내단과 외단간의 융선수 또는 와상문의 추적선 종점과 우측표 준점간의 융선수를 계산하기 위하여 임시로 그은 선을 말한다.	 가상직선 가상수직선
(7) 와상선 (渦狀線)	와상문의 중심부 융선이 좌측 또는 우측으로 흐르기 시작하여 1회 이상 회전, 원 또는 타원형을 이루는 선을 말한다.	와상선 좌우측 방향
(8) 환상선 (環狀線)	와상문의 중심부 융선이 원 또는 타원형을 이룬 선을 말한다.	환상선 원 또는 타원형
(9) 이중 제상선 (二重蹄狀線)	와상문 중심부의 융선 1개 또는 2개가 이중으로 제상선을 형성하고 융선이 흐르기 시작한 원기점 방향으로 되돌아가거나 반대 방향으로 흐르는 융선을 말한다.	원기점방향 반대방향
(10) 삼각도 (三角島)	2개의 융선이 외측에서 접합하거나 병행하면서 형성된 삼각형 모양을 말한다. • 제상문은 융선이 흐르는 반대측(좌측 또는 우측)에 1개 형성된다 • 와상문은 중심부 좌우측에 2개 이상 형성되어 있다. 단, 유태제형와상문은 1개이다.	 삼각도

융선의 종류	설 명	형 태
(11) 접합선 (接合線)	2개 이상의 융선이 어느 1점에서 1개의 선으로 된 것을 말한다.	
(12) 병행선 (竝行線)과 개재선 (介在線)	다른 2개의 융선이 삼각형 모양을 형성하면서 접합하지 않고 병행되는 선을 병행선이라 하고 가상정점 부근의 병행선 사이에 있는 융선을 개재선이라 한다.	
(13) 분기선 (分岐線)	1개의 융선이 2개 이상의 융선으로 분기된 선을 말한다.	
(14) 간선 (幹線)과 지선(支線)	분기선중 굵은 선을 간선이라 하고 가는 선을 지선이라 하며 와상문을 분류할 때 추적선의 종점을 지정하게 되는 선이다.	
(15) 추적선 (追跡線)	좌측기준각 하변을 형성한 융선이 우측기준각의 내측 또는 외측에 이르기까지 추적되는 선을 말한다 • 추적선이 중단되었을 때는 아래 융선을 추적한다. • 추적선이 분기되었을 때는 간선을 추적하고 간선과 지선이 불분명할 때는 아래 융선을 추적한다. • 추적선의 융선 굵기만큼 단절된 것은 그대로 추적한다.	

융선의 종류	설　명	형　태
(16) 기준각 (基準角)	2개 이상의 삼각도를 가진 와상문에서 중앙으로부터 가장 먼 곳에 있는 좌우측의 삼각도를 말한다.	 중앙에서　먼　좌우측 삼각도
(17) 봉상선 (棒狀線)	봉(棒)의 모양으로 형성된 융선을 말하며 일반적으로 중핵제상선의 가상반원선내에 형성된 경우를 지칭한다.	 봉상선
(18) 도형선 (島形線)	1개의 융선이 분기되었다가 다시 접합되어 원 또는 타원형의 섬 모양을 이룬 융선을 말한다.	 타원형　　　원
(19) 점(點) 과 단선(短線)	폭과 길이가 동일한 융선을 점이라 하며 일반적으로 길이가 2㎜정도의 짧은 융선을 단선이라 한다.	 점　　　　단선
(20) 호상선 (弧狀線)과 조상선 (釣狀線)	반원에 미치지 못하는 짧은 곡선을 이룬 융선을 호상선이라 하고 봉상선의 끝이 낚시 모양의 융선을 조상선이라 한다. 일반적으로 중핵제상선의 가상반원선내에 형성된 경우를 말한다.	 호상선　　조상선 (弧)　　　(釣)

3. 제상문 분류법상의 기준점

제상문을 분류할 때, 융선수를 계산하기 위한 기준점으로 내단과 외단을 정한다.

(1) 내단(內端)

종 류	설 명	형 태
정 의	중핵제상선의 가상반원선내에 있는 융선을 말하며 을종제상문 분류상 필요한 기준점을 말한다.	
	• 내단 지정의 "예" – 내단이 되는 점, 단선, 호상선, 조상선, 봉상선등의 융선이 중핵제상선의 가상반원선에 도달하거나 가상반원선안에 2개 이상 있을 때에는 가장 높은 것으로 하고	 가장높은것
	– 높이가 같은 융선이 2개일 때에는 외단에서 먼 것으로 하며	 외단에서 먼것
	– 3개 이상일 때에는 홀수인 경우는 중앙의 것으로, 짝수인 경우는 중앙의 2개중 외단에서 먼 것을 내단으로 정한다.	 중앙의 것　중앙외것중 외단에서 먼것
	– 내단이 되는 융선의 모양이 각기 다르거나 같은 모양의 융선들이 혼재되어 있는 경우에도 위의 예에 준한다.	

종 류	설 명	형 태
가. 제상 내단	중핵제상선의 가상반원 내에 내단이 되는 다른 융선이 없을 때에는 외단에서 먼 가상반원선의 교차점을 내단으로 정한다.	 제상내단
나. 봉상 내단	중핵제상선의 가상반원 내에 도달한 봉상선이 있는 경우, 그 봉상선의 끝부분을 내단으로 정한다.	 봉상내단
다. 점 내단	중핵제상선의 가상반원 내에 점이 있는 경우, 그 점을 내단으로 정한다.	 점내단
라. 단선 내단	중핵제상선의 가상반원 내에 단선이 있는 경우, 그 단선의 외단에서 먼 쪽이나 높은 쪽의 끝부분을 내단으로 정한다.	 단선내단
마. 호상 내단	중핵제상선의 가상반원 내에 호상선이 경우, 외단에서 먼 쪽의 끝부분을 내단으로 정한다.	호상내단
바. 조상 내단	중핵제상선의 가상반원 내에 조상선이 있는 경우, 그 조상선의 끝부분을 내단으로 정한다.	조상내단
사. 교차 내단	중핵제상선의 가상반원 내에서 2개 이상의 제상선이 교차하였을 때 교차점을 내단으로 하고 수 개의 교차점이 존재할 경우에는 봉상내단의 예에 따른다.	 교차내단
아. 복합 내단	중핵제상선의 가상반원선내에 모양이 같거나 다른 2개 이상의 내단이 될 수 있는 융선이 있을 경우에는 내단 지정의 "예"에 따른다.	내단 복합내단

(2) 외단(外端)

종 류	설 명	형 태
정 의	제상선이 흐르는 반대측에 형성된 삼각도의 모양에 따라 을종제상문의 분류상 필요한 기준점을 말한다.	
가. 접합 외단	삼각도의 외측을 흐르는 2개의 융선이 접합하였을 때 그 접합점을 외단으로 한다.	 접합외단
나. 병행 외단	삼각도의 외측을 흐르는 2개의 융선이 병행선을 이룬 경우 가상정점으로부터 내단을 향하여 가상직선을 그어 처음 만나는 교차점을 외단으로 한다.	 가상정점 병행외단
다. 개재 외단	병행외단의 병행선사이에 개재선이 있을 때에는 가상 정점으로부터 병행선과 가상직선을 그었을 경우, 개재선과의 교차점을 외단으로 한다.	 개재외단 개재외단

4. 와상문 분류법상의 기준점

(1) 추적선의 종점(終點)

종 류	설 명	형태
정 의	• 추적선의 기점 좌측기준각(삼각도)에서 추적선이 시작되는 점을 기점이라 한다. 좌측기준각이 접합시는 접합점을 기점으로 하고 병행할 때는 병행되기 시작한 하변의 1점을 추적선의 기점으로 한다. • 추적선의 종점 우측기준각(삼각도)에서 추적선을 향하여 가상의 직선 또는 수직선을 그었을 때 그 선과 추적선이 교차되는 점을 추적선의 종점이라고 한다.	 추적선의 기점
가. 추적선이 우측기준각에 닿았을 경우	추적선이 우측기준각(삼각도)에 닿았을 때는 그 기준점을 종점으로 정한다.	 추적선의 종점
나. 추적선이 우측기준각의 내측으로 흐른 경우	추적선이 우측기준각의 내측으로 흐를 때에는 우측기준각을 2등분하여 가상의 직선을 그어 추적선과 교차되는 점을 종점으로 정한다.	 추적선의 종점 (내측)
다. 추적선이 우측기준각의 외측으로 흐른 경우	추적선이 우측기준각의 외측으로 흐를 때에는 우측기준각의 접합점 또는 가상의 정점으로부터 추적선을 향하여 수직선을 그어 추적선과 교차되는 점을 종점으로 정한다.	 추적선의 종점 (외측)

(2) 기준점

종 류	설 명	형태
정 의	와상문의 분류상 필요한 기준이 되는 점을 말하며 우측기준각(삼각도)에서 기준점을 정한다.	
가. 접합기준점	우측삼각도를 형성하는 2개의 융선이 접합되었을 때는 그 접합점을 접합기준점으로 한다.	 접합기준점
나. 병행기준점	우측삼각도를 형성하는 2개의 융선이 병행할 때에는 가상정점에서 추적선을 향하여 우측기준각을 2등분한 가상의 직선 또는 수직선을 그어 최초로 교차되는 점을 병행기준점으로 한다.	 병행기준점
다. 개재기준점	병행선사이에 개재선이 있을 때에는 가상정점에서 추적선을 향하여 가상의 직선 또는 수직선을 그어 개재선과 교차되는 점을 기준점으로 정한다. • 홀수일 때에는 중앙의 개재선으로, 짝수일 때는 중앙 2개의 개재선사이에 가상의 직선 또는 수직선을 그어 최초로 교차되는 점을 기준점으로 한다.	

5. 지문의 분류번호 및 융선수 계산방법

지문의 종류	설 명	분류방법
(1) 궁상문	보통궁상문과 돌기궁상분의 분류번호는 "1"로 부여한다.	 (문형의 모양만으로 분류)
(2) 제상문	가. 갑종제상문의 분류 갑종제상문은 삼각도가 좌수는 좌측에, 우수는 우측에 형성되어 있는 지문을 말하여 분류번호는 "2"로 부여한다.	 좌수　우수 (좌·우수의 삼각도 위치만으로 분류)
	나. 을종제상문의 분류 을종제상문은 갑종제상문의 반대측에 삼각도가 형성된 지문을 말하며 내단과 외단 사이에 가상직선에 닿는 융선수를 계산하여 분류한다. • 내단과 외단은 융선수 계산에서 제외하고 내단과 외단 사이의 융선수가 － 7개 이하 ……… "3" － 8~11개 ……… "4" － 12~14개 ……… "5" － 15개 이상 ……… "6" 으로 분류번호를 부여한다.	 내단　외단 내단　외단 내단　외단

지문의 종류	설　명	분류방법
(3) 와상문	와상문은 우측기준점과 추적선의 종점간의 가상의 직선 또는 수직선에 닿는 융선수를 계산하여 분류하되 우측기준점과 추적선의 종점은 융선수에서 제외한다. • 추적선의 종점과 기준점사이의 융선수가 – 추적선이 우측기준각의 내측으로 흐르고 4개 이상 …" 7 " – 추적선이 우측기준각의 내측 또는 외측으로 흐르고 3개 이하…" 8 " – 추적선이 우측기준각의 외측으로 흐르고 4개 이상 …" 9 "	
(4) 변태문	어느 문형에도 속하지 않아 정상적으로 분류할 수 없는 지문으로서 분류번호는 9에다 · 을 찍어 " 9 "로 부여한다.	
(5) 기타	가. 손가락 끝마디 절단시 분류 손가락 끝마디가 절단되어 지문을 채취할 수 없는 경우를 말하며 분류번호는 " 0 "으로 부여한다.	
	나. 손상지문의 분류 지문이 손상되어 궁상문, 제상문, 와상문으로 분류를 할 수 없을 때는 0에다 · 을 찍어 "θ"로 부여한다.	
	다. 육손가락인 경우의 분류 간지(幹枝)로 분류하고 간지로 분류할 수 없을 때에는 지지(支指)로 분류하되 지지도 분류할 수 없을 때에는 변태문으로 분류한다.	
	라. 제상문의 외단 또는 와상문의 기준각이 불투명할 때는 추정하여 분류번호를 부여한다.	분류번호 추정

6. 지문의 문형 및 기준점, 내·외단 지정예시

(1) 궁상문 지정의 예

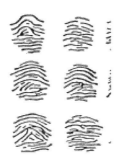

(2) 제상문 지정의 예

(3) 와상문 지정의 예

(4) 변태문 지정의 예

(5) 내단(제상문 분류기준점)

　　가. 제상(蹄狀) 내단

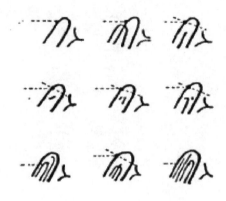

　　나. 점 내단

　　다. 단선(短線) 내단

　　라. 호상(弧狀) 내단

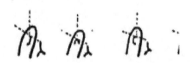

마. 조상(鈎狀) 내단

바. 봉상(棒狀) 내단

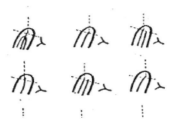

사. 교차(交叉) 내단

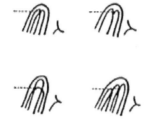

(6) 외단(제상문 분류기준점)

(7) 종점(와상문 분류기준점)

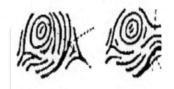

(8) 우측기준점(와상문 분류기준점)

7. 현재지문 채취 방법

(1) 개념

육안으로 식별이 가능한 지문을 의미한다.

(2) 종류

정상지문	손끝에 묻은 혈액·먼지 등에 의해 피사체에 인상된 지문으로 무인했을 때의 지문과 같은 것이다.
역지문	점토, 마르지 않은 도장면 등에 강한 압력으로 인상된 지문을 말한다. 이 경우 지문의 융선이 반대로 나타나는데 이를 역지문이라고 한다.

(3) 방법

전사법	평면체로부터 검출된 지문 채취에 사용한다. 주로 제라틴지가 사용된다.
사진촬영법	현재지문과 선명하게 현출된 잠자지문에 사용한다.

실리콘러버법	부패한 변사체의 지문이나 공구흔 채취에 이용되는 기법이다. 검체가 구(球)면체 또는 요철부위(ﾚﾉﾚ)일때 전사에 적합한 방법이다. 이 경우 적당한 종이에 주걱으로 눌러서 검체의 한쪽으로부터 기포가 들어가지 않도록 가만히 눌러 붙여서 굳은 후 가만히 떼어낸다.

8. 잠재지문 채취방법

육안으로 식별되지 않아 화학적 · 물리적 가공에 의하여 가시상태로 검출해서 사진촬영 또는 전사법을 활용한다.

(1) 고체법(분말법)

① 지문채취용의 미세한 분말을 지문이 찍혀 있다고 생각되는 물체에 솔질 등으로 분말을 씌워서 잠재지문을 검출하는 방법이다.

② 물체

유리 · 도자기류의 표면 · 금속제품의 표면 등 주로 표면이 비교적 편편하고 매끄러우며 단단한 물체

③ 객체에 따른 분말의 색깔 (반대색을 사용한다)

검체의 색상	전사판의 색상	분말의 색상
어두운 색깔	어두운 색깔	은색분말
밝은 색깔	밝은 색깔	흑색분말
황색, 청색	황색, 청색	적색분말

(2) 액체법(종이류의 잠재지문 채취법)

① 개념: 액체법은 닌히드린 · 초산 · DFO 등의 용액을 이용하여 잠재지문을 채취하는 것이다.

② 종류

닌히드린 용액법	전기다리미로 약 1 분간 가열하면 잠재지문은 자청색의 발색반응
초산은 용액법	(질산은 용액법) 약 3~4 분간 햇빛에 쪼이면 자색의 발색반응을 보인다.
DFO 용액법	종이류에 DFO 용액을 침투시킨 후 다리미나 100 도씨의 열처리판으로 열처리

(3) 기체법

① 개념: 옥도가스 등의 기체를 이용하여 잠재지문을 채취하는 것이다.

② 종류

옥도가스기법	• 아이오딘에 의한 검출법 • 물체: 종이류, 나무류, 초자류, 도자기류 등

	• 이용방법: 초자관안에 석면, 염화칼슘, 석면, 옥도결정, 석면 순으로 넣은 다음 입으로 가볍게 입김을 불어서 옥도를 증발시켜 검체에 뿜으면 다갈색으로 발색한다.
강력순간 접착제법	• 본드법, CA 기체법 • 물체: 목재류, 종이류, 철재류, 피혁류, 플라스틱류, 비닐류, 알루미늄류 등 • 사용방법: 검체를 유리시험관 안에 매달고 바닥에 간 은박지에 본드를 2, 3g 떨구어 뚜껑을 덮고 테이프로 밀봉하면 백색으로 발색한다.
오스믹산 기법	• 물체: 습기있는 지류, 장기간 경과된 지문, 화장지류, 과실류, 각종 테이프류, 피혁류, 스티로폴류, 나무잎사귀 등 • 사용방법: 유리시험관 바닥에 오스믹산용액의 컵을 넣은 다음, 증거물을 시험관 안 철사받침대에 매달고 밀봉하면 흑색으로 발색한다.

(4) 기타 잠재지문 채취방법

화염법	벤젠·송진·유지·양초 등을 태울 때 발생하는 연기를 접촉시켜 검출하여 사진촬영하거나 셀로판테이프 등으로 채취하는데, 금속에 찍힌 잠재지문의 채취에 쓰인다.
진공금속지문채 취법(VMD)	증거물을 진공통에 넣고 진공상태에서 금과 아연을 증발시켜 증거물에 입힘으로써(도금형식) 유류지문을 현출하는 방법이다. 오래된 지문의 현출이 가능한 장점이 있다.
사광선 이용법	금속·유리·먼지·유지 등이 부착된 곳에 찍힌 잠재지문은 사광선을 이용하여 관찰하면 발견할 수 있다.
POLIVIEW (가변광선장비)	SL-350과 비슷한 원리로서 AFIS와 연결이 가능하도록 한 가변광선 장비를 말한다.
SPR	비흡수성 물질인 금속, 바위, 콘크리트, 비닐봉투, 유리 등에서 효과적이고 비에 젖거나 호수나 수영장에서 꺼낸 자동차와 같이 젖은 표면에 있는 잠재지문을 현출시키는 방법으로 가장 잘 알려져 있다.
복식검출법	광선이용법 →기체법 →고체법 →액체법(닌히드린용액법 →초산은용액법)
접착면에 유류된 지문 채취법	• 피해자의 신체에 청색테이프로 결박되어 있는 경우, 접착면에 유류된 지문을 채취하기 위해 감식요원이 사용하는 시약이다. • 접착명을 분리하는 데 이용되는 시약으로서 Un-du 가 있다. • 시약 종류에는 Sticky-side powder, Adhesive-side powder, Crystal Violet, Gentian Violet, Emulsion black, Tape-Glow가 있다.
아미도 블랙	유리창에 혈흔이 있는 것으로 판단된 경우 혈흔오염지문을 채취하는데 이용하는 방법으로서, 혈액성분과 반응하는 단백질 염료로 혈흔에 묻은 잠제지문을 현출하는 데 사용한다.
감열·감압지에 지문채취용 시약	① 자석분말법 　　　　　　② 아이오딘 기체법 ③ 질산은(초산은) 법 　　　　④ 기체법(옥도가스법)
비닐류의 지문채취용 시약	① CA 법(강력순간접착제법) ② 베이직 옐로 (Basic Yellow) ③ SPR(Small Particle Reagent)

〈잠재지문 검출방법 및 발현색〉

검출방법	현출색	검출방법	현출색
닌히드린용액법	자청색	초산은용액법	자색
벤지딘용액법	청색	치오시안산용액법	적갈색
옥도가스법	다갈색	강력순간접착제법	백색
오스믹산용액법	흑색		

제5절 족흔적 감식

1. 족흔적의 분류

(1) 인상물체에 의한 분류

족 적	족적에는 족문·맨발흔·양말흔·구두흔·각종 신발흔 등이 있는데 보행으로 남겨진 흔적을 말한다.
타이어 흔적	자동차·자전거·오토바이 등의 타이어에 의하여 인상된 흔적을 말한다.
도구흔	빠루·드라이버·뺀치·칼 기타 공구류 기타 범행에 사용된 도구에 의하여 인상 된 흔적을 말한다.
기타 흔적	기타 흔적으로 치흔·장갑흔, 자동차 등의 접촉시 생기는 찰과흔, 유리·고무·나 무 기타 물건의 절단면에 생기는 줄흔, 우마의 족흔 등이 었다.

※ 혈흔, 지문, 필적, 인영, 탄흔은 족흔적에 포함되지 않는다.

(2) 인상상태에 따른 분류

입체족흔적		연한 지면·모래·흙·적설 등을 밟아서 인상된 족적 또는 타이어흔 등 4체적인 자국으로 된 족흔적은 육안으로 확인이 가능하다(석고석고채취법).
평면족흔적	개념	마루·종이·포목·판자·단단한 지면·유리·비닐판·콘크리트·아스팔트·금속 등에 평면적으로 인상된 흔적을 말하는 것으로 두 가지로 구분된다(젤라틴 전사법).
	현재족흔적	육안으로 용이하게 확인할 수 있는 족흔적으로 혈액·유지·염료·진흙 등에 의해서 인상된 경우가 이에 속한다.
	잠재족흔적	면상된 그대로의 상태로는 육안으로 볼 수 없거나 선명치 못한 것으로 특수약품처리 등에 의해서 확인되는 것을 말한다.

2. 족흔적 채취 방법

(1) 사진촬영법

① 입체흔, 평면흔 등 모든 흔적은 우선 사진촬영 후 다른 방법으로 행하는 것이 원척이다.

② 족흔적의 사진촬영은 미세한 부분(특정)까지 사진에 나타나도록 촬영하여야 하며, 이 경우에 따라서는 사진만으로 감정할 수도 있으므로 반드시 자를 놓고 아주 가까이서 정밀히 촬영하여야 한다.

③ 사진촬영시 일반적인 사진촬영 외에 자외선 또는 적외선을 이용한 촬영을 하기도 한다.

(2) 석고채취법

① 용도

모래, 진흙, 연토, 눈 위에 입체상태로 인상된 입체족흔적을 채취할 때 쓰이는 방법이다.

② 채취순서

> ① 석고틀을 족적주위에 놓는다.
> ② 석고 1KG과 물 900CC를 혼합하여 크림상태가 되어 열이 발생할 때까지 천천히 막대기로 젓는다.
> ③ 석고액을 주입구를 통하여 주입한다.
> ④ 보강재를 석고액 중간에 넣는다.
> ⑤ 석고배면에 사건명·채취장소·연월일시 등을 기록한다.
> ⑥ 떼어낸 후 건조시킨다.
> ⑦ 석고를 떼어 낸 후 채취면에 묻은 흙을 가볍게 붓으로 털어낸다.

③ 경사진 곳

주입구를 낮은 곳에 만들어 놓고 석고액이 낮은 곳에서부터 높은 곳으로 천천히 유입되도록 주입한다.

④ 수중 채취방법

물속에 있는 족흔적은 수면위에서 조금씩 석고가루를 뿌려 침적시켜서 수면보다 높은 원통형 틀을 설치하고, 수면위에서 석고분말을 서서히 떨어뜨린다.

⑤ 설상 채취방법

석고액 제조시 물에 주위의 눈을 섞어 온도와 같은 온도의 물을 만들어서 석고용액의 농도를 진하게 만든 다음 신속히 족흔적면에 유입한다.

(3) 젤라틴 전사법

나무판, 유리, 비닐장판, 마루바닥, 아스팔트, 콘코리트상의 평면족흔적을 채취할 때

쓰이며 우선 사진 촬영한 다음에 전사한다.

(4) 실리콘러버법

실리콘에 촉매(경화제)를 혼합하여 이것을 흔적면에 가볍게 발라주어 채형하는 방법으로 도구흔을 채취할 때 사용한다.

(5) 정전기 족흔적 채취법

담요, 방석, 의자커버 등을 섬유류 위에 먼지로 인해 인상된 족흔적을 채취하는 것으로 정전기 족흔적 채취기를 이용한다.

(6) 진공 압흔채취법

범죄현장 바닥에서 수집한 종이류 위에 족흔적 또는 사건관련 압필흔을 진공상태에서 정전기현상을 이용해서 채취하는 것이다.

(7) 희미한 혈흔족적 검출법

눈으로 잘 볼 수 없는 혈흔족적, 혈흔지문 등을 각종 시약을 사용하여 감청색, 감록색으로 선명하게 발색시켜 채취하기 위하여 벤지딘 시약, 무색 마라카이트 그린 시약, 오르쏘탈리딘용액을 사용한다.

(8) 치오시안산염법

① 철분이 함유된 물질에 의해 희미하게 남겨진 족흔적을 채취하는데 활용되는 시약이다.

② 토사, 진흙 등의 철분이 함유되어 있는 물체에 의해 종이, 헝겊, 나무판, 장판 위에 희미하게 유류된 족흔적에 분무하면 적갈색으로 현출된다.

(9) 희미한 흙먼지흔 검출법

토사, 진흙 등과 같이 철분이 함유되어 있는 물질에 의해 종이, 헝겊, 나무판 또는 장판 위에 희미하게 유류된 족흔적을 치오시안산염 시약에 의해 적갈색으로 발색시켜 채취하는 방법이다.

제6절 법의 혈청학

1. 개념

(1) 법의 혈청학(Forensic Serology)이란 법의학 검사 대상 중 인체와 관련된 증거물을 혈청학적인 실험법에 의해 감정 및 연구하는 학문을 말한다.

(2) 증거대상물

① 혈청학적 증거물의 감정은 반드시 의사에 의해서만 가능한 것이 아니라, 전문적인 지식을 가지고 법원의 명령, 검사·사법경찰관에게 위촉된 자이면 가능하다.

② 감정하는 사항은 혈액형, 남녀식별 등 개인 식별에 이용되지만, 농약의 성분감정은 할 수 없다.

③ 법의 혈청학적 증거 대상물은 인체에서 기인한 각종 물체, 혈액(혈흔), 정액(정액반), 타액(타액반), 모발, 땀, 소변 배설물, 골격, 치아 등이 있다(목장갑으로 개인 식별을 하는 것은 불가능하다).

2. 혈흔검사방법

(1) 혈흔예비시험

① 루미놀(Luminol) 시험

• 육안으로 발견이 어려운 경우 주로 사용된다.

• 혈흔 뿐만 아니라 동판, 무즙, 우유에도 반응하므로 유의해야 한다.

※ 루미놀 시약에 반응하면 범죄에 사용된 차량이라고 볼 수 있다(X) → 루미놀시약은 커피, 무, 감자, 락스 등에 대해 유사한 반응을 나타내므로 루미놀 시약에 반응하면 범죄에 사용된 차량이라고 단정 지을 수는 없다.

루미놀에 양성반응 하는 물질	루미놀에 음성반응하는 물질
동판, 돗그릇, 무즙, 고구미즙, 감자즙, 우유, 커피, 무수 탄산소다, 무수이유산소다, 유산동 등	비누, 간장

② 무색마라카이트록(LMG) 시험

시약을 사용하면 초록색으로 나타난다.

③ 벤지딘(Benzidin) 시험

육안으로 혈흔 모양의 반흔이 보일 때 벤지딘 시약을 사용한다. 청색으로 변화한다.

(2) 혈흔확인시험

① 예비 시험 후 헤마글로 시험을 하여 혈흔을 확인한다.

② 혈흔이라면 붉은 색깔의 국화 꽃술 모양의 결정체가 발견된다.

(3) 인혈증명시험

사람의 혈액을 토끼에 면역 주사하여 만든 항사람 면역혈청을 만든다.

(4) 혈액형 검사

① 인혈이 증명되면 혈액형 검사를 실시한다.

② 혈흔량이 충분하지 못 할 때에는 헤리시험법을 적용 실시한다.

(5) 혈흔(혈액)의 수집·채취요령

① 유동혈액

깨끗한 유리병에 담아 외부로 새어나지 않도록 마개를 견고하게 닫는다.

② 침윤혈흔

사건현장 땅바닥에 스며든 혈흔은 그 부분의 흙을 채취하여 그늘에서 건조시킨 다음 포장한다.

③ 부착 혈흔

의복, 천 등에 부착된 혈흔	혈흔 부착부위를 원을 그려 표시하고 깨끗한 종이를 사이사이에 끼워서 혈흔이 다른 부위와 겹치지 않도록 포장한다.
흉기 등에 부착된 혈흔	칼날이든, 손잡이든 부착부위를 건조시킨 다음 깨끗한 비닐로 혈흔부위에 너무 밀착되지 않게 포장한다.
손톱에 부착된 혈흔	가능한 한 손톱 끝부분에서 안쪽으로 적당한 길이로 잘라 비닐종이에 싸서 포장한다. 단, 피해자의 손톱을 너무 깊게 자르면 흔히 피해자의 혈흔이 묻어 나오므로 범인의 혈흔 검출은 불가능 할 수 있으므로 주의해야 한다.

3. 정액 검사방법

(1) 질액과 혼합된 정액

질액과 혼합되어 있는 정액의 혈액형만 선택적으로 판정하기는 어렵다. 따라서 반드시 여자(피해자)의 혈액에 항응혈제를 가한 것을 약간 (1ml 이상)동봉하여야 한다.

(2) 정액반의 검사

① 검사의 순서: 정액반 유무증명 → 사람정액증명시험 → 혈액형검사

② 정액의 유무증명: 정액반이 육안으로 관찰되지 않을 때에는 암실에서 자외선으로 조사하게 되면 정액반 부위에서 형광을 발하게 된다.

4. 타 액

(1) 타액의 성질

① 타액이란 타액선으로부터 구강내로 분비되는 유동액으로서 색·냄새·맛이 없다.

② 타액에는 전분(澱粉)을 소화시키는 효소인 아밀라아제(amylase)가 함유되어 있다.

③ 타액을 이용하여 혈액형, 남녀의 성별 등을 확인할 수 있다.

(2) 타액반의 감정순서

자외선 검사 → 전분소화효소시험 → 사람타액증명시험 → 혈액형검사

〈검사의 종류〉

검사의 종류	순 서
혈흔검사	혈흔예비시험 → 혈흔확인시험 → 인혈증명시험 → 혈액형 검사
타액검사	자외선 검사 → 전분소화효소시험 → 사람타액증명시험 → 혈액형검사
정액검사	정액반 유무증명 → 사람정액증명시험 → 혈액형검사

5. 모발 검사방법

① 사람과 동물털의 구별, 발생부위, 연령, 성별, 모발의 손상여부, 염색여부, 혈액형, 뽑은 모발과 자연탈락모의 구별, 이발후의 경과일수 등을 알 수 있다(사망후 경과시간×).

② 젊은 층의 모발이 노인이나 어린아이의 모발보다 수질이 많다.

③ 음모, 흉모, 수염 등은 두모(頭毛)에 비하여 광택이 불량하다.

④ 멜라닌 색소의 양이 많으면 흑갈색, 적으면 갈색, 색소가 없으면 흰색의 모발로 관찰된다.

6. 소변 검사방법

① 소변의 색깔은 담황색 또는 황갈색을 띠며, 공기중에 방치되면 색소가 산화되어 색깔이 짙어진다.

② 대체로 성인의 1 일 배출량은 1,000−1,600ml 정도이다.

③ 소변으로 마약의 투약여부, 혈액형 감별, 범인에게 어떤 종류의 질병이 있는지 등을 알 수 있다.

④ 소변에서 독물, 약물의 대사 산출물을 검출함으로써 사건의 종류 및 상황을 추정할 수 있다.

7. 대변의 채취요령

감정목적에 따른 채취방법	① 혈액형 감별: 대변의 표면을 채취한다. ② 섭취한 음식물의 종류 감별: 대변의 내부를 채취한다. ③ 기생충 감별: 대분의 각 부분을 조금씩 채취한다.
보관방법	상자에 보관하되, 1 개는 그대로 1 개는 10% 포르말린 용액에 방부처리 한다.
섭취한 음식물 감별	① 육안관찰의 어려움: 대부분의 소화잔물은 육안으로 음식물의 종류를 식별하기는 어렵다. ② 분변의 일부를 채취하여 거즈에 싸서 물을 통과시키면 세척되어 유형성분이 남게 된다. ③ 배추, 무, 가지 등은 소화가 잘 되지 않아 조직세포의 원형이 그대로 유지된다. ④ 토마로 수박, 참외, 오이, 포도, 깨, 콩 등은 특유한 종자(씨)의 형태를 취하고 있다. ⑤ 홍당무, 토마토, 고추 등은 붉은 색의 색소를 그대로 나타내는 특성이 있다.

8. 치 아

① 법치과학 (forensic odontology): 치아를 연구하고 검사하여 범죄수사에 도움을 주는 학문을 법치과학이라고 한다.

② 유치는 모태에 있을 때부터 발생하기 시작하나 생후 6−8 개월부터 맹출되기 시작하며 영구치는 생후 5−6 년경에 맹출되면서 유치의 탈락이 시작된다.

③ 유치와 영구치의 출현형태, 치근석회화의 진행과정, 치아의 소모상태 등을 검사하여 연령을 추정할 수 있다.

④ 기타 머리뼈, 홍채, 모발 등을 통한 대략적인 연령추정도 가능하나, 치아검사가 가장 정확하다.

⑤ 일반적으로 남성의 치아는 여성의 치아에 비하여 크고 길다.

⑥ 개인식별: 만일 생전의 X 선 사진이 있으면 사체의 X 선 사진을 찍어 이와 대조함으로써 쉽게 개인식별을 할 수 있다.

제7절 유전자 감식

1. 유전자지문 감식이 가능한 시료

혈액, 혈흔, 정액 및 정액반, 모근이 있는 모발, 피부, 장기, 뼈, 치아, 손톱 등 조직편 (대·소변×)

2. DNA 분석을 위한 증거물 채취 및 보관요령

(1) 유동혈액은 항응고제인 EDTA가 들어 있는 시험관에 채혈하여 서늘한 곳에 보존·운반하여야 한다.

(2) 혈흔이나 정액반은 증류수를 깨끗한 거즈에 소량 적신 다음 채취, 그늘에서 건조시켜서 통풍이 잘 되는 규격봉투에 넣어서 신속히 송부한다.

(3) 혈흔이 부패하거나 높은 열에 노출되지 않도록 각별히 주의한다.

(4) 혈흔 예비시험시에 사용되는 루미놀 시약이나 정액반 여부를 검사하는 SM 테스트 시약을 많이 분무하면 유전자 분석에 장애가 되므로 최소량을 사용하는 것이 바람직하다.

(5) 모발의 경우 모근부위를 스카치테이프 등으로 부착하여서는 아니 된다.

(6) 혈흔과 정액반은 건조된 상태에서 냉장고에 보관했을 경우는 1~2 년이 경과해도 DNA 분석이 가능하다.

3. DNA지문 감식에 필요한 시료와 양

혈흔 및 정액반	1 cm * 1 cm (DNA 증폭실험)
혈액	2 ml 이상
모발	3개 이상
인체조직	5 g 이상

4. 유전자 감식의 장·단점

장점	단점
㉠ 신뢰도가 극히 높아 강력범죄의 증거로 활용이 용이하다. ㉡ 혈액, 혈흔, 정액, 모발, 타액, 장기, 뼈 등 모든 분비물 및 조직에서 DNA 검출이 가능하고, 이론상 세포로 이루어진 감정물이라면 무엇이든 감식이 가능하고 미량의 시료로도 감식이 가능하다.	㉠ 유전자분야를 전공한 전문 감정가와 고가의 전문시설이 필요하다. ㉡ 감식기일이 5~20일 정도 소요되어 단시일내에 확인하기 곤란하다.

5. 디엔에이신원확인정보의 이용 및 보호에 관한 법률

[시행 2015.4.16.] [법률 제12776호, 2014.10.15, 일부개정]

제1조(목적)		이 법은 디엔에이신원확인정보의 수집·이용 및 보호에 필요한 사항을 정함으로써 범죄수사 및 범죄예방에 이바지하고 국민의 권익을 보호함을 목적으로 한다.
제2조(정의)	디엔에이	생물의 생명현상에 대한 정보가 포함된 화학물질인 디옥시리보 핵산(Deoxyribonucleic acid, DNA)을 말한다.
	디엔에이 감식시료	사람의 혈액, 타액, 모발, 구강점막 등 디엔에이감식의 대상이 되는 것을 말한다.
	디엔에이 감식	개인 식별을 목적으로 디엔에이 중 유전정보가 포함되어 있지 아니한 특정 염기서열 부분을 검사·분석하여 디엔에이신원확인정보를 취득하는 것을 말한다.
	디엔에이 신원확인정보	개인 식별을 목적으로 디엔에이감식을 통하여 취득한 정보로서 일련의 숫자 또는 부호의 조합으로 표기된 것을 말한다.
	디엔에이신원확인정보데이터베이스	이 법에 따라 취득한 디엔에이신원확인정보를 컴퓨터 등 저장매체에 체계적으로 수록한 집합체로서 개별적으로 그 정보에 접근하거나 검색할 수 있도록 한 것을 말한다.
제3조(국가의 책무)		① 국가는 디엔에이감식시료를 채취하고 디엔에이 신원확인정보를 관리하며 이를 이용함에 있어 인간의 존엄성 및 개인의 사생활이 침해되지 아니하도록 필요한 시책을 마련하여야 한다. ② 데이터베이스에 수록되는 디엔에이신원확인정보에는 개인 식별을 위하여 필요한 사항 외의 정보 또는 인적사항이 포함되어서는 아니 된다.
제4조(디엔에이신원확인정보의 사무관장)		① 검찰총장은 제5조에 따라 채취한 디엔에이감식시료로부터 취득한 디엔에이신원확인정보에 관한 사무를 총괄한다. ② 경찰청장은 제6조 및 제7조에 따라 채취한 디엔에이감식시료로부터 취득한 디엔에이신원확인정보에 관한 사무를 총괄한다. ③ 검찰총장 및 경찰청장은 데이터베이스를 서로 연계하여 운영할 수 있다.
제5조(수형인 등으로부터의 디엔에이감식시료 채취)		① 검사(군검찰관을 포함한다. 이하 같다)는 다음 각 호의 어느 하나에 해당하는 죄 또는 이와 경합된 죄에 대하여 형의 선고, 「형법」 제59조의2에 따른 보호관찰명령, 「치료감호법」에 따른 치료감호선고, 「소년법」 제32조제1항제9호 또는 제10호에 해당하는 보호처분결정을 받아 확정된 사람(이하 "수형인등"이라 한다)으로부터 디엔에이감식시료를 채취할 수 있다. 다만, 제6조에 따라 디엔에이감식시료를 채취하여 디엔에이신원확인정보가 이미 수록되어 있는 경우는 제외한다.
	「형법」 제2편제13장 방화와 실화의 죄 중	제164조(현주건조물등에의 방화), 제165조(공용건조물 등에의 방화), 제166조제1항(일반건조물 등에의 방화), 제167조제1항(일반물건에의 방화) 및 제174조(제164조제1항, 제165조, 제166조제1항의 미수범만 해당한다)의 죄
	「형법」 제2편제24장 살인의 죄 중	제250조(살인, 존속살해), 제253조(위계 등에 의한 촉탁살인 등) 및 제254조(제251조, 제252조의 미수범은 제외한다)의 죄

	「형법」 제2편제31장 약취와 유인의 죄 중	제287조(미성년자의 약취, 유인), 제288조(추행 등 목적 약취, 유인 등), 제289조(인신매매)와 제292조제292조(약취, 유인, 매매, 이송된 사람의 수수·은닉 등)(제291조의 약취 또는 유인된 자를 수수 또는 은닉한 경우는 제외한다), 제294조[제291조, 제292조(제291조의 약취 또는 유인된 자를 수수 또는 은닉한 경우만 해당한다)의 미수범은 제외한다]의 죄
	「형법」 제2편제32장 강간과 추행의 죄 중	제297조(강간), 제297조의2(유사강간), 제298조(강제추행), 제299조(준강간, 준강제추행), 제300조(미수범), 제301조(강간 등 상해·치상)까지, 제301조의2(강간등 살인·치사), 제302조제302조(미성년자 등에 대한 간음), 제303조 제303조(업무상위력 등에 의한 간음) 및 제305조의 죄제305조(미성년자에 대한 간음, 추행)
	「형법」 제2편제38장 절도와 강도의 죄 중	제330조(야간주거침입절도), 제331조(특수절도), 제332조(제331조의2의 상습범은 제외한다)부터 제342조(제329조, 제331조의2의 미수범은 제외한다)까지의 죄
	「폭력행위 등 처벌에 관한 법률」	제2조(폭행, 협박, 주거침입, 퇴거불응, 재물손괴, 존속폭행, 체포, 감금, 존속협박, 강요의 죄, 상해, 존속상해, 존속체포, 존속감금, 공갈 등)(같은 조 제2항의 경우는 제외한다), 제3조(집단적 폭행 등), 제4조(단체 등의 구성·활동), 제5조(단체 등의 이용·지원) 및 제6조(제2조제2항의 미수범은 제외한다)의 죄
	「특정범죄가중처벌 등에 관한 법률」	제5조의2제1항부터 제6항까지, 제5조의4제1항부터 제3항까지 및 제5항, 제5조의5, 제5조의8, 제5조의9 및 제11조의 죄
	「성폭력범죄의 처벌 등에 관한 특례법」	제3조(특수강도강간 등), 제4조(특수강간 등), 제5조(친족관계에 의한 강간 등), 제6조(장애인에 대한 강간·강제추행 등), 제7조(13세 미만의 미성년자에 대한 강간, 강제추행 등),제8조(강간 등 상해·치상), 제9조(강간 등 살인·치사), 제10조(업무상 위력 등에 의한 추행), 제11조(공중 밀집 장소에서의 추행) 및 제15조(제13조의 미수범은 제외한다)의 죄
	「마약류관리에 관한 법률」	제58조부터 제61조까지의 죄
	「아동·청소년의 성보호에 관한 법률」	제7조(아동·청소년에 대한 강간·강제추행 등) 및 제12조제12조(아동·청소년 매매행위), 제13조(아동·청소년의 성을 사는 행위 등) 제14조(아동·청소년에 대한 강요행위 등)까지(제14조제3항의 경우는 제외한다)의 죄
	② 검사는 필요한 경우 교도소·구치소 및 그 지소, 소년원, 치료감호시설 등(이하 "수용기관"이라 한다)의 장에게 디엔에이감식시료의 채취를 위탁할 수 있다.	
제6조(구속피의자등으로부터의	검사 또는 사법경찰관(군사법경찰관을 포함한다. 이하 같다)은 제5조제1항 각 호의 어느 하나에 해당하는 죄 또는 이와 경합된 죄를 범하여 구속된 피의자 또는 「치료감호법」에 따라 보호구속된 치료감호대상자(이하 "구속피의자등"이라 한다)로부터 디	

디엔에이감식 시료 채취)	엔에이감식시료를 채취할 수 있다. 다만, 제5조에 따라 디엔에이감식시료를 채취하여 디엔에이신원확인정보가 이미 수록되어 있는 경우는 제외한다.
제7조(범죄현장 등으로부터의 디엔에이감식 시료 채취)	① 검사 또는 사법경찰관은 다음 각 호의 어느 하나에 해당하는 것(이하 "범죄현장등" 이라 한다)에서 디엔에이감식시료를 채취할 수 있다. 　1. 범죄현장에서 발견된 것 　2. 범죄의 피해자 신체의 내·외부에서 발견된 것 　3. 범죄의 피해자가 피해 당시 착용하거나 소지하고 있던 물건에서 발견된 것 　4. 범죄의 실행과 관련된 사람의 신체나 물건의 내·외부 또는 범죄의 실행과 관련한 　　장소에서 발견된 것 ② 제1항에 따라 채취한 디엔에이감식시료에서 얻은 디엔에이신원확인정보는 그 신 원이 밝혀지지 아니한 것에 한정하여 데이터베이스에 수록할 수 있다.
제8조(디엔에 이감식시료 채취영장)	① 검사는 관할 지방법원 판사(군판사를 포함한다. 이하 같다)에게 청구하여 발부받은 영장에 의하여 제5조 또는 제6조에 따른 디엔에이감식시료의 채취대상자로부터 디엔 에이감식시료를 채취할 수 있다. ② 사법경찰관은 검사에게 신청하여 검사의 청구로 관할 지방법원판사가 발부한 영장 에 의하여 제6조에 따른 디엔에이감식시료의 채취대상자로부터 디엔에이감식시료를 채취할 수 있다. ③ 제1항과 제2항의 채취대상자가 동의하는 경우에는 영장 없이 디엔에이감식시료를 채취할 수 있다. 이 경우 미리 채취대상자에게 채취를 거부할 수 있음을 고지하고 서 면으로 동의를 받아야 한다. ④ 제1항 및 제2항에 따라 디엔에이감식시료를 채취하기 위한 영장(이하 "디엔에이감 식시료채취영장"이라 한다)을 청구할 때에는 채취대상자의 성명, 주소, 청구이유, 채 취할 시료의 종류 및 방법, 채취할 장소 등을 기재한 청구서를 제출하여야 하며, 청구 이유에 대한 소명자료를 첨부하여야 한다. ⑤ 디엔에이감식시료채취영장에는 대상자의 성명, 주소, 채취할 시료의 종류 및 방법, 채취할 장소, 유효기간과 그 기간을 경과하면 집행에 착수하지 못하며 영장을 반환하 여야 한다는 취지를 적고 지방법원판사가 서명날인하여야 한다. ⑥ 디엔에이감식시료채취영장은 검사의 지휘에 의하여 사법경찰관리가 집행한다. 다 만, 수용기관에 수용되어 있는 사람에 대한 디엔에이감식시료채취영장은 검사의 지휘 에 의하여 수용기관 소속 공무원이 행할 수 있다. ⑦ 검사는 필요에 따라 관할구역 밖에서 디엔에이감식시료채취영장의 집행을 직접 지 휘하거나 해당 관할구역의 검사에게 집행지휘를 촉탁할 수 있다. ⑧ 디엔에이감식시료를 채취할 때에는 채취대상자에게 미리 디엔에이감식시료의 채 취 이유, 채취할 시료의 종류 및 방법을 고지하여야 한다. ⑨ 디엔에이감식시료채취영장에 의한 디엔에이감식시료의 채취에 관하여는 「형사소 송법」 제116조, 제118조, 제124조부터 제126조까지 및 제131조를 준용한다.
제9조(디엔에 이감식시료의 채취 방법)	① 제5조 및 제6조에 따라 디엔에이감식시료를 채취할 때에는 구강점막에서의 채취 등 채취대상자의 신체나 명예에 대한 침해를 최소화하는 방법을 사용하여야 한다. ② 디엔에이감식시료의 채취 방법 및 관리에 관하여 필요한 사항은 대통령령으로 정 한다.
제10조(디엔에 이신원확인정	① 검찰총장 및 경찰청장은 다음 각 호의 업무를 대통령령으로 정하는 사람이나 기관 (이하 "디엔에이신원확인정보담당자"라 한다)에 위임 또는 위탁할 수 있다.

보의 수록 등)	1. 제5조부터 제9조까지의 규정에 따라 채취된 디엔에이감식시료의 감식 및 데이터 베이스에의 디엔에이신원확인정보의 수록 2. 데이터베이스의 관리 ② 디엔에이신원확인정보담당자에 대한 위임 또는 위탁, 디엔에이감식업무, 디엔에이 신원확인정보의 수록 및 관리 등에 관하여 필요한 사항은 대통령령으로 정한다.
제11조(디엔에 이신원확인정 보의 검색· 회보)	① 디엔에이신원확인정보담당자는 다음 각 호의 어느 하나에 해당하는 경우에 디엔에 이신원확인정보를 검색하거나 그 결과를 회보할 수 있다. 1. 데이터베이스에 새로운 디엔에이신원확인정보를 수록하는 경우 2. 검사 또는 사법경찰관이 범죄수사 또는 변사자 신원확인을 위하여 요청하는 경우 3. 법원(군사법원을 포함한다. 이하 같다)이 형사재판에서 사실조회를 하는 경우 4. 데이터베이스 상호간의 대조를 위하여 필요한 경우 ② 디엔에이신원확인정보담당자는 제1항에 따라 디엔에이신원확인정보의 검색결과 를 회보하는 때에는 그 용도, 작성자, 조회자의 성명 및 작성 일시를 명시하여야 한다. ③ 디엔에이신원확인정보의 검색 및 검색결과의 회보 절차에 관하여 필요한 사항은 대통령령으로 정한다.
제13조(디엔에 이신원확인정 보의 삭제)	① 디엔에이신원확인정보담당자는 수형인등이 재심에서 무죄, 면소, 공소기각 판결 또는 공소기각 결정이 확정된 경우에는 직권 또는 본인의 신청에 의하여 제5조에 따 라 채취되어 데이터베이스에 수록된 디엔에이신원확인정보를 삭제하여야 한다. ② 디엔에이신원확인정보담당자는 구속피의자등이 다음 각 호의 어느 하나에 해당하 는 경우에는 직권 또는 본인의 신청에 의하여 제6조에 따라 채취되어 데이터베이스에 수록된 디엔에이신원확인정보를 삭제하여야 한다. 1. 검사의 혐의없음, 죄가안됨 또는 공소권없음의 처분이 있거나, 제5조제1항 각 호 의 범죄로 구속된 피의자의 죄명이 수사 또는 재판 중에 같은 항 각 호 외의 죄명 으로 변경되는 경우. 다만, 죄가안됨 처분을 하면서 「치료감호법」 제7조제1호에 따라 치료감호의 독립청구를 하는 경우는 제외한다. 2. 법원의 무죄, 면소, 공소기각 판결 또는 공소기각 결정이 확정된 경우. 다만, 무죄 판결을 하면서 치료감호를 선고하는 경우는 제외한다. 3. 법원의 「치료감호법」 제7조제1호에 따른 치료감호의 독립청구에 대한 청구기각 판결이 확정된 경우 ③ 디엔에이신원확인정보담당자는 수형인등 또는 구속피의자등이 사망한 경우에는 제5조 또는 제6조에 따라 채취되어 데이터베이스에 수록된 디엔에이신원확인정보를 직권 또는 친족의 신청에 의하여 삭제하여야 한다. ④ 디엔에이신원확인정보담당자는 제7조에 따라 채취되어 데이터베이스에 수록된 디 엔에이신원확인정보에 관하여 그 신원이 밝혀지는 등의 사유로 더 이상 보존·관리가 필요하지 아니한 경우에는 직권 또는 본인의 신청에 의하여 그 디엔에이신원확인정보 를 삭제하여야 한다. ⑤ 디엔에이신원확인정보담당자는 제1항부터 제4항까지의 규정에 따라 디엔에이신 원확인정보를 삭제한 경우에는 30일 이내에 본인 또는 신청인에게 그 사실을 통지하 여야 한다. ⑥ 디엔에이신원확인정보의 삭제 방법, 절차 및 통지에 관하여 필요한 사항은 대통령 령으로 정한다.

제8절 거짓말 탐지기 수사

1. 의 의

용의자 등을 대상으로 거짓말 탐지기를 이용하여 허위진술시 혈압, 맥박, 호흡의 변화 상태 등을 기록하여 진술의 진위발견을 행하는 수사를 말한다.

2. 거짓말 탐지기의 대상

피의자, 피내사자, 중요 참고인 기타 수사사항에 대하여 알고 있거나 관련되어 있다고 믿을 만한 상당한 이유가 있는 자 등 모든 사람이 거짓말탐지기 수사대상이 될 수 있다

다음에 해당하는 경우에는 배제되어야 한다.

(1) 피검사자가 과도한 신경과민상태, 정신병적인 질환자, 정신적·육체적인 면이 비정상적인 자(구타, 수면부족, 설사병 등), 장기수사로 인한 노이로제 상태인 자, 취급 중인 사건 이외에 다른 잡념이 많은 자, 장기수사로 체념 상태에 있는 자, 임신부 등은 검사결과를 신빙할 수 없으므로 무용한 검사가 된다.

(2) 위에 해당하지 아니하는 피검사자라 하더라도 검사 24시간 전에 향정신성의약품을 복용한 경우에도 검사 결과를 신임할 수 없다.

3. 증거능력

학 설	거짓말탐지기의 시험결과 및 그 보고서의 증거능력에 관하여 학설은 긍정설로 보고 있다.
판 례	거짓말 검사가 피검사자의 동의에 의하여 행하여진 경우에도 검사결과의 정확성이 보증되지 않는 한 증거능력을 인정할 수 없다' 는 견해를 취하고 있다.

4. 검사의 효용

(1) 진술의 진위판단

(2) 수사의 방향설정

(3) 용의자의 범위 축소

(4) 상반되는 진술의 비교확인

(5) 증거 및 단서수집

(6) 기 타

자백의 기회부여 및 수사의 방향전환, 용의자들의 심문자료, 구속영장신청자료, 가까운 친인척의 사건관련 진위의 규명 등이 효용이 있다.

5. 검사 절차

검사준비	검사를 하기전에 기기점검·질문서작성·피검사자의 건강·병력·동의서 등을 확인·검토하여 정확한 검사가 이루어질 수 있도록 해야 하고 임의성을 확보해야 한다.
면 담	1) 본검사에 들어가기 전 30~40분에 걸쳐 면담을 하게 되는데 면담의 목적은 진실한 피검사자에게는 불안감을 제거하여 안정시킨다. 2) 거짓말을 하는 피검사자에게는 검사를 받게 되면 거짓이 발각될 불안감을 조성시키는데 있다.
본검사	검사의 타당도와 신뢰도를 위하여 통일한 질문내용을 3회이상 질문하여야 한다.
차트해석	호흡의 홀딩변화, 피부의 말안장변화, 맥박(혈압)의 상승변화 등 거짓반응형태를 분 석·판독하게 한다.
결과통보	1) 검사결과는 의뢰관서에 진실반응·거짓반응·판단불능 등의 여부를 통보하여야 한다. 2) 이때 검사자에게는 그 결과를 알려주어서는 안 된다.

6. 검사 종류

(1) 일반검사

　① 피검사자가 부인하는 진술의 진위여부를 자료 없이 반복확인하는 검사이다.

　② 검사하고자 하는 사건의 개요와 진술조서를 첨부하여 의뢰하면 된다.

(2) 자료검사

　① 관련사건에 대해 피검사자에게 공개되지 않은 유형·무형의 자료가 있을 때 실시한다.

　② 이 자료를 이용하여 피검사자의 범행관련 여부를 알아내는 검사법으로서 일반검사 후 자료가 있는 경우 병행하게 된다.

　③ 자료검사에는 다음과 같이 유형·무형의 자료검사로 구분하여 조사한다.

유형의 자료검사	(a) 범행에 사용된 흉기, 피해품 종류 등 범행현장에 유류된 물건 등을 나열하여 하는 검사 (b) 범행현장유류품과 같은 종류의 색깔, 크기, 모양 등 다른 자료를 5-6개 준비하여 검사자료로 쓰일 수 있도록 제공한다. (c) 검사에 이용되는 자료는 피검사자가 확실하게 기억하고 있는 것이어야 한다. (d) 검사에 사용될 자료는 발견자 이외의 다른 사람이 더 이상 알지 못하도록 비밀을 유지한다.
무형의 자료검사	(a) 범인의 수(1명,2명.3명...), 은닉장소(사무실, 집, 은행...), 범행에 사용된 공기총 횟수(1발,2발,3발...)등을 알기 위한 검사이다. (b) 별도의 준비자료 없이 단어를 열거하여 하는 검사로 일반검사와 같은 요령으로 의뢰하면 된다.

7. 유의사항

검사에 사용되는 자료가 피검사자에게 공개된 것이라면 피검사자가 사건관련 질문에 대하여 의식하게 되기 때문에 내용이 공개된 유형·무형의 자료는 검사자료로서 활용될 수 없으므로, 검사에 사용될 자료는 발견자 이외의 다른 사람이 더 이상 알지 못하도록 비밀을 유지해야 한다.

제9절 화학적 감정

1. 개념

화학적 감정이란 각종 폭발물 사건, 테러 사건, 가스 중독사건, 본드류 흡입사건, 비소·수은 중독사건, 폐수오염 여부, 음주 운전 등 다양한 범죄가 발생하였을 경우 증거제시 및 사건의 공정한 해결을 위하여 자연과학의 지식을 응용하는 감정방법을 말한다.

2. 화학적 감정 대상

유해화학 물질	화학물질	원소와 화학반응에 의하여 생성되는 물질
	유독물	유독물은 삶의 건강에 또는 환경에 위해를 미칠 독성이 있는 화학물질
환경오염 물질류		환경오염 물질류는 각종 산업체에서 배출되는 폐수 및 폐기물에 의한 농작물 및 양어장의 피해 여부나, 상수도원의 오염여부 및 폐기물의 종류·성분 경우에 화학적 감정의 대상이 된다.
폭발성 물질류		폭발성 물질류에는 고성능폭약류, 저성능폭약류, 뇌관화약류, 산업용폭약류, 화학가스이다.

3. 유해화학물질 중독증상

일산화탄소 (carbon monoxide)	일산화탄소는 혈액중의 헤모글로빈과 결합하는 힘이 산소보다 약 210배가 강하므로 미량에서도 헤모글로빈과 결합하여 CO—Hb를 형성하므로 혈액의 산소운동능력을 저하시켜 조직내 산소결핍을 초래하게 된다.
프로판 가스	프로판가스를 액상에 접촉시 화상 또는 동상의 위험이 있으며 고농도 폭로시 기능장애(마취성)가 있으며 산소분압이 낮아져 질식성 장애를 일으키게 된다.
메틸알코올 (methyl alcohol)	메틸알코올(methyl alcohol)중독 증상은 생체내에서 산화되어 독성이 강한 개미산 등으로 변하여 시력장애 및 실명이 되게 한다.
에틸알코올 (ethyl alcohol)	에틸알코올(ethyl alcohol)의 치사량(LD50)은 0.5%이며 호흡억제로 사망한다.

청산류 (hydrogen cyanide)	청산류(hydrogen cyanide)중독 증상은 세포내 산화환원기능에 장애를 가져와 호흡마비로 인하여 사망한다.

4. 화학적 감정의 활용

(1) 음주운전자의 혈중알코올 농도 측정

(2) 비소, 수은 중독사건

(3) 본드, 부탄가스 등 흡입사건

(4) 청산가리, 쥐약 음용 자살사건

(5) LPG, LNG, 일산화탄소 중독사건

(6) 폭발사건에서 폭약의 종류감별

(7) 각종 폐수 오염여부

5. 유해물질 중독사건 시료 채취량과 보존 방법

(1) 소화관 내용물(4℃보존): 위 내용물 및 위 세척액 약 100g 정도 채취

(2) 혈액(4℃보존): 오염되지 않은 순환 혈액 50ml 이상 채취

(3) 뇨(동결보존): 전량채취

(4) 간장(동결보존)

(5) 뇌(동결보존)

(6) 신장(동결보존)

6. 각종 사건·사고 감정시 가장 적합한 증거물

(1) 비소·수은 등의 중독사건: 모발 및 손톱

(2) 폭발사건: 폭발생성물, 잔사, 폭심 부근 토양, 파편 표면의 부착 잔사

(3) 환경폐기물류: 폐기물 잔여량, 주변 토양

(4) 연탄가스 흡입사건: 신선한 심장 혈액, 폐

(5) 본드류 흡입사건: 혈액

(6) 음주운전사건: 유동혈액(냉동보관)

(7) 환경오염사건: 폐수 4L

(8) 농약류 사고

　① 현장에 유류된 농약병이 표기된 라벨 등도 반드시 수집한다.

　② 양어장이나 음용수에 농약이 살포된 경우 오염되지 않은 유리병이나 플라스틱병

에 충분량(100ml)의 물을 채취하며, 물고기를 채취할 경우 물고기의 내장이나 아가미를 채취한다.

제10절 의약품(약독물) 감정

1. 의약품 감정의 종류

종류	내　용
의약품	1) 대한약전에 수재된 것으로서 위생용품이 아닌 것 2) 사람 또는 동물의 질병의 진단, 치료, 경감, 처치 또는 예방의 목적으로 사용되는 것으로 기구, 기계(치과재료, 의료용품 및 위생용품을 포함한다.)가 아닌 것 3) 사람 또는 동물의 구조, 기능의 영리학적영향을 주기 위한 목적으로 사용되는 것으로서 기구, 기계가 아닌 것(화장품을 제외한다.)
의약부 외품	1) 구취 또는 채취의 방지 2) 탈모의 방지 또는 양모 3) 사람이나 동물의 보건을 위해 사용되는 파리, 모기 등의 구제 또는 방지 4) 인체에 대한 작용이 경미한 염료 5) 위생상의 용도에 제공되는 선류(지선류를 포함한다) 등의 목적을 가지고 인체에 대한 작용이 경미하며 기구 또는 기계가 아닌 것과 이와 유사한 것으로서 보건복지부장관이 지정하는 것을 말한다.
한약	동물·식물 또는 광물에서 채취된 것으로서 주로 원형대로 건조 또는 정제된 생약을 말한다.
화장품	인체를 청결 또는 미화하기 위하여 도찰, 살포 기타 이와 유사한 방법으로 사용되는 물품으로서 인체에 대한 작용이 경미한 것을 말한다.
의료용구	사람 또는 동물의 질병의 진단, 경감, 처치 또는 예방의 목적에 사용되는 것과 사람 또는 동물의 구조기능에 영향을 주기 위한 목적으로 사용되는 기구 또는 기계 장치로서 보건사회부장관이 지정하는 것을 말한다.
위생용품	사람 또는 동물의 질병의 경감, 처치 또는 예방의 목적에 사용되는 섬유, 고무제품 또는 이와 유사한 물품을 말한다.

2. 약품의 구분

(1) 사용량

상용량(常用量)	치료의 목적으로 사용하는 보통량으로 일반적으로 극량의 1/3이다.
극량	위험성이 없이 사용할 수 있는 최대량

중독량(中毒量)	중독상태를 나타내는 최소량
치사량(致死量)	죽음에 이르는 최소량

(2) 종류

보통약	극량과 중독량의 차이가 많은 약품
독약	극량과 차이가 적은 약품
극약(劇藥)	독약보다 독성이 약한 약품

(3) 대상

① 의약품류(로라제팝 디아제팝 등의 신경안정제, 독실아민 등의 수면제)

② 복어독, 농약류, 독성한약

③ 고가한약재, 주류, 천연식품의 진위여부 등

④ 마취제류(에테르, 클로로포름)

3. 독극물 분류

종류	증 상	독 물
부식독 (腐蝕毒)	조직에 접촉되면 특히, 단백질을 괴사시켜 국소적인 부식을 초래하는 독물	산(황산, 염산, 질산, 초산 등)과 알칼리 (NaCl, KCl 등)
실질독 (實質毒)	속찬기관의 세포에 침범해 대사(代謝)를 장애하고 여러 가지 조직실질의 변성괴사를 일으킴	수은, 승홍(昇汞), 아비산(亞砒酸), 황인(黃燐)
효소독 (酵素毒)	특이한 효소계에 특이적으로 작용(ATP생성 저해 등)하는 독물	유기인제류(parathion 등) 황화수소
혈액독 (血液毒)	체내에 흡수되어 혈액 중 헤모글로빈과 결합하여 두통, 현기증, 구토, 안면홍조, 호흡곤란, 체온강하, 경련, 의식불명 등의 증상을 거쳐 내부 질식으로 사망한다.	청산, 청산가리, 청산소다, CO 유화수소
신경독 (神經毒)	신경계, 특히 중추신경계의 기능을 장애하는 독물	알코올, 클로로포름, akaloid류, 복어독

〈식중독의 원인균과 오염원〉

세 균	오염원
장염비브리오	전갱이, 오징어, 낙지

살모넬라	쥐, 애완용동물
캄필로박터	닭, 소

4. 감정 대상

(1) 자살 또는 타살의 목적으로 사용되는 의약품

로라제팜, 디아제팜 등의 신경안정제들은 거의 대부분이 향정신성의약품으로 지정되어 있고, 수면제 중 독실아민은 쉽게 구할 수 있는 것으로서 이것들을 다량복용하고 사망한 예가 많이 있다.

(2) 강도 또는 강간에 사용되는 약품

최근 드링크제나 오렌지주스 등에 수면제나 신경안정제 같은 약물을 타서 피해자에게 마시게 하여 정신을 잃게 한 후 금품을 강취하거나 강간하는 등의 사건이 발생한다.

(3) 고가 한약재(생약)의 진위판별

① 고가 한약재(생약)에는 웅담, 사향, 녹용 등이 있다.

웅담(곰쓸개)에는 우르소데옥시콜린산이라는 담즙산이 함유되어 있으며, 저담(돼지쓸개)에는 히오데옥시콜린산이 함유되어 있고, 우담(소쓸개)에는 데옥시콜린산이 다른 쓸개보다 많이 함유되어 진품을 구별할 수 있다.

(4) 독성 한약재(생약)의 확인

독성 한약재에는 부자(천오두, 초오), 스코폴리아근(랑탕근, 미치광이풀), 호미카(마전자) 등의 알칼로이드 함유식물들이 있다.

(5) 복어독으로 의뢰되는 사건

① 복어의 알이나 내장 중에 있는 테트로도톡신이라는 성분은 독성이 매우 강하여 미량만 먹어도 사망에 이르는 물질이다.

② 생체 시료 중 복어독의 확인은 위 내용물을 산으로 처리한 에틸알코올로 추출한 후 단백질, 지방 등을 제거하여 시료를 정제한 다음 쥐에게 주사하여 판정한다.

(6) 식품 및 한약재 중 잔류농약의 검출

식품 중에서는 콩나물 재배시 부패 및 변질을 막기 위해 불법으로 농약(Benzimi-dazole계)을 사용하고 있는데, 농약의 검출방법을 개발하여 콩나물 중 미량의 농약성분(Carbendazim)을 검출하는 데에 적용하고 있다.

5. 감정물 채취요령

(1) 자·타살 사건의 경우

① 피해자의 중독증상을 본 사람의 증언, 부검소견, 사건개요 등을 감정인에게 알려 준다.

② 사건 현장에서는 음독약물이나 음식물의 잔여품, 구토물, 용기, 약포장지 등 독물 이 함유 또는 부착되었을 것으로 사료되는 모든 물건을 채취토록 한다.

③ 사체 부검결과 중독사의 혐의가 있을 경우 채취하여야 할 감정물

위 내용물, 뇨	전량
혈 액	100g 이상
간, 비장, 신장	각 100g 이상
십이지장, 소장 내용물, 뇌 및 심장	일부

④ 감정 목적이 약물, 독물, 일산화탄소 등의 가스 중독사 여부나 주취 정도를 측정할 경우 감정물에 어떠한 물질도 첨가해서는 안 된다.

⑤ 매장되었던 사체에서 채취할 경우 관의 내부에 칠한 페인트류, 관의 외측 위·아래 의 흙 등도 대조 시험용으로 채취한다.

(2) 사고로 인한 중독 또는 치사사건의 경우

① 자·타살사건의 증거물 이외에 피해자가 복용하였던 시판음식물, 청량음료, 주류, 의약품, 식품 첨가물, 화공약품, 농약류 및 쥐약 등도 수집하여야 한다.

② 의료 및 약화사고 시비사건의 경우에는 치료에 사용되었던 모든 조제약, 주사약, 수액세트, 주사기 등과 조제약에 대한 처방전을 함께 송부한다.

(3) 수면제 및 마취제류의 경우

① 에테르·클로로포름 등과 같은 흡입마취제류는 휘발성이 매우 강하므로 이들이 묻 어 있는 탈지면, 수건 또는 사용하였던 용기류 등은 반드시 밀폐용기에 넣고 포장 한다.

② 마취범죄와 관련된 주스캔, 요구르트 병, 드링크제류, 빨대, 먹다 남은 비스켓류 등 을 채취하여 적은 양이라도 소실되거나 오염되지 않도록 포장하여 송부한다.

(4) 가스중독사의 경우

① 피해자의 혈액, 뇨, 뇌 및 사건현장 주위의 공기를 비닐봉지 등에 채취하여야 하며, 가스의 발생요인이 될 수 있는 물질도 수집하여야 한다.

② 일산화탄소 중독사의 경우 가장 좋은 시료는 혈액이다.

(5) 한약재류에 의한 중독 및 중독사의 경우
치료에 사용된 한약재, 사용용기, 한약 등을 채취하고, 한약재 처방전도 함께 송부한다.

(6) 고가 한약재의 진위여부
웅담, 우황, 사향, 녹용 등의 진위여부는 충분량의 시료(약 200g)와 진품을 함께 송부한다.

(7) 복어 중독의 감정
복어의 알이나 내장 모두를 채취하고 사망자의 위내용물(전부), 혈액(200g 이상), 뇨(전량)를 채취하여 송부한다.

(8) 불량식품류의 감정
충분한 시료를 수집하고 해당 식품의 일반성분 분석표를 같이 송부하여야 하며, 불량식품 제조과정에서 사용한 각종 첨가물을 수집하여 표기하고 각각 포장하여 송부한다.

(9) 주류 및 청량음료 등의 감정
주류 및 청량음료 등의 유해성 여부 및 진위여부를 감정·의뢰코자 할 때에는 반드시 완전 포장된 진품을 함께 의뢰한다.

(10) 천연식품의 진위여부
벌꿀, 참기름, 고춧가루 등의 진위여부는 충분량의 시료(200g)와 진품을 동시에 송부한다.

제11절 마약류 감정

1. 마약류의 종류별 분석시약
(1) 아큐사인
① 구성: 시약이 함유된 백색의 키트로서 샘플윈도우(S)와 시험띠(T) 및 비교띠(C)로 구성되어 있다.
② 감정대상마약류: 메스암페타민(필로폰), 대마초, 코카인, 아편류
③ 감정 방법: 비교띠(C) 부분을 소변에 접촉시킨다.

④ 판단방법

양성	비교띠(C)에만 붉은색 띠(1 줄)가 나타나면 양성으로 판독
음성	비교띠(C)와 시험띠(T) 모두에 붉은색 띠(2 줄)가 나타나면 음성
재시험	비교띠(C)가 전혀 현출되지 않는 경우에는 실패한 것으로 보고, 재시험을 실시

(2) 자외선분광도법

① 감정대상마약류: LSD

② 감정방법: LSD를 자외선에 쪼이면 푸른 형광색을 나타낸다.

③ 주의할 점: LSD는 채취 후 반드시 광차단용기에 보관해야 한다.

(3) T.B.P.E 시약

① 감정대상마약류: 메스암페타민(필로폰)

② 감정방법: 뇨 3~5m1 에 T.B.P.E 시약을 약 0.5m1를 가한다.

③ 판단방법

양성	적자색 발현
음성	황색 또는 녹색 발현

④ 주의할 점: 김치, 감기약, 커피 등에서도 양성반응이 나올 수 있다.

(4) 듀퀘노이스 시약

① 감정대상마약류: 대마초

② 감정방법: 대마초에 듀퀘노이스 시약을 가하면 청색, 진청색, 자색으로 변한다.

③ 주의할 점: 커피, 파즐리유(油) 등에도 반응한다.

(5) 마퀴스 시약

① 감정대상마약류: 모르핀, 코데인, 코데인 등 알카로이드류

② 감정방법: 모르핀, 코데인, 코데인 등 알카로이드류에 마퀴스 시약을 가하면 처음 에는 붉은색(홍자색)을 띠다가 청색으로 변한다.

(6) 가스 크로마코 크래피

본드, 부탄가스에 대한 분석법이다.

2. 주요 마약류의 증거물 채취방법

(1) 양귀비

열매부위가 가장 함량이 높으므로 될 수 있으면 열매가 있는 전초를 채취하며 열매가 없을 경우 다른 부위를 채취한다.

(2) 생체 시료

생체시료의 대상: 마약류감정에 이용되는 생체시료로는 소변, 혈액, 모발, 손톱, 발톱, 땀, 타액 등이 있는데, 뇨가 가장 적당하다.

뇨	마약류별 뇨의 채취시간	
	24시간 이내	메스칼린
	40시간 이내	헤로인
	48시간 이내	페치딘, 메사돈, LSD
	72시간 이내	생아편, 모르핀, 대마
	• 뇨의 채취전 주의사항 모든 음식물을 금지하는 것이 아니라, 이뇨작용이 있는 맥주, 콜라, 커피 등의 복용을 금지 시킨다. • 뇨의 채취량: 채취할 뇨의 양은 여러 가지 검사(마약, 환각제, 대마 등)가 필요한 경우 30ml 이상을 송부해야 한다.	
머리카락	① 감정가능 마약류: 모발감정은 기술상의 이유로 필로폰투약 및 MDMA(엑스터시) 투약 혐의자에 대해서만 감정이 가능하다. ② 모발감정의 이점 ㉮ 모발은 1 개월에 1cm 정도 성장하므로 6~9 개월 정도가 경과되어도 감정이 가능하다. ㉯ 모발의 감정을 통하여 투약시기의 추정이 가능하다.	

제12절 법물리학

1. 흔적을 통한 동일 여부 감정

(1) 흔적의 종류

흔적에는 필적과 인영, 총기발사흔, 치적, 윤적, 지문, 족적, 의류상의 흉기흔, 공구흔, 충격흔, 파괴흔 등 여러 가지가 있다.

(2) 통적 흔적과 정적 흔적

	동적흔적	정적흔적
개념	형태와 상호접촉에 의하여 부착될 수 있는 물질의 비교 검사가 병행	흔적의 형태만이 비교로 가능
예	필적, 공구흔, 흉기흔, 충격흔	인영, 윤적, 지문, 총기발사흔, 족적, 치흔

2. 감정의뢰시 증거물 채취요령

(1) 증거물은 원형을 변형시키거나 오염되지 않도록 주의한다.

(2) 공구흔, 충격흔, 접촉흔 감정시 건물 자체와 같이 유류흔적을 포함한 물체가 너무 커서 운반하기 곤란할 경우에는 그 부분을 자르는 것이 아니라 모형을 뜨도록 한다.

(3) 유사휘발유 등 부정 유류를 의뢰 할 경우에는 플라스틱 계통의 용기 대신 유리병 또는 규격 철제 용기를 사용하며 2L 이상 각 주유기에서 채취해야 한다. 또한 인화성이 강한 내용물이 흘러나오지 않도록 코르크 마개로 밀봉하여 파손되지 않도록 주의한다.

제13절 기타감정

1. 문서감정

(1) 문서감정의 목적

① 수사방향의 설정을 목적으로 하는 감정

② 수사절차를 위한 감정

③ 사실입증을 위한 감정

※ 문서의 손괴여부는 문서감정의 목적은 아니다.

(2) 필적감정의 방법

① 원칙: 필세, 필압, 배자형태, 필순, 자획구성 등으로 필적을 감정할 수 있다.

② 복사본: 복사본은 필적의 기필부분과 종필부분에서 나타나는 운필상의 미세한 특징등이 거의 나타나지 않는 경우가 많으므로 감정자료로 적합하지 못하다.

③ 진필과 모방필적의 구별: 유연성, 지속성, 주저흔과 미세한 떨림 등으로 구별한다.

③ 자료 수집요령

평소필적 수집	1. 피의자나 용의자가 기재한 것이 분명한 필적이어야 한다. 2. 감정자료에 쓰인 문자와 동일한 자체(字體)가 가능한 한 많이 있는 것 3. 감정자료와 동일 또는 유사한 용지, 필기구 등을 사용해서 기재한 것으로 문자의 크기도 거의 같아야 한다. 4. 감정자료 작성시기와 가까운 시기에 기재한 것일수록 좋다. 　(※ 감정물은 반드시 원본이어야 하고, 대조자료는 시필(試筆)보다 자연스럽게 작성한 평소필적이 좋다.)
새로운시필 (試筆)	1. 감정자료(증거물)와 동일한 필기구, 용지, 동일한 서체로 작성한다. 2. 감정물과 동일한 내용 또는 유사한 문장을 만들어 직접 낭독해 주고 꼭 복창(復唱)하면서 기재하도록 해야 한다. 3. 필기자가 잘 모르는 문자가 있어도 지적, 정정하지 말고 본인이 자유롭게 문자를 기재토록 하며 오자(誤字)나 오용(誤用)을 정정하지 말아야 한다. 4. 기재조건을 수시로 변경해서(서서, 앉아서, 엎드려서, 누워서) 받아야 한다.

④ 문서감정의 가능여부

문서감정의 대상 가능	문서감정의 대상 불가능
• 인영감정 • 말소문자의 현출 • 불명문자의 감정 • 2매의 용지에 간인된 인영의 동일성 감정	• 필자의 필기자세 추정 • 잉크의 기재시기에 대한 감정 • 위조통화의 위조방법에 대한 감정 • 문서의 손상여부

2. 인영감정

(1) 인영감정의 대상

① 2개 이상의 인영 이동(異同) 식별

② 2매의 용지에 간인된 인영

③ 인영문자 판독

④ 위조인영 식별

(2) 증거물 수집 방법

① 증거물과 함께 실인(實印)도 동시에 송부하여야 한다.

② 부득이 인영만 송부할 때에는 동질의 용지에 20회 이상 압날하여야 하며 압날할 때에는 당시의 인장상태 그대로 날인하고, 다음에는 인장을 손질하여 별지에 다시 날인하여 송부한다.

③ 대조용 인영은 선명하여야 하며, 압날시 받침 등 압날 조건을 달리한 인영도 사건 내용을 감안, 수집하여 송부하여야 한다.

(3) 감정방법
① 비교현미경에 의한 방법
② 확대투영기에 의한 방법
③ 확대사진에 의한 검사법
④ 확대 원판에 의한 투시법
⑤ 기하학적 계측법
⑥ 기타 검사법(미터 측정법 X)

3. 성문감정

(1) 개념
① 성문감정이란 성대의 진동이 목과 구강을 거쳐 입술 밖으로 나오는 소리를 음성분석장치로 분해 한 후 특수한 그래프 형태의 무늬가 나타나게 하는 것을 말한다.
② 성문은 각 개인마다 특성이 있어 충분한 양의 음성만 확보되면 교묘하게 남의 목소리를 흉내 내더라도 본래 목소리의 기본적인 특징을 찾아 낼 수 있다.

(2) 보관 및 감정의뢰시 표면 기재 사항
① 사용 녹음기명과 형태
② 관련죄명 및 피의자
③ 녹음방법 및 녹음자
④ 녹음 테이프 종류(X)

(3) 성문감정시 의뢰사항
① 두 가지 음성이 동일한 사람의 음성인지 여부
② 여러 음성 중 주인공의 음성과 동일한 사람의 음성이 있는지 여부
③ 여러 음성이 몇 사람의 음성인지 여부
④ 음성의 주인공에 대한 성별, 연령, 언어영향권 등에 관한 추정
⑤ 녹음테이프의 인위적 편집 여부
⑥ 기계음 및 주변음의 분석, 녹취서 내용확인, 음질개선 등
⑦ 음성주인공의 학력·지식정도·직업은 아니다.

(4) 성문감정의 가능여부

성문감정의 가능 ○	성문감정의 가능 ×
• 목소리를 가성(假聲)으로 위장한 경우 • 음성이 누구의 음성인지 여부	• 여러사람이 동시에 녹음한 경우 • 녹음속도가 변한 경우 • 음성이 약하게 녹음된 경우 • 녹음테이프의 편집 여부 • 여러 음성이 몇 사람의 음성인지 여부

(5) 성문감정 의뢰시 주의사항

녹음테이프의 복사	1. 녹음테이프를 감정 의뢰할 때는 반드시 원본을 감정의뢰 한다. 2. 복사시에 가능하면 고속복사는 피하는 것이 좋다.
자료작성	1. 테이프를 감정의뢰 할 때에는 녹음에 사용된 녹음기, 녹음방식 등 명시하고, 2. 녹음내용 기록한 녹취서 동봉, 3. 주변음·소음이 녹음된 6경우 이들에 대한 정보도 제공. 4. 감정의뢰 내용의 명확한 기재 5. 여러 사람의 음성이 동시 녹음되거나 녹음속도가 변한 경우, 음성이 약하게 녹음된 경우는 성문감정이 곤란

4. 법최면수사

(1) 개념

① 법최면(forensic hypnosis)이란 범죄수사에 최면을 이용하는 경우로서 최면수사 (hypno-investigation)라는 말과 같은 의미이다.

② 범죄현장에 사건해결의 단서는 없고, 피해자나 목격자조차도 시간의 경과나 공포, 당황, 흥분, 어둠 등의 여건으로 범죄 당시의 상황을 제대로 기억하지 못할 때 최면을 이용하여 기억을 재생케 함으로써 수사의 단서를 제공하나, 수사의 방향설정에 도움을 주기 위하여 사용되어지는 수사기법이다.

③ 이미 외국에서는 최면인터뷰기법(hypnotic interview technique)이 일부 중대사건 수사에서 매우 유용했던 것으로 입증되었고, 특히 미국의 FBI나 LA경찰국에서는 전통적인 신문기법으로 해결하지 못한 사건의 약 60%에서 최면기법이 유용했던 것으로 보고되고 있다.

(2) 최면수사의 대상

최면수사의 대상자	① 피해자 ② 목격자 ③ 피의자 혹은 용의자(용의자가 결백을 주장할 경우 무죄를 입증하기 위한 증거 확보 등을 위한 최면수사)
최면에 적합한 사건	① 이미 사건관련 증거가 확보되어 있는 경우 그 증거를 가지고 최면으로 얻어낸 정보를 보강하기 위한 경우 ② 목격자나 피해자의 최면 회상이 보강증거자료의 확보가 예상되는 경우 ③ 목격자가 있는 사건은 사실상 모두 해당된다.
비최면대상	① 범죄의 용의자를 범인으로 확정하기 위한 경우 ② 용의자가 수사 중에 식별된 경우 ③ 피해자 및 목격자에게 최면을 사용했을 때 정신적으로나 육체적, 감정적으로 충격을 받을 것이 예상되는 경우

(3) 최면수사 의뢰시 유의사항

① 사건관련 피해자나 목격자의 기억을 변화시키거나 왜곡시키지 않은 상태에서 최면 수사를 의뢰하는 것이 특히 중요하다.

② 최면의뢰전 동일수법 전과자의 사진을 사전에 열람시키지 않는다.

③ 용의자의 사진(동사무소에 비치된 주민등록증 사진 포함) 등도 사전에 열람시키지 않는다.

④ 교통사고(뺑소니 등)에서도 용의차량과 번호판숫자 등을 미리 알려 주거나 사전에 열람시키지 않는다.

⑤ 최면술사는 정신과의사나 심리학자와 같이 가능하면 특별한 훈련을 거친 정신적으로 건강한 자이어야 한다.

⑥ 최면술사는 사건에 관하여 구두로 자료를 받지 않고 자세하게 기재된 문서로만 자료를 받아야 한다.

⑦ 최면술사가 시술동안에 최면대상자에게 사건에 대해 암시를 주어서는 안 된다.

⑧ 만일 거짓자료가 나오게 되면 최면대상자가 최면이 깨어난 후에는 정신이 되돌아와서 진실이 아님을 알 수 없다.

5. 중성자방사화분석법

(1) 중성자 방사화 분석은 감도가 좋기 때문에 극미량 원소들의 분석이 가능하며 많은 원소들을 동시에 분석할 수 있고, 또한 비파괴 분석이 가능하기 때문에 분석 후에 시료를 그대로 보존할 수 있다.

(2) 이용처: 총기사건에서 사수(射手) 감별, 체모의 동일성 판단, 환경오염 원인추정, 고고학적 연대 추정 등.

6. 슈퍼임포우즈 감정법(Superimposition method)

(1) 슈퍼임포우즈법이란 물건 위에 물건을 겹친다는 사진기술상의 용어로서, 백골화된 사체 또는 부패된 사체와 동일인으로 추정되는 특정인의 생전의 사진을 비교하여 동일인 여부를 감정하는 방법

(2) 열차사고, 항공기 추락사고, 대형화재사고, 부패로 백골화된 사체 등의 신원확인에 활용

7. 고무감식법

(1) 각종사고 현장에서 타이어 성분의 동일성 여부 감정.

(2) 용의자의 운동화 고무성분과 피해자 집의 담장에 묻어있는 고무성분 비교

8. Criminal Profiling

(1) 범죄현장에 유형의 증거물이 없더라도 범인은 무형의 증거물, 즉 심리적 증거물인 행동을 남기게 마련이며 이것을 통하여 범인의 성장과정, 직업, 성격, 몸에 밴 습성, 연령대, 현재의 가족환경 등 범인의 유형을 추정할 수 있다.

(2) 이와 같이 무형의 증거물로 수사의 방향을 설정하고 용의자를 축소할 수 있도록 하는 것이 과학수사기법 중 하나인 범죄자 프로파일링(범죄심리분석) 수사기법이다.

제14절 증거물 채취 요령

1. 일반적인 증거물 채취요령

(1) 모든 증거물은 가능한 한 전량을 수집 또는 채취해서 충분한 시료를 감정의뢰해야 한다.

(2) 증거물은 파손 또는 오손되지 않도록 증거물마다 개별 포장을 해야 하며 운송중 파손되지 않도록 견고하게 전체 포장을 해야 한다.

(3) 감정의뢰서 작성은 반드시 의뢰서 양식 규정에 따라 명확한 글자로 정확히 작성되어야 하며, 특히 사건개요 등을 상세히 기록하고 취급자·담당자 성명을 반드시 명기해야 한다.

2. 감정물 채취시 일반적 유의사항

시료의 채취	1. 모든 감정물은 현장의 사정이 허용되는 한 가급적 전량을 수집 2. 동일 사건에 있어서 수집, 채취된 증거물의 물질이 상이할 때에는 서로 섞이지 않도록 분리하여 채취, 보관 3. 감정인에게 증거물을 수집, 채취한 경과와 그 사건개요를 자세히 일러줄 것
변질방지	1. 직사광선을 피할 것 2. 습기가 차지 않도록 건조한 곳에서 다룰 것 3. 손을 대거나 더럽혀지지 않도록 할 것 4. 계절에 따라 부패 또는 변질되기 쉬우므로 보관시에는 반드시 냉장 보관하여야 하며, 조직일 경우에는 10%포르말린용액 또는 알코올에 보관(특히 여름철에 주의) 5. 혈액형 및 독물 분석용 시료에는 방부제인 포르말린 용액을 첨가하여서는 안됨

3. 감정물의 필요한 최소량

혈 액	0.5mg 이상	정액	3mg 이상
위내용물, 뇨, 담즙	전량	타액	3ml 이상
뇌	500g 이상, 반구전체	모발	4cm　3개이상
심장	전체	손톱(비소, 수은중독)	10g 이상
간장	500g 이상	독물	100g 이상
폐	좌우 각50g이상	시필(試筆)	10통 이상
신장	좌우 각50g이상	시인(試印)	20회 이상 날인
근육, 지방	200g 이상		

4. 혈흔(혈액)의 수집·채취요령

유동혈액		깨끗한 유리병에 담아 외부로 새어나지 않도록 마개를 견고하게 닫는다.
침윤혈흔		사건현장 땅바닥에 스며든 혈흔은 그 부분의 흙을 채취하여 그늘에서 건조시킨 다음 포장한다.
부착 혈흔	의복, 천 등에 부착된 혈흔	혈흔 부착부위를 원을 그려 표시하고 깨끗한 종이를 사이사이에 끼워서 혈흔이 다른 부위와 겹치지 않도록 포장한다.
	흉기 등에	칼날이든, 손잡이든 부착부위를 건조시킨 다음 깨끗한 비닐로 혈흔부위에 너무

부착된 혈흔	밀착되지 않게 포장한다.
손톱에 부착된 혈흔	가능한 한 손톱 끝부분에서 안쪽으로 적당한 길이로 잘라 비닐종이에 싸서 포장한다. 단, 피해자의 손톱을 너무 깊게 자르면 흔히 피해자의 혈흔이 묻어 나오므로 범인의 혈흔 검출은 불가능 할 수 있으므로 주의요망.

5. 정액의 수집·채취요령

유동성 정액	깨끗한 유리병에 넣어 얼음상자 등에서 저온상태를 유지하여 운반하면 부패가 방지된다.
부착정액(정액반)	정액이 묻었다고 추정되는 의류, 휴지, 팬티 등은 정액 부착부위가 서로 접촉되지 않도록 깨끗한 종이를 사이에 끼워 포장을 해야 하며 반드시 증거물 전체를 손상시키지 말고 의뢰한다.
질액과 혼합된 정액	여러개의 면봉을 준비하여 질 심층부위, 중간부위, 질 외벽 등을 고루 묻혀 내면 된다. 또한 질액과 혼합되어 있는 정액의 혈액형 추정 감별을 필요로 할 때는 반드시 피해자의 혈액을 약 1~2ml 채취하여 함께 의뢰한다.

6. 타액의 수집·채취요령

유동성 타액	깨끗한 유리병에 넣어 낮은 온도 즉 얼음상자로 운반하면 부패가 방지된다.
부착 타액	담배꽁초, 휴지 또는 헝겊 등에 부착된 타액은 그늘에서 완전히 건조시킨 다음 포장한다.

7. DNA분석시 시료의 채취량

신선혈흔 및 정액반	1cm × 1cm(DNA증폭실험)
모근(毛根)세포	최소한 3 개 이상
혈액	2ml 이상
인체조직	중량 5g 이상

※ DNA지문은 일란성 쌍둥이만 동일하고 개인마다 다르므로 친자감별, 성범죄의 진범확인, 항공기 사고 등으로 사체가 흩어졌을 때 동일인 여부 확인에 활용

8. 화학적 감정의 대상

유해화학물질	알코올류, 청산류, 살서제류(쥐약), 유해성 금속류(수은, 비소등), 연료용 가스류(LPG, LNG), 일산화탄소, 유화수소 등
폭발성물질	고성능폭약류, 저성능폭약류, 산업용폭약류, 뇌관화학류, 화학가스 등
환경오염물질	각종 폐수·폐기물, 양어장, 상수도원 등 오염물

9. 감정의뢰시 주의사항

감정물	흡입사건 : 신나, 본드류 및 각종 비닐통 등 사용된 용기 변사사건 : 혈액, 뇌조직 등은 100g 이상, 뇨는 전량 채취 4℃ 이하 보존
감정요령	감정용 증거물은 증거물마다 해당사항을 명기한다. 증거물은 변질, 파손 또는 오손되지 않도록 견고히 포장한다. 증거물을 포장할 때는 개별포장을 하여 파손을 방지해야 한다. 개별포장된 것을 다시 포장할 경우는 증거물들의 마찰을 피하기 위해 가급적 포장된 증거물이 따로 놀지 않도록 틈마다 솜 등을 채워야 한다. 임의채취 승낙동의서를 받아야 한다. 밀봉할 때 입회인의 서명날인을 받아야 한다.

10. 성문감정 의뢰시 주의사항

녹음테이프의 복사	1. 녹음테이프를 감정 의뢰할 때는 반드시 원본을 감정의뢰 한다. 2. 복사시에 가능하면 고속복사는 피하는 것이 좋다.
자료작성	1. 테이프를 감정의뢰 할 때에는 녹음에 사용된 녹음기, 녹음방식 등 명시하고, 2. 녹음내용 기록한 녹취서 동봉 3. 주변음·소음이 녹음된 경우 이들에 대한 정보도 제공 4. 감정의뢰 내용의 명확한 기재 5. 여러 사람의 음성이 동시 녹음되거나 녹음속도가 변한 경우, 음성이 약하게 녹음된 경우는 성문감정이 곤란

11. 국과수와 경찰청의 소관 업무

지문, 족적, 타이어흔적 감정은 경찰청 과학수사과에서 감정한다. 그러나 치흔은 국립과학수사연구소 법의학과 경조직연구실에서 감정한다.

제15절 법의 곤충학

1. 시체곤충의 생태적 종류

시식성 종균	① 시체를 직접 영양원으로 소비하므로 이 종류의 곤충들에는 가장 먼저 시체에 접근해 오고 시체에서 체류하는 종들도 있다. ② 파리 목의 검정파리과 검정빰금파리, 푸른등금파리 등과 딱정벌레 목의 송장벌레과의 일부 종들 그리고 수시렁이과에 속한 곤충들이 대표적인 예이다.
포식성 및 기생성 종균	시체를 영양원으로 직접 소비하지는 않지만 시체에 모여든 부식성 곤충들을 포식하거나 그에 기생하는 종류들이다.
잡식성 종균	원래 시체에서 영양원을 얻는 종류들은 아니지만, 일단 시체에 접근하면 시체자체와 그에 서식하는 종들을 가리지 않고 영양원으로 이용하는 종류들을 말한다.
외인성 종균	원래 습성상 시체와는 상관없지만 그 곤충들이 서식하는 장소에 시체가 방치되어 있어서 발견되는 종류들로서 간혹 시체를 그들의 서식환경의 일부로 활용하는 수도 있다. 토양곤충인 톡토기 목이 흔히 발견되고 간혹 거미 종들이 일시적인 포식자로 발견되기도 한다. 또는 시체에 생기는 곰팡이 등에 모이는 균식성 종들도 있다.

2. 곤충의 행동생태와 사후경과시간의 추정

(1) 곤충들의 특징
① 시체에서 발견되는 곤충들은 성충은 물론 알과 발생단계에 있는 유충들에 이르기까지 그 상태가 매우 다양하다.
② 완전히 밀폐된 공간이 아닌 이상 땅속에 매장되어 있는 경우나 물속에 있는 경우에도 부패의 진행에 따라 곤충들의 천이가 이루어지므로 사후경과시간을 추정할 수 있다.

(2) 사후경과시간 추정을 위한 전제
① 시신에 제일 먼저 도달하는 유기체는 곤충이다.
② 곤충의 성장은 온도에 좌우된다.
③ 부패과정에 따라 곤충의 천이유형이 다르며 그 예측이 가능하다.

(3) 대표적인 시체곤충인 파리의 행동생태와 사후경과시간의 추정
① 파리의 종류는 지방과 계절에 따라 다양한 차이가 있다.
② 파리는 온대지방에서 19~26 도씨 정도에서 활발하다.
③ 파리는 일몰 후에는 거의 행동하지 않는다.
④ 우천시 파리의 행동은 극히 둔화되어 시체에 거의 접근하지 않는다.

⑤ 파리는 주로 신체의 노출된 부위 또는 수분이 유지되는 부위를 택하여 산란한다. 그래서 눈, 코, 귀, 입 그리고 항문, 생식기 또는 상처 부위에 우선적으로 몰려들고, 알을 부화한다.

⑥ 파리의 종, 그리고 시체가 방치된 지역의 기후와 미기후에 따라 다소 차이가 있지만 일반적으로 다음과 같다.

⑦ 어린 구더기는 썩은 시체를 먹기 시작하여 3번의 허물을 벗으며, 형태학적 특징을 갖는 3단계의 구더기로 분화된다. 구더기 제1령의 기간은 22－28 시간, 제2령의 기간은 11－22 시간, 제3령은 80~112 시간으로 제3령이 가장 길었다.

(4) 성장분석

부화를 늦게 하거나 곤충의 접근을 방해하는 경우	① 살충제를 먹은 시체: 말라시온 등 살충제 음독사건의 경우 곤충이 시신에 접근하는 시간이 조금 길어질 뿐 여전히 접근한다. ② 소금물에 담겼던 시체: 리고프(M. Lee Goff)의 실험에 의하면 파리알이 소금물에 적어도 30 분 이상 담겼을 경우는 대부분 최소 24 시간 이상 부화가 지연되는 것으로 확 인되었다.
곤충의 접근을 빠르게 하는 경우	① 구더기가 코카인을 섭취한 경우: 먹이섭취활동이 활발해져 성장속도가 빨라진다. ② 화재로 인한 시체: 화재로 인해 탄화한 돼지의 피부가 갈라져 노출되면서 부패의 속도는 더 빨라졌고 자연상태의 돼지보다 하루 더 빨리 곤충들이 몰려 왔다.

(5) 사후경과시간 추정에 이용되는 인자

조기시체 현상	① 체온하강, 시체얼룩, 시체굳음 등 ② 초 생활반응(활력반응) ③ 초자 체액 내 포타시움 농도 ④ 체액의 상화학적 변화
만기시체면상	① 부패 ② 매개곤충

경 찰 수 사 실 무 론

제1절 피의자 유치

1. 의의

피의자 유치라 함은 피의자, 피고인, 구류자 및 의뢰입감자의 도주, 자해행위, 통모행위 등 사고를 방지하고 동시에 유치인의 생명과 신체를 보호하기 위하여 신체의 자유를 구속하는 것이다(피의자 유치 및 호송규칙 제1조).

2. 근거법규

(1) 형의 집행 및 수용자의 처우에 관한 법률(제68조)

(2) 피의자유치및호송규칙(경찰청 훈령 제394호)

(3) 경찰관직무집행법(제9조): 유치장 설치근거 규정

(4) 유치장설계표준요강

(5) 호송경찰관출장소근무규칙(경찰청 훈령 제301호)

3. 유치장 관리책임(피의자 유치 및 호송규칙 제4조)

경찰서장	전반적인 지휘감독 책임자		
유치인 보호주무자	일과 중	경찰서 주무과장	경찰서장을 보좌하여 유치인 보호 및 유치장 관리를 담당하는 유치인보호관을 지휘·감독하고 피의자의 유치 및 유치장의 관리에 관한 책임
	야간 또는 공휴일	상황실장 또는 경찰서장이 지정하는 자	
유치인보호관	(1) 유치인의 도주, 죄증인멸, 자해행위, 통모행위 등을 미연에 방지 (2) 유치인의 건강 및 유치장 내의 질서유지 (3) 유치인의 인권을 보장 (4) 수사상의 자료를 발견·수집		

4. 관계부책의 비치와 기재요령

체포 · 구속인명부[2]	체포 · 구속 및 석방 사항, 죄명, 인상 착의, 체포 · 구속된 자의 인적사항, 전과 및 가족관계를 기재하되 특히 주민등록번호를 대조, 기재함으로써 본인여부를 반드시 확인하고 명확히 기재하여야 한다(범죄사실 ×)(동규칙 제5조 제2항).
임치 및 급식상황표	임치금품의 수량과 임치금의 사용명세등을 일자별로 정확히 기재하고 급식상황을 관 · 사식을 구분 표시하여야 하며 비고란에는 입감시부터 출감시까지 했던 유치실을 일자별로 구분하여 기재하여야 한다(제6항).
체포 · 구속인접견부	구속인접견부에는 유치인의 성명, 접견신청자의 인적사항, 유치인과의 관계, 접견일자, 대화요지, 입회자등 필요사항을 기재하여야 한다(제4항).
유치인보호관의 근무일지	유치인보호관의 근무상황, 감독순시 상황, 정기점검결과, 재감자 현황, 위생상황 및 유치인의 의뢰사항과 조치결과 등을 기재하여야 한다(제2항).
체포 · 구속인교통부	유치인의 성명, 접견신청자의 인적사항, 유치인과의 관계, 수발의 구별, 교통일시, 서신내용의 요지, 취급자 등 필요사항을 기재
기 타	이 외 구속인수진부, 물품차입부 등을 비치하여 기재하여야 한다.

5. 피의자 유치절차

(1) 주무자의 지휘

입 · 출감 지휘서	① 유치인보호주무자가 발부 ② 피의자를 유치장에 입 · 출감시킬 때에는 입 · 출감지휘서에 의하여야 한다. ③ 유치장의 열쇠는 유치인보호관에게 임의로 맡겨서는 아니되며, 유치인보호주무자가 보관 · 관리하여야 한다(제17조 2항). ④ 유치실의 열쇠는 응급조치 등에 대비하여 근무중인 유치인보호관 중 선임 유치인보호관이 보관, 관리하여야 한다(제19조6항).
간부의 입회	3인 이상을 입감시킬 때는 경위이상 경찰관이 입회하여야 한다.

(2) 신체검사(피의자 유치 및 호송 규칙 제8조)

① 유치인보호관은 피의자를 유치하는 과정에서 유치인의 생명 신체에 대한 위해를 방지하고, 유치장내의 안전과 질서를 유지하기 위하여 필요하다고 인정될 때에는 유치인의 신체, 의류, 휴대품 및 유치실을 검사할 수 있다.

② 신체, 의류, 휴대품(이하 '신체 등'이라 한다)의 검사는 동성의 유치인보호관이 실시하여야 한다. 다만, 여성유치인보호관이 없을 경우에는 미리 지정하여 신체 등의 검사방법을 교양 받은 여성경찰관으로 하여금 대신하게 할 수 있다.

---

2) 범죄사건부와 구속인명부는 미리 매면마다 관할 지방검찰청 검사장 또는 지청장의 간인을 받아야 한다(사법경찰관리집무규칙 제61조 제2항). 형사대기피의자명부와 유치인 환경조사표는 유치장의 비치서류에 해당하지 않는다.

③ 유치인보호관은 신체 등의 검사를 하기 전에 유치인에게 신체 등의 검사 목적과 절차를 설명하고, 제9조의 위험물 등을 제출할 것을 고지하여야 한다.

④ 신체검사의 종류

외표검사	죄질이 경미하고 동작과 언행에 특이사항이 없으며 위험물 등을 은닉하고 있지 않다고 판단되는 유치인에 대하여는 신체 등의 외부를 눈으로 확인하고 손으로 가볍게 두드려 만져 검사한다(제1호).
간이검사	일반적으로 유치인에 대하여는 탈의막 안에서 속옷은 벗지 않고 신체검사의를 착용(유치인의 의사에 따른다)하도록 한 상태에서 위험물 등의 은닉여부를 검사한다(제2호).
정밀검사	① 살인, 강도, 절도, 강간, 방화, 마약류, 조직폭력 등 죄질이 중하거나 근무자 및 다른 유치인에 대한 위해 또는 자해할 우려가 있다고 판단되는 유치인에 대하여는 탈의막 안에서 속옷을 벗고 신체검사의로 갈아입도록 한 후 정밀하게 위험물등의 은닉여부를 검사하여야 한다(제3호). ② 외표검사와 간이검사시 신체 등의 검사를 통하여 위험물 등을 은닉하고 있을 상당한 개연성이 있다고 판단되는 유치인에 대하여는 유치인보호주무자에게 보고하고, 정밀검사를 하여야 한다. 다만, 위험물 등의 제거가 즉시 필요한 경우에는 정밀검사 후 유치인보호주무자에게 신속히 보고하여야 한다(동조 제5항).

⑤ 제4항제1호와 제2호의 신체 등의 검사를 통하여 위험물 등을 은닉하고 있을 상당한 개연성이 있다고 판단되는 유치인에 대하여는 유치인보호주무자에게 보고하고 제4항제3호의 정밀검사를 하여야 한다. 다만, 위험물 등의 제거가 즉시 필요한 경우에는 정밀검사 후 유치인보호주무자에게 신속히 보고하여야 한다.

⑥ 여성의 신체에 대한 검사: 여성유치인보호관이 함이 원칙이나, 없을 시는 여의사 또는 미리 지정하여 신체 등의 검사방법을 교양 받은 여성경찰관으로 하여금 하게 할 수 있다(동규칙 제8조).

(3) 위험물 등의 취급(피의자 유치 및 호송 규칙 제9조)

① 유치인보호 주무자는 피의자를 유치하는 과정에 그 피의자가 수사상 또는 유치장의 보안상 지장이 있다고 인정되는 다음 각 호의 어느 하나에 해당하는 물건(이하 "위험물 등"이라 한다)을 소지하고 있을 때에는 그 물건을 유치기간 중 보관하여야 한다. 다만 보관하는 것이 부적당한 물건은 유치인에게 알린 후 폐기하거나 유치인으로 하여금 자신이 지정하는 사람에게 보내게 할 수 있다.

1. 혁대, 넥타이, 구두끈, 안경, 금속물 그 밖의 자살에 사용될 우려가 있는 물건. 다만, 구두끈, 안경의 경우 자해할 현저한 위험이 없다고 판단되는 경우 소지를 허용할 수 있다.
2. 성냥, 라이터, 담배, 주류 등 화재나 그 밖의 사고발생의 원인이 될 우려가 있는 물건
3. 죄증인멸 등 수사에 지장이 있다고 우려되는 물건
4. 미확인 의약품, 독극물 및 다량 또는 장기 복용함으로써 현저하게 건강을 해칠 우려가 있는 약품

② 피의자 유치 시 피의자가 소지하고 있는 현금, 유가증권 및 휴대품(이하"휴대금품"
  이라 한다)은 출감시까지 보관하여야 한다. 다만 다음 각 호의 어느 하나에 해당하
  는 물건은 유치인으로 하여금 자신이 지정하는 사람에게 보내게 하거나 그 밖의 적
  당한 방법으로 처분하게 할 수 있다.
 1. 부패하거나 없어질 우려가 있는 물건
 2. 물품의 종류 크기 등을 고려할 때 보관하기 어려운 것
 3. 유치인으로부터 신청이 있는 금품 및 귀중품
 4. 그 밖에 보관할 가치가 없는 물건
③ 제1항 및 제2항에 따라 위험물 또는 휴대금품을 보관할 때에는 「범죄수사규칙」 별
  지 제202호 서식에 의한 임치증명서를 교부하고 같은 규칙 별지 제73호서식에 의
  한 임치및급식상황표에 명확히 기재하여야 하며, 금품과 귀중품은 유치장 내 금고
  에 보관하여야 한다.

(4) 가족에의 통지

① 사법경찰관은 피의자를 구속한 때에는 형사소송법 제87조의 규정에 의한 구속통지
  를 피의자를 구속한 날로부터 지체 없이 서면으로 그 가족이나 그가 지정하는 자에
  게 하여야 한다.
② 경찰서장은 유치인으로부터 신청이 있을 때에는 그 가족 또는 대리인에게 수사상
  지장이 없는 범위 내에서 유치인의 신상에 관한 통지를 할 수 있다.

(5) 여성의 유치 등

① 여성은 남성과 분리하여 유치하여야 한다.
② 경찰서장은 여성유치인이 친권이 있는 18개월 이내의 유아의 대동을 신청한 때에
  는 다음 각 호의 어느 하나에 해당하는 사유가 없다고 인정되는 경우 이를 허가하
  여야 한다. 이 경우 유아의 양육에 필요한 설비와 물품의 제공, 그 밖에 양육을 위
  하여 필요한 조치를 하여야 한다.

   1. 유아가 질병·부상, 그 밖의 사유로 유치장에서 생활하는 것이 특히 부적당한 때
   2. 유치인이 질병·부상, 그 밖의 사유로 유아를 양육이 특히 부적당한 때
   3. 유치장에 감염병이 유행하거나 그 밖의 사정으로 유아의 대동이 특히 부적당한 때

③ 위 ②에 따라 유아의 대동 허가를 받으려는 자는 경찰서장에게 유아대동신청서를
  제출하여야 하며, 경찰서장이 이를 허가할 때에는 해당 신청서를 입감지휘서에 첨
  부하여야 한다.

④ 경찰서장은 유아의 대동을 허가하지 아니한 경우에는 「형의 집행 및 수용자의 처우에 관한 법률 시행령」 제80조의 규정에 따라 해당 유치인의 의사를 고려하여 유아보호에 적당하다고 인정하는 개인 또는 법인에게 그 유아를 보낼 수 있다. 다만, 적당한 개인 또는 법인이 없는 경우에는 경찰서 소재지 관할 시장·군수 또는 구청장에게 보내서 보호하게 하여야 한다.

⑤ 유치장에서 출생한 유아에게도 위 ②에서 ④까지의 규정을 준용한다.

⑥ 공범 등의 분리

형사범과 구류 처분을 받은 자, 19세 이상의 사람과 19세 미만의 사람, 신체장애인 및 사건관련의 공범자 등은 유치실이 허용하는 범위 내에서 분리하여 유치하여야 하며, 신체장애인에 대하여는 신체장애를 고려한 처우를 하여야 한다.

※ 분리유치대상자가 아닌 자
1. 강력범(강도죄 등)과 일반형사범(사기죄 등)
2. 전과자와 비전과자
3. 여자와 유아
4. 18세 이상인 자와 18세 미만인 자

---

(6) 통모방지

① 공범자 또는 그 밖에 사건과 관련된 피의자들을 유치할 때에는 유치실 시설의 허용 범위에서 분리하여 유치하는 등 서로 통모하지 않도록 유의하여야 한다.

② 유치인보호 주무자는 공범자 등을 입감시킬 때 지휘서의 비고란에 공범자의 성명을 기입하여 분리 유치되도록 하여야 한다.

③ 유치인의 유치실을 옮길 때에는 옮기는 유치실안의 공범자의 유무를 확인하여 분리 유치되도록 하여야 한다.

(7) 유치인 일과표

유치인보호 주무자는 유치장내에 유치인일과표를 작성, 게시하고 유치인에게 이를 열람하도록 하여야 한다.

6. 유치인보호근무의 요령

(1) 사고 우려자 감시: 일지의 인계사항에 붉은 글씨로 표시하고 특별히 감시

(2) 계구의 사용: 유치인이 도주·폭행·자살·자해 등을 할 우려

(3) 유치인 보호관의 근무자세

　① 공정한 처우

② 엄정한 근무

③ 유치인보호관의 교대

※ 유치인을 인간적인 처우하는 것은 유치인보호관의 근무자세에 해당하지 않는다.

7. 보안

(1) 수갑 등의 사용

① 경찰관은 다음 각호의 1에 해당하는 때에는 유치인 보호주무자의 허가를 받아 유치인에 대하여 수갑과 포승(이하 '수갑등'이라 한다)을 사용할 수 있다. 다만, 허가를 받을 시간적 여유가 없는 때에는 사용 후 지체 없이 보고하여 사후승인을 얻어야 한다.

1. 송치, 출정 및 병원진료 등으로 유치장 외의 장소로 유치인을 호송하는 때와 조사 등으로 출감할 때
2. 도주하거나 도주하려고 하는 때
3. 자살 또는 자해하거나 하려고 하는 때
4. 다른 사람에게 위해를 가하거나 하려고 하는 때
5. 유치장 등의 시설 또는 물건을 손괴하거나 하려고 하는 때

② 경찰관이 제1항제1호의 사유로 수갑등을 사용하는 경우 구류선고 및 감치명령을 받은 자와 고령자, 장애인, 임산부 및 환자 중 주거와 신분이 확실하고 도주의 우려가 없는 자에 대해서는 수갑등을 채우지 아니한다.

③ 경찰관이 위 ① 제2호에서 제5호까지의 사유로 수갑 등을 사용하는 때에는 그 사유와 시간을 근무일지에 기재하여야 하며, 사전에 해당 유치인에게 수갑 등의 사용사유를 고지하여야 한다.

④ 수갑 등은 그 사용목적의 달성을 위한 필요최소한의 범위에서 사용하여야 하고, 징벌이나 고통을 가할 목적으로 사용하여서는 아니 된다.

⑤ 수갑 등의 사용사유가 소멸한 때에는 지체 없이 해제하여야 한다.

⑥ 수갑 등을 사용하더라도 경찰관서 내에서 조사가 진행 중인 동안에는 다음 각호의 1에 해당하는 자를 제외하고는 수갑 등을 해제하여야 한다. 다만, 다음 제1호 내지 제2호에 해당하는 경우라도 자살, 자해, 도주, 폭행의 우려가 없다고 판단되는 때에는 수갑 등을 해제할 수 있다.

1. 특정강력범죄의처벌에관한특례법 제2조의 죄를 범한 자
2. 마약류불법거래방지에관한특례법 제2조 제2항의 죄를 범한 자
3. 자살, 자해, 도주, 폭행의 우려가 현저한 자로서 담당경찰관 및 유치인 보호주무자가 계구 사용이 반드시 필요하다고 인정한 자

(2) 보호 유치실에의 수용

① 유치인보호관은 제19조제2항제1호, 제3호 내지 제5호, 제7호에 해당하는 행위를 하는 유치인에 대하여 유치인 보호주무자의 허가를 받아 근무일지에 그 사유와 시간을 기재한 후 유치장 내 보호 유치실에 수용할 수 있다. 다만, 이 경우에도 6시간 이상 수용하여서는 아니 된다.

② 유치인을 보호 유치실에 수용한 경우 그 수용사유가 소멸된 때에는 지체없이 일반 유치실에 수용하여야 하며, 해당 유치인이 전항의 금지행위를 반복하였을 경우 보호 유치실에 재수용할 수 있다.

8. 사고발생에 대한 조치(피의자 유치 및 호송규칙 제24조)

(1) 경찰서장의 조치: 경찰서장은 유치장 사고 중 유치인의 자살, 질병으로 인한 사망, 도주 기타 중요한 사고에 대하여는 지체없이 지방경찰청장 및 지방검찰청 검사장(지청장)에게 보고하여야 한다.

(2) 지방경청장의 조치: 보고를 받은 지방경찰청장은 필요한 조치를 취함과 동시에 이를 지체 없이 경찰청장에게 보고하여야 한다.

(3) 유치인 사고방지대책으로서 유치장 정기검사는 주1회 이상 한다.

※ 유치인 선도 교양강화는 유치인의 사고방지 대책에는 해당하지 않는다.

9. 보건위생(동규칙 제30조)

(1) 응급조치

① 유치장 내에는 응급조치에 대비하여 상비약품을 비치하여야 한다.

② 상비약품이란 의사의 지시 없이 통상으로 사용할 수 있는 소화제, 외용연고, 소독제, 해열제, 지사제 등을 의미한다.

(2) 유치인보호주무자는 아래의 대상자에 대하여는 경찰서장에게 보고하여 별도 감방 수용 등 필요한 조치를 할 수 있다.

① 유치인이 발병한 경우

② 수태 후 6개월 이상 된 임부

③ 분만 후 60일이 경과하지 아니한 산부

④ 70 이상의 고령자

10. 접견 또는 물품접수

(1) 변호인과의 접견, 접수

① 유치인에 대하여 변호인(선임권이 있는 자의 의뢰에 의하여 변호인이 되려는 자를 포함한다)으로부터 유치인과의 접견 또는 서류 기타 물건의 접수신청이 있을 때에는 유치인보호주무자는 친절하게 응하여야 한다. 이 경우에는 그 변호인이 형사소송법 제30조의 규정에 의하여 선임된 자 또는 변호인이 되려고 하는 자에 대하여는 그 신분을 확인하여야 한다(피의자 유치 및 호송규칙 제33조 제1항).

② 유치인보호 주무자는 제1항에 의한 접견 또는 기타 서류의 접수에 있어 변호인 접견실 기타 접견에 적당한 장소를 제공하여야 한다.

③ 유치장에 수용된 피의자에 대한 변호인의 수진권 행사에 수사기관이 추천하는 의사의 참여를 요구하는 것은 변호인의 수진권을 침해한 위법한 처분이라 할 수 없다(02. 5. 6,2000모112).

(2) 변호인과의 접견에 관한 주의

① 변호인과 유치인의 접견 또는 서류 그 밖에 물건의 접수에 있어서 유치인보호 주무자는 육안으로 관찰이 가능한 거리에서 관찰할 경찰관을 지정하여야 하며 서류 기타 물건의 접수를 방해하여서는 아니 된다. 다만, 수사 또는 유치장의 보안상 지장이 있다고 인정되는 물건 등이 수수되지 않도록 관찰하여야 한다.

② 제1항의 경우 유치인보호관은 수사 또는 유치장의 보안상 지장이 있다고 인정되는 물건의 수수를 발견한 때에 유치인보호 주무자에게 보고하여 이의 수수를 금지하여야 한다.

(3) 변호인 이외의 자와의 접견, 접수

① 변호인 이외의 자로부터 유치인과의 접견 또는 서류 기타 물건의 접수신청이 있을 때에는 이를 면밀히 검토하여 수사 또는 유치장의 보안상 지장이 없는 한 그 편의를 도모하여야 한다(피의자 유치 및 호송규칙 제33조 제1항).

② 제1항의 규정에 의하여 식량과 의류품을 수수하는 때에는 제9조 제1항에 규정된 위험물 등의 은닉여부를 검사하여야 한다.

③ 제34조의 규정은 제1항의 규정에 의한 접견 또는 서류 기타 물건의 접수에 준용한다.

(4) 변호인 이외의 자와의 접견 등 금지

① 사법경찰관은 「형사소송법」 제200조의6 및 제209조에 따라 준용되는 같은 법 제91조에 의해 피의자와 변호인 이외의 자와의 접견 등을 금지하려는 경우 별지 제6호

서식의 피의자 접견 등 금지요청서를 작성하여 유치인보호 주무자에게 금지를 요청한다(피의자 유치 및 호송규칙 제35조의 2 제1항).

② 제1항의 요청을 받은 유치인보호 주무자는 피의자와 변호인 이외의 자와의 접견 등을 금지할 수 있다. 단 접견 등을 금지하려는 경우 별지 제8호 서식의 접견 등 금지결정처리부에 금지 사유 등의 사항을 기재하여야 한다.

③ 사법경찰관은 제1항의 피의자 접견 등 금지 결정을 취소할 때에는 별지 제7호 서식의 피의자 접견 등 금지 취소 요청서를 작성하여 유치인보호 주무자에게 취소를 요청한다.

④ 유치인보호 주무자는 제3항의 접견 등 금지 취소 요청이 있는 경우 제2항의 조치를 취소하여야 한다.

⑤ 피의자의 접견 등 금지 결정은 필요최소한의 범위에서 이루어져야 하며 그 사유가 소멸하였을 때는 지체 없이 접견 등의 금지 결정을 취소하여야 한다.

(5) 접견 시간

평일	09:00~21:00(단, 원거리에서 온 접견희망자 등 특별한 경우에는 경찰서장의 허가를 받아 22:00까지 연장)
토·일요일 및 공휴일	09:00~20:00(야간 or 휴일 접견 제한은 변호인도 적용)
접견시간 조정	대용 감방의 경우에는 구치소 미결수에 준하여 유치인 접견시간을 조정할 수 있다.
접견횟수 제한	유치인의 접견시간은 1회에 30분 이내로, 접견횟수는 1일 3회 이내로 하여 접수순서에 따라 접견자의 수를 고려 균등하게 시간을 배분하여야 한다. 다만, 변호인과의 접견은 예외로 한다(제2항).

(6) 접견 장소

① 접견은 접견실 등 유치장 이외의 지정된 장소에서 실시하여야 한다.

② 비변호인이 접견할 경우에는 유치인보호주무자가 지정한 경찰관이 입회하되, 도주 및 증거인멸의 우려가 없다고 인정되는 때에는 경찰관이 입회하지 않을 수 있다. 다만, 해당 사건의 변호인 또는 변호인이 되려는 자가 접견하는 경우에는 경찰관이 입회하여서는 아니 된다.

③ 경찰관이 입회하지 않는 경우라도 도주, 자해, 공모 등의 방지를 위해 육안으로 보이는 거리에서 관찰할 수 있다.

11. 유치인의 석방

(1) 유치인보호관은 유치기간 만료 1일 전에 유치인보호주무자에게 보고하여야 한다.

(2) 피난 및 일시 석방

① 경찰서장은 풍수해, 화재 기타 비상재해를 당하여 유치장내에서 피난시킬 다른 방도가 없다고 인정될 때에는 지방검찰청 검사장의 지휘를 받아 다른 장소에 호송하여 피난시키거나 또는 일시 석방시킬 수 있다. 이 경우 지방검찰청 검사장의 지휘를 받을 시간적 여유가 없을 때에는 사후에 지체없이 이를 보고하여야 한다(제25조 제1항, 제2항).

② 경찰서장이 유치인을 일시 석방할 때에는 출두일시 및 장소를 지정하는 이외에 이유 없이 출두하지 않을 경우에는 형법 제145조 제2항(집합명령위반죄)에 의거 가중 처벌된다는 것을 경고하여야 한다.

※ 지방검찰청 검사장의 지휘로 경찰서장이 석방한다.

제2절 호송

1. 호송의 분류

(1) 방법상 분류

① 직송

피호송자를 관서 또는 출두하여야 할 장소나 유치할 장소에 직접 호송하는 경우를 말한다.

② 채송

호송은 필요에 의하여 차례로 여러 곳을 거쳐서 행할 수 있다(예 : 피호송자가 호송 중 중병으로 호송의 계속이 불가능하여 이를 인수받은 경찰관서에서 치료 후 계속 호송하는 경우를 말한다).

(2) 내용상 분류

이감호송	피호송자의 수용장소를 다른 곳으로 이동하거나 특정관서에 인계하기 위한 호송을 말한다.
집단호송	한번에 다수의 피호송자를 호송하는 것을 말한다.
왕복호송	피호송자를 특정장소에 호송하여 필요한 용무를 마치고 다시 발송관서 또는 호송관서로 호송하는 것을 말한다.
비상호송	전시, 사변 또는 이에 준하는 국가비상 사태나 천재, 지변에 있어서 피호송자를 다른 곳에 수용하기 위한 호송을 말한다.

2. 호송책임과 임무

(1) 호송책임

① 호송관서의 장(지방경찰청에 있어서는 형사, 수사과장을 말한다. 이하 같다)은 피
호송자의 호송업무에 관하여 전반적인 관리 및 지휘·감독을 하여야 한다.

② 지방경찰청의 수사과장 또는 형사과장 및 경찰서의 수사(형사)과장은 피호송자의
호송업무에 관하여 호송주책임관으로서 직접 지휘·감독하여야 하며 호송의 안전
과 적정 여부를 확인하여야 한다.

③ 경찰서장은 호송주책임관으로 하여금 호송 출발 직전에 호송경찰관에게 호송임무
수행에 필요한 전반적인 교양을 반드시 실시토록 하여야 한다.

④ 제3항의 규정에 의하여 교양을 실시함에 있어서는 심적대비, 포승 및 시정방법, 승
차방법, 도로변 또는 교량등 통행방법, 중간연락 및 보고방법, 사고발생시의 조치
방법, 숙식, 물품구매 교부방법, 용변 및 식사시의 주의사항을 치밀하게 실시하여
야 한다.

⑤ 호송관서의 장은 호송관의 지정 및 운영에 관한 호송계획을 수립하여 시행하여야
한다.

⑥ 호송관의 책임한계: 호송관은 호송하기 위하여 피호송자를 인수한 때로부터 호송
을 끝마치고 인수관서에 인계할 때까지 호송관의 임무 규정에 관하여 책임을 진다.

(2) 호송관의 임무

① 호송관서의 장 또는 호송주책임관의 지휘·명령

② 피호송자의 도주 및 증거인멸, 자상, 자살행위 등의 방지

③ 피호송자의 건강과 신변 안전조치

(3) 호송관의 결격사유

① 호송관서의 장은 다음 각 호의 어느 하나에 해당하는 자를 호송관으로 지명할 수
없다.

---

1. 피호송자와 친족 또는 가족 등의 특수한 신분관계가 있거나 있었던 자
2. 신체 및 건강상태가 호송업무를 감당하기 곤란하다고 인정되는 자
3. 기타 호송근무에 부적합하다고 인정되는 자

---

② 호송관서의 장은 호송수단과 호송하고자 하는 피호송자의 죄질, 형량, 범죄경력,
성격, 체력, 사회적 지위, 인원, 호송거리, 도로사정, 기상 등을 고려하여 호송관
수를 결정하여야 한다. 다만, 호송인원은 어떠한 경우라도 2명 이상 지정하여야 하

며, 조건부순경 또는 의무경찰만으로 지명할 수 없다.

③ 호송관서의 장은 호송관이 5인 이상이 되는 호송일 때에는 다음 각 호의 지휘감독 관을 지정하여야 한다.

1. 호송관 5인 이상 10인 이내일 때에는 경사 1인
2. 호송관이 11인 이상일 때에는 경위 1인

3. 호송관의 지정(규칙 제48조)

호송관의 수	호송인원은 어떠한 경우라도 2명 이상 지정하여야 한다.
호송지휘감독관의 지정(제48조 3항)	① 호송관 5인 이상 10인 이내일 때에는 경사 1인을 감독관으로 지정해야 한다. ② 호송관 11인 이상 30인 이내일 때에는 경위 1인을 감독관으로 지정해야 한다.
호송관의 결격사유	피호송자와 친족 또는 가족 등의 특수한 신분관계가 있거나 있었던 자

4. 피호송자의 포박(규칙 제50조)

① 호송관은 호송관서를 출발하기 전에 반드시 피호송자에게 수갑을 채우고 포승으로 포박하여야 한다. 다만, 구류선고 및 감치명령을 받은 자와 고령자, 장애인, 임산부 및 환자 중 주거와 신분이 확실하고 도주의 우려가 없는 자에 대하여는 수갑등을 채우지 아니한다.

② 호송관은 피호송자가 2인 이상일 때에는 피호송자마다 포박한 후 호송수단에 따라 2인내지 5인을 1조로 하여 상호 연결시켜 포승하여야 한다.

③ 호송주책임관은 호송관이 한 포박의 적정여부를 확인하여야 한다.

5. 호송 출발 전의 조치

(1) 피호송자의 신체검사

① 호송관은 반드시 호송주무관의 지휘에 따라 포박하기 전에 피호송자에 대하여 안전호송에 필요한 신체검색을 실시하여야 한다.

② 여자인 피호송자의 신체검색은 여자경찰관이 행하거나 성년의 여자를 참여시켜야 한다.

(2) 호송 방법

① 호송은 피호송자를 인수관서 또는 출석시켜야 할 장소와 유치시킬 장소에 직접 호송한다.

② 중요범인에 대하여는 특별한 안전조치를 강구하여야 한다.

(3) 인수관서 통지 및 인계

① 호송관서는 미리 인수관서에 피호송자의 성명, 호송일시 및 호송방법을 통지하여야 한다. 다만, 다른 수사기관에서 인수관서에 통지하거나 비상호송 기타 특별한 사유가 있는 때에는 예외로 한다.

② 호송경찰관이 피호송자를 인수하여야 할 관서에 인계할 때에는 인수권자에게 관계 기록등과 함께 정확히 인계하여 책임 한계를 명백히 하여야 하며, 귀서하여 소속경찰관서장에게 호송완료 보고를 하여야 한다.

(4) 영치금품 등의 처리(규칙 제53조)

① 금전, 유가증권은 호송관서에서 인수관서에 직접 송부한다. 다만 소액의 금전, 유가증권 또는 당일로 호송을 마칠 수 있을 때에는 호송관에게 탁송할 수 있다.

② 피호송자가 호송도중에 필요한 식량, 의류, 침구의 구입비용을 자비로 부담할 수 있는 때에는 그 청구가 있으며 필요한 금액을 호송관에게 탁송하여야 한다.

③ 물품은 호송관에게 탁송한다. 다만, 위험한 물품 또는 호송관이 휴대하기에 부적당한 발송관서에서 인수관서에 직접 송부할 수 있다.

④ 송치하는 금품을 호송관에게 탁송할 때에는 호송관서에 보관책임이 있고, 그렇지 아니한 때에는 송부한 관서에 그 책임이 있다.

(5) 분사기의 휴대(피의자유치 및 호송 규칙 제70조)

① 호송관은 호송근무를 할 때에는 분사기를 휴대하여야 한다.

② 호송관서의 장은 특별한 사유가 있는 경우 호송관이 총기를 휴대하도록 할 수 있다.

6. 호송비용의 처리

① 호송관 및 피호송자의 여비 등 호송에 필요한 비용은 호송관서에서 부담함이 원칙이다.

② 피호송자의 유숙비용, 사망처리비용, 질병치료비용은 사망 등을 처리한 관서가 부담한다.

7. 사고발생시의 조치요령(동규칙 제65조)

피호송자가 도망하였을	가. 즉시 사고발생지 관할 경찰서에 신고하고 도주 피의자 수배 및 수사에 필요한 사항을 알려주어야 하며, 소속장에게 전화, 전보 기타 신속한 방법으로 보고하여 그 지휘를 받

때	아야 한다. 이 경우에 즉시 보고할 수 없는 때에는 신고 관서에 보고를 의뢰할 수 있다. 나. 호송관서의 장은 보고받은 즉시 상급감독관서 및 관할검찰청에 즉보하는 동시에 인수관서에 통지하고 도주 피의자의 수사에 착수하여야 하며, 사고발생지 관할 경찰서장에게 수사를 의뢰하여야 한다. 다. 도주한 자에 관한 호송관계서류 및 금품은 호송관서에 보관하여야 한다.
피호송자가 사망하였을 때	가. 즉시 사망시 관할 경찰관서에 신고하고 시체와 서류 및 영치금품은 신고 관서에 인도하여야 한다. 다만, 부득이한 경우에는 다른 도착지의 관할 경찰관서에 인도할 수 있다. 나. 인도를 받은 경찰관서는 즉시 호송관서와 인수관서에 사망일시, 원인 등을 통지하고, 서류와 금품은 호송관서에 송부한다. 다. 호송관서의 장은 통지받은 즉시 상급 감독관서 및 관할 검찰청에 보고하는 동시에 사망자의 유족 또는 연고자에게 이를 통지하여야 한다. 라. 통지 받을 가족이 없거나, 통지를 받은 가족이 통지를 받은 날부터 3일 내에 그 시신을 인수하지 않으면 구, 시, 읍, 면장에게 가매장을 하도록 의뢰하여야 한다.
피호송자가 발병하였을 때	가. 경증으로서 호송에 큰 지장이 없고 당일로 호송을 마칠 수 있을 때에는 호송관이 적절한 응급조치를 취하고 호송을 계속하여야 한다. 나. 중증으로서 호송을 계속하거나 곤란하다고 인정될 때에 피호송자 및 그 서류와 금품을 발병지에서 가까운 경찰관서에 인도하여야 한다. 다. 전 "나"호에 의하여 인수한 경찰관서는 즉시 질병을 치료하여야 하며, 질병의 상태를 호송관서 및 인수관서에 통지하고 질병이 치유된 때에는 호송관서에 통지함과 동시에 치료한 경찰관서에서 지체 없이 호송하여야 한다. 다만, 진찰한 결과 24시간 이내에 치유될 수 있다고 진단되었을 때에는 치료후 호송관서의 호송관이 호송을 계속하게 하여야 한다.

제3절 우범자 첩보 수집활동

1. 목적

전과자 또는 조직폭력배들로서 그 성격 또는 환경으로 보아 죄를 범할 우려가 있는 사람에 대한 자료를 보관하고 범죄관련성 여부에 관한 첩보를 수집함으로써 재범의 위험을 방지하며, 수집된 첩보를 통해 수사자료로 활용함을 목적으로 한다(우범자 첩보수집 등에 관한 규칙 제1조).

2. 우범자

'우범자'라 함은 다음 각 호의 어느 하나에 해당하는 사람을 말한다.

정의	선정
범죄단체의 조직원 또는 불시에 조직화가 우려되는 조직성폭력배 중 범죄사실 등으로 보아 죄를 범할 우려가 있는 사람	제2조제1호에 해당하는 사람

살인, 방화, 강도, 절도, 약취·유인, 총기 제조·이용 범죄, 폭파협박 범죄, 마약류사범의 범죄경력이 있는 자 중 그 성벽, 상습성, 환경 등으로 보아 죄를 범할 우려가 있는 고위험자	제2조제2호중 살인, 방화, 약취유인, 총기 제조·이용 범죄로 금고형 이상의 실형을 받고 출소한 사람 제2조제2호 중 강도·절도·마약류 관련 범죄로 3회 이상 금고형 이상의 실형을 받고 출소한 사람 제2조제2호 중 폭파협박 범죄로 3회 이상 벌금형 이상의 형을 선고 받은 사람

3. 우범자의 편입 및 삭제

(1) 편입

① 출소예정자의 출소 후 실제 거주 예상지(이하 '귀주지'라 한다) 경찰서장은 교도소장 등 수형기관의 장으로부터 출소통보를 받은 출소예정자가 우범자 선정에 해당하는 경우 우선 우범자로 편입하여 첩보 수집하고, 해당분기 내 심사위원회를 통해 죄를 범할 우려가 없다고 인정되는 경우 삭제하여야 한다.

② 우범자 편입 대상자가 소재불명일 경우 귀주지 경찰서장은 먼저 우범자로 편입한 후 주민등록지 경찰서로 이첩하고, 주민등록지 경찰서에서 소재확인 후 불명 시 행방불명 처리하여야 한다.

③ 우범자 편입 대상자가 관내 거주하지 않고 소재가 확인되었을 경우 관할 경찰서로 통보하고, 통보를 받은 경찰서장은 지체 없이 소재를 확인하여 우범자로 편입하여야 한다.

(2) 삭제

우범자가 사망하였거나 우범자 편입 후 다음 각 호의 기간이 경과할 때까지 제2조의 죄를 범하지 않은 자 중 재범의 위험성이 없어 더 이상 관리가 필요하지 않다고 인정되는 자는 심사위원회의 의결을 거쳐 삭제한다.

1. 3년을 초과하는 실형 후 출소하여 우범자에 편입된 사람 : 5년
2. 3년 이하의 실형 후 출소하여 우범자에 편입된 사람 : 3년

4. 심사위원회(제5조)

구성	심사위원회의는 3인 내지 5인의 위원으로 구성하고, 경찰서 형사(수사)과장을 위원장으로 하며, 간사 1인을 둔다.
개최	심사위원회는 특별한 사정이 없는 한 매분기별로 개최한다.
업무	심사위원회는 우범자에 대한 자료와 수집된 첩보 등을 기초로 재범위험성 등을 심사하여

	우범자의 편입, 첩보수집 기간의 연장, 삭제에 대한 결정을 한다.
보고	심사위원장은 결정내용을 신속히 경찰서장에게 보고하여야 한다.

외부
심사위원
	심사위원회에 경찰서장이 위촉하는 2명 이내의 외부위원을 둘 수 있다. 외부위원은 다음
	각 호에 해당하는 자로 한다.
	  1. 법학 교수, 변호사
	  2. 범죄학·범죄심리학 교수, 정신과 전문의
	  3. 교정기관·보호관찰소 공무원

5. 첩보수집(제6조)

① 경찰서장은 형사(수사)과 직원 중 우범자 업무 담당자와 우범자별 담당자를 지정하고, 지구대장(파출소장)은 우범자별 담당자를 지정하여야 한다.

② 형사(수사)과 담당자는 우범자에 대해서 편입 후 1년 동안 매 분기별 1회 이상 범죄관련 여부에 대한 첩보를 수집하여 경찰서장에게 보고하여야 한다.

③ 지구대(파출소) 담당자는 우범자에 대해서 매 분기별 1회 이상 범죄관련 여부에 대한 첩보를 수집하여 경찰서장에게 보고하여야 한다.

④ 우범자 담당자는 첩보를 수집하는 과정에서 우범자의 인권을 최대한 배려하여 적절한 방법을 사용하고 우범자의 명예나 신용을 부당하게 훼손하는 일이 없도록 각별히 주의하여야 한다.

⑤ 수집된 첩보는 우범자 첩보관리 시스템에 입력한다.

6. 소재불명자의 처리(제7조)

① 우범자로 편입된 자가 소재가 불명일 경우 해당 경찰서장은 지체 없이 주소지 등에 대한 소재확인을 거친후 보고서를 작성하고, 전산에 행불자(行不者)로 입력하여야 한다.

② 경찰서장은 관내에서 소재불명 우범자를 발견하였을 경우에 즉시 해당 관서에 통보하고, 거주지를 확인하여 우범자로 편입하거나 거주지 관할 경찰서로 통보하여야 한다.

7. 우범자 전산 입력 및 전출(제8조)

① 우범자로 편입하는 자에 대해서는 경찰서 우범자 담당자가 전산입력 후 별지 제2호 우범자 전산입력카드 서식을 출력, 보관하여야 한다.

② 경찰서장은 우범자가 타 관할로 전출한 것을 확인하였을 때는 우범자 전산입력카드 원본을 송부하여야 한다.

③ 주거지가 불확실한 우범자에 대하여는 주민등록 등재지 관할 경찰서장이 필요한 조치를 하여야 한다.

④ 경찰관은 직무수행 중 관내에 우범자로 인정되는 자가 전입한 사실을 인지하였을 때에는 우범자 여부를 조회하여 우범자일 경우 우범자로 편입하여야 한다.

8. 우범자 전산입력카드의 폐기(제9조)

우범자가 삭제된 때에는 전산입력카드를 폐기한다.

9. 지도 · 감독(제8조)

경찰청장과 지방경찰청장은 우범자 관리의 적절성 여부를 확인하는 등 지도 · 감독하여야 한다.

제4절 범죄통계

1. 근거와 목적

이 규칙은 범죄통계의 정확한 작성과 적정한 활용을 위하여 범죄통계 작성의 절차와 방법 등을 규정함을 목적으로 한다(경찰 범죄통계 작성 및 관리에 관한 규칙 제1조).

2. 범죄통계원표작성 및 입력

① 범죄 수사업무를 담당하는 경찰공무원은 고소·고발, 신고, 인지 등을 통해 범죄 발생을 알게 된 때에는 범죄발생통계원표를 작성하고, 사건을 처리하여 송치하는 때에는 검거통계원표 및 피의자통계원표를 작성하여야 한다.

② 각 원표는 경찰의 형사사법정보시스템에 정하여진 항목의 자료를 입력하는 방법으로 작성한다.

③ 경찰공무원이 원표를 작성한 때에는 해당 경찰관서의 수사과장은 작성된 원표의 정확성을 검토하여 원표를 승인하여야 한다. 다만 발생통계원표의 경우에는 범죄가 발생한 경찰관서의 수사과장이 승인하여야 한다.

3. 범죄통계원표의 관리 및 송부요령

① 경찰청 수사국장은 각 경찰관서에서 형사사법정보시스템에 입력한 각 원표의 자료를 집계하여 관리하고, 필요한 자료를 분석하여 범죄수사 등에 활용한다.

② 경찰청 수사국장은 범죄통계자료의 오류 확인을 위해 대검찰청에 연1회 범죄통계자료를 CD 등 전자매체를 이용하여 송부할 수 있다.

4. 범죄원표의 누락 및 왜곡 금지

각 경찰관서의 장은 소속 경찰공무원이 관서별 범죄발생률과 검거율 등 치안지표를 의식하여 통계원표의 작성을 누락하거나 통계를 왜곡시키지 않도록 관리·감독하여야 한다.

5. 범죄통계의 분석

① 경찰청 수사국장은 전년도의 범죄통계를 분석하여 범죄통계지를 발간하고, 각 경찰관서 및 관련기관에 배부하여 치안자료로 활용하도록 하여야 한다.

② 각 경찰관서의 장은 제2조에 따라 작성된 통계원표의 자료를 통해 각종 범죄통계를 분석하여 범죄예방 및 검거 등 치안활동에 활용한다.

제5절 수배와 공조

> **범죄수사규칙**
>
> 제170조(수사의 공조) 경찰관은 수사에 필요하다고 인정할 때에는 피의자의 체포·출석요구·조사, 장물 등 증거물의 수배, 압수·수색·검증, 참고인의 출석요구·조사 등 그 밖의 필요한 조치(이하 "수사등"이라 한다)에 대한 공조를 다른 경찰관에게 요청할 수 있다.
>
> 제171조(사건수배) 사건수배란 사건의 용의자와 수사자료 그 밖의 참고사항에 관하여 통보를 요구하는 것으로, 경찰관이 사건수배를 할 때에는 별지 제149호 서식의 사건수배서에 따라 요구하여야 한다.
>
> 제172조(긴급사건수배) 경찰관은 범죄수사에 있어서 다른 경찰관서에 긴급한 조치를 의뢰할 필요가 있을 때에는 지체없이 별지 제150호 서식의 긴급사건수배서에 따라 긴급배치, 긴급수사 그 밖의 필요한 조치를 요구하여야 한다.
>
> 제173조(지명수배) ① 사법경찰관은 다음 각 호의 어느 하나에 해당하는 자의 소재를 알 수 없을 때에는 해당 피의자에 대하여 지명수배를 할 수 있다. 다만, 기소중지 의견으로 사건을 송치할 때에는 지명수배를 하여야 한다.
>
> 1. 법정형이 사형 무기 또는 장기 3년 이상의 징역이나 금고에 해당하는 죄(제179조제3호의 경우를 제외한다)를 범하였다고 의심할 만한 상당한 이유가 있어 체포영장 또는 구속영장이 발부된 자. 다만, 제81조제1항에서 정하는 긴박한 사유가 있는 때에는 지명수배를 한 후 신속히 체포영장을 발부받아야 하며, 발부받지 못한 경우 즉시 지명수배를 해제하여야 한다.

2. 지명통보의 대상인 자로 지명수배의 필요가 있어 체포영장 또는 구속영장이 발부된 자

② 사법경찰관은 긴급사건 수배에 있어서 피의자의 성명 등을 명백히 하여 그 체포를 의뢰한 경우에는 지명수배를 하여야 한다.

③ 사법경찰관은 지명수배를 한 경우에는 체포영장 또는 구속영장의 유효기간에 유의하여 유효기간 경과 후에도 계속 수배할 필요가 있는 때에는 유효기간 만료 전에 체포영장 또는 구속영장을 재발부 받아야 한다.

제174조(지명수배된 자 소재발견시 조치사항) ① 경찰관은 지명수배된 자(이하 "지명수배자"라 한다)의 소재를 발견하였을 때에는 피의자에게 체포영장 또는 구속영장을 제시하고 범죄사실의 요지, 체포 또는 구속의 이유와 변호인을 선임할 수 있음을 고지하고 변명의 기회를 준 후 지명수배자를 체포 또는 구속하고 확인서를 받아 신병과 함께 지명수배한 경찰관서(이하 "수배관서"라 한다)에 인계하여야 한다.

② 경찰관은 체포영장 또는 구속영장을 소지하고 있지 않은 경우라도 급속을 요하는 때에는 피의자에게 범죄사실의 요지와 체포영장 또는 구속영장이 발부되었음을 고지하고 체포 또는 구속할 수 있다. 이 경우 사후에 신속히 체포영장 또는 구속영장을 제시하여야 한다.

③ 경찰관은 체포영장 또는 구속영장을 발부받지 않고 지명수배한 경우에는 피의자에게 긴급체포한다는 사실 및 범죄사실의 요지, 체포의 이유와 변호인을 선임할 수 있음을 고지하고 변명의 기회를 준 후 지명수배자를 긴급체포하여야 하며, 즉시 확인서를 받고 긴급체포서를 작성하여야 한다.

④ 도서지역에서 지명수배자가 발견된 경우에는 지명수배자 등을 발견한 경찰관서(이하 "발견관서"라 한다)의 경찰관은 지명수배자의 소재를 계속 확인하고, 수배관서와 협조하여 검거시기를 정함으로써 검거후 구속영장청구시한(체포한 때부터 48시간)이 경과되지 않도록 하여야 한다.

⑤ 지명수배자를 검거한 경찰관은 구속영장 청구에 대비하여 피의자가 도망 또는 증거를 인멸할 염려에 대한 소명자료 확보를 위하여 필요하다고 판단되는 경우에는 체포의 과정과 상황 등을 자세히 기재한 지명수배자체포보고서를 작성하고 이를 수배관서에 인계하여 수사기록에 편철하도록 하여야 한다.

⑥ 검거된 지명수배자를 인수한 수배관서의 사법경찰관은 24시간 내에 제98조의 규정에 따라 체포 또는 구속의 통지를 하여야 한다. 다만, 지명수배자를 수배관서가 위치하는 특별시, 광역시, 도 이외의 지역에서 지명수배자를 검거한 경우에는 지명수배자를 검거한 경찰관서(이하 "검거관서"라 한다)의 사법경찰관이 통지를 하여야 한다.

제175조(지명수배자의 인수·호송 등) ① 경찰관서장은 검거된 지명수배자에 대한 신속한 조사와 호송을 위하여 미리 출장조사 체계 및 자체 호송계획을 수립하여야 한다.

② 수배관서의 경찰관은 다음 각호의 어느 하나에 해당하는 경우를 제외하고는 검거관서로부터 검거된 지명수배자를 인수하여야 한다. 다만, 수배관서와 검거관서 간에 서로 합의한 때에는 이에 따른다.

1. 검거관서의 관할구역 내에서 수배를 받은 범죄의 죄종 및 죄질이 동등 또는 그 이상의 다른 범죄를 범한 경우

2. 검거관서에서 지명수배자와 관련된 범죄로 이미 정범이나 공동정범인 피의자의 일부를 검거하고 있는 경우

3. 지명수배자가 단일 사건으로 수배되고 불구속 수사대상자로서 검거관서로 출장하여 조사한 후 신속히 석방함이 타당한 경우

③ 경찰관은 검거한 지명수배자에 대하여 지명수배가 여러 건인 경우에는 다음 각호의 수배관서 순위에 따라 검거된 지명수배자를 인계받아 조사하여야 한다.

1. 공소시효 만료 3개월 이내이거나 공범에 대한 수사 또는 재판이 진행중인 수배관서

2. 법정형이 중한 죄명으로 지명수배한 수배관서

3. 검거관서와 동일한 지방검찰청 또는 지청의 관할구역에 있는 수배관서

4. 검거관서와 거리 또는 교통상 가장 인접한 수배관서

④ 검거관서와 수배관서의 경찰관은 지명수배자를 검거한 때로부터 구속영장 청구시한(체포한 때부터 48시간)을 경과하지 않도록 서로 협조하여야 한다.

제176조(재지명수배의 제한) 긴급체포한 지명수배자를 석방한 경우에는 영장을 발부받지 않고 동일한 범죄사실에 관하여 다시 지명수배하지 못한다.

제177조 <삭제>

제178조(공개수배) ① 경찰청장은 지명수배·지명통보한 후 6월이 경과하여도 검거하지 못한 주요 지명피의자에 대하여는 종합공개수배 할 수 있다.

② 경찰관서장은 법정형이 사형·무기 또는 장기 3년 이상 징역이나 금고에 해당하는 죄를 범하였다고 의심할 만한 상당한 이유가 있고 범죄의 상습성, 사회적 관심, 공익에 대한 위험 등을 고려할 때 신속한 검거가 필요한 자에 대하여 긴급 공개수배 할 수 있다.

③ 전항의 공개수배는 사진·현상·전단 그 밖의 방법에 의한다.

제179조(지명통보) 사법경찰관은 다음 각호의 어느 하나에 해당하는 자의 소재가 불명할 때에는 당해 피의자에 대하여 지명통보를 할 수 있다. 다만, 기소중지의견으로 사건을 송치할 때에는 지명통보를 하여야 한다.

1. 법정형이 장기 3년 미만의 징역 또는 금고, 벌금에 해당하는 죄를 범하였다고 의심할 만한 상당한 이유가 있고, 수사기관의 출석요구에 응하지 않고 소재수사결과 소재불명인 자

2. 법정형이 장기 3년 이상의 징역이나 금고에 해당하는 죄를 범하였다고 의심되더라도 사안이 경미하거나 기록상 혐의를 인정키 어려운 자로서 출석요구에 불응하고 소재가 불명인 자

3. 제173조제1항제1호의 규정에 불구하고 사기, 횡령, 배임죄 및 「부정수표단속법」 제2조에 정한 죄의 혐의를 받는 자로서 초범이고 그 피해액이 500만원 이하에 해당하는 자

4. 구속영장을 청구하지 않거나 발부받지 못하여 긴급체포되었다가 석방된 지명수배자

제180조(지명통보된 자 소재발견시 조치사항) ① 경찰관은 지명통보된 자(이하 "지명통보자"라 한다)의 소재를 발견한 때에는 피의자에게 지명통보된 사실과 범죄개요, 지명통보한 관서(이하 "통보관서"라 한다) 등을 고지하고 발견일자부터 1개월 이내에 통보관서에 출석하겠다는 내용과 정당한 사유 없이 출석하지 않을 경우 지명수배되어 체포될 수 있다는 내용이 기재된 별지 제157호의2 서식의 지명통보 사실 통지서를 피의자에게 교부하고 형사사법정보시스템에서 별지 제157호 서식의 지명통보자 소재발견 보고서를 작성한 후 사건인계서를 작성하여 통보관서에 인계하여야 한다.

② 경찰관은 소재발견한 지명통보자에 대하여 지명통보가 여러 건인 경우에는 각 건마다 지명통보 사실 통지서를 작성하여 교부하고 지명통보자 소재발견 보고서를 작성하여야 한다.

③ 지명통보자소재발견보고서를 송부받은 통보관서의 사건담당 경찰관은 즉시 지명통보된 피의자에게 피의자가 출석하기로 확인한 일자에 출석하거나 사건이송신청서를 제출하라는 취지의 출석요구서를 발송하여야 한다.

④ 경찰관은 지명통보된 피의자가 정당한 이유없이 약속한 출석하지 않거나 출석요구에 응하지 아니하는 때에는 제173조부터 제176조까지의 규정에 따른다. 이 경우 체포영장청구기록에 지명통보자 소재발견보고서, 지명통보사실 통지서, 출석요구서 사본 등 지명통보된 피의자가 본인이 약속한 일자에 정당한 이유없이 출석하지 않았다는 취지의 증명자료를 첨부하여야 한다.

제181조(지명통보자에 대한 특칙) ① 제180조의 규정에 불구하고 행정기관 고발사건 중 법정형이 2년 이하의 징역에 해당하는 범죄로 기소중지된 자를 발견한 발견관서의 경찰관은 통보관서로부터 사건송치의견서를 팩스 등의 방법으로 송부받아 피의자를 조사한 후 조사서류만 통보관서로 보낼 수 있다. 다만, 피의자가 상습적인 법규위반자 또는 전과자이거나 위반사실을 부인하는 경우에는 그러하지 아니하다.

② 발견관서의 경찰관은 전항의 규정에 따라 피의자를 조사하는 경우에는 피의자의 자유로운 의사에 따라야 하고 강제 등 인권침해 요인이 없어야 한다.

제182조(장물수배) ① 장물수배란 수사중인 사건의 장물에 관하여 다른 경찰관서에 그 발견을 요청하는 수배를 말한다.

② 경찰관은 장물수배를 할 때에는 발견해야 할 장물의 명칭, 모양, 상표, 품질, 품종 그 밖의 특징 등을 명백히 하여야 하며 사진, 도면, 동일한 견본·조각을 첨부하는 등 필요한 조치를 하여야 한다.

③ 「범죄수법 공조자료 관리규칙」 제10조의 피해통보표에 수록·전산입력한 피해품은 장물수배로 본다.

제183조(장물수배서) ① 경찰서장은 범죄수사상 필요하다고 인정할 때에는 장물과 관련있는 영업주에 대하여 장물수배서를 발급할 수 있으며, 장물수배서는 다음의 3종으로 구분한다.

1. 특별 중요 장물수배서(수사본부를 설치하고 수사하고 있는 사건에 관하여 발하는 경우의 장물수배서를 말한다)

2. 중요 장물수배서(수사본부를 설치하고 수사하고 있는 사건 이외의 중요한 사건에 관하여 발하는 경우의 장물수배서를 말한다)

3. 보통 장물수배서(그 밖의 사건에 관하여 발하는 경우의 장물수배서를 말한다)

② 특별 중요 장물수배서는 홍색, 중요 장물수배서는 청색, 보통장물수배서는 백색에 의하여 각각 그 구별을 하여야 한다.

③ 장물수배서를 발급할 때에는 제182조제2항의 규정을 준용한다.

④ 경찰서장은 장물수배서를 발부하거나 배부하였을 때 별지 제158호 서식의 장물수배서 원부와 별지 제159호 서식의 장물수배서 배부부에 따라 각각 그 상황을 명확히 해두어야 한다.

제184조(수배 등의 해제) ① 제171조부터 제173조까지, 제179조 및 제182조에 규정한 수배 또는 통보에 관계된 사건에 대하여는 다음 각호의 어느 하나의 사유가 발생하였을 때에는 사법경찰관은 즉시 그 수배 또는 통보를 해제하여야 한다.

1. 피의자를 검거한 경우

2. 사건이 해결된 경우

3. 피의자가 통보관서에 출석하거나 이송신청에 따른 이송관서에 출석하여 조사에 응한 경우

② 체포영장 또는 구속영장의 유효기간이 경과되어 체포영장 또는 구속영장의 재발부를 받지 않거나 받지 못한 경우에도 전항과 같다.

③ 사법경찰관은 제1항 및 제2항의 경우 이외에는 제170조의 규정에 따라 수사 등의 요청을 한 경우 또는 장물수배서를 발행한 경우에 있어서도 그 필요성이 없다고 인정할 때에는 제1항의 규정에 준하여 필요한 절차를 취하여야 한다.

제185조(참고통보) ① 경찰관서장은 다른 경찰관서에 관련된 범죄사건에 대하여 그 피의자, 증거물 그 밖의 수사상 참고가 될 사항을 발견하였을 때에는 지체없이 적당한 조치를 취하는 동시에 그 취지를 해당 경찰관서에 통보하여야 한다.

② 경찰관서장은 전항의 통보 외에 중요사건, 타에 파급될 염려가 있는 사건 그 밖의 범죄의 수사나 예방에 참고가 될 사건에 관하여는 관계 경찰관서에 통보하여야 한다.

제186조(수배요령) 제171조부터 제173조까지, 제178조, 제179조 및 제182조에 따라 수배를 하는 절차 및 방법은 「지명수배 등에 관한 규칙」으로 따로 정한다.

제187조(지명수배 및 통보대장) 경찰관은 지명수배 또는 지명통보를 한 때에는 별지 제160호 서식의 지명수배 통보대장에 기입하여 정리하여야 한다.

제188조(유치장의 이용) 경찰관은 피의자의 호송 그 밖의 수사상 필요한 때에는 다른 경찰관서에 의뢰하여 그 경찰관서의 유치장 등을 사용할 수 있다.

1. 관련 용어의 개념

수사의 공조	경찰관은 수사에 필요하다고 인정할 때에는 피의자의 체포·출석요구·조사, 장물 등 증거물의 수배, 압수·수색·검증, 참고인의 출석요구·조사 등 그 밖의 필요한 조치에 대한 공조를 다른 경찰관에게 요청할 수 있다.
사건수배	사건수배란 사건의 용의자와 수사자료 그 밖의 참고사항에 관하여 통보를 요구하는 것으로, 경찰관이 사건수배를 할 때에는 별지 제149호 서식의 사건수배서에 따라 요구하여야 한다.
긴급사건수배	경찰관은 범죄수사에 있어서 다른 경찰관서에 긴급한 조치를 의뢰할 필요가 있을 때에는 지체없이 긴급사건수배서에 따라 긴급배치, 긴급수사 그 밖의 필요한 조치를 요구하여야 한다.

2. 지명수배 · 통보

(1) 지명수배 · 통보 대상 및 발견시 조치사항

> 「범죄수사규칙」 제173조제1항 및 제 2 항과 「범죄수사규칙」 제179조에 해당하는 자로서 수사결과 소재불명으로 검거하지 못하였거나, 소재불명을 이유로 기소중지 의견으로 송치할 때에는 당해 피의자의 성명과 생년월일 및 주소(또는 등록기준지)를 파악하여 지명수배 또는 지명통보를 하여야 한다 (지명수배규칙 제4조)

종류	지명수배	지명통보
대상	① 법정형이 사형, 무기 또는 장기 3년 이상의 징역이나 금고에 해당하는 죄를 범하였다고 의심할 만한 상당한 이유가 있어 체포영장 또는 구속영장이 발부된 자 (다만, 수사상 필요한 경우에는 체포영장 또는 구속영장을 발부받지 아니한 자를 포함한다) ② 지명통보의 대상인 자로서 지명수배의 필요가 있어 체포영장 또는 구속영장이 발부된 자 ③ 긴급사건 수배에 있어 범죄혐의와 성명 등을 명백히 하여 그 체포를 의뢰하는 피의자	① 법정형이 장기 3년 미만의 징역 또는 금고, 벌금에 해당하는 죄를 범하였다고 의심할 만한 상당한 이유가 있고, 수사기관의 출석요구에 응하지 아니하며 소재수사 결과 소재불명된 자 ② 법정형이 장기 3년 이상의 징역이나 금고에 해당하는 죄를 범하였다고 의심되더라도 사안이 경미하거나 기록상 혐의를 인정키 어려운 자로서 출석요구에 불응하고 소재가 불명인 자 ③ 제4조 제1호 가목의 규정에도 불구하고 사기, 횡령, 배임죄 및 부정수표단속법 제2조에 정한 죄의 혐의를 받는 자로서 초범이고 그 피해액이 500만원 이하에 해당하는 자 ④ 구속영장을 청구하지 아니하거나 발부받지 못하여 긴급체포 되었다가 석방된 지명수배자

(2) 사건담당자의 지명수배 · 지명통보 의뢰

① 사건담당자는 지명수배 · 지명통보에 해당하는 피의자의 검거를 다른 경찰관서에 의뢰하고자 할 때에는 별지 지명수배 · 지명통보자 전산입력 요구서를 작성 또는 전산입력 하여 수배관리자에게 지명수배 또는 지명통보를 의뢰하여야 한다.

② 지명수배 · 지명통보를 의뢰할 때 기재 내용

1. 성명, 주민등록번호(생년월일), 성별과 주소
2. 인상, 신체특징 및 피의자의 사진, 방언, 공범
3. 범죄일자, 죄명, 죄명코드, 공소시효 만료일
4. 수배관서, 수배번호, 사건번호, 수배일자, 수배종별 구분
5. 수배종별이 지명수배자인 경우 영장명칭, 영장발부일자, 영장유효기간, 영장번호 또는 긴급체포 대상 유무
6. 범행 장소, 피해자, 피해정도, 범죄사실 개요
7. 주민조회, 전과조회, 수배조회 결과
8. 작성자(사건담당자) 계급, 성명, 작성일시

③ 외국인을 지명수배 또는 지명통보 의뢰할 때에는 영문 성명, 여권번호, 연령, 피부색, 머리카락, 신장, 체격, 활동지, 언어, 국적 등을 추가로 파악 기재하여야 한다.

④ 사건담당자는 지명수배 · 지명통보를 최소화하고 사유를 명확히 하기 위해 지명수배 · 지명통보 의뢰 전 다음 각 호의 사항을 수사한 후, 수사보고서로 작성하여 수사기록에 편철하여야 한다.

1. 연고지 거주 여부
2. 가족, 형제자매, 동거인과의 연락 여부
3. 국외 출국 여부
4. 교도소 등 교정기관 수감 여부
5. 경찰관서 유치장 수감 여부

⑤ 연고지

1. 최종 거주지
2. 주소지
3. 등록기준지
4. 사건 관계자 진술 등 수사 과정에서 파악된 배회처

(3) 지명수배 · 지명통보 실시

① 수배관리자는 의뢰받은 지명수배 · 지명통보자를 지명수배 및 통보대장에 등재하고, 전산 입력하여 전국 수배를 해야 한다.

② 지명수배 · 지명통보자 전산입력요구서는 작성관서에서 작성 내용과 입력사항 및 관련 영장 등을 확인 검토한 후 연도별, 번호순으로 보관하여야 한다.

(4) 지명수배·지명통보자 발견 시 조치

지명수배 또는 지명통보자의 소재를 발견하였을 때에는 「범죄수사규칙」 제174조에서 제176조까지와 제180조, 제181조에 따라 처리한다.

지명수배된 자 소재발견시 조치사항	① 경찰관은 지명수배된 자(이하 "지명수배자"라 한다)의 소재를 발견하였을 때에는 피의자에게 체포영장 또는 구속영장을 제시하고 범죄사실의 요지, 체포또는 구속의 이유와 변호인을 선임할 수 있음을 고지하고 변명의 기회를 준 후지명수배자를 체포 또는 구속하고 확인서를 받아 신병과 함께 지명수배한 경찰관서(이하 "수배관서"라 한다)에 인계하여야 한다. ② 경찰관은 체포영장 또는 구속영장을 소지하고 있지 않은 경우라도 급속을 요하는 때에는 피의자에게 범죄사실의 요지와 체포영장 또는 구속영장이 발부되었음을 고지하고 체포 또는 구속할 수 있다. 이 경우 사후에 신속히 체포영장 또는 구속영장을 제시하여야 한다. ③ 경찰관은 체포영장 또는 구속영장을 발부받지 않고 지명수배한 경우에는 피의자에게 긴급체포한다는 사실 및 범죄사실의 요지, 체포의 이유와 변호인을 선임할 수 있음을 고지하고 변명의 기회를 준 후 지명수배자를 긴급체포하여야하며, 즉시 확인서를 받고 긴급체포서를 작성하여야 한다. ④ 도서지역에서 지명수배자가 발견된 경우에는 지명수배자 등을 발견한 경찰관서(이하 "발견관서"라 한다)의 경찰관은 지명수배자의 소재를 계속 확인하고,수배관서와 협조하여 검거시기를 정함으로써 검거후 구속영장청구시한(체포한 때부터 48시간)이 경과되지 않도록 하여야 한다. ⑤ 지명수배자를 검거한 경찰관은 구속영장 청구에 대비하여 피의자가 도망 또는증거를 인멸할 염려에 대한 소명자료 확보를 위하여 필요하다고 판단되는 경우에는 체포의 과정과 상황 등을 자세히 기재한 지명수배자체포보고서를 작성하고 이를 수배관서에 인계하여 수사기록에 편철하도록 하여야 한다. ⑥ 검거된 지명수배자를 인수한 수배관서의 사법경찰관은 24시간 내에 제98조의규정에 따라 체포 또는 구속의 통지를 하여야 한다. 다만, 지명수배자를 수배관서가 위치하는 특별시, 광역시, 도 이외의 지역에서 지명수배자를 검거한 경우에는 지명수배자를 검거한 경찰관서(이하 "검거관서"라 한다)의 사법경찰관이 통지를 하여야 한다.
지명수배자의 인수 · 호송 등	① 경찰관서장은 검거된 지명수배자에 대한 신속한 조사와 호송을 위하여 미리출장조사 체계 및 자체 호송계획을 수립하여야 한다. ② 수배관서의 경찰관은 다음 각호의 어느 하나에 해당하는 경우를 제외하고는검거관서로부터 검거된 지명수배자를 인수하여야 한다. 다만, 수배관서와 검거관서 간에 서로 합의한 때에는 이에 따른다. 1. 검거관서의 관할구역 내에서 수배를 받은 범죄의 죄종 및 죄질이 동등 또는그 이상의 다른 범죄를 범한 경우 2. 검거관서에서 지명수배자와 관련된 범죄로 이미 정범이나 공동정범인 피의자의 일부를 검거하고 있는 경우 3. 지명수배자가 단일 사건으로 수배되고 불구속 수사대상자로서 검거관서로출장하여 조사한 후 신속히 석방함이 타당한 경우 ③ 경찰관은 검거한 지명수배자에 대하여 지명수배가 여러 건인 경우에는 다음 각호의 수배관서 순위에 따라 검거된 지명수배자를 인계받아 조사하여야 한다. 1. 공소시효 만료 3개월 이내이거나 공범에 대한 수사 또는 재판이 진행중인 수배관서 2. 법정형이 중한 죄명으로 지명수배한 수배관서 3. 검거관서와 동일한 지방검찰청 또는 지청의 관할구역에 있는 수배관서

	4. 검거관서와 거리 또는 교통상 가장 인접한 수배관서 ④ 검거관서와 수배관서의 경찰관은 지명수배자를 검거한 때로부터 구속영장 청구시한(체포한 때부터 48시간)을 경과하지 않도록 서로 협조하여야 한다.
지명통보된 자 소재발견시 조치사항	① 경찰관은 지명통보된 자(이하 "지명통보자"라 한다)의 소재를 발견한 때에는 피의자에게 지명통보된 사실과 범죄개요, 지명통보한 관서(이하 "통보관서"라 한다) 등을 고지하고 발견일자부터 1개월 이내에 통보관서에 출석하겠다는 내용과 정당한 사유 없이 출석하지 않을 경우 지명수배되어 체포될 수 있다는 내용이 기재된 별지 제157호의2 서식의 지명통보 사실 통지서를 피의자에게 교부하고 형사사법정보시스템에서 별지 제157호 서식의 지명통보자 소재발견 보고서를 작성한 후 사건인계서를 작성하여 통보관서에 인계하여야 한다. ② 경찰관은 소재발견한 지명통보자에 대하여 지명통보가 여러 건인 경우에는 각 건마다 지명통보 사실 통지서를 작성하여 교부하고 지명통보자 소재발견 보고서를 작성하여야 한다. ③ 지명통보자소재발견보고서를 송부받은 통보관서의 사건담당 경찰관은 즉시 지명통보된 피의자에게 피의자가 출석하기로 확인한 일자에 출석하거나 사건 이송신청서를 제출하라는 취지의 출석요구서를 발송하여야 한다. ④ 경찰관은 지명통보된 피의자가 정당한 이유없이 약속한 출석하지 않거나 출석요구에 응하지 아니하는 때에는 제173조부터 제176조까지의 규정에 따른다. 이 경우 체포영장청구기록에 지명통보자 소재발견보고서, 지명통보사실 통지서, 출석요구서 사본 등 지명통보된 피의자가 본인이 약속한 일자에 정당한 이유없이 출석하지 않았다는 취지의 증명자료를 첨부하여야 한다.
지명통보자에 대한 특칙	① 행정기관 고발사건 중 법정형이 2년 이하의 징역에 해당하는 범죄로 기소중지된 자를 발견한 발견관서의 경찰관은 통보관서로부터 사건송치의견서를 팩스 등의 방법으로 송부받아 피의자를 조사한 후 조사서류만 통보관서로 보낼 수 있다. 다만, 피의자가 상습적인 법규위반자 또는 전과자이거나 위반사실을 부인하는 경우에는 그러하지 아니하다. ② 발견관서의 경찰관은 전항의 규정에 따라 피의자를 조사하는 경우에는 피의자의 자유로운 의사에 따라야 하고 강제 등 인권침해 요인이 없어야 한다.

(5) 지명수배 · 지명통보 변경

① 수배 또는 통보 경찰관서에서는 지명수배 · 지명통보자의 인적사항 등에 대한 변경사항을 확인하였을 경우에는 기존 작성된 지명수배 · 지명통보자 전산입력 요구서에 변경사항을 수록하고 변경된 내용으로 지명수배 · 지명통보를 하여야 한다.

② 수배관리자는 영장 유효기간이 경과된 지명수배자에 대해서는 영장이 재발부 될 때까지 지명통보자로 변경한다.

(6) 재지명수배의 제한

긴급체포한 지명수배자를 석방한 경우에는 영장을 발부받지 않고 동일한 범죄사실에 관하여 다시 지명수배하지 못한다.

(7) 중요지명피의자 종합 공개수배

① 지방경찰청장은 지명수배·지명통보를 한 후, 6월이 경과하여도 검거하지 못한 자들 중 다음 각 호에 해당하는 중요지명피의자를 매년 5월과 11월 연 2회 선정하여 경찰청장에게 중요지명피의자 종합 공개수배 대상자를 별지 제2호 서식에 따라 보고하여야 한다.

> 1. 강력범(살인, 강도, 성폭력, 마약, 방화, 폭력, 절도범을 말한다)
> 2. 다액·다수피해 경제사범, 부정부패 사범
> 3. 기타 신속한 검거를 위해 전국적 공개수배가 필요하다고 판단되는 자

② 경찰청장은 공개수배 위원회를 개최하여 대상자를 선정하고 매년 6월과 12월 중요지명피의자 종합 공개수배 전단을 별지 제3호 서식에 따라 작성하여 전국에 공개수배 한다.

③ 중요지명피의자 종합 공개수배 전단은 언론매체·정보통신망 등에 게시할 수 있다.

④ 경찰서장은 제2항의 중요지명피의자 종합 공개수배 전단을 다음 각 호에 따라 게시·관리하여야 한다.

> 1. 관할 내 다중의 눈에 잘 띄는 장소, 수배자가 은신 또는 이용·출현 예상 장소 등을 선별하여 게시한다.
> 2. 관할 내 교도소·구치소 등 교정시설, 읍·면사무소·주민센터 등 관공서, 병무관서, 군 부대 등에 게시한다.
> 3. 검거 등 사유로 수배해제 한 경우 즉시 검거표시 한다.
> 4. 신규 종합 공개수배 전단을 게시할 때에는 전회 게시 전단을 회수하여 폐기한다.

(8) 기타 공개 수배

언론매체·정보통신망 등을 이용한 공개수배	① 언론매체·정보통신망 등을 이용한 공개수배는 제12조에 따른 공개수배 위원회의 심의를 거쳐야 한다. 단, 공개수배 위원회를 개최할 시간적 여유가 없는 긴급한 경우에는 사후 심의할 수 있으며, 이 경우 지체 없이 위원회를 개최하여야 한다. ② 언론매체·정보통신망 등을 이용한 공개수배는 퍼 나르기, 무단 복제 등 방지를 위한 기술적·제도적 보안 조치된 수단을 이용하여야 하며, 방영물·게시물의 삭제 등 관리 감독이 가능한 장치를 마련해야 한다. ③ 검거, 공소시효 만료 등 공개수배의 필요성이 소멸한 때에는 공개수배 해제의 사유를 고지하고 관련 게시물·방영물 등을 회수, 삭제하여야 한다.
긴급 공개수배	① 경찰관서의 장은 법정형이 사형·무기 또는 장기 3년 이상 징역이나 금고에 해당하는 죄를 범하였다고 의심할 만한 상당한 이유가 있고, 범죄의 상습성, 사회적 관심, 공익에 대한 위험 등을 고려할 때 신속한 검거가 필요한 자에 대해 긴급 공개수배 할 수 있다. ② 긴급 공개수배는 사진·현상·전단 등의 방법으로 할 수 있으며, 언론매체·

	정보통신망 등을 이용할 수 있다. ③ 검거 등 긴급 공개수배의 필요성이 소멸한 때에는 긴급 공개수배 해제의 사유를 고지하고 관련 게시물·방영물을 회수, 삭제하여야 한다.

(9) 공개수배 위원회

① 경찰청 공개수배 위원회는 중요지명피의자 종합 공개수배, 긴급 공개수배 등 공개수배에 관한 사항을 심의·의결한다.

② 경찰청 공개수배 위원회는 외부전문가를 포함하여 7인 이상 11인 이하로 구성한다.

③ 경찰청 공개수배 위원회 정기회의는 매년 5월, 11월 연 2회 개최하며 제10조제1항 단서에 해당하는 등 필요한 경우 임시회의를 개최할 수 있다.

④ 경찰청 공개수배 위원회 회의는 위원 5인 이상의 출석과 출석위원 과반수 찬성으로 의결한다.

⑤ 각급 경찰관서의 장은 관할 내 공개수배에 관한 사항의 심의를 위해 필요한 경우 경찰청 공개수배 위원회 관련 규정을 준용하여 공개수배 위원회를 운영할 수 있다.

(10) 지명수배·지명통보 해제·조회·책임

지명수배·지명통보 해제	① 사건담당자는 지명수배 또는 지명통보한 피의자에게 다음 각 호의 어느 하나에 해당하는 사유가 발생하였을 때에는 지체 없이 수배·통보 당시 작성한 지명수배·지명통보자 전산입력 요구서의 해제란을 기재하여 수배관리자에게 수배 또는 통보 해제를 의뢰하여야 한다. 1. 지명수배자를 검거한 경우 2. 지명수배자에 대한 구속영장, 체포영장이 실효되었거나 기타 구속·체포할 필요가 없어진 경우. 다만, 이 경우에는 지명통보로 한다. 3. 지명통보자가 통보관서에 출석하거나 이송신청에 따른 이송관서에 출석하여 조사에 응한 경우 4. 지명수배자 또는 지명통보자의 사망 등 공소권이 소멸된 경우 5. 사건이 해결된 경우 ② 지명수배·지명통보 해제 사유가 검거일 경우에는 반드시 실제 검거한 검거자의 계급·성명 및 검거일자, 검거관서를 입력하여야 한다. ③ 수배관리자는 지명수배·지명통보대장을 정리하고 해당 전산자료를 해제한다.
지명수배·지명통보 조회	① 피의자를 검거하거나 거동이 수상한 자에 대하여는 범죄수사자료 조회규칙에 따라 반드시 지명수배·지명통보자 여부를 조회하여야 한다. ② 신병이 확보되지 않은 자를 수배 조회하여 지명수배·지명통보자를 발견하였을 경우 직접 검거하기 곤란한 때는 거주지 관할서 또는 수배관서에 즉시 발견 통보를 하고 별지 제5호 서식의 지명수배·지명통보자 발견 통보대장에 기재하여야 한다. ③ 피의자를 입건하거나 사건을 송치하기 전에는 반드시 지명수배·지명통보자 여부를 조회해야 한다.

지명수배·지명통 보 책임	지명수배와 지명통보의 신속, 정확으로 인권침해 등을 방지하고, 수사의 적정성을 기하기 위하여 다음 각 호와 같이 한다. 1. 지명수배·지명통보자 전산입력 요구서 작성, 지명수배·지명통보의 실시 및 해제서 작성과 의뢰에 대한 책임은 담당 수사팀장으로 한다. 2. 지명수배·지명통보의 실시 및 해제 사항 또는 수배사건 담당자 변경, 전산입력 등 관리 책임은 수배관리자로 한다. 3. 위 각 호의 최종 승인은 수배관리자가 처리한다.

3. 장물수배

(1) 개념

장물수배란 수사중인 사건의 장물에 관하여 다른 경찰관서에 그 발견을 요청하는 수배를 말한다.

(2) 관련 내용

① 경찰관은 장물수배를 할 때에는 발견해야 할 장물의 명칭, 모양, 상표, 품질, 품종 그 밖의 특징 등을 명백히 하여야 하며 사진, 도면, 동일한 견본·조각을 첨부하는 등 필요한 조치를 하여야 한다.

② 「범죄수법 공조자료 관리규칙」 제10조의 피해통보표에 수록·전산입력한 피해품은 장물수배로 본다.

(3) 장물수배서

① 경찰서장은 범죄수사상 필요하다고 인정할 때에는 장물과 관련있는 영업주에 대하여 장물수배서를 발급할 수 있으며, 장물수배서는 다음의 3종으로 구분한다.

특별 중요 장물수배서	수사본부를 설치하고 수사하고 있는 사건에 관하여 발하는 경우
중요 장물수배서	수사본부를 설치하고 수사하고 있는 사건 이외의 중요한 사건에 관하여 발하는 경우
보통 장물수배서	그 밖의 사건에 관하여 발하는 경우

② 특별 중요 장물수배서는 홍색, 중요 장물수배서는 청색, 보통장물수배서는 백색에 의하여 각각 그 구별을 하여야 한다.

③ 장물수배서를 발급할 때에는 제182조제2항의 규정을 준용한다.

④ 경찰서장은 장물수배서를 발부하거나 배부하였을 때 별지 제158조 서식의 장물수배서 원부와 별지 제159조 서식의 장물수배서 배부부에 따라 각각 그 상황을 명확히 해두어야 한다.

4. 기타

수배 등의 해제(제184조)	① 수배 또는 통보에 관계된 사건에 대하여는 다음 각호의 어느 하나의 사유가 발생하였을 때에는 사법경찰관은 즉시 그 수배 또는 통보를 해제하여야 한다. 1. 피의자를 검거한 경우 2. 사건이 해결된 경우 3. 피의자가 통보관서에 출석하거나 이송신청에 따른 이송관서에 출석하여 조사에 응한 경우 ② 체포영장 또는 구속영장의 유효기간이 경과되어 체포영장 또는 구속영장의 재발부를 받지 않거나 받지 못한 경우에도 전항과 같다. ③ 사법경찰관은 제1항 및 제2항의 경우 이외에는 제181조의 규정에 따라 수사 등의 의뢰를 한 경우 또는 장물수배서를 발행한 경우에 있어서도 그 필요성이 없다고 인정할 때에는 제1항의 규정에 준하여 필요한 절차를 취하여야 한다.
참고통보 (제185조)	① 경찰관서장은 다른 경찰관서에 관련된 범죄사건에 대하여 그 피의자, 증거물 그 밖의 수사상 참고가 될 사항을 발견하였을 때에는 지체없이 적당한 조치를 취하는 동시에 그 취지를 해당 경찰관서에 통보하여야 한다. ② 경찰관서장은 전항의 통보 외에 중요사건, 타에 파급될 염려가 있는 사건 그 밖의 범죄의 수사나 예방에 참고가 될 사건에 관하여는 관계 경찰관서에 통보하여야 한다.
지명수배 및 통보대장 (제187조)	① 경찰관은 지명수배 또는 지명통보를 한 때에는 지명수배 통보대장에 기입하여 정리하여야 한다. ② 지명수배 및 지명통보자의 연고지를 관할하는 경찰서장은 지명수배 통보자 연고지 수사부를 비치하고 적극적인 수사를 하여야 한다.
유치장의 이용(제188조)	경찰관은 피의자의 호송 그 밖의 수사상 필요한 때에는 다른 경찰관서에 의뢰하여 그 경찰관서의 유치장 등을 사용할 수 있다.

제6절 조회제도

1. 개념

(1) 의의

조회란 범죄수사의 목적을 달성하기 위하여 미확인된 범죄의 의심 있는 사실을 발견한 후에 평소 수집·분석하여 놓은 자료와 대조·확인함으로써 범죄사실 등을 확실히 하는 수사활동을 말한다.

(2) 관련법규 및 조회 내용

지문 및 수사자료표 등에 관한 규칙	범죄수법공조자료관리규칙	범죄수사자료조회규칙
1. 범죄경력조회 2. 수사경력조회	1. 공조제보 실시 2. 피해통보표의 장물수배	1. 범죄경력조회 2. 지명수배·통보조회

3. 특기사항조회 4. 신원확인조회	3. 수법 및 여죄·장물조회	3. 장물조회 4. 신원확인조회 5. 수법조회 6. 여죄조회 7. 수배차량조회

2. 지문 및 수사자료표 등에 관한 규칙

(1) 수사자료표 개념

수사기관이 피의자의 지문을 채취하고 피의자의 인적사항, 죄명, 입건관서, 입건일자, 처분·선고결과 등 수사경력 또는 범죄경력에 관한 사항을 작성한 표(전산입력되어 관리되거나 자기테이프, 마이크로필름 등 그 밖에 이와 유사한 매체에 기록·저장된 표를 포함한다)로서 경찰청이 관리하는 것을 말한다.

(2) 관련 용어

	자료	조회
범죄경력	수사자료표 중 벌금이상의 형의 선고·면제, 선고유예, 보호감호, 치료감호, 보호관찰, 선고유예실효, 집행유예취소, 벌금이상의 형과 함께 부과된 몰수·추징·사회봉사명령·수강명령 등의 선고 또는 처분에 관한 자료를 말한다.	신원 및 범죄경력에 관하여 수사자료표 및 전산입력된 범죄경력자료를 열람·대조확인(정보통신망에 의한 열람·대조확인을 포함한다)하는 방법으로 하는 조회를 말한다.
수사경력	수사자료표 중 벌금미만의 형의 선고 및 검사의 불기소처분에 관한 자료 등으로서 범죄경력자료를 제외한 나머지 자료를 말한다.	신원 및 수사경력에 관하여 수사자료표 및 전산입력된 수사경력자료의 열람·대조확인(정보통신망에 의한 열람·대조확인을 포함한다)하는 방법으로 하는 조회를 말한다.
특기사항	피의자 등이 수사 또는 유치중에 도주, 자해기도, 흉기저항 등을 한 경우, 그와 관련된 내용으로서 수사자료표 및 범죄경력조회시스템에 입력된 자료를 말한다.	수사 또는 유치 중에 도주, 자해기도, 흉기저항 등의 전력에 관하여 수사자료표 및 전산입력된 특기사항자료를 열람·대조확인하는 방법으로 하는 조회를 말한다.

④ 지문자동검색시스템(Automated Fingerprint Identification System, 이하 'AFIS'라 한다): 주민등록증발급신청서, 외국인지문원지, 별지 제2호서식에 의한 수사자료표를 이미지 형태로 전산입력하여 필요시 단말기에 현출시켜 지문을 열람·대조확인할 수 있는 시스템을 말한다.

⑤ 전자수사자료표시스템(Electronic Criminal Record Identification System, 이하 'E-CRIS'라 한다): 관련 DB 자료 및 라이브 스캐너(생체지문인식기)로 신원을

확인하고 필요사항을 전산입력하는 등 수사자료표를 전자문서로 작성, 실시간 경찰청에 전송·관리하는 시스템을 말한다.

⑥ 신원확인조회: 신원을 확인할 필요가 있는 피의자, 변사자 등에 대하여 주민등록증 발급신청서, AFIS, E－CRIS 등에 의해 신원을 확인하는 조회를 말한다.

⑦ 라이브스캐너(생체지문인식기): 지문을 전자적으로 채취하는 장비를 말한다.

⑧ 형사사법정보시스템: 「형사사법절차 전자화 촉진법」제2조제4호 형사사법업무 처리기관이 형사사법정보를 작성, 취득, 저장, 송신·수신하는 데 이용할 수 있도록 하드웨어, 소프트웨어, 데이터베이스, 네트워크, 보안요소 등을 결합시켜 구축한 전자적 관리체계를 말한다.

(3) 수사자료표의 작성·관리

수사자료표의 구분	수사자료표는 범죄경력자료와 수사경력자료로 구분한다.
수사자료표의 작성대상	수사자료표는 다음 각호의 1에 해당하는 자를 제외한 피의자에 대하여 작성하여야 한다. 1. 즉결심판대상자 및 즉결심판에 불복하여 정식재판을 청구한 피고인 2. 사법경찰관이 수리한 고소·고발사건에 대하여 혐의없음, 죄가안됨, 공소권없음, 각하의 불기소 의견 및 참고인중지 의견으로 송치하는 사건의 피의자 3. 단순 물적 피해 교통사고를 야기한 피의자로서 피해자와 합의하였거나 종합보험 또는 공제조합에 가입하여 공소권없음으로 처리할 사건의 피의자 4. 형사미성년자인 피의자
수사자료표의 작성	① 수사자료표는 E－CRIS를 이용 전자문서로 작성함을 원칙으로 한다. 다만 입원, 교도소 수감, 해상 또는 원격지 소재 등 불가피한 사유로 피의자가 경찰관서에 출석하여 조사받을 수 없는 경우에는 종이 수사자료표를 이용 작성하되 이를 지체없이 작성관서 과학수사계(팀)로 송부하여야 한다. ② 피의자의 신원이 확인된 경우에는 별지 제1호서식에 의거 수사자료표를 작성한다. 다만 다음 각 호에 해당하는 경우에는 별지 제2호 서식으로 작성하되 주민등록번호가 부여되지 않은 내국인 남자는 '생년월일－1000000', 여자는 '생년월일－2000000', 외국인 남자는 '생년월일－5000000', 여자는 '생년월일－6000000'으로 작성한다 1. 주민등록증 미발급자, 외국인인 경우 2. E－CRIS로 동일인 여부가 판명되지 않은 경우 3. 주민조회시 지문가치번호가 없거나 00000－00000인 경우 4. 손상·절단 등으로 지문가치번호를 정정할 필요가 있는 경우 ③ 수사자료표 작성자는 작성 후 신속히 소속 팀(계)장의 승인을 받아야 한다.
유의사항	수사자료표 작성자는 E－CRIS로 신원 확인이 안 되는 경우 호적등본, 주민등록증, 운전면허증, 여권 등 신원확인에 필요한 제반 자료를 충분히 확인한 후 작성하여야 한다.
정정할 사항의 조치	① 회보받은 작성관서에서는 다음 각호에 정하는 바에 따라 조치하여야 한다. 1. 피의자에 대한 출석요구 등을 통하여 본인 여부를 재확인하여야 한다. 타인의 인적사항을 도용한 것으로 밝혀진 경우에는 도용된 인적사항으로 입력된 피의자료(통계원표)를 삭제하고 확인된 인적사항으로 피의자료를 재작성하여 입력하여야 한다. 2. 수사기록이 검찰에 송치되기 이전에 수정자료표를 회보받은 경우에는 피의자 인적사

	항을 정정하여야 하며 이미 송치된 경우에는 피의자 인적사항 정정에 관한 수사보고서와 함께 수정자료표를 송치한 검찰청에 신속히 추송하여야 한다.
	3. 범죄사건부 등 각종 대장에 기재된 피의자 인적사항을 정정하여야 한다.
	4. 다른 법령에 의거 이미 행정조치 또는 통보를 한 경우에는 도용당한 자에 대한 조치를 취소하고 새로 확인된 인적사항으로 조치 또는 통보하여야 한다.
	5. 타인의 인적사항 도용 등이 확인되어 수사자료표를 재작성하는 경우에는 작성년월일, 작성관서, 작성번호, 죄명을 최초에 작성된 수사자료표 내용과 동일하게 기재하여 이중으로 작성되지 않도록 하여야 한다.
	② <삭 제>
	③ 검찰로부터 "송치사건 처리결과 통지 및 처분결과 통보서"를 접수한 경우에는 범죄사건부, 송부표 부본대장 등 관련서류를 정리하되 통보서 11항의 비고란에 수사자료표를 폐기하도록 기재되었을 때에는 해당 수사자료표가 폐기될 수 있도록 그 처리·처분결과를 지체없이 경찰청에 보고하여야 한다.

(4) 수사자료표의 조회 및 회보 등

관리책임자의 지정 등	① 경찰청 과학수사센터장은 수사자료표의 접수, 보존 및 관리에 따른 제반 운영사항을 지도·감독하고 정보통신2담당관은 전산관리에 관한 제반 운영사항을 지도·감독한다. 다만 지방경찰청(경찰서) 종합조회처리실은 수사(형사)과장을 관리책임자로 하고 기타관서는 조회용 단말기가 설치된 부서의 책임자를 관리책임자로 한다.
	② E-CRIS는 시스템이 설치된 부서의 책임자를 관리책임자로 한다.
	③ <삭 제>
	④ 제1항·제2항의 규정에 의한 관리책임자는 수사자료표 내용이 불법 유출되거나 법령에 정하여진 목적외에 활용되지 않도록 수시로 지도·점검을 하여야 한다.
범죄경력·수사경력 조회 및 회보제한	① 『형의실효등에관한법률』(이하 "법"이라 한다) 제6조 및 『형의실효등에관한법률시행령』(이하 "시행령"이라 한다) 제7조에 규정된 범위내에서 범죄경력·수사경력 자료에 관한 조회 및 회보를 하여야 한다.
	형의실효등에관한법률 제6조 — (범죄경력조회·수사경력조회 및 회보의 제한 등) ① 수사자료표에 의한 범죄경력조회 및 수사경력조회와 그에 대한 회보는 다음 각 호의 어느 하나에 해당하는 경우에 그 전부 또는 일부에 대하여 조회 목적에 필요한 최소한의 범위에서 할 수 있다. 1. 범죄 수사 또는 재판을 위하여 필요한 경우 2. 형의 집행 또는 사회봉사명령, 수강명령의 집행을 위하여 필요한 경우 3. 보호감호, 치료감호, 보호관찰 등 보호처분 또는 보안관찰업무의 수행을 위하여 필요한 경우 4. 수사자료표의 내용을 확인하기 위하여 본인이 신청하는 경우 5. 『국가정보원법』 제3조제2항에 따른 보안업무에 관한 대통령령에 근거하여 신원조사를 하는 경우 6. 외국인의 체류허가에 필요한 경우 7. 각군 사관생도의 입학 및 장교의 임용에 필요한 경우 8. 병역의무 부과와 관련하여 현역병 및 공익근무요원의 입영(入營)에 필요한 경우 9. 다른 법령에서 규정하고 있는 공무원 임용, 인가·허가, 서훈(敍勳), 대

		통령 표창, 국무총리 표창 등의 결격사유 또는 공무원연금 지급 제한 사유 등을 확인하기 위하여 필요한 경우 10. 그 밖에 다른 법률에서 범죄경력조회 및 수사경력조회와 그에 대한 회보를 하도록 규정되어 있는 경우 ② 수사자료표를 관리하는 사람이나 직무상 수사자료표에 의한 범죄경력조회 또는 수사경력조회를 하는 사람은 그 수사자료표의 내용을 누설하여서는 아니 된다. ③ 누구든지 제1항에서 정하는 경우 외의 용도에 사용할 목적으로 범죄경력자료 또는 수사경력자료를 취득하여서는 아니 된다. ④ 제1항에 따라 범죄경력자료 또는 수사경력자료를 회보받거나 취득한 자는 법령에 규정된 용도 외에는 이를 사용하여서는 아니 된다. ⑤ 제1항 각 호에 따라 범죄경력조회 및 수사경력조회와 그에 대한 회보를 할 수 있는 구체적인 범위는 대통령령으로 정한다.

	형의실효등
	에관한법률
	시행령(이하
	"시행령"이
	라 한다)
	제7조
		① 법 제6조제1항제1호 내지 제4호의 경우에는 범죄경력자료 및 수사경력자료 전부에 관하여 조회 및 회보를 할 수 있다.
		② 법 제6조제1항제5호 내지 제9호에 따라 수사자료표에 의한 범죄경력조회 · 수사경력조회 및 그 회보를 할 수 있는 범위는 다음 각 호와 같다.
		  [개정 2006.7.27] [시행일 2006.7.30]
		  1. 법 제6조제1항제5호 · 제6호 및 제8호의 경우에는 범죄경력자료와 수사 또는 재판 중에 있는 사건의 수사경력자료
		  2. 법 제6조제1항제7호의 경우에는 범죄경력자료와 소년부송치 · 기소유예 또는 공소권없음으로 결정되거나 수사 또는 재판 중에 있는 사건의 수사경력자료
		  3. 법 제6조제1항제9호의 경우에는 그 결격사유 또는 지급제한사유 등(이하 "결격사유등"이라 한다)을 확인하기 위하여 필요한 자료로 하되, 결격사유등에 해당하는 범죄경력을 특정하기 어려운 때에는 다음 각 목의 자료
		    가. 결격사유등에 해당될 수 있는 범죄경력과 형의 종류가 같은 범죄경력자료
		    나. 결격사유등에 해당될 수 있는 범죄사실로 수사 또는 재판 중에 있는 사건의 수사경력자료
		③ 법 제6조제1항제10호의 경우에는 다른 법률에서 구체적으로 정한 범위에 한하여 조회 및 그 회보를 할 수 있다.

⑤ 「소년법」에 따른 소년부 송치 및 보호처분은 제2항에 해당하는 경우를 제외하고는 그 결정이 있은 때부터 3년이 경과한 후에는 회보를 하여서는 아니 된다. 다만 같은 조 제2항에도 불구하고 법 제6조제1항제4호에 따라 본인이 신청하는 경우에는 본인이 별도로 요구하지 아니하는 한 다음 각 호의 사항을 제외하고 회보하여야 한다.

1. 법 제7조 또는 「형법」 제81조에 따라 실효된 형
2. 사면 또는 복권이 있은 형
3. 결정이 있은 때부터 3년이 지난 「소년법」에 따른 소년부송치 및 보호처분

⑥ 범죄경력조회 및 수사경력조회를 의뢰받은 경찰관서와 회보받은 관서에서는 법 및 시행령에 의하여 허용된 범위내에서 활용하여야 한다.

(5) 범죄경력·수사경력조회에 대한 승인

① 형사사법정보시스템을 이용하는 사건 담당자가 형사사법정보시스템을 이용하여 직접 범죄·수사경력 자료를 조회하는 경우에는 소속과장(일과후 상황실장)의 승인을 받아야 한다.

② 종합조회처리실에 범죄·수사경력 자료의 조회를 의뢰하는 경우 의뢰자는 소속과장(일과후 상황실장)의 승인을 받아 조회의뢰서를 제출하여야 하며, 종합조회처리실 근무자는 관리책임자(형사·수사과장)의 승인을 받아 조회·회보하여야 한다. 이 경우 범죄수사 등 목적으로 긴급을 요하여 조회자가 승인을 받을 수 없을 때에는 조회의뢰서에 그 사유를 기재한 후 조회하고, 반드시 사후에 조회의뢰서를 통해 관리책임자의 승인을 받아야 한다.

③ 경찰청 과학수사센터에서 입건내용 입력, 처분내용 정정, 삭제 등의 업무를 처리하기 위하여 조회하는 경우에는 별도의 승인 없이 전산상의 작업이력 확인으로 대신할 수 있다.

(6) 특기자료 작성 조회방법

① 수사자료표 작성자는 취급한 사건의 피의자가 수사 또는 유치 중에 도주·자해기도·흉기사용 등 특이사항이 있는 경우, 수사자료표 작성시 비고란에 해당 사항을 기재한다.

② 범죄경력조회시 특기사항이 있는 경우 범죄경력자료의 지문번호 우측에 "특기"라고 표시되며, 특기사항조회를 하게 되면 도주 등의 전력이 표시되도록 한다. 특기사항자료가 있는 경우에는 반드시 조회하여 범인체포 또는 피의자 관리에 활용하여야 한다.

(7) 수사자료표의 보관 및 폐기

수사자료표는 작성 또는 접수된 날짜순으로 보관한다. 다만 다음 각호의 어느 하나에 해당하는 경우에는 수사자료표를 폐기할 수 있다.

> ① 중복 기재된 수사자료표를 정리한 경우
> ② 주민조회상 사망자로 분류된 경우
> ③ 사법경찰관이 수리한 고소·고발 사건에 대하여 기소의견으로 송치한 후 검찰청으로부터 혐의없음, 공소권없음, 죄가안됨, 각하의 불기소처분결과 및 참고인중지 처분결과와 함께 수사자료표를 폐기하도록 통보받은 경우
> ④ 수사자료표의 원본을 마이크로필름 또는 전산자료의 형태로 별도 보존·관리하는 경우

(8) 수사경력자료의 삭제

① 경찰청 정보통신2담당관은 다음 각호의 어느 하나에 해당하는 경우 제2항의 해당 기간이 경과한 때에 전산입력된 수사경력자료의 해당 사항을 삭제하여야 한다. 다만 삭제한 사람의 소속·성명, 삭제일시 등 삭제에 관한 사항을 삭제한 날부터 5년간 전산으로 관리하여야 한다.

---

① 검사의 기소유예·혐의없음·공소권없음 또는 죄가안됨의 불기소처분이 있는 경우
② 법원의 무죄·면소 또는 공소기각의 판결이 확정된 경우
③ 법원의 공소기각이 결정이 확정된 경우

---

② 제1항 각 호에 대한 수사경력자료의 보존기간은 다음 각 호와 같다. 이 경우 기간은 해당 처분이 있거나 결정 또는 판결이 확정된 날부터 기산한다.

---

① 법정형이 사형, 무기징역·무기금고, 장기 10년 이상의 징역·금고에 해당하는 죄는 10년
② 법정형이 장기 2년 이상의 징역·금고에 해당하는 죄는 5년
③ 법정형이 장기 2년 미만의 징역·금고, 자격상실, 자격정지, 벌금, 구류 또는 과료에 해당하는 죄는 즉시 삭제. 다만, 제1항제1호의 기소유예처분이나 제1항제2호·제3호의 판결 또는 결정이 있는 경우는 5년간 보존한다.

---

(9) 지문을 직접 채취할 피의자의 범위

수사자료표 작성시 제4조(수사자료표의 작성대상) 각호에 해당하는 자를 제외한 모든 피의자에 대하여 E−CRIS를 이용하여 지문을 채취한다.

(10) 지문 채취방법

① 수사자료표, 신원확인조회서를 작성함에 있어 지문채취는 지문의 융선과 삼각도가 완전히 현출되도록 회전하여 채취하여야 한다.
② 별지 제1호서식의 수사자료표 지문란에는 오른손 첫째 손가락의 지문을 채취하되 절단, 손상 등 기타의 사유로 지문을 채취할 수 없는 경우에는 다음 각호에 정한 순서에 의하여 지문을 채취한다.

---

1. 왼손 첫째 손가락
2. 오른손 둘째·셋째·넷째·다섯째 손가락
3. 왼손 둘째·셋째·넷째·다섯째 손가락

---

(11) 자료전산화

수사자료표, 주민등록증발급신청서 등의 지문자료는 AFIS, E−CRIS에 입력하여 디지털 이미지로 관리한다.

3. 범죄수법공조자료관리규칙상 조회

공조제보의 실시	① 지방경찰청 및 경찰서장은 발생사건의 범인검거 또는 검거피의자의 여죄 및 장물 등의 발견을 위하여 다른 경찰관서에 수배·통보·조회를 할 때에는 서면, 전신, 전 산기 등으로 신속히 공조제보를 하여야 한다(범죄수법공조자료관리규칙 제9조 제1 항). ② 공조제보가 긴급을 요할 때에는 경찰전화로 할 수 있다(범죄수법공조자료관리규칙 제9조 지2항).
피해통보표의 장물 수배	① 재산범죄 사건중 피해품에 대하여는 피해통보표의 피해품란에 각각 기재한 후 전산 입력하고 장물조회등의 수사자료로 활용한다(범죄수법공조자료관리규칙 제10조 제 1항). ② 피해통보표에 수록·전산입력한 피해품은 장물수배로 본다(범죄수법공조자료관리 규칙 제10조 제2항).
수법 및 여죄· 장물조회	① 경찰공무원은 수법범죄사건 현장을 임장하였거나 수법범인을 검거한 경우 또는 수 사활동 과정에 있어서 필요한 사안에 관하여는 해당사항을 적극적으로 조회하고 조 회 내역서를 출력, 관리하여야 한다(범죄수법공조자료관리규칙 제11조 제1항). ② 현재 검거 조사중인 피의자의 여죄 및 발생사건들의 범죄수법의 동일성 또는 불심 대상자등이 소지한 수상한 물건, 중고품 상가나 사회에서 거래·유통되고 있는 수상 한 물건·출처불명품 등에 대한 장물여부는 적극적으로 조회하여야 한다(범죄수법 공조자료관리규칙 제11조 제2항).

4. 범죄수사자료조회규칙상 조회

(1) 목적

이 규칙은 각 경찰관서(수사기관 포함) 상호간에 범죄수사와 관련하여 신원확인, 범인·여죄발견, 범죄경력, 지명수배·통보, 도난·무적·범죄차량, 장물여부 등을 효율적으로 조회하는데 필요한 사항을 규정함을 목적으로 한다(범죄수사자료조회규칙 제1조).

(2) 부호의 지정

1. 범죄경력조회	2. 지명수배·통보조회	3. 장물조회	4. 신원확인조회
5. 수법조회	6. 여죄조회	7. 수배차량조회	

(3) 범죄수사자료 조회 대상·방법

범죄수사자료 조회는 조회대상별로 구성된 각 수사조회시스템을 활용 다음사항을 입력·대조한다.

구분	대상	방법
신원확인조회 범죄경력조회	검거한 피의자, 불심검문대상자, 신원조 사 대상자	주민등록증 소지자는 대상자의 성별, 성 명, 생년월일(주민등록번호), 본적, 주소

지명수배조회 지명통보조회		등 인적사항으로 조회하여 지문번호 등을 대조 확인
장물조회	검거한 피의자, 불신검문검색대상자, 신원조사대상자 등이 소지한 수상한 물품 및 고물상·전당포 입전물품, 사회에 유통되고 있는 출처불명의 물품등	범죄정보관리시스템(CIMS)을 활용 피해통보표의 피해품(목적물), 고유번호, 품명, 재료
신원확인조회	신원불상자, 변사자 기타 신원을 알 수 없는 인물	지문규칙에 따라 십지지문 채취하여 경찰청에 조회 또는 각 경찰관서의 지문자동검색시스템 단말기(AFIS NET)를 활용한다.
수법조회 여죄조회	발생한 수법범죄 사건과 검거한 수법범죄 피의자	수사종합검색시스템과 범죄정보관리시스템을 활용, 발생사건 및 검거 피의자의 범죄수법, 신체특징, 피의자·피해자의 성명·이명으로 조회한다.
수배차량 조회	도난차량, 무적차량, 번호판 도난·분실, 범죄차량 여부	온라인조회 단말기를 활용하여 대상차량의 차종, 차량번호, 차대번호, 지역, 용도 등으로 조회
긴급사실 조회	수사상 필요한 대상인물의 신상과 행적을 알고 싶을 때에는 전화로	경찰전화로 직접 실시함을 원칙

(4) 조회처

범죄수사자료 조회는 전국 경찰관서의 각종 수사조회 시스템을 이용하고, 긴급사실조회는 관계 경찰관서간 직접 경찰전화·전신 등으로 한다(제4조).

5. 전산자료의 수사 목적 외 사용금지

수사자료표에 의한 개인범죄경력조회 누설	형의실효등에관한법률 및 동시행령
주민등록지, 주민번호 등 직무상 알게 된 개인비밀 누설	공공기관개인정보보호에관한법률
전산망에 보관된 타인의 정보 누설	전산망이용촉진과보급확장에관한법률

6. 수사종합검색시스템

(1) 의의

수법·마약·변사·조직폭력 영상시스템을 통합하고, 경찰청 주전산기(IBM HOST)·교통전산망·지문자동검색시스템(AFIS) 수용자료 등과 연계하여 다양한 수사자료를 검색할 수 있는 체계로서 과학수사센터에서 구축·운영중인 것을 말한다.

(2) 특징

① 수법범죄, 마약사범, 변사관리, 조직폭력 영상시스템을 통합하였다.

② 입력되어 있는 수법 범죄자 등에 대한 운전면허 사진이 조회된다.

③ AFIS 등 경찰의 각종 조회시스템과 연계되어 있다.

(3) 수사종합검색시스템의 활용

① 수사종합검색시스템을 활용하여 운전면허사진 열람이 가능하다.

② 범인의 얼굴을 모르고 있는 때에도 시스템 조회가 가능하다.

③ 수법범죄가 발생했을 경우 동일수법조회를 실시하여 수사에 활용할 수 있다.

※ 수사종합검색시스템에서 피해통보표를 확인하여 여죄·장물 수사가 불가능하다(피해통보표를 활용하여 여죄 및 장물수사는 범죄정보관리시스템을 활용한다)

(4) 수법조회의 활용

① 몽타주 등과 동일인상착의 사진 대조

② 성명 이명에 따른 성명조회

③ 공범관계 조회

※ 여죄파악 및 피해자 주소·성명 파악은 불가능하다(피해통보표를 대상으로 조회가 능하다).

(5) 변사자 조회

"관내에서 농아자 김00(14세)이 며칠째 집에 들어오지 않고 있으며 행방을 알 수 없다는 신고를 접하였을 때 담당 경찰관이 할 수 있는 조치"

182신고 센타에 가출인 신고 입력 → 인근 구청사회복지과 미아찾기에 신고 → 인가 및 비인가시설(고아원 등)확인 → 사고 등으로 인한 신원미상 변사자 확인(수사종합검색시스템내 변사조회)

(6) 수사종합검색시스템(CRIFISS) 활용

① CCTV 몽타쥬 등과 동일인상착의 사진대조

② 문신 등 신체적 특징을 활용하여 용의자 검색

③ 연고선, 배회처 친인척 관계 검색

※ 음성조회를 활용하여 동일 음성 주파수 대조검색은 현재 불가능하다.

7. CCTV 영상판독 SYSTEM

(1) 의의

CCTV카메라로 녹화된 비디오테잎 등을 통하여 용의자의 행동을 정밀검색, 분석하고 이를 최종사진 등으로 편집출력하여 수사에 활용하게 하는 시스템이다.

(2) 특징

① 다양한 방식으로 녹화된 CCTV 영상물 재생

② VHS비디오테잎 및 디지털파일의 고속·정밀검색

③ 디지털 입출력 및 사진·비디오테잎 출력

(3) 활용대상

① 설치관서: 경찰청 및 각 지방경찰청 과학수사계(반)

② 판독대상: 금융기관, 상가, 숙박기관, 지하주차장 등에 설치된 CCTV 시스템의 VHS 비디오녹화테잎, 디지털이미지파일

* 용의자가 흘리고 달아난 지폐의 지문검색(X → AFIS)

(4) 유의점

① 비디오 증거물 회수시 보안담당자의 협조를 받아 출납전표·근무일지 등 확인하여 시간 및 용의자 인상착의 등을 잘 기록하여 의뢰한다.

② 증거로 활용하기 위해서는 압수영장을 발부받아 압수하고, 필요시 복사본을 작성하여 두고 사건종료시까지 원본테이프는 보관한다.

③ 복사본은 원본화질의 70%에도 못미치므로 반드시 원본으로 판독의뢰 한다. → 녹화테잎 원본은 경찰서에 보관하고 복사테잎을 판독 의뢰한다.(x)

8. 판독절차

(1) CCTV 로 촬영된 녹화테이프를 회수하여 시간·장소 및 용의자 인상착의를 파악한다.

(2) 촬영된 테이프를 재생하여 용의자의 행동을 검색, 분석한다.

(3) 필요한 영상을 포착하여 사진으로 작성한다.

(4) 판독한 사진을 수사활동에 활용한다.

9. 시청각자료를 활용할 수 있는 장비

(1) CCTV 영상 판독시스템 → 비디오 영상판독

(2) 몽타쥬 작성 시스템 → 용의자 인상 작성시스템

(3) 수사종합검색시스템 → 동연 동일 유형 전과자들의 영상데이터베이스

제2편

수사각론

제1장 대인범죄수사

제1절 강력범죄 수사

1. 특징

피해사실이 뚜렷하게 나타나거나, 행사된 유형적인 여러 가지 단서가 범죄현장이나 피해객체에 남게 된다. 범인의 신원이 특정되지 아니하거나 불명확한 것이 대부분이다. 특별한 경우를 제외하고는 타 범죄자에 비하여 범인의 교육수준과 신분 등이 낮은 편이다. 강력범죄에 일반적으로 사용되어 온 전통적이고 정형적인 범행방법이 이용되고 있다.

2. 유형

(1) 경찰의 4대 강력범죄는 살인 ,강도, 강간, 방화(5大: 폭력)이며, 검찰의 강력범죄는 살인, 강도, 강간, 방화, 폭행, 상해, 협박, 공갈, 약취와 유인, 체포와 감금이 있다.

3. 강력사범 수사상 유의사항

범인이 불명하기 때문에 범인특정에 주력하며, 다각적인 수사방향을 설정하여야 한다.

4. 지능범과의 구별

	강 력 범	지 능 범
지식수준	낮다	높다
성 질	현재성(顯在性)	잠재성(潛在性)
피해회복	곤란	가능
현장성	단시간의 범죄·현장성	장시간의 범죄·음성적
현장검증	반드시 要	不要
시 대	원시성	근대성

5. 최근 강력범의 특징

최근 강력범죄는 광역화, 고속화, 교묘화, 흉포화, 연소화 되는 특징이 있다.

제2절 살인사건 수사

1. 살인죄의 유형

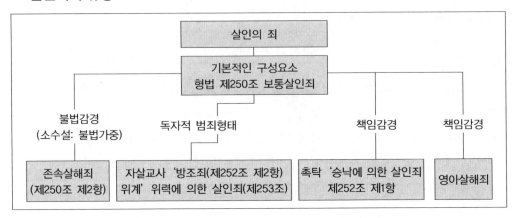

2. 살인사건의 수사 단계

초동조치 ⇒ 현장관찰 ⇒ 기초수사 ⇒ 수사방침결정 ⇒ 수사활동 ⇒ 피의자조사 ⇒ 방증자료수집 결과 재검토 ⇒ 참고인 조사

(1) 초동조치

① 신고를 받은 순찰지구대에서는 즉시 종합상황실을 경유, 본서에 신속한 보고와 현장출동

② 긴급배치가 필요한 경우 범행발생일시, 장소 범인의 인상착의, 특징, 소지품, 범인의 도주방향 등을 동시에 보고 → 사망추정시간(X), 범행동기(X)

(2) 경찰서의 조치

① 상급부서 보고 및 긴급배치를 실시한다.

② 임무분담

형사반(수사과)	(a) 각종 기자재의 휴대 − 출동	(b) 기타 범인의 체포수사활동

	(c) 현장지휘자는 현장에서 수사지휘	(d) 보고책임자 지정
관리반(재서반)	(a) 당번자, 비번자 소집	(b) 지검, 촉탁의, 검시자와의 연락
	(c) 영장신청	(d) 홍보활동

(3) 현장도착시의 조치

① 피해자 구호조치, 현장보존범위 결정, 수사자료 수집

② 도착시간을 확인하고, 생존 피해자가 있으면 구호 실시한다.

③ 피해자로부터 수사자료(범인, 원인, 피해상황, 피해자의 신원, 현장 또는 부근에 있었던 사람)를 청취하며, 녹음기를 활용하는 것이 좋다.

④ 먼저 도착한 외근간부는 출입금지구역을 설정하여 출입을 통제하고 즉시 추가 수배에 필요한 사항을 파악하여 본서로 보고하고 범죄현장부근을 수색하여 범인이 은신해 있는 경우 체포활동을 한다.

⑤ 현장에 입장한 지휘간부의 임무
- 임무분담: 담당구역 등을 명확하게 지시하는 등의 수사의 실효를 거두도록 함
- 범인의 인상: 특징 및 도주방향 등 긴급배치에 필요한 사항 수집을 우선적으로 한다.
- 관할경찰서의 임장요원 가운데 한명을 보고·연락책임자로 지정 한다.

(4) 현장관찰

① 범인의 출입관계 : 침입개소, 침입방법, 도주로 및 도주방법 등

② 사체의 관찰 및 피해자 신원확인
- 사체의 위치·자세, 창상 부위·수·상황, 사후경과시간 추정, 살해방법, 착의상황, 혈흔의 상황, 수상(受傷)당시의 자세, 사체로부터의 지문채취, 흉기의 추정
- 피해자의 신원확인자료의 유무, 저항흔적의 유무, 신체·의복의 부착물 및 부착상황, 피해자의 소지휴대품 등에 대하여도 확인

③ 동기 판단: 재물(이욕)인가 원한인가 또는 치정인가를 판단

④ 감의 수사: 지리감 또는 연고감이 있는 범인의 범행인가를 판단

⑤ 공범, 유무 판단: 범행현장 족적과 흉기의 종류 및 수 등을 통하여 공범유무를 파악

⑥ 유류품의 발견채취: 유류품의 종류, 유류의 상황확인, 유류품에서 지문의 채취

⑦ 피해자의 신원확인 및 저항흔적의 유무

⑧ 신체-의복의 부착물 및 부착상황

⑨ 피해자의 소지 휴대품 등에 대하여도 확인

⑩ 기타 현장자료 수집 : 지문, 혈액형 자료, 흔적

(5) 기초수사

피해자중심수사	① 피해자의 신원확인 및 피해자주변의 인물들과의 원한, 치정 등 범행동기를 판단하여 범인을 검거하는 수사 ② 피해자의 신원확인 방법 추정자료 (a) 피해자의 착의 제작처 등 조사 (b) 혈액검사 (c) 지문조회 (d) 사체의 부패정도가 심한 경우 슈퍼임포즈기법을 활용 (e) 가출신고자 대상수사 (f) 치아 모발 등의 감식
피해품 수사	(현장자료의 수집) 범죄현장에서 지문, 족적, 질액, 치아, 소변, 모발 등과 같은 유류물이나 흔적, 피해품 등을 수집한다.
현장중심수사	① 목맴의 사는 자살을 위장한 타살이 많으므로, 현장에 출동한 형사간부는 현장 위장여부를 각별히 신경써야 하고, 목 뒷부분에서 끈자국이 관찰되었다는 것은 목맴으로 위장된 살인으로 판단할 수 있는 근거자료이다. ② 화재로 인한 소사체의 기도에서 그을음이 발견되지 않았다면, 사망 후 증거인멸을 위한 방화로 추정할 수 있다.

(6) 수사방침의 결정

① 현장관찰 및 수집된 현장자료를 토대로 수사회의를 개최하여 수사방침을 결정한다.

② 수사요원 확보 → 임무분담 → 수사용기자재확보 → 수사진행

③ 수사방침 설정 후 실시하는 수사 활동

현장중심수사	현장주변수색, 목격자나 우범자를 상태로 한 탐문
피해자중심수사	원한관계, 치정관계, 감별수사, 가출인 실종자 수사 신원

피해품수사, 유류품 수사, 감식수사, 용의자내사 및 추적 수사 등→ 범인검거

④ 용의자 내사시 유의사항
- 先 증거수집 後 체포 조사의 수사원칙을 준수할 것
- 거짓말 탐지기 사용은 수사의 초기단계에서 실시할 것
- 자연스럽지 못하거나 모순된 점은 진실을 정확히 규명할 것
- 범행의 부정적 측면에서 검토－보안 조사할 것

(7) 수사활동

탐문수사, 현장을 중심으로 한 수사, 범인의 인상 특징에 의한 수사, 감별수사, 유류품 수사, 감식수사, 용의자 내사 및 추적수사의 과정을 거쳐 범인을 검거한다.

(8) 피의자조사

살해동기, 결의일시, 범행일시와 장소 등을 조사하고 현장검증 실시

(9) 방증자료수집 결과의 재검토

현장검증을 통하여 피의자의 진술내용의 모순점을 파악하는 등 수집자료의 재검토

(10) 참고인조사

목격자 재조사, 관련사항의 조사, 피해자유족조사

3. 살인사건 현장의 확정

제1의 현장	살인이 행하여진 곳
제2의 현장	살해현장에서 그 시체를 옮겨다가 묻거나 버린 장소 시체가 매몰되거나 산속·물속 등 외딴 곳에 유기된 경우 시체가 소각되거나, 화물로 위장하여 철도편·자동차편으로 수송된 경우 피해자 자신이 죽기 전에 살려고 다른 곳으로 피신 이동한 경우

4. 살인범의 검거단서 수집

직접적인 물적단서	지문, 현장유류품, 족적, 혈흔, 공구흔 등의 흔적, 장물
간접적인 물적단서	법의학적 감정결과 등 과학기술방법에 의한 판단결과
인적·무형적 단서	수사관의 수사경험을 통한 판단이나 상상과 이를 토대로 한 직무질문, 전과자·불량배에 대한 착안
수동적 단서	피해신고, 밀고, 자수

5. 살인 동기 파악

살인 사건은 주로 재물, 원한, 치정 관계에 의해 발생한다.

6. 살인사건 범인 검거 후 수사사항

(1) 피의자 조사사항

1. 범행일시 및 장소	2. 살해동기와 목적	3. 예비행위
4. 범행상황	5. 범의 확정	6. 피해자와의 관계
7. 범행후의 상황	8. 공범관계	9. 정신상태

(2) 방증자료 재검토

① 피의자의 진술내용과 피해정황 등

- 반드시 형사간부가 직접 현장에 입장하여 검증을 실시한다.

- 피의자에게 범죄당시의 상황을 있는 그대로 재현하게 한다.
- 사전에 범행상황 등을 면밀히 조사하고, 부검결과를 소지 한다.

② 흉기, 독약기타 범행에 사용한 물건의 입수처를 확인한다.

③ 피해자와의 관계 범행의 동기 등을 뒷받침할 수 있는 자료를 조사한다.

④ 흉기 기타 범행에 사용된 물건을 버린 곳을 수색하여 이를 발견 압수하고 장물처분 의 경위를 조사한다.

⑤ 피의자의 진술내용을 비교하여 의문점이 있으면 다시 추궁 한다.

⑥ 현장부재증명을 제시할 경우 = 그 진위를 조사하고 단정하게 된 자료를 다시 검 토한다.

(3) 참고인 조사
① 목격자 재조사
② 관련사항 조사
③ 피의자유족조사

제3절 강도사건 수사

1. 강도사건의 유형

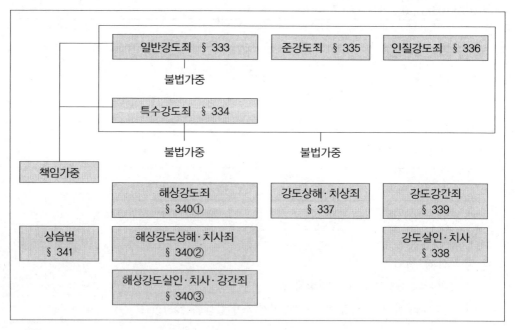

2. 강도죄의 특성

강도범죄는 수법범죄에 해당하기 때문에 피해자로부터 범인의 인상착의 · 범행방법 등을 어느 정도 알 수 있다.

3. 수사요령

(1) 주의

강도죄는 초동수사 철저 및 긴급배치가 중요한데 때에 따라 피해자가 범인의 특징과 범행방법을 알고 있는 경우도 있다.

(2) 장물수사

장물은 재물범죄수사의 가장 중요한 단서로서 장물유입경로의 추적은 범인특정과 체포의 지름길이 되기 때문에 피해품이 확인되면 장물수배(조회 X)를 실시하여야 한다.

(3) 수법수사

① 강도는 수법범죄이므로 상습성의 유무를 수사하여야 한다.
② 상습성 유무의 판단자료로는 시간적 관계, 장소적 관계, 침입수단과 방법, 폭행수단과 방법, 물색상황, 목적물 관계, 기타 습벽으로 파악할 수 있다.
③ 상습성이 있다고 판단되면 수사종합검색시스템을 활용하여 수사한다.

4. 총기휴대 차량 이용 강도 · 택시강도

(1) 차량을 이용하여 도주하는 경우 경찰력만으로는 발견에 한계가 있으므로 평소 관할모범운전자 등의 시민단체와 협조체제 유지가 중요하다.
(2) 원활한 교통소통보다는 포위경계태세를 유지하여야 한다.
(3) 강도범이나 탈영병이 휴대한 총기, 실탄, 도주방향 등을 감안하여 광역배치를 하여야 한다.
(4) 총기로 무장한 범인검거에는 넓은 지역에 소수의 인원을 배치하는 것보다는 중요한 도주예상 길목에 최소한 2명 이상의 무장경찰관을 배치하는 것이 경찰관의 피해가 적고 검거에도 효과적이다.
(5) 승차지 주차지점, 범행지점 차량발견지점이 포함된 공조수사체제가 구축되어야 한다.
(6) 고속도로상 긴급배치는 요령을 별도로 정하여 운용하는 것이 효과적이다.
(7) 자동차이용범죄의 범행지점은 다른 범죄보다 현장보존의 실효성이 없다는 특징이 있다.

(8) 강취당한 택시를 발견한 경찰서에는 즉시 해당서에 통보하고 현장을 보존하면서 범인이 다시 차량에 접근할 경우 검거할 수 있도록 대비하여야 하며, 즉시 감식한 다거나 피해자에게 환부하는 일이 없도록 주의한다.

제4절 화재 사건 수사

1. 의의

방화와 실화의 죄는 고의로 불을 놓거나 과실로 화재를 일으켜 사람의 주거에 사용하거나 사람이 현존하는 건조물·공용건조물·일반건조물 또는 일반 물건을 불태워 버리거나 이로 인해 공공의 위험을 발생케 하는 범죄를 의미한다.

2. 방화사건 관련법규

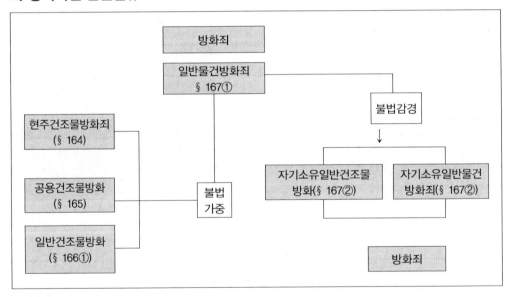

3. 방화사건의 수사

(1) 수사긴급배치된 경우 중점검문대상

① 입고 있는 옷과 몸에서 연기냄새가 나는 사람
② 장갑 등을 끼고 행동하는 사람
③ 현장주변에 모여 서성이는 사람

(2) 방화수사의 초동수사

① 사건의 접수처리(인지)

지구대	(a) 순찰지구대는 종합상황실을 경유하여, 본서에 보고한다.
	(b) 긴급배치에 필요한 사항(방화사건)
	(c) 현장급행(상근자와 연락, 장비휴대, 신고인과 동행하여 임장, 도중 수상한 자의 발견노력)
본서	(a) 간부의 판단으로 긴급배치의 여부, 배치범위 등의 조치를 취하며, 종합상황실을 경유하여 지방청 각과에 즉시 보고 한다.
	(b) 임무분담

수사반	각종 기자재 휴대 + 현장조사, 현장지휘자, 보고연락책임자
관리반	당번자 – 비번자소집, 분야별로 상부보고 필요한 수배실시

② 현장활동시 조사사항

현장관찰에서 현장 및 주변의 자료수집, 화원가옥의 확정, 발화점과 출화점의 확인, 화재원인의 판단, 발화와 출화시간의 추정, 공공위험도의 조사, 소화상황의 조사, 사상자 유무의 조사, 화재시 기후상태를 조사한다.

(3) 발화원인의 조사

방화	• 화재가 발생한 집의 거주자 등이 불을 피하여 대피하였을 때 그들의 복장, 언장에 부자연스러움이 있는 경우
	• 화재가 발생한 집의 거주자 및 인근의 불에 탄 가옥이 과대한 화재보험에 가입되어 있는 경우
	• 발화부 부근에 유류가 발견되거나 물질의 이동 또는 외부로부터의 반입물이 있는 경우
	• 화재가 발생한 집의 거주자에 대해 치정, 원한 등 방화동기를 가진 자가 있는 경우
	• 불을 피할 수 있는 출입구 – 창 등이 개방되어 있거나 부자연스러운 경우
	• 발화부 부근에 유류가 발견되거나 물질의 이동
실화	• 불이 발생한 장소에 자연발화물이 존재할 경우나 발화상태에 있었을 경우
	• 불이 발생한 가옥내의 귀중품 등이 평소 상태대로 소실된 경우
	• 평소부터 화기를 취급하는 장소에서 불이 발생한 경우
	• 발화부에 부자연성이 없는 경우

(4) 화재현장 관찰요령

① 화재 현장 검증은 방화사건 용의자를 상대로 범행당시를 재현하기 위해 실시한다.(X)

② 외부에서 내부로, 전체에서 부분으로, 좌(우)에서 우(좌)로, 아래에서 위 순서로 실시한다.

③ 발화원인물의 조사

현장부근의 관찰	광범위하게 행할 필요가 있다.
소실가옥의 관찰	약소부에서 강소부로 관찰점을 이동한다.
화원가옥의 인정	거주자 및 최초발견자의 진술과 현장의 연소상황으로 판단한다.
발화부·출화부인정	연소의 상승성, 도괴상황, 탄화심도, 균열흔, 훈소흔, 용융흔
출화원인의 인정	방화원인, 실화의 의심, 자연발화의 의심, 전기에 의한 발화

④ 사례별 방화사건 수사

방화자체가 목적	방법이 단순한 특징
보험금이나 죄증 인멸 목적	방법이 교묘
범죄은폐 목적	증거를 숨기거나 말살하기 위해 우연히 일어난 것 같이 꾸며진다.

* 배선의 경우 인입선까지는 전기회사의 책임이고, 옥내배선은 건물주의 책임이다.

(5) 화인조사(실황조사)의 착수

예비조사 → 현장조사 → 화원가옥 인정 → 발화부·출화부 인정 → 발화부 관찰 → 발화원인물 조사

예비조사	화재발생시간, 발견상황과 발생원인, 건물의 구조·용도·사용자, 전기관계 등 제설비관계, 기상관계, 피해상황, 이재관계자의 보험과 부채관계, 소방작전 상황, 기타 자료수집과 사진촬영	
현장조사	부근의 관찰	① 관찰장소는 소훼장소외 주위건물까지 포함 ② 소훼상황은 약소부에서 강소부방향으로 관찰
	소실가옥 관찰	① 연소에 의한 멸실물, 이동물, 변형물에 주의 ② 물리적 조건에 의한 낙하전도물 조심 ③ 화재발생가옥의 연소된 주변가옥까지 전체에 대하여 검증
화원가옥 인정	① 화원부: 화재의 현장에서 발화부를 포함하는 좀 넓은 영역을 나타내는 화재의 기점 ② 화원부의 천장이나 지붕은 다른 가실에 비해 소실도가 높음 ③ 화원가실이 1층이면 연소의 상승성으로 인해 다른 가실은 2층이 먼저 연소된다. ④ 화원가실은 저변부에 이르기까지 비교적 소훼가 심하다.	
발화부·출화부의 인정	① 발화부는 불을 낸 장소 즉, 화재의 기점이 된 부위를 말하며, 출화부는 불이 타오른 장소를 의미한다.	

(6) 자연발화가능성 발화부, 출화부를 확인하는 자료

연소의 상승성	• 화염은 일반적으로 수직가연물을 따라 상승하며, 역삼각형으로 연소한다. • 발화부는 출화부의 아래쪽에 있는 경우가 많음

도괴상황	발화건물의 기둥, 벽, 가구류는 발화부를 향하여 사방으로부터 도괴(倒壞)
탄화심도	기둥, 보 등의 목재표면이 거북등 모양으로 탄화된 깊이를 말한다. 발화부에 가까울수록 탄화정도가 깊음
균열흔	목재표면의 균열흔은 발화부에 가까울수록 가늘어지는 경향이 있음
훈소흔	장시간에 걸쳐 무염연소한 흔적
용융(熔融)흔	유리, 거울, 알루미늄 샷시 등은 화재초기의 화열로도 쉽게 탈락 또는 용융
연소색	목재의 연소후 색깔은 연소된 목재가 검은색에 가까울수록 발화부에서 먼 곳이다.
기타	박탈흔, 변색흔, 주연흔, 주염흔 등이 있다(마찰흔은 없다).

(7) 자연발화가능성

염산칼륨 + 목탄가루	발화
무수크롬산 + 신나	즉시 발화
아마인유	봄·여름의 흐린날, 특히 야간에 발화
복사용 카본지를 휴지통에 넣고 밟으면	자연발화(습기 첨부시 위험)
가솔린·벤젠·신나 + 정전기	발화

(8) 피해액의 산정 기준

건물	한국감정원에서 최근 공시된 건물신축단가표에 의한 피해 당시의 재건축비를 기준
선박, 항공기, 차량	피해 당시의 구입가격을 기준
골동품, 귀금속	사회통념상 평가하는 가격
제품 및 반제품	원료 또는 재료의 가격에 공임을 가산한 원가
원료 및 재료	매입한 것은 피해당시의 구입가격, 자가제조한 것은 제조 원가
임야의 입목	소실 전의 입목가격에서 소실한 입목의 잔존가격을 뺀 가격
그 외 물건	피해당시의 시가

제5절 성폭력범사건 수사

1. 성폭력범죄의 특성

(1) 일반적 특성
기일이 경과한 후에 신고 되는 경우가 많아, 입증 및 증거수집 곤란한 점이 있다.

(2) 피해자의 특성
낮은 신고율과 증거제출에 소극적인 특징이 있다.

(3) 가해자의 특성
물증이 없을 때는 부인으로 일관하며, 피해자가 가해자에게 먼저 항의 후 고소하는 경우가 많아 가해자가 조사전에 미리 답변을 준비, 증거인멸 등의 시간적 여유를 가짐으로써 조사상 어려움이 있다.

(4) 입증상의 특징
피의자의 자백이나 정황증거에 의존하는 경우 많다.

2. 관련 법률의 검토

(1) 성폭력범죄의 처벌 등에 관한 특례법

제1장 총칙

제1조(목적)
이 법은 성폭력범죄의 처벌 및 그 절차에 관한 특례를 규정함으로써 성폭력범죄 피해자의 생명과 신체의 안전을 보장하고 건강한 사회질서의 확립에 이바지함을 목적으로 한다.

제2조(정의)
① 이 법에서 "성폭력범죄"란 다음 각 호의 어느 하나에 해당하는 죄를 말한다.
 1. 「형법」 제2편제22장 성풍속에 관한 죄 중 제242조(음행매개), 제243조(음화반포등), 제244조(음화제조등) 및 제245조(공연음란)의 죄
 2. 「형법」 제2편제31장 약취(略取), 유인(誘引) 및 인신매매의 죄 중 추행, 간음 또는 성매매와 성적 착취를 목적으로 범한 제288조 또는 추행, 간음 또는 성매매와 성적 착취를 목적으로 범한 제289조, 제290조(추행, 간음 또는 성매매와 성적 착취를 목적으로 제288조 또는 추행, 간음 또는 성매매와 성적 착취를 목적으로 제289조의 죄를 범하여 약취, 유인, 매매된 사람을 상해하거나 상해에 이르게 한 경우에 한정한다), 제291조(추행, 간음 또는 성매매와 성적 착취를 목적으로 제288조 또는 추행, 간음 또는 성매매와 성적 착취를 목적으로 제289조의 죄를 범하여 약취, 유인, 매매된 사람을 살해하거나 사망에 이르게 한 경우에 한정한다), 제292조[추행, 간음 또는 성매매와 성적 착취를 목적으로 한 제288조 또는 추행, 간음 또는 성매매와 성적 착취를 목적으로 한 제289조의 죄로 약취, 유인, 매매된 사람을 수수(授受) 또는 은닉한 죄, 추행, 간음 또는 성매매와 성적 착취를

목적으로 한 제288조 또는 추행, 간음 또는 성매매와 성적 착취를 목적으로 한 제289조의 죄를 범할 목적으로 사람을 모집, 운송, 전달한 경우에 한정한다] 및 제294조(추행, 간음 또는 성매매와 성적 착취를 목적으로 범한 제288조의 미수범 또는 추행, 간음 또는 성매매와 성적 착취를 목적으로 범한 제289조의 미수범, 추행, 간음 또는 성매매와 성적 착취를 목적으로 제288조 또는 추행, 간음 또는 성매매와 성적 착취를 목적으로 제289조의 죄를 범하여 발생한 제290조제1항의 미수범 또는 추행, 간음 또는 성매매와 성적 착취를 목적으로 제288조 또는 추행, 간음 또는 성매매와 성적 착취를 목적으로 제289조의 죄를 범하여 발생한 제291조제1항의 미수범 및 제292조제1항의 미수범 중 추행, 간음 또는 성매매와 성적 착취를 목적으로 약취, 유인, 매매된 사람을 수수, 은닉한 죄의 미수범으로 한정한다)의 죄

3. 「형법」제2편제32장 강간과 추행의 죄 중 제297조(강간), 제297조의2(유사강간), 제298조(강제추행), 제299조(준강간, 준강제추행), 제300조(미수범), 제301조(강간등 상해·치상), 제301조의2(강간등 살인·치사), 제302조(미성년자등에 대한 간음), 제303조(업무상위력등에 의한 간음) 및 제305조(미성년자에 대한 간음, 추행)의 죄

4. 「형법」제339조(강도강간)의 죄

5. 이 법 제3조(특수강도강간 등)부터 제15조(미수범)까지의 죄

② 제1항 각 호의 범죄로서 다른 법률에 따라 가중처벌되는 죄는 성폭력범죄로 본다.

제2장 성폭력범죄의 처벌 및 절차에 관한 특례

제3조(특수강도강간 등)

① 「형법」제319조제1항(주거침입), 제330조(야간주거침입절도), 제331조(특수절도) 또는 제342조(미수범. 다만, 제330조 및 제331조의 미수범으로 한정한다)의 죄를 범한 사람이 같은 법 제297조(강간), 제297조의2(유사강간), 제298조(강제추행) 및 제299조(준강간, 준강제추행)의 죄를 범한 경우에는 무기징역 또는 5년 이상의 징역에 처한다.

② 「형법」제334조(특수강도) 또는 제342조(미수범. 다만, 제334조의 미수범으로 한정한다)의 죄를 범한 사람이 같은 법 제297조(강간), 제297조의2(유사강간), 제298조(강제추행) 및 제299조(준강간, 준강제추행)의 죄를 범한 경우에는 사형, 무기징역 또는 10년 이상의 징역에 처한다.

제4조(특수강간 등)

① 흉기나 그 밖의 위험한 물건을 지닌 채 또는 2명 이상이 합동하여 「형법」제297조(강간)의 죄를 범한 사람은 무기징역 또는 5년 이상의 징역에 처한다.

제5조(친족관계에 의한 강간 등)

① 친족관계인 사람이 폭행 또는 협박으로 사람을 강간한 경우에는 7년 이상의 유기징역에 처한다.

② 친족관계인 사람이 폭행 또는 협박으로 사람을 강제추행한 경우에는 5년 이상의 유기징역에 처한다.

③ 친족관계인 사람이 사람에 대하여 「형법」제299조(준강간, 준강제추행)의 죄를 범한 경우에는 제1항 또는 제2항의 예에 따라 처벌한다.

④ 제1항부터 제3항까지의 친족의 범위는 4촌 이내의 혈족·인척과 동거하는 친족으로 한다.

⑤ 제1항부터 제3항까지의 친족은 사실상의 관계에 의한 친족을 포함한다.

제6조(장애인에 대한 강간·강제추행 등)

① 신체적인 또는 정신적인 장애가 있는 사람에 대하여 「형법」제297조(강간)의 죄를 범한 사람은 무기징역 또는 7년 이상의 징역에 처한다.

② 신체적인 또는 정신적인 장애가 있는 사람에 대하여 폭행이나 협박으로 다음 각 호의 어느 하나에 해당하는 행위를 한 사람은 5년 이상의 유기징역에 처한다.

1. 구강·항문 등 신체(성기는 제외한다)의 내부에 성기를 넣는 행위

2. 성기·항문에 손가락 등 신체(성기는 제외한다)의 일부나 도구를 넣는 행위
③ 신체적인 또는 정신적인 장애가 있는 사람에 대하여 「형법」 제298조(강제추행)의 죄를 범한 사람은 3년 이상의 유기징역 또는 2천만원 이상 5천만원 이하의 벌금에 처한다.
④ 신체적인 또는 정신적인 장애로 항거불능 또는 항거곤란 상태에 있음을 이용하여 사람을 간음하거나 추행한 사람은 제1항부터 제3항까지의 예에 따라 처벌한다.
⑤ 위계(僞計) 또는 위력(威力)으로써 신체적인 또는 정신적인 장애가 있는 사람을 간음한 사람은 5년 이상의 유기징역에 처한다.
⑥ 위계 또는 위력으로써 신체적인 또는 정신적인 장애가 있는 사람을 추행한 사람은 1년 이상의 유기징역 또는 1천만원 이상 3천만원 이하의 벌금에 처한다.
⑦ 장애인의 보호, 교육 등을 목적으로 하는 시설의 장 또는 종사자가 보호, 감독의 대상인 장애인에 대하여 제1항부터 제6항까지의 죄를 범한 경우에는 그 죄에 정한 형의 2분의 1까지 가중한다.

제7조(13세 미만의 미성년자에 대한 강간, 강제추행 등)
① 13세 미만의 사람에 대하여 「형법」 제297조(강간)의 죄를 범한 사람은 무기징역 또는 10년 이상의 징역에 처한다.
② 13세 미만의 사람에 대하여 폭행이나 협박으로 다음 각 호의 어느 하나에 해당하는 행위를 한 사람은 7년 이상의 유기징역에 처한다.
 1. 구강·항문 등 신체(성기는 제외한다)의 내부에 성기를 넣는 행위
 2. 성기·항문에 손가락 등 신체(성기는 제외한다)의 일부나 도구를 넣는 행위

제9조(강간 등 살인·치사)
① 제3조부터 제7조까지, 제15조(제3조부터 제7조까지의 미수범으로 한정한다)의 죄 또는 「형법」 제297조(강간), 제297조의2(유사강간) 및 제298조(강제추행)부터 제300조(미수범)까지의 죄를 범한 사람이 다른 사람을 살해한 때에는 사형 또는 무기징역에 처한다.

제10조(업무상 위력 등에 의한 추행)
① 업무, 고용이나 그 밖의 관계로 인하여 자기의 보호, 감독을 받는 사람에 대하여 위계 또는 위력으로 추행한 사람은 2년 이하의 징역 또는 500만원 이하의 벌금에 처한다.
② 법률에 따라 구금된 사람을 감호하는 사람이 그 사람을 추행한 때에는 3년 이하의 징역 또는 1천500만원 이하의 벌금에 처한다.

제11조(공중 밀집 장소에서의 추행)
대중교통수단, 공연·집회 장소, 그 밖에 공중(公衆)이 밀집하는 장소에서 사람을 추행한 사람은 1년 이하의 징역 또는 300만원 이하의 벌금에 처한다.

제12조(성적 목적을 위한 공공장소 침입행위)
자기의 성적 욕망을 만족시킬 목적으로 「공중화장실 등에 관한 법률」 제2조제1호부터 제5호까지에 따른 공중화장실 등 및 「공중위생관리법」 제2조제1항제3호에 따른 목욕장업의 목욕장 등 대통령령으로 정하는 공공장소에 침입하거나 같은 장소에서 퇴거의 요구를 받고 응하지 아니하는 사람은 1년 이하의 징역 또는 300만원 이하의 벌금에 처한다.

제13조(통신매체를 이용한 음란행위)
자기 또는 다른 사람의 성적 욕망을 유발하거나 만족시킬 목적으로 전화, 우편, 컴퓨터, 그 밖의 통신매체를 통하여 성적 수치심이나 혐오감을 일으키는 말, 음향, 글, 그림, 영상 또는 물건을 상대방에게 도달하게 한 사람은 2년 이하의 징역 또는 500만원 이하의 벌금에 처한다.

제14조(카메라 등을 이용한 촬영)

① 카메라나 그 밖에 이와 유사한 기능을 갖춘 기계장치를 이용하여 성적 욕망 또는 수치심을 유발할 수 있는 다른 사람의 신체를 그 의사에 반하여 촬영하거나 그 촬영물을 반포·판매·임대·제공 또는 공공연하게 전시·상영한 자는 5년 이하의 징역 또는 1천만원 이하의 벌금에 처한다.

② 제1항의 촬영이 촬영 당시에는 촬영대상자의 의사에 반하지 아니하는 경우에도 사후에 그 의사에 반하여 촬영물을 반포·판매·임대·제공 또는 공공연하게 전시·상영한 자는 3년 이하의 징역 또는 500만원 이하의 벌금에 처한다.

③ 영리를 목적으로 제1항의 촬영물을 「정보통신망 이용촉진 및 정보보호 등에 관한 법률」 제2조제1항제1호의 정보통신망(이하 "정보통신망"이라 한다)을 이용하여 유포한 자는 7년 이하의 징역 또는 3천만원 이하의 벌금에 처한다.

제15조(미수범) 제3조부터 제9조까지 및 제14조의 미수범은 처벌한다.

제16조(형벌과 수강명령 등의 병과)

① 법원이 성폭력범죄를 범한 사람에 대하여 형의 선고를 유예하는 경우에는 1년 동안 보호관찰을 받을 것을 명할 수 있다. 다만, 성폭력범죄를 범한 「소년법」 제2조에 따른 소년에 대하여 형의 선고를 유예하는 경우에는 반드시 보호관찰을 명하여야 한다.

② 법원이 성폭력범죄를 범한 사람에 대하여 유죄판결(선고유예는 제외한다)을 선고하는 경우에는 500시간의 범위에서 재범예방에 필요한 수강명령 또는 성폭력 치료프로그램의 이수명령(이하 "이수명령"이라 한다)을 병과하여야 한다. 다만, 수강명령 또는 이수명령을 부과할 수 없는 특별한 사정이 있는 경우에는 그러하지 아니하다.

③ 성폭력범죄를 범한 자에 대하여 제2항의 수강명령은 형의 집행을 유예할 경우에 그 집행유예기간 내에서 병과하고, 이수명령은 벌금 이상의 형을 선고할 경우에 병과한다. 다만, 이수명령은 성폭력범죄자가 「특정 범죄자에 대한 보호관찰 및 전자장치 부착 등에 관한 법률」 제9조의2제1항제4호에 따른 이수명령을 부과받은 경우에는 병과하지 아니한다.

④ 법원이 성폭력범죄를 범한 사람에 대하여 형의 집행을 유예하는 경우에는 제2항에 따른 수강명령 외에 그 집행유예기간 내에서 보호관찰 또는 사회봉사 중 하나 이상의 처분을 병과할 수 있다.

⑤ 제2항에 따른 수강명령 또는 이수명령은 형의 집행을 유예할 경우에는 그 집행유예기간 내에, 벌금형을 선고할 경우에는 형 확정일부터 6개월 이내에, 징역형 이상의 실형(實刑)을 선고할 경우에는 형기 내에 각각 집행한다. 다만, 수강명령 또는 이수명령은 성폭력범죄를 범한 사람이 「아동·청소년의 성보호에 관한 법률」 제21조에 따른 수강명령 또는 이수명령을 부과받은 경우에는 병과하지 아니한다.

⑥ 제2항에 따른 수강명령 또는 이수명령이 벌금형 또는 형의 집행유예와 병과된 경우에는 보호관찰소의 장이 집행하고, 징역형 이상의 실형과 병과된 경우에는 교정시설의 장이 집행한다. 다만, 징역형 이상의 실형과 병과된 이수명령을 모두 이행하기 전에 석방 또는 가석방되거나 미결구금일수 산입 등의 사유로 형을 집행할 수 없게 된 경우에는 보호관찰소의 장이 남은 이수명령을 집행한다.

⑦ 제2항에 따른 수강명령 또는 이수명령은 다음 각 호의 내용으로 한다.

1. 일탈적 이상행동의 진단·상담

2. 성에 대한 건전한 이해를 위한 교육

3. 그 밖에 성폭력범죄를 범한 사람의 재범예방을 위하여 필요한 사항

⑧ 성폭력범죄를 범한 사람으로서 형의 집행 중에 가석방된 사람은 가석방기간 동안 보호관찰을 받는다. 다만, 가석방을 허가한 행정관청이 보호관찰을 할 필요가 없다고 인정한 경우에는 그러하지 아니하다.

⑨ 보호관찰, 사회봉사, 수강명령 및 이수명령에 관하여 이 법에서 규정한 사항 외의 사항에 대하여는 「보호관찰 등에 관한 법률」을 준용한다.

제17조(판결 전 조사)

① 법원은 성폭력범죄를 범한 피고인에 대하여 제16조에 따른 보호관찰, 사회봉사, 수강명령 또는 이수명령을 부과하기 위하여 필요하다고 인정하면 그 법원의 소재지 또는 피고인의 주거지를 관할하는 보호관찰소의 장에게 피고인의 신체적·심리적 특성 및 상태, 정신성적 발달과정, 성장배경, 가정환경, 직업, 생활환경, 교우관계, 범행동기, 병력(病歷), 피해자와의 관계, 재범위험성 등 피고인에 관한 사항의 조사를 요구할 수 있다.

② 제1항의 요구를 받은 보호관찰소의 장은 지체 없이 이를 조사하여 서면으로 해당 법원에 알려야 한다. 이 경우 필요하다고 인정하면 피고인이나 그 밖의 관계인을 소환하여 심문하거나 소속 보호관찰관에게 필요한 사항을 조사하게 할 수 있다.

③ 법원은 제1항의 요구를 받은 보호관찰소의 장에게 조사진행상황에 관한 보고를 요구할 수 있다

제18조(고소 제한에 대한 예외)

성폭력범죄에 대하여는 「형사소송법」 제224조(고소의 제한) 및 「군사법원법」 제266조에도 불구하고 자기 또는 배우자의 직계존속을 고소할 수 있다.

제20조(「형법」상 감경규정에 관한 특례)

음주 또는 약물로 인한 심신장애 상태에서 성폭력범죄(제2조제1항제1호의 죄는 제외한다)를 범한 때에는 「형법」 제10조제1항·제2항 및 제11조를 적용하지 아니할 수 있다.

제21조(공소시효에 관한 특례)

① 미성년자에 대한 성폭력범죄의 공소시효는 「형사소송법」 제252조제1항 및 「군사법원법」 제294조제1항에도 불구하고 해당 성폭력범죄로 피해를 당한 미성년자가 성년에 달한 날부터 진행한다.

② 제2조제3호 및 제4호의 죄와 제3조부터 제9조까지의 죄는 디엔에이(DNA)증거 등 그 죄를 증명할 수 있는 과학적인 증거가 있는 때에는 공소시효가 10년 연장된다.

③ 13세 미만의 사람 및 신체적인 또는 정신적인 장애가 있는 사람에 대하여 다음 각 호의 죄를 범한 경우에는 제1항과 제2항에도 불구하고 「형사소송법」 제249조부터 제253조까지 및 「군사법원법」 제291조부터 제295조까지에 규정된 공소시효를 적용하지 아니한다.
 1. 「형법」 제297조(강간), 제298조(강제추행), 제299조(준강간, 준강제추행), 제301조(강간등 상해·치상) 또는 제301조의2(강간등 살인·치사)의 죄
 2. 제6조제2항, 제7조제2항, 제8조, 제9조의 죄
 3. 「아동·청소년의 성보호에 관한 법률」 제9조 또는 제10조의 죄

④ 다음 각 호의 죄를 범한 경우에는 제1항과 제2항에도 불구하고 「형사소송법」 제249조부터 제253조까지 및 「군사법원법」 제291조부터 제295조까지에 규정된 공소시효를 적용하지 아니한다.
 1. 「형법」 제301조의2(강간등 살인·치사)의 죄(강간등 살인에 한정한다)
 2. 제9조제1항의 죄
 3. 「아동·청소년의 성보호에 관한 법률」 제10조제1항의 죄
 4. 「군형법」 제92조의8의 죄(강간 등 살인에 한정한다)

제22조(「특정강력범죄의 처벌에 관한 특례법」의 준용)

성폭력범죄에 대한 처벌절차에는 「특정강력범죄의 처벌에 관한 특례법」 제7조(증인에 대한 신변안전조치), 제8조(출판물 게재 등으로부터의 피해자 보호), 제9조(소송 진행의 협의), 제12조(간이공판절차의 결정) 및 제13조(판결선고)를 준용한다.

제23조(피해자, 신고인 등에 대한 보호조치) 법원 또는 수사기관이 성폭력범죄의 피해자, 성폭력범죄를 신고(고소·고발을 포함한다)한 사람을 증인으로 신문하거나 조사하는 경우에는 「특정범죄신

고자 등 보호법」 제5조 및 제7조부터 제13조까지의 규정을 준용한다. 이 경우 「특정범죄신고자 등 보호법」 제9조와 제13조를 제외하고는 보복을 당할 우려가 있음을 요하지 아니한다.

제24조(피해자의 신원과 사생활 비밀 누설 금지)
① 성폭력범죄의 수사 또는 재판을 담당하거나 이에 관여하는 공무원 또는 그 직에 있었던 사람은 피해자의 주소, 성명, 나이, 직업, 학교, 용모, 그 밖에 피해자를 특정하여 파악할 수 있게 하는 인적사항과 사진 등 또는 그 피해자의 사생활에 관한 비밀을 공개하거나 다른 사람에게 누설하여서는 아니 된다.
② 누구든지 제1항에 따른 피해자의 주소, 성명, 나이, 직업, 학교, 용모, 그 밖에 피해자를 특정하여 파악할 수 있는 인적사항이나 사진 등을 피해자의 동의를 받지 아니하고 신문 등 인쇄물에 싣거나 「방송법」 제2조제1호에 따른 방송 또는 정보통신망을 통하여 공개하여서는 아니 된다.

제25조(피의자의 얼굴 등 공개)
① 검사와 사법경찰관은 성폭력범죄의 피의자가 죄를 범하였다고 믿을 만한 충분한 증거가 있고, 국민의 알권리 보장, 피의자의 재범 방지 및 범죄예방 등 오로지 공공의 이익을 위하여 필요할 때에는 얼굴, 성명 및 나이 등 피의자의 신상에 관한 정보를 공개할 수 있다. 다만, 피의자가 「청소년 보호법」 제2조제1호의 청소년에 해당하는 경우에는 공개하지 아니한다.
② 제1항에 따라 공개를 할 때에는 피의자의 인권을 고려하여 신중하게 결정하고 이를 남용하여서는 아니 된다.

제26조(성폭력범죄의 피해자에 대한 전담조사제)
① 검찰총장은 각 지방검찰청 검사장으로 하여금 성폭력범죄 전담 검사를 지정하도록 하여 특별한 사정이 없으면 이들로 하여금 피해자를 조사하게 하여야 한다.
② 경찰청장은 각 경찰서장으로 하여금 성폭력범죄 전담 사법경찰관을 지정하도록 하여 특별한 사정이 없으면 이들로 하여금 피해자를 조사하게 하여야 한다.
③ 국가는 제1항의 검사 및 제2항의 사법경찰관에게 성폭력범죄의 수사에 필요한 전문지식과 피해자 보호를 위한 수사방법 및 수사절차 등에 관한 교육을 실시하여야 한다.

제27조(성폭력범죄 피해자에 대한 변호사 선임의 특례)
① 성폭력범죄의 피해자 및 그 법정대리인(이하 "피해자등"이라 한다)은 형사절차상 입을 수 있는 피해를 방어하고 법률적 조력을 보장하기 위하여 변호사를 선임할 수 있다.
② 제1항에 따른 변호사는 검사 또는 사법경찰관의 피해자등에 대한 조사에 참여하여 의견을 진술할 수 있다. 다만, 조사 도중에는 검사 또는 사법경찰관의 승인을 받아 의견을 진술할 수 있다.
③ 제1항에 따른 변호사는 피의자에 대한 구속 전 피의자심문, 증거보전절차, 공판준비기일 및 공판절차에 출석하여 의견을 진술할 수 있다. 이 경우 필요한 절차에 관한 구체적 사항은 대법원규칙으로 정한다.
④ 제1항에 따른 변호사는 증거보전 후 관계 서류나 증거물, 소송계속 중의 관계 서류나 증거물을 열람하거나 등사할 수 있다.
⑤ 제1항에 따른 변호사는 형사절차에서 피해자등의 대리가 허용될 수 있는 모든 소송행위에 대한 포괄적인 대리권을 가진다.
⑥ 검사는 피해자에게 변호사가 없는 경우 국선변호사를 선정하여 형사절차에서 피해자의 권익을 보호할 수 있다.

제28조(성폭력범죄에 대한 전담재판부)
지방법원장 또는 고등법원장은 특별한 사정이 없으면 성폭력범죄 전담재판부를 지정하여 성폭력범죄에 대하여 재판하게 하여야 한다.

제29조(수사 및 재판절차에서의 배려)
① 수사기관과 법원 및 소송관계인은 성폭력범죄를 당한 피해자의 나이, 심리 상태 또는 후유장애의
유무 등을 신중하게 고려하여 조사 및 심리 · 재판 과정에서 피해자의 인격이나 명예가 손상되거나
사적인 비밀이 침해되지 아니하도록 주의하여야 한다.
② 수사기관과 법원은 성폭력범죄의 피해자를 조사하거나 심리 · 재판할 때 피해자가 편안한 상태에
서 진술할 수 있는 환경을 조성하여야 하며, 조사 및 심리 · 재판 횟수는 필요한 범위에서 최소한으
로 하여야 한다.

제30조(영상물의 촬영 · 보존 등)
① 성폭력범죄의 피해자가 19세 미만이거나 신체적인 또는 정신적인 장애로 사물을 변별하거나 의사
를 결정할 능력이 미약한 경우에는 피해자의 진술 내용과 조사 과정을 비디오녹화기 등 영상물 녹화
장치로 촬영 · 보존하여야 한다.
② 제1항에 따른 영상물 녹화는 피해자 또는 법정대리인이 이를 원하지 아니하는 의사를 표시한 경
우에는 촬영을 하여서는 아니 된다. 다만, 가해자가 친권자 중 일방인 경우는 그러하지 아니하다.
③ 제1항에 따른 영상물 녹화는 조사의 개시부터 종료까지의 전 과정 및 객관적 정황을 녹화하여야
하고, 녹화가 완료된 때에는 지체 없이 그 원본을 피해자 또는 변호사 앞에서 봉인하고 피해자로 하
여금 기명날인 또는 서명하게 하여야 한다.
④ 검사 또는 사법경찰관은 피해자가 제1항의 녹화장소에 도착한 시각, 녹화를 시작하고 마친 시각,
그 밖에 녹화과정의 진행경과를 확인하기 위하여 필요한 사항을 조서 또는 별도의 서면에 기록한 후
수사기록에 편철하여야 한다.
⑤ 검사 또는 사법경찰관은 피해자 또는 법정대리인이 신청하는 경우에는 영상물 촬영과정에서 작성
한 조서의 사본을 신청인에게 발급하거나 영상물을 재생하여 시청하게 하여야 한다.
⑥ 제1항에 따라 촬영한 영상물에 수록된 피해자의 진술은 공판준비기일 또는 공판기일에 피해자나
조사 과정에 동석하였던 신뢰관계에 있는 사람 또는 진술조력인의 진술에 의하여 그 성립의 진정함
이 인정된 경우에 증거로 할 수 있다.
⑦ 누구든지 제1항에 따라 촬영한 영상물을 수사 및 재판의 용도 외에 다른 목적으로 사용하여서는
아니 된다.

제31조(심리의 비공개)
① 성폭력범죄에 대한 심리는 그 피해자의 사생활을 보호하기 위하여 결정으로써 공개하지 아니할
수 있다.
② 증인으로 소환받은 성폭력범죄의 피해자와 그 가족은 사생활보호 등의 사유로 증인신문의 비공개
를 신청할 수 있다.
③ 재판장은 제2항에 따른 신청을 받으면 그 허가 및 공개 여부, 법정 외의 장소에서의 신문 등 증인
의 신문 방식 및 장소에 관하여 결정할 수 있다.
④ 제1항 및 제3항의 경우에는 「법원조직법」 제57조(재판의 공개)제2항 · 제3항 및 「군사법원법」 제
67조제2항 · 제3항을 준용한다.

제32조(증인지원시설의 설치 · 운영 등)
① 각급 법원은 증인으로 법원에 출석하는 피해자등이 재판 전후에 피고인이나 그 가족과 마주치지
아니하도록 하고, 보호와 지원을 받을 수 있는 적절한 시설을 설치한다.
② 각급 법원은 제1항의 시설을 관리 · 운영하고 피해자등의 보호와 지원을 담당하는 직원(이하 "증
인지원관"이라 한다)을 둔다.

③ 법원은 증인지원관에 대하여 인권 감수성 향상에 필요한 교육을 정기적으로 실시한다.
④ 증인지원관의 업무·자격 및 교육 등에 필요한 사항은 대법원규칙으로 정한다.

제33조(전문가의 의견 조회)
① 법원은 정신건강의학과의사, 심리학자, 사회복지학자, 그 밖의 관련 전문가로부터 행위자 또는 피해자의 정신·심리 상태에 대한 진단 소견 및 피해자의 진술 내용에 관한 의견을 조회할 수 있다.
② 법원은 성폭력범죄를 조사·심리할 때에는 제1항에 따른 의견 조회의 결과를 고려하여야 한다.
③ 법원은 법원행정처장이 정하는 관련 전문가 후보자 중에서 제1항에 따른 전문가를 지정하여야 한다.
④ 제1항부터 제3항까지의 규정은 수사기관이 성폭력범죄를 수사하는 경우에 준용한다. 다만, 피해자가 13세 미만이거나 신체적인 또는 정신적인 장애로 사물을 변별하거나 의사를 결정할 능력이 미약한 경우에는 관련 전문가에게 피해자의 정신·심리 상태에 대한 진단 소견 및 진술 내용에 관한 의견을 조회하여야 한다.
⑤ 제4항에 따라 준용할 경우 "법원행정처장"은 "검찰총장 또는 경찰청장"으로 본다.

제34조(신뢰관계에 있는 사람의 동석)
① 법원은 제3조부터 제8조까지, 제10조 및 제15조(제9조의 미수범은 제외한다)의 범죄의 피해자를 증인으로 신문하는 경우에 검사, 피해자 또는 법정대리인이 신청할 때에는 재판에 지장을 줄 우려가 있는 등 부득이한 경우가 아니면 피해자와 신뢰관계에 있는 사람을 동석하게 하여야 한다.
② 제1항은 수사기관이 같은 항의 피해자를 조사하는 경우에 관하여 준용한다.
③ 제1항 및 제2항의 경우 법원과 수사기관은 피해자와 신뢰관계에 있는 사람이 피해자에게 불리하거나 피해자가 원하지 아니하는 경우에는 동석하게 하여서는 아니 된다.

제36조(진술조력인의 수사과정 참여)
① 검사 또는 사법경찰관은 성폭력범죄의 피해자가 13세 미만의 아동이거나 신체적인 또는 정신적인 장애로 의사소통이나 의사표현에 어려움이 있는 경우 원활한 조사를 위하여 직권이나 피해자, 그 법정대리인 또는 변호사의 신청에 따라 진술조력인으로 하여금 조사과정에 참여하여 의사소통을 중개하거나 보조하게 할 수 있다. 다만, 피해자 또는 그 법정대리인이 이를 원하지 아니하는 의사를 표시한 경우에는 그러하지 아니하다.
② 검사 또는 사법경찰관은 제1항의 피해자를 조사하기 전에 피해자, 법정대리인 또는 변호사에게 진술조력인에 의한 의사소통 중개나 보조를 신청할 수 있음을 고지하여야 한다.
③ 진술조력인은 조사 전에 피해자를 면담하여 진술조력인 조력 필요성에 관하여 평가한 의견을 수사기관에 제출할 수 있다.
④ 제1항에 따라 조사과정에 참여한 진술조력인은 피해자의 의사소통이나 표현 능력, 특성 등에 관한 의견을 수사기관이나 법원에 제출할 수 있다.
⑤ 제1항부터 제4항까지의 규정은 검증에 관하여 준용한다.
⑥ 그 밖에 진술조력인의 수사절차 참여에 관한 절차와 방법 등 필요한 사항은 법무부령으로 정한다.

제37조(진술조력인의 재판과정 참여)
① 법원은 성폭력범죄의 피해자가 13세 미만 아동이거나 신체적인 또는 정신적인 장애로 의사소통이나 의사표현에 어려움이 있는 경우 원활한 증인 신문을 위하여 직권 또는 검사, 피해자, 그 법정대리인 및 변호사의 신청에 의한 결정으로 진술조력인으로 하여금 증인 신문에 참여하여 중개하거나 보조하게 할 수 있다.
② 법원은 증인이 제1항에 해당하는 경우에는 신문 전에 피해자, 법정대리인 및 변호사에게 진술조력인에 의한 의사소통 중개나 보조를 신청할 수 있음을 고지하여야 한다.
③ 진술조력인의 소송절차 참여에 관한 구체적 절차와 방법은 대법원규칙으로 정한다.

제40조(비디오 등 중계장치에 의한 증인신문)

① 법원은 제2조제1항제3호부터 제5호까지의 범죄의 피해자를 증인으로 신문하는 경우 검사와 피고인 또는 변호인의 의견을 들어 비디오 등 중계장치에 의한 중계를 통하여 신문할 수 있다.

제41조(증거보전의 특례)

① 피해자나 그 법정대리인 또는 경찰은 피해자가 공판기일에 출석하여 증언하는 것에 현저히 곤란한 사정이 있을 때에는 그 사유를 소명(疏明)하여 제30조에 따라 촬영된 영상물 또는 그 밖의 다른 증거에 대하여 해당 성폭력범죄를 수사하는 검사에게 「형사소송법」 제184조(증거보전의 청구와 그 절차)제1항에 따른 증거보전의 청구를 할 것을 요청할 수 있다. 이 경우 피해자가 16세 미만이거나 신체적인 또는 정신적인 장애로 사물을 변별하거나 의사를 결정할 능력이 미약한 경우에는 공판기일에 출석하여 증언하는 것에 현저히 곤란한 사정이 있는 것으로 본다.

② 제1항의 요청을 받은 검사는 그 요청이 타당하다고 인정할 때에는 증거보전의 청구를 할 수 있다.

제3장 신상정보 등록 등

제42조(신상정보 등록대상자)

① 제2조제1항제3호 · 제4호, 같은 조 제2항(제1항제3호 · 제4호에 한정한다), 제3조부터 제15조까지의 범죄 및 「아동 · 청소년의 성보호에 관한 법률」 제2조제2호의 범죄(이하 "등록대상 성범죄"라 한다)로 유죄판결이 확정된 자 또는 같은 법 제49조제1항제4호에 따라 공개명령이 확정된 자는 신상정보 등록대상자(이하 "등록대상자"라 한다)가 된다. 다만, 「아동 · 청소년의 성보호에 관한 법률」 제11조제5항의 범죄로 벌금형을 선고받은 자는 제외한다.

② 법원은 등록대상 성범죄로 제1항의 판결을 선고할 경우에 등록대상자라는 사실과 제43조에 따른 신상정보 제출 의무가 있음을 등록대상자에게 알려 주어야 한다.

③ 법원은 제1항의 판결이 확정된 날부터 14일 이내에 제2항의 고지사항을 서면으로 판결문 등본에 첨부하여 법무부장관에게 송달하여야 한다.

제43조(신상정보의 제출 의무)

① 등록대상자는 제42조제1항의 판결이 확정된 날부터 30일 이내에 다음 각 호의 신상정보를 자신의 주소지를 관할하는 경찰관서의 장(이하 "관할경찰관서의 장"이라 한다)에게 제출하여야 한다. 다만, 등록대상자가 교정시설 또는 치료감호시설에 수용된 경우에는 그 교정시설의 장 또는 치료감호시설의 장(이하 "교정시설등의 장"이라 한다)에게 신상정보를 제출함으로써 이를 갈음할 수 있다.

1. 성명
2. 주민등록번호
3. 주소 및 실제거주지
4. 직업 및 직장 등의 소재지
5. 연락처(전화번호, 전자우편주소를 말한다)
6. 신체정보(키와 몸무게)
7. 소유차량의 등록번호

② 관할경찰관서의 장 또는 교정시설등의 장은 제1항에 따라 등록대상자가 신상정보를 제출할 때에 등록대상자의 정면 · 좌측 · 우측 상반신 및 전신 컬러사진을 촬영하여 전자기록으로 저장 · 보관하여야 한다.

③ 등록대상자는 제1항에 따라 제출한 신상정보(이하 "제출정보"라 한다)가 변경된 경우에는 그 사유와 변경내용(이하 "변경정보"라 한다)을 변경사유가 발생한 날부터 20일 이내에 제1항에 따라 제출하여야 한다.

④ 등록대상자는 최초 등록일부터 1년마다 주소지를 관할하는 경찰관서에 출석하여 경찰관서의 장으

로 하여금 자신의 정면·좌측·우측 상반신 및 전신 컬러사진을 촬영하여 전자기록으로 저장·보관
하도록 하여야 한다. 다만, 교정시설등의 장은 등록대상자가 교정시설 등에 수용된 경우에는 석방
또는 치료감호 종료 전에 등록대상자의 정면·좌측·우측 상반신 및 전신 컬러사진을 새로 촬영하여
전자기록으로 저장·보관하여야 한다.
⑤ 관할경찰관서의 장 또는 교정시설등의 장은 등록대상자로부터 제출받은 제출정보 및 변경정보와
제2항 및 제4항에 따라 저장·보관하는 전자기록을 지체 없이 법무부장관에게 송달하여야 한다.
⑥ 제5항에 따라 등록대상자에 대한 제출정보를 송달할 때에 관할경찰관서의 장은 등록대상자에 대한
「형의 실효 등에 관한 법률」 제2조제5호에 따른 범죄경력자료를 함께 송달하여야 한다.
⑦ 제출정보 및 변경정보의 송달, 등록에 관한 절차와 방법 등 필요한 사항은 대통령령으로 정한다.

제44조(등록대상자의 신상정보 등록 등)
① 법무부장관은 제43조제5항 및 제6항에 따라 송달받은 정보와 다음 각 호의 등록대상자 정보를 등
록하여야 한다.
 1. 등록대상 성범죄 경력정보
 2. 성범죄 전과사실(죄명, 횟수)
 3. 「특정 범죄자에 대한 보호관찰 및 전자장치 부착 등에 관한 법률」에 따른 전자장치 부착 여부
② 법무부장관은 제1항에 따라 등록한 정보(이하 "등록정보"라 한다)에 대하여는 등록일자를 밝혀
등록대상자에게 통지하여야 한다.
③ 법무부장관은 제1항에 따른 등록에 필요한 정보의 조회(「형의 실효 등에 관한 법률」 제2조제8호
에 따른 범죄경력조회를 포함한다)를 관계 행정기관의 장에게 요청할 수 있다.
④ 법무부장관은 등록대상자가 제출정보 또는 변경정보를 정당한 사유 없이 제출하지 아니한 경우에
는 신상정보의 등록에 필요한 사항을 관계 행정기관의 장에게 조회를 요청하여 등록할 수 있다.
⑤ 제3항 및 제4항의 요청을 받은 관계 행정기관의 장은 지체 없이 조회 결과를 법무부장관에게 송
부하여야 한다.

제45조(등록정보의 관리)
① 법무부장관은 등록정보를 최초 등록일(등록대상자에게 통지한 등록일을 말한다)부터 20년간 보
존·관리하여야 한다.
② 제1항의 기간(이하 "등록기간"이라 한다)이 끝나면 등록정보를 즉시 폐기하고 그 사실을 등록대
상자에게 통지하여야 한다. 이 경우 등록대상자가 등록 원인이 된 등록대상 성범죄, 이와 경합된 범
죄, 등록대상 성범죄로 수용되어 있는 도중 재판을 받게 된 다른 범죄, 다른 범죄로 수용되어 있는
도중 등록대상 성범죄로 재판을 받게 된 경우 다른 범죄로 교정시설에 수용된 기간은 등록기간에 넣
어 계산하지 아니한다.
③ 법무부장관은 제44조제1항에 따른 등록 당시 등록대상자가 교정시설 또는 치료감호시설에 수용
된 경우에는 등록대상자가 석방된 후 지체 없이 등록정보를 등록대상자의 관할경찰관서의 장에게
송부하여야 한다.
④ 관할경찰관서의 장은 등록기간 중 반기 1회 직접 대면 등의 방법으로 등록정보의 진위와 변경 여
부를 확인하여 그 결과를 법무부장관에게 송부하여야 한다.

제47조(등록정보의 공개)
① 등록정보의 공개에 관하여는 「아동·청소년의 성보호에 관한 법률」 제49조, 제50조, 제52조, 제54
조, 제55조 및 제65조를 적용한다.
② 등록정보의 공개는 여성가족부장관이 집행한다.
③ 법무부장관은 등록정보의 공개에 필요한 정보를 여성가족부장관에게 송부하여야 한다.
④ 제3항에 따른 정보 송부에 관하여 필요한 사항은 대통령령으로 정한다.

제48조(비밀준수)
등록대상자의 신상정보의 등록·보존 및 관리 업무에 종사하거나 종사하였던 자는 직무상 알게 된 등록정보를 누설하여서는 아니 된다.

제49조(등록정보의 고지)
① 등록정보의 고지에 관하여는 「아동·청소년의 성보호에 관한 법률」 제50조 및 제51조를 적용한다.
② 등록정보의 고지는 여성가족부장관이 집행한다.
③ 법무부장관은 등록정보의 고지에 필요한 정보를 여성가족부장관에게 송부하여야 한다.
④ 제3항에 따른 정보 송부에 관한 세부사항은 대통령령으로 정한다.

제4장 벌칙

제50조(벌칙) ① 다음 각 호의 어느 하나에 해당하는 자는 5년 이하의 징역 또는 5천만원 이하의 벌금에 처한다.
  1. 제48조를 위반하여 직무상 알게 된 등록정보를 누설한 자
  2. 정당한 권한 없이 등록정보를 변경하거나 말소한 자
② 다음 각 호의 어느 하나에 해당하는 자는 2년 이하의 징역 또는 500만원 이하의 벌금에 처한다.
  1. 제24조제1항 또는 제38조제2항에 따른 피해자의 신원과 사생활 비밀 누설 금지 의무를 위반한 자
  2. 제24조제2항을 위반하여 피해자의 인적사항과 사진 등을 공개한 자
③ 다음 각 호의 어느 하나에 해당하는 자는 1년 이하의 징역 또는 500만원 이하의 벌금에 처한다.
  1. 제43조제1항을 위반하여 정당한 사유 없이 제출정보를 제출하지 아니하거나 거짓으로 제출한 자 및 같은 조 제2항에 따른 관할경찰관서 또는 교정시설의 장의 사진촬영에 정당한 사유 없이 응하지 아니한 자
  2. 제43조제3항을 위반하여 변경정보를 제출하지 아니하거나 거짓으로 제출한 자
  3. 제43조제4항을 위반하여 정당한 사유 없이 관할 경찰관서에 출석하지 아니하거나 촬영에 응하지 아니한 자
④ 제2항제2호의 죄는 피해자의 명시한 의사에 반하여 공소를 제기할 수 없다.
⑤ 제16조제2항에 따라 이수명령을 부과받은 자(형의 집행유예와 함께 이수명령을 부과받은 자는 제외한다)가 보호관찰소의 장 또는 교정시설의 장의 이수명령 이행에 관한 지시에 불응하여 「보호관찰 등에 관한 법률」 또는 「형의 집행 및 수용자의 처우에 관한 법률」에 따른 경고를 받은 후 재차 정당한 사유 없이 이수명령 이행에 관한 지시에 불응한 경우 다음 각 호에 따른다.
  1. 벌금형과 병과된 경우는 500만원 이하의 벌금에 처한다.
  2. 징역형 이상의 실형과 병과된 경우에는 1년 이하의 징역 또는 5백만원 이하의 벌금에 처한다.

제51조(양벌규정) 법인의 대표자나 법인 또는 개인의 대리인, 사용인, 그 밖의 종업원이 그 법인 또는 개인의 업무에 관하여 제13조 또는 제43조의 위반행위를 하면 그 행위자를 벌하는 외에 그 법인 또는 개인에게도 해당 조문의 벌금형을 과(科)한다. 다만, 법인 또는 개인이 그 위반행위를 방지하기 위하여 해당 업무에 관하여 상당한 주의와 감독을 게을리하지 아니한 경우에는 그러하지 아니하다.

(2) 성폭력범죄자의 성충동 약물치료에 관한 법률

제1장 총칙

제1조(목적) 이 법은 사람에 대하여 성폭력범죄를 저지른 성도착증 환자로서 성폭력범죄를 다시 범할 위험성이 있다고 인정되는 사람에 대하여 성충동 약물치료를 실시하여 성폭력범죄의 재범을 방지하

고 사회복귀를 촉진하는 것을 목적으로 한다.

제2조(정의) 이 법에서 사용하는 용어의 뜻은 다음과 같다.
1. "성도착증 환자"란 「치료감호법」제2조제1항제3호에 해당하는 사람 및 정신건강의학과 전문의의 감정에 의하여 성적 이상 습벽으로 인하여 자신의 행위를 스스로 통제할 수 없다고 판명된 사람을 말한다.
2. "성폭력범죄"란 다음 각 목의 범죄를 말한다.
　가. 「아동·청소년의 성보호에 관한 법률」제7조(아동·청소년에 대한 강간·강제추행 등)의 죄
　나. 「성폭력범죄의 처벌 등에 관한 특례법」제3조(특수강도강간 등)부터 제13조(통신매체를 이용한 음란행위)까지의 죄 및 제15조(미수범)의 죄(제3조부터 제9조까지의 미수범만을 말한다)
　다. 「형법」제297조(강간)·제297조의2(유사강간)·제298조(강제추행)·제299조(준강간, 준강제추행)·제300조(미수범)·제301조(강간등 상해·치상)·제301조의2(강간등 살인·치사)·제302조(미성년자등에 대한 간음)·제303조(업무상위력등에 의한 간음)·제305조(미성년자에 대한 간음, 추행)·제339조(강도강간) 및 제340조(해상강도)제3항(사람을 강간한 죄만을 말한다)의 죄
　라. 가목부터 다목까지의 죄로서 다른 법률에 따라 가중 처벌되는 죄
3. "성충동 약물치료"란 비정상적인 성적 충동이나 욕구를 억제하기 위한 조치로서 성도착증 환자에게 약물 투여 및 심리치료 등의 방법으로 도착적인 성기능을 일정기간 동안 약화 또는 정상화하는 치료를 말한다.

제3조(약물치료의 요건) 약물치료는 다음 각 호의 요건을 모두 갖추어야 한다.
1. 비정상적 성적 충동이나 욕구를 억제하거나 완화하기 위한 것으로서 의학적으로 알려진 것일 것
2. 과도한 신체적 부작용을 초래하지 아니할 것
3. 의학적으로 알려진 방법대로 시행될 것

제2장 약물치료명령의 청구 및 판결

제4조(치료명령의 청구)
① 검사는 사람에 대하여 성폭력범죄를 저지른 성도착증 환자로서 성폭력범죄를 다시 범할 위험성이 있다고 인정되는 19세 이상의 사람에 대하여 약물치료명령을 법원에 청구할 수 있다.
② 검사는 치료명령 청구대상자(이하 "치료명령 피청구자"라 한다)에 대하여 정신건강의학과 전문의의 진단이나 감정을 받은 후 치료명령을 청구하여야 한다.
③ 제1항에 따른 치료명령의 청구는 공소가 제기되거나 치료감호가 독립청구된 성폭력범죄사건(이하 "피고사건"이라 한다)의 항소심 변론종결 시까지 하여야 한다.
④ 법원은 피고사건의 심리결과 치료명령을 할 필요가 있다고 인정하는 때에는 검사에게 치료명령의 청구를 요구할 수 있다.
⑤ 피고사건에 대하여 판결의 확정 없이 공소가 제기되거나 치료감호가 독립청구된 때부터 15년이 지나면 치료명령을 청구할 수 없다.
⑥ 제2항에 따른 정신건강의학과 전문의의 진단이나 감정에 필요한 사항은 대통령령으로 정한다.

제5조(조사)
① 검사는 치료명령을 청구하기 위하여 필요하다고 인정하는 때에는 치료명령 피청구자의 주거지 또는 소속 검찰청(지청을 포함한다. 이하 같다) 소재지를 관할하는 보호관찰소(지소를 포함한다. 이하 같다)의 장에게 범죄의 동기, 피해자와의 관계, 심리상태, 재범의 위험성 등 치료명령 피청구자에 관하여 필요한 사항의 조사를 요청할 수 있다.
② 제1항의 요청을 받은 보호관찰소의 장은 조사할 보호관찰관을 지명하여야 한다.

③ 제2항에 따라 지명된 보호관찰관은 검사의 지휘를 받아 지체 없이 필요한 사항을 조사한 후 검사에게 조사보고서를 제출하여야 한다.

제6조(치료명령 청구사건의 관할)
① 치료명령 청구사건의 관할은 치료명령 청구사건과 동시에 심리하는 피고사건의 관할에 따른다.
② 치료명령 청구사건의 제1심 재판은 지방법원 합의부(지방법원지원 합의부를 포함한다. 이하 같다)의 관할로 한다.

제7조(치료명령 청구서의 기재사항)
① 치료명령 청구서에는 다음 각 호의 사항을 적어야 한다.
 1. 치료명령 피청구자의 성명과 그 밖에 치료명령 피청구자를 특정할 수 있는 사항
 2. 청구의 원인이 되는 사실
 3. 적용 법조
 4. 그 밖에 대통령령으로 정하는 사항
② 법원은 치료명령 청구를 받으면 지체 없이 치료명령 청구서의 부본을 치료명령 피청구자 또는 그 변호인에게 송달하여야 한다. 이 경우 공소제기 또는 치료감호의 독립청구와 동시에 치료명령 청구가 있는 때에는 제1회 공판기일 5일 전까지, 피고사건 심리 중에 치료명령 청구가 있는 때에는 다음 공판기일 5일 전까지 송달하여야 한다.

제8조(치료명령의 판결 등)
① 법원은 치료명령 청구가 이유 있다고 인정하는 때에는 15년의 범위에서 치료기간을 정하여 판결로 치료명령을 선고하여야 한다.
② 치료명령을 선고받은 사람(이하 "치료명령을 받은 사람"이라 한다)은 치료기간 동안 「보호관찰 등에 관한 법률」에 따른 보호관찰을 받는다.
③ 법원은 다음 각 호의 어느 하나에 해당하는 때에는 판결로 치료명령 청구를 기각하여야 한다.
 1. 치료명령 청구가 이유 없다고 인정하는 때
 2. 피고사건에 대하여 무죄(심신상실을 이유로 치료감호가 선고된 경우는 제외한다)·면소·공소기각의 판결 또는 결정을 선고하는 때
 3. 피고사건에 대하여 벌금형을 선고하는 때
 4. 피고사건에 대하여 선고를 유예하거나 집행유예를 선고하는 때
④ 치료명령 청구사건의 판결은 피고사건의 판결과 동시에 선고하여야 한다.
⑤ 치료명령 선고의 판결 이유에는 요건으로 되는 사실, 증거의 요지 및 적용 법조를 명시하여야 한다.
⑥ 치료명령의 선고는 피고사건의 양형에 유리하게 참작되어서는 아니 된다.
⑦ 피고사건의 판결에 대하여 「형사소송법」에 따른 상소 및 상소의 포기·취하가 있는 때에는 치료명령 청구사건의 판결에 대하여도 상소 및 상소의 포기·취하가 있는 것으로 본다. 상소권회복 또는 재심의 청구나 비상상고가 있는 때에도 또한 같다.
⑧ 검사 또는 치료명령 피청구자 및 「형사소송법」 제340조·제341조에 규정된 사람은 치료명령에 대하여 독립하여 「형사소송법」에 따른 상소 및 상소의 포기·취하를 할 수 있다. 상소권회복 또는 재심의 청구나 비상상고의 경우에도 또한 같다.

제9조(전문가의 감정 등)
법원은 제4조제2항에 따른 정신건강의학과 전문의의 진단 또는 감정의견만으로 치료명령 피청구자의 성도착증 여부를 판단하기 어려울 때에는 다른 정신건강의학과 전문의에게 다시 진단 또는 감정을 명할 수 있다.

제10조(준수사항)

① 치료명령을 받은 사람은 치료기간 동안「보호관찰 등에 관한 법률」제32조제2항 각 호(제4호는 제외한다)의 준수사항과 다음 각 호의 준수사항을 이행하여야 한다.

 1. 보호관찰관의 지시에 따라 성실히 약물치료에 응할 것

 2. 보호관찰관의 지시에 따라 정기적으로 호르몬 수치 검사를 받을 것

 3. 보호관찰관의 지시에 따라 인지행동 치료 등 심리치료 프로그램을 성실히 이수할 것

② 법원은 제8조제1항에 따라 치료명령을 선고하는 경우「보호관찰 등에 관한 법률」제32조제3항 각 호의 준수사항을 부과할 수 있다.

③ 법원은 치료명령을 선고할 때에 치료명령을 받은 사람에게 치료명령의 취지를 설명하고 준수사항을 적은 서면을 교부하여야 한다.

④ 제1항제3호의 인지행동 치료 등 심리치료 프로그램에 관하여 필요한 사항은 대통령령으로 정한다.

제11조(치료명령 판결 등의 통지)

① 법원은 제8조제1항에 따라 치료명령을 선고한 때에는 그 판결이 확정된 날부터 3일 이내에 치료명령을 받은 사람의 주거지를 관할하는 보호관찰소의 장에게 판결문의 등본과 준수사항을 적은 서면을 송부하여야 한다.

② 교도소, 소년교도소, 구치소 및 치료감호시설의 장은 치료명령을 받은 사람이 석방되기 3개월 전까지 치료명령을 받은 사람의 주거지를 관할하는 보호관찰소의 장에게 그 사실을 통보하여야 한다.

제12조(국선변호인 등)

치료명령 청구사건에 관하여는「형사소송법」제282조 및 제283조를 준용한다.

제3장 치료명령의 집행

제13조(집행지휘)

① 치료명령은 검사의 지휘를 받아 보호관찰관이 집행한다.

② 제1항에 따른 지휘는 판결문 등본을 첨부한 서면으로 한다.

제14조(치료명령의 집행)

① 치료명령은「의료법」에 따른 의사의 진단과 처방에 의한 약물 투여,「정신건강증진 및 정신질환자 복지서비스 지원에 관한 법률」에 따른 정신보건전문요원 등 전문가에 의한 인지행동 치료 등 심리치료 프로그램의 실시 등의 방법으로 집행한다.

② 보호관찰관은 치료명령을 받은 사람에게 치료명령을 집행하기 전에 약물치료의 효과, 부작용 및 약물치료의 방법·주기·절차 등에 관하여 충분히 설명하여야 한다.

③ 치료명령을 받은 사람이 형의 집행이 종료되거나 면제·가석방 또는 치료감호의 집행이 종료·가종료 또는 치료위탁으로 석방되는 경우 보호관찰관은 석방되기 전 2개월 이내에 치료명령을 받은 사람에게 치료명령을 집행하여야 한다.

④ 다음 각 호의 어느 하나에 해당하는 때에는 치료명령의 집행이 정지된다.

 1. 치료명령의 집행 중 구속영장의 집행을 받아 구금된 때

 2. 치료명령의 집행 중 금고 이상의 형의 집행을 받게 된 때

 3. 가석방 또는 가종료·가출소된 자에 대하여 치료기간 동안 가석방 또는 가종료·가출소가 취소되거나 실효된 때

⑤ 제4항에 따라 집행이 정지된 치료명령의 잔여기간에 대하여는 다음 각 호의 구분에 따라 집행한다.

 1. 제4항제1호의 경우에는 구금이 해제되거나 금고 이상의 형의 집행을 받지 아니하는 것으로 확정된 때부터 그 잔여기간을 집행한다.

2. 제4항제2호의 경우에는 그 형의 집행이 종료되거나 면제된 후 또는 가석방된 때부터 그 잔여기간을 집행한다.

3. 제4항제3호의 경우에는 그 형이나 치료감호 또는 보호감호의 집행이 종료되거나 면제된 후 그 잔여기간을 집행한다.

⑥ 그 밖에 치료명령의 집행 및 정지에 관하여 필요한 사항은 대통령령으로 정한다.

제15조(치료명령을 받은 사람의 의무)

① 치료명령을 받은 사람은 치료기간 중 상쇄약물의 투약 등의 방법으로 치료의 효과를 해하여서는 아니 된다.

② 치료명령을 받은 사람은 형의 집행이 종료되거나 면제·가석방 또는 치료감호의 집행이 종료·가종료 또는 치료위탁되는 날부터 10일 이내에 주거지를 관할하는 보호관찰소에 출석하여 서면으로 신고하여야 한다.

③ 치료명령을 받은 사람은 주거 이전 또는 7일 이상의 국내여행을 하거나 출국할 때에는 미리 보호관찰관의 허가를 받아야 한다.

제16조(치료기간의 연장 등)

① 치료 경과 등에 비추어 치료명령을 받은 사람에 대한 약물치료를 계속 하여야 할 상당한 이유가 있거나 다음 각 호의 어느 하나에 해당하는 사유가 있으면 법원은 보호관찰소의 장의 신청에 따른 검사의 청구로 치료기간을 결정으로 연장할 수 있다. 다만, 종전의 치료기간을 합산하여 15년을 초과할 수 없다.

1. 정당한 사유 없이 「보호관찰 등에 관한 법률」 제32조제2항(제4호는 제외한다) 또는 제3항에 따른 준수사항을 위반한 경우

2. 정당한 사유 없이 제15조제2항을 위반하여 신고하지 아니한 경우

3. 정당한 사유 없이 제15조제3항을 위반하여 허가를 받지 아니하고 주거 이전, 국내여행 또는 출국을 하거나 거짓으로 허가를 받은 경우

② 법원은 치료명령을 받은 사람이 제1항 각 호의 어느 하나에 해당하는 경우에는 보호관찰소의 장의 신청에 따른 검사의 청구로 제10조제2항의 준수사항을 추가 또는 변경하는 결정을 할 수 있다.

③ 제1항 각 호에 규정된 사항 외의 사정변경이 있는 경우에도 법원은 상당한 이유가 있다고 인정되면 보호관찰소의 장의 신청에 따른 검사의 청구로 제10조제2항의 준수사항을 추가, 변경 또는 삭제하는 결정을 할 수 있다.

제17조(치료명령의 가해제 신청 등)

① 보호관찰소의 장 또는 치료명령을 받은 사람 및 그 법정대리인은 해당 보호관찰소를 관할하는 「보호관찰 등에 관한 법률」 제5조에 따른 보호관찰 심사위원회(이하 "심사위원회"라 한다)에 치료명령의 가해제를 신청할 수 있다.

② 제1항의 신청은 치료명령의 집행이 개시된 날부터 6개월이 지난 후에 하여야 한다. 신청이 기각된 경우에는 기각된 날부터 6개월이 지난 후에 다시 신청할 수 있다.

③ 가해제의 신청을 할 때에는 신청서에 가해제의 심사에 참고가 될 자료를 첨부하여 제출하여야 한다.

제18조(치료명령 가해제의 심사 및 결정)

① 심사위원회는 가해제를 심사할 때에는 치료명령을 받은 사람의 인격, 생활태도, 치료명령 이행상황 및 재범의 위험성에 대한 전문가의 의견 등을 고려하여야 한다.

② 심사위원회는 가해제의 심사를 위하여 필요한 때에는 보호관찰소의 장으로 하여금 필요한 사항을 조사하게 하거나 치료명령을 받은 사람이나 그 밖의 관계인을 직접 소환·심문 또는 조사할 수 있다.

③ 제2항의 요구를 받은 보호관찰소의 장은 필요한 사항을 조사하여 심사위원회에 통보하여야 한다.

④ 심사위원회는 치료명령을 받은 사람이 치료명령이 계속 집행될 필요가 없을 정도로 개선되어 죄를 다시 범할 위험성이 없다고 인정하는 때에는 치료명령의 가해제를 결정할 수 있다.

⑤ 심사위원회는 치료명령의 가해제를 하지 아니하기로 결정한 때에는 결정서에 그 이유를 명시하여야 한다.

⑥ 제4항에 따라 치료명령이 가해제된 경우에는 제10조제1항 각 호 및 같은 조 제2항에 따른 준수사항이 가해제된 것으로 본다.

제19조(가해제의 취소 등)

① 보호관찰소의 장은 치료명령이 가해제된 사람이 성폭력범죄를 저지르거나 주거 이전 상황 등의 보고에 불응하는 등 재범의 위험성이 있다고 판단되는 때에는 심사위원회에 가해제의 취소를 신청할 수 있다. 이 경우 심사위원회는 가해제된 사람의 재범의 위험성이 현저하다고 인정될 때에는 가해제를 취소하여야 한다.

② 가해제가 취소된 사람은 잔여 치료기간 동안 약물치료를 받아야 한다. 이 경우 가해제기간은 치료기간에 산입하지 아니한다.

제20조(치료명령 집행의 종료)

제8조제1항에 따라 선고된 치료명령은 다음 각 호의 어느 하나에 해당하는 때에 그 집행이 종료된다.

1. 치료기간이 지난 때
2. 치료명령과 함께 선고한 형이 사면되어 그 선고의 효력을 상실하게 된 때
3. 치료명령이 가해제된 사람이 그 가해제가 취소됨이 없이 잔여 치료기간을 지난 때

제21조(치료명령의 시효)

① 치료명령을 받은 사람은 그 판결이 확정된 후 집행을 받지 아니하고 함께 선고된 피고사건의 형의 시효 또는 치료감호의 시효가 완성되면 그 집행이 면제된다.

② 치료명령의 시효는 치료명령을 받은 사람을 체포함으로써 중단된다.

제4장 수형자·가종료자 등에 대한 치료명령

제22조(성폭력 수형자에 대한 치료명령 청구)

① 검사는 사람에 대하여 성폭력범죄를 저질러 징역형 이상의 형이 확정되었으나 제8조제1항에 따른 치료명령이 선고되지 아니한 수형자(이하 "성폭력 수형자"라 한다) 중 성도착증 환자로서 성폭력범죄를 다시 범할 위험성이 있다고 인정되고 약물치료를 받는 것을 동의하는 사람에 대하여 그의 주거지 또는 현재지를 관할하는 지방법원(지원을 포함한다. 이하 같다)에 치료명령을 청구할 수 있다.

② 제1항의 수형자에 대한 치료명령의 절차는 다음 각 호에 따른다.

1. 교도소·구치소(이하 "수용시설"이라 한다)의 장은 「형법」제72조제1항의 가석방 요건을 갖춘 성폭력 수형자에 대하여 약물치료의 내용, 방법, 절차, 효과, 부작용, 비용부담 등에 관하여 충분히 설명하고 동의 여부를 확인하여야 한다.
2. 제1호의 성폭력 수형자가 약물치료에 동의한 경우 수용시설의 장은 지체 없이 수용시설의 소재지를 관할하는 지방검찰청의 검사에게 인적사항과 교정성적 등 필요한 사항을 통보하여야 한다.
3. 검사는 소속 검찰청 소재지 또는 성폭력 수형자의 주소를 관할하는 보호관찰소의 장에게 성폭력 수형자에 대하여 제5조제1항에 따른 조사를 요청할 수 있다.
4. 보호관찰소의 장은 제3호의 요청을 접수한 날부터 2개월 이내에 제5조제3항의 조사보고서를 제출하여야 한다.
5. 검사는 성폭력 수형자에 대하여 약물치료의 내용, 방법, 절차, 효과, 부작용, 비용부담 등에 관하여 설명하고 동의를 확인한 후 정신건강의학과 전문의의 진단이나 감정을 받아 법원에 치료명령을

청구할 수 있다. 이 때 검사는 치료명령 청구서에 제7조제1항 각 호의 사항 외에 치료명령 피청구자의 동의사실을 기재하여야 한다.

  6. 법원은 제5호의 치료명령 청구가 이유 있다고 인정하는 때에는 결정으로 치료명령을 고지하고 치료명령을 받은 사람에게 준수사항 기재서면을 송부하여야 한다.

③ 제2항제6호의 결정에 따른 치료기간은 15년을 초과할 수 없다.

④ 검사는 제2항제5호에 따른 정신건강의학과 전문의의 진단이나 감정을 위하여 필요한 경우 수용시설의 장에게 성폭력 수형자를 치료감호시설 등에 이송하도록 할 수 있다.

⑤ 제2항제6호의 결정이 다음 각 호의 어느 하나에 해당하면 결정을 고지받은 날부터 7일 이내에 검사, 성폭력 수형자 본인 또는 그 법정대리인은 고등법원에 항고할 수 있다.

  1. 해당 결정에 영향을 미칠 법령위반이 있거나 중대한 사실오인이 있는 경우

  2. 처분이 현저히 부당한 경우

⑥ 항고를 할 때에는 항고장을 원심법원에 제출하여야 하며, 항고장을 제출받은 법원은 3일 이내에 의견서를 첨부하여 기록을 항고법원에 송부하여야 한다.

⑦ 항고법원은 항고 절차가 법률에 위반되거나 항고가 이유 없다고 인정한 경우에는 결정으로써 항고를 기각하여야 한다.

⑧ 항고법원은 항고가 이유 있다고 인정한 경우에는 원결정을 파기하고 스스로 결정을 하거나 다른 관할 법원에 이송하여야 한다.

⑨ 항고법원의 결정에 대하여는 그 결정이 법령에 위반된 때에만 대법원에 재항고를 할 수 있다.

⑩ 재항고의 제기기간은 항고기각 결정을 고지받은 날부터 7일로 한다.

⑪ 항고와 재항고는 결정의 집행을 정지하는 효력이 없다.

⑫ 수용시설의 장은 성폭력 수형자가 석방되기 5일 전까지 그의 주소를 관할하는 보호관찰소의 장에게 그 사실을 통보하여야 한다.

⑬ 제2항제6호에 따라 고지된 치료명령은 성폭력 수형자에게 선고된 제1항의 징역형 이상의 형이 사면되어 그 선고의 효력을 상실하게 된 때에 그 집행이 종료된다.

⑭ 치료명령을 받은 사람은 치료명령 결정이 확정된 후 집행을 받지 아니하고 10년이 경과하면 시효가 완성되어 집행이 면제된다.

제23조(가석방)

① 수용시설의 장은 제22조제2항제6호의 결정이 확정된 성폭력 수형자에 대하여 법무부령으로 정하는 바에 따라 「형의 집행 및 수용자의 처우에 관한 법률」 제119조의 가석방심사위원회에 가석방 적격심사를 신청하여야 한다.

② 가석방심사위원회는 성폭력 수형자의 가석방 적격심사를 할 때에는 치료명령이 결정된 사실을 고려하여야 한다.

제24조(비용부담)

① 제22조제2항제6호의 치료명령의 결정을 받은   사람은 치료기간 동안 치료비용을 부담하여야 한다. 다만, 치료비용을 부담할 경제력이 없는 사람의 경우에는 국가가 비용을 부담할 수 있다.

② 비용부담에 관하여 필요한 사항은 대통령령으로 정한다.

제25조(가종료 등과 치료명령)

① 「치료감호법」 제37조에 따른 치료감호심의위원회(이하 "치료감호심의위원회"라 한다)는 성폭력범죄자 중 성도착증 환자로서 치료감호의 집행 중 가종료 또는 치료위탁되는 피치료감호자나 보호감호의 집행 중 가출소되는 피보호감호자(이하 "가종료자 등"이라 한다)에 대하여 보호관찰 기간의 범위에서 치료명령을 부과할 수 있다.

② 치료감호심의위원회는 제1항에 따라 치료명령을 부과하는 결정을 할 경우에는 결정일 전 6개월 이내에 실시한 정신건강의학과 전문의의 진단 또는 감정 결과를 반드시 참작하여야 한다.

③ 치료감호심의위원회는 제1항에 따라 치료명령을 부과하는 결정을 한 경우에는 즉시 가종료자 등의 주거지를 관할하는 보호관찰소의 장에게 통보하여야 한다.

제26조(준수사항)

치료감호심의위원회는 제25조에 따른 치료명령을 부과하는 경우 치료기간의 범위에서 준수기간을 정하여「보호관찰 등에 관한 법률」제32조제3항 각 호의 준수사항 중 하나 이상을 부과할 수 있다.

제27조(치료명령의 집행)

보호관찰관은 가종료자 등이 가종료·치료위탁 또는 가출소 되기 전 2개월 이내에 치료명령을 집행하여야 한다. 다만, 치료감호와 형이 병과된 가종료자의 경우 집행할 잔여 형기가 있는 때에는 그 형의 집행이 종료되거나 면제되어 석방되기 전 2개월 이내에 치료명령을 집행하여야 한다.

제28조(치료명령 집행의 종료)

제25조에 따른 약물치료는 다음 각 호의 어느 하나에 해당하는 때에 그 집행이 종료된다.
 1. 치료기간이 지난 때
 2. 가출소·가종료·치료위탁으로 인한 보호관찰 기간이 경과하거나 보호관찰이 종료된 때

제5장 보칙

제30조(치료기간의 계산)

치료기간은 최초로 성 호르몬 조절약물을 투여한 날부터 기산하되, 초일은 시간을 계산함이 없이 1일로 산정한다.

제31조(치료명령 등 집행전담 보호관찰관의 지정)

보호관찰소의 장은 소속 보호관찰관 중에서 다음 각 호의 사항을 전담하는 보호관찰관을 지정하여야 한다.
 1. 치료명령을 청구하기 위하여 필요한 치료명령 피청구자에 대한 조사
 2. 치료명령의 집행
 3. 치료명령을 받은 사람의 재범방지와 건전한 사회복귀를 위한 치료 등 필요한 조치의 부과
 4. 그 밖에 치료명령을 받은 사람의「보호관찰 등에 관한 법률」등에 따른 준수사항 이행 여부 확인 등 치료명령을 받은 사람에 대한 지도·감독 및 원호

제32조(수용시설의 장 등의 협조) 제14조제3항 및 제27조에 따른 보호관찰관의 치료명령 집행에 수용시설의 장, 치료감호시설의 장, 보호감호시설의 장은 약물의 제공, 의사·간호사 등 의료인력 지원 등의 협조를 하여야 한다.

제33조(군법 피적용자에 대한 특칙) 이 법을 적용함에 있어서「군사법원법」제2조제1항 각 호의 어느 하나에 해당하는 자에 대하여는 군사법원은 법원의, 군검사는 검사의, 군사법경찰관리는 사법경찰관리의, 군교도소장은 교도소장의 이 법에 따른 직무를 각각 행한다.

제34조(다른 법률의 준용) 이 법을 적용함에 있어서 이 법에 규정이 있는 경우를 제외하고는 그 성질에 반하지 아니하는 범위에서「형사소송법」및「보호관찰 등에 관한 법률」을 준용한다.

제6장 벌칙

제35조(벌칙) ① 이 법에 따른 약물치료를 받아야 하는 사람이 도주하거나 정당한 사유 없이 제15조제 1항의 의무를 위반한 때에는 7년 이하의 징역 또는 2천만원 이하의 벌금에 처한다.
　② 이 법에 따른 약물치료를 받아야 하는 사람이 정당한 사유 없이 제10조제1항 각 호의 준수사항을 위반한 때에는 3년 이하의 징역 또는 1천만원 이하의 벌금에 처한다.
　③ 이 법에 따른 약물치료를 받아야 하는 사람이 정당한 사유 없이 제10조제2항에 따른 준수사항을 위반한 때에는 1천만원 이하의 벌금에 처한다.

(3) 성매매알선 등 행위의 처벌에 관한 법률

제1장 총칙

제1조(목적)

이 법은 성매매, 성매매알선 등 행위 및 성매매 목적의 인신매매를 근절하고, 성매매피해자의 인권을 보호함을 목적으로 한다.

제2조(정의)

① 이 법에서 사용하는 용어의 뜻은 다음과 같다.

성매매	불특정인을 상대로 금품이나 그 밖의 재산상의 이익을 수수(收受)하거나 수수하기로 약속하고 다음 각 목의 어느 하나에 해당하는 행위를 하거나 그 상대방이 되는 것을 말한다. 가. 성교행위 나. 구강, 항문 등 신체의 일부 또는 도구를 이용한 유사 성교행위
성매매알선 등 행위	다음 각 목의 어느 하나에 해당하는 행위를 하는 것을 말한다. 가. 성매매를 알선, 권유, 유인 또는 강요하는 행위 나. 성매매의 장소를 제공하는 행위 다. 성매매에 제공되는 사실을 알면서 자금, 토지 또는 건물을 제공하는 행위
성매매 목적의 인신매매	가. 성을 파는 행위 또는 「형법」 제245조에 따른 음란행위를 하게 하거나, 성교행위 등 음란한 내용을 표현하는 사진·영상물 등의 촬영 대상으로 삼을 목적으로 위계(僞計), 위력(威力), 그 밖에 이에 준하는 방법으로 대상자를 지배·관리하면서 제3자에게 인계하는 행위 나. 가목과 같은 목적으로 「청소년 보호법」 제2조제1호에 따른 청소년(이하 "청소년"이라 한다), 사물을 변별하거나 의사를 결정할 능력이 없거나 미약한 사람 또는 대통령령으로 정하는 중대한 장애가 있는 사람이나 그를 보호·감독하는 사람에게 선불금 등 금품이나 그 밖의 재산상의 이익을 제공하거나 제공하기로 약속하고 대상자를 지배·관리하면서 제3자에게 인계하는 행위 다. 가목 및 나목의 행위가 행하여지는 것을 알면서 가목과 같은 목적이나 전매를 위하여 대상자를 인계받는 행위 라. 가목부터 다목까지의 행위를 위하여 대상자를 모집·이동·은닉하는 행위
성매매피해자	음 각 목의 어느 하나에 해당하는 사람을 말한다. 가. 위계, 위력, 그 밖에 이에 준하는 방법으로 성매매를 강요당한 사람 나. 업무관계, 고용관계, 그 밖의 관계로 인하여 보호 또는 감독하는 사람에 의하여 「마약류관리에 관한 법률」 제2조에 따른 마약·향정신성의약품 또는 대마(이하 "마약등"이라 한다)에 중독되어 성매매를 한 사람

	다. 청소년, 사물을 변별하거나 의사를 결정할 능력이 없거나 미약한 사람 또는 대
	통령령으로 정하는 중대한 장애가 있는 사람으로서 성매매를 하도록 알선·유
	인된 사람
	라. 성매매 목적의 인신매매를 당한 사람

② 다음 각 호의 어느 하나에 해당하는 경우에는 대상자를 제1항제3호가목에 따른 지배·관리하에 둔 것으로 본다.
  1. 선불금 제공 등의 방법으로 대상자의 동의를 받은 경우라도 그 의사에 반하여 이탈을 제지한 경우
  2. 다른 사람을 고용·감독하는 사람, 출입국·직업을 알선하는 사람 또는 그를 보조하는 사람이 성을 파는 행위를 하게 할 목적으로 여권이나 여권을 갈음하는 증명서를 채무이행 확보 등의 명목으로 받은 경우

제4조(금지행위)
누구든지 다음 각 호의 어느 하나에 해당하는 행위를 하여서는 아니 된다.
  1. 성매매
  2. 성매매알선 등 행위
  3. 성매매 목적의 인신매매
  4. 성을 파는 행위를 하게 할 목적으로 다른 사람을 고용·모집하거나 성매매가 행하여진다는 사실을 알고 직업을 소개·알선하는 행위
  5. 제1호, 제2호 및 제4호의 행위 및 그 행위가 행하여지는 업소에 대한 광고행위

제2장 성매매피해자 등의 보호

제6조(성매매피해자에 대한 처벌특례와 보호)
  ① 성매매피해자의 성매매는 처벌하지 아니한다.
  ② 검사 또는 사법경찰관은 수사과정에서 피의자 또는 참고인이 성매매피해자에 해당한다고 볼 만한 상당한 이유가 있을 때에는 지체 없이 법정대리인, 친족 또는 변호인에게 통지하고, 신변보호, 수사의 비공개, 친족 또는 지원시설·성매매피해상담소에의 인계 등 그 보호에 필요한 조치를 하여야 한다. 다만, 피의자 또는 참고인의 사생활 보호 등 부득이한 사유가 있는 경우에는 통지하지 아니할 수 있다.

제7조(신고의무 등)
  ①「성매매방지 및 피해자보호 등에 관한 법률」제5조제1항에 따른 지원시설 및 같은 법 제10조에 따른 성매매피해상담소의 장이나 종사자가 업무와 관련하여 성매매 피해사실을 알게 되었을 때에는 지체 없이 수사기관에 신고하여야 한다.
  ② 누구든지 이 법에 규정된 범죄를 신고한 사람에게 그 신고를 이유로 불이익을 주어서는 아니 된다.
  ③ 다른 법률에 규정이 있는 경우를 제외하고는 신고자등의 인적사항이나 사진 등 그 신원을 알 수 있는 정보나 자료를 인터넷 또는 출판물에 게재하거나 방송매체를 통하여 방송하여서는 아니 된다.

제8조(신뢰관계에 있는 사람의 동석)
  ① 법원은 신고자등을 증인으로 신문할 때에는 직권으로 또는 본인·법정대리인이나 검사의 신청에 의하여 신뢰관계에 있는 사람을 동석하게 할 수 있다.

② 수사기관은 신고자등을 조사할 때에는 직권으로 또는 본인·법정대리인의 신청에 의하여 신뢰관계에 있는 사람을 동석하게 할 수 있다.

③ 법원 또는 수사기관은 청소년, 사물을 변별하거나 의사를 결정할 능력이 없거나 미약한 사람 또는 대통령령으로 정하는 중대한 장애가 있는 사람에 대하여 제1항 및 제2항에 따른 신청을 받은 경우에는 재판이나 수사에 지장을 줄 우려가 있는 등 특별한 사유가 없으면 신뢰관계에 있는 사람을 동석하게 하여야 한다.

④ 신문이나 조사에 동석하는 사람은 진술을 대리하거나 유도하는 등의 행위로 수사나 재판에 부당한 영향을 끼쳐서는 아니 된다.

제9조(심리의 비공개) ① 법원은 신고자등의 사생활이나 신변을 보호하기 위하여 필요하면 결정으로 심리를 공개하지 아니할 수 있다.

② 증인으로 소환받은 신고자등과 그 가족은 사생활이나 신변을 보호하기 위하여 증인신문의 비공개를 신청할 수 있다.

제10조(불법원인으로 인한 채권무효)

① 다음 각 호의 어느 하나에 해당하는 사람이 그 행위와 관련하여 성을 파는 행위를 하였거나 할 사람에게 가지는 채권은 그 계약의 형식이나 명목에 관계없이 무효로 한다. 그 채권을 양도하거나 그 채무를 인수한 경우에도 또한 같다.

1. 성매매알선 등 행위를 한 사람
2. 성을 파는 행위를 할 사람을 고용·모집하거나 그 직업을 소개·알선한 사람
3. 성매매 목적의 인신매매를 한 사람

② 검사 또는 사법경찰관은 제1항의 불법원인과 관련된 것으로 의심되는 채무의 불이행을 이유로 고소·고발된 사건을 수사할 때에는 금품이나 그 밖의 재산상의 이익 제공이 성매매의 유인·강요 수단이나 성매매 업소로부터의 이탈방지 수단으로 이용되었는지를 확인하여 수사에 참작하여야 한다.

제11조(외국인여성에 대한 특례)

① 외국인여성이 이 법에 규정된 범죄를 신고한 경우나 외국인여성을 성매매피해자로 수사하는 경우에는 해당 사건을 불기소처분하거나 공소를 제기할 때까지 「출입국관리법」 제46조에 따른 강제퇴거명령 또는 같은 법 제51조에 따른 보호의 집행을 하여서는 아니 된다. 이 경우 수사기관은 지방출입국·외국인관서에 해당 외국인여성의 인적사항과 주거를 통보하는 등 출입국 관리에 필요한 조치를 하여야 한다.

② 검사는 제1항의 사건에 대하여 공소를 제기한 후에는 성매매피해 실태, 증언 또는 배상의 필요성, 그 밖의 정황을 고려하여 지방출입국·외국인관서의 장 등 관계 기관의 장에게 일정한 기간을 정하여 제1항에 따른 강제퇴거명령의 집행을 유예하거나 보호를 일시해제할 것을 요청할 수 있다.

③ 제1항 및 제2항에 따라 강제퇴거명령의 집행을 유예하거나 보호의 일시해제를 하는 기간에는 해당 외국인여성에게 지원시설 등을 이용하게 할 수 있다.

제3장 보호사건

제12조(보호사건의 처리)

① 검사는 성매매를 한 사람에 대하여 사건의 성격·동기, 행위자의 성행(性行) 등을 고려하여 이 법에 따른 보호처분을 하는 것이 적절하다고 인정할 때에는 특별한 사정이 없으면 보호사건으로 관할법원에 송치하여야 한다.

② 법원은 성매매 사건의 심리 결과 이 법에 따른 보호처분을 하는 것이 적절하다고 인정할 때에는 결정으로 사건을 보호사건의 관할법원에 송치할 수 있다.

제14조(보호처분의 결정 등)

① 판사는 심리 결과 보호처분이 필요하다고 인정할 때에는 결정으로 다음 각 호의 어느 하나에 해당하는 처분을 할 수 있다.

 1. 성매매가 이루어질 우려가 있다고 인정되는 장소나 지역에의 출입금지

 2. 「보호관찰 등에 관한 법률」에 따른 보호관찰

 3. 「보호관찰 등에 관한 법률」에 따른 사회봉사·수강명령

 4. 「성매매방지 및 피해자보호 등에 관한 법률」 제10조에 따른 성매매피해상담소에의 상담위탁

 5. 「성폭력방지 및 피해자보호 등에 관한 법률」 제27조제1항에 따른 전담의료기관에의 치료위탁

② 제1항 각 호의 처분은 병과(倂科)할 수 있다.

③ 법원은 보호처분의 결정을 한 경우에는 지체 없이 검사, 보호처분을 받은 사람, 보호관찰관 또는 보호처분을 위탁받아 행하는 지원시설·성매매피해상담소 또는 의료기관(이하 "수탁기관"이라 한다)의 장에게 통지하여야 한다. 다만, 국가가 운영하지 아니하는 수탁기관에 보호처분을 위탁할 때에는 그 기관의 장으로부터 수탁에 대한 동의를 받아야 한다.

④ 법원은 제1항제2호부터 제5호까지의 처분을 한 경우에는 교육, 상담, 치료 또는 보호관찰에 필요한 자료를 보호관찰관 또는 수탁기관의 장에게 송부하여야 한다.

⑤ 보호관찰, 사회봉사·수강명령에 관하여 이 법에서 정한 사항 외의 사항에 관하여는 「보호관찰 등에 관한 법률」을 준용한다.

제15조(보호처분의 기간) 제14조제1항제1호·제2호 및 제4호에 따른 보호처분 기간은 6개월을, 같은 항 제3호에 따른 사회봉사·수강명령은 100시간을 각각 초과할 수 없다.

제16조(보호처분의 변경) ① 법원은 검사, 보호관찰관 또는 수탁기관의 장이 청구하면 결정으로 한 번만 보호처분의 종류와 기간을 변경할 수 있다.

② 제1항에 따라 보호처분의 종류와 기간을 변경할 때에는 종전의 처분기간을 합산하여 제14조제1항제1호·제2호·제4호·제5호에 따른 보호처분 기간은 1년을, 같은 항 제3호에 따른 사회봉사·수강명령은 200시간을 각각 초과할 수 없다.

(4) 성폭력범죄의 수사 및 피해자 보호에 관한 규칙

제 1 장 총   칙

제1조(목적)

이 규칙은 성폭력범죄 수사의 전문성을 제고하고 피해자 보호를 강화하는 것을 목적으로 한다.

제2조(정의)

성폭력범죄	「성폭력범죄의 처벌 등에 관한 특례법」 제2조의 성폭력범죄
아동·청소년대상 성폭력범죄	「아동·청소년의 성보호에 관한 법률」 제2조제3호의 아동·청소년대상 성폭력범죄
"피해아동·청소년	아동·청소년의 성보호에 관한 법률」 제2조제6호의 피해아동·청소년
범죄신고자등	「특정범죄신고자 등 보호법」 제2조제3호의 범죄신고자
피해자등	성폭력범죄의 피해자와 그 법정대리인
통합지원센터	「성폭력방지 및 피해자보호 등에 관한 법률」 제18조의 통합지원센터
성폭력 전담의료기관	「성폭력방지 및 피해자보호 등에 관한 법률」 제27조제1항의 전담의료기관

제 2 장 전담수사제

제5조(전담수사부서의 운영)
① 경찰서장은 성폭력범죄 전담수사부서에서 성폭력범죄의 수사를 전담하게 한다. 다만, 성폭력범죄 전담수사부서가 설치되지 않은 경우 다른 수사부서에서 성폭력범죄의 수사를 담당하게 한다.
② 지방경찰청장은 제1항의 규정에도 불구하고 피해자가 13세 미만이거나 신체적인 또는 정신적인 장애로 사물을 변별하거나 의사를 결정할 능력이 미약한 경우에는 특별한 사정이 없는 한 지방경찰청에 설치된 성폭력범죄 전담수사부서에서 성폭력범죄의 수사를 담당하게 한다.

제6조(전담조사관의 지정)
① 지방경찰청장 및 경찰서장은 소속 경찰공무원 중에서 성폭력범죄 전담조사관을 지정하여 성폭력범죄 피해자의 조사를 전담하게 한다.
② 지방경찰청장 및 경찰서장은 특별한 사정이 없는 한 수사경과자 중에서 제7조제1항의 성폭력수사 전문화 교육을 이수한 사람에 한해서 성폭력범죄 전담조사관을 지정하되, 1인 이상을 여성경찰관으로 지정하여야 한다.
③ 성폭력범죄 전담수사부서가 설치되지 않은 경찰서의 경찰서장은 수사를 담당하는 부서에 근무하는 경찰관 중에서 성폭력범죄 전담조사관을 지정한다.

제7조(교육)
① 경찰수사연수원장은 성폭력범죄의 수사에 필요한 수사기법과 피해자 보호를 위한 수사방법 및 절차 등에 관한 성폭력수사 전문화 교육과정을 운영한다.
② 지방경찰청장 및 경찰서장은 제1항에서 규정한 교육을 이수하지 않은 사람을 성폭력범죄 전담조사관으로 지정한 경우에는 지정한 날부터 6개월 이내에 교육을 이수하도록 한다.
③ 지방경찰청장은 해당 지방경찰청 및 경찰서 소속 성폭력범죄 전담조사관을 대상으로, 경찰서장은 해당 경찰서 소속 경찰관을 대상으로 매년 1회 이상 성폭력범죄의 수사 및 피해자 보호에 관하여 교육한다.
④ 성폭력범죄 전담조사관은 제6조에 의하여 지정된 날부터 1개월 이내에 경찰청에서 운영하는 사이버교육 중 성폭력 수사 교육을 이수하여야 한다.

제8조(피해자 보호지원관의 운영)
① 지방경찰청장 및 경찰서장은 소속 지방경찰청 및 경찰서에 근무하는 성폭력범죄 전담조사관 중에서 1인을 피해자 보호지원관으로 지정한다.

제 3 장 현장 조치

제9조(현장 임장)
성폭력범죄 전담조사관은 특별한 사정이 없는 한 성폭력 사건이 발생한 경우 지체없이 현장에 임장한다.

제10조(현장출동 시 유의사항)
① 경찰관은 피해자의 성폭력 피해사실이 제3자에게 알려지지 않도록 출동 시 신속성을 저해하지 않는 범위에서 경광등을 소등하거나 인근에서 하차하여 도보로 이동하는 등 피해자 보호를 위하여 노력하여야 한다.
② 경찰관은 현장에서 성폭력범죄 피의자를 검거한 경우에는 즉시 피해자와 분리조치하고, 경찰관서로 동행할 때에도 분리하여 이동한다.

③ 경찰관은 친족에 의한 아동성폭력 사건의 피의자를 체포할 경우에는 특별한 사정이 없는 한 피해자와 분리조치 후 체포하여야 한다.

④ 경찰관은 용의자를 신속히 검거하기 위하여 제11조의 조치에 지장이 없는 범위에서 피해자로부터 간이진술을 청취하거나 피해자와 동행하여 현장 주변을 수색할 수 있다. 이 경우 경찰관은 반드시 피해자의 명시적 동의를 받아야 한다.

제11조(피해자 후송)

① 경찰관은 피해자의 치료가 필요한 경우에는 즉시 피해자를 가까운 통합지원센터 또는 성폭력 전담 의료기관으로 후송한다. 다만, 피해자가 원하지 않는 경우에는 그러하지 아니한다.

② 경찰관은 성폭력범죄의 피해자가 13세 미만이거나 신체적인 또는 정신적인 장애로 사물을 변별하거나 의사를 결정할 능력이 미약한 경우에는 통합지원센터나 성폭력 전담의료기관과 연계하여 치료, 상담 및 조사를 병행한다. 다만, 피해자가 원하지 않는 경우에는 그러하지 아니하다.

③ 제1항 및 제2항에도 불구하고 통합지원센터나 성폭력 전담의료기관의 거리가 멀어 신속한 치료가 어려운 경우에는 가까운 의료기관과 연계할 수 있다.

제12조(신변안전조치)

① 지방경찰청장 및 경찰서장은 성폭력범죄의 피해자·신고자 및 그 친족 또는 동거인, 그 밖의 밀접한 인적 관계에 있는 사람이 보복을 당할 우려가 있는 경우에는 소속 경찰관으로 하여금 안전을 위하여 필요한 조치를 하도록 하여야 한다.

② 경찰관은 성폭력범죄의 수사·조사 및 상담 과정에서 성폭력범죄의 피해자·신고자 및 그 친족 또는 동거인, 그 밖의 사람이 보복을 당할 우려가 있는 경우에는 신변안전에 필요한 조치를 하거나 대상자의 주거지 또는 현재지를 관할하는 경찰서의 경찰서장에게 신변안전조치를 요청하여야 한다. 다만, 대상자가 원하지 않는 경우에는 그러하지 아니하다.

③ 신변안전조치의 종류는 다음 각 호의 어느 하나와 같다.
 1. 일정기간 동안의 특정시설에서의 보호
 2. 일정기간 동안의 신변경호
 3. 참고인 또는 증인으로 출석·귀가 시 동행
 4. 대상자의 주거·직장에 대한 주기적 순찰
 5. 비상연락망 구축 등 그 밖의 신변안전에 필요하다고 인정되는 조치

제13조(피해아동·청소년의 보호)

① 경찰관은 아동·청소년대상 성폭력범죄를 저지른 자가 피해아동·청소년과「가정폭력범죄의 처벌 등에 관한 특례법」제2조제2호의 가정구성원인 관계이면서 피해아동·청소년을 보호할 필요가 있는 때에는 피해아동·청소년 또는 그 법정대리인의 신청에 의하거나 직권으로 성폭력범죄를 저지른 자에 대하여 같은 법 제29조제1항제1호부터 제3호의 임시조치를 검사에게 신청할 수 있다.

② 경찰관은 성폭력범죄를 저지른 자가 제1항의 임시조치를 위반하여 다시 성폭력범죄를 저지를 우려가 있다고 인정하는 경우에는「가정폭력범죄의 처벌 등에 관한 특례법」제29조제1항제5호의 임시조치를 검사에게 신청할 수 있다.

제14조(권리고지)

① 경찰관은 성폭력범죄의 피해자등과 상담하거나 피해자를 조사할 때 국선변호인 선임, 피해자와 신뢰관계에 있는 자(이하 '신뢰관계자'라 한다)의 동석, 진술조력인 참여, 신분·사생활 비밀보장, 신변안전조치 및 상담·법률·의료지원에 관한 사항을 피해자등에게 고지하여야 한다.

② 경찰관은 제1항의 내용을 고지할 때 피해자등의 인지능력·생활환경·심리상태 등을 감안하여 구체적인 내용을 설명하여 피해자등이 권리·지원내용을 충분히 이해할 수 있도록 하여야 한다.

제15조(인적사항의 공개 금지)

경찰관은 성폭력 사건의 피해자나 범죄신고자등의 성명, 나이, 주소, 직업, 용모 등에 의하여 그가 피해자나 범죄신고자등임을 미루어 알 수 있는 정도의 사실이나 사진 등 또는 사생활에 관한 비밀을 공개하거나 제3자에게 누설하여서는 아니 된다.

제16조(증거수집)

경찰관은 피해자의 신체에서 증거를 채취할 때에는 반드시 피해자의 명시적인 동의를 받아야 하며, 특별한 사정이 없는 한 의사 또는 간호사의 도움을 받아 증거를 수집하여야 한다.

제 4 장 조　사

제17조(조사의 준비)

① 경찰관은 피해자를 조사하기 전에 피해자의 연령, 인지능력, 가족관계 및 생활환경 등을 확인하여야 한다.
② 경찰관은 제1항과 같이 확인한 결과를 토대로 피해자의 의견, 건강 및 심리 상태 등을 충분히 고려하여 조사의 시기·장소 및 방법 을 결정하여야 한다.
③ 경찰관은 조사의 시기·장소 및 방법을 결정할 때 제27조의 전문가 및 제28조의 진술조력인의 의견을 들을 수 있다.

제18조(조사 시 유의사항)

① 지방경찰청장 및 경찰서장은 특별한 사정이 없는 한 성폭력 피해여성을 여성 성폭력범죄 전담조사관이 조사하도록 하여야 한다. 다만, 피해자가 원하는 경우에는 신뢰관계자, 진술조력인 또는 다른 경찰관으로 하여금 입회하게 하고 별지 제1호 서식에 의해 서면으로 동의를 받아 남성 성폭력범죄 전담조사관으로 하여금 조사하게 할 수 있다.
② 경찰관은 성폭력 피해자를 조사할 때에는 제17조의 준비를 거쳐 1회에 수사상 필요한 모든 내용을 조사하는 등 조사 횟수를 최소화하기 위하여 노력하여야 한다.
③ 경찰관은 피해자의 입장을 최대한 존중하여 가급적 피해자가 원하는 시간에 진술녹화실 등 평온하고 공개되지 않은 장소에서 조사하고, 공개된 장소에서의 조사로 인하여 신분이 노출되지 않도록 유의하여야 한다.
④ 경찰관은 성폭력 피해자에 대한 조사와 피의자에 대한 신문을 분리하여 실시하고, 대질신문은 반드시 필요한 경우에만 예외적으로 실시하되, 시기·장소 및 방법에 관하여 피해자의 의사를 최대한 존중하여야 한다.
⑤ 경찰관은 피해자로 하여금 가해자를 확인하게 할 때는 반드시 범인식별실 또는 진술녹화실을 활용하여 피해자와 가해자가 대면하지 않도록 하고, 동시에 다수의 사람 중에서 가해자를 확인하도록 하여야 한다.

제19조(변호사 선임의 특례)

① 경찰관은 성폭력범죄의 피해자등에게 변호사를 선임할 수 있고 국선변호사 선정을 요청할 수 있음을 고지하여야 한다.
② 경찰관은 피해자등이 국선변호사 선정을 요청한 때에는 검사에게 통보하여야 한다.
③ 경찰관은 성폭력범죄의 피해자가 변호사를 선임하거나 검사가 국선변호사를 선정한 경우 변호사가 조사과정에 참여하게 하여야 한다.
④ 경찰관은 조사 중에 변호사가 의견 진술을 요청할 경우, 조사를 방해하는 등의 특별한 사정이 없는 한 승인하여야 한다.

제20조(인적사항의 기재 생략)

① 경찰관은 성폭력 사건처리와 관련하여 조서나 그 밖의 서류를 작성할 때 피해자 또는 범죄신고자등의 신원이 알려질 수 있는 사항에 대해서는 그 전부 또는 일부를 기재하지 아니할 수 있고, 이 때 범죄신고자등 신원관리카드에 인적사항을 등재한다.

② 제1항에 따라 인적사항을 기재하지 않을 때에는 피해자, 범죄신고자등의 서명은 가명(假名)으로, 간인(間印) 및 날인(捺印)은 무인(拇印)으로 하게 하여야 한다.

제21조(신뢰관계자의 동석)

① 경찰관은 피해자를 조사할 때 신뢰관계자를 동석하게 할 수 있다. 이 경우 신뢰관계자로부터 신뢰관계자 동석 확인서 및 피해자와의 관계를 소명할 서류를 제출받아 이를 기록에 편철한다.

② 경찰관은 아동·청소년대상 성폭력범죄의 피해자나 법정대리인이 신청하는 경우와 「성폭력범죄의 처벌 등에 관한 특례법」 제3조부터 제8조, 같은 법 제10조 및 제15조(같은 법 제9조의 미수범은 제외한다)의 범죄의 피해자를 조사하는 경우에는 수사에 지장을 줄 우려가 있는 부득이한 경우가 아니면 신뢰관계자를 동석하게 하여야 한다.

③ 경찰관은 피해자가 19세 미만이거나 신체적인 또는 정신적인 장애가 있는 경우에 피해자의 동의를 받아 성폭력 상담을 지원하는 상담소의 상담원 등을 신뢰관계자로 동석하게 할 수 있다.

④ 제1항부터 제3항에 해당하는 경우 경찰관은 신뢰관계자라도 피해자에게 불리한 영향을 미칠 우려가 현저하거나 피해자가 원하지 아니하는 경우에는 동석하게 하여서는 아니 된다.

제22조(영상물의 촬영·보존)

① 경찰관은 성폭력범죄의 피해자를 조사할 때에는 진술내용과 조사과정을 영상물 녹화장치로 촬영·보존할 수 있다. 다만, 피해자가 19세 미만이거나 신체적인 또는 정신적인 장애로 사물을 변별하거나 의사를 결정할 능력이 미약한 경우에는 반드시 촬영·보존하여야 한다.

② 경찰관은 영상녹화를 할 때에는 피해자등에게 영상녹화의 취지 등을 설명하고 동의 여부를 확인하여야 하며, 피해자등이 녹화를 원하지 않는 의사를 표시한 때에는 촬영을 하여서는 아니 된다. 다만, 가해자가 친권자 중 일방인 경우에는 그러하지 아니하다.

제23조(영상녹화의 방법)

경찰관은 영상물을 녹화할 때에는 조사의 시작부터 조서에 기명날인 또는 서명을 마치는 시점까지의 모든 과정을 영상녹화하고, 녹화완료 시 그 원본을 피해자 또는 변호사 앞에서 봉인하고 피해자로 하여금 기명날인 또는 서명하게 하여야 한다.

제24조(영상녹화 시 유의사항)

경찰관은 피해자등의 진술을 녹화하는 경우에 다음 각 호의 사항에 유의하여야 한다.

1. 피해자의 신원에 관한 사항은 녹화 전에 서면으로 작성하고 녹화 시 진술하지 않게 하여 영상물에 포함되지 않도록 한다.

2. 신뢰관계자 또는 진술조력인이 동석하여 녹화를 할 때에는, 신뢰관계자 또는 진술조력인이 조사실을 이탈할 경우 녹화를 일시적으로 중단하고 조사실로 돌아온 후 녹화를 재개한다.

3. 피해자등이 신청하는 경우 영상물 촬영과정에서 작성한 조서의 사본을 발급하거나 영상물을 재생하여 시청하게 하고, 그 내용에 대하여 이의를 진술하는 때에는 그 취지를 기재한 서면을 첨부한다.

제28조(진술조력인의 참여)

① 경찰관은 성폭력범죄의 피해자가 13세 미만이거나 신체적인 또는 정신적인 장애로 의사소통이나 의사표현에 어려움이 있는 경우 직권이나 피해자등 또는 변호사의 신청에 따라 진술조력인이 조사과정에 참여하게 할 수 있다. 다만, 피해자등이 이를 원하지 않을 때는 그러하지 아니하다.

② 경찰관은 제1항의 피해자를 조사하기 전에 피해자등 또는 변호사에게 진술조력인에 의한 의사소통 중개나 보조를 신청할 수 있음을 고지하여야 한다.

③ 경찰관은 피의자 또는 피해자의 친족이거나 친족이었던 사람, 법정대리인, 대리인 또는 변호사를 진술조력인으로 선정해서는 아니 된다.

④ 경찰관은「성폭력범죄의 처벌 등에 관한 특례법 시행규칙」제13조제1항제1호·제2호에 해당할 때에는 해당 사건의 진술조력인 선정을 취소하여야 하고, 같은항 제3호부터 제6호에 해당할 때에는 취소할 수 있다.

⑤ 경찰관은 진술조력인이 조사에 참여한 경우에는 진술조서에 그 취지를 기재하고, 진술조력인으로 하여금 진술조서 및 영상녹화물에 기명날인 또는 서명을 하도록 하여야 한다.

3. 성범죄 수사상 유의사항

(1) 여성심리의 고려

여성피해자의 심리를 고려, 과격하거나 직설적인 표현은 삼가고 성적 수치심을 자극해서는 아니되며, 여성특유의 자존심과 결부시 거짓말을 할 우려가 있으므로 주의한다.

(2) 최대한의 물증 포착

피해사실이 분명하면 범인이 불명하고, 면식자의 범행 및 범인이 뚜렷한 경우 피해자의 의사에 반하여 성교가 이루어진 여부가 애매한 것이 성범죄의 특징이다.

제6절 약취·유인 사건 수사

1. 약취·유인 사건의 의의, 특성 및 수사 방침

통상 실무적으로 칭해지는 유괴사건은 미성년자 등을 대상으로 한 인질강도죄(형법 제336조, 특정범죄가중처벌에 관한 법률 제5조의2항)를 의미한다. 약취·유인 사건은 연고감 내지 지리감이 있는 자가 사전 계획적 범죄에 의해 행해진다. 또한 범행현장이 여러 곳에 있으며, 공범자 있는 것이 보통이다. 기 발생 사건을 볼 때 검거가 장기화되면 피유괴자가 살해될 가능성이 높다. 따라서 약취·유인 사건의 수사방침은 신속착수·과학수사·비밀수사의 원칙이 적용된다.

2. 기본활동

수사지휘 본부가 설치운영되며, 필요한 기자재의 활용을 한다. 또한 비노출 거점을 확보해야 하며, 피해자 대책으로 유괴사건의 수사는 피해자 가족과의 협조가 필수적인 사건이다. 따라서 피해자의 가족을 상대로 범인과 직결되는 수사자료를 수집한다.

3. 체포요령

사전협의	활동개시 시간 통일, 임무분담 구체적으로 지시, 행동통일을 위해 신호를 결정
현장지휘	몸값소지자 미행 몸값소지자에 대한 보호대책 강구, 몸값 전달 장소 변경 등의 사태급변시 즉응조치 강구, 직선적이고 단순한 미행은 자제, 위장 또는 변장
현장지휘 본부설치	몸값 전달 장소에는 현장지휘본부를 설치하여 반드시 2선·3선의 복선배치를 실시하는 외에 주요 간선도로에는 비노출 차량을 배치하는 등 도주방지를 위한 대비책을 세워야 한다.
잠복	1. 잠복을 위한 요원들은 지정장소로 직행하는 것을 금하고 주변으로 우회하여 잠복 장소로 진출 2. 주변에 어울리는 위장이나 변장을 하여야 하고 지정시간과 충분한 시간적 여유를 갖고 현장에서 잠복근무 시작 3. 장시간의 잠복에 대비하여 교대요원이나 식사 등의 대책 마련 4. 범인이 해당시간에 현장에 나타나지 않는 경우에는 근무지역내에서 행동가능한 판단과 필요조치 사전에 지시
범인체포	공범자가 있는지에 유의, 몸값소지자가 몸값을 전달한 후 안전권내에 돌아온 후에 체포에 착수한다. 체포시 행동통일
피유괴자 구출	검거한 범인으로부터 신속하게 피유괴자의 소재를 알아내 피해자를 구출

4. 보도협정

기자들에게 엠바고 요청을 하며, 보도협정기간 중 보도관계자의 취재활동·피해자 집 등에 대한 출입 때문에 수사활동에 지장을 가져올 우려가 있을 때에는 서장은 필요한 협력 요청을 한다.

5. 실종아동등 및 가출인 업무처리 규칙[3]

(1) 목적

실종아동등 및 가출인의 신속한 발견 등을 위한 업무를 효율적으로 처리하기 위해 필요한 사항을 규정함을 목적으로 한다.

(2) 관련 용어의 정의

아동등	실종 당시 18세 미만 아동, 지적·자폐성·정신장애인, 치매환자
실종아동등	보호자로부터 이탈된 아동등
찾는실종아동등	실종아동등 중 보호자가 찾고 있는 아동등

---

3) 경찰청예규 제494호(2015. 1. 26)

보호실종아동등	보호자가 확인되지 않아 경찰관이 보호하고 있는 아동등
장기실종아동등	보호자로부터 신고를 접수한 지 48시간이 경과한 후에도 발견되지 않은 찾는실종아동등
가출인	신고 당시 보호자로부터 이탈된 만 18세 이상의 사람을 말하며, 이 중 「청소년보호법」제2조제1호에 따른 청소년을 "가출청소년"이라 하고, 그 외는 "가출성인"이라 한다.
발생지	실종아동등 및 가출인이 실종·가출 전 최종적으로 목격되었거나 목격되었을 것으로 추정하여 신고자 등이 진술한 장소를 말하며, 신고자 등이 최종 목격 장소를 진술하지 못하거나, 목격되었을 것으로 추정되는 장소가 대중교통시설 등일 경우 또는 실종·가출 발생 후 1개월이 경과한 때에는 실종아동등 및 가출인의 실종 전 최종 주거지
발견지	실종아동등 또는 가출인을 발견하여 보호 중인 장소를 말하며, 발견한 장소와 보호 중인 장소가 서로 다른 경우에는 보호 중인 장소
강력범죄	살인·강도·변사사건 등을 말하며, 약취·유인·체포·감금은 제외한다.

(3) 실종 아동 찾기

제4조(실종아동찾기센터)	① 실종아동등의 조속한 발견 등 관련 업무를 효율적으로 수행하기 위해 경찰청에 실종아동찾기센터를 설치한다. ② 실종아동찾기센터는 다음 각 호의 업무를 수행한다. 1. 전국에서 발생하는 실종아동등의 신고접수·조회·전국 수배 및 수배해제 등 실종아동등 발견·보호·지원을 위한 업무 2. 실종아동등 신고용 특수번호 전화서비스인 "182"의 운영 3. 그 밖의 실종아동등과 관련하여 경찰청장이 지시하는 사항
제5조(장기실종자 추적팀)	① 장기실종아동등에 대한 전담 추적·조사를 위해 경찰청 또는 지방경찰청에 장기실종자 추적팀을 설치할 수 있다. ② 장기실종자 추적팀은 다음 각 호의 업무를 수행한다. 1. 장기실종아동등에 대한 전담 조사 2. 실종아동등·가출인 관련 사건의 수색·수사 지도 3. 그 밖의 소속 경찰관서의 장이 지시하는 실종아동등 관련 업무

(4) 정보시스템

제6조(정보시스템의 운영)	① 경찰청 생활안전국장은 법 제8조의2제1항에 따른 정보시스템으로 실종아동등 프로파일링시스템 및 실종아동찾기센터 홈페이지(이하 "인터넷 안전드림"이라 한다)를 운영한다. ② 실종아동등 프로파일링시스템은 경찰관서 내에서만 사용할 수 있도록 제한하고, 인터넷 안전드림은 누구든 사용할 수 있도록 공개 하는 등 분리하여 운영한다. 다만, 자료의 전송 등을 위해 필요한 경우 상호 연계할 수 있다.

		③ 경찰관서의 장은 실종아동등 프로파일링시스템에 업무담당자 등 필요하다고 인정되는 사람만 접근할 수 있도록 권한을 부여하는 등의 방법으로 통제·관리하여야 한다. ④ 인터넷 안전드림은 실종아동등의 신고 또는 예방·홍보 등과 관련된 정보를 제공한다.
제7조(정보시스템 입력 대상 및 정보 관리)	입력 대상	1. 실종아동등 2. 가출인 3. 보호시설 입소자 중 보호자가 확인되지 않는 사람(이하 "보호시설 무연고자"라 한다)
	미입력 대상	경찰관서의 장은 실종아동등 또는 가출인에 대한 신고를 접수한 후 신고대상자가 다음 각 호의 어느 하나에 해당하는 경우에는 신고 내용을 실종아동등 프로파일링시스템에 입력하지 않을 수 있다. 1. 채무관계 해결, 형사사건 당사자 소재 확인 등 실종아동등 및 가출인 발견 외 다른 목적으로 신고된 사람 2. 수사기관으로부터 지명수배 또는 지명통보된 사람 3. 허위로 신고된 사람 4. 보호자가 가출 시 동행한 아동등 5. 그 밖에 신고 내용을 종합하였을 때 명백히 제1항에 따른 입력 대상이 아니라고 판단되는 사람
	보존 기간	실종아동등 프로파일링시스템에 등록된 자료의 보존기간은 다음 각 호와 같다. 다만, 대상자가 사망하거나 보호자가 삭제를 요구한 경우는 즉시 삭제하여야 한다. 1. 발견된 18세 미만 아동 및 가출인 : 수배 해제 후로부터 5년간 보관 2. 발견된 지적·자폐성·정신장애인 등 및 치매환자 : 수배 해제 후로부터 10년간 보관 3. 미발견자 : 소재 발견 시까지 보관 4. 보호시설 무연고자 : 본인 요청 시
	기타	④ 경찰관서의 장은 본인 또는 보호자의 동의를 받아 실종아동등 프로파일링시스템에서 데이터베이스로 관리하는 실종아동등 및 보호시설 무연고자 자료를 인터넷 안전드림에 공개할 수 있다. ⑤ 경찰관서의 장은 다음 각 호의 어느 하나에 해당하는 때에는 지체 없이 인터넷 안전드림에 공개된 자료를 삭제하여야 한다. 1. 찾는실종아동등을 발견한 때 2. 보호실종아동등 또는 보호시설 무연고자의 보호자를 확인한 때 3. 본인 또는 보호자가 공개된 자료의 삭제를 요청하는 때 ⑥ 실종아동등 또는 가출인에 대한 신고를 접수하거나, 실종아동등 프로파일링시스템에 신고 내용이 입력되어 있는 것을 확인한 경찰관은 보호자가 요청하는 경우에는 별지 제1호서식의 신고접수증을 발급할 수 있다.
제8조(실종아동등 프로파일링시스템 등록)		① 경찰관서의 장은 제7조제1항 각 호의 대상에 대하여 별지 제2호서식의 실종아동등 프로파일링시스템 입력자료를 시스템에 등록한다. ③ 경찰관서의 장은 다음 각 호의 어느 하나에 해당하는 경우에는 별지 제3호서식에 따른 수정·해제자료를 작성하여 실종아동등 프로파일링시스템에 등록된 자

	료를 해제하여야 한다. 다만, 제6호에 해당하는 경우에는 해제 요청 사유의 진위(眞僞) 여부를 확인한 후 해제한다. 1. 찾는실종아동등 및 가출인의 소재를 발견한 경우 2. 보호실종아동등의 신원을 확인하거나 보호자를 확인한 경우 4. 허위 또는 오인신고인 경우 5. 지명수배 또는 지명통보 대상자임을 확인한 경우 6. 보호자가 해제를 요청한 경우 ④ 실종아동등에 대한 해제는 실종아동찾기센터에서 하며, 지방경찰청장 및 경찰서장이 해제하려면 실종아동찾기센터로 요청하여야 한다.

(5) 실종아동 등

제10조(신고 접수)	① 실종아동등 신고는 관할에 관계 없이 실종아동찾기센터, 각 지방경찰청 및 경찰서에서 전화, 서면, 구술 등의 방법으로 접수하며, 신고를 접수한 경찰관은 범죄와의 관련 여부 등을 확인해야 한다. ② 경찰청 실종아동찾기센터는 실종아동등에 대한 신고를 접수하거나, 신고 접수에 대한 보고를 받은 때에는 즉시 실종아동등 프로파일링시스템에 입력, 관할 경찰관서를 지정하는 등 필요한 조치를 하여야 한다. 이 경우 관할 경찰관서는 발생지 관할 경찰관서 등 실종아동등을 신속히 발견할 수 있는 관서로 지정해야 한다.
제11조(신고에 대한 조치 등)	① 경찰관서의 장은 찾는실종아동등에 대한 신고를 접수한 때에는 정보시스템의 자료를 조회하는 등의 방법으로 실종아동등을 찾기 위한 조치를 취하고, 실종아동등을 발견한 경우에는 즉시 보호자에게 인계하는 등 필요한 조치를 하여야 한다. ② 경찰관서의 장은 보호실종아동등에 대한 신고를 접수한 때에는 제1항의 절차에 따라 보호자를 찾기 위한 조치를 취하고, 보호자가 확인된 경우에는 즉시 보호자에게 인계하는 등 필요한 조치를 하여야 한다. ③ 경찰관서의 장은 제2항에 따른 조치에도 불구하고 보호자를 발견하지 못한 경우에는 관할 지방자치단체의 장에게 보호실종아동등을 인계한다. ④ 경찰관서의 장은 정보시스템 검색, 다른 자료와의 대조, 주변인물과의 연락 등 실종아동등의 조속한 발견을 위하여 지속적인 추적을 하여야 한다. ⑤ 경찰관서의 장은 실종아동등에 대하여 제18조의 현장 탐문 및 수색 후 그 결과를 즉시 보호자에게 통보하여야 한다. 이후에는 실종아동등 프로파일링시스템에 등록한 날로부터 1개월까지는 15일에 1회, 1개월이 경과한 후부터는 분기별 1회 보호자에게 추적 진행사항을 통보한다. ⑥ 경찰관서의 장은 찾는실종아동등을 발견하거나, 보호실종아동등의 보호자를 발견한 경우에는 실종아동등 프로파일링시스템에서 등록 해제하고, 해당 실종아동등에 대한 발견 관서와 관할 관서가 다른 경우에는 발견과 관련된 사실을 관할 경찰관서의 장에게 지체 없이 알려야 한다.
제12조(출생 신고 지연 아동의 확인)	경찰관서의 장은 법 제6조제4항에 따라 지방자치단체의 장으로부터 출생 후 6개월이 경과한 아동의 신상카드 사본을 제출받은 경우에는 지체 없이 정보시스템에서 관리하는 자료와의 비교·검색 등을 통해 해당 아동이 실종아동인지를 확인하여 그 결과를 지방자치단체의 장에게 통보하여야 한다.
제13조(아동등 지문 등 정보의	① 경찰관서의 장은 법 제7조의2에 따라 보호자가 사전등록을 신청하는 때에는 신청서를 제출받아 실종아동 등 프로파일링시스템에 등록한 후 「개인정보보호법」

사전등록 및 관리)	제21조제1항에 따라 지체없이 폐기한다. ② 경찰관서의 장은 가족관계 기록사항에 관한 증명서, 장애인등록증 등 필요한 서류를 확인하는 등의 방법으로 아동등이 사전등록 대상에 해당하는지 확인하여야 한다. ③ 경찰관서의 장은 보호자의 신청을 받아 아동등의 지문·얼굴사진정보를 수집 및 인적사항 등 신청서상 기재된 개인정보를 확인하여 사전등록시스템에 입력할 수 있다. 다만, 보호자가 지문 또는 얼굴사진 정보의 수집을 거부하는 때에는 그 의사에 반하여 정보를 수집할 수 없다. ④ 경찰관서의 장은 보호실종아동등을 발견한 때에는 해당 아동등의 지문·얼굴사진정보를 수집 및 신체특징을 확인한 후 사전등록시스템의 데이터베이스와 비교 검색하는 등의 방법으로 신원을 확인하기 위한 조치를 하여야 한다. 다만, 해당 아동등이 지문 또는 얼굴사진 정보의 수집을 진정한 의사에 의해 명시적으로 거부할 때에는 그 의사에 반하여 정보를 수집할 수 없다. ⑤ 경찰관서의 장은 제4항의 조치에도 불구하고 보호실종아동등의 신원을 확인하지 못한 때에는 제11조의 규정에 따른 조치를 하여야 한다. ⑥ 경찰관서의 장은 영 제3조의3제2항에 따라 사전등록된 데이터베이스를 폐기하는 때에는 어떠한 방법으로도 복구할 수 없도록 기술적 조치를 하여야 한다. ⑦ 경찰관서의 장은 영 제3조의3제2항제2호에 따라 보호자가 사전등록된 데이터베이스의 폐기를 요청하는 때에는 즉시 해당 데이터베이스를 폐기하고, 제출받은 요청서는 10년간 보관하여야 한다.
제14조(실종 아동등의 위치정보를 요청하는 방법 및 절차)	① 찾는실종아동등의 신고를 접수하여 현장에 출동한 경찰관은 보호자·목격자의 진술, 실종 당시의 정황 등을 종합하여 실종아동등의 조속한 발견을 위해 법 제9조에 따른 위치정보 제공 요청의 필요 여부를 판단하여야 한다. ② 현장 출동 경찰관은 신고자로부터 가족관계 등록사항에 관한 증명서, 장애인등록증 등 필요한 서류를 확인하는 등의 방법으로 신고대상자가 실종아동등에 해당하는지와 신고자가 실종아동등의 보호자가 맞는지 확인하여야 한다. 다만, 현장에서 관련 서류를 확인하기 어려운 때에는 신고자의 진술로 이를 확인할 수 있다. ③ 경찰관이 법 제9조에 따른 위치정보 제공을 요청하는 때에는 다음 각 호에 따른 결재권자의 결재를 받아 요청하여야 한다. 다만, 야간 또는 공석 등의 이유로 즉시 결재를 받기 어려운 때에는 사후에 보고하도록 해야 한다. 1. 지구대·파출소 지역경찰관 : 지구대장 또는 파출소장 2. 경찰서 여성청소년부서 담당 경찰관 : 소속 과장 3. 지방청 여성청소년과 담당 경찰관 : 소속 계장 ④ 담당 경찰관은 찾는실종아동등의 위치정보를 제공받아 수색하는 과정에서 해당 실종아동등이 범죄 피해로 인해 실종되었다고 확인되는 때에는 즉시 해당 위치정보를 폐기하여야 한다. ⑤ 경찰관서의 장은 위치정보가 실종아동등 찾기 이외의 목적으로 오·남용되지 않도록 관리하여야 한다.

(6) 가출인

제15조(신고 접수)	① 가출인 신고는 관할에 관계없이 접수하여야 하며, 신고를 접수한 경찰관은 범죄와 관련 여부를 확인하여야 한다. ② 경찰서장은 가출인에 대한 신고를 접수한 때에는 정보시스템의 자료 조회, 신고자의 진술을 청취하는 방법 등으로 가출인을 발견하기 위한 조치를 하여야 하며,

	가출인을 발견하지 못한 경우에는 즉시 실종아동등 프로파일링시스템에 가출인에 대한 사항을 입력한다. ③ 경찰서장은 접수한 가출인 신고가 다른 관할인 경우 제2항의 조치 후 지체 없이 가출인의 발생지를 관할하는 경찰서장에게 이첩하여야 한다.
제16조(신고에 대한 조치 등)	① 가출인 사건을 관할하는 경찰서장은 정보시스템 자료의 조회, 다른 자료와의 대조, 주변인물과의 연락 등 가출인을 발견하기 위해 지속적으로 추적하고, 실종아동등 프로파일링시스템에 등록한 날로부터 반기별 1회 보호자에게 귀가 여부를 확인한다. ② 경찰서장은 가출인을 발견한 때에는 등록을 해제하고, 해당 가출인을 발견한 경찰서와 관할하는 경찰서가 다른 경우에는 발견 사실을 관할 경찰서장에게 지체 없이 알려야 한다. ③ (삭제) ④ 경찰서장은 가출인을 발견한 경우에는 가출신고가 되어 있음을 고지하고, 보호자에게 통보한다. 다만, 가출인이 거부하는 때에는 보호자에게 가출인의 소재(所在)를 알 수 있는 사항을 통보하여서는 아니 된다.

(7) 보호시설 무연고자 등록 · 해제

제17조(보호시설 무연고자 등록·해제)	① 경찰관서의 장은 관내 보호시설을 방문하였을 때에 보호시설 무연고자의 자료가 실종아동등 프로파일링시스템에 있는 지 확인한 후 없는 경우에는 별지 제5호서식의 보호시설 무연고자 실종아동등 프로파일링시스템 입력자료를 작성하여 실종아동등 프로파일링시스템에 등록하고, 변경사항이 있거나, 보호자가 확인된 경우에는 별지 제6호서식의 보호시설 무연고자 실종아동등 프로파일링시스템 수정·해제자료를 작성하여 변경하거나 등록을 해제한다.

(8) 초동조치 및 추적 · 수사

제18조(현장 탐문 및 수색)	① 찾는실종아동등 및 가출인 발생신고를 접수 또는 이첩 받은 발생지 관할 경찰서장은 즉시 현장출동 경찰관을 지정하여 탐문·수색하도록 하여야 한다. 다만, 경찰관서장이 판단하여 수색의 실익이 없거나 현저히 곤란한 경우에는 탐문·수색을 생략하거나 중단할 수 있다. ② 경찰서장은 제1항의 규정에 따라 현장을 탐문·수색한 결과, 정밀수색이 필요하다고 인정될 경우에는 추가로 필요한 경찰관 등을 출동시킬 수 있다. ③ 현장출동 경찰관은 제1항의 규정에 따라 현장을 탐문·수색한 결과에 대해 필요한 보고서를 작성하여 실종아동등 프로파일링시스템에 등록하고 경찰서장에게 보고하여야 한다.
제19조(추적 및 수사)	① 찾는실종아동등 및 가출인에 대한 발생지 관할 경찰서장은 신고자·목격자 조사, 최종 목격지 및 주거지 수색, 위치추적 등 통신수사, 유전자검사, 실종아동등 프로파일링시스템 정보조회 등의 방법을 통해 실종아동등 및 가출인을 발견하기 위한 추적에 착수한다. ② 경찰서장은 실종아동등 및 가출인이 범죄관련 여부가 의심되는 경우, 신속히 수사에 착수하여야 한다.
제20조(실종수사 조정위원회)	① 경찰서장은 실종아동등 및 가출인의 수색·추적 중 인지된 강력범죄의 업무를 조정하기 위하여 실종수사 조정위원회를 구성하여 운영할 수 있다.

	1. 위원회는 위원장을 경찰서장으로 하고, 위원은 여성청소년과장(미직제시 생활안전과장), 형사과장(미직제시 수사과장) 등 과장 3인 이상으로 구성한다. 2. 위원회는 경찰서 여성청소년과장이 회부한 강력범죄 의심 사건의 범죄관련성 여부 판단 및 담당부서를 결정한다. ② 위원회는 경찰서 여성청소년과장의 안건 회부 후 24시간 내에 서면으로 결정하여야 한다. ③ 경찰서장은 위원회 결정에 따라 실종아동등 및 가출인 발견을 위해 신속히 추적 또는 수사에 착수하여야 한다.

(9) 유전자검사

제21조(실종아동 등 여부 사전확인)	① 경찰관서의 장은 법 제11조제1항 각 호에 따른 대상자로부터 유전자검사대상물을 채취하려면 실종아동등 프로파일링시스템의 자료 검색 등을 통하여 검사 대상자와 인적사항 등이 유사한 자료가 있는지 미리 확인하여야 한다. ② 경찰관서의 장은 제1항에 따른 검색을 통하여 검사대상자가 실종아동등이라는 것이 확인된 경우에는 해당 자료 화면을 출력하여 유전자검사동의서 등 유전자 검사대상물 채취관련 서류와 함께 보관한다. ③ 유전자검사대상물을 채취하고자 하는 아동등이 제1항의 방법으로 확인되지 않을 때에는 해당 아동등에게 보호시설 입·퇴소 기록 및 신상카드 등을 확인한 후 유전자검사대상물을 채취한다. 이 때 해당 기록 및 신상카드 사본은 제출받아 유전자 검사대상물 채취관련 서류와 함께 보관하여야 한다.
제22조(유전자검 사 동의서 사본 교부)	① 경찰관서의 장은 법 제11조제1항에 의한 유전자검사 대상물 채취 시 작성한「실종아동등의 발견 및 유전자검사 등에 관한 규칙」제9조제1항의 유전자검사 동의서 사본을 본인 또는 법정대리인에게 교부하여야 한다.

(10) 실종 · 유괴경보의 발령

제23조(실종경보 · 유괴경보의 발령)	① 지방경찰청장은 실종아동등의 보호 및 지원에 관한 법률 시행령 제4조의4제2항 및 제3항에 따라 실종경보 또는 유괴경보(이하 "실종·유괴경보"라 한다)를 발령하기 위한 실종경보발령시스템이 구축되도록 전기통신사업자, 방송사업자 그밖에 실종경보 발령에 적합한 기관·단체와 사전에 협의하여야 한다. ② 지방경찰청장은 실종·유괴경보 발령의 필요성과 요건 및 발령범위를 검토하여 제1항에 따른 협약기관을 통해 실종·유괴경보를 발령하고, 실종아동등의 보호자가 요청하거나 대상자가 발견되는 등 경보발령의 필요성이 없어진 경우 즉시 경보발령을 해제한다. ③ 지방경찰청장은 실종·유괴경보를 발령하는 경우, 실종아동등의 발견 및 복귀를 위하여 필요한 최소한의 정보만을 공개하고, 실종·유괴경보의 발령과 해제사실을 지체없이 경찰청장에게 보고하여야 한다. ④ 지방경찰청장은 필요한 경우 인접 지방경찰청장에게 같은 내용의 실종·유괴경보의 발령을 요청할 수 있고, 경보발령을 요청받은 지방경찰청장은 고유의 직무수행에 현저히 지장을 받을 것이 명백한 경우가 아닌 한 이에 협조하여야 한다.

6. 특정범죄 가중처벌 등에 관한 법률

(1) 목적

이 법은 「형법」, 「관세법」, 「조세범 처벌법」, 「지방세기본법」, 「산림자원의 조성 및 관리에 관한 법률」 및 「마약류관리에 관한 법률」에 규정된 특정범죄에 대한 가중처벌 등을 규정함으로써 건전한 사회질서의 유지와 국민경제의 발전에 이바지함을 목적으로 한다.

(2) 뇌물 관련

제2조(뇌물죄의 가중처벌)	① 「형법」 제129조·제130조 또는 제132조에 규정된 죄를 범한 사람은 그 수수(收受)·요구 또는 약속한 뇌물의 가액(價額)(이하 이 조에서 "수뢰액"이라 한다)에 따라 다음 각 호와 같이 가중처벌한다. 1. 수뢰액이 1억원 이상인 경우에는 무기 또는 10년 이상의 징역에 처한다. 2. 수뢰액이 5천만원 이상 1억원 미만인 경우에는 7년 이상의 유기징역에 처한다. 3. 수뢰액이 3천만원 이상 5천만원 미만인 경우에는 5년 이상의 유기징역에 처한다. ② 「형법」 제129조·제130조 또는 제132조에 규정된 죄를 범한 사람은 그 죄에 대하여 정한 형(제1항의 경우를 포함한다)에 수뢰액의 2배 이상 5배 이하의 벌금을 병과(倂科)한다.
제3조(알선수재)	공무원의 직무에 속한 사항의 알선에 관하여 금품이나 이익을 수수·요구 또는 약속한 사람은 5년 이하의 징역 또는 1천만원 이하의 벌금에 처한다.
제4조(뇌물죄 적용대상의 확대)	① 다음 각 호의 어느 하나에 해당하는 기관 또는 단체로서 대통령령으로 정하는 기관 또는 단체의 간부직원은 「형법」 제129조부터 제132조까지(수뢰·사전수뢰, 제삼자뇌물제공, 수뢰후부정처사·사후수뢰, 알선수뢰)까지의 규정을 적용할 때에는 공무원으로 본다. 1. 국가 또는 지방자치단체가 직접 또는 간접으로 자본금의 2분의 1 이상을 출자하였거나 출연금·보조금 등 그 재정지원의 규모가 그 기관 또는 단체 기본재산의 2분의 1 이상인 기관 또는 단체 2. 국민경제 및 산업에 중대한 영향을 미치고 있고 업무의 공공성(公共性)이 현저하여 국가 또는 지방자치단체가 법령에서 정하는 바에 따라 지도·감독하거나 주주권의 행사 등을 통하여 중요 사업의 결정 및 임원의 임면(任免) 등 운영 전반에 관하여 실질적인 지배력을 행사하고 있는 기관 또는 단체 ② 제1항의 간부직원의 범위는 제1항의 기관 또는 단체의 설립목적, 자산, 직원의 규모 및 해당 직원의 구체적인 업무 등을 고려하여 대통령령으로 정한다.

(3) 가중 처벌

제4조의2(체포·감금 등의 가중처벌)	① 「형법」 제124조·제125조(불법체포·불법감금, 폭행가혹행위)에 규정된 죄를 범하여 사람을 상해(傷害)에 이르게 한 경우에는 1년 이상의 유기징역에 처한다. ② 「형법」 제124조·제125조에 규정된 죄를 범하여 사람을 사망에 이르게 한 경우에는 무기 또는 3년 이상의 징역에 처한다.
제4조의3(공무상 비밀누설의 가중처벌)	「국회법」 제54조의2제2항을 위반한 사람은 5년 이하의 징역 또는 500만원 이하의 벌금에 처한다.

제5조 (국고 등 손실)	「회계관계직원 등의 책임에 관한 법률」 제2조제1호·제2호 또는 제4호(제1호 또는 제2호에 규정된 사람의 보조자로서 그 회계사무의 일부를 처리하는 사람만 해당한다)에 규정된 사람이 국고(國庫) 또는 지방자치단체에 손실을 입힐 것을 알면서 그 직무에 관하여 「형법」 제355조의 죄를 범한 경우에는 다음 각 호의 구분에 따라 가중처벌한다. 　1. 국고 또는 지방자치단체의 손실이 5억원 이상인 경우에는 무기 또는 5년 이상의 징역에 처한다. 　2. 국고 또는 지방자치단체의 손실이 1억원 이상 5억원 미만인 경우에는 3년 이상의 유기징역에 처한다.
제5조의2 (약취·유인죄의 가중처벌)	① 13세 미만의 미성년자에 대하여 「형법」 제287조(미성년자 약구치, 유인)의 죄를 범한 사람은 그 약취(略取) 또는 유인(誘引)의 목적에 따라 다음 각 호와 같이 가중처벌한다. 　1. 약취 또는 유인한 미성년자의 부모나 그 밖에 그 미성년자의 안전을 염려하는 사람의 우려를 이용하여 재물이나 재산상의 이익을 취득할 목적인 경우에는 무기 또는 5년 이상의 징역에 처한다. 　2. 약취 또는 유인한 미성년자를 살해할 목적인 경우에는 사형, 무기 또는 7년 이상의 징역에 처한다. ② 13세 미만의 미성년자에 대하여 「형법」 제287조의 죄를 범한 사람이 다음 각 호의 어느 하나에 해당하는 행위를 한 경우에는 다음 각 호와 같이 가중처벌한다. 　1. 약취 또는 유인한 미성년자의 부모나 그 밖에 그 미성년자의 안전을 염려하는 사람의 우려를 이용하여 재물이나 재산상의 이익을 취득하거나 이를 요구한 경우에는 무기 또는 10년 이상의 징역에 처한다. 　2. 약취 또는 유인한 미성년자를 살해한 경우에는 사형 또는 무기징역에 처한다. 　3. 약취 또는 유인한 미성년자를 폭행·상해·감금 또는 유기(遺棄)하거나 그 미성년자에게 가혹한 행위를 한 경우에는 무기 또는 5년 이상의 징역에 처한다. 　4. 제3호의 죄를 범하여 미성년자를 사망에 이르게 한 경우에는 사형, 무기 또는 7년 이상의 징역에 처한다. ③ 제1항 또는 제2항의 죄를 범한 사람을 방조(幇助)하여 약취 또는 유인된 미성년자를 은닉하거나 그 밖의 방법으로 귀가하지 못하게 한 사람은 5년 이상의 유기징역에 처한다. ⑥ 제1항 및 제2항(제2항제4호는 제외한다)에 규정된 죄의 미수범은 처벌한다. ⑦ 제1항부터 제3항까지 및 제6항의 죄를 범한 사람을 은닉하거나 도피하게 한 사람은 3년 이상 25년 이하의 징역에 처한다. ⑧ 제1항 또는 제2항제1호·제2호의 죄를 범할 목적으로 예비하거나 음모한 사람은 1년 이상 10년 이하의 징역에 처한다.
제5조의3(도주차량 운전자의 가중처벌)	①「도로교통법」 제2조에 규정된 자동차·원동기장치자전거의 교통으로 인하여 「형법」 제268조의 죄를 범한 해당 차량의 운전자(이하 "사고운전자"라 한다)가 피해자를 구호(救護)하는 등 「도로교통법」 제54조제1항에 따른 조치를 하지 아니하고 도주한 경우에는 다음 각 호의 구분에 따라 가중처벌한다. 　1. 피해자를 사망에 이르게 하고 도주하거나, 도주 후에 피해자가 사망한 경우에는 무기 또는 5년 이상의 징역에 처한다. 　2. 피해자를 상해에 이르게 한 경우에는 1년 이상의 유기징역 또는 500만원 이상 3천만원 이하의 벌금에 처한다.

	② 사고운전자가 피해자를 사고 장소로부터 옮겨 유기하고 도주한 경우에는 다음 각 호의 구분에 따라 가중처벌한다.
	  1. 피해자를 사망에 이르게 하고 도주하거나, 도주 후에 피해자가 사망한 경우에는 사형, 무기 또는 5년 이상의 징역에 처한다.
	  2. 피해자를 상해에 이르게 한 경우에는 3년 이상의 유기징역에 처한다.

제5조의4(상습
강도·절도죄
등의 가중처벌)
	② 5명 이상이 공동하여 상습적으로「형법」제329조부터 제331조까지의 죄 또는 그 미수죄를 범한 사람은 2년 이상 20년 이하의 징역에 처한다.
	⑤「형법」제329조부터 제331조까지, 제333조부터 제336조까지 및 제340조·제362 조의 죄 또는 그 미수죄로 세 번 이상 징역형을 받은 사람이 다시 이들 죄를 범하여 누범(累犯)으로 처벌하는 경우에는 다음 각 호의 구분에 따라 가중처벌한다.
	  1.「형법」제329조부터 제331조까지의 죄(미수범을 포함한다)를 범한 경우에는 2 년 이상 20년 이하의 징역에 처한다.
	  2.「형법」제333조부터 제336조까지의 죄 및 제340조제1항의 죄(미수범을 포함한 다)를 범한 경우에는 무기 또는 10년 이상의 징역에 처한다.
	  3.「형법」제362조의 죄를 범한 경우에는 2년 이상 20년 이하의 징역에 처한다.
	⑥ 상습적으로「형법」제329조부터 제331조까지의 죄나 그 미수죄 또는 제2항의 죄로 두 번 이상 실형을 선고받고 그 집행이 끝나거나 면제된 후 3년 이내에 다시 상습적으로「형법」제329조부터 제331조까지의 죄나 그 미수죄 또는 제2항의 죄를 범한 경우에는 3년 이상 25년 이하의 징역에 처한다.
	제5조의5(강도상해 등 재범자의 가중처벌)「형법」제337조·제339조의 죄 또는 그 미수죄로 형을 선고받고 그 집행이 끝나거나 면제된 후 3년 내에 다시 이들 죄를 범한 사람은 사형, 무기 또는 10년 이상의 징역에 처한다.

제5조의9(보복범 죄의 가중처벌 등)	① 자기 또는 타인의 형사사건의 수사 또는 재판과 관련하여 고소·고발 등 수사단서의 제공, 진술, 증언 또는 자료제출에 대한 보복의 목적으로「형법」제250조제1항의 죄를 범한 사람은 사형, 무기 또는 10년 이상의 징역에 처한다. 고소·고발 등 수사 단서의 제공, 진술, 증언 또는 자료제출을 하지 못하게 하거나 고소·고발을 취소하게 하거나 거짓으로 진술·증언·자료제출을 하게 할 목적인 경우에도 또한 같다. ② 제1항과 같은 목적으로「형법」제257조제1항·제260조제1항·제276조제1항 또는 제283조제1항의 죄를 범한 사람은 1년 이상의 유기징역에 처한다. ③ 제2항의 죄 중「형법」제257조제1항·제260조제1항 또는 제276조제1항의 죄를 범하여 사람을 사망에 이르게 한 경우에는 무기 또는 3년 이상의 징역에 처한다. ④ 자기 또는 타인의 형사사건의 수사 또는 재판과 관련하여 필요한 사실을 알고 있는 사람 또는 그 친족에게 정당한 사유 없이 면담을 강요하거나 위력(威力)을 행사한 사람은 3년 이하의 징역 또는 300만원 이하의 벌금에 처한다.
제5조의10(운행 중인 자동차 운전자에 대한 폭행 등의 가중처벌)	① 운행 중(「여객자동차 운수사업법」제2조제3호에 따른 여객자동차운송사업을 위하여 사용되는 자동차를 운행하는 중 운전자가 여객의 승차·하차 등을 위하여 일시 정차한 경우를 포함한다)인 자동차의 운전자를 폭행하거나 협박한 사람은 5년 이하의 징역 또는 2천만원 이하의 벌금에 처한다. ② 제1항의 죄를 범하여 사람을 상해에 이르게 한 경우에는 3년 이상의 유기징역에 처하고, 사망에 이르게 한 경우에는 무기 또는 5년 이상의 징역에 처한다.
제5조의11(위험 운전 치사상)	음주 또는 약물의 영향으로 정상적인 운전이 곤란한 상태에서 자동차(원동기장치자 전거를 포함한다)를 운전하여 사람을 상해에 이르게 한 사람은 10년 이하의 징역 또는 500만원 이상 3천만원 이하의 벌금에 처하고, 사망에 이르게 한 사람은 1년 이상의 유기징역에 처한다.

제5조의12(도주 선박의 선장 또는 승무원에 대한 가중처벌)	「해사안전법」제2조에 따른 선박의 교통으로 인하여 「형·법」제268조의 죄를 범한 해당 선박의 선장 또는 승무원이 피해자를 구호하는 등 「수상에서의 수색·구조 등에 관한 법률」제18조제1항 단서에 따른 조치를 하지 아니하고 도주한 경우에는 다음 각 호의 구분에 따라 가중 처벌한다. 1. 피해자를 사망에 이르게 하고 도주하거나, 도주 후에 피해자가 사망한 경우에는 무기 또는 5년 이상의 징역에 처한다. 2. 피해자를 상해에 이르게 한 경우에는 1년 이상의 유기징역 또는 1천만원 이상 1억원 이하의 벌금에 처한다.
제6조(「관세법」 위반행위의 가중처벌)	① 「관세법」제269조제1항에 규정된 죄를 범한 사람은 다음 각 호의 구분에 따라 가중처벌한다. 1. 수출 또는 수입한 물품의 가액(이하 이 조에서 "물품가액"이라 한다)이 1억원 이상인 경우에는 무기 또는 7년 이상의 징역에 처한다. 2. 물품가액이 3천만원 이상 1억원 미만인 경우에는 3년 이상의 유기징역에 처한다. ② 「관세법」제269조제2항에 규정된 죄를 범한 사람은 다음 각 호의 구분에 따라 가중처벌한다. 1. 수입한 물품의 원가가 5억원 이상인 경우에는 무기 또는 5년 이상의 징역에 처한다. 2. 수입한 물품의 원가가 2억원 이상 5억원 미만인 경우에는 3년 이상의 유기징역에 처한다. ③ 「관세법」제269조제3항에 규정된 죄를 범한 사람이 수출하거나 반송한 물품의 원가가 5억원 이상인 경우에는 1년 이상의 유기징역에 처한다. ④ 「관세법」제270조제1항제1호 또는 같은 조 제4항·제5항에 규정된 죄를 범한 사람은 다음 각 호의 구분에 따라 가중처벌한다. 1. 포탈(逋脫)·면탈(免脫)하거나 감면(減免)·환급받은 세액이 2억원 이상인 경우에는 무기 또는 5년 이상의 징역에 처한다. 2. 포탈·면탈하거나 감면·환급받은 세액이 5천만원 이상 2억원 미만인 경우에는 3년 이상의 유기징역에 처한다. ⑤ 「관세법」제270조제1항제2호 또는 같은 조 제2항에 규정된 죄를 범한 사람은 다음 각 호의 구분에 따라 가중처벌한다. 1. 수입한 물품의 원가가 5억원 이상인 경우에는 3년 이상의 유기징역에 처한다. 2. 수입한 물품의 원가가 2억원 이상 5억원 미만인 경우에는 1년 이상의 유기징역에 처한다. ⑥ 제1항부터 제5항까지의 경우에는 다음 각 호의 구분에 따른 벌금을 병과한다. 1. 제1항의 경우: 물품가액의 2배 이상 10배 이하 2. 제2항의 경우: 수입한 물품 원가의 2배 3. 제3항의 경우: 수출하거나 반송한 물품의 원가 4. 제4항의 경우: 포탈·면탈하거나 감면·환급받은 세액의 2배 이상 10배 이하 5. 제5항의 경우: 수입한 물품의 원가 ⑦ 「관세법」제271조에 규정된 죄를 범한 사람은 제1항부터 제6항까지의 예에 따른 그 정범(正犯) 또는 본죄(本罪)에 준하여 처벌한다. ⑧ 단체 또는 집단을 구성하거나 상습적으로 「관세법」제269조부터 제271조까지 또는 제274조에 규정된 죄를 범한 사람은 무기 또는 10년 이상의 징역에 처한다.

제7조(관계 공무원의 무기 사용)	「관세법」 위반사범을 단속할 권한이 있는 공무원은 해상(海上)에서 「관세법」 제269조 또는 제270조에 규정된 죄를 범한 사람이 정지명령을 받고 도피하는 경우에 이를 제지(制止)하기 위하여 필요하다고 인정되는 상당한 이유가 있을 때에는 총기(銃器)를 사용할 수 있다.

제8조(조세 포탈의 가중처벌)	① 「조세범 처벌법」 제3조제1항, 제4조 및 제5조, 「지방세기본법」 제129조제1항에 규정된 죄를 범한 사람은 다음 각 호의 구분에 따라 가중처벌한다.
	  1. 포탈하거나 환급받은 세액 또는 징수하지 아니하거나 납부하지 아니한 세액(이하 "포탈세액등"이라 한다)이 연간 10억원 이상인 경우에는 무기 또는 5년 이상의 징역에 처한다.
	  2. 포탈세액등이 연간 5억원 이상 10억원 미만인 경우에는 3년 이상의 유기징역에 처한다.
	② 제1항의 경우에는 그 포탈세액등의 2배 이상 5배 이하에 상당하는 벌금을 병과한다.

제8조의2(세금계산서 교부의무 위반 등의 가중처벌)	① 영리를 목적으로 「조세범 처벌법」 제10조제3항 및 제4항 전단의 죄를 범한 사람은 다음 각 호의 구분에 따라 가중처벌한다.
	  1. 세금계산서 및 계산서에 기재된 공급가액이나 매출처별세금계산서합계표 · 매입처별세금계산서합계표에 기재된 공급가액 또는 매출 · 매입금액의 합계액(이하 이 조에서 "공급가액등의 합계액"이라 한다)이 50억원 이상인 경우에는 3년 이상의 유기징역에 처한다.
	  2. 공급가액등의 합계액이 30억원 이상 50억원 미만인 경우에는 1년 이상의 유기징역에 처한다.
	② 제1항의 경우에는 공급가액등의 합계액에 부가가치세의 세율을 적용하여 계산한 세액의 2배 이상 5배 이하의 벌금을 병과한다.

제9조(「산림자원의 조성 및 관리에 관한 법률」 등 위반행위의 가중처벌)	① 「산림자원의 조성 및 관리에 관한 법률」 제73조 및 제74조에 규정된 죄를 범한 사람은 다음 각 호의 구분에 따라 가중처벌한다.
	  1. 임산물(林産物)의 원산지 가격이 1억원 이상이거나 산림 훼손면적이 5만제곱미터 이상인 경우에는 3년 이상 25년 이하의 징역에 처한다.
	  2. 임산물의 원산지 가격이 1천만원 이상 1억원 미만이거나 산림 훼손면적이 5천제곱미터 이상 5만제곱미터 미만인 경우에는 2년 이상 20년 이하의 징역에 처한다.

제11조(마약사범 등의 가중처벌)	① 「마약류관리에 관한 법률」 제58조제1항제1호부터 제4호까지 및 제6호 · 제7호에 규정된 죄(매매, 수수 및 제공에 관한 죄와 매매목적, 매매 알선목적 또는 수수 목적의 소지 · 소유에 관한 죄는 제외한다) 또는 그 미수죄를 범한 사람은 다음 각 호의 구분에 따라 가중처벌한다.
	  1. 수출입 · 제조 · 소지 · 소유 등을 한 마약이나 향정신성의약품 등의 가액이 5천만원 이상인 경우에는 무기 또는 10년 이상의 징역에 처한다.
	  2. 수출입 · 제조 · 소지 · 소유 등을 한 마약이나 향정신성의약품 등의 가액이 500만원 이상 5천만원 미만인 경우에는 무기 또는 7년 이상의 징역에 처한다.
	② 「마약류관리에 관한 법률」 제59조제1항부터 제3항까지 및 제60조에 규정된 죄(마약 및 향정신성의약품에 관한 죄만 해당한다)를 범한 사람은 다음 각 호의 구분에 따라 가중처벌한다.
	  1. 소지 · 소유 · 재배 · 사용 · 수출입 · 제조 등을 한 마약 및 향정신성의약품의 가액이 5천만원 이상인 경우에는 무기 또는 7년 이상의 징역에 처한다.
	  2. 소지 · 소유 · 재배 · 사용 · 수출입 · 제조 등을 한 마약 및 향정신성의약품의 가액이 500만원 이상 5천만원 미만인 경우에는 무기 또는 3년 이상의 징역에 처한다.

제12조(외국인을 위한 탈법행위)	외국인에 의한 취득이 금지 또는 제한된 재산권을 외국인을 위하여 외국인의 자금으로 취득한 사람은 다음 각 호의 구분에 따라 처벌한다. 1. 재산권의 가액이 1억원 이상인 경우에는 무기 또는 10년 이상의 징역에 처한다. 2. 재산권의 가액이 1억원 미만인 경우에는 무기 또는 3년 이상의 유기징역에 처한다.
제13조(몰수)	제3조 또는 제12조의 죄를 범하여 범인이 취득한 해당 재산은 몰수하며, 몰수할 수 없을 때에는 그 가액을 추징(追徵)한다.
제14조(무고죄)	이 법에 규정된 죄에 대하여 「형법」 제156조에 규정된 죄를 범한 사람은 3년 이상의 유기징역에 처한다.
제15조(특수직무 유기)	범죄 수사의 직무에 종사하는 공무원이 이 법에 규정된 죄를 범한 사람을 인지하고 그 직무를 유기한 경우에는 1년 이상의 유기징역에 처한다.
제16조(소추에 관한 특례)	제6조 및 제8조의 죄에 대한 공소(公訴)는 고소 또는 고발이 없는 경우에도 제기할 수 있다.

7. 아동학대범죄의 처벌에 관한 특례법

(1) 목적

아동학대범죄의 처벌 및 그 절차에 관한 특례와 피해아동에 대한 보호절차 및 아동학대행위자에 대한 보호처분을 규정함으로써 아동을 보호하여 아동이 건강한 사회 구성원으로 성장하도록 함을 목적으로 한다.

(2) 정의

아동	18세 미만인 사람
보호자	친권자, 후견인, 아동을 보호·양육·교육하거나 그러한 의무가 있는 자 또는 업무·고용 등의 관계로 사실상 아동을 보호·감독하는 자를
아동학대	보호자를 포함한 성인이 아동의 건강 또는 복지를 해치거나 정상적 발달을 저해할 수 있는 신체적·정신적·성적 폭력이나 가혹행위를 하는 것과 아동의 보호자가 아동을 유기하거나 방임하는 것을
아동학대 범죄	「형법」의 상해, 특수상해, 폭행, 특수폭행, 폭행치사상, 유기, 영아유기, 학대, 아동혹사, 유기등 치사상, 체포, 감금, 중체포, 중감금, 특수체포, 특수감금 및 체포·감금등의 치사상, 협박, 특수협박 및 미수범, 미성년자 약취, 유인, 추행 등 목적 약취, 유인 등, 인신매매 및 제약취, 유인, 매매, 이송 등 상해·치상의 죄, 강간, 유사강간, 강제추행, 준강간, 준강제추행, 미수범, 강간등 상해·치상, 강간등 살인·치사, 미성년자등에 대한 간음, 업무상위력 등에 의한 간음 및 미성년자에 대한 간음, 추행의 죄, 명예훼손, 출판물등에 의한 명예훼손 및 모욕의 죄, 주거·신체 수색의 죄, 강요 및 미수범, 공갈, 특수공갈 및 미수범, 재물손괴 등의 죄, 아동·청소년이용음란물의 제작·배포 등, 아동학대치사, 아동학대중상해
아동학대 범죄신고 등	아동학대범죄에 관한 신고·진정·고소·고발 등 수사 단서의 제공, 진술 또는 증언이나 그 밖의 자료제출행위 및 범인검거를 위한 제보 또는 검거활동
아동학대	아동학대범죄를 범한 사람 및 그 공범

행위자	
피해아동	아동학대범죄로 인하여 직접적으로 피해를 입은 아동
아동보호 사건	아동학대범죄로 인하여 제36조제1항에 따른 보호처분(이하 "보호처분"이라 한다)의 대상이 되는 사건
피해아동 보호명령 사건	아동학대범죄로 인하여 피해아동보호명령의 대상이 되는 사건

(3) 아동복지시설의 종사자 등에 대한 가중처벌 및 형벌과 수강명령 등의 병과

① 아동학대 신고의무자가 보호하는 아동에 대하여 아동학대범죄를 범한 때에는 그 죄에 정한 형의 2분의 1까지 가중한다.

② 법원은 아동학대행위자에 대하여 유죄판결(선고유예는 제외한다)을 선고하면서 200시간의 범위에서 재범예방에 필요한 수강명령(「보호관찰 등에 관한 법률」에 따른 수강명령을 말한다. 이하 같다) 또는 아동학대 치료프로그램의 이수명령(이하 "이수명령"이라 한다)을 병과할 수 있다.

③ 아동학대행위자에 대하여 제1항의 수강명령은 형의 집행을 유예할 경우에 그 집행 유예기간 내에서 병과하고, 이수명령은 벌금형 또는 징역형의 실형(實刑)을 선고할 경우에 병과한다.

④ 법원이 아동학대행위자에 대하여 형의 집행을 유예하는 경우에는 제1항에 따른 수강명령 외에 그 집행유예기간 내에서 보호관찰 또는 사회봉사 중 하나 이상의 처분을 병과할 수 있다.

⑤ 수강명령 또는 이수명령은 형의 집행을 유예할 경우에는 그 집행유예기간 내에, 벌금형을 선고할 경우에는 형 확정일로부터 6개월 이내에, 징역형의 실형을 선고할 경우에는 형기 내에 각각 집행한다.

⑥ 수강명령 또는 이수명령이 벌금형 또는 형의 집행유예와 병과된 경우에는 보호관찰소의 장이 집행하고, 징역형의 실형과 병과된 경우에는 교정시설의 장이 집행한다. 다만, 징역형의 실형과 병과된 이수명령을 모두 이행하기 전에 석방 또는 가석방되거나 미결구금일수 산입 등의 사유로 형을 집행할 수 없게 된 경우에는 보호관찰소의 장이 남은 이수명령을 집행한다.

⑦ 수강명령 또는 이수명령은 다음 각 호의 내용으로 한다.

1. 아동학대 행동의 진단·상담

2. 보호자로서의 기본 소양을 갖추게 하기 위한 교육

3. 그 밖에 아동학대행위자의 재범예방을 위하여 필요한 사항

(4) 친권상실청구 등

① 아동학대행위자가 제5조 또는 제6조의 범죄를 저지른 때에는 검사는 그 사건의 아동학대행위자가 피해아동의 친권자나 후견인인 경우에 법원에 「민법」 제924조의 친권상실의 선고 또는 같은 법 제940조의 후견인의 변경 심판을 청구하여야 한다. 다만, 친권상실의 선고 또는 후견인의 변경 심판을 하여서는 아니 될 특별한 사정이 있는 경우에는 그러하지 아니하다.

② 검사가 제1항에 따른 청구를 하지 아니한 때에는 아동보호전문기관의 장은 검사에게 제1항의 청구를 하도록 요청할 수 있다. 이 경우 청구를 요청받은 검사는 요청받은 날부터 30일 내에 그 처리 결과를 아동보호전문기관의 장에게 통보하여야 한다.

③ 제2항 후단에 따라 처리 결과를 통보받은 아동보호전문기관의 장은 그 처리 결과에 대하여 이의가 있을 경우 통보받은 날부터 30일 내에 직접 법원에 제1항의 청구를 할 수 있다.

(5) 아동학대범죄 신고의무와 절차

① 누구든지 아동학대범죄를 알게 된 경우나 그 의심이 있는 경우에는 아동보호전문기관 또는 수사기관에 신고할 수 있다.

② 다음 각 호의 어느 하나에 해당하는 사람이 직무를 수행하면서 아동학대범죄를 알게 된 경우나 그 의심이 있는 경우에는 아동보호전문기관 또는 수사기관에 즉시 신고하여야 한다.

 1. 가정위탁지원센터의 장과 그 종사자
 2. 아동복지시설의 장과 그 종사자(아동보호전문기관의 장과 그 종사자는 제외한다)
 3. 「아동복지법」 제13조에 따른 아동복지전담공무원
 4. 「가정폭력방지 및 피해자보호 등에 관한 법률」 제5조에 따른 가정폭력 관련 상담소 및 같은 법 제7조의2에 따른 가정폭력피해자 보호시설의 장과 그 종사자
 5. 「건강가정기본법」 제35조에 따른 건강가정지원센터의 장과 그 종사자
 6. 「다문화가족지원법」 제12조에 따른 다문화가족지원센터의 장과 그 종사자
 7. 「사회복지사업법」 제14조에 따른 사회복지 전담공무원 및 같은 법 제34조에 따른 사회복지시설의 장과 그 종사자
 8. 「성매매방지 및 피해자보호 등에 관한 법률」 제5조에 따른 지원시설 및 같은 법 제10조에 따른 성매매피해상담소의 장과 그 종사자
 9. 「성폭력방지 및 피해자보호 등에 관한 법률」 제10조에 따른 성폭력피해상담소, 같은 법 제12조에 따른 성폭력피해자보호시설의 장과 그 종사자 및 같은 법 제18

조에 따른 성폭력피해자통합지원센터의 장과 그 종사자

10. 「소방기본법」 제34조에 따른 구급대의 대원

11. 「응급의료에 관한 법률」 제2조제7호에 따른 응급의료기관등에 종사하는 응급구조사

12. 「영유아보육법」 제7조에 따른 육아종합지원센터의 장과 그 종사자 및 제10조에 따른 어린이집의 원장 등 보육교직원

13. 「유아교육법」 제20조에 따른 교직원 및 같은 법 제23조에 따른 강사 등

15. 「의료법」 제3조제1항에 따른 의료기관의 장과 그 의료기관에 종사하는 의료인 및 의료기사

16. 「장애인복지법」 제58조에 따른 장애인복지시설의 장과 그 종사자로서 시설에서 장애아동에 대한 상담·치료·훈련 또는 요양 업무를 수행하는 사람

17. 「정신건강증진 및 정신질환자 복지서비스 지원에 관한 법률」 제3조제3호에 따른 정신건강복지센터, 같은 조 제5호에 따른 정신의료기관, 같은 조 제6호에 따른 정신요양시설 및 같은 조 제7호에 따른 정신재활시설의 장과 그 종사자

18. 「청소년기본법」 제3조제6호에 따른 청소년시설 및 같은 조 제8호에 따른 청소년단체의 장과 그 종사자

19. 「청소년 보호법」 제35조에 따른 청소년 보호·재활센터의 장과 그 종사자

20. 「초·중등교육법」 제19조에 따른 교직원, 같은 법 제19조의2에 따른 전문상담교사 및 같은 법 제22조에 따른 산학겸임교사 등

21. 「한부모가족지원법」 제19조에 따른 한부모가족복지시설의 장과 그 종사자

22. 「학원의 설립·운영 및 과외교습에 관한 법률」 제6조에 따른 학원의 운영자·강사·직원 및 같은 법 제14조에 따른 교습소의 교습자·직원

23. 「아이돌봄 지원법」 제2조제4호에 따른 아이돌보미

24. 「아동복지법」 제37조에 따른 취약계층 아동에 대한 통합서비스지원 수행인력

25. 「입양특례법」 제20조에 따른 입양기관의 장과 그 종사자

③ 누구든지 제1항 및 제2항에 따른 신고인의 인적 사항 또는 신고인임을 미루어 알 수 있는 사실을 다른 사람에게 알려주거나 공개 또는 보도하여서는 아니 된다.

(6) 고소에 대한 특례

① 피해아동 또는 그 법정대리인은 아동학대행위자를 고소할 수 있다. 피해아동의 법정대리인이 아동학대행위자인 경우 또는 아동학대행위자와 공동으로 아동학대범죄를 범한 경우에는 피해아동의 친족이 고소할 수 있다.

② 피해아동은 「형사소송법」 제224조에도 불구하고 아동학대행위자가 자기 또는 배우자의 직계존속인 경우에도 고소할 수 있다. 법정대리인이 고소하는 경우에도 또한 같다.

③ 피해아동에게 고소할 법정대리인이나 친족이 없는 경우에 이해관계인이 신청하면 검사는 10일 이내에 고소할 수 있는 사람을 지정하여야 한다.

(7) 현장출동

① 아동학대범죄 신고를 접수한 사법경찰관리나 아동보호전문기관의 직원은 지체 없이 아동학대범죄의 현장에 출동하여야 한다. 이 경우 수사기관의 장이나 아동보호전문기관의 장은 서로 동행하여 줄 것을 요청할 수 있으며, 그 요청을 받은 수사기관의 장이나 아동보호전문기관의 장은 정당한 사유가 없으면 사법경찰관리나 그 소속 직원이 아동학대범죄 현장에 동행하도록 조치하여야 한다.

② 아동학대범죄 신고를 접수한 사법경찰관리나 아동보호전문기관의 직원은 아동학대범죄가 행하여지고 있는 것으로 신고된 현장에 출입하여 아동 또는 아동학대행위자 등 관계인에 대하여 조사를 하거나 질문을 할 수 있다. 다만, 아동보호전문기관의 직원은 피해아동의 보호를 위한 범위에서만 아동학대행위자 등 관계인에 대하여 조사 또는 질문을 할 수 있다.

③ 제2항에 따라 출입이나 조사를 하는 사법경찰관리나 아동보호전문기관의 직원은 그 권한을 표시하는 증표를 지니고 이를 관계인에게 내보여야 한다.

④ 누구든지 제1항에 따라 현장에 출동한 사법경찰관리나 아동보호전문기관의 직원이 제2항에 따른 업무를 수행할 때에 폭행·협박이나 현장조사를 거부하는 등 그 업무 수행을 방해하는 행위를 하여서는 아니 된다.

(8) 피해아동에 대한 응급조치

① 제11조제1항에 따라 현장에 출동하거나 아동학대범죄 현장을 발견한 사법경찰관리 또는 아동보호전문기관의 직원은 피해아동 보호를 위하여 즉시 다음 각 호의 조치(이하 "응급조치"라 한다)를 하여야 한다. 이 경우 제3호의 조치를 하는 때에는 피해아동의 의사를 존중하여야 한다(다만, 피해아동을 보호하여야 할 필요가 있는 등 특별한 사정이 있는 경우에는 그러하지 아니하다).

1. 아동학대범죄 행위의 제지
2. 아동학대행위자를 피해아동으로부터 격리
3. 피해아동을 아동학대 관련 보호시설로 인도
4. 긴급치료가 필요한 피해아동을 의료기관으로 인도

② 사법경찰관리나 아동보호전문기관의 직원은 제1항제3호 및 제4호 규정에 따라 피해아동을 분리·인도하여 보호하는 경우 지체 없이 피해아동을 인도받은 보호시설·의료시설을 관할하는 특별시장·광역시장·특별자치시장·도지사·특별자치도지사 또는 시장·군수·구청장에게 그 사실을 통보하여야 한다.

③ 제1항제2호부터 제4호까지의 규정에 따른 응급조치는 72시간을 넘을 수 없다. 다만, 검사가 제15조제2항에 따라 임시조치를 법원에 청구한 경우에는 법원의 임시조치 결정 시까지 연장된다.

④ 사법경찰관리 또는 아동보호전문기관의 직원이 제1항에 따라 응급조치를 한 경우에는 즉시 응급조치결과보고서를 작성하여야 하며, 아동보호전문기관의 직원이 응급조치를 한 경우 아동보호전문기관의 장은 작성된 응급조치결과보고서를 지체 없이 관할 경찰서의 장에게 송부하여야 한다.

⑤ 제4항에 따른 응급조치결과보고서에는 피해사실의 요지, 응급조치가 필요한 사유, 응급조치의 내용 등을 기재하여야 한다.

⑥ 누구든지 아동보호전문기관의 직원이나 사법경찰관리가 제1항에 따른 업무를 수행할 때에 폭행·협박이나 응급조치를 저지하는 등 그 업무 수행을 방해하는 행위를 하여서는 아니 된다.

(9) 아동학대행위자에 대한 긴급임시조치

① 사법경찰관은 제12조제1항에 따른 응급조치에도 불구하고 아동학대범죄가 재발될 우려가 있고, 긴급을 요하여 제19조제1항에 따른 법원의 임시조치 결정을 받을 수 없을 때에는 직권이나 피해아동, 그 법정대리인(아동학대행위자를 제외한다. 이하 같다), 변호사(제16조에 따른 변호사를 말한다. 제48조 및 제49조를 제외하고는 이하 같다) 또는 아동보호전문기관의 장의 신청에 따라 제19조제1항제1호부터 제3호까지의 어느 하나에 해당하는 조치를 할 수 있다.

② 사법경찰관은 제1항에 따른 조치(이하 "긴급임시조치"라 한다)를 한 경우에는 즉시 긴급임시조치결정서를 작성하여야 한다.

③ 제2항에 따른 긴급임시조치결정서에는 범죄사실의 요지, 긴급임시조치가 필요한 사유, 긴급임시조치의 내용 등을 기재하여야 한다.

(10) 임시조치의 청구

① 검사는 아동학대범죄가 재발될 우려가 있다고 인정하는 경우에는 직권으로 또는 사법경찰관이나 보호관찰관의 신청에 따라 법원에 제19조제1항 각 호의 임시조치를 청구할 수 있다.

② 피해아동, 그 법정대리인, 변호사 또는 아동보호전문기관의 장은 검사 또는 사법경찰관에게 제1항에 따른 임시조치의 청구 또는 그 신청을 요청하거나 이에 관하여 의견을 진술할 수 있다.

③ 제2항에 따른 요청을 받은 사법경찰관은 제1항에 따른 임시조치를 신청하지 아니하는 경우에는 검사에게 그 사유를 보고하여야 한다.

(11) 응급조치 · 긴급임시조치 후 임시조치의 청구

① 사법경찰관이 제12조제1항제2호부터 제4호까지의 규정에 따른 응급조치 또는 제13조제1항에 따른 긴급임시조치를 하였거나 아동보호전문기관의 장으로부터 제12조제1항제2호부터 제4호까지의 규정에 따른 응급조치가 행하여졌다는 통지를 받은 때에는 지체 없이 검사에게 제19조에 따른 임시조치의 청구를 신청하여야 한다.

② 제1항의 신청을 받은 검사는 임시조치를 청구하는 때에는 응급조치가 있었던 때부터 72시간 이내에, 긴급임시조치가 있었던 때부터 48시간 이내에 하여야 한다. 이 경우 제12조제4항에 따라 작성된 응급조치결과보고서 및 제13조제2항에 따라 작성된 긴급임시조치결정서를 첨부하여야 한다.

③ 사법경찰관은 검사가 제2항에 따라 임시조치를 청구하지 아니하거나 법원이 임시조치의 결정을 하지 아니한 때에는 즉시 그 긴급임시조치를 취소하여야 한다.

(12) 아동보호사건 관할

① 아동보호사건의 관할은 아동학대행위자의 행위지, 거주지 또는 현재지를 관할하는 가정법원으로 한다. 다만, 가정법원이 설치되지 아니한 지역에서는 해당 지역의 지방법원(지원을 포함한다. 이하 같다)으로 한다.

② 아동보호사건의 심리와 결정은 단독판사(이하 "판사"라 한다)가 한다.

(13) 아동학대행위자에 대한 임시조치

① 판사는 아동학대범죄의 원활한 조사 · 심리 또는 피해아동 보호를 위하여 필요하다고 인정하는 경우에는 결정으로 아동학대행위자에게 다음 각 호의 어느 하나에 해당하는 조치(이하 "임시조치"라 한다)를 할 수 있다.

 1. 피해아동 또는 가정구성원(「가정폭력범죄의 처벌 등에 관한 특례법」 제2조제2호에 따른 가정구성원을 말한다. 이하 같다)의 주거로부터 퇴거 등 격리

 2. 피해아동 또는 가정구성원의 주거, 학교 또는 보호시설 등에서 100미터 이내의 접근 금지

 3. 피해아동 또는 가정구성원에 대한 「전기통신기본법」 제2조제1호의 전기통신을

이용한 접근 금지

　4. 친권 또는 후견인 권한 행사의 제한 또는 정지

　5. 아동보호전문기관 등에의 상담 및 교육 위탁

　6. 의료기관이나 그 밖의 요양시설에의 위탁

　7. 경찰관서의 유치장 또는 구치소에의 유치

② 제1항 각 호의 처분은 병과할 수 있다.

③ 판사는 피해아동에 대하여 제12조제1항제2호부터 제4호까지의 규정에 따른 응급
　조치가 행하여진 경우에는 임시조치가 청구된 때로부터 24시간 이내에 임시조치
　여부를 결정하여야 한다.

④ 제1항 각 호의 규정에 따른 임시조치기간은 2개월을 초과할 수 없다. 다만, 피해아
　동의 보호를 위하여 그 기간을 연장할 필요가 있다고 인정하는 경우에는 결정으로
　제1항제1호부터 제3호까지의 규정에 따른 임시조치는 두 차례만, 같은 항 제4호부
　터 제7호까지의 규정에 따른 임시조치는 한 차례만 각 기간의 범위에서 연장할 수
　있다.

⑤ 제1항제6호에 따라 위탁을 하는 경우에는 의료기관 등의 장에게 아동학대행위자를
　보호하는 데에 필요한 사항을 부과할 수 있다.

⑥ 제1항제6호에 따라 민간이 운영하는 의료기관 등에 아동학대행위자를 위탁하려는
　경우에는 제5항에 따라 부과할 사항을 그 의료기관 등의 장에게 미리 고지하고 동
　의를 받아야 한다.

⑦ 법원은 제1항에 따른 임시조치를 결정한 경우에는 검사 및 피해아동, 그 법정대리
　인, 변호사 또는 피해아동을 보호하고 있는 기관의 장에게 통지하여야 한다.

⑧ 제1항제5호에 따른 상담 및 교육을 행한 아동보호전문기관의 장 등은 그 결과보고
　서를 판사와 검사에게 제출하여야 한다.

⑨ 제1항 각 호의 위탁 대상이 되는 상담소, 의료기관, 요양시설 등의 기준과 위탁의
　절차 및 제7항에 따른 통지의 절차 등 그 밖에 필요한 사항은 대법원규칙으로 정
　한다.

(14) 임시조치의 집행

① 판사는 임시조치의 결정을 한 경우에는 가정보호사건조사관, 법원공무원, 사법경
　찰관리 또는 구치소 소속 교정직공무원으로 하여금 집행하게 할 수 있다.

② 피해아동 또는 가정구성원은 임시조치 후 주거, 학교 또는 보호시설 등을 옮긴 경
　우에는 관할 법원에 임시조치 결정의 변경을 신청할 수 있다.

(15) 임시조치의 변경

① 아동학대행위자, 그 법정대리인이나 보조인은 임시조치 결정의 취소 또는 그 종류의 변경을 관할 법원에 신청할 수 있다.

② 판사는 정당한 이유가 있다고 인정하는 경우에는 직권 또는 신청에 따라 결정으로 해당 임시조치를 취소하거나 그 종류를 변경할 수 있다.

③ 판사는 임시조치를 받은 아동학대행위자가 임시조치 결정을 이행하지 아니하거나 그 집행에 따르지 아니하면 직권 또는 검사, 피해아동, 그 법정대리인이나 변호사 또는 위탁 대상이 되는 기관의 장의 청구에 따라 결정으로 그 임시조치를 변경할 수 있다.

(16) 임시로 후견인의 임무를 수행할 사람

① 판사는 임시조치로 인하여 피해아동에게 친권을 행사하거나 후견인의 임무를 수행할 사람이 없는 경우 그 임시조치의 기간 동안 특별시장·광역시장·특별자치시장·도지사·특별자치도지사·시장·군수·구청장·아동보호전문기관의 장 및 가정위탁지원센터의 장으로 하여금 임시로 후견인의 임무를 수행하게 하거나 그 임무를 수행할 사람을 선임하여야 한다.

② 이 경우 판사는 해당 피해아동의 의견을 존중하여야 하며, 피해아동, 변호사, 아동보호전문기관의 장 및 가정위탁지원센터의 장 등 피해아동을 보호하고 있는 사람은 그 선임에 관하여 의견을 제시할 수 있다.

③ 법원이 조치를 한 경우에는 그 사실을 피해아동, 변호사, 아동보호전문기관의 장 및 가정위탁지원센터의 장 등 피해아동을 보호하고 있는 사람에게 고지하여야 한다.

④ 제1항에 따라 임시로 후견인의 임무를 수행하는 사람은 피해아동 소유 재산의 보존 및 피해아동의 보호를 위한 범위에서만 후견인의 임무를 수행할 수 있다.

⑤ 임시로 후견인의 임무를 수행하는 사람에 대해서는 「민법」 제949조를 준용한다.

(17) 사건의 송치

① 사법경찰관은 아동학대범죄를 신속히 수사하여 사건을 검사에게 송치하여야 한다. 이 경우 사법경찰관은 해당 사건을 아동보호사건으로 처리하는 것이 적절한 지에 관한 의견을 제시할 수 있다.

제25조(검사의 결정 전 조사)

② 검사는 아동학대범죄에 대하여 아동보호사건 송치, 공소제기 또는 기소유예 등의

처분을 결정하기 위하여 필요하다고 인정하면 아동학대행위자의 주거지 또는 검찰청 소재지를 관할하는 보호관찰소의 장에게 아동학대행위자의 경력, 생활환경, 양육능력이나 그 밖에 필요한 사항에 관한 조사를 요구할 수 있다.

(18) 조건부 기소유예

검사는 아동학대범죄를 수사한 결과 다음 각 호의 사유를 고려하여 필요하다고 인정하는 경우에는 아동학대행위자에 대하여 상담, 치료 또는 교육 받는 것을 조건으로 기소유예를 할 수 있다.

1. 사건의 성질·동기 및 결과
2. 아동학대행위자와 피해아동과의 관계
3. 아동학대행위자의 성행(性行) 및 개선 가능성
4. 원가정보호의 필요성
5. 피해아동 또는 그 법정대리인의 의사

(19) 아동보호사건의 처리

① 검사는 아동학대범죄로서 제26조 각 호의 사유를 고려하여 제36조에 따른 보호처분을 하는 것이 적절하다고 인정하는 경우에는 아동보호사건으로 처리할 수 있다.

② 다음 각 호의 경우에는 제1항을 적용할 수 있다.

1. 피해자의 고소가 있어야 공소를 제기할 수 있는 아동학대범죄에서 고소가 없거나 취소된 경우
2. 피해자의 명시적인 의사에 반하여 공소를 제기할 수 없는 아동학대범죄에서 피해자가 처벌을 희망하지 아니한다는 명시적 의사표시를 하였거나 처벌을 희망하는 의사표시를 철회한 경우

(20) 검사의 송치

① 검사는 아동보호사건으로 처리하는 경우에는 그 사건을 제18조제1항에 따른 관할 법원(이하 "관할 법원"이라 한다)에 송치하여야 한다.

② 검사는 아동학대범죄와 그 외의 범죄가 경합(競合)하는 경우에는 아동학대범죄에 대한 사건만을 분리하여 관할 법원에 송치할 수 있다.

(21) 법원의 송치

법원은 아동학대행위자에 대한 피고사건을 심리한 결과 제36조에 따른 보호처분을 하는 것이 적절하다고 인정하는 경우에는 결정으로 사건을 관할 법원에 송치할 수 있다.

(22) 송치 시의 아동학대행위자 처리

① 제28조 또는 제29조에 따른 송치결정이 있는 경우 아동학대행위자를 구금하고 있는 시설의 장은 검사의 이송지휘를 받은 때부터 관할 법원이 있는 시(특별시, 광역시, 특별자치시 및 「제주특별자치도 설치 및 국제자유도시 조성을 위한 특별법」 제10조제2항에 따른 행정시를 포함한다. 이하 같다) · 군에서는 24시간 이내에, 그 밖의 시 · 군에서는 48시간 이내에 아동학대행위자를 관할 법원에 인도하여야 한다. 이 경우 법원은 아동학대행위자에 대하여 제19조에 따른 임시조치 여부를 결정하여야 한다.

② 인도와 결정은 구속기간 내에 이루어져야 한다.

③ 아동학대행위자에 대한 구속영장의 효력은 임시조치 여부를 결정한 때에 상실된 것으로 본다.

(23) 공소시효의 정지와 효력

① 아동학대범죄의 공소시효는 「형사소송법」 제252조에도 불구하고 해당 아동학대범죄의 피해아동이 성년에 달한 날부터 진행한다.

② 아동학대범죄에 대한 공소시효는 해당 아동보호사건이 법원에 송치된 때부터 시효 진행이 정지된다. 다만, 다음 각 호의 어느 하나에 해당하는 경우에는 그 때부터 진행된다.

  1. 해당 아동보호사건에 대하여 제44조에 따라 준용되는 「가정폭력범죄의 처벌 등에 관한 특례법」 제37조제1항제1호에 따른 처분을 하지 아니한다는 결정이 확정된 때
  2. 해당 아동보호사건이 제41조 또는 제44조에 따라 준용되는 「가정폭력범죄의 처벌 등에 관한 특례법」 제27조제2항 및 제37조제2항에 따라 송치된 때

③ 공범 중 1명에 대한 제2항의 시효정지는 다른 공범자에게도 효력을 미친다.

(24) 보호처분의 결정 등

① 판사는 심리의 결과 보호처분이 필요하다고 인정하는 경우에는 결정으로 다음 각 호의 어느 하나에 해당하는 보호처분을 할 수 있다.

  1. 아동학대행위자가 피해아동 또는 가정구성원에게 접근하는 행위의 제한
  2. 아동학대행위자가 피해아동 또는 가정구성원에게 「전기통신기본법」 제2조제1호의 전기통신을 이용하여 접근하는 행위의 제한
  3. 피해아동에 대한 친권 또는 후견인 권한 행사의 제한 또는 정지
  4. 「보호관찰 등에 관한 법률」에 따른 사회봉사 · 수강명령

5. 「보호관찰 등에 관한 법률」에 따른 보호관찰

6. 법무부장관 소속으로 설치한 감호위탁시설 또는 법무부장관이 정하는 보호시설에의 감호위탁

7. 의료기관에의 치료위탁

8. 아동보호전문기관, 상담소 등에의 상담위탁

② 제1항 각 호의 처분은 병과할 수 있다.

③ 제1항제3호의 처분을 하는 경우에는 피해아동을 아동학대행위자가 아닌 다른 친권자나 친족 또는 아동복지시설 등으로 인도할 수 있다.

④ 판사가 제1항제3호의 보호처분을 하는 경우 보호처분의 기간 동안 임시로 후견인의 임무를 수행할 사람의 선임 등에 대하여는 제23조를 준용한다.

⑤ 법원은 제1항에 따라 보호처분의 결정을 한 경우에는 지체 없이 그 사실을 검사, 아동학대행위자, 피해아동, 법정대리인, 변호사, 보호관찰관 및 보호처분을 위탁받아 하는 보호시설, 의료기관, 아동보호전문기관 또는 상담소 등(이하 "수탁기관"이라 한다)의 장에게 통지하여야 한다. 다만, 수탁기관이 국가나 지방자치단체가 운영하는 기관이 아닌 경우에는 그 기관의 장으로부터 수탁에 대한 동의를 받아야 한다.

⑥ 제1항제4호부터 제8호까지의 규정에 따라 처분을 한 경우에는 법원은 아동학대행위자의 교정에 필요한 참고자료를 보호관찰관 또는 수탁기관의 장에게 보내야 한다.

⑦ 제1항제6호의 감호위탁기관은 아동학대행위자에 대하여 그 성행을 교정하기 위한 교육을 하여야 한다.

(25) 보호처분의 기간

제36조제1항제1호부터 제3호까지 및 제5호부터 제8호까지의 규정에 따른 보호처분의 기간은 1년을 초과할 수 없으며, 같은 항 제4호의 사회봉사·수강명령의 시간은 각각 200시간을 초과할 수 없다.

(26) 피해아동보호명령사건의 관할

① 피해아동보호명령사건의 관할은 아동학대행위자의 행위지·거주지 또는 현재지 및 피해아동의 거주지 또는 현재지를 관할하는 가정법원으로 한다. 다만, 가정법원이 설치되지 아니하는 지역에 있어서는 해당 지역의 지방법원으로 한다.

② 피해아동보호명령사건의 심리와 결정은 판사가 한다.

(27) 가정법원의 피해아동에 대한 보호명령

① 판사는 직권 또는 피해아동, 그 법정대리인, 변호사, 아동보호전문기관의 장의 청

구에 따라 결정으로 피해아동의 보호를 위하여 다음 각 호의 피해아동보호명령을 할 수 있다.

1. 아동학대행위자를 피해아동의 주거지 또는 점유하는 방실(房室)로부터의 퇴거 등 격리
2. 아동학대행위자가 피해아동 또는 가정구성원에게 접근하는 행위의 제한
3. 아동학대행위자가 피해아동 또는 가정구성원에게「전기통신기본법」제2조제1호의 전기통신을 이용하여 접근하는 행위의 제한
4. 피해아동을 아동복지시설 또는 장애인복지시설로의 보호위탁
5. 피해아동을 의료기관으로의 치료위탁
6. 피해아동을 연고자 등에게 가정위탁
7. 친권자인 아동학대행위자의 피해아동에 대한 친권 행사의 제한 또는 정지
8. 후견인인 아동학대행위자의 피해아동에 대한 후견인 권한의 제한 또는 정지
9. 친권자 또는 후견인의 의사표시를 갈음하는 결정

② 제1항 각 호의 처분은 병과할 수 있다.

③ 판사가 제1항 각 호의 피해아동보호명령을 하는 경우 피해아동, 그 법정대리인, 변호사 또는 아동보호전문기관의 장은 관할 법원에 대하여 필요한 의견을 진술할 수 있다.

④ 판사가 제1항제7호 및 제8호의 피해아동보호명령을 하는 경우 피해아동보호명령의 기간 동안 임시로 후견인의 임무를 수행할 자의 선임 등에 대하여는 제23조를 준용한다.

⑤ 제1항제4호부터 제6호까지의 규정에 따른 위탁 대상이 되는 아동복지시설, 의료기관, 연고자 등의 기준과 위탁의 절차 및 집행 등에 관하여 필요한 사항은 대법원규칙으로 정한다.

(28) 보조인

① 피해아동 및 아동학대행위자는 피해아동보호명령사건에 대하여 각자 보조인을 선임할 수 있다.

② 피해아동 및 아동학대행위자의 법정대리인·배우자·직계친족·형제자매, 아동보호전문기관의 상담원과 그 기관장 및 제16조에 따른 변호사는 보조인이 될 수 있다.

③ 변호사(「변호사법」에 따른 변호사를 말한다. 이하 제49조에서 같다)가 아닌 사람을 보조인으로 선임하거나 제2항에 따른 보조인이 되려면 법원의 허가를 받아야 한다.

④ 판사는 언제든지 제3항의 허가를 취소할 수 있다.

⑤ 제1항에 따른 보조인의 선임은 심급마다 보조인과 연명날인한 서면으로 제출하여야 한다.

⑥ 제2항에 따른 보조인이 되고자 하는 자는 심급별로 그 취지를 신고하여야 한다. 이 경우 보조인이 되고자 하는 자와 피해아동·아동학대행위자 사이의 신분관계 또는 보조인이 되고자 하는 자의 직위를 소명하는 서면을 첨부하여야 한다.

⑦ 제1항에 따른 보조인은 독립하여 절차행위를 할 수 있고, 제2항에 따른 보조인은 독립하여 피해아동 또는 아동학대행위자의 명시한 의사에 반하지 아니하는 절차행위를 할 수 있다. 다만, 법률에 다른 규정이 있는 때에는 예외로 한다.

(29) 국선보조인

① 다음 각 호의 어느 하나에 해당하는 경우 법원은 직권에 의하거나 피해아동 또는 피해아동의 법정대리인·직계친족·형제자매, 아동보호전문기관의 상담원과 그 기관장의 신청에 따라 변호사를 피해아동의 보조인으로 선정할 수 있다.

  1. 피해아동에게 신체적·정신적 장애가 의심되는 경우
  2. 빈곤이나 그 밖의 사유로 보조인을 선임할 수 없는 경우
  3. 그 밖에 판사가 보조인이 필요하다고 인정하는 경우

② 법원은 아동학대행위자가 「형사소송법」 제33조제1항 각 호의 어느 하나에 해당하는 경우에는 직권으로 변호사를 아동학대행위자의 보조인으로 선정할 수 있다.

③ 제1항과 제2항에 따라 선정된 보조인에게 지급하는 비용에 대하여는 「형사소송비용 등에 관한 법률」을 준용한다.

(30) 피해아동보호명령의 기간

① 제47조제1항제1호부터 제8호까지의 피해아동보호명령의 기간은 1년을 초과할 수 없다. 다만, 관할 법원의 판사는 피해아동의 보호를 위하여 그 기간의 연장이 필요하다고 인정하는 경우 직권 또는 피해아동, 그 법정대리인, 변호사의 청구에 따른 결정으로 3개월 단위로 그 기간을 연장할 수 있다.

② 제1항에 따라 기간을 연장하더라도 피해아동보호명령의 총 기간은 4년을 초과할 수 없다.

제 2 장 폭력사건 수사

제1절 폭력범죄 수사

1. 폭력사범 개요

폭력 사범은 대체로 조직폭력배 구성원·폭력상습자로서 대상이 사전에 파악된다는 특징이 있다. 또한 범행지역이 어느 정도 특정되지만, 극히 잠재성이 강한 조직이다. 대부분 면접범이고 상습범이며, 피해자층이 어느 정도 한정된다.

경제적 이윤 추구가 궁극적 목적인데 이를 위해 폭력을 주수단으로 하여 목적 성취 및 존립을 유지한다. 내부적으로 규율 및 의형제적 체계가 있으며 일정한 활동 무대를 중심으로 계속성, 상습성, 계획성(일회성 X)의 양상을 보이고 있다.

2. 조직폭력범 단속의 기본방침

(1) 대상자 파악과 불법자금원 차단

대상자를 파악하여 폭력 우범자 명단 작성하며, 폭력단의 존립기반이 되고 모든 대상에 대한 단속을 강화하여 폭력범죄의 온상이 되는 반사회적 유해환경을 제거하여 불법 자금원을 철저히 차단한다.

(2) 정보의 자료화

입수한 정보는 선입견이나 편견을 가지지 말고 신중하게 검토하여 조기에 보고하여야 한다. 사소한 정보라도 종합적으로 판단하면 중요한 의미를 가지는 것이 필요하다고 인정되는 것은 신속하게 보고하여야 한다(체계적인 검토와 분석이 이루어진 후에 상부에 보고해야 한다는 인식은 잘못된 것이다).

3. 조직폭력 사범의 분류

조직폭력	도박꾼, 야바위꾼, 유흥가불량배, 토건불량배, 흥행공갈배
회사강패	(주주)총회꾼, (주주)총회 공갈배, 사건해결사, 채권강제해결사, 어음사기단, 금융 조직폭력배, 사이비기자, 정치깡패, 불량신용조사업소, 기업 폭력, 기타
폭력상습자	폭행, 상해, 공갈 등 폭력적 불법행위를 상습적으로 하는 자

4. 조직폭력배의 동향관찰

담당형사	두목, 행동대장급 이상 월2회, 기타 조직원 월1회,
지구대 담당직원	월1회 이중동향관찰체제를 확립한다.
형사(수사)과장	매주 동향관찰결과를 점검하고 사안별 대책을 마련한다. 특히 결과 점검시에는 개인별 동향관찰결과를 직접 점검하고, 조직별 배후 조종자 신흥추종자 알력있는 상대조직 등을 심층분석하도록 한다.
경찰서장	매월 1회 두목, 행동대장급 이상의 동향을 관찰, 결과를 점검한다.

5. 폭력행위 등 처벌에 관한 법률

제1조(목적)	이 법은 집단적 또는 상습적으로 폭력행위 등을 범하거나 흉기 또는 그 밖의 위험한 물건을 휴대하여 폭력행위 등을 범한 사람 등을 처벌함을 목적으로 한다.
제2조(폭행 등)	② 2명 이상이 공동하여 다음 각 호의 죄를 범한 사람은 「형법」 각 해당 조항에서 정한 형의 2분의 1까지 가중한다. <개정 2016.1.6.> 1. 「형법」 제260조제1항(폭행), 제283조제1항(협박), 제319조(주거침입, 퇴거불응) 또는 제366조(재물손괴 등)의 죄 2. 「형법」 제260조제2항(존속폭행), 제276조제1항(체포, 감금), 제283조제2항(존속협박) 또는 제324조제1항(강요)의 죄 3. 「형법」 제257조제1항(상해) · 제2항(존속상해), 제276조제2항(존속체포, 존속감금) 또는 제350조(공갈)의 죄 ③ 이 법(「형법」 각 해당 조항 및 각 해당 조항의 상습범, 특수범, 상습특수범, 각 해당 조항의 상습범의 미수범, 특수범의 미수범, 상습특수범의 미수범을 포함한다)을 위반하여 2회 이상 징역형을 받은 사람이 다시 제2항 각 호에 규정된 죄를 범하여 누범(累犯)으로 처벌할 경우에는 다음 각 호의 구분에 따라 가중처벌한다. 1. 제2항제1호에 규정된 죄를 범한 사람: 7년 이하의 징역 2. 제2항제2호에 규정된 죄를 범한 사람: 1년 이상 12년 이하의 징역 3. 제2항제3호에 규정된 죄를 범한 사람: 2년 이상 20년 이하의 징역 ④ 제2항과 제3항의 경우에는 「형법」 제260조제3항 및 제283조제3항을 적용하지 아니한다.
제3조(집단적 폭행 등)	④ 이 법(「형법」 각 해당 조항 및 각 해당 조항의 상습범, 특수범, 상습특수범, 각 해당 조항의 상습범의 미수범, 특수범의 미수범, 상습특수범의 미수범을 포함한다)을 위반하여 2회 이상 징역형을 받은 사람이 다시 다음 각 호의 죄를 범하여 누범

	으로 처벌할 경우에는 다음 각 호의 구분에 따라 가중처벌한다. 　1.「형법」제261조(특수폭행)(제260조제1항의 죄를 범한 경우에 한정한다), 제284조(특수협박)(제283조제1항의 죄를 범한 경우에 한정한다), 제320조(특수주거침입) 또는 제369조제1항(특수손괴)의 죄: 1년 이상 12년 이하의 징역 　2.「형법」제261조(특수폭행)(제260조제2항의 죄를 범한 경우에 한정한다), 제278조(특수체포, 특수감금)(제276조제1항의 죄를 범한 경우에 한정한다), 제284조(특수협박)(제283조제2항의 죄를 범한 경우에 한정한다) 또는 제324조제2항(강요)의 죄: 2년 이상 20년 이하의 징역 　3.「형법」제258조의2제1항(특수상해), 제278조(특수체포, 특수감금)(제276조제2항의 죄를 범한 경우에 한정한다) 또는 제350조의2(특수공갈)의 죄: 3년 이상 25년 이하의 징역
제4조(단체 등의 구성·활동)	① 이 법에 규정된 범죄를 목적으로 하는 단체 또는 집단을 구성하거나 그러한 단체 또는 집단에 가입하거나 그 구성원으로 활동한 사람은 다음 각 호의 구분에 따라 처벌한다. 　1. 수괴(首魁): 사형, 무기 또는 10년 이상의 징역 　2. 간부: 무기 또는 7년 이상의 징역 　3. 수괴·간부 외의 사람: 2년 이상의 유기징역 ② 제1항의 단체 또는 집단을 구성하거나 그러한 단체 또는 집단에 가입한 사람이 단체 또는 집단의 위력을 과시하거나 단체 또는 집단의 존속·유지를 위하여 다음 각 호의 어느 하나에 해당하는 죄를 범하였을 때에는 그 죄에 대한 형의 장기(長期) 및 단기(短期)의 2분의 1까지 가중한다. 　1.「형법」에 따른 죄 중 다음 각 목의 죄 　　가.「형법」제8장 공무방해에 관한 죄 중 제136조(공무집행방해), 제141조(공용서류 등의 무효, 공용물의 파괴)의 죄 　　나.「형법」제24장 살인의 죄 중 제250조제1항(살인), 제252조(촉탁, 승낙에 의한 살인 등), 제253조(위계 등에 의한 촉탁살인 등), 제255조(예비, 음모)의 죄 　　다.「형법」제34장 신용, 업무와 경매에 관한 죄 중 제314조(업무방해), 제315조(경매, 입찰의 방해)의 죄 　　라.「형법」제38장 절도와 강도의 죄 중 제333조(강도), 제334조(특수강도), 제335조(준강도), 제336조(인질강도), 제337조(강도상해, 치상), 제339조(강도강간), 제340조제1항(해상강도)·제2항(해상강도상해 또는 치상), 제341조(상습범), 제343조(예비, 음모)의 죄 　2. 제2조 또는 제3조의 죄(「형법」각 해당 조항의 상습범, 특수범, 상습특수범을 포함한다) ③ 타인에게 제1항의 단체 또는 집단에 가입할 것을 강요하거나 권유한 사람은 2년 이상의 유기징역에 처한다. ④ 제1항의 단체 또는 집단을 구성하거나 그러한 단체 또는 집단에 가입하여 그 단체 또는 집단의 존속·유지를 위하여 금품을 모집한 사람은 3년 이상의 유기징역에 처한다.
제5조(단체 등의 이용·지원)	① 제4조제1항의 단체 또는 집단을 이용하여 이 법이나 그 밖의 형벌 법규에 규정된 죄를 범하게 한 사람은 그 죄에 대한 형의 장기 및 단기의 2분의 1까지 가중한다. ② 제4조제1항의 단체 또는 집단을 구성하거나 그러한 단체 또는 집단에 가입하지 아니한 사람이 그러한 단체 또는 집단의 구성·유지를 위하여 자금을 제공하였을 때에는 3년 이상의 유기징역에 처한다.

제6조(미수범)	제2조, 제3조, 제4조제2항[「형법」제136조, 제255조, 제314조, 제315조, 제335조, 제337조(강도치상의 죄에 한정한다), 제340조제2항(해상강도치상의 죄에 한정한다) 또는 제343조의 죄를 범한 경우는 제외한다] 및 제5조의 미수범은 처벌한다.
제7조(우범자)	정당한 이유 없이 이 법에 규정된 범죄에 공용(供用)될 우려가 있는 흉기나 그 밖의 위험한 물건을 휴대하거나 제공 또는 알선한 사람은 3년 이하의 징역 또는 300만원 이하의 벌금에 처한다.
제8조(정당방위 등)	① 이 법에 규정된 죄를 범한 사람이 흉기나 그 밖의 위험한 물건 등으로 사람에게 위해(危害)를 가하거나 가하려 할 때 이를 예방하거나 방위(防衛)하기 위하여 한 행위는 벌하지 아니한다. ② 제1항의 경우에 방위 행위가 그 정도를 초과한 때에는 그 형을 감경한다. ③ 제2항의 경우에 그 행위가 야간이나 그 밖의 불안한 상태에서 공포·경악·흥분 또는 당황으로 인한 행위인 때에는 벌하지 아니한다.
제9조(사법경찰관리의 직무유기)	① 사법경찰관리(司法警察官吏)로서 이 법에 규정된 죄를 범한 사람을 수사하지 아니하거나 범인을 알면서 체포하지 아니하거나 수사상 정보를 누설하여 범인의 도주를 용이하게 한 사람은 1년 이상의 유기징역에 처한다. ② 뇌물을 수수(收受), 요구 또는 약속하고 제1항의 죄를 범한 사람은 2년 이상의 유기징역에 처한다.
제10조(사법경찰관리의 행정적 책임)	① 관할 지방검찰청 검사장은 제2조부터 제6조까지의 범죄가 발생하였는데도 그 사실을 자신에게 보고하지 아니하거나 수사를 게을리하거나 수사능력 부족 또는 그 밖의 이유로 사법경찰관리로서 부적당하다고 인정하는 사람에 대해서는 그 임명권자에게 징계, 해임 또는 교체임용을 요구할 수 있다. ② 제1항의 요구를 받은 임명권자는 2주일 이내에 해당 사법경찰관리에 대하여 행정처분을 한 후 그 사실을 관할 지방검찰청 검사장에게 통보하여야 한다.

6. 특정강력범죄의 처벌에 관한 특례법

제1조 (목적)	이 법은 기본적 윤리와 사회질서를 침해하는 특정강력범죄에 대한 처벌과 그 절차에 관한 특례를 규정함으로써 국민의 생명과 신체의 안전을 보장하고 범죄로부터 사회를 지키는 것을 목적으로 한다.
제2조(적용 범위)	① 이 법에서 "특정강력범죄"란 다음 각 호의 어느 하나에 해당하는 죄를 말한다. 1.「형법」제2편제24장 살인의 죄 중 제250조[살인·존속살해(尊屬殺害)], 제253조[위계(僞計)등에 의한 촉탁살인(囑託殺人)등] 및 제254조(미수범. 다만, 제251조 및 제252조의 미수범은 제외한다)의 죄 2.「형법」제2편제31장 약취(略取), 유인(誘引) 및 인신매매의 죄 중 제287조부터 제291조까지 및 제294조(제292조제1항의 미수범은 제외한다)의 죄 3.「형법」제2편제32장 강간과 추행의 죄 중 제301조(강간등 상해·치상), 제301조의2(강간등 살인·치사)의 죄 및 흉기나 그 밖의 위험한 물건을 휴대하거나 2명 이상이 합동하여 범한 제297조(강간), 제297조의2(유사강간), 제298조(강제추행), 제299조(준강간·준강제추행), 제300조(미수범) 및 제305조(미성년자에 대한 간음, 추행)의 죄 4.「형법」제2편제32장 강간과 추행의 죄, 「성폭력범죄의 처벌 등에 관한 특례법」제3조부터 제10조까지 및 제15조(제13조의 미수범은 제외한다)의 죄 또는 「아동·청소년의 성보호에 관한 법률」제13조의 죄로 두 번 이상 실형을 선고받은 사람이 범한

	「형법」 제297조, 제297조의2, 제298조부터 제300조까지, 제305조 및 「아동·청소년의 성보호에 관한 법률」 제13조의 죄 5. 「형법」 제2편제38장 절도와 강도의 죄 중 제333조(강도), 제334조(특수강도), 제335조(준강도), 제336조(인질강도), 제337조(강도상해·치상), 제338조(강도살인·치사), 제339조(강도강간), 제340조(해상강도), 제341조(상습범) 및 제342조(미수범. 다만, 제329조부터 제331조까지, 제331조의2 및 제332조의 미수범은 제외한다)의 죄 6. 「폭력행위 등 처벌에 관한 법률」 제4조(단체 등의 구성·활동)의 죄 ② 제1항 각 호의 범죄로서 다른 법률에 따라 가중처벌하는 죄는 특정강력범죄로 본다.
제3조(누범의 형)	특정강력범죄로 형(刑)을 선고받고 그 집행이 끝나거나 면제된 후 3년 이내에 다시 특정강력범죄를 범한 경우(「형법」 제337조의 죄 및 그 미수(未遂)의 죄를 범하여 「특정범죄 가중처벌 등에 관한 법률」 제5조의5에 따라 가중처벌되는 경우는 제외한다)에는 그 죄에 대하여 정하여진 형의 장기(長期) 및 단기(短期)의 2배까지 가중한다.
제4조(소년에 대한 형)	① 특정강력범죄를 범한 당시 18세 미만인 소년을 사형 또는 무기형에 처하여야 할 때에는 「소년법」 제59조에도 불구하고 그 형을 20년의 유기징역으로 한다. ② 특정강력범죄를 범한 소년에 대하여 부정기형(不定期刑)을 선고할 때에는 「소년법」 제60조제1항 단서에도 불구하고 장기는 15년, 단기는 7년을 초과하지 못한다.
제5조(집행유예의 결격기간)	특정강력범죄로 형을 선고받고 그 집행이 끝나거나 면제된 후 10년이 지나지 아니한 사람이 다시 특정강력범죄를 범한 경우에는 형의 집행을 유예하지 못한다.
제6조(보석 등의 취소)	법원은 특정강력범죄사건의 피고인이 피해자나 그 밖에 사건의 재판에 필요한 사실을 알고 있다고 인정되는 사람 또는 그 친족의 생명·신체나 재산에 해를 끼치거나 끼칠 염려가 있다고 믿을 만한 충분한 이유가 있을 때에는 법원의 직권 또는 검사의 청구에 의하여 결정으로 보석 또는 구속의 집행정지를 취소할 수 있다.
제7조(증인에 대한 신변안전조치)	① 검사는 특정강력범죄사건의 증인이 피고인 또는 그 밖의 사람으로부터 생명·신체에 해를 입거나 입을 염려가 있다고 인정될 때에는 관할 경찰서장에게 증인의 신변안전을 위하여 필요한 조치를 할 것을 요청하여야 한다. ② 증인은 검사에게 제1항의 조치를 하도록 청구할 수 있다. ③ 재판장은 검사에게 제1항의 조치를 하도록 요청할 수 있다. ④ 제1항의 요청을 받은 관할 경찰서장은 즉시 증인의 신변안전을 위하여 필요한 조치를 하고 그 사실을 검사에게 통보하여야 한다.
제8조(출판물 게재 등으로부터의 피해자 보호)	특정강력범죄 중 제2조제1항제2호부터 제6호까지 및 같은 조 제2항(제1항제1호는 제외한다)에 규정된 범죄로 수사 또는 심리(審理) 중에 있는 사건의 피해자나 특정강력범죄로 수사 또는 심리 중에 있는 사건을 신고하거나 고발한 사람에 대하여는 성명, 나이, 주소, 직업, 용모 등에 의하여 그가 피해자이거나 신고 또는 고발한 사람임을 미루어 알 수 있는 정도의 사실이나 사진을 신문 또는 그 밖의 출판물에 싣거나 방송 또는 유선방송하지 못한다. 다만, 피해자, 신고하거나 고발한 사람 또는 그 법정대리인(피해자, 신고 또는 고발한 사람이 사망한 경우에는 그 배우자, 직계친족 또는 형제자매)이 명시적으로 동의한 경우에는 그러하지 아니하다.
제8조의2 (피의자의 얼굴 등 공개)	① 검사와 사법경찰관은 다음 각 호의 요건을 모두 갖춘 특정강력범죄사건의 피의자의 얼굴, 성명 및 나이 등 신상에 관한 정보를 공개할 수 있다. 1. 범행수단이 잔인하고 중대한 피해가 발생한 특정강력범죄사건일 것 2. 피의자가 그 죄를 범하였다고 믿을 만한 충분한 증거가 있을 것

	3. 국민의 알권리 보장, 피의자의 재범방지 및 범죄예방 등 오로지 공공의 이익을 위하여 필요할 것 4. 피의자가 「청소년 보호법」 제2조제1호의 청소년에 해당하지 아니할 것 ② 제1항에 따라 공개를 할 때에는 피의자의 인권을 고려하여 신중하게 결정하고 이를 남용하여서는 아니 된다.
제9조(소 송 진행의 협의)	① 법원은 특정강력범죄에 관하여 검사 및 변호인과 공판기일의 지정이나 그 밖에 소송의 진행에 필요한 사항을 협의할 수 있다. ② 제1항의 협의는 소송 진행에 필요한 최소한의 범위에서 하여야 하며, 판결에 영향을 주어서는 아니 된다. ③ 특정강력범죄에 관하여 증거서류 또는 증거물의 조사를 청구하는 경우에는 상대방에게 미리 열람할 기회를 주어야 한다. 다만, 상대방이 이의를 제기하지 아니하는 경우에는 그러하지 아니하다.
제10조(집 중심리)	① 법원은 특정강력범죄사건의 심리를 하는 데에 2일 이상이 걸리는 경우에는 가능하면 매일 계속 개정(開廷)하여 집중심리(集中審理)를 하여야 한다. ② 재판장은 특별한 사정이 없으면 직전 공판기일부터 7일 이내로 다음 공판기일을 지정하여야 한다. ③ 재판장은 소송 관계인이 공판기일을 준수하도록 요청하여야 하며, 이에 필요한 조치를 할 수 있다.
제11조(공 판정에서 의 신체 구속)	재판장은 특정강력범죄로 공소제기된 피고인이 폭력을 행사하거나 도망할 염려가 있다고 인정할 때에는 공판정에서 피고인의 신체를 구속할 것을 명하거나 그 밖에 필요한 조치를 할 수 있다.
제12조(간 이공판 절차의 결정)	① 특정강력범죄의 피고인이 공판정에서 공소사실을 자백한 경우에는 법원은 간이공판절차에 따라 심판할 것을 결정할 수 있다. 특정강력범죄와 다른 죄가 병합(倂合)된 경우에도 같다. ② 제1항의 결정이 있는 사건에 대하여는 「형사소송법」 제286조의3, 제297조의2, 제301조의2 및 제318조의3을 준용한다.
제13조(판 결선고)	법원은 특정강력범죄사건에 관하여 변론을 종결한 때에는 신속하게 판결을 선고하여야 한다. 복잡한 사건이거나 그 밖에 특별한 사정이 있는 경우에도 판결의 선고는 변론 종결일부터 14일을 초과하지 못한다.

7. 가정폭력범죄의 처벌에 관한 특례법

(1) 특례법 제정취지

① 가정폭력범죄를 가정보호사건으로 처리할 수 있는 절차를 마련

② 가정폭력범죄에 대한 응급조치 및 임시조치 등 폭력제지수단 강구

③ 피해자 보호를 위한 각종 절차적 권리 마련

④ 민사구제절차의 신설

* 경찰의 보호 처분에 대한 처분 권한 강화(X)

(2) 총칙

제1조 (목적)	이 법은 가정폭력범죄의 형사처벌 절차에 관한 특례를 정하고 가정폭력범죄를 범한 사람에 대하여 환경의 조정과 성행(性行)의 교정을 위한 보호처분을 함으로써 가정폭력범죄로 파괴된 가정의 평화와 안정을 회복하고 건강한 가정을 가꾸며 피해자와 가족구성원의 인권을 보호함을 목적으로 한다.	
제2조 (정의)	가정폭력	가정구성원 사이의 신체적, 정신적 또는 재산상 피해를 수반하는 행위
	가정구성원	가. 배우자(사실상 혼인관계에 있는 사람을 포함한다. 이하 같다) 또는 배우자였던 사람 나. 자기 또는 배우자와 직계존비속관계(사실상의 양친자관계를 포함한다. 이하 같다)에 있거나 있었던 사람 다. 계부모와 자녀의 관계 또는 적모(嫡母)와 서자(庶子)의 관계에 있거나 있었던 사람 라. 동거하는 친족
	가정폭력범죄	가. 「형법」 제2편제25장 상해와 폭행의 죄 중 제257조(상해, 존속상해), 제258조(중상해, 존속중상해), 제258조의2(특수상해), 제260조(폭행, 존속폭행)제1항·제2항, 제261조(특수폭행) 및 제264조(상습범)의 죄 나. 「형법」 제2편제28장 유기와 학대의 죄 중 제271조(유기, 존속유기)제1항·제2항, 제272조(영아유기), 제273조(학대, 존속학대) 및 제274조(아동혹사)의 죄 다. 「형법」 제2편제29장 체포와 감금의 죄 중 제276조(체포, 감금, 존속체포, 존속감금), 제277조(중체포, 중감금, 존속중체포, 존속중감금), 제278조(특수체포, 특수감금), 제279조(상습범) 및 제280조(미수범)의 죄 라. 「형법」 제2편제30장 협박의 죄 중 제283조(협박, 존속협박)제1항·제2항, 제284조(특수협박), 제285조(상습범)(제283조의 죄에만 해당한다) 및 제286조(미수범)의 죄 마. 「형법」 제2편제32장 강간과 추행의 죄 중 제297조(강간), 제297조의2(유사강간), 제298조(강제추행), 제299조(준강간, 준강제추행), 제300조(미수범), 제301조(강간등 상해·치상), 제301조의2(강간등 살인·치사), 제302조(미성년자등에 대한 간음), 제305조(미성년자에 대한 간음, 추행), 제305조의2(상습범)(제297조, 제297조의2, 제298조부터 제300조까지의 죄에 한한다)의 죄 바. 「형법」 제2편제33장 명예에 관한 죄 중 제307조(명예훼손), 제308조(사자의 명예훼손), 제309조(출판물등에 의한 명예훼손) 및 제311조(모욕)의 죄 사. 「형법」 제2편제36장 주거침입의 죄 중 제321조(주거·신체 수색)의 죄 아. 「형법」 제2편제37장 권리행사를 방해하는 죄 중 제324조(강요) 및 제324조의5(미수범)(제324조의 죄에만 해당한다)의 죄 자. 「형법」 제2편제39장 사기와 공갈의 죄 중 제350조(공갈), 제350조의2(특수공갈) 및 제352조(미수범)(제350조, 제350조의2의 죄에만 해당한다)의 죄

		차.「형법」제2편제42장 손괴의 죄 중 제366조(재물손괴등)의 죄 카. 가목부터 차목까지의 죄로서 다른 법률에 따라 가중처벌되는 죄
가정폭력 행위자	가정폭력범죄를 범한 사람 및 가정구성원인 공범	
피해자	가정폭력범죄로 인하여 직접적으로 피해를 입은 사람	
가정보호 사건	가정폭력범죄로 인하여 이 법에 따른 보호처분의 대상이 되는 사건	
보호처분	법원이 가정보호사건에 대하여 심리를 거쳐 가정폭력행위자에게 하는 제40조에 따른 처분	
피해자보 호명령 사건	가정폭력범죄로 인하여 제55조의2에 따른 피해자보호명령의 대상이 되는 사건 제55조의2(피해자보호명령) ① 판사는 피해자의 보호를 위하여 필요하다고 인정하는 때에는 피해자 또는 그 법정대리 　인의 청구에 따라 결정으로 가정폭력행위자에게 다음 각 호의 어느 하나에 해당하는 피 　해자보호명령을 할 수 있다. 1. 피해자 또는 가정구성원의 주거 또는 점유하는 방실로부터의 퇴거 등 격리 2. 피해자 또는 가정구성원의 주거, 직장 등에서 100미터 이내의 접근금지 3. 피해자 또는 가정구성원에 대한「전기통신사업법」제2조제1호의 전기통신을 이용한 접 　근금지 4. 친권자인 가정폭력행위자의 피해자에 대한 친권행사의 제한 ② 제1항 각 호의 피해자보호명령은 이를 병과할 수 있다. ③ 피해자 또는 그 법정대리인은 제1항에 따른 피해자보호명령의 취소 또는 그 종류의 변 　경을 신청할 수 있다. ④ 판사는 직권 또는 제3항에 따른 신청에 상당한 이유가 있다고 인정하는 때에는 결정으 　로 해당 피해자보호명령을 취소하거나 그 종류를 변경할 수 있다.	
아동	아동복지법」제3조제1호에 따른 아동(18세 미만인 자)	
제3조 (다른 법률과의 관계)	가정폭력범죄에 대하여는 이 법을 우선 적용한다. 다만, 아동학대범죄에 대하여는 「아동학 대범죄의 처벌 등에 관한 특례법」을 우선 적용한다.	

(3) 가정보호사건

제4조(신 고의무 등)	① 누구든지 가정폭력범죄를 알게 된 경우에는 수사기관에 신고할 수 있다. ② 다음 각 호의 어느 하나에 해당하는 사람이 직무를 수행하면서 가정폭력범죄를 알게 된 　경우에는 정당한 사유가 없으면 즉시 수사기관에 신고하여야 한다. 1. 아동의 교육과 보호를 담당하는 기관의 종사자와 그 기관장 2. 아동, 60세 이상의 노인, 그 밖에 정상적인 판단 능력이 결여된 사람의 치료 등을 담당 　하는 의료인 및 의료기관의 장 3.「노인복지법」에 따른 노인복지시설,「아동복지법」에 따른 아동복지시설,「장애인 　복지법」에 따른 장애인복지시설의 종사자와 그 기관장 4.「다문화가족지원법」에 따른 다문화가족지원센터의 전문인력과 그 장 5.「결혼중개업의 관리에 관한 법률」에 따른 국제결혼중개업자와 그 종사자 6.「소방기본법」에 따른 구조대·구급대의 대원

	7. 「사회복지사업법」에 따른 사회복지 전담공무원 8. 「건강가정기본법」에 따른 건강가정지원센터의 종사자와 그 센터의 장 ③ 「아동복지법」에 따른 아동상담소, 「가정폭력방지 및 피해자보호 등에 관한 법률」에 따른 가정폭력 관련 상담소 및 보호시설, 「성폭력범죄의 피해자보호 등에 관한 법률」에 따른 성폭력피해상담소 및 보호시설(이하 "상담소등"이라 한다)에 근무하는 상담원과 그 기관장은 피해자 또는 피해자의 법정대리인 등과의 상담을 통하여 가정폭력범죄를 알게 된 경우에는 가정폭력피해자의 명시적인 반대의견이 없으면 즉시 신고하여야 한다. ④ 누구든지 제1항부터 제3항까지의 규정에 따라 가정폭력범죄를 신고한 사람(이하 "신고자"라 한다)에게 그 신고행위를 이유로 불이익을 주어서는 아니 된다.
제5조 (가정폭력 범죄에 대한 응급조치)	진행 중인 가정폭력범죄에 대하여 신고를 받은 사법경찰관리는 즉시 현장에 나가서 다음 각 호의 조치를 하여야 한다. 1. 폭력행위의 제지, 가정폭력행위자·피해자의 분리 및 범죄수사 2. 피해자를 가정폭력 관련 상담소 또는 보호시설로 인도(피해자가 동의한 경우만 해당한다) 3. 긴급치료가 필요한 피해자를 의료기관으로 인도 4. 폭력행위 재발 시 제8조에 따라 임시조치를 신청할 수 있음을 통보
제6조(고 소에 관한 특례)	① 피해자 또는 그 법정대리인은 가정폭력행위자를 고소할 수 있다. 피해자의 법정대리인이 가정폭력행위자인 경우 또는 가정폭력행위자와 공동으로 가정폭력범죄를 범한 경우에는 피해자의 친족이 고소할 수 있다. ② 피해자는 「형사소송법」 제224조에도 불구하고 가정폭력행위자가 자기 또는 배우자의 직계존속인 경우에도 고소할 수 있다. 법정대리인이 고소하는 경우에도 또한 같다. ③ 피해자에게 고소할 법정대리인이나 친족이 없는 경우에 이해관계인이 신청하면 검사는 10일 이내에 고소할 수 있는 사람을 지정하여야 한다.
제7조(사 법경찰관 의 사건 송치)	사법경찰관은 가정폭력범죄를 신속히 수사하여 사건을 검사에게 송치하여야 한다. 이 경우 사법경찰관은 해당 사건을 가정보호사건으로 처리하는 것이 적절한지에 관한 의견을 제시할 수 있다.
제8조(임 시조치의 청구 등)	① 검사는 가정폭력범죄가 재발될 우려가 있다고 인정하는 경우에는 직권으로 또는 사법경찰관의 신청에 의하여 법원에 제29조제1항제1호·제2호 또는 제3호의 임시조치를 청구할 수 있다. ② 검사는 가정폭력행위자가 제1항의 청구에 의하여 결정된 임시조치를 위반하여 가정폭력범죄가 재발될 우려가 있다고 인정하는 경우에는 직권으로 또는 사법경찰관의 신청에 의하여 법원에 제29조제1항제5호의 임시조치를 청구할 수 있다. ③ 제1항 및 제2항의 경우 피해자 또는 그 법정대리인은 검사 또는 사법경찰관에게 제1항 및 제2항에 따른 임시조치의 청구 또는 그 신청을 요청하거나 이에 관하여 의견을 진술할 수 있다. ④ 제3항에 따른 요청을 받은 사법경찰관은 제1항 및 제2항에 따른 임시조치를 신청하지 아니하는 경우에는 검사에게 그 사유를 보고하여야 한다.
제8조의2 (긴급임시 조치)	① 사법경찰관은 제5조에 따른 응급조치에도 불구하고 가정폭력범죄가 재발될 우려가 있고, 긴급을 요하여 법원의 임시조치 결정을 받을 수 없을 때에는 직권 또는 피해자나 그 법정대리인의 신청에 의하여 제29조제1항제1호부터 제3호까지의 어느 하나에 해당하

	는 조치(이하 "긴급임시조치"라 한다)를 할 수 있다. ② 사법경찰관은 제1항에 따라 긴급임시조치를 한 경우에는 즉시 긴급임시조치결정서를 작성하여야 한다. ③ 제2항에 따른 긴급임시조치결정서에는 범죄사실의 요지, 긴급임시조치가 필요한 사유 등을 기재하여야 한다.
제8조의3 (긴급임시 조치와 임시조치 의 청구)	① 사법경찰관이 제8조의2제1항에 따라 긴급임시조치를 한 때에는 지체 없이 검사에게 제8조에 따른 임시조치를 신청하고, 신청받은 검사는 법원에 임시조치를 청구하여야 한다. 이 경우 임시조치의 청구는 긴급임시조치를 한 때부터 48시간 이내에 청구하여야 하며, 제8조의2제2항에 따른 긴급임시조치결정서를 첨부하여야 한다. ② 제1항에 따라 임시조치를 청구하지 아니하거나 법원이 임시조치의 결정을 하지 아니한 때에는 즉시 긴급임시조치를 취소하여야 한다.
제9조(가 정보호 사건의 처리)	① 검사는 가정폭력범죄로서 사건의 성질·동기 및 결과, 가정폭력행위자의 성행 등을 고려하여 이 법에 따른 보호처분을 하는 것이 적절하다고 인정하는 경우에는 가정보호사건으로 처리할 수 있다. 이 경우 검사는 피해자의 의사를 존중하여야 한다. ② 다음 각 호의 경우에는 제1항을 적용할 수 있다. 　1. 피해자의 고소가 있어야 공소를 제기할 수 있는 가정폭력범죄에서 고소가 없거나 취소된 경우 　2. 피해자의 명시적인 의사에 반하여 공소를 제기할 수 없는 가정폭력범죄에서 피해자가 처벌을 희망하지 아니한다는 명시적 의사표시를 하였거나 처벌을 희망하는 의사표시를 철회한 경우
제9조의2 (상담조건 부 기소 유예)	검사는 가정폭력사건을 수사한 결과 가정폭력행위자의 성행 교정을 위하여 필요하다고 인정하는 경우에는 상담조건부 기소유예를 할 수 있다.
제10조 (관할)	① 가정보호사건의 관할은 가정폭력행위자의 행위지, 거주지 또는 현재지를 관할하는 가정법원으로 한다. 다만, 가정법원이 설치되지 아니한 지역에서는 해당 지역의 지방법원(지원을 포함한다. 이하 같다)으로 한다. ② 가정보호사건의 심리와 결정은 단독판사(이하 "판사"라 한다)가 한다.
제11조 (검사의 송치)	① 검사는 제9조에 따라 가정보호사건으로 처리하는 경우에는 그 사건을 관할 가정법원 또는 지방법원(이하 "법원"이라 한다)에 송치하여야 한다. ② 검사는 가정폭력범죄와 그 외의 범죄가 경합(競合)하는 경우에는 가정폭력범죄에 대한 사건만을 분리하여 관할 법원에 송치할 수 있다.
제12조 (법원의 송치)	법원은 가정폭력행위자에 대한 피고사건을 심리한 결과 이 법에 따른 보호처분을 하는 것이 적절하다고 인정하는 경우에는 결정으로 사건을 가정보호사건의 관할 법원에 송치할 수 있다. 이 경우 법원은 피해자의 의사를 존중하여야 한다.
제13조 (송치 시의 가정폭력 행위자	① 제11조제1항 또는 제12조에 따른 송치결정이 있는 경우 가정폭력행위자를 구금하고 있는 시설의 장은 검사의 이송지휘를 받은 때부터 제10조에 따른 관할 법원이 있는 시(특별시, 광역시 및 「제주특별자치도 설치 및 국제자유도시 조성을 위한 특별법」 제15조제2항에 따른 행정시를 포함한다. 이하 같다)·군에서는 24시간 이내에, 그 밖의 시·군에서는 48시간 이내에 가정폭력행위자를 관할 법원에 인도하여야 한다. 이 경우 법원은 가

처리)	정폭력행위자에 대하여 제29조에 따른 임시조치 여부를 결정하여야 한다. ② 제1항에 따른 인도와 결정은 「형사소송법」 제92조, 제203조 또는 제205조의 구속기간 내에 이루어져야 한다. ③ 구속영장의 효력은 제1항 후단에 따라 임시조치 여부를 결정한 때에 상실된 것으로 본다.
제18조 (비밀엄수 등의 의무)	① 가정폭력범죄의 수사 또는 가정보호사건의 조사·심리 및 그 집행을 담당하거나 이에 관여하는 공무원, 보조인, 상담소등에 근무하는 상담원과 그 기관장 및 제4조제2항제1호에 규정된 사람(그 직에 있었던 사람을 포함한다)은 그 직무상 알게 된 비밀을 누설하여서는 아니 된다. ② 이 법에 따른 가정보호사건에 대하여는 가정폭력행위자, 피해자, 고소인, 고발인 또는 신고인의 주소, 성명, 나이, 직업, 용모, 그 밖에 이들을 특정하여 파악할 수 있는 인적 사항이나 사진 등을 신문 등 출판물에 싣거나 방송매체를 통하여 방송할 수 없다. ③ 피해자가 보호하고 있는 아동이나 피해인 아동의 교육 또는 보육을 담당하는 학교의 교직원 또는 보육교직원은 정당한 사유가 없으면 해당 아동의 취학, 진학, 전학 또는 입소(그 변경을 포함한다)의 사실을 가정폭력행위자인 친권자를 포함하여 누구에게든지 누설하여서는 아니 된다.

(4) 조사·심리

제19조 (조사· 심리의 방향)	법원은 가정보호사건을 조사·심리할 때에는 의학, 심리학, 사회학, 사회복지학, 그 밖의 전문적인 지식을 활용하여 가정폭력행위자, 피해자, 그 밖의 가정구성원의 성행, 경력, 가정 상황, 가정폭력범죄의 동기·원인 및 실태 등을 밝혀서 이 법의 목적을 달성할 수 있는 적정한 처분이 이루어지도록 노력하여야 한다.
제20조 (가정보호사 건조사관)	① 가정보호사건을 조사·심리하기 위하여 법원에 가정보호사건조사관을 둔다. ② 가정보호사건조사관의 자격, 임면(任免), 그 밖에 필요한 사항은 대법원규칙으로 정한다.
제21조(조사 명령 등)	① 판사는 가정보호사건조사관, 그 법원의 소재지 또는 가정폭력행위자의 주거지를 관할하는 보호관찰소의 장에게 가정폭력행위자, 피해자 및 가정구성원에 대한 심문(審問)이나 그들의 정신·심리상태, 가정폭력범죄의 동기·원인 및 실태 등의 조사를 명하거나 요구할 수 있다. ② 제1항에 따라 판사가 보호관찰소의 장에게 하는 조사요구에 관하여는 「보호관찰 등에 관한 법률」 제19조제2항 및 제3항을 준용한다.
제22조(전문 가의 의견 조회)	① 법원은 정신건강의학과의사, 심리학자, 사회학자, 사회복지학자, 그 밖의 관련 전문가에게 가정폭력행위자, 피해자 또는 가정구성원의 정신·심리상태에 대한 진단소견 및 가정폭력범죄의 원인에 관한 의견을 조회할 수 있다. <개정 2011.8.4.> ② 법원은 가정보호사건을 조사·심리할 때 제1항에 따른 의견 조회의 결과를 고려하여야 한다.
제23조(진술 거부권의 고지)	판사 또는 가정보호사건조사관은 가정보호사건을 조사할 때에 미리 가정폭력행위자에 대하여 불리한 진술을 거부할 수 있음을 알려야 한다.

제24조(소환 및 동행영장)	① 판사는 조사·심리에 필요하다고 인정하는 경우에는 기일을 지정하여 가정폭력행위 자, 피해자, 가정구성원, 그 밖의 참고인을 소환할 수 있다. ② 판사는 가정폭력행위자가 정당한 이유 없이 제1항에 따른 소환에 응하지 아니하는 경우에는 동행영장을 발부할 수 있다.
제25조(긴급 동행영장)	판사는 가정폭력행위자가 소환에 응하지 아니할 우려가 있거나 피해자 보호를 위하여 긴급히 필요하다고 인정하는 경우에는 제24조제1항에 따른 소환 없이 동행영장을 발부 할 수 있다.
제27조 (동행영장의 집행 등)	① 동행영장은 가정보호사건조사관이나 법원의 법원서기관·법원사무관·법원주사· 법원주사보(이하 "법원공무원"이라 한다) 또는 사법경찰관리로 하여금 집행하게 할 수 있다. ② 법원은 가정폭력행위자의 소재가 분명하지 아니하여 1년 이상 동행영장을 집행하지 못한 경우 사건을 관할 법원에 대응하는 검찰청 검사에게 송치할 수 있다. ③ 법원은 동행영장을 집행한 경우에는 그 사실을 즉시 가정폭력행위자의 법정대리인 또는 보조인에게 통지하여야 한다.
제28조 (보조인)	① 가정폭력행위자는 자신의 가정보호사건에 대하여 보조인을 선임(選任)할 수 있다. ② 변호사, 가정폭력행위자의 법정대리인·배우자·직계친족·형제자매, 상담소등의 상담원과 그 기관장은 보조인이 될 수 있다. 다만, 변호사가 아닌 사람을 보조인으로 선임하려면 법원의 허가를 받아야 한다. ③ 제2항에 따라 선임된 변호사가 아닌 보조인은 금품, 향응, 그 밖의 이익을 받거나 받 을 것을 약속하거나 제3자에게 이를 제공하게 하거나 제공하게 할 것을 약속하여서 는 아니 된다. ④ 법원은 가정폭력행위자가 「형사소송법」 제33조제1항 각 호의 어느 하나에 해당하는 경우에는 직권으로 변호사를 가정폭력행위자의 보조인으로 선임할 수 있다. ⑤ 제4항에 따라 선임된 보조인에게 지급하는 비용에 대하여는 「형사소송비용 등에 관 한 법률」을 준용한다.
제29조 (임시조치)	판사는 가정보호사건의 원활한 조사·심리 또는 피해자 보호를 위하여 필요하다고 인 정하는 경우에는 결정으로 가정폭력행위자에게 다음 각 호의 어느 하나에 해당하는 임 시조치를 할 수 있다. 표 아래

조치	기간
1. 피해자 또는 가정구성원의 주거 또 는 점유하는 방실(房室)로부터의 퇴 거 등 격리 2. 피해자 또는 가정구성원의 주거, 직 장 등에서 100미터 이내의 접근 금지 3. 피해자 또는 가정구성원에 대한 「전 기통신기본법」 제2조제1호의 전기 통신을 이용한 접근 금지	임시조치기간은 2개월 초과할 수 없다. 2회 연장 가능
4. 의료기관이나 그 밖의 요양소에의 위탁 5. 국가경찰관서의 유치장 또는 구치소 에의 유치	임시조치기간은 1개월을 초과할 수 없 다. 1회 연장 가능
② 동행영장에 의하여 동행한 가정폭력행위자 또는 제13조에 따라 인도된 가정폭력행	

	위자에 대하여는 가정폭력행위자가 법원에 인치된 때부터 24시간 이내에 제1항의 조치 여부를 결정하여야 한다. ③ 법원은 제1항에 따른 조치를 결정한 경우에는 검사와 피해자에게 통지하여야 한다. ④ 법원은 제1항제4호 또는 제5호의 조치를 한 경우에는 그 사실을 가정폭력행위자의 보조인이 있는 경우에는 보조인에게, 보조인이 없는 경우에는 법정대리인 또는 가정폭력행위자가 지정한 사람에게 통지하여야 한다. 이 경우 제1항제5호의 조치를 하였을 때에는 가정폭력행위자에게 변호사 등 보조인을 선임할 수 있으며 제49조제1항의 항고를 제기할 수 있음을 고지하여야 한다. ⑤ 제1항제1호부터 제3호까지의 임시조치기간은 2개월, 같은 항 제4호 및 제5호의 임시조치기간은 1개월을 초과할 수 없다. 다만, 피해자의 보호를 위하여 그 기간을 연장할 필요가 있다고 인정하는 경우에는 결정으로 제1항제1호부터 제3호까지의 임시조치는 두 차례만, 같은 항 제4호 및 제5호의 임시조치는 한 차례만 각 기간의 범위에서 연장할 수 있다. ⑥ 제1항제4호의 위탁을 하는 경우에는 의료기관 등의 장에게 가정폭력행위자를 보호하는 데에 필요한 사항을 부과할 수 있다. ⑦ 민간이 운영하는 의료기관 등에 위탁하려는 경우에는 제6항에 따라 부과할 사항을 그 의료기관 등의 장에게 미리 고지하고 동의를 받아야 한다. ⑧ 판사는 제1항 각 호에 규정된 임시조치의 결정을 한 경우에는 가정보호사건조사관, 법원공무원, 사법경찰관리 또는 구치소 소속 교정직공무원으로 하여금 집행하게 할 수 있다. ⑨ 가정폭력행위자, 그 법정대리인이나 보조인은 제1항에 따른 임시조치 결정의 취소 또는 그 종류의 변경을 신청할 수 있다. ⑩ 판사는 직권으로 또는 제9항에 따른 신청에 정당한 이유가 있다고 인정하는 경우에는 결정으로 해당 임시조치를 취소하거나 그 종류를 변경할 수 있다. ⑪ 제1항제4호의 위탁의 대상이 되는 의료기관 및 요양소의 기준과 그 밖에 필요한 사항은 대법원규칙으로 정한다.
제29조의2 (임시조치의 집행 등)	① 제29조제8항에 따라 임시조치 결정을 집행하는 사람은 가정폭력행위자에게 임시조치의 내용, 불복방법 등을 고지하여야 한다. ② 피해자 또는 가정구성원은 제29조제1항제1호 및 제2호의 임시조치 후 주거나 직장 등을 옮긴 경우에는 관할 법원에 임시조치 결정의 변경을 신청할 수 있다.
제30조(심리 기일의 지정)	① 판사는 심리기일을 지정하고 가정폭력행위자를 소환하여야 한다. 이 경우 판사는 가정보호사건의 요지 및 보조인을 선임할 수 있다는 취지를 미리 고지하여야 한다. ② 제1항의 심리기일은 보조인과 피해자에게 통지하여야 한다.
제32조(심리 의 비공개)	① 판사는 가정보호사건을 심리할 때 사생활 보호나 가정의 평화와 안정을 위하여 필요하거나 선량한 풍속을 해칠 우려가 있다고 인정하는 경우에는 결정으로 심리를 공개하지 아니할 수 있다. ② 증인으로 소환된 피해자 또는 가정구성원은 사생활 보호나 가정의 평화와 안정의 회복을 이유로 하여 판사에게 증인신문(證人訊問)의 비공개를 신청할 수 있다. 이 경우 판사는 그 허가 여부와 공개법정 외의 장소에서의 신문 등 증인신문의 방식 및 장소에 관하여 결정을 할 수 있다.
제33조(피해 자의 진술권 등)	① 법원은 피해자가 신청하는 경우에는 그 피해자를 증인으로 신문하여야 한다. 다만, 다음 각 호의 어느 하나에 해당하는 경우에는 그러하지 아니하다. 1. 신청인이 이미 심리 절차에서 충분히 진술하여 다시 진술할 필요가 없다고 인정되

	는 경우 2. 신청인의 진술로 인하여 심리 절차가 현저하게 지연될 우려가 있는 경우 ② 법원은 제1항에 따라 피해자를 신문하는 경우에는 해당 가정보호사건에 관한 의견을 진술할 기회를 주어야 한다. ③ 법원은 심리를 할 때에 필요하다고 인정하는 경우에는 피해자 또는 가정보호사건조사관에게 의견 진술 또는 자료 제출을 요구할 수 있다. 이 경우 판사는 공정한 의견 진술 등을 위하여 필요하다고 인정할 때에는 가정폭력행위자의 퇴장을 명할 수 있다. ④ 제1항부터 제3항까지의 경우 피해자는 변호사, 법정대리인, 배우자, 직계친족, 형제자매, 상담소등의 상담원 또는 그 기관장으로 하여금 대리하여 의견을 진술하게 할 수 있다. ⑤ 제1항에 따른 신청인이 소환을 받고도 정당한 이유 없이 출석하지 아니한 경우에는 그 신청을 철회한 것으로 본다.
제38조(처분의 기간 등)	가정보호사건은 다른 쟁송보다 우선하여 신속히 처리하여야 한다. 이 경우 처분의 결정은 특별한 사유가 없으면 송치받은 날부터 3개월 이내에, 이송받은 경우에는 이송받은 날부터 3개월 이내에 하여야 한다.

(5) 보호처분

제40조 (보호 처분의 결정 등)	① 판사는 심리의 결과 보호처분이 필요하다고 인정하는 경우에는 결정으로 다음 각 호의 어느 하나에 해당하는 처분을 할 수 있다. 1. 가정폭력행위자가 피해자 또는 가정구성원에게 접근하는 행위의 제한 2. 가정폭력행위자가 피해자 또는 가정구성원에게 「전기통신기본법」 제2조제1호의 전기통신을 이용하여 접근하는 행위의 제한 3. 가정폭력행위자가 친권자인 경우 피해자에 대한 친권 행사의 제한 4. 「보호관찰 등에 관한 법률」에 따른 사회봉사·수강명령 5. 「보호관찰 등에 관한 법률」에 따른 보호관찰 6. 「가정폭력방지 및 피해자보호 등에 관한 법률」에서 정하는 보호시설에의 감호위탁 7. 의료기관에의 치료위탁 8. 상담소등에의 상담위탁 ② 제1항 각 호의 처분은 병과(倂科)할 수 있다. ③ 제1항제3호의 처분을 하는 경우에는 피해자를 다른 친권자나 친족 또는 적당한 시설로 인도할 수 있다. ④ 법원은 보호처분의 결정을 한 경우에는 지체 없이 그 사실을 검사, 가정폭력행위자, 피해자, 보호관찰관 및 보호처분을 위탁받아 하는 보호시설, 의료기관 또는 상담소등(이하 "수탁기관"이라 한다)의 장에게 통지하여야 한다. 다만, 수탁기관이 민간에 의하여 운영되는 기관인 경우에는 그 기관의 장으로부터 수탁에 대한 동의를 받아야 한다. ⑤ 제1항제4호부터 제8호까지의 처분을 한 경우에는 가정폭력행위자의 교정에 필요한 참고자료를 보호관찰관 또는 수탁기관의 장에게 보내야 한다. ⑥ 제1항제6호의 감호위탁기관은 가정폭력행위자에 대하여 그 성행을 교정하기 위한 교육을 하여야 한다. 제41조(보호처분의 기간) 제40조제1항제1호부터 제3호까지 및 제5호부터 제8호까지의 보호처분의 기간은 6개월을 초과할 수 없으며, 같은 항 제4호의 사회봉사·수강명령의 시간은 200시간을 각각 초과할 수 없다. 집행에 대하여 필요한 지시를 할 수 있다.

제41조 (보호처분 의 기간)	제40조제1항제1호부터 제3호까지 및 제5호부터 제8호까지의 보호처분의 기간은 6개월을 초과할 수 없으며, 같은 항 제4호의 사회봉사·수강명령의 시간은 200시간을 각각 초과할 수 없다.
제42조 (몰수)	판사는 보호처분을 하는 경우에 결정으로 가정폭력범죄에 제공하거나 제공하려고 한 물건으로서 가정폭력행위자 외의 자의 소유에 속하지 아니하는 물건을 몰수할 수 있다.
제45조 (보호처분 의 변경)	① 법원은 보호처분이 진행되는 동안 필요하다고 인정하는 경우에는 직권으로 또는 검사, 보호관찰관 또는 수탁기관의 장의 청구에 의하여 결정으로 한 차례만 보호처분의 종류와 기간을 변경할 수 있다. ② 제1항에 따라 보호처분의 종류와 기간을 변경하는 경우 종전의 처분기간을 합산하여 제40조제1항제1호부터 제3호까지 및 제5호부터 제8호까지의 보호처분의 기간은 1년을, 같은 항 제4호의 사회봉사·수강명령의 시간은 400시간을 각각 초과할 수 없다. ③ 제1항의 처분변경 결정을 한 경우에는 지체 없이 그 사실을 검사, 가정폭력행위자, 법정대리인, 보조인, 피해자, 보호관찰관 및 수탁기관에 통지하여야 한다.
제47조 (보호처분 의 종료)	법원은 가정폭력행위자의 성행이 교정되어 정상적인 가정생활이 유지될 수 있다고 판단되거나 그 밖에 보호처분을 계속할 필요가 없다고 인정하는 경우에는 직권으로 또는 검사, 피해자, 보호관찰관 또는 수탁기관의 장의 청구에 의하여 결정으로 보호처분의 전부 또는 일부를 종료할 수 있다.

(6) 피해자보호명령

제55조(피 해자보호 명령사건 의 관할)	① 피해자보호명령사건의 관할은 가정폭력행위자의 행위지·거주지 또는 현재지 및 피해자의 거주지 또는 현재지를 관할하는 가정법원으로 한다. 다만, 가정법원이 설치되지 아니하는 지역에 있어서는 해당 지역의 지방법원으로 한다. ② 피해자보호명령사건의 심리와 결정은 판사가 한다.
제55조의2 (피해자보 호명령 등)	① 판사는 피해자의 보호를 위하여 필요하다고 인정하는 때에는 피해자 또는 그 법정대리인의 청구에 따라 결정으로 가정폭력행위자에게 다음 각 호의 어느 하나에 해당하는 피해자보호명령을 할 수 있다. 　1. 피해자 또는 가정구성원의 주거 또는 점유하는 방실로부터의 퇴거 등 격리 　2. 피해자 또는 가정구성원의 주거, 직장 등에서 100미터 이내의 접근금지 　3. 피해자 또는 가정구성원에 대한 「전기통신사업법」 제2조제1호의 전기통신을 이용한 접근금지 　4. 친권자인 가정폭력행위자의 피해자에 대한 친권행사의 제한 ② 제1항 각 호의 피해자보호명령은 이를 병과할 수 있다. ③ 피해자 또는 그 법정대리인은 제1항에 따른 피해자보호명령의 취소 또는 그 종류의 변경을 신청할 수 있다. ④ 판사는 직권 또는 제3항에 따른 신청에 상당한 이유가 있다고 인정하는 때에는 결정으로 해당 피해자보호명령을 취소하거나 그 종류를 변경할 수 있다. ⑤ 법원은 피해자의 보호를 위하여 필요하다고 인정하는 경우에는 피해자 또는 그 법정대리인의 청구 또는 직권으로 일정 기간 동안 검사에게 피해자에 대하여 다음 각 호의 어느 하나에 해당하는 신변안전조치를 하도록 요청할 수 있다. 이 경우 검사는 피해자의 주거지 또는 현재지를 관할하는 경찰서장에게 신변안전조치를 하도록 요청할 수 있으며, 해당 경찰서장은 특별한 사유가 없으면 이에 따라야 한다. 　1. 가정폭력행위자를 상대방 당사자로 하는 가정보호사건, 피해자보호명령사건 및 그 밖

	의 가사소송절차에 참석하기 위하여 법원에 출석하는 피해자에 대한 신변안전조치 2. 자녀에 대한 면접교섭권을 행사하는 피해자에 대한 신변안전조치 3. 그 밖에 피해자의 신변안전을 위하여 대통령령으로 정하는 조치 ⑥ 제5항에 따른 신변안전조치의 집행방법, 기간, 절차, 그 밖에 필요한 사항은 대통령령으로 정한다.
제55조의3 (피해자보호명령의 기간)	① 제55조의2제1항 각 호의 피해자보호명령의 기간은 6개월을 초과할 수 없다. 다만, 피해자의 보호를 위하여 그 기간의 연장이 필요하다고 인정하는 경우에는 직권이나 피해자 또는 그 법정대리인의 청구에 따른 결정으로 2개월 단위로 연장할 수 있다. ② 제1항 및 제55조의2제3항에 따라 피해자보호명령의 기간을 연장하거나 그 종류를 변경하는 경우 종전의 처분기간을 합산하여 2년을 초과할 수 없다.
제55조의4 (임시보호 명령)	① 판사는 제55조의2제1항에 따른 피해자보호명령의 청구가 있는 경우에 피해자의 보호를 위하여 필요하다고 인정하는 경우에는 결정으로 제55조의2제1항 각 호의 어느 하나에 해당하는 임시보호명령을 할 수 있다. ② 임시보호명령의 기간은 피해자보호명령의 결정 시까지로 한다. 다만, 판사는 필요하다고 인정하는 경우에 그 기간을 제한할 수 있다. ③ 임시보호명령의 취소 또는 그 종류의 변경에 대하여는 제55조의2제3항 및 제4항을 준용한다. 이 경우 "피해자보호명령"은 "임시보호명령"으로 본다.
제55조의5 (이행실태 의 조사)	① 법원은 가정보호사건조사관, 법원공무원, 사법경찰관리 또는 보호관찰관 등으로 하여금 임시보호명령 및 피해자보호명령의 이행실태에 대하여 수시로 조사하게 하고, 지체 없이 그 결과를 보고하도록 할 수 있다. ② 법원은 임시보호명령 또는 피해자보호명령을 받은 가정폭력행위자가 그 결정을 이행하지 아니하거나 집행에 따르지 아니하는 때에는 그 사실을 관할법원에 대응하는 검찰청 검사에게 통보할 수 있다.
제55조의6 (병합심리)	법원은 다음 각 호의 어느 하나에 해당하는 경우에는 피해자보호명령사건과 가정보호사건을 병합하여 심리할 수 있다. 1. 가정폭력행위자 또는 피해자가 각각 동일인인 경우 2. 그 밖에 사건의 관련성이 인정되어 병합하여 심리할 필요성이 있는 경우

(7) 기타

제57조 (배상명령)	① 법원은 제1심의 가정보호사건 심리 절차에서 보호처분을 선고할 경우 직권으로 또는 피해자의 신청에 의하여 다음 각 호의 금전 지급이나 배상(이하 "배상"이라 한다)을 명할 수 있다. 1. 피해자 또는 가정구성원의 부양에 필요한 금전의 지급 2. 가정보호사건으로 인하여 발생한 직접적인 물적 피해 및 치료비 손해의 배상 ② 법원은 가정보호사건에서 가정폭력행위자와 피해자 사이에 합의된 배상액에 관하여도 제1항에 따라 배상을 명할 수 있다. ③ 제1항의 경우에는 「소송촉진 등에 관한 특례법」 제25조제3항(제2호의 경우는 제외한다)을 준용한다.
제66조 (과태료)	제66조(과태료) 정당한 사유 없이 제4조제2항 각 호의 어느 하나에 해당하는 사람으로서 그 직무를 수행하면서 가정폭력범죄를 알게 된 경우에도 신고를 하지 아니한 사람에게는 300만원 이하의 과태료를 부과한다. [본조신설 2012.1.17.]

	다음 각 호의 어느 하나에 해당하는 사람에게는 300만원 이하의 과태료를 부과한다.
	1. 정당한 사유 없이 제4조제2항 각 호의 어느 하나에 해당하는 사람으로서 그 직무를 수행하면서 가정폭력범죄를 알게 된 경우에도 신고를 하지 아니한 사람
	2. 정당한 사유 없이 제8조의2제1항에 따른 긴급임시조치(검사가 제8조의3제1항에 따른 임시조치를 청구하지 아니하거나 법원이 임시조치의 결정을 하지 아니한 때는 제외한다)를 이행하지 아니한 사람

8. 학교폭력예방 및 대책에 관한 법률

(1) 목적

이 법은 학교폭력의 예방과 대책에 필요한 사항을 규정함으로써 피해학생의 보호, 가해학생의 선도·교육 및 피해학생과 가해학생 간의 분쟁조정을 통하여 학생의 인권을 보호하고 학생을 건전한 사회구성원으로 육성함을 목적으로 한다.

(2) 정의

학교폭력	학교 내외에서 학생을 대상으로 발생한 상해, 폭행, 감금, 협박, 약취·유인, 명예훼손·모욕, 공갈, 강요·강제적인 심부름 및 성폭력, 따돌림, 사이버 따돌림, 정보통신망을 이용한 음란·폭력 정보 등에 의하여 신체·정신 또는 재산상의 피해를 수반하는 행위
따돌림	학교 내외에서 2명 이상의 학생들이 특정인이나 특정집단의 학생들을 대상으로 지속적이거나 반복적으로 신체적 또는 심리적 공격을 가하여 상대방이 고통을 느끼도록 하는 일체의 행위
사이버 따돌림	인터넷, 휴대전화 등 정보통신기기를 이용하여 학생들이 특정 학생들을 대상으로 지속적, 반복적으로 심리적 공격을 가하거나, 특정 학생과 관련된 개인정보 또는 허위사실을 유포하여 상대방이 고통을 느끼도록 하는 일체의 행위
학교	「초·중등교육법」 제2조에 따른 초등학교·중학교·고등학교·특수학교 및 각종학교와 같은 법 제61조에 따라 운영하는 학교
가해학생	가해자 중에서 학교폭력을 행사하거나 그 행위에 가담한 학생
피해학생	학교폭력으로 인하여 피해를 입은 학생
장애학생	신체적·정신적·지적 장애 등으로 「장애인 등에 대한 특수교육법」 제15조에서 규정하는 특수교육을 필요로 하는 학생

(3) 국가 및 지방자치단체의 책무

① 국가 및 지방자치단체는 학교폭력을 예방하고 근절하기 위하여 조사·연구·교육·계도 등 필요한 법적·제도적 장치를 마련하여야 한다.

② 국가 및 지방자치단체는 청소년 관련 단체 등 민간의 자율적인 학교폭력 예방활동과 피해학생의 보호 및 가해학생의 선도·교육활동을 장려하여야 한다.

③ 국가 및 지방자치단체는 제2항에 따른 청소년 관련 단체 등 민간이 건의한 사항에 대하여는 관련 시책에 반영하도록 노력하여야 한다.

④ 국가 및 지방자치단체는 제1항부터 제3항까지의 규정에 따른 책무를 다하기 위하여 필요한 행정적·재정적 지원을 하여야 한다.

(4) 다른 법률과의 관계

① 학교폭력의 규제, 피해학생의 보호 및 가해학생에 대한 조치에 있어서 다른 법률에 특별한 규정이 있는 경우를 제외하고는 이 법을 적용한다.

② 제2조제1호 중 성폭력은 다른 법률에 규정이 있는 경우에는 이 법을 적용하지 아니한다.

(5) 기본계획의 수립 등

① 교육부장관은 이 법의 목적을 효율적으로 달성하기 위하여 학교폭력의 예방 및 대책에 관한 정책 목표·방향을 설정하고, 이에 따른 학교폭력의 예방 및 대책에 관한 기본계획(이하 "기본계획"이라 한다)을 제7조에 따른 학교폭력대책위원회의 심의를 거쳐 수립·시행하여야 한다.

② 기본계획은 다음 각 호의 사항을 포함하여 5년마다 수립하여야 한다. 이 경우 교육부장관은 관계 중앙행정기관 등의 의견을 수렴하여야 한다.
   1. 학교폭력의 근절을 위한 조사·연구·교육 및 계도
   2. 피해학생에 대한 치료·재활 등의 지원
   3. 학교폭력 관련 행정기관 및 교육기관 상호 간의 협조·지원
   4. 제14조제1항에 따른 전문상담교사의 배치 및 이에 대한 행정적·재정적 지원
   5. 학교폭력의 예방과 피해학생 및 가해학생의 치료·교육을 수행하는 청소년 관련 단체(이하 "전문단체"라 한다) 또는 전문가에 대한 행정적·재정적 지원
   6. 그 밖에 학교폭력의 예방 및 대책을 위하여 필요한 사항

③ 교육부장관은 대통령령으로 정하는 바에 따라 특별시·광역시·특별자치시·도 및 특별자치도(이하 "시·도"라 한다) 교육청의 학교폭력 예방 및 대책과 그에 대한 성과를 평가하고, 이를 공표하여야 한다.

(6) 학교폭력대책위원회

설치·기능	학교폭력의 예방 및 대책에 관한 다음 각 호의 사항을 심의하기 위하여 국무총리 소속으로 학교폭력대책위원회(이하 "대책위원회"라 한다)를 둔다. 1. 학교폭력의 예방 및 대책에 관한 기본계획의 수립 및 시행에 대한 평가 2. 학교폭력과 관련하여 관계 중앙행정기관 및 지방자치단체의 장이 요청하는 사항 3. 학교폭력과 관련하여 교육청, 제9조에 따른 학교폭력대책지역위원회, 제10조의2에 따른 학교폭력대책지역협의회, 제12조에 따른 학교폭력대책자치위원회, 전문단체 및 전문가가 요청하는 사항

구성	① 대책위원회는 위원장 2명을 포함하여 20명 이내의 위원으로 구성한다.
	② 위원장은 국무총리와 학교폭력 대책에 관한 전문지식과 경험이 풍부한 전문가 중에서 대통령이 위촉하는 사람이 공동으로 되고, 위원장 모두가 부득이한 사유로 직무를 수행할 수 없을 때에는 국무총리가 지명한 위원이 그 직무를 대행한다.
	③ 위원은 다음 각 호의 사람 중에서 대통령이 위촉하는 사람으로 한다. 다만, 제1호의 경우에는 당연직 위원으로 한다.
	  1. 기획재정부장관, 교육부장관, 미래창조과학부장관, 법무부장관, 행정자치부장관, 문화체육관광부장관, 보건복지부장관, 여성가족부장관, 국민안전처장관, 방송통신위원회 위원장, 경찰청장
	  2. 학교폭력 대책에 관한 전문지식과 경험이 풍부한 전문가 중에서 제1호의 위원이 각각 1명씩 추천하는 사람
	  3. 관계 중앙행정기관에 소속된 3급 공무원 또는 고위공무원단에 속하는 공무원으로서 청소년 또는 의료 관련 업무를 담당하는 사람
	  4. 대학이나 공인된 연구기관에서 조교수 이상 또는 이에 상당한 직에 있거나 있었던 사람으로서 학교폭력 문제 및 이에 따른 상담 또는 심리에 관하여 전문지식이 있는 사람
	  5. 판사·검사·변호사
	  6. 전문단체에서 청소년보호활동을 5년 이상 전문적으로 담당한 사람
	  7. 의사의 자격이 있는 사람
	  8. 학교운영위원회 활동 및 청소년보호활동 경험이 풍부한 학부모
	④ 위원장을 포함한 위원의 임기는 2년으로 하되, 1차에 한하여 연임할 수 있다.
	⑤ 위원회의 효율적 운영 및 지원을 위하여 간사 1명을 두되, 간사는 교육부장관이 된다.
	⑥ 위원회에 상정할 안건을 미리 검토하는 등 안건 심의를 지원하고, 위원회가 위임한 안건을 심의하기 위하여 대책위원회에 학교폭력대책실무위원회(이하 "실무위원회"라 한다)를 둔다.

(7) 학교폭력대책지역위원회

설치	① 지역의 학교폭력 문제를 해결하기 위하여 시·도에 학교폭력대책지역위원회(이하 "지역위원회"라 한다)를 둔다. ② 특별시장·광역시장·특별자치시장·도지사 및 특별자치도지사는 지역위원회의 운영 및 활동에 관하여 시·도의 교육감(이하 "교육감"이라 한다)과 협의하여야 하며, 그 효율적인 운영을 위하여 실무위원회를 둘 수 있다. ③ 지역위원회는 위원장 1인을 포함한 11인 이내의 위원으로 구성한다.
기능	① 지역위원회는 기본계획에 따라 지역의 학교폭력 예방대책을 매년 수립한다. ② 지역위원회는 해당 지역에서 발생한 학교폭력에 대하여 교육감 및 지방경찰청장에게 관련 자료를 요청할 수 있다. ③ 교육감은 지역위원회의 의견을 들어 제16조제1항제1호부터 제3호까지나 제17조제1항제5호에 따른 상담·치료 및 교육을 담당할 상담·치료·교육 기관을 지정하여야 한다. ④ 교육감은 제3항에 따른 상담·치료·교육 기관을 지정한 때에는 해당 기관의 명칭, 소재지, 업무를 인터넷 홈페이지에 게시하고, 그 밖에 다양한 방법으로 학부모에게 알릴 수 있도록 노력하여야 한다. 제10조의2(학교폭력대책지역협의회의 설치·운영) ① 학교폭력예방 대책을 수립하고 기관별 추진계획 및 상호 협력·지원 방안 등을 협의하기 위하여 시·군·구에 학교폭력대책지역협의회(이하 "지역협의회"라 한다)를 둔다. ② 지역협의회는 위원장 1명을 포함한 20명 내외의 위원으로 구성한다.

(8) 학교폭력대책자치위원회

설치
·
기능
	① 학교폭력의 예방 및 대책에 관련된 사항을 심의하기 위하여 학교에 학교폭력대책자치위
	원회(이하 "자치위원회"라 한다)를 둔다. 다만, 자치위원회 구성에 있어 대통령령으로 정
	하는 사유가 있는 경우에는 교육감의 보고를 거쳐 둘 이상의 학교가 공동으로 자치위원
	회를 구성할 수 있다.
	② 자치위원회는 학교폭력의 예방 및 대책 등을 위하여 다음 각 호의 사항을 심의한다.
	  1. 학교폭력의 예방 및 대책수립을 위한 학교 체제 구축
	  2. 피해학생의 보호
	  3. 가해학생에 대한 선도 및 징계
	  4. 피해학생과 가해학생 간의 분쟁조정
	  5. 그 밖에 대통령령으로 정하는 사항
	③ 자치위원회는 해당 지역에서 발생한 학교폭력에 대하여 학교장 및 관할 경찰서장에게 관
	련 자료를 요청할 수 있다.
	④ 자치위원회의 설치·운영 등에 필요한 사항은 지역 및 학교의 규모 등을 고려하여 대통
	령령으로 정한다.

구성
·
운영
	① 자치위원회는 위원장 1인을 포함하여 5인 이상 10인 이하의 위원으로 구성하되, 대통령
	령으로 정하는 바에 따라 전체위원의 과반수를 학부모전체회의에서 직접 선출된 학부모
	대표로 위촉하여야 한다. 다만, 학부모전체회의에서 학부모대표를 선출하기 곤란한 사유
	가 있는 경우에는 학급별 대표로 구성된 학부모대표회의에서 선출된 학부모대표로 위촉
	할 수 있다.
	② 자치위원회는 분기별 1회 이상 회의를 개최하고, 자치위원회의 위원장은 다음 각 호의 어
	느 하나에 해당하는 경우에 회의를 소집하여야 한다.
	  1. 자치위원회 재적위원 4분의 1 이상이 요청하는 경우
	  2. 학교의 장이 요청하는 경우
	  3. 피해학생 또는 그 보호자가 요청하는 경우
	  4. 학교폭력이 발생한 사실을 신고받거나 보고받은 경우
	  5. 가해학생이 협박 또는 보복한 사실을 신고받거나 보고받은 경우
	  6. 그 밖에 위원장이 필요하다고 인정하는 경우
	③ 자치위원회는 회의의 일시, 장소, 출석위원, 토의내용 및 의결사항 등이 기록된 회의록을
	작성·보존하여야 한다.

(9) 교육감의 임무

① 교육감은 시·도교육청에 학교폭력의 예방과 대책을 담당하는 전담부서를 설치·
운영하여야 한다.

② 교육감은 관할 구역 안에서 학교폭력이 발생한 때에는 해당 학교의 장 및 관련 학
교의 장에게 그 경과 및 결과의 보고를 요구할 수 있다.

③ 교육감은 관할 구역 안의 학교폭력이 관할 구역 외의 학교폭력과 관련이 있는 때에
는 그 관할 교육감과 협의하여 적절한 조치를 취하여야 한다.

④ 교육감은 학교의 장으로 하여금 학교폭력의 예방 및 대책에 관한 실시계획을 수
립·시행하도록 하여야 한다.

⑤ 교육감은 제12조에 따른 자치위원회가 처리한 학교의 학교폭력빈도를 학교의 장에 대한 업무수행 평가에 부정적 자료로 사용하여서는 아니 된다.

⑥ 교육감은 제17조제1항제8호에 따른 전학의 경우 그 실현을 위하여 필요한 조치를 취하여야 하며, 제17조제1항제9호에 따른 퇴학처분의 경우 해당 학생의 건전한 성장을 위하여 다른 학교 재입학 등의 적절한 대책을 강구하여야 한다.

⑦ 교육감은 대책위원회 및 지역위원회에 관할 구역 안의 학교폭력의 실태 및 대책에 관한 사항을 보고하고 공표하여야 한다. 관할 구역 밖의 학교폭력 관련 사항 중 관할 구역 안의 학교와 관련된 경우에도 또한 같다.

⑧ 교육감은 학교폭력의 실태를 파악하고 학교폭력에 대한 효율적인 예방대책을 수립하기 위하여 학교폭력 실태조사를 연 2회 이상 실시하고 그 결과를 공표하여야 한다.

⑨ 교육감은 학교폭력 등에 관한 조사, 상담, 치유프로그램 운영 등을 위한 전문기관을 설치·운영할 수 있다.

⑩ 교육감은 관할 구역에서 학교폭력이 발생한 때에 해당 학교의 장 또는 소속 교원이 그 경과 및 결과를 보고함에 있어 축소 및 은폐를 시도한 경우에는 「교육공무원법」 제50조 및 「사립학교법」 제62조에 따른 징계위원회에 징계의결을 요구하여야 한다.

⑪ 교육감은 관할 구역에서 학교폭력의 예방 및 대책 마련에 기여한 바가 큰 학교 또는 소속 교원에게 상훈을 수여하거나 소속 교원의 근무성적 평정에 가산점을 부여할 수 있다.

(10) 학교폭력 조사·상담 등

① 교육감은 학교폭력 예방과 사후조치 등을 위하여 다음 각 호의 조사·상담 등을 수행할 수 있다.

1. 학교폭력 피해학생 상담 및 가해학생 조사
2. 필요한 경우 가해학생 학부모 조사
3. 학교폭력 예방 및 대책에 관한 계획의 이행 지도
4. 관할 구역 학교폭력서클 단속
5. 학교폭력 예방을 위하여 민간 기관 및 업소 출입·검사
6. 그 밖에 학교폭력 등과 관련하여 필요로 하는 사항

② 교육감은 제1항의 조사·상담 등의 업무를 대통령령으로 정하는 기관 또는 단체에 위탁할 수 있다.

③ 교육감 및 제2항에 따른 위탁 기관 또는 단체의 장은 제1항에 따른 조사·상담 등의 업무를 수행함에 있어 필요한 경우 관계 기관의 장에게 협조를 요청할 수 있다.

④ 제1항에 따라 조사·상담 등을 하는 관계 직원은 그 권한을 표시하는 증표를 지니고 이를 관계인에게 보여주어야 한다.

⑤ 제1항제1호 및 제4호의 조사 등의 결과는 학교의 장 및 보호자에게 통보하여야 한다.

(11) 관계 기관과의 협조

① 교육부장관, 교육감, 지역 교육장, 학교의 장은 학교폭력과 관련한 개인정보 등을 경찰청장, 지방경찰청장, 관할 경찰서장 및 관계 기관의 장에게 요청할 수 있다.

② 제1항에 따라 정보제공을 요청받은 경찰청장, 지방경찰청장, 관할 경찰서장 및 관계 기관의 장은 특별한 사정이 없으면 이에 응하여야 한다.

③ 제1항 및 제2항에 따른 관계 기관과의 협조 사항 및 절차 등에 필요한 사항은 대통령령으로 정한다.

(12) 전문상담교사 배치 및 전담기구 구성

① 학교의 장은 학교에 대통령령으로 정하는 바에 따라 상담실을 설치하고, 「초·중등교육법」 제19조의2에 따라 전문상담교사를 둔다.

② 전문상담교사는 학교의 장 및 자치위원회의 요구가 있는 때에는 학교폭력에 관련된 피해학생 및 가해학생과의 상담결과를 보고하여야 한다.

③ 학교의 장은 교감, 전문상담교사, 보건교사 및 책임교사(학교폭력문제를 담당하는 교사를 말한다) 등으로 학교폭력문제를 담당하는 전담기구(이하 "전담기구"라 한다)를 구성하며, 학교폭력 사태를 인지한 경우 지체 없이 전담기구 또는 소속 교원으로 하여금 가해 및 피해 사실 여부를 확인하도록 한다.

④ 전담기구는 학교폭력에 대한 실태조사(이하 "실태조사"라 한다)와 학교폭력 예방프로그램을 구성·실시하며, 학교의 장 및 자치위원회의 요구가 있는 때에는 학교폭력에 관련된 조사결과 등 활동결과를 보고하여야 한다.

⑤ 피해학생 또는 피해학생의 보호자는 피해사실 확인을 위하여 전담기구에 실태조사를 요구할 수 있다.

⑥ 국가 및 지방자치단체는 실태조사에 관한 예산을 지원하고, 관계 행정기관은 실태조사에 협조하여야 하며, 학교의 장은 전담기구에 행정적·재정적 지원을 할 수 있다.

⑦ 전담기구는 성폭력 등 특수한 학교폭력사건에 대한 실태조사의 전문성을 확보하기 위하여 필요한 경우 전문기관에 그 실태조사를 의뢰할 수 있다. 이 경우 그 의뢰는 자치위원회 위원장의 심의를 거쳐 학교의 장 명의로 하여야 한다.

(13) 학교폭력 예방교육 등

① 학교의 장은 학생의 육체적·정신적 보호와 학교폭력의 예방을 위한 학생들에 대한 교육(학교폭력의 개념·실태 및 대처방안 등을 포함하여야 한다)을 학기별로 1회 이상 실시하여야 한다.

② 학교의 장은 학교폭력의 예방 및 대책 등을 위한 교직원 및 학부모에 대한 교육을 학기별로 1회 이상 실시하여야 한다.

③ 학교의 장은 제1항에 따른 학교폭력 예방교육 프로그램의 구성 및 그 운용 등을 전담기구와 협의하여 전문단체 또는 전문가에게 위탁할 수 있다.

④ 교육장은 제1항부터 제3항까지의 규정에 따른 학교폭력 예방교육 프로그램의 구성과 운용계획을 학부모가 쉽게 확인할 수 있도록 인터넷 홈페이지에 게시하고, 그 밖에 다양한 방법으로 학부모에게 알릴 수 있도록 노력하여야 한다.

(14) 관련 학생 보호 및 조치 등

피해학 생의 보호	① 자치위원회는 피해학생의 보호를 위하여 필요하다고 인정하는 때에는 피해학생에 대하여 다음 각 호의 어느 하나에 해당하는 조치(수 개의 조치를 병과하는 경우를 포함한다)를 할 것을 학교의 장에게 요청할 수 있다. 다만, 학교의 장은 피해학생의 보호를 위하여 긴급하다고 인정하거나 피해학생이 긴급보호의 요청을 하는 경우에는 자치위원회의 요청 전에 제1호, 제2호 및 제6호의 조치를 할 수 있다. 이 경우 자치위원회에 즉시 보고하여야 한다. 1. 심리상담 및 조언 2. 일시보호 3. 치료 및 치료를 위한 요양 4. 학급교체 6. 그 밖에 피해학생의 보호를 위하여 필요한 조치 ② 자치위원회는 제1항에 따른 조치를 요청하기 전에 피해학생 및 그 보호자에게 의견진술의 기회를 부여하는 등 적정한 절차를 거쳐야 한다. ③ 제1항에 따른 요청이 있는 때에는 학교의 장은 피해학생의 보호자의 동의를 받아 7일 이내에 해당 조치를 하여야 하고 이를 자치위원회에 보고하여야 한다. ④ 제1항의 조치 등 보호가 필요한 학생에 대하여 학교의 장이 인정하는 경우 그 조치에 필요한 결석을 출석일수에 산입할 수 있다. ⑤ 학교의 장은 성적 등을 평가함에 있어서 제3항에 따른 조치로 인하여 학생에게 불이익을 주지 아니하도록 노력하여야 한다. ⑥ 피해학생이 전문단체나 전문가로부터 제1항제1호부터 제3호까지의 규정에 따른 상담 등을 받는 데에 사용되는 비용은 가해학생의 보호자가 부담하여야 한다. 다만, 피해학생의 신속한 치료를 위하여 학교의 장 또는 피해학생의 보호자가 원하는 경우에는 「학교안전사고 예방 및 보상에 관한 법률」 제15조에 따른 학교안전공제회 또는 시·도교육청이 부담하고 이에 대한 구상권을 행사할 수 있다. ⑦ 학교의 장 또는 피해학생의 보호자는 필요한 경우 「학교안전사고 예방 및 보상에 관한 법률」 제34조의 공제급여를 학교안전공제회에 직접 청구할 수 있다.

	⑧ 피해학생의 보호 및 제6항에 따른 지원범위, 구상범위, 지급절차 등에 필요한 사항은 대통령령으로 정한다. 제16조의2(장애학생의 보호) ① 누구든지 장애 등을 이유로 장애학생에게 학교폭력을 행사하여서는 아니 된다. ② 자치위원회는 학교폭력으로 피해를 입은 장애학생의 보호를 위하여 장애인전문 상담가의 상담 또는 장애인전문 치료기관의 요양 조치를 학교의 장에게 요청할 수 있다. ③ 제2항에 따른 요청이 있는 때에는 학교의 장은 해당 조치를 하여야 한다. 이 경우 제16조제6항을 준용한다.
가해학 생에 대한 조치	① 자치위원회는 피해학생의 보호와 가해학생의 선도·교육을 위하여 가해학생에 대하여 다음 각 호의 어느 하나에 해당하는 조치(수 개의 조치를 병과하는 경우를 포함한다)를 할 것을 학교의 장에게 요청하여야 하며, 각 조치별 적용 기준은 대통령령으로 정한다. 다만, 퇴학처분은 의무교육과정에 있는 가해학생에 대하여는 적용하지 아니한다. 　1. 피해학생에 대한 서면사과 　2. 피해학생 및 신고·고발 학생에 대한 접촉, 협박 및 보복행위의 금지 　3. 학교에서의 봉사 　4. 사회봉사 　5. 학내외 전문가에 의한 특별 교육이수 또는 심리치료 　6. 출석정지 　7. 학급교체 　8. 전학 　9. 퇴학처분 ② 제1항에 따라 자치위원회가 학교의 장에게 가해학생에 대한 조치를 요청할 때 그 이유가 피해학생이나 신고·고발 학생에 대한 협박 또는 보복 행위일 경우에는 같은 항 각 호의 조치를 병과하거나 조치 내용을 가중할 수 있다. ③ 제1항제2호부터 제4호까지 및 제6호부터 제8호까지의 처분을 받은 가해학생은 교육감이 정한 기관에서 특별교육을 이수하거나 심리치료를 받아야 하며, 그 기간은 자치위원회에서 정한다. ④ 학교의 장은 가해학생에 대한 선도가 긴급하다고 인정할 경우 우선 제1항제1호부터 제3호까지, 제5호 및 제6호의 조치를 할 수 있으며, 제5호와 제6호는 병과조치할 수 있다. 이 경우 자치위원회에 즉시 보고하여 추인을 받아야 한다. ⑤ 자치위원회는 제1항 또는 제2항에 따른 조치를 요청하기 전에 가해학생 및 보호자에게 의견진술의 기회를 부여하는 등 적정한 절차를 거쳐야 한다. ⑥ 제1항에 따른 요청이 있는 때에는 학교의 장은 14일 이내에 해당 조치를 하여야 한다. ⑦ 학교의 장이 제4항에 따른 조치를 한 때에는 가해학생과 그 보호자에게 이를 통지하여야 하며, 가해학생이 이를 거부하거나 회피하는 때에는 「초·중등교육법」 제18조에 따라 징계하여야 한다. ⑧ 가해학생이 제1항제3호부터 제5호까지의 규정에 따른 조치를 받은 경우 이와 관련된 결석은 학교의 장이 인정하는 때에는 이를 출석일수에 산입할 수 있다. ⑨ 자치위원회는 가해학생이 특별교육을 이수할 경우 해당 학생의 보호자도 함께 교육을 받게 하여야 한다. ⑩ 가해학생이 다른 학교로 전학을 간 이후에는 전학 전의 피해학생 소속 학교로 다시 전학올 수 없도록 하여야 한다. ⑪ 제1항제2호부터 제9호까지의 처분을 받은 학생이 해당 조치를 거부하거나 기피하는 경우 자치위원회는 제7항에도 불구하고 대통령령으로 정하는 바에 따라 추가로 다른 조

치를 할 것을 학교의 장에게 요청할 수 있다.

⑫ 가해학생에 대한 조치 및 제11조제6항에 따른 재입학 등에 관하여 필요한 사항은 대통령령으로 정한다.

제17조의2(재심청구) ① 자치위원회 또는 학교의 장이 제16조제1항 및 제17조제1항에 따라 내린 조치에 대하여 이의가 있는 피해학생 또는 그 보호자는 그 조치를 받은 날부터 15일 이내, 그 조치가 있음을 안 날부터 10일 이내에 지역위원회에 재심을 청구할 수 있다.

② 자치위원회가 제17조제1항제8호와 제9호에 따라 내린 조치에 대하여 이의가 있는 학생 또는 그 보호자는 그 조치를 받은 날부터 15일 이내, 그 조치가 있음을 안 날로부터 10일 이내에 「초·중등교육법」 제18조의3에 따른 시·도학생징계조정위원회에 재심을 청구할 수 있다.

③ 지역위원회가 제1항에 따른 재심청구를 받은 때에는 30일 이내에 이를 심사·결정하여 청구인에게 통보하여야 한다.

④ 제3항의 결정에 이의가 있는 청구인은 그 통보를 받은 날부터 60일 이내에 행정심판을 제기할 수 있다.

⑤ 제1항에 따른 재심청구, 제3항에 따른 심사 절차 및 결정 통보 등에 필요한 사항은 대통령령으로 정한다.

⑥ 제2항에 따른 재심청구, 심사절차, 결정통보 등은 「초·중등교육법」 제18조의2제2항부터 제4항까지의 규정을 준용한다.

(15) 분쟁조정

① 자치위원회는 학교폭력과 관련하여 분쟁이 있는 경우에는 그 분쟁을 조정할 수 있다.

② 제1항에 따른 분쟁의 조정기간은 1개월을 넘지 못한다.

③ 학교폭력과 관련한 분쟁조정에는 다음 각 호의 사항을 포함한다.

1. 피해학생과 가해학생간 또는 그 보호자 간의 손해배상에 관련된 합의조정

2. 그 밖에 자치위원회가 필요하다고 인정하는 사항

④ 자치위원회는 분쟁조정을 위하여 필요하다고 인정하는 때에는 관계 기관의 협조를 얻어 학교폭력과 관련한 사항을 조사할 수 있다.

⑤ 자치위원회가 분쟁조정을 하고자 할 때에는 이를 피해학생·가해학생 및 그 보호자에게 통보하여야 한다.

⑥ 시·도교육청 관할 구역 안의 소속 학교가 다른 학생 간에 분쟁이 있는 경우에는 교육감이 해당 학교의 자치위원회위원장과의 협의를 거쳐 직접 분쟁을 조정한다. 이 경우 제2항부터 제5항까지의 규정을 준용한다.

⑦ 관할 구역을 달리하는 시·도교육청 소속 학교의 학생 간에 분쟁이 있는 경우에는 피해학생을 감독하는 교육감이 가해학생을 감독하는 교육감 및 관련 해당 학교의 자치위원회위원장과의 협의를 거쳐 직접 분쟁을 조정한다. 이 경우 제2항부터 제5항까지의 규정을 준용한다.

(16) 학교의 장의 의무

학교의 장은 교육감에게 학교폭력이 발생한 사실 및 제16조, 제16조의2, 제17조, 제17조의2 및 제18조에 따른 조치 및 그 결과를 보고하고, 관계 기관과 협력하여 교내 학교폭력 단체의 결성예방 및 해체에 노력하여야 한다.

(17) 학교폭력의 신고의무

① 학교폭력 현장을 보거나 그 사실을 알게 된 자는 학교 등 관계 기관에 이를 즉시 신고하여야 한다.

② 신고를 받은 기관은 이를 가해학생 및 피해학생의 보호자와 소속 학교의 장에게 통보하여야 한다.

③ 통보받은 소속 학교의 장은 이를 자치위원회에 지체 없이 통보하여야 한다.

④ 누구라도 학교폭력의 예비·음모 등을 알게 된 자는 이를 학교의 장 또는 자치위원회에 고발할 수 있다. 다만, 교원이 이를 알게 되었을 경우에는 학교의 장에게 보고하고 해당 학부모에게 알려야 한다.

⑤ 누구든지 제1항부터 제4항까지에 따라 학교폭력을 신고한 사람에게 그 신고행위를 이유로 불이익을 주어서는 아니 된다.

(18) 긴급전화의 설치 등

국가 및 지방자치단체는 학교폭력을 수시로 신고받고 이에 대한 상담에 응할 수 있도록 긴급전화를 설치하여야 한다.

(19) 정보통신망의 이용 등

① 국가·지방자치단체 또는 교육감은 학교폭력 예방 업무 등을 효과적으로 수행하기 위하여 필요한 경우 정보통신망을 이용할 수 있다.

② 국가·지방자치단체 또는 교육감은 제1항에 따라 정보통신망을 이용하여 학교 또는 학생(학부모를 포함한다)이 학교폭력 예방 업무 등을 수행하는 경우 다음 각 호의 어느 하나에 해당하는 비용의 전부 또는 일부를 지원할 수 있다.

1. 학교 또는 학생(학부모를 포함한다)이 전기통신설비를 구입하거나 이용하는 데 소요되는 비용

2. 학교 또는 학생(학부모를 포함한다)에게 부과되는 전기통신역무 요금

(20) 학생보호인력의 배치 등

① 국가·지방자치단체 또는 학교의 장은 학교폭력을 예방하기 위하여 학교 내에 학생보호인력을 배치하여 활용할 수 있다.

② 다음 각 호의 어느 하나에 해당하는 사람은 학생보호인력이 될 수 없다.

  1. 「국가공무원법」 제33조 각 호의 어느 하나에 해당하는 사람

  2. 「아동·청소년의 성보호에 관한 법률」에 따른 아동·청소년대상 성범죄 또는 「성폭력범죄의 처벌 등에 관한 특례법」에 따른 성폭력범죄를 범하여 벌금형을 선고받고 그 형이 확정된 날부터 10년이 지나지 아니하였거나, 금고 이상의 형이나 치료감호를 선고받고 그 집행이 끝나거나 집행이 유예·면제된 날부터 10년이 지나지 아니한 사람

  3. 「청소년 보호법」 제2조제5호가목3) 및 같은 목 7)부터 9)까지의 청소년 출입·고용금지업소의 업주나 종사자

③ 국가·지방자치단체 또는 학교의 장은 제1항에 따른 학생보호인력의 배치 및 활용 업무를 관련 전문기관 또는 단체에 위탁할 수 있다.

④ 제3항에 따라 학생보호인력의 배치 및 활용 업무를 위탁받은 전문기관 또는 단체는 그 업무를 수행함에 있어 학교의 장과 충분히 협의하여야 한다.

⑤ 국가·지방자치단체 또는 학교의 장은 학생보호인력으로 배치하고자 하는 사람의 동의를 받아 경찰청장에게 그 사람의 범죄경력을 조회할 수 있다.

⑥ 제3항에 따라 학생보호인력의 배치 및 활용 업무를 위탁받은 전문기관 또는 단체는 해당 업무를 위탁한 국가·지방자치단체 또는 학교의 장에게 학생보호인력으로 배치하고자 하는 사람의 범죄경력을 조회할 것을 신청할 수 있다.

⑦ 학생보호인력이 되려는 사람은 국가·지방자치단체 또는 학교의 장에게 제2항 각 호의 어느 하나에 해당하지 아니한다는 확인서를 제출하여야 한다.

(21) 영상정보처리기기의 통합 관제

① 국가 및 지방자치단체는 학교폭력 예방 업무를 효과적으로 수행하기 위하여 교육감과 협의하여 학교 내외에 설치된 영상정보처리기기(「개인정보 보호법」 제2조제7호에 따른 영상정보처리기기를 말한다. 이하 이 조에서 같다)를 통합하여 관제할 수 있다. 이 경우 국가 및 지방자치단체는 통합 관제 목적에 필요한 범위에서 최소한의 개인정보만을 처리하여야 하며, 그 목적 외의 용도로 활용하여서는 아니 된다.

② 제1항에 따라 영상정보처리기기를 통합 관제하려는 국가 및 지방자치단체는 공청회·설명회의 개최 등 대통령령으로 정하는 절차를 거쳐 관계 전문가 및 이해관계인의 의견을 수렴하여야 한다.

③ 제1항에 따라 학교 내외에 설치된 영상정보처리기기가 통합 관제되는 경우 해당 학교의 영상정보처리기기운영자는 「개인정보 보호법」 제25조제4항에 따른 조치를

통하여 그 사실을 정보주체에게 알려야 한다.

④ 통합 관제에 관하여 이 법에서 규정한 것을 제외하고는 「개인정보 보호법」을 적용한다.

⑤ 그 밖에 영상정보처리기기의 통합 관제에 필요한 사항은 대통령령으로 정한다.

(22) 비밀누설금지 등

① 이 법에 따라 학교폭력의 예방 및 대책과 관련된 업무를 수행하거나 수행하였던 자는 그 직무로 인하여 알게 된 비밀 또는 가해학생·피해학생 및 제20조에 따른 신고자·고발자와 관련된 자료를 누설하여서는 아니 된다.

② 제1항에 따른 비밀의 구체적인 범위는 대통령령으로 정한다.

③ 제16조, 제16조의2, 제17조, 제17조의2, 제18조에 따른 자치위원회의 회의는 공개하지 아니한다. 다만, 피해학생·가해학생 또는 그 보호자가 회의록의 열람·복사 등 회의록 공개를 신청한 때에는 학생과 그 가족의 성명, 주민등록번호 및 주소, 위원의 성명 등 개인정보에 관한 사항을 제외하고 공개하여야 한다.

제2절 전화·문서 협박수사

1. 전화녹음 방법

음성정보채취기록장치	수사를 목적으로 특수 제작된 전화음성 녹음장치로 송수화기를 들면 자동적으로 녹음되기도 하고 통화도중에 수동적으로 녹음하는 것도 가능한 녹음방법이다.
로젯트 방법	전화선에서 직접 녹음하는 것으로 가장 음질이 좋으나 설치에 어려움이 있어 고정적으로 설치해 놓을 때 효과적이다.
커플러 방법	전화기의 수화기에 어떤 장치를 부착하여 전자기적인 방법으로 녹음하는 것으로 가장 쉽고 정확히 음성을 채취할 수 있어 외국 수사기관에서 많이 이용하는 방법이다.
픽업코일 방법	전화픽업을 전화기에 부착하여 녹음하는 방법이나 녹음상태가 불량할 가능성이 있으므로 사전에 예비실험을 하여야 한다.

2. 녹음테이프의 진술 녹음 증거능력

취급	피의자·참고인의 진술을 녹음한 테이프가 현장진술조서를 대신하는 것은 아니므로 녹음테이프가 있는 경우에도 진술조서를 작성해야 한다.

증거능력	(1) 대법원 판례 　녹음테이프를 진술녹취서에 준하여 증거능력을 인정하므로(68도70), 진술증거설을 취한다. (2) 비밀녹음의 증거능력 　① 수사기관의 비밀녹음 　통신비밀보호법 제4조 등에 의하여 증거능력이 없다[4] 　② 사인의 비밀녹음 　타인간의 비밀녹음은 증거능력을 부정하나, 대화의 일방이 상대방 모르게 녹음한 것은 공개되지 않은 타인간의 대화를 녹음한 것이 아니므로 증거능력이 있다(대판2001. 10. 9, 2001도3106)

---

4) [1] 제3자가 전화통화자 중 일방만의 동의를 얻어 통화 내용을 녹음하는 행위가 통신비밀보호법상 '전기통신의 감청'에 해당하는지 여부(적극) 및 불법감청에 의하여 녹음된 전화통화 내용의 증거능력 유무(소극)
　[2] 수사기관이 甲으로부터 피고인의 마약류관리에 관한 법률 위반(향정) 범행에 대한 진술을 듣고 추가적인 증거를 확보할 목적으로, 구속수감되어 있던 甲에게 그의 압수된 휴대전화를 제공하여 피고인과 통화하고 위 범행에 관한 통화 내용을 녹음하게 한 행위는 불법감청에 해당하므로, 그 녹음 자체는 물론 이를 근거로 작성된 녹취록 첨부 수사보고는 피고인의 증거동의에 상관없이 그 증거능력이 없다고 한 사례[대법원 2010.10.14, 선고, 2010도9016 판결].

제3장 지능범죄 사건 수사

제1절 지능범죄 사건 일반론

1. 지능범죄의 특징

강력범에 대응하는 개념으로서 사회적 지위가 높은 자 또는 지능이 높은 자 등에 의해 기술적·지능적으로 발생하는 범죄를 말한다.

2. 지능범 수사의 대책 및 유의사항

(1) 지능범 수사의 기본자세
① 선입관의 배제
② 엄정하고 공평한 태도
③ 수사기밀 유지
④ 불굴의 신념
⑤ 단호한 태도

(2) 지능범 수사의 대책
① 관계법령과 기초지식의 연구
② 수사착수 시기 결정
③ 계획적인 증거수집
④ 소신 있는 수사
⑤ 수사방침에 따른 수사추진
⑥ 수사방침에 대한 종합적인 검토

3. 지능범 정보수집의 착안점(예: 증뢰사건)

(1) 관공서의 인가·허가 등에서 법령에 위반하고 있는 사항은 없는가

(2) 관공서의 인가·허가 등에서 현저하게 지연되거나, 특히 빨리 행하여지고 있지는 않은가

(3) 관공서와 공사계약·물자납품 등이 특히 많은 업자는 없는가

(4) 공공사업·각종 보조금에 의한 공사 등에서 날림공사가 행하여지고 있지는 않는가

(5) 세금의 부과·징수 등을 둘러싼 불평불만은 없는가

(6) 급여 그 밖의 수입과 비교하여 신분에 맞지 않는 호화생활을 하고 있는 공무원은 없는가

(7) 관계업자와 교섭이 빈번한 공무원은 없는가

(8) 이동의 시기도 아니고 퇴직할 이유도 없는데 갑자기 퇴직 등을 한 공무원은 없는가

제2절 사기사건 수사

1. 특별법 규정

특정경제범죄가중처벌 등에 관한 법률 제3조와 관련 사기, 공갈, 횡령·배임, 업무상 횡령과 배임의 죄를 범한 사람은 그 범죄행위로 인하여 취득하거나 제3자로 하여금 취득하게 한 재물 또는 재산상 이익의 가액(이하 이 조에서 "이득액"이라 한다)이 5억원 이상일 때에는 다음 각 호의 구분에 따라 가중처벌한다. 기수의 경우에만 적용되고 미수인 경우는 본법을 적용하지 않고 형법을 적용한다.

2. 사기죄의 수사방법

(1) 수사 요령

수사방침 결정	방침 및 요강의 시달, 임무의 분담
수법수사	(1) 동일수법 사건의 검토 – 피해통보표의 분석, 공조제보의 활용 (2) 용의자 색출 　　범죄수법원지 이용, 피의자 사진첩의 활용, 공조제보의 활용 (3) 기타 수사자료의 활용
유류품 수사	감식시설 이용 수거, 유류품의 출처 수사
장물수사	장물품표 수배, 전당포·고물상 등 관계업자에 대한 수사
용의자 내사	범죄경력조회, 알리바이, 피해자와의 관계, 증거품과의 관계
기타 수사	추적수사, 증거수사

(2) 상품의 구매를 빙자해서 물품을 외상으로 구매·편취하는 수법수사와 관련 일반적으로 고가로 대량 매입하여 저가로 판매하는 행위는 사기로 볼 수 있다.

(3) 무전취식, 무전숙박, 무임승차 수사사항

① 지불능력 없이 요리를 주문하여 취식하거나 접대부를 부른 경우 사기죄가 성립한다.
② 술값을 지불할 능력이 있으나 대금의 과다문제로 인한 시비인 경우에는 당사자끼리 해결하도록 해야 한다.

제3절 횡령사건 수사

1. 개념

횡령죄란 타인의 재물을 보관하는 자가 그 재물을 횡령하거나 반환을 거부하는 것을 내용으로 하는 범죄이다(형법 제355조 제1항).

2. 횡령 행위

소비횡령	① 소비한 일시·장소가 범죄사실로 되므로 소비처를 조사하여 자술서 또는 진술조서를 작성 ② 기탁된 금전에 대하여 기탁자가 피의자에게 그 금전의 일시사용을 사전에 인정하였는지 여부 주의
괴대(拐帶)횡령	어디서 괴대의 범의가 생겨 어디까지 도망칠 생각이었는가, 또한 실제로 어디까지 가지고 도망을 쳤는가를 장소적으로 명확히 파악
착복횡령	무엇을 착복의 의사의 발현으로 볼 것인지를 판단하기가 곤란하므로 가능한 소비·입질·거절·매각 등 증거상 명백한 횡령의 형태를 취하여야 한다.
매각횡령	매수인을 조사하고 매수금액·전매처 등을 명확히 하는 동시에 피의자가 받은 매각대금의 용도에 대해 증거수집, 입질횡령도 이에 준하여 수사한다.
예입횡령	은행에 조회하여 계좌원장을 복사함과 동시에 그 계좌가 피의자의 계좌라는 것을 증거로서 확보해 두어야 한다.

3. 피의자의 조사요령

기본적 조사요령	(1) 타인의 재물보관 (2) 보관하게 된 경위 (3) 재물의 임의소비 (4) 영득
할부판매의 경우	(1) 할부로 구입할 당시의 수입 등으로 보아 객관적으로 할부금을 불입할 능력

	이 없었다면 사기죄 성립.
	(2) 처음에는 할부금을 불입할 의사가 있었으나 경제사정의 변동으로 할부금을 납부하지 못하고 매입한 물품을 매도하였다면 횡령죄 성립.
	(3) 횡령으로 신고를 하더라도 사기의 성부를 조사해야 한다.
수금사원의 경우	(1) 수금사원이 수금하기 전부터 불법영득의사를 가지고 있었다면 사기 성립
	(2) 수금 전에 불법영득의사가 없었으나 수금 후에 생겼다면 횡령죄 성립.

제4절 배임 사건 수사

1. 배임죄의 개념

    (1) 배임죄란 타인의 사무를 처리하는 자가 그 임무에 위배하여 재산상 이익을 얻고 본인에게 손해를 준 경우 성립하는 범죄이다.

    (2) 배임죄는 신의성실의 의무를 위반하여 타인에게 재산상 손해를 가하는데 본질이 있다.

2. 배임죄 수사의 특징

    (1) 잠재성이 강하여 쉽게 노출되지 않는다.

    (2) 법률의 연구가 필요하다.

    (3) 장부, 전표에 대한 수사가 불가결하다.

    (4) 압수, 수색을 신속·적정하게 실시하여 증거를 확보해야 한다.

3. 타인의 사무

타인의 사무 처리하는 자	타인의 사무 처리하는 자가 아닌 자
① 집행관, 등기공무원, 민사소송대리를 맡은 변호사는 타인의 사무를 처리하는 자 ② 계주는 지정된 계원에게 징수한 계금을 지급해야 할 사무를 처리하는 자 ③ 채권담보를 위하여 물건을 양도담보로 제공한 채무자는 담보의 범위안에서 그 물건을 관리하는 사무를 처리하는 자 ④ 채권담보를 위하여 부동산에 가등기를 해 둔 가등기권자, 양도담보권자 또는 소유권이전 등기소요서류를 임치하고 있는 자도 변제기까지는 타인의 사무를 처리하는 자(판례)	① 매매계약에 있어서 매수인이 대금을 지급하거나, 매매대금 중 일부를 타인에 게 지급하겠다고 약정하거나, 월부상환중인 자동차를 매도하면서 연체된 중도금을 지급기일까지 완납하겠다고 약정하였다고 하여 그러한 채무의 이행이 타인의 사무가 되는 것은 아니다. ② 증여를 구두로 약정하였거나 임대차계약에 의하여 임차인이 임대료를 지급하지 않았다고 하여 타인의 사무를 처리하는 자의 지위에 설 수는 없다. ③ 양도담보권자는 담보권의 실행으로 담보목

⑤ 부동산 매도담보의 채권자는 변제기까지 채무자의 채무변제가 있을 때 채무자에게 소유명의를 환원하여 주어야 할 의무가 있는 타인의 사무를 처리하는 자(판례) ⑥ 1인회사의 1인 주주는 타인(회사)의 사무를 처리하는 자 ⑦ 이중매도인은 중도금지급이후는 타인의 사무를 처리하는 자	적물을 환가처분하는 경우에 채권의 변제충당을 위하여 적절한 환가처분을 하여 원리금에 충당하고 나머지가 있으면 이를 채무자에게 정산해야 한다는 의미에서 이는 자신의 사무이므로 타인의 사무를 처리하는 자라고 할 수 없다 ④ 양도담보권자가 채권변제와 관계없이 담보부동산을 처분하거나, 담보목적물을 부당하게 염가로 처분한 경우는 물론 원리금과 비용에 충당하고 나머지가 있음에도 불구하고 이를 채무자에게 정산하여 주지 않은 때에는 타인의 사무를 처리하는 자라고 할 수 없다.

4. 배임죄 수사의 입증상 요점

(1) 피의자는 타인을 위하여 사무를 처리하는 자일 것
   피의자와 본인의 관계 및 사무의 종류 · 성질 · 내용사무를 처리하기에 이른 경위 · 원인 조사
(2) 피의자가 자기 또는 제3자의 이익을 꾀하였을 것
(3) 피의자가 임무위배행위를 했을 것
(4) 그 결과로 본인에게 손해를 가했을 것
(5) 기존재산 감소뿐만 아니라, 당연히 얻을 수 있는 이익을 잃게 한 경우도 포함
(6) 특별배임죄에 있어서는 피의자가 회사의 임직원 등일 것
(7) 특별배임죄는 상법 제622조 · 제623조 외에 보험업법 제212조 등에 정하여져 있지만, 범죄행위자는 회사의 발기인 · 업무집행사원 · 이사 · 감사 · 직무대행자 · 지배인 · 특정 한 지위임을 받은 사용인 · 사채권자 집회의 대표자 또는 그 결의를 집행하는 자 · 청산민의 직무대행자 · 보험관리인 · 보험계리인 · 손해사정인 등이므로 이러한 정을 확인한 다음 비로소 사건수사의 입증사항을 증명해야 함

제5절 위조 · 변조 사건 수사

1. 문서위조 · 변조 사범 수사

(1) 문서의 개념

문서란 문자 또는 이에 대신하는 부호에 의하여 사람의 관념 의사가 화체되어 표시된 어느 정도 계속성이 있는 물체로서, 법률관계 또는 사회생활상 중요한 사실을 증명할 수 있는 것을 말한다.

(2) 위조·변조

	위조	변조
개념	작성권한이 없는 자가 타인명의를 모용하여 문서를 작성하는 것, 즉 부진정문서를 작성하는 유형위조를 말한다. 판례는 복사행위도 문서 작성의 일종으로 보고 있다.	권한 없는 자가 이미 진정하게 성립된 타인명의의 문서내용에 그 동일성을 해하지 않을 정도의 변경을 가하는 것을 말한다. 변조의 대상은 진정하게 성립된 타인명의의 진정문서이다.

	위조	변조
중점 수사 사항	ⓐ 서명·날인 ⓑ 작성명의인의 실존여부 ⓒ 위임된 권한의 범위 ⓓ 묵시의 승낙 ⓔ 변조와의 구별 ⓕ 위조에 사용된 기구 등의 입수경위 ⓖ 위조문서의 압수 등	ⓐ 기존문서의 종류와 내용에 대한 조사 ⓑ 기존문서의 입수경위 ⓒ 변조의 구체적 방법 ⓓ 변조인지 손괴인지의 구분 등
행사할 목적	문서 위조, 변조행위를 처벌하기 위해서는 행사할 목적이 있어야 한다. 행사할 목적 없이 작성한 문서는 범죄를 구성하지 아니한다. 그러므로 사용하려 한 이유, 사용하려 한 대상에 대한 조사가 필요하다.	

① 만원짜리 지폐 한장을 앞뒷면으로 분리하여 한면만 가진 두장의 1만원권으로 만드는 경우 변조가 된다.
② 1천원권을 가공하여 5천원권으로 고치는 경우 변조가 된다.
③ 백원짜리 동전 두 개를 용해하여 5백원짜리 동전 하나를 만드는 경우 위조가 된다.

(3) 공문서와 사문서

공문서	사문서
① 공무소 또는 공무원이 그 직무에 관하여 작성한 문서를 말한다. 즉, 작성 명의인이 공무소 또는 공무원인 문서이다. ② 외국의 공무소 또는 공무원이 작성한 문서는 사문서이고, 작성 명의인이 공무소 또는 공무원인 경우에도 직무상 작성한 것이 아니면 공문서가 아니다. ③ 작성명의 공무소 또는 공무원, 서명 또는 압날에 대하여 조사하여야 한다.	① 사인명의로 작성된 문서를 말한다. ② 명함, 신발표 등은 사물의 동일성을 표시하는 데 불과하기 때문에 본죄의 객체가 아니다.

(4) 유형위조와 무형위조

유형위조	무형위조
문서를 작성할 권한이 없는 자가 타인 명의를 사칭하여 타인명의 문서를 작성하는 것을 말한다.	문서를 작성할 권한이 있는 자가 진실에 반하는 내용의 문서를 작성하는 것을 말한다.

① 우리 형법은 유형위조를 위조라 하고, 무형위조를 작성이라고 구분하고 있다.
② 유형위조의 경우 공문서·사문서 불문하고 처벌하고 있다.
③ 무형위조는 공문서와는 달리 사문서에 있어서 허위진단서작성의 경우에만 처벌하고 있다.

(5) 문서 여부

문서인 경우	문서가 아닌 경우
① 매매신청서, 매매계약서, 은행 출금표 ② 인감증명교부신청서, 주민등록발급신청서 ③ 예금청구서, 매도증서, 유언장 ④ 고소장, 고발장 ⑤ 신분증명서, 주민등록표, 호적부 ⑥ 이력서, 추천서, 광고의뢰서 ⑦ 이사회의 회의록과 결의서 ⑧ 증여나 지급일자변경의 의사표시를 내용으로 하는 편지	① 소설이나 시와 같은 예술작품 ② 개인의 일기장, 연애편지 ③ 단순한 메모나 비망록 ④ 강의초안, 독서카드 ⑤ 일상적인 개인의 편지지

2. 통화 위조·변조 사범 수사

(1) 통화 위조·변조 개념

	위 조	변 조
개념	발행권한 없는 자가 통화의 외관을 가지는 물건을 새로이 제작하는 것을 말한다. 위조는 일반 보통인이 보아 진품으로 오인할 정도이면 족하다.	진정하게 성립한 통화에 정당한 권한이 없는 자가 가공하여 그 가치를 변경하는 것을 말한다.

(2) 통화위조사범의 수사요령에 있어서 초기 조사대상

① 통화위조범 전과자

② 최근 사업이 부진한 소규모 인쇄업자

③ 조폐공사 기술자 및 전과자

(3) 위조지폐사건 발생시 조치사항

① 위폐범 검거에 있어서 가장 중요한 것은 유류지문의 보존이다.

② 즉시 전화로 수사주무과에 보고하는 한편, 신고자에게서 발견경위 등을 청취한다.

③ 관련사항을 서면으로 보고한다.

(4) 위조지폐 발견시 주의사항

① 신고받는 즉시 수사에 참여한 자 이외의 자가 만지거나 복사하는 일이 없도록 유의한다.

② 금융기관에서 고무결재인을 찍음으로 해서 지문이 손상되지 않도록 협조한다.

③ 위폐를 복사하거나 팩스로 전송하는 경우 가열로 인해 유류지문이 손상됨에 유의한다.

(5) 위조통화 발생시 보고 및 처리과정(위조통화취급규칙)

① 위조통화가 발견되면 각 지방경찰청장은 지체없이 경찰청장에게 보고한다.

② 지방경찰청장은 수사의 신속을 기하기 위해 경찰청을 거치지 않고 바로 한국은행 또는 한국조폐공사에 감정을 의뢰할 수 있다.

③ 경찰청장은 과학수사연구소, 한국은행 또는 조폐공사에 감정의뢰를 하되 지방경찰청장이 감정의뢰 하였으면 생략한다.

④ 경찰청장은 감정결과 위조 – 변조한 것을 인정된 때에는 위조통화별부호제정 표에 의해 부호를 부여한다.

(6) 통화위조범죄 발생시 수사실무자의 주요조치사항

사건수리	① 위·변조통화 발견신고를 받은 때에는 위조통화의 진위를 확인하며, 발견당시의 정황 및 피해상황을 자세히 청취 한다. ② 위조통화 입수경로를 추적하여 유통상황을 확인하고, 위조통화 사용자는 위조범 사용만을 전담하는 공범이거나, 모르고 받아 소지하다가 사용한 선의의 제3자인지 파악한다.
보 고	① 위·변조 통화 발견신고를 받으면 즉시 전화 등을 통하여 수사주무과에 위조통화의 종별, 발견일시, 발견장소, 발견자, 발견당시 상황 등을 먼저 가급적 전화로 자세히 보고 후 서면보고한다. ② 위 보고사항은 지체없이 지방경찰청장에게 보고하고, 지방경찰청장은 지체없이 위 통화 송부서에 의하여 경찰청장에게 위조통화를 송부하여 보고한다.
감정 의뢰	① 위변조통화는 유류지문이 지워지거나 판독되지 못하는 일이 없도록 주의한다. ② 경찰청장(필요한 경우에는 지방경찰청장)은 지체없이 한국은행, 한국조폐공사, 국립과학수사 연구소에 위조통화 현품을 첨부하여 감정 의뢰한다.
부호제정	① 감정 결과 경찰서장은 위변조로 판명되면 위조통화별 부호제정표에 의하여 부호를 부여하고, 지방경찰청장에 감정결과, 부호, 발견구역, 발견장소, 참고사항을 송부 및 통지하고 위조통화 현품을 첨부하여 감정토록 의뢰한다. ② 이상의 사항은 위조통화발견상황일람표에 정리 작성하여, 범인 검거 시에는 통화위조범 검거 보고서를 작성 보고한다.

3. 각 범죄의 행사의 개념 비교

구분	위조문서 행사	위조통화 행사	위조유가증권 행사
행사의 요건	남들이 볼 수 있는 상태에 두면 족하다.	유통이 행사의 요건이다.	유통상태 또는 남들이 볼 수 있는 상태에 둠
신용력을 보이기 위한 제시	행사 요	행사 불요	행사 요
정을 아는 자에게 제시·교부	행사 불요	행사 요	행사 요

█ 제6절 수표·어음 사건 수사

1. 개념

(1) 약속어음

발행인 자신이 증권에 기재한 특정인(受取人) 또는 그가 지시하는 자에게 일정한 날에 일정 금액의 지급을 약속한 증권으로서 발행인과 지급인이 동일한 것을 말한다.

약속어음의 필요적 기재사항
1) 증권의 본문 중에 그 증권의 작성에 사용하는 국어로 약속어음임을 표시하는 문자
2) 일정한 금액을 지급할 무조건의 약속
3) 만기의 표시
4) 지급지
5) 지급을 받을 자 또는 지급을 받을 자를 지시할 자의 명칭
6) 발행일과 발행지
7) 발행인의 기명날인 또는 서명날인

---

(2) 환어음

환어음이란 어음을 발행하는 자가 증권에 기재한 특정인(수취인) 또는 그가 지시하는 자에게 일정한 날에 일정한 금액을 지급해 줄 것을 제3자, 즉 지급인에게 위탁하는 뜻을 기재한 증권을 말한다.

(3) 수표

① 수표는 발행인이 증권에 기재한 수취인 또는 그 이후의 취득자에게 일정한 금액을 지급할 것을 제 3자, 즉 지급인에게 위탁하는 증권이다.

② 수표도 지급위탁증권이라는 점에서 환어음과 성질을 같이한다.

수표와 환어음과의 차이점
① 제시하면 언제든지 지급해야 한다. 어음과 달리 만기라는 개념이 없다.
② 수표는 오로지 지급기능을 할 뿐이고 신용창조기능은 하지 못한다.
③ 구체적 법률관계에 있어서도 수표의 지급인은 금융기관에 한정되고 수표계약과 수표자금이 있어야 발행할 수 있다는 제약이 따른다.

---

2. 어음·수표를 이용한 범죄 유형

(1) 어음할인(속칭 '와리깡')을 둘러싼 범죄

융통어음	실제의 상거래 없이 어음을 발행받아 거래처의 신용을 이용하여 어음을 할인하여 융자를 받는 방법으로 악용하는 사례
기승어음	자금이 필요한 상호 기업간에 상대방의 신용을 이용하여 금융을 받기 위해 서로 금액 만기일 등을 같게 하는 어음을 작성·교환한 어음을 각자 제3자에게 할인·양도하여 현금화하는 방법이다.
딱지어음	부도날짜를 미리 정해놓고 지급일자를 부도날짜 이후로 작성 발행
대어음	보이기 위한 어음
사기죄	할인해줄 의사 없이 어음을 영득하는 경우이다. 어음금 지급 여부와 관계없이 어음을 교부받은 때에 기수가 된다.
배임죄	어음할인 중개알선을 의뢰받은 자가 다액의 수수료 또는 제3자의 이익을 위해 명시된 금리보다 높게 어음할인을 받은 경우이다.
금융폭력단	어음사기단에 의해 편취된 어음·수표를 폭력수단으로 지급받는 것을 업으로 하는 자들을 말한다. 도박꾼, 야바위꾼, 불량배 등 소위 폭력단이 관련된 경우가 많다.

(2) 어음·수표를 이용한 사기·배임

부도어음 이용에 의한 사기-배임	범의의 입증과 범죄성립여부의 판단이 문제된다.
	예) 상품매입자가 처음에는 금액을 적게, 현금 또는 단기어음으로 발행하여 확실하게 결제하고, 점차 금액을 늘리고 기간을 장기로 하여 마지막에 부도처리하는 경우
융통어음 이용의 사기	상업어음인 것처럼 가장하기 위해 허위증명서를 작성하거나 적극적인 기망행위가 있는 경우 사기죄가 성립한다.
	처음부터 부도를 낼 의사로서 기승어음을 발행하고 그 정을 알지 못하는 제3자를 속여 어음할인 명목으로 현금화하거나 상품매입대금의 지급으로 충당한 경우
대(貸)어음 사기 (보이기 위한 어음)	어음수취인이 발행인에 대하여 "거래처를 신용시키기 위하여 보이는 것뿐이고 달리 사용하지 않는다"라고 의뢰하여 의뢰자를 수취인으로 하는 어음을 발행하는 경우이다. 융통어음의 일종이다.

	처음부터 계획적으로 어음할인으로 금품을 얻으려고 발행인을 속여 대어음을 발행받아 반환하지 않고 유통시킨 경우
매(賣)어음 이용 사기 (사용료 어음)	매어음: 어음브로커-금융브로커 사어에서 거래되어 어음할인 또는 편취사기의 수단으로 사용되며, 며칠 후 반드시 부도가 나서 어음의 최종 소지인에게 피해를 준다. 융통어음의 일종이다.
	방법: 제조책(회사설립꾼이 만든 유령회사) → 당좌예금을 눈이 어지럽게 운용 → 브로커 → 중간상을 이용하여 6월-1년 정도 거래한 다음 매도하는 계획적인 수법을 이용
	① 편취어음이나 회사의 경리계 직원 등이 자기 회사의 어음을 빼돌려 매도하는 경우 ② 실제의 상행위 회사가 장래성이 없어 발행한 어음이 돌아오면 부도날 것이 확실한 경우, 지금까지의 신용을 이용하여 어음을 매도하는 경우 ③ 처음부터 사용료 어음으로 팔 것을 목적으로 하여 회사를 설립하고 어음을 매도하는 경우

(3) 어음·수표를 이용한 사기 중 딱지어음 이용의 사기

① 개념

부도날짜를 미리 정해놓고 금액란을 백지로 하고 어음지급 일자나 수표발행일자는 예정된 부도 날짜 이후로 작성·발행하여 시중에 유통시키는 어음이나 수표를 말한다.

② 유형별 역할

피의자	역 할
자금책 (모도)	자금을 가지고 직접 또는 바람막이를 통하여 바지 명의로 은행에 어음구조를 개설하여 딱지어음을 생산, 처분하여 이익을 취득하는 실질적 어음 개설자
바지	수표어음의 결재능력이 없이 당좌개설 명의만을 빌려주고 일정한 대가를 받는 개인 영업주 또는 법인의 대표이사
바람막이	바지와 자금책의 중간에서 자금책으로부터 자금을 지원받아 바지를 선정하고 바지명의로 당좌계좌를 개설하여 딱지어음, 수표를 유통시키도록 해 주는 등 자금책의 역할을 대행하는 사람
판매책	자금책으로부터 딱지어음을 일정액으로 매입하여 자기의 판매망을 통하여 판매하여 중간 이익을 취득하는 자
일꾼	자금책의 심부름으로 딱지어음을 가지고 물건을 구입하거나 자신이 직접 매입한 딱지어음으로 물건을 구입하여 덤핑으로 이를 처분하여 이익을 취득하는 자
세탁책 (조서방)	이미 사용된 어음, 수표 또는 미사용의 어음 수표용지에 기재되었거나 압날 기재되었거나 압날된 고무인영 부분을 약품을 사용하여 지워주고 그 대가를 받는 자

참고
① 부도수표 1매마다 1개의 범죄가 성립하고, 각 범죄는 실체적 경합범의 관계에 있다.
② 당좌수표는 실제 발행일을 수사하여 이를 범죄일로 하여야 한다.
③ 발행권한 없이 자신의 이름으로 가계수표를 발행한 경우 수표를 계약없이 발행한 행위에 해당하며, 따라서 위조에 해당하지 않으며 그 행사도 범죄를 구성하지 않는다.

3. 기타 적용

(1) 부정수표단속법과 형법(유가증권의 위조·변조·허위작성죄)과의 관계

부정수표단속법이 특별법이므로 본법이 적용되는 영역에서는 본법이 적용되고 형법은 적용되지 않는다.

(2) 부정수표단속법의 구성요건 검토(적용범위)

① 금융기관과 수표계약 없이 자기의 명의로 수표를 발행하거나 금융기관으로부터 거래정지 처분을 받은 후에 수표를 발행한 경우(제2조 1항 2호)

② 수표를 위조 또는 변조한 경우(허무인명의 포함)

③ 금융기관에서 고발하지 않은 경우

(3) 위조·변조한 수표와 자기명의의 수표를 행사한 경우의 형법상 검토

위조· 변조유가증권행사죄	① 자기명의의 수표를 행사한 경우: 위조·변조유가증권행사죄에는 해당하지 않는다. ② 위조 또는 변조한 수표를 행사한 경우: 위조·변조유가증권행사죄에는 해당한다.
사기죄와의 관계	① 가게 등에서 물건을 구매한 경우: 위조·변조유가증권행사죄와 사기죄의 실체적 경합이다. ② 채권자에게 채무변제로 지급한 경우: 위조·변조유가증권행사죄만 성립하고 사기죄는 성립하지 않는다.

(4) 기타(백지수표(어음), 선일자수표의 문제)

백지수표(어음)	수표요건의 흠결이 있는 경우 그 흠결부분을 소지인으로 하여금 후에 보충시킬 의사를 가지고 유통상태에 둔 수표를 말하는 것으로 법적으로도 유효하다(어음법 제10조).
선일자수표	발행 일자를 실제로 발행한 일자가 아닌 장래의 일자를 기재하여 발행한 수표를 말한다.
사기죄와의 관계	처음부터 지급할 능력이나 의사가 없음에도 불구하고 있는 듯 가장하여 수표를 발행하여 교부한 경우는 부정수표단속법위반은 물론 사기죄도 성립한다.
죄수	여러 장의 부정수표를 발행한 경우에는 그 발행수표의 수만큼 부정수표단속법위반죄가 성립하고 그 수는 실체적 경합관계이다.
반의사 불벌죄	부도된 수표를 회수하거나 부도수표 소지인이 처벌을 원치 아니하면 공소를 제기할 수 없다.

(5) 수사종결처분

① 불기소처분의 사유가 중복되는 경우: 각하 → 공소권없음 → 죄가 안됨 → 혐의없음의 순으로 종결한다.

② 따라서 발행일자가 없는 수표(혐의없음)와 제시기일을 경과한 수표(혐의없음)를 발행인이 회수하거나 수표소지자가 처벌을 원치 않을 때(공소권 없음)는 공소권 없음으로 불기소 처분한다.

제7절 유령회사 관련 수사

1. 개념

상법상 주식회사를 설립하려면 자본금 5천만 원 이상을 금융기관에 납입하도록 규정하고 있는 점을 이용, 사채업자로부터 주금을 차용하여 회사를 설립한 후 바로 주금을 인출하여 위 사채금액을 변제해버려 실제로는 자본금이 전혀 없이 설립된 회사를 말한다.

2. 내사자료 확보방법

(1) 우선 어음교환소를 통해 일정금액 이상의 다액부도를 낸 주식회사의 현황을 파악한다.

(2) 국세청 전산실에 의뢰하여 위 회사 중 사업개시일 이후 부도 날짜가 1년 이내인 회사를 다시 파악한다.

(3) 상업등기소나 관할 세무서를 통해 위 부도업체의 대표이사, 이사, 발기인 등의 인적사항을 파악한다.

(4) 어느 정도 범증이 인정되면 압수·수색 영장을 받아 해당 은행에 부도회사 주금의 출입고 현황에 대한 자료를 확보하는 것이 바람직하다.

제8절 공무원 및 화이트칼라 범죄수사

1. 공무원범죄

(1) 의 의

광의의 공무원범죄	공무원의 신분을 가진 자가 저지른 모든 범죄로서 직무와 관련이 없는 범죄도 포함된다.
협의의 공무원범죄	공무원이 범한 범죄 중 공무원의 직무와 직접 또는 간접적으로 연관이 있는 범죄를 말한다(공무원 범죄 통계 기준).

(2) 공무원 범죄의 특징

① 인적특징: 화이트칼라 범죄로서 지능수준이 일반범죄인보다 높다.

② 범죄의 암수화 경향

③ 범죄수법의 지능성 · 전문성 · 계획성

④ 희박한 범죄의식

(3) 공무원 범죄 수사의 원칙

① 국가공무원법 제83조 제3항의 경우 감사원과 검찰 · 경찰 기타 수사기관은 조사나 수사를 개시한 때와 이를 종료한 때는 10일 이내에 소속기관의 장에게 당해 사실을 통보하여야 한다고 규정하고 있다.

② 공무원 범죄는 사안이 중한 경우 구속수사가 원칙이다.

③ 사안이 경미한 비위공무원은 소속기관장에게 통보하여 행정처분하도록 조치한다.

④ 개인감정에 의한 무고가능성에 대비하여 첩보를 확인 한다.

(4) 관련 법률의 비교

① 형법과 특정범죄가중처벌에관한 법률

형 법	특정범죄가중처벌에관한법률
직무유기, 직권남용, 불법체포 · 감금, 폭행 · 가혹행위, 피의사실 공표, 공무상 비밀누설, 선거방해, (사전)수뢰, 뇌물제공, 수뢰 후 부정처사, 사후수뢰, 알선수뢰, 뇌물공여	뇌물죄의 가중처벌, 알선수재, 뇌물죄 적용 대상 확대, 체포 · 감금 등의 가중 처벌, 공무상 비밀누설의 가중처벌, 국고 등 손실, 특수직무유기

② 수뢰 후 부정처사죄

공무원 또는 중재인이 수뢰죄, 사전수뢰죄, 제3자 뇌물공여죄를 범하여 부정한 행위를 한때

③ 부정저사후 수뢰죄

공무원 또는 중재인이 그 직무상 부정한 행위를 한 후 뇌물을 수수 · 요구 또는 약속하거나 제3자에게 이를 공여하게 하거나 공여를 요구 또는 약속한 때에 성립.

2. 화이트칼라범죄

(1) 의 의

화이트칼라란 전문적 지식이 필요한 정신적 노동에 종사하는 고급사무원 등 관리직 수준 이상의 계층을 뜻하는 말이다.

(2) 범죄의 특성

1) 일반범죄에 비하여 국가·사회에 미치는 해악이 크다.
2) 피해가 일반 국민에게 간접적으로 미친다.
3) 일반범죄보다 죄의식이 희박하다.
4) 증거인멸이 쉽고 수법이 교묘하다.
5) 사회의 신용을 파괴하고 국가의 경제성장을 해친다.

(3) 수사요령

기초자료의 정비 → 신중한 수사착수 → 방증(傍證)의 확보 → 변명의 청취 → 신중한 구속

(4) 화이트칼라범죄의 수사 대책

① 금융·경제분야의 동향, 회계·부기 등에 대한 기본 지식을 갖추고 수사한다.

② 화이트칼라범죄에 대한 제보는 개인적 원한에 의한 모함인 경우도 있고, 법률적용이 까다로운 점을 이용하여 역습하는 요령이 능숙하기 때문에, 충분한 증거를 수집하고, 신중을 기해야 한다.

③ 범증이 경리장부 등에 남아 있는 경우가 많으므로 관련장부를 수집한다.

④ 죄의식이 희박하므로 구속시에는 신중을 기한다.

제 4 장 절도사건 수사

제1절 일반절도사건 수사

1. 절도죄의 개념

타인소유·타인 점유의 재물을 절취하는 범죄행위를 말한다.

자기소유·자기점유	범죄 불성립
자기소유·타인점유	권리행사방해죄
타인소유·자기점유	횡령죄
타인소유·타인점유	절도죄, 강도죄, 사기죄, 공갈죄

2. 절도범의 수법

날치기	노상에서 타인의 신변에 있는 물건을 순간적으로 잡아채 도주하는 방법
소매치기	타인의 재물을 주의가 산만한 틈을 이용하여 기술적으로 절취하는 방법
들치기	백화점 기타 상점의 고객을 가장하여 상품을 민활하게 훔치는 방법이다.
방치물절도	옥외 또는 노상에 방치된 물건을 감시가 없는 틈을 타서 훔치는 방법
침입절도	야간, 주간에 건조물, 방실 주거등에 침입하여 재물을 훔치는 방법

3. 절도사건 수사과정

(1) 수사방법

현장중심 수사	① 일정한 지역의 공지·하수 등의 수색에 의한 장물과 용구 등의 발견 ② 부근 거주자로부터 범죄에 관계있는 사항의 탐문 ③ 범인이 들를만한 음식점 등에서 범행 전후의 행적수사(사전·현행범·사후행적)
범인중심 수사	① 수법에 의한 수사 ② 인상착의에 의한 수사 ③ 범인추리에 의한 수사

피해자중심 수사	① 연고감 수사 ② 지리감 수사
피해품 중심 수사(장물수사)	① 절도사건 수사 중 필수적으로 행해야 하는 수사가 장물수사이다. ② 피의품의 특징을 잘 파악하여 적절한 수배와 전당포 등 장물처분장소에 대한 광범위한 수사가 필요
수법수사	① 절도는 수법범죄이므로 상습성의 유무를 수사한다. ② 상습성의 유무를 판단할 수 있는 자료로는 　• 시간적 관계 　• 장소적 관계 　• 침입수단 · 방법 　• 물색상황 　• 목적물 관계 　• 기타 특이한 습벽 등이 있다.

(2) 차량절도범 수사

차량절도 신고 접수	① 피해일시 · 장소, 차의 특징, 유류품의 유무를 조사하여 관내에 수배한 후 컴퓨터단말기를 이용하여 도난차량수배입력을 실행한다. ② 2륜차(50cc) 도난신고 접수 시 차량번호와 차대번호까지 동시입력 한다.
차량에 대한 불심검문시 유의점	① 차량에 대한 불심검문 시에는 삼각창 등의 파손여부, 사용 중인 열쇠 확인(직선을 연결하여 운행 중인지의 여부), 자동차 검사증 확인, 번호판의 봉인 상태, 면허증, 자동차 보험증 기타 소지품을 확인하여 수상한 점을 파악하여야 한다. ② 수배차량 발견 시는 승차자 전원에 대한 인적사항 및 승차경위 등을 조사한다.
방치차량의 수사	① 차량용조회기(M.D.T), 휴대용조회기(H.D.T), 차량번호자동판독기(AVNI)를 적극적 활용하여 도난차량인지를 확인한다. ② 도난차량을 발견한 경우는 피해자에게 환부하기 전에 유류지문을 채취하고 현장부근을 탐문하여 수사 자료를 수집하고 필요시에는 현장잠복을 실시한다.
차량번호자동판독기 (AVNI)	① 주행 중인 차량의 번호판을 순간 포착하여 판독 · 인식하여 수사에 활용하는 것이다. ② 포착된 차량번호 영상을 소프트웨어도 판독 · 인식한 후 경찰청 주전산기의 범법 · 무적 차량 등의 자료를 자동검색하고 그 결과가 검문소의 단말기에 모니터와 경광등에 표시된다.

4. 선의취득과 압수물의 환부

(1) 법률 규정

절도범이나 강도범의 압수도품 환부는 민법 제249조(선의취득)와 민법 250조, 251조(도품 · 유실물에 대한 특례)를 참조하여야 한다.

민법 제249조 (선의취득)	평온, 공연하게 동산을 양수한 자가 선의이며 무과실인 경우 그 동산을 점유하는 경우에는 양수인이 정당한 소유자가 아닌 때에도 즉시 동산의 소유권을 취득한다.
민법 제250조 (도품, 유실물특례)	전조의 경우에 동산이 도품이나 유실물인 경우에 피해자 또는 유실자는 2년내 물건의 반환을 청구할 수 있다(금전은 예외).
민법 제251조 도품, 유실물특례	양수인이 도품 또는 유실물을 공개시장에서 또는 같은 종류의 물건을 판매하는 상인에게서 선의로 매수한 때에는 피해자 또는 유실자는 양수인이 지급한 대가를 변상하고 그 물건의 반환을 청구할 수 있다.

(2) 사례연구

① 사례 1

절취   매각   압수

A(피해자) ⇨ B (범인) ⇨ C (일반인) ⇨ 경찰

C가 선의 취득한 경우라도 절취되었을 때부터 2년간, A는 민법 제250조에 의하여 그 물건의 반환청구권 있음. 따라서 A에게 환부한다.

2년을 경과한 경우에는 장물성이 없어지므로 C에게 형사소송법 제133조에 의해 환부한다.

② 사례2

절취   매각   압수

A(피해자) ⇨ B (범인) ⇨ C (중고매매상) ⇨ 경찰

C가 고물상일지라도 절취되었을 때부터 2년간은 A에게 민법 제250조에 의하여 그 물건의 반환청구권 있음(무상). 따라서 A에게 반환한다.

2년을 경과한 경우에는 장물성이 없어지므로 C에게 형사소송법 제133조에 의해 환부한다.

③ 사례3

절취   매각   매각   압수

A(피해자) ⇨ B (범인) ⇨ C (고물상) ⇨ D(일반인) ⇨ 경찰

D가 고물건을 판매하는 업자인 C로부터 도품을 산 것으로서, 민법 제251조에 의하여 A는 절취되었을 때부터 2년간은, D가 C에게 지불한 대가를 D에게 변상하지 않으면 그 물건의 반환을 청구할 수 없으므로 피압수자D에게 환부한다.

	절취		매각		매각		매각		압수	
A(피해자)	⇨	B(범인)	⇨	C(중고매매상)	⇨	D(일반인)	⇨	E(일반인)	⇨	경찰

④ 사례4

C와 D간의 매매가 민법 제251조의 적용을 받는 것은 사례3과 같다.

이 물건을 D가 다시 E에게 거래한 경우에는 민법 제249조의 적용을 받아 그 물건의 장물성이 없어지므로 A는 E에게 반환을 청구할 수 없게 된다. 따라서 형사소송법 제133조에 의하여 E에게 반환하게 된다.

(3) 압수도품이 현금인 경우

피해현금이 다른 현금과 혼동하고 있는 경우	① 압수방법: 발견된 현금 전부를 압수할 수는 없으며, 임의제출로 확보하고 검증 등에 의해 그 존재를 명백히 해야 한다. ② 환부방법: 안분환부의 통례에 따라 피해자의 피해비율에 따라 환부액을 결정한 다음 환부한다.
피해현금이 예금된 통장을 압수한 경우	① 절취한 현금과 예금통장은 동일성이 인정되지 않기 때문에 형사소송법 제134조(피해자 환부)는 적용되지 않고 제133조(환부, 가환부)가 적용되어 제출인에게 환부해야 한다. ② 피의자에게 예금통장을 환부한 다음 현금은 피의자가 피해자에게 직접 환부토록 한다. 다만, 피의자가 피해자에게 환부를 희망할 경우에는 피해자에게 환부할 수 있다.

제2절 치기사범 수사

1. 치기사범의 개념

소매치기사건의 경우 검거보다는 예방에 노력해야 하는데, 검거하더라도 현장에서 검거하지 않으면 피해자나 물적증거의 확보에 상당한 어려움이 있다.

2. 치기배의 종류

(1) 강도 치기 사범

강도	돌변치기	절도가 발각되어 강도로 변하는 것 → 준강도
	가로치기	사람을 따라가다가 한적한 곳에서 덮치는 것
	행인치기(퍽치기)	길목을 지키다가 지나가는 사람을 덮치는 것

(2) 절도 치기 사범

소매치기	바닥치기	핸드백 등을 열거나 째고 절취하는 것으로 2~3명 또는 단독 범행
	올려치기	버스에 승차하려는 피해자를 막고 핸드백 등을 열거나 째고 절취
	안창따기	양복 안주머니를 면도칼로 째고 절취하는 것
	굴레따기	목걸이나 팔지 등을 끊어서 절취하는 것
	들치기	대합실, 은행, 백화점 등에서 혼잡한 틈을 이용하여 절취하는 것
차치기		오토바이·승용차를 타고 다니면서 핸드백 등을 낚아채 가는 것
아이랑치기 (부축빼기)		술에 취한 사람 옆에 취한 것처럼 앉아 있거나 부축하는 척하면서 절취하는 것으로 일명 박쥐라고도 한다.
봉투치기		봉투와 봉투를 상호 교환하여 보관하다가 가지고 도망하는 것

3. 치기 사범의 각종 수법

째고빼기	호주머니, 핸드백을 째고 소매치기하는 것
줄띠풀기	목걸이, 시계 등을 푸는 소매치기
끊고채기	목걸이, 시계 등을 끊고 소매치기하는 것
가로치기	돈 가진 사람을 따라가 행인을 덮치는 강도
행인치기(퍽치기)	길목을 지키다 행인을 덮치는 강도
돌변치기	절도가 발각되자 강도로 변하는 것을 말한다.
바닥치기	핸드백 등을 열거나 째고 금품을 절취
올려치기	버스에 승차하려는 피해자의 앞을 막고 핸드백을 열거나 째서 절취
안창따기	양복안주머니를 면도칼로 째고 절취
굴레따기	목걸이나 팔지 등을 끊어서 절취
들치기	대합실 등에서 혼잡한 틈을 이용하여 절취

4. 소매치기 사범의 외형상 특징

(1) 안경 착용자가 적으며 눈동자가 반짝임

(2) 체격은 호리호리하고 행동이 날쌔고 민첩함

(3) 무엇에 쫓기는 듯 바쁘며 걸음걸이가 빠름

(4) 경찰관이 따르는지 살피기 위해서 뒤를 잘 돌아봄

(5) 대부분 간편한 복장이나 올려치기, 안창치기는 신사복이 많음

(6) 시장 등에서 활동하는 소매치기는 다소 허름한 옷을 착용

(7) 백화점 등 고급장소에서는 옷을 깔끔하게 착용한다.

5. 소매치기범의 검거시기(피해자가 확인 할 수 있는 상태에서)

    (1) 장물을 빼내는 순간

    (2) 공범자에게 장물 인도할 때

    (3) 장물을 빼내는 것을 보지 못한 경우 피해 확인 후

    (4) 미수범은

        ① 호주머니에 손이 들어 있을 때 – 가방 등에 손이 들어 있을 때

        ② 가방·의류 등을 잘랐을 때

제 5 장 **마약류 사건 수사**

경/찰/수/사/실/무/론

제1절 수사의 개관

1. WHO의 마약류 정의

(1) 의존성(依存性): 약물의 사용에 대한 욕구가 강제적일 정도로 강하다.

(2) 내성(耐性): 사용약물의 양이 증가하는 경향이 있다.

(3) 금단현상(禁斷現象): 약물사용을 중지할 경우 정신적 · 육체적 고통을 느낀다.

2. 마약류범죄의 특징

(1) 철저한 점 · 조직성   (2) 악질 · 흉포성

(3) 제작장소의 은밀성   (4) 접선장소의 치밀성

(5) 재범 · 누범의 증가   (6) 범죄루트의 광역화

(7) 조직의 국제화 경향   (8) 타 범죄의 원인제공과 연계

3. 마약관련 국제 조직과 관리 및 단속기구

(1) 마약관련 국제 조직

골든크레센트	이란 · 아프가니스탄 · 파키스탄 국경지대를 중심으로 서남 아시아 '황금의 초승달 지대'라고도 하며, 대마류 및 헤로인 · 모르핀을 공급한다.
골든트라이앵글	미얀마 · 태국 · 라오스 3국 접경 고산지대에서 아편(양귀비). 헤로인을 주로 공급하는 동남아시아의 황금의 삼각지대(Golden Triangle)를 말하며 가장 대표적인 국제마약루트이다.
나이지리아 커넥션	최근 알려진 국제마약조직으로서 인도 · 파키스탄 · 태국 · 미국 및 아프리카 전역을 대상으로 한다.
피자커텍션	미국 동부지역 피자집에서 헤로인을 거래하던 마피아 조직이다.
프랑스조직	프랑스의 항구도시인 마르세이유를 근거지로 헤로인 밀거래를 하며 마피아가 조종하여 전 세계로 헤로인을 공급한다.

세계 아편 생산량의 90% 이상은 황금의 삼각지대(태국·미얀마·라오스)와 황금의 초승달 지역
(아프가니스탄·이란·파키스탄)에서 생산되며 세계 남용인구의 절반 이상도 이들 인접국에 집중
되어 있다. (국가정보원, 마약류 용어 해설 참고)

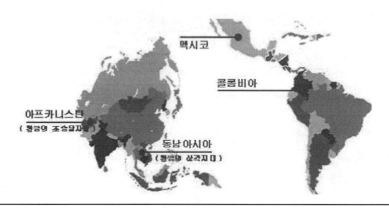

(2) 코카인 관련 국제조직

코카인은 대부분 코카나무 자생지인 콜롬비아(50%)·페루
(32%)·볼리비아(15%) 등 남미 안데스 산맥의 3개국에서
생산되고 있다.(국가정보원, 마약류 용어 해설 참고)

콜롬비아 커넥션	콜롬비아에서 미국으로 코카인 밀수출 (미국내 코카인의 약 70% 밀거래)
메델린 카르텔	콜롬비아 제2의 마약조직
칼리카르텔	콜롬비아에서 제3의 마약조직

(3) 마약류관련 국제관리기구

UN 마약위원회	1946년 UN 경제이사회 산하에 설립되어 UN 가입국 및 마약에 관한 단일협약 당사국 중 5년 임기의 40개 회원국으로 구성. 국제협약의 준수를 감독·관장하고 있으며 경제사회이사회의 감독기능을 지원한다.
UN 마약과	마약류 관리와 관련한 학술적·기술적인 전문연구기관, 경제사회이사회 및 본회의의 진행에 따른 마약류관련 행정업무를 담당하고 있다.
UN 마약남용 통제기구	마약류관련 국제정책의 시행에 필요한 재정적 지원기구로서 마약류 남용 예방교육, 중독자의 치료 등을 주요사업으로 한다.
국제마약관리국	마약류의 사용을 의료용·과학용으로 제한하기 위해 마약류의 생산, 재배, 제조 및 거래 등을 감시한다.

(4) 주요 국가 마약 단속기구

한국	경찰, 검찰, 보건복지부, 세관, 국가정보원, 국세청(x)
홍콩	세관, 경찰(x), 국세청(x)
일본	경찰, 세관, 후생성 마약취제관사무소, 해상보안정, 법무성
미국	마약단속국(DEA), 연방수사국(FBI), 이민귀화국(INS), 국세청(IRS), 연방관세청, 해안경비대, 주경찰, 지방경찰

4. 마약류의 분류

분류		종류	남용효과
향 정신성 의약품	각성제	메스암페타민, 암페타민류, 펜플루라민, 암페르라몬	환시, 환청
	환각제	LSD, 페이요트, 사일로사이빈, 메스칼린	환각, 예측불허행위
	억제제	바르비탈염류제, 非바르비탈 염류제, 벤조디아제핀염제류	기억손상, 호흡기장애
마약	천연마약	아편, 헤로인	도취감, 신체 조정력상실
		코카나무잎, 코카잎	흥분, 정신혼동
	합성마약	페치딘 系, 메사돈 系, 프로폭시펜, 벤조모르핀	도취감, 신체조정력상실
대마		대마초(마리화나) 대마수지(해쉬쉬) 대마수지기름(해쉬쉬오일)	도취감, 약한 환각

5. 마약류의 구체적 내용

(1) 양귀비

정의	양귀비 열매가 익기 전 열매에 흠집을 냈을 때 흘러나오는 수액을 건조시켜 만든 덩어리
형태	갈색·흑색을 띤 왁스형 덩어리로 달콤하고 톡 쏘는 듯한 냄새 또는 건초냄새
특징	응고를 방지하기 위해 셀로판지나 방수종이로 포장

① 3−4월에 파종하면 5−7월(집중단속 기간)에 화려하게 여러 가지 색으로 개화하고 열매를 맺는데 이 열매를 앵속이라 한다.

② 양귀비(Poppyplant)의 설익은 씨앗껍질에 상처를 내어 자극을 주면 알카로이드가

함유된 부액(열매에서 흘러나오는 액)이 흘러나오는데 이것을 긁어 모아 말리면 생아편(Opium)이 된다.

③ 이러한 알카로이드를 뽑아내어 만든 것이 모르핀(Morphine), 코데인(Codeine), 헤로인(Heloine), 테바인이며 통칭하여 마약이라고 한다.

(2) 아편

	정의	양귀비(Papaver somniferum)의 덜 익은 열매에 흠을 내어 나오는 액을 모아 건조시켜서 얻는 마취제
		① 앵속의 열매·입·줄기 등에 아편성분이 다량 함유 ② 생아편은 아모니아 냄새가 독하게 난다. ③ 아편은 모르핀, 헤로인 등의 원료가 되며 파이프에 의한 흡연이 일반적 사용방법

(3) 모르핀

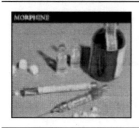	정의	아편에 함유되어 있는 강한 진통력을 지닌 성분
	형태	상아색·백색·커피색의 결정성 분말로 분필 같은 촉감이 있으며 무취 또는 약한 식초냄새
	특징	의학적으로 진통제 및 아편중독 치료제로 사용

1803년 독일 약학자 Frederick Sertuner에 의해 제조되었으며, 그리스 신화 '꿈의 신'인 Morpheus의 이름을 본 따 모르핀이라고 칭해지고 있다.

(4) 헤로인

	형태	모르핀에서 합성한 반합성 마약(Semi-Synthetic Narcotics) 으로 1898년 독일의 바이엘 제약회사에서 최초 개발
	외형	백색·회색·연갈색·암갈색의 작은 결정체 또는 분말로 무취 또는 약한 식초냄새
	냄새	진통효과가 모르핀 보다 10배 이상 강력하고 부작용 또한 심각하여 의료용으로 사용 불가

① 통상 순백색, 우유색, 암갈색을 띠는데, 순백색이 가장 순도가 높고 효과가 강하다.

② Speed Ball은 강력한 흥분효과를 내기 위해 헤로인에 코카인을 혼합하여 정제한 것이다.

(5) 코카인

형태	코카나무잎에 함유되어 있는 주요 성분으로 주로 코로 흡입한다.
외형	눈처럼 반짝이는 백색의 분말 형태로 촉감은 솜처럼 보송보송하며 무취
냄새	특이한 독성이 있어 피부 속에 벌레들이 떼지어 기어다니는 듯한 환상이 일어나는 '코카인 벌레 현상(Coke Bugs)'을 유발

(6) 크랙(Crack)

코카인에 베이킹파우더와 물을 섞어 전자렌지에 가열하여 단단하게 해 피우는 방법으로 값이 싸고 은닉이 용이하다.

(7) 메사돈

정의	제2차 세계대전 중 독일에서 모르핀 대용 진통제로 개발한 합성 마약(Synthetic Narcotics)
형태	주사제, 정제, 분말, 액체
특징	아편 및 헤로인 중독 치료제로 사용

(8) 필로폰

① 성교시 강한 쾌감을 느끼며 성교시간을 연장시켜주고, 약효가 떨어지는 시간이 되면 과도한 피로를 느끼고 장시간 수면을 취하게 된다.
② 근육 이완이 나타나고 환시(幻視), 환청(幻聽)을 경험하며, 초조불안에 빠지며 사소한 일에도 과민한 반응을 나타낸다.
③ 혈관을 통한 정맥주사: 가장 효과적이나 주사한 흔적이 남는다.
④ 초심자는 투약 후 2~3일 이내에, 중독자는 5~7일 이내에 소변채취가 행해져야 한다.
⑤ 뇨중의 필로폰 검출만으로는 투약시기를 추정하기는 곤란하며, 모발검사를 통해 가능하다.

(9) 엑스터시 (MDMA 도리도리)

정의	암페타민류 각성제(Amphetmine-Type Stimulants)의 일종인 환각제
형태	다양한 색상의 정제 및 캡슐 형태이며 약한 기름냄새
특징	통상 엑스터시(Ecstasy)라 지칭하며 1987년 영국에서 시작된 레이브 파티를 계기로 전 세계적으로 남용이 확산

(10) L·S·D

정의	1938년 스위스 산도스 제약회사의 알버트 호프만 박사가 호밀에서 자라고 있는 깜부기병균(맥각균:보리·호밀 등 곡물에 기생하는 곰팡이)에서 합성한 강력한 환각물질
형태	원형은 무색·무취·무미한 분말이며 이를 정제·캡슐·액체 등 다양한 형태로 제조
특징	일부 LSD 중독자는 LSD를 실제 사용하지 않았는데도 환각작용을 경험하게 되는 '플래시백 현상(Flashback Syndrome)'을 경험

(11) G·H·B (일명 물뽕)

정의	진정·마취효과를 유발하는 중추신경 억제제
형태	백색 분말 또는 무색·무취의 액체 형태
특징	국내에서는 '물 같은 히로뽕'이라는 의미로 '물뽕'으로 지칭 하며 미국·캐나다와 유럽 등지에서는 성범죄에 악용되는 경우가 많아 데이트 강간 약물(Date Rape Drug)로 분류

(12) 싸이로사이빈

정의	멕시코 습지대에서 자라는 버섯으로 LSD와 유사한 환각 작용을 유발하는 싸이로시빈(Psilocybin) 성분을 함유
형태	원형 그대로 건조시키거나 분쇄 후 캡슐형태로 유통
특징	전통적으로 중남미 인디언들이 종교의식에 사용

(13) 카리소프로돌(Carisoprodol)

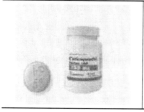

정의	근육통증 이완제로 사용되는 의약품
형태	정제 및 액체
특징	일명 'S정'으로 불리며 과다 복용 시 환각작용을 유발하여 대용마약으로 남용

(14) 케타민(Ketamine)

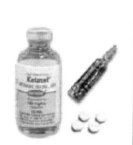

정의	사람 또는 동물용 마취제의 일종으로 중추신경계의 특정부위에 작용하여 탁월한 진통작용을 나타내나 약기운이 사라지면서 환각작용을 일으키는 특성이 있어 마약으로 남용됨
형태	백색 가루, 알약 또는 액체 형태
특징	LSD보다 강한 환각효과를 나타내는 것으로 알려져 있으며 통상 10대들이 파티장·나이트클럽에서 엑스터시 대용으로 사용함 서구지역에서는 성범죄에 악용되는 경우가 많아 GHB, 로히프놀과 함께 대표적인 데이트 강간 약물(Date Rape Drug)로 분류됨 국내에서는 05.11.16 마약류로 지정되었음

(15) 러미나 (덱스트로메토르판, Dextromethorphan)

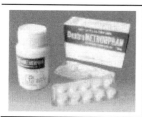

기침을 그치게 하는 작용이 있어 감기약에 널리 사용되는 정제 및 액체 의약품
일명 '러미나' 또는 '루비킹'으로 불리며 과다 복용시 환각 작용을 유발하여 대용마약으로 남용

(16) S정 (카리소프로돌, Carisoprodol)

근육통증 이완제로 사용되는 정제 및 액체 의약품으로서, 일명 'S정'으로 불리며 과다 복용시 환각작용을 유발하여 대용마약으로 남용되고 있다. 청소년 사이에 '정글주스'로 통하기도 한다.

(17) 대마류

마약류관리에 관한 법률에서 규정하는 대마에는 종자, 뿌리 및 성숙한 대마의 줄기와 그 제품은 제외된다. 따라서 대마 종자의 단순소지나 매매는 처벌되지 아니한다. 그러나 대마종자의 흡연이나 흡연목적 판매는 처벌된다. (마약류관리에 관한 법률 제3조11호, 제61조). 대마·대마초종자의 껍질을 흡연 또는 섭취행위는 처벌된다.

① 대마초

정의	대마의 잎과 꽃 부분을 건조하여 담배 형태로 흡연할 수 있도록 만든 것으로 THC(Delta−9tetrahydrocanna binol)라는 환각성분을 포함
형태	외형상 녹색·황색 또는 갈색을 띄며 까칠까칠하면서 미세한 감촉에 독한 냄새
특징	중추신경 흥분작용과 억제작용을 동시에 가지고 있으며 약리작용상 환각제로 분류

② 대마수지 (Hashish)

정의	성숙한 대마의 꽃대 부분에서 얻은 수지를 채취하여 제조한 마약
형태	연갈색·흑색·갈색의 판형 또는 벽돌형태의 수지로 진한 건초냄새
특징	대마초보다 6배정도 효과가 강하고 가격도 비싸며 주로 중동이나 북아프리카에서 통용

③ 대마수지기름(Cannabis Oil, Hashish Oil)

정의	대마초·대마수지(해시시) 등을 아세톤·알코올·에테르와 섞은 후 반복적으로 여과·증류하여 추출해낸 고농축 마약
형태	검은색이나 진녹색·황금색·적갈색을 띤 액상 타르 형태로 썩는 듯한 독한 냄새
특징	환각성분인 THC를 일반 대마초보다 20배 이상 많이 함유

6. 마약류 사범의 단속과 수사

(1) 마약류관리법상의 일반행위 금지

대마초의 종자·뿌리 및 성숙한 대마초의 줄기와 그 제품을 제외한다.

(2) 단속요령(순서)

정보수집	조직이탈자, 공범자를 정보원으로 활용, 마약감시원, 세관원 등으로부터 정보입수, 홍보활동 강화를 통한 제보입수, 전과자, 수형종료자, 기소중지자의 동향감시 활동을 통한 체계적인 정보수집 활동이 필요
수사계획	수집된 정보를 토대로 하여 예상문제점 검토 후 수사일정, 장소, 수사요원의 편성 등이 포함되는 수사계획수립 수사간부가 직장해야 하며 관계 수사장비, 타 기관과의 협조, 지휘, 보고문제도 유의
수사착수	**범인검거** 조직을 일망타진하도록 해야 하며 제보자 보호에도 만전
	증거확보 마약현품, 제조기구 및 그 원료, 거래자금, 범인이 소지하고 있던 메모지, 수첩, 거래자금을 입금한 통장 등을 압수, 밀조공장, 범인가옥, 연고지, 사용차량 등에 대한 철저한 수색
	조사 ① 반복조사 및 녹음 등의 방법으로 법정 진술번복 가능성 대비 ② 조사시 자극을 삼가고 회유하여 연행, 발작대비 2인 이상이 감시 ③ 검거시에는 즉시 소변, 두발 등을 채취, 필요한 증거물이나 주사자국 등을 촬영하여 증거로 활용 ④ 환각상태에서의 진술은 신빙성에 문제가 있으므로 반복질문을 하고 가능하면 녹음기 등을 활용하는 것이 효과적이다. ⑤ 이때의 자술서는 다소 조합하더라도 본인이 쓰게 하여야 하며 대필의 경우 임의성의 문제가 발생할 수 있으므로 피하여야 한다.

(3) 대마사용시의 증세는 식욕이 왕성하여 과식을 하는 경우가 있다.

(4) 대마사범의 수사요령

① 뇨를 채취할 경우 72시간 내에 뇨량은 30ml이상 채취하여야 한다.

② 혈액은 플라스틱 용기에 보관할 경우 대마의 성분이 플라스틱에서 유리된 화합물과 결합하여 감정이 불가능하게 되므로 초자용기를 사용하여야 한다.

③ 단속요령: 식별이 용이한 생육기간인 5~7월에 집중단속

7. 마약류사범 수사지침(검찰 마약류사범 수사지침)

(1) 간이시약(일명 아큐샤인) 감정결과는 직접증거로 쓰기에 부족하므로 반드시 정식 감정을 의뢰할 것

(2) 간이시약 검사결과 음성반응이 나오더라도 정식 감정결과가 양성반응이 나올 수

있음을 유념

(3) 간이시약 검사결과를 피의자 본인에게 반드시 확인시킬 것

(4) 아퀴사인 판별방법

양성	C에만 붉은띠가 생성되면 마약복용의심자로 판별할 수 있다.	
음성	C와T 모두 붉은띠 생성	

(5) 소변검사는 히로뽕의 경우 약10일, 대마의 경우 약30일 이내에만 양성반응이 나온다는 사실을 유념

(6) 모발검사는 현재까지 히로뽕 검출만 가능

(7) 기타 마약류 분석과 시약

듀퀘노이스	대마초 – 청색, 자색으로 변함
마퀴스	모르핀, 헤로인 – 처음에는 홍자색을 띠다가 청변으로 변화한다.
자외선분광광도법	LSD – 반드시 광차단 용기에 보관해야 한다.
TBPE	김치, 감기약, 커피 등에서도 양성반응이 나타나므로 유의하며, 72시간내에 채취한 뇨(20ml) 가 적당하다.

8. 증거물 채취요령과 압수물 처리

(1) 증거물 채취요령

양귀비	열매부위가 함량이 가장 높으며 가능하면 열매가 있는 전초를 채취하며, 없는 경우 다른 부위를 채취
아편성분	생아편, 모르핀, 헤로인, 페치딘, 메사돈의 경우 고형물, 분말, 앰플, 주사기, 흡연기구, 담배필터 등 모두 채취
코카인	코카인 분말은 분말자체와 흡입기구 코카엽은 씹는 물질을 채취
환각제	L·S·D는 갈색 초자병 광차단 용기에 채취
수면제	마취와 관련된 주스캔, 요구르트병, 드링크제 등을 채취하며 적은 D양이라도 손실되거나 오염되지 않도록 포장하여 감정기관에 송부
암페타민류	① 히로뽕 투약사범: 메스암페타민 남용의 경우 사용하다 남은 히로뽕 분말, 주사기 등을 채취한다. ② 히로뽕 밀조사범: 밀제조 또는 소지와 관련된 경우 원료, 중간합성물도 함께 채취
대마초	대마엽, 대마씨앗, 대마전초 등과 흡입시 사용했던 필터, 파이프 등도 체취

(2) 생체시료

① 마약, 환각제, 대마의 남용여부를 증명하기 쉬운 생체시료는 뇨(尿)가 가장 적당하며, 채취양은 충분히(약 30ml) 송부해야 한다.

② 히로뽕 남용자의 뇨는 72시간 내에 약 20ml 채취한다.

③ 모발 중 메스암페타민 실험을 위해서는 50−80수를 채취한다.

24 시간 이내	메스칼린
40 시간 이내	헤로인
48 시간 이내	페치딘, 메사돈, LSD
72 시간 이내	생아편, 모르핀, 대마

(3) 압수물품 처리

압수한 마약류는 외부에 유출되지 않도록 보관을 철저히 하며, 송치시 증거물로 제출한다.

* 모발검사는 현재까지 필로폰과 MDMA 투약자에 대해서만 검사가 가능하다.

9. 유해화학물질

(1) 개념

① 마약류는 아니지만 환각작용이 있는 접착제와 부탄가스가 있다.

② 처음에는 몇 번의 냄새를 맡음으로써 최음의 기분이 드는데, 점차 내성이 생기며, 노출농도에 따라 10분에서 수시간 정도에 이른다.

③ 조직손상의 위험성이 있으며, 과다 복용시 호흡정지로 사망을 초래하는 경우도 있다.

(2) 유해물질 증거확보

	본드	부탄가스
증거확보	① 본드의 흡입여부 감정이 가능한데, 흡입시 16시간 이내에 혈액을 채취한다. ② 구입처인 판매자 및 흡입 후 잔여 본드 수거와 함께 사용한 공범자 진술을 확보한다.	흡입한 부탄가스가 유해화학물질인 노말부탄, 이소부탄 등이 함유되어 있는지 감정 또는 환각상태에서 증거확보가 중요하다(강제채혈 X).
문제점	증거물은 반드시 공인된 기관의 감정서에 의해 보관한다. 혈액은 의사가 채취하는데, 환각상태인 경우 강제채혈이 가능한 것은 아니다. 환각상태에서는 사실대로 숨김없이 진실을 털어놓으므로 진술은 자필로 쓰게 하거나 녹음을 하는 것이 좋다.	부탄가스 흡입의 경우 유해화학물질

제1절 도박 사건 수사

1. 도박범죄의 개념

(1) 재물을 가지고 도박을 함으로써 성립하는 범죄를 의미한다.

(2) 판례의 태도

    ① 일정한 재물을 약속하는 것만으로도 도박죄가 성립하므로, 반드시 현장에서 재물이 오고 갈 필요 없다.

    ② 사기도박의 경우 처음부터 일방이 승리할 수 있도록 미리 계획하고 하는 행위로서 우연성이 결여되므로 도박이라 할 수 없고 사기죄로 처벌해야 한다.

2. 도박사범의 검거

(1) 검거체제의 확립

    ① 도박개장 장소 확인, 기자재의 준비(조명기구, 압수할 포대, 꼬리표, 수송차량)

    ② 지휘자·대원의 임무분담(체포할 자, 출입구 봉쇄할 자, 증거품 압수할 자, 약도 작성할 자)

    ③ 수사요원의 집결: 가능한 한 감지되지 않도록 경찰서나 파출소를 피하여 다른 장소를 집결장소로 정하는 것이 좋다.

(2) 검거시기 선정

    ① 검거 가능시기: 도박죄는 추상적 위험범으로서 미수는 벌하지 않는다. 따라서 기수의 시기는 선을 정하기 위하여 화투장을 배부하기 시작한 때 기수가 되어 검거할 수 있다.

    ② 검거에 적당한 시기: 현실적으로 검거에 가장 유리한 시기는 도객이나 개장자가 도박에 열중하고 있을 때이다.

(3) 도박현장의 진입방법

　　같은 노름꾼으로 가장하여 문지기를 속이고 들어가거나 자동차로 일제히 진입

(4) 도박현장에 입장시 현장에 있는 피의자들에게 정지요구 및 앉은 상태로 움직이지 못하도록 지시하고 철저히 감시한다.

(5) 증거품 압수

　　① 도구, 도금, 판돈, 준비금, 딴돈, 판깔개, 개평, 개평함, 개평주머니, 말패

　　② 도박현장의 증거품은 도박사범을 명확히 증명하므로 사진촬영을 하면서 있는 그대로 압수하는 것이 이상적이다.

　　③ 현장에 있는 도박기구 및 판돈 등은 압수목록순에 의거 피의자를 명시한 봉투 등에 분리·압수하고 각 종류별 정확한 수량 기록

　　④ 현장주변 정밀 검색 등으로 은닉된 판돈 유무 조사
　　　* 주머니의 돈은 압수할 수 없다.

(6) 검거 대상자

　　개장관계자(장소제공자 · 문지기 · 파수꾼 등), 개장알선자, 도객

3. 기타 내용

(1) 현장 미검거 도박 피의자

　　현장 미검거 도박 피의자는 조사를 한다 하여도 자백을 얻어 내지 못할 가능성이 높으므로 사전에 신변수사를 철저히 하여 가장 자백하기 쉬운자, 개장자와 내통하지 않은자를 선정 우선 조사하여 사안을 파악하고 그 진술을 토대로 다른 피의자의 범죄혐의를 입증하도록 해야 한다.

(2) 일시적 오락 행위

　　일시오락행위는 도박의 판돈이 재물의 경제적 가치가 근소하다는 점이 판단의 기준이 된다. 또한 도박의 시간과 장소, 도박 판돈의 가액, 도박에 가담한 자 등의 사회적 지위나 재산정도, 도박으로 인한 이득의 용도 등 여러 가지 사정을 감안하여 판단해야 한다. 그리고 도박의 경력이 있거나 같은 장소에 반복하여 고발신고가 있었던 사실 등의 일시적 오락 행위 여부를 판단하는 자료가 될 수 있다.

(3) 비밀도박장소 발견방법

　　① 사전에 도박개장이 예상되는 간부·구성원 등의 사무소나 거택을 대상으로 잠복하면서 망원렌즈로 촬영하고 미행하여 찾아내는 방법

② 손님을 먼저 '집합소'에 모아놓고 그때부터 도박장으로 안내하는 경우 예비 집합장소로부터 잠적해 들어가는 방법

(4) 도박사범 검거 후 피의자 조사

① 상습 도박 판단기준을 도박의 반복 실행정도, 도박방법, 동일전과 유무에 의해 결정한다.

② 도박개장은 도박행위를 위한 장소제공으로 영리목적이 성립요건이다.

③ 우연성이 아닌 처음부터 일방이 승리할 수 있도록 미리 짜고 하는 행위는 사기로 의율할 수 있도록 조사한다.

④ 도박판을 중심으로 각인의 위치 및 도금·도구·개평함 등의 소재장소 기타 상황을 기록하고 사진촬영한다. ⇒ 현장검거시 활동

제2절 풍속영업사범수사

1. 풍속영업의 의의

사회의 건전한 미풍양속을 해할 우려가 있는 영업으로서 영리의 목적으로 불특정 다수의 객을 접대하는 업종을 말한다.

2. 청소년보호법(법률 제7943호)

(1) 청소년이라 함은 19세 미만의 자를 말한다. 다만, 만 19세에 도달하는 해의 1월 1일을 맞이한 자는 제외한다.

(2) 청소년 유해 약물

①「주세법」의 규정에 의한 주류

②「담배사업법」의 규정에 의한 담배

③「마약류관리에 관한 법률」의 규정에 의한 마약류

④「유해화학물질 관리법」의 규정에 의한 환각물질

⑤ 기타 중추신경에 작용하여 인체에 유해작용을 미칠 수 있는 약물

3. 청소년의성보호에관한법률(법률 제7801호)

(1) 목적

이 법은 청소년의 성을 사거나 이를 알선하는 행위, 청소년을 이용하여 음란물을 제작·배포하는 행위 및 청소년에 대한 성폭력행위 등 성적 착취·학대 행위로부터 청소년을 보호·구제하여 이들의 인권을 보장하고 건전한 사회구성원으로 성장할 수 있도록 함을 목적으로 한다(동법 제1조).

(2) 용어의 정의

청소년의 성을 사는 행위	청소년, 청소년을 알선한 자 또는 청소년을 실질적으로 보호·감독하는 자 등에게 금품 기타 재산상 이익이나, 직무·편의제공 등 대가를 제공하거나 이를 약속하고 다음 각 목의 어느 하나에 해당하는 행위를 청소년을 대상으로 하거나 청소년으로 하여금 이를 하게 하는 것을 말한다. ① 성교행위 ② 구강·항문 등 신체의 일부 또는 도구를 이용한 유사성교행위 ③ 신체의 전부 또는 일부를 접촉·노출하는 행위로서 일반인의 성적 수치심과 혐오감을 일으키는 행위 ④ 자위행위
청소년이 용음란물	청소년이 등장하여 청소년의 성을 사는 행위 중 어느 하나에 해당하는 행위를 하거나, 그 밖에 성적 행위를 하는 내용을 표현한 것으로서 필름·비디오물·게임물 또는 컴퓨터 그 밖의 통신매체를 통한 화상·영상 등의 형태로 된 것을 말한다.

(3) 매춘청소년에 대하여는 처벌을 면제

(4) 소년법상의 보호처분으로서

① 귀가조치

② 보호관찰

③ 병원 등 위탁

④ 소년원수감

⑤ 선도보호시설 위탁 처분

(5) 청소년의 성을 산 자 등의 신상공개

① 유죄의 확정판결이 있고

② 국가청소년위원회(국무총리실 산하)의 결정이 있으면 죄를 범한 자의 성명·연령·직업 등의 신상과 범죄사실의 요지를 공개할 수 있다. 다만 죄를 범한 자가 청소년인 경우에는 그러하지 아니한다.

4. 성매매알선 등 행위의 처벌에 관한 법률

(1) 용어의 정의

성매매	불특정인을 상대로 금품 그 밖의 재산상의 이익을 수수·약속하고 성교행위, 구강·항문 등 신체의 일부 또는 도구를 이용한 유사성교행위를 하거나 그 상대방이 되는 것을 말한다.
성매매알선 등 행위	(1) 성매매를 알선·권유·유인 또는 강요하는 행위 (2) 성매매의 장소를 제공하는 행위 (3) 성매매에 제공되는 사실을 알면서 자금·토지 또는 건물을 제공하는 행위
성매매 목적의 인신매매	(1) 성을 파는 행위 또는 형법 제245조의 규정에 의한 음란행위를 하게 하거나, 성교행위 등 음란한 내용을 표현하는 사진·영상물 등의 촬영대상으로 삼을 목적으로 위계·위력 그 밖에 이에 준하는 방법으로 대상자를 지배·관리하면서 제3자에게 인계하는 행위 (2) (1)과 같은 목적으로 청소년보호법 제2조 제1호의 규정에 의한 청소년, 사물을 변별하거나 의사를 결정할 능력이 없거나 미약한 자 또는 대통령령이 정하는 중대한 장애가 있는 자나 그를 보호·감독하는 자에게 선불금 등 금품 그 밖의 재산상의 이익을 제공·약속하고 대상자를 지배·관리하면서 제3자에게 인계하는 행위 (3) (1) 및 (2)의 행위가 행하여지는 것을 알면서 가목과 같은 목적이나 전매를 위하여 대상자를 인계받은 행위 (4) (1)-(3)의 행위를 위하여 대상자를 모집·이동·은닉하는 행위 (5) 선불금 제공 등의 방법으로 대상자의 동의를 얻은 때에도 그 의사에 반하여 이탈을 제지한 경우 (6) 타인을 고용·감독하는 자, 출입국·직업을 알선하는 자 또는 그를 보조하는 자가 성을 파는 행위를 하게 할 목적으로 여권 또는 이에 갈음하는 증명서를 채무이행 확보 등의 명목으로 제공받은 경우
성매매 피해자	(1) 위계·위력 그 밖에 이에 준하는 방법으로 성매매를 강요당한 자 (2) 업무·고용 그 밖의 관계로 인하여 보호 또는 감독하는 자에 의하여 마약류관리에 관한 법률 제2조의 규정에 의한 마약·향정신성의약품 또는 대마에 중독되어 성매매를 한 자 (3) 청소년, 사물을 변별하거나 의사를 결정할 능력이 없거나 미약한 자 또는 대통령령이 정하는 중대한 장애가 있는 자로서 성매매를 하도록 알선·유인된 자 (4) 성매매 목적의 인신매매를 당한 자

(2) 주요내용

성매매피해자에 대한 처벌특례와 보호(제6조)	① 성매매피해자의 성매매는 처벌하지 아니한다. ② 검사 또는 사법경찰관은 수사과정에서 피의자 또는 참고인이 성매매피해자에 해당한다고 볼 만한 상당한 이유가 있을 때에는 지체없이 법정대리인 친족 또는 변호인에게 통지하고, 신변보호, 수사의 비공개, 친족 또는 지원시설 성매매 피해상담소에의 인계 등 그 보호에 필요한 조치를 하여야 한다. 다만, 피의자 또는 참고인의 사생활 보호 등 부득이한 사유가 있는 경우에는 통지하지 아니할 수 있다.

신뢰관계에 있는 자의 동석(제8조)	임의적 동석	법원이 신고자등을 증인으로 신문하거나 수사기관이 참고인으로 조사하는 때에는 직권 또는 본인 법정대리인이나 검사의 신청에 의하여 신뢰관계에 있는 자를 동석하게 할 수 있다.
	원칙적 동석	청소년, 사물을 변별하거나 의사를 결정할 능력이 없거나 미약한 자 또는 대통령령이 정하는 중대한 장애가 있는 자에 대하여 신청이 있는 경우에는 재판 또는 수사에 지장을 초래할 우려가 있는 등 특별한 사유가 없는 한 신뢰관계에 있는 자를 동석하게 하여야 한다.
불법원인으로 인한 채권무효(제10조)		성매매알선 등 행위를 한 사, 성을 파는 행위를 할 자를 고용 모집하거나 그 직업을 소개 알선한 자 또는 성매매 목적의 인신매매를 한 자가 그 행위와 관련하여 성을 파는 행위를 하였거나 할 자에게 가지는 채권은 그 계약의 형식이나 명목에 관계없이 이를 무효로 한다. 그 채권을 양도하거나 그 채무를 인수한 경우에도 또한 같다.
보호사건(제12조)		검사는 성매매를 한 자(성의 매수자 매도자)에 대하여 사건의 성격 동기, 행위자의 성행 등을 고려하여 이 법에 의한 보호처분에 처함이 상당하다고 인정하는 때에는 특별한 사정이 없는 한 보호사건으로 관할법원에 송치하여야 한다.
몰수·추징(제25조)		성매매의 강요 알선 장소제공 광고 모집 영상물촬영 인신매매의 범죄로 인하여 얻은 금품 그 밖의 재산은 몰수하고, 이를 몰수할 수 없는 때에는 그 가액을 추징한다.
형의 감면(제26조)		이 법에 규정된 죄를 범한 자가 수사기관에 신고하거나 자수한 때에는 형을 감경하거나 면제할 수 있다.
청소년의 성보호에 관한 법률과의 관계		이 법에서 규정한 사항에 관하여 청소년의 성보호에 관한 법률에 특별한 규정이 있는 경우에는 그 법이 정하는 바에 따른다(제5조).
윤락행위방지법		윤락행위방지법은 폐지한다.

5. 기타 내용

(1) 풍속영업의 규제 등에 관한 법률 등에 규정되었던 청소년의 보호에 관한 규정들은 모두 폐지하고 청소년의 보호를 위한 법률은 청소년보호법과 청소년의 성보호에 관한 법률로 통합하였다.

(2) 청소년보호법과 청소년의 성보호에 관한 법률의 청소년은 당해 년도에 만19세에 달하지 않는 자를 말한다.

(3) 성과 관련된 행위로부터 청소년을 보호하는 것이 청소년의 성보호에 관한 법률이며, 이는 성매매알선 등 행위의 처벌에 관한 법률에 우선하여 적용된다.

(4) 성을 제외한 각종의 유해환경으로부터 청소년을 보호함을 목적으로 하는 법률이 청소년보호법이다.

(5) 청소년보호법과 청소년의 성보호에 관한 법률은 청소년을 처벌하지 않고 보호처분만 하고, 상대방인 성년만 처벌한다.

(6) 미성년자보호법은 청소년보호법의 시행으로 폐지하였다.

(7) 풍속영업사범은 영업범(직업범)으로서 포괄 1죄다.

(8) 포괄1죄의 기판력이 미치는 시점 범위는 사실심(2심)판결선고시까지다.

(9) 동종의 위반자가 있을 때는 범죄경력을 확인하여 다음과 같이 처리한다.

　　① 본건 위반이 확정판결 이전에 범한 것이라면 불기소(공소권 없음)의견으로 송치한다.

　　② 사실심 판결선고 이후에 범한 것이라면 기소의견으로 송치하여야 한다.

제1절 사이버범죄 수사

1. 사이버범죄의 의의

인터넷과 같이 컴퓨터와 컴퓨터가 서로 네트워크로 연결되어 형성되는 사이버공간에서 발생하는 범죄를 총칭한다.

2. 사이버범죄의 특성

행위자 측면의 특성	행위측면의 특성
① 행위자의 연령은 낮으며, 초범이 많다. ② 죄의식이 희박하다. ③ 컴퓨터 전문가 또는 내부인이 많다. ④ 익명성을 과신한다.	① 발각과 입증의 곤란 ② 반복성과 계속성 ③ 자동성과 광범성 ④ 범의 확정의 어려움

3. 사이버테러형범죄와 일반적인 사이버범죄

	사이버테러형 범죄	일반적인 사이버범죄
의의	정보통신망 자체를 공격의 대상으로 하는 범죄행위	사이버공간을 이용한 일반적인 불법행위
종류	해킹, 바이러스 유포, 메일폭탄, DOS 공격 등	사이버도박, 사이버스토킹과 성폭력, 사이버명예훼손과 협박, 전자상거래사기, 개인정보의 유출, 인터넷포르노사이트 운영, 소프트웨어 저작권 침해, PC방을 통한 원조교제 등

4. 컴퓨터관련 경제범죄

(1) 컴퓨터의 부정조작

의 의	컴퓨터의 처리결과를 변경시키거나 자료처리과정에 간섭하는 행위	
특 징	행위자의 대부분은 관련 자료를 입력하는 내부인이며, 금융기관에서 많이 발생한다(예 컴퓨터사용사기죄).	
유 형	투입조작	일부 은닉·변경된 자료나 허구의 자료 등을 컴퓨터에 입력시켜 잘못된 산출을 초래케 하는 방법이다.
	프로그램조작	기존의 프로그램을 변경하거나 기존의 프로그램과 전혀 다른 새로운 프로그램을 작성, 투입하는 방법이다.
	console 조작	console이란 컴퓨터 체계의 시동·정지·운영상태의 감시, 정보처리내용과 방법의 변경 및 보수정에 사용되는 것을 말하며, console을 부당하게 조작하여 프로그램의 지시나 처리될 기억정보를 변경시키는 방법이다.
	산출물조작	정당하게 처리, 산출된 산출물의 내용을 변경시키는 방법이다.

(2) 컴퓨터 파괴행위

의의	컴퓨터의 정상적인 기능을 곤란 또는 불가능하게 만드는 행위를 말한다.
특징	범인은 내부인이 아니라 외부의 해커에 의해 이루어지고 있으며, 자신의 컴퓨터 실력을 과시하려는 의도를 가진 10대 내지 20대가 많다.
유형	① 컴퓨터에 수록된 자료나 프로그램을 삭제하거나 변경시키는 행위 ② 주컴퓨터의 비밀번호를 바꾸거나 바이러스를 감염시키는 행위 ③ 스펨메일(Spam Mail)에 의해 통신서비스를 마비시키는 행위 ④ 강력한 자기력을 이용하여 타인의 자료나 프로그램을 교란시키는 행위 등

(3) 컴퓨터 스파이 행위

의의	타인의 컴퓨터에 침입하여 일정내용을 탐지·획득·사용·누설하는 행위를 말한다.
특징	① 시간적·장소적 제한이 없으며 특히 국가간 경계를 초월하기도 한다. ② 대부분이 중요한 자료나 정보를 처리·보관하고 있는 기관이 대상이 된다. ③ 피해자가 자신의 컴퓨터가 스파이 당한 사실을 발견하기 어렵다. ④ 범인은 내부인보다 외부적 전문가인 해커가 많다.
유형	① 전산망에서 시스템 최고관리자의 권능을 획득한 후 자료를 무단 열람하는 경우 ② 컴퓨터통신망에서 회원의 비밀번호를 알아낸 후 자료를 열람하거나 복사하는 경우 ③ 국가기관의 비밀번호를 알아 낸 후 산하기관으로부터 정보를 제공받는 경우 ④ 불법복제 등

(4) 컴퓨터의 무단사용

권한 없는 자가 타인의 컴퓨터를 무단으로 사용하여 일정한 일을 처리하는 행위이다.

5. FBI의 컴퓨터범죄 수법 분류

프로그램의 조작방법	트로이 목마	프로그램 목적을 실행하면서 일부에서 부정한 결과가 나오도록 프로그램 속에 범죄자만 아는 명령문을 삽입시켜 사용하는 방법이다((Trojan horse).
	수퍼 재핑	컴퓨터가 작동 정지되어 복구나 재작동절차에 의하여 해결할 수 없을 때 사용하는 Master key와 같은 프로그램을 이용하여 범행하는 것으로 주로 프로그래머나 오퍼레이터에 의하여 사용된다(Super zapping).
	트랩 도아	프로그램 개발과정에서 프로그램 검증을 위해 프로그램을 수정할 수 있는 명령이 있는 것을 삭제하지 않고 범행에 이용하는 방법이다(Trap door).
	부정명령 은닉	프로그램에 어떤 조건을 넣어주고 그 조건이 충족될 때마다 자동적으로 부정행위가 이루어지도록 하는 방법이다(Logic bomb).
	시뮬레이션과 모델링	컴퓨터를 정상적인 시험이나 시뮬레이션 하는 것처럼 하면서 실제로는 컴퓨터를 범행도구로 이용하는 것이다(Simulation & modeling).
컴퓨터스파이	스카벤징	컴퓨터 작업수행이 완료된 후 쓰레기통이나 주위에 버려진 명세서 또는 복사물을 찾아 습득하거나 컴퓨터 기억장치에 남아 있는 것을 찾아내서 획득하는 방법으로 일명 '쓰레기주워모으기수법'이라고도 한다(Scavenging).
	비동기성의 이용	컴퓨터의 비동기성을 이용하여 범죄를 저지르는 것이다. (Asynchronous attacks).
	부정접속	데이터 통신회사에 불법적으로 선로를 접속시켜 단말기 등을 연결·조작하여 자료를 절취하거나 컴퓨터를 부정사용하는 방법이다(Wire tapping).
기타 방법	자료변조	자료가 최종적으로 컴퓨터에 입력되는 순간에 자료를 절취·삭제·변경·추가하는 방법으로 컴퓨터범죄의 일반적인 수법 중에서 가장 단순하고 안전하며 자료준비위원, 자료운반원 등 자료에 접근이 용이한 사람들이 주로 이용하는 수법이다(Data diddling).
	살라미 기법	어떤 일을 정상적으로 실행하면서 관심 밖에 있는 조그마한 이익을 긁어모으는 수법으로서 금융기관의 컴퓨터 체계에 이자계산시 단수 이하의 적은 금액을 특정계좌에 모이게 하는 방법 등을 사용한다(Salami techniques).
	전송시 은닉과 위장	일정한 사람에게만 사용이 허가된 지역에 사용자가 출입할 때 함께 들어가 컴퓨터를 사용하거나 정당한 사용자가 작업을 중단하였을 때 정당한 사용자처럼 컴퓨터를 사용하는 것이다(Piggy backing and impersonation).

제2절 신용카드범죄 수사

1. 여신전문금융업법

(1) 용어의 정의(여신전문금융업법 제2조)

용 어	정 의
여신전문금융업	신용카드업 · 시설대여업 · 할부금융업 또는 신기술사업금융업
신용카드	이를 제시함으로써 반복하여 신용카드가맹점에서 물품의 구입 또는 용역의 제공을 받거나 재정경제부령이 정하는 사항을 결제할 수 있는 증표로서 신용카드업자가 발행한 것
직불카드	직불카드회원과 신용카드가맹점간에 전자 또는 자기적 방법에 의하여 금융거래계좌에 이체하는 등의 방법으로 물품 또는 용역의 제공과 그 대가의 지급을 동시에 이행할 수 있도록 신용카드업자가 발행한 증표(자금융통을 받을 수 있는 것 제외).
선불카드	신용카드업자가 대금을 미리 받고 이에 상당하는 금액을 기록하여 발행한 증표로서 선불카드 소지자의 제시에 따라 신용카드가맹점이 그 기록된 금액의 범위내에서 물품 또는 용역을 제공할 수 있게 한 증표

(2) 신용카드범죄의 유형

(3) 여신전문금융업법의 적용범위(제70조:벌칙)

다음에 해당하는 자는 7년 이하의 징역 또는 5천만 원 이하의 벌금에 처한다.

① 신용카드 등을 위조 또는 변조한자

② 위조 또는 변조된 신용카드 등을 판매하거나 사용한 자

③ 분실 · 도난된 카드, 강취 · 공갈 · 횡령 · 사기죄로 취득한 신용카드 또는 직불카드를 판매하거나 사용한 자

 * 현행여신전문업법의 적용대상은 신용카드, 직불카드, 선불카드이다. 따라서 현금인출카드는 본법의 적용대상이 아니다.

(4) 신용카드 등 부정 발급자의 형사책임

타인명의로 신용카드를 발급	사문서위조죄, 위조사문서행사죄, 사기죄의 실체적 경합범이 성립
자기명의의 신용카드를 발급	사기죄만 성립

(5) 신용카드 등 부정사용자의 형사책임

① 절도죄 등: 신용카드의 재물성이 인정되므로 신용카드 자체에 대한 절도, 강도, 사기, 공갈, 횡령 등의 범죄가 성립한다.

② 타인의 신용카드를 사용하여

가맹점에서 물품을 구매	① 절취한 신용카드로 물품을 구매하면, 절도, 여신전문금융업법위반, 사기죄의 실체적 경합 ② 수 개의 가맹점에서 물품을 구매한 경우 • 여신전문금융업법위반(구신용카드업법)죄는 포괄1죄다. • 사기죄는 구매행위마다 1개의 사기죄가 성립하고 실체적 경합이다.
현금자동지급기에서 현금을 인출	카드에 대한 절도 등의 죄와 여신전문금융업법위반, 인출한 현금에 절도죄가 성립

③ 자기명의의 신용카드를 이용한 경우

• 카드의 발급자체만으로 사기죄의 기수가 된다.
• 대금 결재의사 없이 물품을 구입한 행위도 피기망자와 피해자가 모두 카드회사로서 사기죄다(96. 4. 9. 95도2466).
• 변제의사 없이 현금자동지급기에서 금원을 인출한 행위도 사기죄다.
• 결재의사 없이 카드를 발급받아 물품도 구매하고 현금대출도 받은 경우도 사기죄의 포괄1죄만 성립한다.

④ 친족상도례와 관련 판례는 피기망자와 피해자 모두 카드회사라고 본다. 그러므로, 친족상도례는 적용되지 않는다.

(6) 미수범의 처벌(제70조 제5항)

① 미수범의 처벌규정이 있는 경우: 신용카드 등을 위조 또는 변조하거나 위조 또는 변조된 신용카드 등을 판매하거나 사용한 경우에만 처벌규정이 있다.

② 기타: 기타는 본법상의 미수범 처벌규정이 없다.

2. 전형적인 신용카드 관련 범죄유형

(1) 미자격자의 신용카드부정발급을 대행하여 주는 경우

(2) 신용카드를 이용하여 불법대출을 하여 주는 경우

(3) 카드복제기를 이용하여 타인의 신용카드를 불법복제 하는 경우

제3절 지적재산권침해사범 수사

1. 우리나라의 지적소유권 보호제도

(1) 산업재산권

분야	법제도	주요내용(보호대상)	보호기간
산업재산권 (공업소유권)	특허법	자연법칙을 이용한 기술적 사상의 창작으로 고도한 것(＝발명)을 보호	출원일부터20년, 친고죄
	실용신안법	자연법칙을 이용한 기술적 사상의 창작으로 물품의 형상 구조 조합에 관한 고안(＝실용신안)보호	출원일로부터10년, 일부친고죄
	의장법	물품의 형상·모양·색채 또는 이들을 결합한 것으로서 시각을 통하여 미감을 일으키게 하는 것(＝의장)을 보호	설정등록일부터15년, 친고죄
	상표법	상품을 생산, 가공, 증명 또는 판매하는 것을 업으로 영위하는 자가 타인의 상품과 식별되도록 하기위하여 사용하는 기호·문자·도형·입체적 형상 또는 이를 결합한 것과 이들에 색체를 결합한 것(＝상표)을 보호	설정등록일부터10년, 갱신등록으로 연장가능(친고죄×)

(2) 저작권

분야	법제도	주요내용(보호대상)	보호기간
저작권	저작권법	문학, 학술 또는 예술의 범위에 속하는 창작물의 창작자를 보호. 저작인격권, 저작재산권으로 분류	저작재산권에 한하여 생존하는 동안, 사망 후 50년, 친고죄
	컴퓨터프로그램 보호법	컴퓨터 프로그램을 창작한 자 보호	창작된 때부터50년, 일부 친고죄
	반도체집적회로의 배치설계에관한법률	반도체 집적회로배치설계권자는 독점적으로 이용할 수 있으며 타인에게 전용이용권, 통상이용권, 질권을 설정할 수 있다.	배치설계권등록일부터10년
	부정경쟁방지및영업비밀보호에관한법률	공연히 알려져 있지 아니하고 독립된 경제적 가치를 가지는 것으로서 상당한 노력에 의하여 비밀로 유지된 생산방법, 판매방법, 기타 영업활동에 유용한 기술상 또는 경영상 정보(＝영업비밀)를 보호	제한없음, 일부친고죄

2. 특허법위반사범 수사

(1) 특허권의 의의

① 개념

기술적 창조에 대한 특허발명을 일정기간 독점적·배타적으로 이용할 수 있는 권리

② 특허법이 채택하고 있는 제원칙

등록주의	특허권은 설정등록에 의하여 발생
선출원주의	배타적인 특허권을 인정하는 방법에는 최선발명주의와 선출원주의가 있는데, 우리나라는 선출원주의를 채택
(실질적)심사주의	특허출원에 대하여 산업성, 신규성, 진보성 등의 소위 실질적인 특허요건의 판단에 대한 심사가 행하여진 후에 특허부여 여부가 결정

(2) 특허권의 침해에 해당하지 않는 경우

① 특허권이 소멸한 후의 실시행위

② 업으로서가 아닌 가정적·개인적 실시행위

③ 특허품을 전혀 새로운 용도로 사용하는 행위

(3) 특허법위반 행위에 대한 수사방법

① 특허권은 친고죄이므로 고소에 의해 수사한다.

② 특허권의 침해는 양벌규정이므로 법인의 침해행위는 실행위자와 함께 법인도 처벌한다.

3. 상표법위반사범 수사

(1) 상표의 개념 및 기능

① 개념(제2조1항)

상표라 함은 상품을 생산·가공·증명 또는 판매하는 것을 업으로 영위하는 자가 자기의 업무에 관련된 상품을 타인의 상품과 식별되도록 하기 위하여 사용하는 기호·문자·도형·입체적 형상 또는 이들을 결합한 것 내지는 이들에 색체를 결합한 것을 말한다.

② 기능

상표는 출처표시기능, 품질보증기능, 광고·선전기능을 갖는다.

(2) 상표권의 의의

개 념	상표권은 등록된 상표를 독점적으로 사용할 수 있는 권리
권리의 발생	상표권은 설정등록에 의하여 발생한다(제41조1항).
선출원주의	상표권은 출원순위에 따라 먼저 출원한 자만 상표등록을 받을 수 있다
1상표1출원주의	상표출원등록은 각 상품마다 각각 상표를 등록출원해야 한다(10조1항).
효 력	① 지역적 범위: 속지주의의 원칙상 대한민국영토에서만 미친다. ② 외국브랜드의 사용권을 취득한 경우: 외국의 브랜드에 로열티를 지불하고 국내 전용권을 취득하였으나 동일상표가 국내에 등록되어 있었다면 국내에서 외국 브랜드를 사용할 수 없고, 이를 사용하면 상표법위반의 책임을 진다.

(3) 유사법률과의 관계

상표법	등록된 상표의 무단사용 등을 처벌
부정경쟁방지및영업비밀보호에관한법률	유사상표의 표시, 미등록이지만 널리 알려진 저명한 상표의 무단사용 및 상품주체 혼동야기, 영업주체혼동야기, 상품의 출처지 오인 야기 행위를 처벌
상호의 침해행위	상법 및 부정경쟁방지및영업비밀보호에관한법률로 처벌

4. 저작권법 위반사범 수사

(1) 보호대상 저작물

1차적 저작물	문학, 음악, 미술, 연극, 건축, 사진, 영상, 디자인
2차적 저작물	1차 저작물을 번역, 각색, 편집하여 새로 작성한 저작물을 말하는 것으로 모두 보호의 대상

(2) 저작인격권과 저작재산권 등

저작인격권	공표권, 성명표시권, 동일성유지권이 이에 해당
저작재산권	복제권, 공연권, 방송권, 전시권, 배포권, 전송권, 2차적저작물작성권, 대여권이 이에 해당
저작인접권	실연자의 복제권·실연방송권·전송권·음반대여허락권, 음반제작자의 복제배포권·전송권, 방송사업자의 복제권 및 동시중계권이 이에 해당

(3) 저작권의 발생(저작권법 제10조2항): 무방식주의

저작권은 저작한 때부터 발생하며 어떠한 절차나 형식의 이행을 필요로 하지 아니한다.

(4) 보호받지 못하는 저작물 등(제7조)

① 헌법·법률·조약·명령·조례 및 규칙
② 국가 또는 지방자치단체의 고시·공고·훈령 그 밖의 이와 유사한 것
③ 법원의 판결·결정·명령 및 심판이나 행정심판절차 그 밖의 이와 유사한 절차에 의한 의결·결정 등
④ 국가 또는 지방자치단체가 작성한 것으로서 제1호 내지 제3호에 규정된 것의 편집물 또는 번역물
⑤ 사실의 전달에 불과한 시사보도
⑥ 공개한 법정·국회 또는 지방의회에서의 연설

(5) 저작권위반사범 수사사례

① 등록된 상표일지라도 저작자의 동의 없이 등록한 경우는 저작권법위반에 해당한다.

② 노래연습장에서 권리자의 동의 없이 무인 영상반주기를 통하여 대중가요를 연주할 경우 저작권법위반으로 입건한다.

5. 컴퓨터프로그램보호법위반사범수사

(1) 컴퓨터프로그램보호법의 주요내용

① 프로그램저작권(제7조)

• 프로그램저작권은 프로그램이 창작된 때부터 발생하며 어떠한 절차나 형식의 이행을 필요로 하지 아니한다.
• 프로그램저작권은 그 프로그램이 공표된 다음 연도부터 50년간 존속한다. 다만, 창작 후 50년이내에 공표되지 아니한 경우에는 창작된 다음 연도부터 50년간 존속한다.

② 프로그램저작권의 제한(제12조)

• 재판을 위하여 필요한 경우
• 초·중·고등교육법에 의한 학교 및 다른 법률의 규정에 의하여 설립된 교육기관에서 교육을 담당하는 자가
  − 수업과정에 제공하는 경우
  − 필요한 교과용 도서에 게재하는 경우
  − 시험 또는 검정을 목적으로 하는 경우
• 가정과 같은 한정된 장소에서의 개인적인 목적(영리목적 제외)으로 하는 경우
• 프로그램의 기초를 이루는 아이디어 및 원리를 확인하기 위하여 프로그램의 기능을 조사·연구·시험하는 경우(정당한 권원에 의한 사용에 제한)

(2) 컴퓨터프로그램 등 불법복제 관련사범 수사요령

① 상용프로그램의 불법 복제행위는 대부분 친고죄다.

② 컴퓨터프로그램의 불법복제사범은 영업범(직업범)으로서 포괄 1죄다.

③ 포괄 1죄의 죄수는 사실심(항소심)판결선고시를 기준으로 하여 그 이전의 위반행위는 기판력이 미쳐 다시 공소를 제기하지 못한다.

④ 동종의 위반자가 있을 때는 범죄경력을 확인하여 다음과 같이 처리한다.

- 본건 위반행위가 확정판결 이전에 범한 것이라면 불기소(공소권 없음)의견으로 송치한다.
- 본건 위반행위가 확정판결 이후에 범한 것이라면 기소의견으로 송치한다.

제4절 생활경제사범 수사

1. 부정식품관련사범 단속

(1) 식품의약품안전청, 각 시군 위생과 등 관계기관과 공조수사 체제 유지

(2) 유통기한 경과 식품 판매, 유해물질 착색 등 범죄첩보 수집 · 분석

(3) 필요시 영업소, 창고 등에서 식품위생감시원이 식품을 수거케 하여 식품의약품안전청에 검사 의뢰

2. 농수축산물 관련사범 법률적용

물가안정에관한법률	농산물 매점매석 행위
농산물품질관리법	농산물 원산지 허위표시 판매행위(과실 처벌 불가)
독점규제및공정거래에관한법률	담합으로 인한 비정상적 가격조절행위 (불공정거래 행위에 대해서는 공정거래위원회의 고발을 받아서 형사입건한다 : 즉시고발: 제71조)
농수산물유통및가격안정에관한법률	무허가 농산물 중개행위

3. 건축비리관련 사범 법률적용

건설산업기본법	건설업 면허 대여
소방법	등록을 하지 않고 소방시설공사업
시설물의안전관리에관한특별법	안전진단전문기관 명의 대여
건축사법	건축법시행령에 규정된 일정한 건축물을 건축사 아닌 자가 설계 (건축법×)

4. 의료사고 수사

과실의 입증	(1) 전문수사요원이 부족하고 의료인 상호간의 동료의식 등으로 감정의 공신력을 확보하기 어렵다는 현실적인 제약이 따른다. (2) 의사의 치료행위는 비교형량에 따른 합리적 선택(자유재량×)이어야 하고, 피해자가 충분히 납득할 수 있게 의사의 설명의무가 전제된다. (3) 과실의 입증을 위한 수사방법: 간호사를 우선 조사하고 차츰 해당의사를 조사하는 것이 좋다.
무면허 의료행위	무면허의료행위는 실제 부작용이 발생하였는지 여부와 상관없이 성립하는 범죄이다(의료법 제25조 제1항).

5. 방문판매등에관한법률

(1) 판매 형태

방문판매, 전화권유판매, 다단계판매(3단계이상), 계속거래 및 사업권유거래가 있다.

(2) 다단계판매와 피라미드 판매의 비교

구 분	다단계 판매	피라미드 판매
상 품	우수한 중·저가 소비재	품질이 나쁘고 고가재
가입비	없음	각종 명목으로 금품징수
사업장	철저한 무점포	사업장, 대리점 형태
수입원	판매에 의해 수익발생	판매원 등록시 수익발생

(3) 피라미드형 다단계 범죄의 특성

① 고소득을 빙자하면서 퇴직실업자, 가정주부 등을 상대로 범행한다.

② 효능이 입증되지 않은 사치품 등을 고가로 판매한다.

③ 교육을 빙자하여 일정기간 집단으로 수용하는 경우가 많다.

④ 다단계 판매조직원이 아는 사람이거나 친인척 등으로 구성된다.

⑤ 공직자, 사회지도층의 지위 및 지면을 이용하여 협조요청 등의 형식으로 회원을 모집하여 선의의 피해자가 증가한다.

⑥ 취급물품 없이 단순히 가입비만 내고 새 회원 가입 시마다 수당을 지급하는 금융피라미드가 많다.

제5절 환경범죄 수사

1. 환경관계법의 체계와 내용

(1) 환경법관련 현재 존재하는 법률

환경정책기본법, 수질환경보전법, 소음·진동규제법, 유해화학물질관리법, 대기환경보전법, 오수분뇨및축산폐수의처리에관한법률 변천과정

(폐지된 법률: 공해방지법, 환경보전법, 독물및극물에관한법률)

(2) 복수입법주의

종래 환경보전법에서 대기오염, 소음·진동, 수질·토양 등의 내용을 단일법으로 규정하였으나, 지금은 오염원인별로 법률을 제정·시행하고 있다.

(3) 양벌규정

환경범죄의 경우 일반적으로 행위자뿐만 아니라 법인도 처벌하는 양벌규정을 취하고 있다(수질환경보전법 제61조등).

(4) 환경관련 행위주체

① 환경관련법규는 배출시설의 설치 또는 허가를 받은 자(양수인 포함)를 사업자로 지칭하여 일반적인 행위주체로 인정한다.

② 학교나 법원 등 비영리단체라도 배출시설을 설치·운영하는 경우에는 관리주체가 사업자이다.

③ 타인이 경영하는 축산목장의 관리인이 업주의 지시에 따라 3,4명의 노무자를 데리고 축사청소 등의 단순노무에 주로 종사하였을 뿐 목장의 경영문제에까지는 관여하지 아니 하였다면 관리인이 업주의 정화시설설치의무 위반행위에 공모, 가담하였거나 업주의 위와 같은 행위를 방조하였다고 할 수 없다(大判 90. 12. 11, 90도2178).

2. 환경정책 기본법

제1조(목적)	이 법은 환경보전에 관한 국민의 권리·의무와 국가의 책무를 명확히 하고 환경정책의 기본 사항을 정하여 환경오염과 환경훼손을 예방하고 환경을 적정하고 지속가능하게 관리·보전함으로써 모든 국민이 건강하고 쾌적한 삶을 누릴 수 있도록 함을 목적으로 한다.
제2조(기본이념)	① 환경의 질적인 향상과 그 보전을 통한 쾌적한 환경의 조성 및 이를 통한 인간과 환경 간의 조화와 균형의 유지는 국민의 건강과 문화적인 생활의 향유 및 국토의 보전과 항구적인 국가발전에 반드시 필요한 요소임에 비추어 국가, 지방자치단체, 사업자 및 국

		민은 환경을 보다 양호한 상태로 유지·조성하도록 노력하고, 환경을 이용하는 모든 행위를 할 때에는 환경보전을 우선적으로 고려하며, 지구환경상의 위해(危害)를 예방하기 위하여 공동으로 노력함으로써 현 세대의 국민이 그 혜택을 널리 누릴 수 있게 함과 동시에 미래의 세대에게 그 혜택이 계승될 수 있도록 하여야 한다. <개정 2012.2.1.> ② 국가와 지방자치단체는 지역 간, 계층 간, 집단 간에 환경 관련 재화와 서비스의 이용에 형평성이 유지되도록 고려한다. <신설 2012.2.1.>
제3조(정의)	환경	자연환경과 생활환경을 말한다.
	자연환경	지하·지표(해양을 포함한다) 및 지상의 모든 생물과 이들을 둘러싸고 있는 비생물적인 것을 포함한 자연의 상태(생태계 및 자연경관을 포함한다)를 말한다.
	생활환경	대기, 물, 토양, 폐기물, 소음·진동, 악취, 일조(日照) 등 사람의 일상생활과 관계되는 환경을 말한다.
	환경오염	사업활동 및 그 밖의 사람의 활동에 의하여 발생하는 대기오염, 수질오염, 토양오염, 해양오염, 방사능오염, 소음·진동, 악취, 일조 방해 등으로서 사람의 건강이나 환경에 피해를 주는 상태를 말한다.
	환경훼손	야생동식물의 남획(濫獲) 및 그 서식지의 파괴, 생태계질서의 교란, 자연경관의 훼손, 표토(表土)의 유실 등으로 자연환경의 본래적 기능에 중대한 손상을 주는 상태를 말한다.
	환경보전	환경오염 및 환경훼손으로부터 환경을 보호하고 오염되거나 훼손된 환경을 개선함과 동시에 쾌적한 환경 상태를 유지·조성하기 위한 행위를 말한다.
	환경용량	일정한 지역에서 환경오염 또는 환경훼손에 대하여 환경이 스스로 수용, 정화 및 복원하여 환경의 질을 유지할 수 있는 한계를 말한다.
	환경기준	국민의 건강을 보호하고 쾌적한 환경을 조성하기 위하여 국가가 달성하고 유지하는 것이 바람직한 환경상의 조건 또는 질적인 수준을 말한다.

3. 수질오염사범수사

(1) 수질 및 수생태계 보전에 관한 법률

제1조(목적)		이 법은 수질오염으로 인한 국민건강 및 환경상의 위해(危害)를 예방하고 하천·호소(湖沼) 등 공공수역의 수질 및 수생태계(水生態系)를 적정하게 관리·보전함으로써 국민이 그 혜택을 널리 향유할 수 있도록 함과 동시에 미래의 세대에게 물려줄 수 있도록 함을 목적으로 한다.
제2조(정의)	점오염원	폐수배출시설, 하수발생시설, 축사 등으로서 관거(管渠)·수로 등을 통하여 일정한 지점으로 수질오염물질을 배출하는 배출원
	비점오염원	도시, 도로, 농지, 산지, 공사장 등으로서 불특정 장소에서 불특정하게 수질오염물질을 배출하는 배출원

	기타수질오염원	점오염원 및 비점오염원으로 관리되지 아니하는 수질오염물질을 배출하는 시설 또는 장소로서 환경부령으로 정하는 것
	폐수	물에 액체성 또는 고체성의 수질오염물질이 섞여 있어 그대로는 사용할 수 없는 물
	강우유출수	비점오염원의 수질오염물질이 섞여 유출되는 빗물 또는 눈 녹은 물 등
	불투수층	빗물 또는 눈 녹은 물 등이 지하로 스며들 수 없게 하는 아스팔트·콘크리트 등으로 포장된 도로, 주차장, 보도 등
	수질오염물질	수질오염의 요인이 되는 물질로서 환경부령으로 정하는 것
	특정수질유해물질	사람의 건강, 재산이나 동식물의 생육(生育)에 직접 또는 간접으로 위해를 줄 우려가 있는 수질오염물질로서 환경부령으로 정하는 것
	공공수역	하천, 호소, 항만, 연안해역, 그 밖에 공공용으로 사용되는 수역과 이에 접속하여 공공용으로 사용되는 환경부령으로 정하는 수로
	폐수배출시설	수질오염물질을 배출하는 시설물, 기계, 기구, 그 밖의 물체로서 환경부령으로 정하는 것을 말한다. 다만,「해양환경관리법」제2조제16호 및 제17호에 따른 선박 및 해양시설은 제외한다.
	폐수무방류배출시설	폐수배출시설에서 발생하는 폐수를 해당 사업장에서 수질오염방지시설을 이용하여 처리하거나 동일 폐수배출시설에 재이용하는 등 공공수역으로 배출하지 아니하는 폐수배출시설
	수질오염방지시설	점오염원, 비점오염원 및 기타수질오염원으로부터 배출되는 수질오염물질을 제거하거나 감소하게 하는 시설로서 환경부령으로 정하는 것
	비점오염저감시설	수질오염방지시설 중 비점오염원으로부터 배출되는 수질오염물질을 제거하거나 감소하게 하는 시설로서 환경부령으로 정하는 것
제14조(도시·군기본계획에의 반영)		① 누구든지 정당한 사유 없이 다음 각 호의 어느 하나에 해당하는 행위를 하여서는 아니 된다. <개정 2013.6.4., 2014.3.24.> 1. 공공수역에 특정수질유해물질,「폐기물관리법」에 따른 지정폐기물,「석유 및 석유대체연료 사업법」에 따른 석유제품·가짜석유제품·석유대체연료 및 원유(석유가스는 제외한다. 이하 "유류"라 한다),「화학물질관리법」에 따른 유독물질(이하 "유독물"이라 한다),「농약관리법」에 따른 농약(이하 "농약"이라 한다)을 누출·유출하거나 버리는 행위 2. 공공수역에 분뇨, 가축분뇨, 동물의 사체, 폐기물(「폐기물관리법」에 따른 지정폐기물은 제외한다) 또는 오니(汚泥)를 버리는 행위 3. 하천·호소에서 자동차를 세차하는 행위 4. 공공수역에 환경부령으로 정하는 기준 이상의 토사(土砂)를 유출하거나 버리는 행위 ② 제1항제1호·제2호 또는 제4호의 행위로 인하여 공공수역이 오염되거나 오염될

	우려가 있는 경우에는 그 행위자, 행위자가 소속된 법인 및 그 행위자의 사업주(이하 "행위자등"이라 한다)는 해당 물질을 제거하는 등 환경부령으로 정하는 바에 따라 오염을 방지·제거하기 위한 조치(이하 "방제조치"라 한다)를 하여야 한다.
	③ 시·도지사는 제2항에 따라 행위자등이 방제조치를 하지 아니하는 경우에는 그 행위자등에게 방제조치의 이행을 명할 수 있다.
	④ 시·도지사는 다음 각 호의 어느 하나의 경우에는 해당 방제조치의 대집행(代執行)을 하거나 시장·군수·구청장으로 하여금 대집행을 하도록 할 수 있다.
	1. 방제조치만으로는 수질오염의 방지 또는 제거가 곤란하다고 인정되는 경우
	2. 제3항에 따른 방제조치 명령을 받은 자가 그 명령을 이행하지 아니하는 경우
	3. 제3항에 따른 방제조치 명령을 받은 자가 이행한 방제조치만으로는 수질오염의 방지 또는 제거가 곤란하다고 인정되는 경우
	4. 긴급한 방제조치가 필요한 경우로서 행위자등이 신속히 방제조치를 할 수 없는 경우
	⑤ 시장·군수·구청장은 제4항에 따른 대집행을 하는 경우에는 「한국환경공단법」에 따른 한국환경공단(이하 "한국환경공단"이라 한다)에 지원을 요청할 수 있다.
	⑥ 한국환경공단이 제5항의 요청에 따른 지원을 하려는 경우에는 그 지원 내용을 미리 시장·군수·구청장과 협의하여야 한다.
	⑦ 시장·군수·구청장은 한국환경공단이 제5항의 요청에 따른 지원을 마쳤을 때에는 환경부령으로 정하는 바에 따라 그 지원에 든 비용을 지급하여야 한다.
	⑧ 제4항에 따른 대집행에 관하여는 「행정대집행법」에서 정하는 바에 따른다. 이 경우 제3항에 따른 시·도지사의 명령은 시장·군수·구청장의 명령(시·도지사가 대집행하는 경우는 제외한다)으로 본다. [전문개정 2013.7.30.]
제15조(배출 등의 금지)	대기환경보전법·수질환경보전법 또는 소음·진동규제법의 규정에 의하여 배출시설을 설치·운영하는 사업장 기타 대통령령이 정하는 사업장에서 발생되는 폐기물

④ 오수·분뇨 및 축산폐수사범 수사요령

- 정화조 및 오수정화시설의 관리기준 준수 여부를 점검한다.
- 일정 처리용량 이상의 정화조 처리업소는 기술관리인을 선임해야 한다.
- 상수도보호구역 및 특정지역에서의 식품접객업소와 기타 지역의 정화조 및 오수정화시설의 청소는 횟수를 달리한다(일반지역 연1회, 특정지역 연2회).

4. 대기환경보존법

(1) 대기환경보전법

제1조 (목적)	이 법은 대기오염으로 인한 국민건강이나 환경에 관한 위해(危害)를 예방하고 대기환경을 적정하고 지속가능하게 관리·보전하여 모든 국민이 건강하고 쾌적한 환경에서 생활할 수 있게 하는 것을 목적으로 한다.	
제3조 (정의)	대기오염 물질	대기 중에 존재하는 물질 중 제7조에 따른 심사·평가 결과 대기오염의 원인으로 인정된 가스·입자상물질로서 환경부령으로 정하는 것

유해성대기감시물질	대기오염물질 중 제7조에 따른 심사·평가 결과 사람의 건강이나 동식물의 생육(生育)에 위해를 끼칠 수 있어 지속적인 측정이나 감시·관찰 등이 필요하다고 인정된 물질로서 환경부령으로 정하는 것	
기후·생태계 변화유발물질	지구 온난화 등으로 생태계의 변화를 가져올 수 있는 기체상물질(氣體狀物質)로서 온실가스와 환경부령으로 정하는 것	
온실가스	적외선 복사열을 흡수하거나 다시 방출하여 온실효과를 유발하는 대기 중의 가스상태 물질로서 이산화탄소, 메탄, 아산화질소, 수소불화탄소, 과불화탄소, 육불화황을 말한다.	
가스	물질이 연소·합성·분해될 때에 발생하거나 물리적 성질로 인하여 발생하는 기체상물질	
입자상물질	물질이 파쇄·선별·퇴적·이적(移積)될 때, 그 밖에 기계적으로 처리되거나 연소·합성·분해될 때에 발생하는 고체상(固體狀) 또는 액체상(液體狀)의 미세한 물질	
먼지	대기 중에 떠다니거나 흩날려 내려오는 입자상물질	
매연	연소할 때에 생기는 유리(遊離) 탄소가 주가 되는 미세한 입자상물질	
검댕이	연소할 때에 생기는 유리(遊離) 탄소가 응결하여 입자의 지름이 1미크론 이상이 되는 입자상물질	
특정대기유해물질	유해성대기감시물질 중 제7조에 따른 심사·평가 결과 저농도에서도 장기적인 섭취나 노출에 의하여 사람의 건강이나 동식물의 생육에 직접 또는 간접으로 위해를 끼칠 수 있어 대기 배출에 대한 관리가 필요하다고 인정된 물질로서 환경부령으로 정하는 것	
휘발성유기화합물	탄화수소류 중 석유화학제품, 유기용제, 그 밖의 물질로서 환경부장관이 관계 중앙행정기관의 장과 협의하여 고시하는 것	
대기오염물질배출시설	대기오염물질을 대기에 배출하는 시설물, 기계, 기구, 그 밖의 물체로서 환경부령으로 정하는 것	
대기오염방지시설	대기오염물질배출시설로부터 나오는 대기오염물질을 연소조절에 의한 방법 등으로 없애거나 줄이는 시설로서 환경부령으로 정하는 것	
첨가제	자동차의 성능을 향상시키거나 배출가스를 줄이기 위하여 자동차의 연료에 첨가하는 탄소와 수소만으로 구성된 물질을 제외한 화학물질로서 다음 각 목의 요건을 모두 충족하는 것을 말한다. 가. 자동차의 연료에 부피 기준(액체첨가제의 경우만 해당한다) 또는 무게 기준(고체첨가제의 경우만 해당한다)으로 1퍼센트 미만의 비율로 첨가하는 물질. 다만, 「석유 및 석유대체연료 사업법」 제2조제7호 및 제8호에 따른 석유정제업자 및 석유수출입업자가 자동차연료인 석유제품을 제조하거나 품질을 보정(補正)하는 과정에 첨가하는 물질의 경우에는 그 첨가비율의 제한을 받지 아니한다. 나. 「석유 및 석유대체연료 사업법」 제2조제10호에 따른 가짜석유제품 또는 같은 조 제11호에 따른 석유대체연료에 해당하지 아니하는 물질	

촉매제	배출가스를 줄이는 효과를 높이기 위하여 배출가스저감장치에 사용되는 화학물질로서 환경부령으로 정하는 것
배출가스저감장치	자동차에서 배출되는 대기오염물질을 줄이기 위하여 자동차에 부착 또는 교체하는 장치로서 환경부령으로 정하는 저감효율에 적합한 장치
저공해엔진	자동차에서 배출되는 대기오염물질을 줄이기 위한 엔진(엔진 개조에 사용하는 부품을 포함한다)으로서 환경부령으로 정하는 배출허용기준에 맞는 엔진
공회전제한장치	자동차에서 배출되는 대기오염물질을 줄이고 연료를 절약하기 위하여 자동차에 부착하는 장치로서 환경부령으로 정하는 기준에 적합한 장치
온실가스 배출량	자동차에서 단위 주행거리당 배출되는 이산화탄소(CO_2) 배출량(g/km)
온실가스 평균배출량	자동차제작자가 판매한 자동차 중 환경부령으로 정하는 자동차의 온실가스 배출량의 합계를 해당 자동차 총 대수로 나누어 산출한 평균값(g/km)

(2) 대기오염물질

① 대기오염의 주범: 아황산가스, 이산화질소, 인산화탄소, 분진 등이다.

② 대기환경보전법 제2조1호: "대기오염물질"이라 함은 대기오염의 원인이 되는 가스·입자상물질로서 환경부령으로 정하는 것을 말한다.

③ 환경부령(대기환경보전법시행규칙)상의 규정

• 61종의 대기오염물질을 규정하고 있다.
• 분진, 매연도 대기오염물질로 규제대상이다.
• 배출허용기준의 미설정: 대기오염물질 중 가스상 물질 18종, 먼지 등의 입자상의 물질, 악취 등에 대하여 배출허용기준을 정하고 있으나, 나머지는 배출허용기준을 정하고 있지 않아 규제대상에 해당하지 않는다.

④ 적용법률

대기환경보전법의 적용을 받는 경우	• 자동차에서 배출되는 가스의 경우 과실로 인하여 기준치 이상의 배출여부를 인식하지 못한 경우에도 처벌된다(93. 9. 10, 92도1136). • 대기환경보전법 제38조1항의 규정에 의한 개선명령 또는 사용정지명령을 받고 이에 불응한 자는 동법 제57조에 의하여 처벌할 수 있다(96. 2. 13, 95도1993). • 운행차의 개선명령 자체가 당연무효인 경우에는 처벌할 수 없다(96. 2 13, 1993).
대기환경보전법의 적용을 받지 않는 경우	유독가스(염소 등)가 대량으로 누출되어 생명·신체에 위해를 초래한 경우에는 환경범죄단속에관한특별조치법을 적용한다.

5. 폐기물관리법

제1조 (목적)		이 법은 폐기물의 발생을 최대한 억제하고 발생한 폐기물을 친환경적으로 처리함으로써 환경보전과 국민생활의 질적 향상에 이바지하는 것을 목적으로 한다.
제2조 (정의)	폐기물	쓰레기·연소재·오니·폐유·폐산·폐알카리·동물의 사체 등으로서 사람의 생활이나 사업활동에 필요하지 아니하게 된 물질
	생활폐기물	사업장폐기물 이외의 폐기물을 말한다(폐식용유는 생활폐기물)
	사업장 폐기물	대기환경보전법·수질환경보전법 또는 소음·진동규제법의 규정에 의하여 배출시설을 설치·운영하는 사업장 기타 대통령령이 정하는 사업장에서 발생되는 폐기물
	지정폐기물	사업장폐기물 중 폐유·폐산 등 주변 환경을 오염시킬 수 있거나 의료폐기물(醫療廢棄物) 등 인체에 위해(危害)를 줄 수 있는 해로운 물질로서 대통령령으로 정하는 폐기물
	의료폐기물	보건·의료기관, 동물병원, 시험·검사기관 등에서 배출되는 폐기물 중 인체에 감염 등 위해를 줄 우려가 있는 폐기물과 인체 조직 등 적출물(摘出物), 실험 동물의 사체 등 보건·환경보호상 특별한 관리가 필요하다고 인정되는 폐기물로서 대통령령으로 정하는 폐기물
	의료 폐기물 전용 용기	의료폐기물로 인한 감염 등의 위해 방지를 위하여 의료폐기물을 넣어 수집·운반 또는 보관에 사용하는 용기
	처리	수집, 운반, 보관, 재활용, 처분
	처분	소각(燒却)·중화(中和)·파쇄(破碎)·고형화(固形化) 등의 중간처분과 매립하거나 해역(海域)으로 배출하는 등의 최종처분
	재활용	가. 폐기물을 재사용·재생이용하거나 재사용·재생이용할 수 있는 상태로 만드는 활동 나. 폐기물로부터 「에너지법」 제2조제1호에 따른 에너지를 회수하거나 회수할 수 있는 상태로 만들거나 폐기물을 연료로 사용하는 활동으로서 환경부령으로 정하는 활동
	폐기물 처리 시설	폐기물의 중간처분시설, 최종처분시설 및 재활용시설로서 대통령령으로 정하는 시설
	폐기물 감량화 시설	생산 공정에서 발생하는 폐기물의 양을 줄이고, 사업장 내 재활용을 통하여 폐기물 배출을 최소화하는 시설로서 대통령령으로 정하는 시설
제3조 (적용 범위)		① 이 법은 다음 각 호의 어느 하나에 해당하는 물질에 대하여는 적용하지 아니한다. <개정 2007.5.17., 2007.12.21., 2010.7.23., 2011.7.21., 2011.7.25., 2015.1.20.> 1. 「원자력안전법」에 따른 방사성 물질과 이로 인하여 오염된 물질 2. 용기에 들어 있지 아니한 기체상태의 물질 3. 「수질 및 수생태계 보전에 관한 법률」에 따른 수질 오염 방지시설에 유입되거나 공공수역(水域)으로 배출되는 폐수 4. 「가축분뇨의 관리 및 이용에 관한 법률」에 따른 가축분뇨

	5. 「하수도법」에 따른 하수·분뇨
	6. 「가축전염병예방법」 제22조제2항, 제23조, 제33조 및 제44조가 적용되는 가축의 사체, 오염 물건, 수입 금지 물건 및 검역 불합격품
	7. 「수산생물질병 관리법」 제17조제2항, 제18조, 제25조제1항 각 호 및 제34조제1항이 적용되는 수산동물의 사체, 오염된 시설 또는 물건, 수입금지물건 및 검역 불합격품
	8. 「군수품관리법」 제13조의2에 따라 폐기되는 탄약
	9. 「동물보호법」 제32조제1항에 따른 동물장묘업의 등록을 한 자가 설치·운영하는 동물장묘시설에서 처리되는 동물의 사체
	② 이 법에 따른 폐기물의 해역 배출은 「해양환경관리법」으로 정하는 바에 따른다.
제3조의2 (폐기물 관리의 기본 원칙)	① 사업자는 제품의 생산방식 등을 개선하여 폐기물의 발생을 최대한 억제하고, 발생한 폐기물을 스스로 재활용함으로써 폐기물의 배출을 최소화하여야 한다.
	② 누구든지 폐기물을 배출하는 경우에는 주변 환경이나 주민의 건강에 위해를 끼치지 아니하도록 사전에 적절한 조치를 하여야 한다.
	③ 폐기물은 그 처리과정에서 양과 유해성(有害性)을 줄이도록 하는 등 환경보전과 국민건강보호에 적합하게 처리되어야 한다.
	④ 폐기물로 인하여 환경오염을 일으킨 자는 오염된 환경을 복원할 책임을 지며, 오염으로 인한 피해의 구제에 드는 비용을 부담하여야 한다.
	⑤ 국내에서 발생한 폐기물은 가능하면 국내에서 처리되어야 하고, 폐기물의 수입은 되도록 억제되어야 한다.
	⑥ 폐기물은 소각, 매립 등의 처분을 하기보다는 우선적으로 재활용함으로써 자원생산성의 향상에 이바지하도록 하여야 한다.
제7조 (국민의 책무)	① 모든 국민은 자연환경과 생활환경을 청결히 유지하고, 폐기물의 감량화(減量化)와 자원화를 위하여 노력하여야 한다.
	② 토지나 건물의 소유자·점유자 또는 관리자는 그가 소유·점유 또는 관리하고 있는 토지나 건물의 청결을 유지하도록 노력하여야 하며, 특별자치시장, 특별자치도지사, 시장·군수·구청장이 정하는 계획에 따라 대청소를 하여야 한다. <개정 2007.8.3., 2013.7.16.>
제8조(폐기물의 투기 금지 등)	① 누구든지 특별자치시장, 특별자치도지사, 시장·군수·구청장이나 공원·도로 등 시설의 관리자가 폐기물의 수집을 위하여 마련한 장소나 설비 외의 장소에 폐기물을 버려서는 아니 된다. <개정 2007.8.3., 2013.7.16.>
	② 누구든지 이 법에 따라 허가 또는 승인을 받거나 신고한 폐기물처리시설이 아닌 곳에서 폐기물을 매립하거나 소각하여서는 아니 된다. 다만, 제14조제1항 단서에 따른 지역에서 해당 특별자치시, 특별자치도, 시·군·구의 조례로 정하는 바에 따라 소각하는 경우에는 그러하지 아니하다. <개정 2007.8.3., 2013.7.16.>
	③ 특별자치시장, 특별자치도지사, 시장·군수·구청장은 토지나 건물의 소유자·점유자 또는 관리자가 제7조제2항에 따라 청결을 유지하지 아니하면 해당 지방자치단체의 조례에 따라 필요한 조치를 명할 수 있다. <개정 2007.8.3., 2013.7.16.>

6. 토양환경보전법

제1조 (목적)	이 법은 토양오염으로 인한 국민건강 및 환경상의 위해(危害)를 예방하고, 오염된 토양을 정화하는 등 토양을 적정하게 관리·보전함으로써 토양생태계를 보전하고, 자원으로서의 토양가치를 높이며, 모든 국민이 건강하고 쾌적한 삶을 누릴 수 있게 함을 목적으로 한다.

	토양 오염	사업활동이나 그 밖의 사람의 활동에 의하여 토양이 오염되는 것으로서 사람의 건강·재산이나 환경에 피해를 주는 상태
	토양오 염물질	토양오염의 원인이 되는 물질로서 환경부령으로 정하는 것
	토양오 염관리 대상 시설	토양오염물질의 생산·운반·저장·취급·가공 또는 처리 등으로 토양을 오염시킬 우려가 있는 시설·장치·건물·구축물(構築物) 및 그 밖에 환경부령으로 정하는 것
제2조 (정의)	특정토 양오염 관리대 상시설	토양을 현저하게 오염시킬 우려가 있는 토양오염관리대상시설로서 환경부령으로 정하는 것
	토양 정화	생물학적 또는 물리적·화학적 처리 등의 방법으로 토양 중의 오염물질을 감소·제거하거나 토양 중의 오염물질에 의한 위해를 완화하는 것
	토양정 밀조사	제4조의2에 따른 우려기준을 넘거나 넘을 가능성이 크다고 판단되는 지역에 대하여 오염물질의 종류, 오염의 정도 및 범위 등을 환경부령으로 정하는 바에 따라 조사하는 것
	토양 정화업	토양정화를 수행하는 업(業)
제3조 (적용 제외)	① 이 법은 방사성물질에 의한 토양오염 및 그 방지에 관하여는 적용하지 아니한다. ② 오염된 농지를 「농지법」 제21조에 따른 토양의 개량사업으로 정화하는 경우에는 제15조의3 및 제15조의6을 적용하지 아니한다.	

7. 소음·진동사범 수사(소음·진동규제법)

(1) 목적(제1조)

이 법은 공장·건설공사장·도로·철도 등으로부터 발생하는 소음·진동으로 인한 피해를 방지하고 소음·진동을 적정하게 관리·규제함으로써 모든 국민이 정온한 환경에서 생활할 수 있게 함을 목적으로 한다.

(2) 용어의 정의(제2조)

	제1조(목적)	이 법은 공장·건설공사장·도로·철도 등으로부터 발생하는 소음·진동으로 인한 피해를 방지하고 소음·진동을 적정하게 관리하여 모든 국민이 조용하고 평온한 환경에서 생활할 수 있게 함을 목적으로 한다.
제2조 (정의)	소음(騷音)	기계·기구·시설, 그 밖의 물체의 사용 또는 공동주택(「주택법」 제2조제2호에 따른 공동주택을 말한다. 이하 같다) 등 환경부령으로 정하는 장소에서 사람의 활동으로 인하여 발생하는 강한 소리

	진동(振動)	기계·기구·시설, 그 밖의 물체의 사용으로 인하여 발생하는 강한 흔들림
	소음·진동배출시설	소음·진동을 발생시키는 공장의 기계·기구·시설, 그 밖의 물체로서 환경부령으로 정하는 것
	소음·진동방지시설	소음·진동배출시설로부터 배출되는 소음·진동을 없애거나 줄이는 시설로서 환경부령으로 정하는 것
	방음시설	소음·진동배출시설이 아닌 물체로부터 발생하는 소음을 없애거나 줄이는 시설로서 환경부령으로 정하는 것
	방진시설	소음·진동배출시설이 아닌 물체로부터 발생하는 진동을 없애거나 줄이는 시설로서 환경부령으로 정하는 것
체계		제2장 공장 소음·진동의 관리 제3장 생활 소음·진동의 관리 제4장 교통 소음·진동의 관리 제5장 항공기 소음의 관리

제6절 기타 사건 특칙

1. 소년 사건에 관한 특칙

제207조(소년사건 수사의 기본)	① 경찰관은 소년사건을 수사할 때에는 소년의 건전한 육성을 도모하는 마음을 가져야 한다. ② 경찰관은 소년사건을 수사할 때에는 반사회성 있는 소년의 환경 조정과 성행의 교정에 관한 보호처분 또는 형사처분에 필요한 특별한 심리자료를 제공할 것을 염두에 두어야 한다.
제208조(소년의 특성의 고려)	경찰관은 소년사건을 수사할 때에는 소년의 특성에 비추어 되도록 다른 사람의 이목을 끌지 않는 장소에서 온정과 이해를 가지고 부드러운 어조로 조사하여야 한다.
제209조(범죄의 원인과 환경조사)	① 경찰관은 소년사건을 수사할 때에는 범죄원인, 동기, 그 소년의 성격, 행상, 경력, 교육정도, 가정 상황, 교우관계 그 밖의 환경 등을 상세히 조사하여 별지 제186호 서식의 소년카드[소년환경조사서]를 작성하여야 하며, 심리전문가가 참여하는 경우에는 소년의 비행성예측자료표를 작성하여야 한다. ② 경찰관은 소년의 심신에 이상이 있다고 판단될 때에는 지체없이 의사로 하여금 진단하게 하여야 한다.
제210조(관계기관과의 협조)	경찰관은 소년사건을 수사하며 필요하다고 판단될 때에는 자치단체, 학교 및 그 밖의 관계기관과 긴밀히 협조 하여야 한다.

제211조(보호자와의 연락)	경찰관은 소년에 대한 출석요구나 조사를 할 때에는 지체없이 그 소년의 보호자 또는 보호자를 대신하여 소년을 보호할 수 있는 사람에게 연락하여야 한다. 다만, 연락하는 것이 그 소년의 복리상 부적당하다고 인정될 때에는 그러하지 아니하다.
제212조(체포 · 구속에 관한 주의)	경찰관은 소년 피의자에 대하여는 가급적 구속을 피하고 부득이 구속, 체포 또는 동행하는 경우에는 그 시기와 방법에 특히 주의하여야 한다.
제213조(보도상의 주의)	경찰관은 소년사건을 조사할 때에는 소년의 주거, 성명, 연령, 직업, 용모 등에 의하여 본인을 알 수 있을 정도의 사실이나 사진이 보도되지 않도록 특히 주의하여야 한다.
제214조(소년사건의 송치)	① 경찰관은 범죄소년 사건을 입건하여 수사를 종결하였을 때에는 관할지방검찰청 검사장 또는 지청장에게 송치하여야 한다. ② 경찰서장은 소년법 제4조 제1항 제2호(촉법소년) 및 제3호(우범소년)에 해당하는 소년사건에 대해서는 별지 제189호 소년보호사건 송치서를 작성하여 관할 가정법원 소년부 또는 지방법원 소년부에 직접 송치하여야 한다. ③ 제1항 및 제2항에 따라 송치할 경우 제209조에 따라 작성한 참고자료를 첨부하여야 한다.
제216조(학생범죄)	소년이 아니더라도 학생의 범죄사건에 관하여는 제208조, 제209조, 제210조와 제213조의 규정을 준용한다.

2. 성폭력사건에 관한 특칙

제218조(성폭력범죄 전담 조사관의 조사)	① 경찰관서장은 성폭력범죄 전담 조사관을 지정하여 성폭력범죄 피해자를 조사하도록 하여야 한다. ② 피해자의 의사에 반하지 않는 한 성폭력 피해여성은 여자 성폭력범죄 전담 조사관이 조사하여야 한다.
제219조(성폭력범죄 수사시 유의사항)	① 경찰관은 성폭력범죄를 수사함에 있어서는 피해자의 인권을 최우선시 하여야 한다. ② 경찰관은 성폭력 피해자에 대한 조사와 피의자에 대한 신문은 분리하여 실시하고, 대질신문은 최후의 수단인 경우 예외적으로 실시하되 대질 방법 등에 대한 피해자측의 의사를 최대한 존중하여야 한다. ③ 경찰관은 성폭력 피해자 조사시 공개된 장소에서의 조사 및 증언요구로 인하여 신분노출이 되지 않도록 유의하고, 성폭력 피해자에 대한 조사는 수사상 필요 최소한도로 실시하여야 한다. ④ 경찰관은 성폭력 피해자 조사시 피해자의 연령, 심리상태 또는 후유장애의 유무 등을 신중하게 고려하여 가급적 진술녹화실 등 별실에서 조사하여 심리적 안정을 취할 수 있는 분위기를 조성하고, 조사 과정에서 피해자의 인격이나 명예가 손상되거나 사적인 비밀이 침해되지 않도록 주의하여야 한다.
제220조(영상물의 촬영 · 보존 등)	① 경찰관은 성폭력 범죄의 피해자가 19세 미만이거나 신체 또는 정신적인 장애로 사물을 변별하거나 의사를 결정할 능력이 미약한 경우(이하 "피해아

	동등"이라 한다)에는 피해자의 진술내용과 조사과정을 비디오녹화기 등 영상물 녹화장치에 의하여 촬영·보존하여야 한다. ② 제1항에 따라 영상녹화를 하는 경우에는 피해아동등과 그 법정대리인에게 영상녹화의 취지 등을 설명하고, 그 동의 여부를 확인하여야 하며, 피해아동등 또는 법정대리인이 녹화를 원하지 않는 의사를 표시한 때에는 촬영을 하여서는 아니된다. 다만, 가해자가 친권자 중 일방인 경우에는 그러하지 아니하다. ③ 녹화장소는 피해아동등의 특성을 고려하여 피해자가 안전하고 편안하게 느낄 수 있는 적정한 환경을 갖추고 공개되지 않도록 하는 등 피해자의 정서적 안정에 유의한다.
제221조(신뢰관계에 있는 자의 동석)	① 경찰관은 성폭력 피해자 조사시 피해자 또는 법정대리인에게 신뢰관계자가 동석할 수 있음을 고지하고 신청이 있는 때에는 수사상 지장을 초래할 우려가 있는 등 부득이한 경우가 아닌 한 피해자와 신뢰관계에 있는 자를 동석하게 하여야 한다. 다만, 피해자와 신뢰관계에 있는 사람이 피해자에게 불리하거나, 피해자가 원하지 아니하는 경우에는 동석하게 하여서는 아니된다. ② 제1항에 따라 신뢰관계인을 동석하게 하는 경우에는 신뢰관계에 있는 자로부터 신뢰관계자 동석확인서 및 피해자와의 관계를 소명할 서류를 제출받아 이를 기록에 편철한다. ③ 경찰관은 성폭력 피해아동등 조사시 신뢰관계자는 피해아동등의 시야가 미치지 않는 적절한 위치에 좌석을 마련하고, 조사 전에 수사에 지장을 초래할 우려가 있는 경우 동석자의 퇴거를 요구할 수 있다는 것을 고지하여야 하며, 다음 각호의 사유가 발생하거나 그 염려가 있는 때에는 동석자의 퇴거를 요구하고 조사할 수 있다. 1. 조사 과정에 개입하거나 조사를 제지·중단시키는 경우 2. 피해아동등을 대신하여 답변하거나 특정한 답변을 유도하는 경우 3. 피해아동등의 진술 번복을 유도하는 경우 4. 그 밖의 동석자의 언동 등으로 수사에 지장을 초래할 우려가 있는 경우 ④ 경찰관은 제3항의 사유로 동석자를 퇴거하게 한 경우 그 사유를 피해자측에 설명하고 그 구체적 정황을 수사보고서로 작성하여 기록에 편철한다. ⑤ 그 밖의 성폭력 피해자 조사시 신뢰관계 있는 자 동석에 관한 사항은 제62조 규정을 준용한다.
제221조의2(진술조력인의 참여)	① 경찰관은 성폭력 피해자가 13세 미만이거나 신체적인 또는 정신적인 장애로 의사소통이나 의사표현에 어려움이 있는 경우 직권이나 피해자, 그 법정대리인 또는 변호사의 신청에 따라 진술조력인으로 하여금 조사과정에 참여하여 의사소통을 중개하거나 보조하게 할 수 있다. 다만 피해아동 또는 그 법정대리인이 원하지 아니하는 의사를 표시한 경우에는 그러하지 아니하다. ② 경찰관은 제1항의 피해자를 조사하기 전에 피해자, 그 법정대리인 또는 변호사에게 진술조력인에 의한 의사소통 중개나 보조를 신청할 수 있음을 고지하여야 한다.
제221조의3(전문가의 의견 조회)	경찰관은 경찰청장이 지정한 전문가로부터 행위자 또는 피해자의 정신·심리상태에 대한 진단 소견 및 피해자의 진술 내용에 관한 의견을 조회할 수 있다. 다만, 피해자가 13세 미만이거나 신체적인 또는 정신적인 장애로 사물을

	변별하거나 의사를 결정할 능력이 미약한 경우에는 반드시 피해자의 정신·심리상태에 대한 소견 및 진술내용에 관한 의견을 조회하여야 한다.
제222조(장애인에 대한 특칙)	① 경찰관은 성폭력 피해자가 신체적인 또는 정신적인 장애 등으로 사물을 변별하거나 의사를 결정할 능력이 미약한 때에는 본인이나 법정대리인 등에게 보조인을 선정하도록 권유하고, 선정된 보조인을 신뢰관계에 있는 자로 동석하게 할 수 있다. ② 경찰관은 성폭력 피해자가 언어장애인, 청각장애인 또는 시각장애인인 때에는 본인 또는 법정대리인 등의 의견을 참작하여 수화 또는 문자 통역 등의 방법을 활용하여 조사한다. ③ 경찰관은 성폭력 피해자가 정신지체인인 때에는 면담을 통하여 진술능력 등을 확인하고, 피해자가 자신의 의사를 제대로 전달하지 못하여 수사에 지장을 초래한다고 판단되는 경우에 한하여 제1항의 보조인 또는 신뢰관계에 있는 자로 하여금 피해자의 의사를 전달하도록 할 수 있다.
제223조(증거보전의 특례)	① 성폭력 피해자 또는 그 법정대리인이 피해자가 공판기일에 출석하여 증언하는 것이 현저히 곤란한 사정이 있어 그 사유를 소명하여 「형사소송법」 제184조(증거보전의청구와 그 절차)제1항의 규정에 의한 증거보전의 청구를 할 것을 요청한 경우 사법경찰관은 그 요청이 상당한 이유가 있다고 인정하는 때에는 관할 지방검찰청 또는 지청의 검사에게 증거보전의 신청을 할 수 있다. ② 전항의 경우 피해자가 16세 미만이거나 신체적인 또는 정신적인 장애로 사물을 변별하거나 의사를 결정할 능력이 미약한 경우에는 공판기일에 출석하여 증언하는 것이 현저히 곤란한 사정이 있는 것으로 간주하여, 해당 사건을 수사하는 검사에 대해 증거보전 신청을 할 수 있다.

3. 가정폭력사건에 관한 특칙

제224조(가정폭력범죄 수사시 유의사항)	① 경찰관은 가정폭력 범죄를 수사함에 있어서는 보호처분 또는 형사처분의 심리를 위한 특별자료를 제공할 것을 염두에 두어야 하며, 가정폭력 범죄로 파괴된 가정의 평화와 안정을 회복하고 건강한 가정을 가꾸며 피해자와 가족구성원의 인권을 보호하려는 자세로 임하여야 한다. ② 경찰관은 가정폭력범죄 피해자 조사시 피해자의 연령, 심리상태 또는 후유장애의 유무 등을 신중하게 고려하여 가급적 진술녹화실 등 별실에서 조사하여 심리적 안정을 취할 수 있는 분위기를 조성하고, 피해자의 조사과정에서 피해자의 인격이나 명예가 손상되거나 개인의 비밀이 침해되지 않도록 주의하여야 한다. ③ 가정폭력 피해자에 대한 조사는 수사상 필요한 최소한도로 실시하여야 한다.
제225조(응급조치)	① 경찰관은 진행 중인 가정폭력 범죄에 대하여 신고를 접수한 즉시 현장에 출동하여 「가정폭력방지 및 피해자보호 등에 관한 법률」 제9조의4 규정에 따라 신고된 현장에 출입하여 조사할 수 있다. ② 경찰관은 신고현장에서 「가정폭력 범죄의 처벌 등에 관한 특례법」 제5조의 규정에 따라 각 호의 응급조치를 취하되, 폭력행위 제지시 가족 구성원과의 불필요한 마찰이나 오해의 소지가 없도록 유의한다. 　1. 폭력행위의 제지, 가족폭력 행위자·피해자의 분리 및 범죄수사

	2. 피해자를 가정폭력 관련 상담소 또는 보호시설로 인도(피해자가 동의한 경우만 해당한다.)
	3. 긴급치료가 필요한 피해자를 의료기관으로 인도
	4. 폭력행위 재발 시 임시조치를 신청할 수 있음을 통보
	③ 전항의 응급조치를 취한 경찰관은 가정폭력 행위자의 성명, 주소, 생년월일, 직업, 피해자와의 관계, 범죄사실의 요지, 가정상황, 피해자와 신고자의 성명, 응급조치의 내용 등을 상세히 기재한 별지 제190호 서식의 응급조치보고서를 작성하여 사건기록에 편철하여야 한다.
제226조(환경조사서의 작성)	경찰관은 가정폭력범죄를 수사함에 있어서는 범죄의 원인 및 동기와 행위자의 성격·행상·경력·교육정도·가정상황 그 밖의 환경 등을 상세히 조사하여 별지 제191호 서식의 가정환경조사서를 작성하여야 한다.
제227조(임시조치)	① 가정폭력범죄가 재발할 우려가 있다고 인정하는 때에는 사법경찰관은 별지 제192호 서식의 임시조치 신청서에 의하여 관할 지방검찰청 또는 지청의 검사에게 다음 각호의 임시조치를 법원에 청구할 것을 신청할 수 있다.
	1. 피해자 또는 가정구성원의 주거 또는 점유하는 방실로부터의 퇴거 등 격리
	2. 피해자 또는 가정구성원의 주거, 직장 등에서 100미터 이내의 접근 금지
	3. 피해자 또는 가정구성원에 대한 「전기통신법」 제2조제1호의 전기통신을 이용한 접근금지
	② 사법경찰관은 전항의 신청에 의해 결정된 임시조치를 위반하여 가정폭력범죄가 재발될 우려가 있다고 인정하는 때에는 관할 지방검찰청 또는 지청의 검사에게 경찰관서 유치장 또는 구치소에 유치하는 임시조치를 법원에 청구할 것을 신청할 수 있다.
	③ 제1항 및 제2항의 경우 피해자 또는 그 법정대리인은 사법경찰관에게 제1항 및 제2항의 규정에 의한 임시조치의 신청을 요청하거나 이에 관하여 의견을 진술할 수 있다.
	④ 전항의 요청을 받은 사법경찰관이 제1항 및 제2항의 임시조치를 신청하지 않는 경우에는 검사에게 그 사유를 보고하여야 한다.
	⑤ 경찰관은 임시조치 신청을 한 때에는 별지 제193호 서식의 임시조치신청부에 소정의 사항을 기재하여야 한다.
	⑥ 경찰관은 임시조치의 결정을 집행할 때에는 행위자에게 임시조치의 내용, 불복방법 등을 고지하고, 집행일시 및 집행방법을 별지 제229호 서식의 임시조치통보서에 기재하여 사건기록에 편철하여야 한다.
	⑦ 임시조치 결정에 대하여 항고가 제기되어 법원으로부터 수사기록등본의 제출을 요구받은 경우 경찰관은 항고심 재판에 필요한 범위 내의 수사기록등본을 관할검찰청으로 송부하여야 한다.
제227조의2(긴급임시조치)	① 사법경찰관은 응급조치에도 불구하고 가정폭력범죄가 재발될 우려가 있고, 긴급을 요하여 법원의 임시조치 결정을 받을 수 없을 때에는 직권 또는 피해자나 그 법정대리인의 신청에 의하여 제227조 제1항 각 호의 조치를 할 수 있다. 이때 가정폭력 재범 위험성을 판단하는 경우 별지 제206호 서식의 가정폭력 재범 위험성 조사표를 활용하여야 한다.
	② 사법경찰관은 제1항에 따라 긴급임시조치를 한 경우에는 즉시 별지 제192의2호 서식의 긴급임시조치결정서를 작성하여야 한다.
	③ 긴급임시조치 한 경우에는 가정폭력 행위자에게 긴급임시조치의 내용 등을

	알려주고, 별지 제207호 서식의 긴급임시조치 확인서를 받아야 한다. 다만, 행위자가 확인서에 기명날인 또는 서명하기를 거부하는 때에는 경찰관이 확인서 끝부분에 그 사유를 적고 기명날인 또는 서명하여야 한다.
제227조의3(긴급임시조치와 임시조치)	① 사법경찰관이 긴급임시조치를 한 때에는 지체없이 검사에게 임시조치를 신청하여야 한다. 이 경우 긴급임시조치결정서, 긴급임시조치확인서, 가정폭력 재범 위험성 조사표를 임시조치신청서에 첨부하여야 한다. ② 제1항에 따라 신청된 임시조치를 검사가 청구하지 아니하거나, 법원이 결정하지 아니한 때에는 즉시 긴급임시조치를 취소하여야 한다. 이 경우 가정폭력 피해자 및 행위자에게 구두 등 적절한 방법으로 통지를 하여야 한다.
제228조(가정폭력사건 송치)	① 사법경찰관은 가정폭력범죄를 신속히 수사하여 사건을 검사에게 송치하여야 한다. ② 가정폭력사건 송치서 죄명란에는 해당 죄명을 기재하고 비고란에 '가정폭력사건'이라고 표시한다. ③ 사법경찰관은 가정폭력사건 송치시 사건의 성질·동기 및 결과, 행위자의 성행 등을 고려하여 「가정폭력 범죄의 처벌 등에 관한 특례법」의 가정보호사건으로 처리함이 상당한지 여부에 관한 의견을 제시할 수 있다.
제229조(동행영장의 집행)	① 경찰관은 「가정폭력 범죄의 처벌 등에 관한 특례법」 제27조제1항의 규정에 따른 법원의 요청이 있는 경우 동행영장을 집행하여야 한다. ② 경찰관은 동행영장을 집행하는 때에는 피동행자에게 동행영장을 제시하고 신속히 지정된 장소로 동행하여야 한다. ③ 경찰관은 동행영장을 소지하지 않은 경우 급속을 요하는 때에는 피동행자에게 범죄사실과 동행영장이 발부되었음을 고지하고 집행할 수 있다. 이 경우에는 집행을 완료한 후 신속히 동행영장을 제시하여야 한다. ④ 경찰관은 동행영장을 집행한 때에는 동행영장에 집행일시와 장소를, 집행할 수 없는 때에는 그 사유를 각각 기재하고 기명날인 또는 서명하여야 한다.

4. 외국인 등 관련범죄에 관한 특칙

제231조(준거규정)	외국인관련범죄 또는 우리나라 국민의 국외범, 대·공사관에 관한 범죄 그 외 외국에 관한 범죄(이하 "외국인 등 관련범죄"라 한다)의 수사에 관하여 조약, 협정 그 밖의 특별한 규정이 있을 때에는 그에 따르고, 특별한 규정이 없을 때에는 본 절의 규정에 의하는 외에 일반적인 수사절차를 따른다.
제233조(외국인 등 관련범죄 수사의 착수)	경찰관은 외국인 등 관련범죄중 중요한 범죄에 관하여는 미리 경찰청장에게 보고하여 그 지시를 받아 수사에 착수하여야 한다. 다만, 급속을 요하는 경우에는 필요한 처분을 한 후 신속히 경찰청장의 지시를 받아야 한다.

제234조(대 · 공사 등에 관한 특칙)	① 경찰관은 외국인 등 관련범죄를 수사함에 있어서는 다음 각 호의 어느 하나에 해당하는 자의 외교 특권을 침해하는 일이 없도록 주의하여야 한다.
	   1. 외교관 또는 외교관의 가족
	   2. 그 밖의 외교의 특권을 가진 자
	 ② 경찰관은 제1항에 규정된 자의 사용인을 체포하거나 조사할 필요가 있다고 인정될 때에는 현행범인의 체포 그 밖의 긴급 부득이한 경우를 제외하고는 미리 경찰청장에게 보고하여 그 지시를 받아야 한다.
	 ③ 경찰관은 피의자가 외교 특권을 가진 자인지 그 여부가 의심스러운 경우에는

	신속히 경찰청장에게 보고하여 그 지시를 받아야 한다.
제235조(대·공사관 등에의 출입)	경찰관은 대·공사관과 대·공사나 대·공사관원의 사택 별장 혹은 그 숙박하는 장소에 관하여는 당해 대·공사나 대·공사관원의 청구가 있을 경우 이외에는 출입해서는 아니된다. 다만, 중대한 범죄를 범한 자를 추적 중 그 자가 위 장소에 들어간 경우에 지체할 수 없을 때에는 대·공사관원이나 이를 대리할 권한을 가진 자의 사전 동의를 얻어 수색하여야 한다. 이 경우 수색을 행할 때에는 지체없이 경찰청장에게 보고하여 그 지시를 받아야 한다.
제236조(외국군함 에의 출입)	① 경찰관은 외국군함에 관하여는 당해 군함의 함장의 청구가 있는 경우 외에는 이에 출입해서는 아니된다. ② 경찰관은 중대한 범죄를 범한 자가 도주하여 대한민국의 영해에 있는 외국군함으로 들어갔을 때에는 신속히 경찰청장에게 보고하여 그 지시를 받아야 한다. 다만, 급속을 요할 때에는 당해 군함의 함장에게 범죄자의 임의의 인도를 요구할 수 있다.
제237조(외국군함 의 승무원에 대한 특칙)	경찰관은 외국군함에 속하는 군인이나 군속이 그 군함을 떠나 대한민국의 영해 또는 영토 내에서 죄를 범한 경우에는 신속히 경찰청장에게 보고하여 그 지시를 받아야 한다. 다만, 현행범 그 밖의 급속을 요하는 때에는 체포 그 밖의 수사상 필요한 조치를 한 후 신속히 경찰청장에게 보고하여 그 지시를 받아야 한다.
제238조(영사 등에 관한 특칙)	① 경찰관은 임명국의 국적을 가진 대한민국 주재의 총영사, 영사 또는 부영사에 대한 사건에 관하여 구속 또는 조사할 필요가 있다고 인정될 때에는 미리 경찰청장에게 보고하여 그 지시를 받아야 한다. ② 경찰관은 총영사, 영사 또는 부영사의 사무소는 당해 영사의 청구나 동의가 있는 경우 외에는 이에 출입해서는 아니된다. ③ 경찰관은 총영사, 영사 또는 부영사의 사택이나 명예영사의 사무소 혹은 사택에서 수사할 필요가 있다고 인정될 때에는 미리 경찰청장에게 보고하여 그 지시를 받아야 한다. ④ 경찰관은 총영사, 영사 또는 부영사나 명예영사의 사무소 안에 있는 기록문서에 관하여는 이를 열람하거나 압수하여서는 아니된다.
제239조(외국 선박내의 범죄)	경찰관은 대한민국의 영해에 있는 외국 선박내에서 발생한 범죄로서 다음 각호의 어느 하나에 해당하는 경우에는 수사를 하여야 한다. 1. 대한민국 육상이나 항내의 안전을 해할 때 2. 승무원 이외의 자나 대한민국의 국민에 관계가 있을 때 3. 중대한 범죄가 행하여졌을 때
제240조(조사와 구속에 대한 주의)	경찰관은 외국인의 조사와 체포·구속에 있어서는 언어, 풍속과 습관의 특성을 고려하여야 한다.
제241조(외국인 피의자 체포· 구속시 영사기관 통보)	① 사법경찰관은 「영사관계에 관한 비엔나협약」 제36조의 규정에 따라 외국인을 체포·구속하였을 때에는 체포·구속시 고지사항 외에 해당 영사기관에 체포·구속사실의 통보와 국내 법령에 위반되지 않는 한도 내에서 해당 영사기관원과 접견·교통을 요청할 수 있음을 고지하여야 한다. ② 사법경찰관은 전항의 내용을 고지하고 피의자로부터 별지 제194호 서식의 영사기관통보요청확인서를 작성하여야 한다. ③ 사법경찰관은 피의자가 영사기관 통보 및 접견을 요청한 경우에는 별지 제195호 서식의 영사기관 체포·구속통보서를 작성하여 해당 영사기관에 지체없이 통보하여야 한다. ④ 사법경찰관은 전항에도 불구하고, 별도 외국과의 조약에 따라 피의자 의사와

	관계없이 해당 영사기관에 통보하게 되어 있는 경우에는 반드시 이를 통보하여야 한다. ⑤ 제2항부터 제4항까지의 서류는 수사기록에 편철하여야 한다.
제242조(외국인 사망자 통보)	사법경찰관은 외국인 변사사건을 접수한 때에는 「영사관계에 관한 비엔나협약」 제37조의 규정에 따라 별지 제196호 서식의 영사기관사망통보서를 작성하여 해당 영사기관에 그 사실을 지체없이 통보하고 이를 사건관련기록에 편철하여야 한다.
제243조(외국인 피의자에 대한 조사사항)	경찰관은 피의자가 외국인인 경우에는 제68조에 열거한 사항 외에 다음 각 호의 사항에 유의하여 피의자신문조서를 작성하여야 한다. 1. 국적, 출생지와 본국에 있어서의 주거 2. 여권 또는 외국인등록 증명서 그 밖의 신분을 증명할 수 있는 증서의 유무 3. 외국에 있어서의 전과의 유무 4. 대한민국에 입국한 시기 체류기간 체류자격과 목적 5. 국내 입·출국 경력 6. 가족의 유무와 그 주거
제244조(통역인의 참여)	① 경찰관은 외국인인 피의자 그 밖의 관계자가 한국어에 통하지 않는 경우에는 통역인으로 하여금 통역하게 하여 한국어로 피의자신문조서나 진술조서를 작성하여야 하며 특히 필요한 때에는 외국어의 진술서를 작성하게 하거나 외국어의 진술서를 제출하게 하여야 한다. ② 경찰관은 외국인이 구술로써 고소·고발이나 자수를 하려 하는 경우에 한국어에 통하지 않을 때의 고소·고발 또는 자수인 진술조서는 전항의 규정에 준하여 작성하여야 한다.
제245조(번역문의 첨부)	경찰관은 외국인에 대하여 구속영장 그 밖의 영장에 의하여 처분하는 경우에는 되도록 번역문을 첨부하여야 한다. 외국인으로부터 압수한 물건에 관하여 압수증명서를 교부하는 경우에도 또한 같다.

5. 다중범죄에 관한 특칙

제246조(심적대비)	경찰관은 다중범죄의 수사에 관하여는 항상 일반 사회의 정세와 다중범죄의 주체가 될 염려가 있는 단체, 집단 등의 실태와 그 동향을 정확하게 파악하여 다중범죄의 수사가 철저하게 행하여지도록 유의하여야 한다.
제247조(다중범죄 수사의 중점)	경찰관은 다중범죄의 수사에 있어서는 실행행위자에만 그치지 말고 주모자, 모의 참여자 그 밖의 사건의 배후에 있는 공범관계자를 정확하게 탐색, 파악하도록 노력하여야 한다.
제248조(현장에 있어서의 체포)	경찰관은 다중범죄의 현장에서 그 피의자를 체포함에 있어서는 상대편의 세력, 정세의 추이 등을 신중히 고려하여 체포의 시기, 방법과 범위를 그르치는 일이 없도록 현장지휘관의 통제하에 행하여야 한다.
제249조(감식활동 의 주의)	경찰관은 다중범죄가 발생한 경우에는 그 실행상황 그 밖의 현장의 상황을 명백히 하고 피의자의 범행을 확인하는 등 증거의 수집 보존에 노력하여야 한다.
제250조(체포시의 주의)	① 다중범죄의 피의자를 체포한 경찰관은 각각 체포한 피의자에 관하여 그 인상, 체격 그 밖의 특징, 범죄사실의 개요, 체포시의 장소와 상황 등을 명백히 기록해 두어 사후의 조사에 지장이 생기지 않도록 하여야 한다. ② 전항의 경우 필요한 때에는 피의자를 체포한 직후에 피의자를 체포한 경찰관과

	함께 촬영해 두는 등 적당한 방법을 취하여야 한다. ③ 피의자를 체포한 경우에 있어서 당해 피의자와 관계가 있는 물건을 압수하였을 때에는 피의자와 압수물의 관계를 명백히 하기 위하여 이들을 함께 촬영하는 등 적당한 방법을 취하여야 한다.
제251조(통모의 방지)	경찰관은 다중범죄의 피의자를 다수 동시에 체포한 경우에 있어서 필요한 때에는 피의자를 분산하여 구금하는 등 통모, 탈환 등을 방지하기 위한 적절한 조치를 취하여야 한다.
제252조(피의자의 조사)	다중범죄의 피의자를 조사함에 있어서는 특히 조사를 하는 경찰관 상호간에 연락을 긴밀히 하여 사건의 전모를 명백히 하도록 유의하여야 한다.

6. 보석자 등의 관찰

보석자 등의 관찰	① 경찰서장은 검사로부터 그 관할 구역내에 거주하는 보석 피고인 또는 구속집행정지자에 대한 시찰조회서를 송부받은 때에는 당해 사건을 수사한 경찰관 그 밖의 적당한 경찰관을 지정하여 주거지의 현주 여부 등을 관찰하여 회보하여야 한다. ② 경찰서장은 검사로부터 그 관할 구역내에 거주하는 형집행정지자에 대한 관찰을 요구받은 경우에는 매월 1회 이상 형집행정지사유 존속 여부를 관찰하여 보고하여야 한다. ③ 경찰서장은 형사소송규칙 제55조의3의 규정에 따라 법원으로부터 「형사소송법」 제98조제3호의 보석조건으로 석방된 피고인의 주거 제한 준수 여부에 대한 조사를 요구받은 때에는 제1항의 규정을 준용한다.
관찰상의 주의	경찰관은 보석 피고인, 구속집행정지자, 형집행정지자에 대한 관찰은 적절한 방법으로 행하여야 하며, 피관찰자 또는 그 가족의 명예나 신용을 부당하게 훼손하지 아니하도록 주의하여야 한다.
관찰부	경찰관은 보석자 등을 관찰하였을 때에는 보석(구속집행정지)자 관찰부에 그 관찰상황을 명백하게 기재해 두어야 한다.

7. 아동보호사건에 관한 특칙

제253조(피해아동 조사시 유의사항)	① 경찰관은 「아동학대범죄의 처벌 등에 관한 특별법」 제2조에 따른 아동학대범죄를 수사함에 있어 피해아동의 안전을 최우선으로 고려하고 조사과정에서 사생활의 비밀이 침해되거나 인격·명예가 손상되지 않도록 피해아동의 인권보호에 최선을 다해야 한다. ② 경찰관은 피해아동의 연령·성별·심리상태에 맞는 조사방법을 사용하고 조사 일시·장소 및 동석자 필요성 여부를 결정하여야 한다. ③ 피해아동 조사는 수사상 필요한 최소한도로 실시하여야 한다. ④ 경찰관은 피해아동에 대한 조사와 학대행위자에 대한 신문을 반드시 분리하여 실시하고, 대질신문은 불가피한 경우 예외적으로만 실시하되 대질 방법 등에 대하여는 피해아동과 그 법정대리인 및 아동학대범죄 전문가의 의견을 최대한 존중하여야 한다. ⑤ 피해아동 조사시에는 제220조부터 제221조의2까지의 규정을 준용한다. 이 경우 "성폭력 피해자"는 "피해아동"으로 본다.

제254조(응급조치)	① 경찰관은 아동학대범죄 신고를 접수한 즉시 현장에 출동하여 피해아동의 보호를 위하여 필요한 경우 「아동학대범죄의 처벌 등에 관한 특례법」 제12조의 규정에 따라 다음 각 호의 응급조치를 하여야 한다. 이 경우 제3호의 조치를 하는 때에는 피해아동의 의사를 존중하여야 한다. 1. 아동학대범죄 행위의 제지 2. 아동학대행위자를 피해아동으로부터 격리 3. 피해아동을 아동학대 관련 보호시설로 인도 4. 긴급치료가 필요한 피해아동을 의료기관으로 인도 ② 전항의 응급조치를 취한 경찰관은 즉시 별지 제190호의2 서식의 응급조치 결과보고서와 별지 제226호 서식의 아동학대 현장조사 체크리스트 및 별지 제227호 서식의 축약형 학대위험도 평가척도를 작성하여 사건기록에 편철하여야 한다.
제255조(긴급임시조치)	① 사법경찰관은 응급조치에도 불구하고 아동학대범죄가 재발될 우려가 있고, 긴급을 요하여 법원의 임시조치 결정을 받을 수 없을 때에는 직권 또는 피해아동·그 법정대리인·변호사 또는 아동보호전문기관의 장의 신청에 따라 제256조 제1항 제1호부터 제3호까지의 조치를 할 수 있다. ② 사법경찰관은 제1항에 따라 긴급임시조치를 한 경우에는 즉시 별지 제192호의4 서식의 긴급임시조치결정서를 작성하여야 한다. ③ 긴급임시조치 한 경우에는 아동학대 행위자에게 긴급임시조치의 내용 등을 알려주고, 별지 제207호의2 서식의 긴급임시조치통보서를 작성하여 교부하여야 한다. 다만, 아동학대행위자가 통보서 교부를 거부하는 때에는 사법경찰관이 통보일시 및 장소란에 그 사유를 적고 기명날인 또는 서명하여 편철하여야 한다.
제255조의2(응급조치 · 긴급임시조치 후 임시조치)	① 사법경찰관이 제254조 제1항 제2호부터 제4호까지의 응급조치를 하였거나 아동보호전문기관의 장으로부터 응급조치결정 통지를 받거나 제255조의 긴급임시조치를 결정한 경우에는 지체없이 검사에게 임시조치의 청구를 신청하여야 한다. ② 제1항에 따른 임시조치의 신청은 응급조치가 있었던 때로부터 72시간 이내, 긴급임시조치가 있었던 때로부터 48시간 이내에 하되 검사의 청구시한을 고려하여야 한다. 이 경우 응급조치결과보고서 및 긴급임시조치결정서를 첨부하여야 한다. ③ 사법경찰관은 검사가 제1항에 따라 임시조치를 청구하지 않거나 법원이 임시조치의 결정을 하지 않은 때에는 즉시 그 긴급임시조치를 취소하여야 한다. 이 경우 피해아동 및 아동학대행위자에게 구두 등 적절한 방법으로 통지를 하여야 한다.
제256조(임시조치)	① 사법경찰관은 피해아동 또는 가족구성원이 아동학대행위자로부터 신변의 위협을 느끼거나 아동학대행위자에 대하여 임시조치를 원하는 경우에는 별지 제192호의3 서식의 임시조치신청서에 의하여 관할 지방검찰청 또는 지청의 검사에게 다음 각호의 임시조치를 법원에 청구할 것을 신청할 수 있다. 1. 피해아동 또는 가정구성원의 주거로부터 퇴거 등 격리 2. 피해아동 또는 가정구성원의 주거·학교 또는 보호시설 등에서 100미터 이내의 접근 금지

	3. 피해아동 또는 가정구성원에 대한 「전기통신법」 제2조 제1호의 전기통신을 이용한 접근금지
	4. 친권 또는 후견인 권한 행사의 제한 또는 정지
	5. 아동보호전문기관 등에의 상담 및 교육 위탁
	6. 의료기관이나 그 밖의 요양시설에의 위탁
	7. 경찰관서의 유치장 또는 구치소에의 유치
	② 제1항의 임시조치는 병과하여 신청할 수 있다.
	③ 제1항 및 제2항의 경우 피해아동·그 법정대리인·변호사 또는 아동보호전문기관의 장은 사법경찰관에게 제1항 및 제2항의 규정에 의한 임시조치의 신청을 요청하거나 이에 관하여 의견을 진술할 수 있다.
	④ 전항의 요청을 받은 사법경찰관이 제1항 및 제2항의 임시조치를 신청하지 않는 경우에는 검사에게 그 사유를 보고하여야 한다.
	⑤ 아동학대사건의 임시조치 신청에는 제227조 제5항부터 7항까지의 규정을 준용한다. 이때 임시조치통보서는 별지 제229호의2 서식을 사용한다.
제257조(아동학대행위자에 대한 조사)	① 경찰관은 아동학대행위자를 신문하는 경우 「아동학대범죄의 처벌 등에 관한 특례법」에 따른 임시조치·보호처분·보호명령·임시보호명령 등의 처분을 받은 사실의 유무와, 그러한 처분을 받은 사실이 있다면 그 처분의 내용, 처분을 한 법원 및 처분일자를 확인하여야 한다.
	② 경찰관은 피해아동을 조사하고 아동학대행위자를 신문한 이후 별지 제228호 서식의 학대행위자 및 피해아동 위험도 평가척도를 작성하여 사건기록에 편철하여야 한다.
제258조(아동보호사건 송치)	① 사법경찰관은 아동학대범죄를 신속히 수사하여 사건을 검사에게 송치하여야 한다.
	② 사법경찰관은 아동학대사건 송치시 사건의 성질·동기 및 결과, 아동학대행위자와 피해아동과의 관계, 아동학대행위자의 성행 및 개선가능성 등을 고려하여 「아동학대 범죄의 처벌 등에 관한 특례법」의 아동보호사건으로 처리함이 상당한지 여부에 관한 의견을 제시할 수 있다.
	③ 제2항에 따라 아동보호사건 송치시 송치서 죄명란에는 해당 죄명을 기재하고 비고란에 '아동보호사건'이라고 표시한다.
제259조(동행영장의 집행)	① 경찰관은 「아동학대범죄의 처벌 등에 관한 특례법」 제44조 및 「가정폭력범죄의 처벌 등에 관한 특례법」 제27조제1항의 규정에 따른 법원의 요청이 있는 경우 동행영장을 집행하여야 한다.
	② 아동보호사건에서의 동행영장 집행에는 제229조 제2항부터 제5항까지의 규정을 준용한다.
제260조(보호처분결정의 집행)	경찰관은 「아동학대범죄의 처벌 등에 관한 특례법」 제19조, 제36조, 제47조, 제52조의 규정에 따른 법원의 요청이 있는 경우에는 보호처분의 결정을 집행하여야 한다.
제261조(증거보전의 특례)	아동보호사건에서 증거보전의 특례에 관하여는 제223조의 규정을 준용한다. 이 경우 "성폭력 피해자"는 "피해아동"으로 본다.

8. 검사의 사법경찰관리에 대한 수사지휘 및 사법경찰관리의 수사준칙에 관한 규정

(1) 출석요구와 조사

제19조 (출석요구)	① 사법경찰관이 피의자 또는 참고인에게 출석을 요구할 때에는 별지 제4호서식 또는 별지 제5호서식에 따른 출석요구서를 발부하여야 한다. 이 경우 출석요구서에는 출석요구의 취지를 명백하게 적어야 한다. ② 사법경찰관은 신속한 출석요구 등을 위하여 필요할 때에는 전화, 팩스, 그 밖의 상당한 방법으로 출석을 요구할 수 있다. ③ 사법경찰관은 출석요구서를 발부하였을 때에는 그 사본을 수사기록에 첨부하여야 하며, 출석요구서 외의 방법으로 출석을 요구하였을 때에는 그 취지를 적은 수사보고서를 수사기록에 첨부하여야 한다. ④ 피의자나 참고인이 출석하였을 때에는 지체 없이 진술을 들어야 하며, 오랫동안 기다리게 하는 일이 없도록 하여야 한다. ⑤ 외국인을 조사할 때에는 국제법과 국제조약에 위배되는 일이 없도록 유의하여야 한다.
제24조 (참고인의 진술)	① 사법경찰관리가 참고인의 진술을 들을 때에는 법 제317조에 따라 증거로 사용될 수 있도록 그 진술의 임의성을 보장하여야 하며, 조금이라도 진술을 강요하는 일이 있어서는 아니 된다. ② 참고인의 진술은 별지 제12호서식 또는 별지 제13호서식에 따른 진술조서에 적어야 하며, 별지 제8호서식 또는 별지 제9호서식에 따른 조서 끝 부분에 참고인으로부터 기명날인 또는 서명을 받아야 한다. ③ 진술사항이 복잡하거나 참고인이 서면진술을 원할 때에는 진술서를 작성하여 제출하게 할 수 있다. ④ 제3항의 경우에는 가능하면 자필로 작성할 것을 권고하여야 하며 수사담당 사법경찰관리가 대필(代筆)하지 아니하도록 한다.
제27조 (임상의 조사)	사법경찰관이 치료 중인 피의자나 참고인이 있는 곳에서 임상신문(臨床訊問)할 때에는 상대방의 건강상태를 충분히 고려하여야 하며, 수사에 중대한 지장이 없으면 가족, 의사, 그 밖의 적당한 사람을 참여시켜야 한다.
제28조 (수사과정 의 기록)	① 법 제244조의4에 따라 사법경찰관은 피의자나 참고인을 조사하면서 별지 제16호서식의 수사과정 확인서에 수사과정을 기록하고, 확인서를 조서의 끝 부분에 편철하여 조서와 함께 간인(間印)함으로써 조서의 일부로 하거나, 별도의 서면으로 기록에 편철하여야 한다. ② 수사과정을 기록할 때에는 조사장소에 도착한 시각, 조사의 시작 및 종료 시각 등을 적고, 조사장소에 도착한 시각과 조사를 시작한 시각에 상당한 시간적 차이가 있으면 그 구체적인 이유 등을 적으며, 조사가 중단되었다가 재개되면 그 이유와 중단 시각 및 재개 시각 등을 구체적으로 적는 등 조사과정의 진행 경과를 확인하기 위하여 필요한 사항을 적어야 한다.

(2) 증거의 확보

제42조(증거 보전의 신청)	사법경찰관은 미리 증거를 보전하지 아니하면 그 증거를 사용하기 곤란한 사정이 있을 때에는 그 사유를 소명하여 검사에게 별지 제37호서식에 따라 증거보전 청구를 신청하여야 한다.

제43조 (실황조사)	① 사법경찰관은 수사상 필요하다고 인정되면 범죄 현장이나 그 밖의 장소에 가서 실황을 조사하여야 한다. ② 제1항에 따른 조사를 할 때에는 별지 제38호서식의 실황조사서를 작성하여야 한다.
제44조(압수조서 등)	① 사법경찰관은 증거물 또는 몰수할 물건을 압수하였을 때에는 별지 제39호서식의 압수조서와 별지 제40호서식의 압수목록을 작성하여야 한다. ② 압수조서에는 압수경위를, 압수목록에는 물건의 특징을 각각 구체적으로 적어야 한다. ③ 제1항의 경우에는 피의자신문조서, 진술조서, 검증조서 또는 실황조사서에 압수의 취지를 적어 압수조서를 갈음할 수 있다.
제45조(증거물 등의 보전)	① 사법경찰관리는 혈흔, 지문, 발자국, 그 밖에 멸실할 염려가 있는 증거물은 특히 보전에 유의하여야 하며, 별지 제41호서식의 검증조서 또는 다른 조서에 그 성질·형상을 상세히 적거나 사진을 촬영하여야 한다. ② 시체 해부 또는 증거물이 훼손되거나 형상이 변경될 우려가 있는 검증이나 감정을 위촉할 때에는 제1항에 준하여 변경 전의 형상을 알 수 있도록 특히 유의하여야 한다.
제46조(압수물의 보관 등)	① 사법경찰관리는 압수물을 다른 사람에게 보관시킬 때에는 보관자를 주의 깊게 선정하여 성실하게 보관하도록 하고 별지 제42호서식의 압수물건 보관 서약서를 받아야 한다. ② 압수물을 법 제130조제2항에 따라 폐기할 때에는 별지 제43호서식의 폐기조서를 작성하고 사진을 촬영하여 수사기록에 첨부하여야 한다. ③ 압수물에는 사건명, 피의자의 성명, 압수목록에 적은 순위·번호를 기입한 표찰을 견고하게 붙여야 한다. ④ 압수물의 환부·가환부 또는 압수장물의 피해자 환부에 관하여 검사의 지휘가 있을 때에는 법 제135조에 규정된 자에게 지체 없이 통지를 한 후 신속히 환부하여야 한다. ⑤ 압수물이 유가증권일 때에는 지체 없이 별지 제44호서식의 유가증권 원형보존 지휘 건의서를 검사에게 제출하여 원형보존 여부에 관한 검사의 지휘를 받아야 하며, 원형을 보존할 필요가 없다는 내용의 검사 지휘가 있으면 지체 없이 환전(換錢)하여 보관하여야 한다.
제47조(압수물의 폐기)	사법경찰관은 법 제130조제2항에 따라 위험발생의 염려가 있는 압수물을 폐기하기 위하여 검사의 지휘를 받을 때에는 검사에게 별지 제45호서식의 압수물 폐기처분 지휘 건의서를 제출하여 지휘를 받아야 한다.
제48조(압수물의 환부 및 가환부)	사법경찰관은 압수물에 관하여 소유자, 소지자, 보관자 또는 제출자로부터 환부 또는 가환부의 청구를 받으면 지체 없이 별지 제46호서식의 압수물 환부 지휘 건의서 또는 별지 제47호서식의 압수물 가환부 지휘 건의서를 검사에게 제출하여 지휘를 받아야 한다.
제49조(긴급통신제한조치 통보서 제출)	제49조(긴급통신제한조치 통보서 제출) 사법경찰관은 「통신비밀보호법」 제8조제5항에 따라 긴급통신제한조치가 단시간 내에 종료되어 법원의 허가를 받을 필요가 없을 때에는 지체 없이 별지 제48호서식의 긴급통신제한조치 통보서를 작성하여 관할 지방검찰청 검사장 또는 지청장에게 제출하여야 한다.
제50조(통신제한조치 등 집행사실 통지)	사법경찰관은 「통신비밀보호법」 제9조의2제6항(같은 법 제13조의3제2항에 따라 준용되는 경우를 포함한다)에 따라 우편물의 검열, 전기통신의 감청 등 통신제한조치를 집행한 사실 또는 통신사실확인자료를 제공받은 사실과 집행·제공 요청기관 및 그 기간 등을 별지 제49호서식 또는 별지 제50호서식에 따라 그 통지대상자에게 통지하여야 한다.

(3) 소년사건, 가정폭력사건 등에 대한 특칙

제59조 (소년사건 수사의 기본원칙)	소년사건을 수사할 때에는 보호처분 또는 형사처분에 대한 특별한 심리자료를 제공하기 위한 것이라는 점에 유의하여야 하며, 소년의 건전한 성장을 도우려는 자세로 수사하여야 한다.
제60조 (소년의 특성 고려)	소년사건을 수사할 때에는 소년의 특성에 비추어 되도록 다른 사람의 이목을 끌지 아니하는 조용한 장소에서 온정과 이해를 가지고 부드러운 어조로 조사하여야 하며, 그 소년의 심정을 충분히 배려하여야 한다.
제61조(범죄의 원인 등과 환경조사)	① 소년사건을 수사할 때에는 범죄의 원인 및 동기와 그 소년의 성격·행실·태도·경력·교육정도·가정상황·교우관계와 그 밖의 환경 등을 상세히 조사하여 별지 제55호서식의 소년환경 조사서를 작성하여야 한다. ② 소년의 심신에 이상이 있다고 인정될 때에는 지체 없이 의사로 하여금 진단하게 하여야 한다.
제62조(구속에 관한 주의)	소년에 대해서는 되도록 구속을 피하여야 하며, 부득이 구속하거나 동행할 때에는 그 시기와 방법에 관하여 특히 주의를 하여야 한다.
제63조(보도상의 주의)	소년 범죄에 대해서는 「소년법」의 취지에 따라 신속히 처리하여야 하며, 소년의 주거·성명·나이·직업·용모 등에 의하여 본인을 알 수 있는 정도의 사실이나 사진이 보도되지 아니하도록 특히 주의하여야 한다.
제64조(학생 범죄)	소년이 아니더라도 학생의 범죄사건에 관하여는 제59조부터 제63조까지의 규정을 준용한다.
제65조(여성 범죄)	피의자가 여자일 때에는 제60조와 제62조를 준용한다.
제66조(가정폭력범죄 수사 시 유의사항)	가정폭력범죄를 수사할 때에는 보호처분 또는 형사처분의 심리를 위한 특별자료를 제공하기 위한 것이라는 점에 유의하여야 하며, 가정폭력범죄로 파괴된 가정의 평화와 안정을 회복하고 건강한 가정의 육성을 도우려는 자세로 수사하여야 한다.
제67조(가정환경 조사서 의 작성)	가정폭력범죄를 수사할 때에는 범죄의 원인 및 동기와 행위자의 성격·행실·태도·경력·교육정도·가정상황과 그 밖의 환경 등을 상세히 조사하여 별지 제56호서식의 가정환경 조사서를 작성하여야 한다.
제68조(가정폭력범죄에 관한 응급조치)	사법경찰관리가 「가정폭력범죄의 처벌 등에 관한 특례법」 제5조에 따라 응급조치를 하였을 때에는 별지 제57호서식의 응급조치 보고서에 가정폭력 행위자의 성명, 주소, 생년월일, 직업, 피해자와의 관계, 범죄사실의 요지, 가정상황, 피해자와 신고자의 성명, 응급조치의 내용 등을 상세히 적은 후 사건기록에 편철하여야 한다.
제69조(가정폭력범죄에 관한 임시조치 등)	① 사법경찰관은 제68조에 따른 응급조치에도 불구하고 가정폭력범죄가 재발될 우려가 있다고 인정할 때에는 「가정폭력범죄의 처벌 등에 관한 특례법」 제8조제1항에 따라 검사에게 같은 법 제29조제1항제1호, 제2호 또는 제3호의 임시조치를 법원에 청구할 것을 신청할 수 있다. 이 경우 신청은 별지 제58호서식의 임시조치 신청서에 따른다. ② 사법경찰관은 가정폭력 행위자가 제1항에 따른 임시조치를 위반하여 가정폭력범

	죄가 재발될 우려가 있다고 인정할 때에는 「가정폭력범죄의 처벌 등에 관한 특례법」제8조제2항에 따라 검사에게 같은 법 제29조제1항제5호의 임시조치를 법원에 청구할 것을 신청할 수 있다. 이 경우 신청은 별지 제58호서식의 임시조치 신청서에 따른다. ③ 사법경찰관리는 제1항 또는 제2항의 신청을 하였을 때에는 별지 제59호서식의 임시조치 신청부에 정해진 사항을 적어야 한다. ④ 사법경찰관리가 임시조치의 결정을 집행하였을 때에는 집행일시 및 집행방법을 적은 서면을 사건기록에 편철하여야 한다. ⑤ 임시조치 결정에 대하여 항고가 제기되어 법원으로부터 수사기록 등본의 제출을 요구받았을 때에는 사법경찰관리는 항고심 재판에 필요한 범위에서 수사기록 등본을 관할 검찰청으로 보내야 한다. ⑥ 사법경찰관이 「가정폭력범죄의 처벌 등에 관한 특례법」제8조의2제1항에 따라 같은 법 제29조제1항제1호부터 제3호까지의 어느 하나에 해당하는 조치(이하 "긴급임시조치"라 한다)를 한 때에는 별지 제60호서식의 긴급임시조치결정서를 작성한 후 사건기록에 편철하여야 한다. ⑦ 사법경찰관이 「가정폭력범죄의 처벌 등에 관한 특례법」제8조의3제1항 전단에 따라 검사에게 임시조치에 관한 신청을 하는 때에는 제1항부터 제5항까지의 규정을 준용한다.
제70조(동행 영장의 집행)	① 사법경찰관리는 「가정폭력범죄의 처벌 등에 관한 특례법」제27조제1항에 따른 법원의 요청이 있으면 동행영장을 집행하여야 한다. ② 동행영장을 집행할 때에는 동행할 사람에게 동행영장을 제시하고 신속히 지정된 장소로 동행하여야 한다. ③ 동행영장을 소지하지 아니한 경우 긴급한 경우에는 동행할 사람에게 범죄사실과 동행영장이 발부되었음을 고지하고 집행할 수 있다. 이 경우 집행을 마친 후 신속히 동행영장을 제시하여야 한다. ④ 동행영장을 집행하였을 때에는 동행영장에 집행일시와 장소를, 집행할 수 없을 때에는 그 사유를 각각 적고 서명날인하여야 한다.
제71조(보호처분 결정의 집행)	사법경찰관리는 「가정폭력범죄의 처벌 등에 관한 특례법」제43조제1항에 따른 법원의 요청이 있을 때에는 보호처분의 결정을 집행하여야 한다.

(4) 마약류범죄 관련 보전절차 등

제72조(마약류범죄 수사 관련 입국상륙 절차 특례 등의 신청)	① 사법경찰관이 「마약류 불법거래 방지에 관한 특례법」제3조제5항 또는 제4조제3항에 따라 검사에게 입국·상륙 절차의 특례, 체류 부적당 통보, 반출·반입의 특례 등을 신청할 때에는 별지 제61호서식부터 별지 제63호서식까지의 입국·상륙 절차 특례 신청서, 체류 부적당 통보 신청서, 세관절차 특례 신청서 등을 제출하여야 한다. ② 사법경찰관이 제1항에 따라 신청을 하였을 때에는 별지 제64호서식의 특례조치 등 신청부를 작성하고, 필요한 사항을 적어야 한다.
제73조(마약류범죄 수사 관련 몰수부대보전	① 사법경찰관이 「마약류 불법거래 방지에 관한 특례법」제34조제1항에 따라 검사에게 몰수·부대보전을 신청할 때에는 별지 제65호서식의 몰수·부대보전 신청서를 제출하여야 한다.

| 신청) | ② 사법경찰관이 제1항에 따라 신청을 하였을 때에는 별지 제66호서식의 몰수·부대보전 신청부를 작성하고, 필요한 사항을 적어야 한다. |

(5) 수사지휘

① 수사에 관한 보고

| 제74조(수사 개시 보고) | 사법경찰관은 다음 각 호의 어느 하나에 해당하는 범죄의 혐의가 있다고 인식하는 때에는 즉시 수사를 개시하고 관할 지방검찰청 검사장 또는 지청장에게 보고하여야 한다.
1. 내란의 죄
2. 외환(外患)의 죄
3. 국기(國旗)에 관한 죄
4. 국교(國交)에 관한 죄
5. 공안을 해하는 죄. 다만, 공무원자격의 사칭죄는 제외한다.
6. 폭발물에 관한 죄
7. 살인의 죄
8. 13세 미만 아동 또는 장애인에 대한 성폭력범죄
9. 「국가보안법」을 위반한 범죄
10. 각종 선거법을 위반한 범죄
11. 공무원에 관한 죄(국회의원 및 지방의회의원, 4급 또는 4급 상당 이상 공무원의 범죄 및 기관장인 5급 또는 5급 상당 이하 공무원의 직무와 관련된 범죄에 한한다.)
12. 피해 규모, 광역성, 연쇄성, 수법 등에 비추어 사회의 이목을 끌만한 범죄
13. 검찰총장 승인을 얻어 지방검찰청 검사장 또는 지청장이 지정한 범죄 |
| 제75조(범죄통계원표) | 사법경찰관은 형사사법정보시스템을 이용해 사건마다 범죄통계원표를 작성하여 검찰총장이나 관할 지방검찰청 검사장 또는 지청장에게 제출하여야 한다. |

② 수사지휘의 이행

제76조(중요 범죄의 입건)	사법경찰관은 대공(對共)·선거(정당 관련 범죄를 포함한다)·노동·집단행동·출입국·테러 및 이에 준하는 공안 관련 범죄에 대하여 수사를 개시한 때에는 검사에게 지휘를 건의하고 입건 여부에 대한 검사의 의견에 따라야 한다.
제77조(송치 전 지휘 등)	① 사법경찰관은 다음 각 호의 어느 하나에 해당하는 범죄에 대해서는 사건 송치 전에 검사의 구체적 지휘를 받아야 한다. 1. 제76조에 따라 입건 지휘를 받은 사건 2. 「폭력행위 등 처벌에 관한 법률」 제4조 또는 제5조 및 그 미수범으로 입건한 사건 3. 사건관계인의 이의 제기 등의 사유로 사건관계인의 인권 보호, 수사의 투명성을 위해 사건 송치 전에 지휘가 필요하다고 인정되는 사건 ② 검사가 송치의견에 대하여 지휘할 때에는 법률 적용 및 증거 판단 등에 대한 의견을 지휘서에 적어야 한다.
제78조(송치 지휘 등)	① 검사는 사법경찰관리가 수사를 진행하고 있는 사건에 대하여 수사절차상 이의가 제기되거나 동일한 사건이나 관련된 사건을 2개 이상의 기관에서 수사하는 경우 등 수사과정에서 사건관계인의 인권이 침해될 우려가 현저하여 검사가 직접 수사할 필요가

	있다고 인정되는 경우에는 즉시 사법경찰관에게 사건을 송치하도록 지휘할 수 있다. ② 사법경찰관은 제1항에 따라 지휘를 받은 때에는 즉시 수사를 중단하고 검찰에 사건을 송치하여야 한다.
제79조(송치 이후 보완 지휘)	① 사법경찰관은 사건을 송치한 후 검사로부터 보완수사 지휘를 받은 때에는 지휘 내용을 이행하고, 그 결과를 검사에게 보고하여야 한다. ② 제1항의 경우 사법경찰관리는 사건관계인을 소환하거나 조사할 때 검사로부터 보완수사를 지휘받았다는 사실을 고지하여야 한다.
제80조(검사 수사사건 지휘)	① 사법경찰관리가 검사로부터 검사가 접수한 사건에 대하여 수사할 것을 지휘받은 때에는 신속히 수사한 후 사건 송치 전에 검사의 구체적 지휘를 받아야 한다. ② 사법경찰관리가 제1항에 따른 지휘를 받아 고소인, 피의자 등 사건관계인을 소환하거나 조사할 때에는 그 취지를 고지하여야 한다.

③ 사건 송치

제81조(사건 송치)	사법경찰관이 사건을 입건하여 수사를 종결하였을 때에는 이를 모두 관할 지방검찰청 검사장 또는 지청장에게 송치하여야 한다.
제82조(송치 서류)	① 사건을 송치할 때에는 수사 서류에 별지 제67호서식부터 별지 제71호서식까지의 사건송치서, 압수물 총목록, 기록목록, 의견서와 범죄경력 조회 회보서, 수사경력 조회 회보서 등 필요한 서류를 첨부하여야 한다. 다만, 「형의 실효 등에 관한 법률」 제5조 제1항제2호에 해당하는 경우로서 피의자가 그 신원을 증명하는 자료를 제시하지 아니하거나 제시하지 못하는 경우, 피의자가 제시한 자료에 의하여 피의자의 신원을 확인하기 어려운 경우 또는 수사상 특히 필요하다고 인정하여 피의자의 동의를 얻은 경우에 해당하지 아니하는 피의자에 대하여 다음 각 호의 어느 하나의 의견으로 송치할 때에는 범죄경력 조회 회보서 및 수사경력 조회 회보서를 첨부하지 아니할 수 있다. 　1. 혐의없음 　2. 공소권없음 　3. 죄가안됨 　4. 각하(却下) 　5. 참고인중지 ② 사건 송치 전에 범죄경력 조회 회보 및 수사경력 조회 회보를 받지 못하였을 때에는 사건송치서(비고란)에 그 사유를 적고, 송치 후에 범죄경력 및 수사경력을 발견하였을 때에는 즉시 주조사사에게 보고하여야 한다. ③ 송치 서류는 다음 순서에 따라 편철하여야 한다. 　1. 사건송치서 　2. 압수물 총목록 　3. 법 제198조제3항에 따라 작성된 서류 또는 물건 전부를 적은 기록목록 　4. 의견서 　5. 그 밖의 서류 ④ 제3항제2호부터 제4호까지의 서류에는 송치인이 직접 간인을 하여야 한다. ⑤ 제3항제4호의 서류에는 각 장마다 면수를 기입하되, 1장으로 이루어진 경우에는 "1"로 표시하고, 2장 이상으로 이루어진 경우에는 "1-1", "1-2", "1-3" 등으로 표시하여야 한다. ⑥ 제3항제5호의 서류는 접수하거나 작성한 순서에 따라 편철하고, 각 장마다 면수를 표시하되, "2"부터 시작하여 순서대로 매겨야 한다. ⑦ 사법경찰관이 다음 각 호의 어느 하나에 해당하는 귀중품을 송치할 때에는 감정서 3

	부를 첨부하여야 한다. 1. 통화·외국환 및 유가증권에 준하는 증서 2. 귀금속류 및 귀금속제품 3. 문화재 및 고가예술품 4. 그 밖에 검사 또는 법원이 특수압수물로 분류지정하거나 고가품 또는 중요한 물건으로서 특수압수물로 인정하는 물건 ⑧ 통신제한조치를 집행한 사건의 송치 시에는 수사기록표지 증거품 란에 "통신제한조치"라고 표기하고 통신제한조치 집행으로 취득한 물건은 담당 사법경찰관리가 직접 압수물 송치에 준하여 송치하여야 한다. ⑨ 사건 송치 전 수사진행 단계에서 구속영장, 압수·수색·검증영장, 통신제한조치 허가를 신청하거나 신병지휘 건의 등을 하는 경우에 영장신청 서류 또는 신병지휘 건의 서류 등에 관하여는 제3항부터 제6항까지의 규정을 준용한다.
제83조(송치인 및 의견서 작성인)	① 제81조에 따라 사건을 송치할 때에는 소속 관서의 장인 사법경찰관의 명의로 하여야 한다. 다만, 소속 관서의 장이 사법경찰관이 아닐 때에는 수사 주무부서의 장인 사법경찰관의 명의로 하여야 한다. ② 제82조제1항의 의견서는 사법경찰관이 작성하여야 한다.
제84조(영상녹화물의 송치)	① 사법경찰관은 영상녹화를 실시하였을 때에는 사건 송치 시 봉인된 영상녹화물을 기록과 함께 송치하여야 한다. ② 영상녹화물 송치 시 사법경찰관은 송치서 표지 비고란에 영상녹화물의 종류와 개수를 표시하여야 한다.
제85조 (추송)	사법경찰관이 사건 송치 후에 다시 서류 또는 물건을 추송할 때에는 앞서 송치한 사건명, 그 연월일, 피의자의 성명과 추송하는 서류 및 증거물 등을 적은 별지 제72호서식의 추송서를 첨부하여야 한다.
제86조 (송치 후의 수사 등)	① 사법경찰관리는 사건을 송치한 후에 수사를 계속하려면 미리 주조사사의 지휘를 받아야 한다. ② 사법경찰관리는 사건을 송치한 후에 해당 사건 피의자의 다른 범죄를 발견하였을 때에는 즉시 주조사사에게 보고하고 지휘를 받아야 한다. ③ 사법경찰관이 고소·고발사건을 기소·기소중지 또는 참고인중지의 의견으로 송치한 후에 관할 지방검찰청 또는 지청의 사건사무담당직원으로부터 그 사건에 대한 혐의없음·공소권없음·죄가안됨·각하의 처분결과와 함께 피의자에 대한 수사자료표를 폐기하도록 통보받았을 때에는 그 수사자료표가 지체 없이 폐기될 수 있도록 조치하여야 한다.
제87조(소재불명자의 처리)	사법경찰관은 제74조에서 규정한 죄에 해당하는 사건을 송치할 때에는 소재불명 피의자의 지명수배 내용과 사진, 그 밖에 별지 제73호서식의 인상서 등을 첨부하여야 한다.
제88조(참고인 등의 소재수사)	① 사법경찰관이 참고인중지 의견으로 사건을 송치할 때에는 별지 제74호서식의 참고인 등 소재수사 지휘부를 작성하고 그 사본 1부를 수사기록에 편철하여야 한다. ② 사법경찰관리는 제1항에 따라 작성된 참고인 등 소재수사 지휘부를 편철하여 관리하고 분기마다 1회 이상 참고인 등에 대한 소재수사를 하여야 한다. 다만, 검사가 송치 의견과 다른 결정을 하였을 때에는 참고인 등 소재수사 지휘부에 그 취지를 적고 소재수사를 하지 아니한다.
제89조(기소	① 사법경찰관은 검사가 피의자 소재불명의 사유로 기소중지한 자를 발견하였을 때에는

중지 또는 참고인중지 처분된 자에 대한 수사)	즉시 수사에 착수하고 별지 제75호서식의 기소중지자 소재발견 보고서를 작성하여 관할 지방검찰청 또는 지청의 검사에게 보고하여야 한다. ② 기소중지가 특정증거의 불명으로 인한 것인 경우에 이를 발견하였을 때 또는 참고인 중지의 경우에 참고인 등을 발견하였을 때에도 제1항과 같다. 다만, 참고인 등의 소재를 발견하였을 때에는 별지 제76호서식에 따른다. ③ 사법경찰관이 제1항의 사유로 수사에 착수하였을 때에는 별지 제77호서식의 피의자 소재발견 처리부에 적어야 한다.

④ 수사관계 서류

제90조 (수사서류의 작성)	수사서류를 작성할 때에는 내용의 정확성과 진술의 임의성을 확보하기 위하여 특히 다음 사항에 유의하여야 한다. 1. 일상용어에 사용하는 쉬운 문구를 사용한다. 2. 복잡한 사항은 항목을 나누어 기술한다. 3. 사투리, 약어, 은어 등은 그 다음에 괄호를 하고 간단한 설명을 붙인다. 4. 외국어 또는 학술용어에는 그 다음에 괄호를 하고 간단한 설명을 붙인다. 5. 지명, 인명 등으로서 혼동할 우려가 있을 때, 그 밖에 특히 필요하다고 인정할 때에는 그 다음에 괄호를 하고 한자 등을 기입하거나 설명을 붙인다. 6. 각 서류마다 작성 연월일을 적고 간인하게 한 후 기명날인 또는 서명하도록 한다.
제91조(형사 사법정보시 스템의 이용)	사법경찰관리는「형사사법절차 전자화 촉진법」제2조제1호에서 정한 형사사법업무와 관련된 문서를 작성할 때에는 형사사법정보시스템을 이용하여야 하며, 작성한 문서는 형사사법정보시스템에 저장·보관하여야 한다. 다만, 형사사법정보시스템을 이용하는 것이 곤란한 다음 각 호의 어느 하나에 해당하는 경우는 예외로 한다. 1. 피의자, 피해자, 참고인 등 사건관계인이 직접 작성하는 문서 2. 형사사법정보시스템에 작성 기능이 구현되어 있지 아니한 문서 3. 형사사법정보시스템을 이용할 수 없는 시간 또는 장소에서 불가피하게 작성해야 하거나 형사사법정보시스템 장애 또는 전산망 오류 등으로 형사사법정보시스템을 이용할 수 없는 상황에서 불가피하게 작성해야 하는 문서
제92조 (외국어로 된 서면)	외국어로 적은 서류가 있을 때에는 번역문을 첨부하여야 한다.
제93조(장부 와 비치서류)	사법경찰 사무를 처리하는 관서에는 다음의 장부 및 서류를 갖추어 두어야 한다. 1. 범죄사건부 2. 압수부 3. 구속영장 신청부 4. 체포영장 신청부 5. 체포·구속영장 집행원부 6. 긴급체포원부 7. 현행범인 체포원부 8. 피의자 소재발견 처리부 9. 압수·수색·검증영장 신청부 10. 출석요구통지부 11. 체포·구속인 접견부

	12. 체포·구속인 교통부 13. 물품차입부 14. 체포·구속인 수진부 15. 체포·구속인명부 16. 수사종결사건철(송치사건철) 17. 변사사건종결철 18. 수사미제사건기록철 19. 통계철 20. 처분결과통지서철 21. 검시조서철 22. 통신제한조치 허가신청부 23. 통신제한조치 집행대장 24. 긴급통신제한조치 대장 25. 긴급통신제한조치 통보서발송부 26. 통신제한조치 집행사실통지부 27. 통신제한조치 집행사실 통지유예 승인신청부 28. 통신사실확인자료 제공요청 허가신청부 29. 긴급통신사실확인자료 제공요청대장 30. 통신사실확인자료 제공요청 집행대장 31. 통신사실확인자료 회신대장 32. 통신사실확인자료 제공요청 집행사실통지부 33. 통신사실확인자료 제공요청 집행사실 통지유예 승인신청부 34. 영상녹화물 관리대장 35. 특례조치 등 신청부 36. 몰수·부대보전 신청부
제94조 (장부와 비치서류의 전자화)	① 제93조 각 호의 장부와 비치서류 중 형사사법정보시스템에 그 작성·저장·관리 기능이 구현되어 있는 것은 전자적으로 관리할 수 있다. ② 제1항의 경우 전자 장부와 전자 비치서류는 종이 장부와 서류의 개별 항목을 포함하여야 한다.
제95조(수사 종결사건철)	수사종결사건철(송치사건철)에는 검사에게 송치한 사건의 기록 목록 및 의견서의 사본을 편철하여야 한다.
제96조(수사 미제사건기 록철)	수사미제사건기록철에는 장차 검거할 가망이 없는 도난이나 그 밖의 피해신고 사건 등의 기록을 편철하여야 한다.
제97조 (통계철)	통계철에는 사법경찰업무에 관한 각종 통계서류를 편철하여야 한다.
제98조(처분 결과통지서 철)	처분결과통지서철에는 검사의 기소·불기소(기소유예·혐의없음·공소권없음·죄가안됨·각하)·기소중지·참고인중지·이송 등 결정 및 각 심급의 재판 결과에 관한 통지서를 편철하여야 한다.
제99조(서류 철의 색인목록)	① 서류철에는 색인목록을 붙여야 한다. ② 서류 편철 후 그 일부를 빼낼 때에는 색인목록 비고란에 그 연월일 및 사유를 적고 담당 사법경찰관이 도장을 찍어야 한다.

제100조(임의 장부 등)	사법경찰관은 필요하다고 인정할 때에는 제10조 및 제93조에서 규정한 장부 및 서류 외에 필요한 장부 또는 서류철을 갖추어 둘 수 있다.
제101조 (장부 등의 갱신)	① 사법경찰사무에 관한 장부 및 서류철은 해마다 갱신하여야 한다. 다만, 필요에 따라서는 계속 사용할 수 있다. ② 제1항 단서의 경우에는 그 연도를 구분하는 종이 등을 삽입하여 연도별로 분명히 구분하여야 한다.
제102조(장부 및 서류의 보존기간)	장부 및 서류는 다음 각 호의 기간 동안 보존하여야 한다. 1. 범죄사건부: 25년 2. 압수부: 25년 3. 구속영장 신청부: 2년 4. 체포영장 신청부: 2년 5. 체포·구속영장 집행원부: 2년 6. 긴급체포원부: 2년 7. 현행범인 체포원부: 2년 8. 피의자 소재발견 처리부: 25년 9. 압수·수색·검증영장 신청부: 2년 10. 출석요구통지부: 2년 11. 체포·구속인 접견부: 2년 12. 체포·구속인 교통부: 2년 13. 물품차입부: 2년 14. 체포·구속인 수진부: 2년 15. 체포·구속인명부: 25년 16. 수사종결사건철(송치사건철): 25년 17. 변사사건종결철: 25년 18. 수사미제사건기록철: 25년 19. 통계철: 5년 20. 처분결과통지서철: 2년 21. 검시조서철: 2년 22. 통신제한조치 허가신청부: 3년 23. 통신제한조치 집행대장: 3년 24. 긴급통신제한조치 대장: 3년 25. 긴급통신제한조치 통보서발송부: 3년 26. 통신제한조치 집행사실통지부: 3년 27. 통신제한조치 집행사실 통지유예 승인신청부: 3년 28. 통신사실확인자료 제공요청 허가신청부: 3년 29. 긴급통신사실확인자료 제공요청대장: 3년 30. 통신사실확인자료 제공요청 집행대장: 3년 31. 통신사실확인자료 회신대장: 3년 32. 통신사실확인자료 제공요청 집행사실통지부: 3년 33. 통신사실확인자료 제공요청 집행사실 통지유예 승인신청부: 3년 34. 영상녹화물 관리대장: 25년 35. 특례조치 등 신청부: 2년 36. 몰수·부대보전 신청부: 10년

| 제103조(보 존기간의 기산 등) | ① 제102조의 보존기간은 사건처리를 완결하거나 최종 절차를 마친 다음 해 1월 1일부터 기산(起算)한다. |
| | ② 보존기간이 지난 장부 및 서류철은 폐기목록을 작성한 후 폐기하여야 한다. |

찾아보기

[ㄱ]

각막혼탁	226
감별 수사	161
감정유치	100
강력범죄 수사	335
강력순간접착제법	258
거짓말 탐지기	271
고무감식법	287
고발	50
고소	44
고소불가분의 원칙	48
고체법(분말법)	257
공무원범죄	440
공소제기후의 수사	119
공조수사	179
과학수사	215
관계자 지문	238
구속	73
궁상문	240
기소유예	117
기소중지	118
기술감식	222
기체법	257
기초수사	158
긴급배치	155
긴급사건수배	314
긴급체포	67

[ㄴ]

내단	246
내사	27

[ㄷ]

다중범죄에 관한 특칙	494
대인범죄수사	335

도박 사건 수사	460
독극물	276

[ㄹ]

라이브스캐너	323

[ㅁ]

마약류 감정	279
마약류 사건 수사	449
모발 검사방법	264
문서감정	282
미행 · 잠복감시	173

[ㅂ]

배임 사건 수사	431
범죄감식	222
범죄징표	8
범죄첩보	34
범죄통계	309
법물리학	281
법의 곤충학	291
법의 혈청학	262
법최면수사	285
변사자 검시	38
변태문	241
변호인 참여제도	187
보석자 등의 관찰	495
불기소처분	117
불심검문	43

[ㅅ]

사건송치서	197
사건수배	314
사기사건 수사	429
사법검시	40

사이버범죄 수사	467
사진촬영	223
사체현상	226
살인사건 수사	336
생활경제사범 수사	476
석고채취법	260
선면수사	160
성문감정	284
성폭력범사건 수사	346
성폭력사건에 관한 특칙	488
소년 사건에 관한 특칙	487
소변 검사방법	264
소지품 검사	44
손상사	231
수법수사	341
수법원지	165
수법조회	178
수사 수단	10
수사 자료	15
수사구조	17
수사권 조정	25
수사기관	18
수사본부의 운영	123
수사선	9
수사와 언론	132
수사의 개시	34
수사의 과정	16
수사의 기본이념	17
수사의 단서	37
수사의 대상	4
수사의 원칙	17
수사의 조건	5
수사종결	117
수사종합검색시스템	165, 178
수표·어음 사건 수사	436
슈퍼임포우즈 감정법	287
시체얼룩	226
신용카드범죄 수사	470
신원확인조회	323
신체검사	99
실질적 의의의 수사	3
심야조사	187
십지지문 분류표	239

[ㅇ]

아미도 블랙	258
알리바이 수사	171
압수물의 처리	94
액체법	257
약취·유인 사건 수사	372
역지문	238
영장에 의한 체포	63
오스믹산 기법	258
옥도가스 기법	257
와상문	241
외단	248
우범자	306
위조·변조 사건 수사	432
유령회사 관련 수사	440
유류지문	238
유류품 수사	429
유전자 감식	266
의약품 감정	275
익사	231
인권보장	120
인영감정	283

[ㅈ]

자료감식	222
자수	53
잠재지문 채취방법	257
장물수배	320
장물수사	341
저체온사	234

전자수사자료표시스템 322
전화·문서 협박수사 426
절도사건 수사 443
정상지문 256
정액 검사방법 263
제상문 240
조사 요령 186
조회제도 321
족흔적 감식 259
종적수사 10
준현장 지문 238
준현행범인 71
중독사 234
중성자방사화분석법 286
증거물 채취 요령 287
지능범죄 사건 수사 428
지명수배 314
지명통보 314
지문감식 237
지문자동검색시스템 165
지적재산권침해사범 수사 472
진공금속지문채취법 258
질식사 229

[ㅊ]
참고인중지 118
체내검사 99
초동 수사 149
총창사 232
추적선 244
치기사범 수사 446

[ㅌ]
타관송치 118
탐문수사 159
통신수사 102

[ㅍ]
폭력범죄 수사 399
풍속영업사범수사 462
피의자 신문요령 189
피의자 유치 293
피해자중심수사 338
피해통보표 165
피해품중심수사 158

[ㅎ]
행정검시 40
현장감식 224
현장관찰 337
현장중심수사 338
현장지문 238
현재지문 재취 방법 256
현행범인의 체포 70
혈흔예비시험 262
형사사법정보시스템 323
형식적 의의 수사 4
호송 302
호송관 303
호송책임 303
화이트칼라범죄 441
화재 사건 수사 342
화학적 감정 273
환경범죄 수사 478
활력반응 228
횡령사건 수사 430
횡적수사 10

[영문]
CCTV 영상판독 SYSTEM 330
Criminal Profiling 287
DNA 분석 266
POLIVIEW 258
SPR 258

저자 프로필 *profile*

유재두

숭실대학교 법과대학 법학과 졸업
동국대학교 일반대학원 경찰행정학과 석사졸업(경찰학 석사)
동국대학교 일반대학원 경찰행정학과 박사졸업(경찰학 박사)
현 목원대학교 사회과학대학 경찰법학과 교수

박원배

동국대학교 경찰행정학과 졸업
동국대학교 대학원 석사(경찰학 석사)
동국대학교 대학원 박사(경찰학 박사)

경찰간부후보생 제38기
중앙경찰학교 기율교육대장
중앙경찰학교 실무학과장
경비지도사 출제위원
중앙소방학교 면접위원
청원경찰 출제위원
시민경찰학교 강사
한국공안행정학회, 한국범죄심리학회 이사
현 백석문화대학교 경찰경호학부 교수

김도우

대구대학교 행정대학 경찰행정학 학사
동국대학교 일반대학원 경찰행정학과 (경찰학 석사)
동국대학교 일반대학원 경찰행정학과 (범죄학 박사)

한국형사정책연구원 인턴연구원
(사)목멱사회과학원 연구원
동국대, 한라대, 순천향대, 대구대, 극동대, 동양대 시간강사
한국형사정책연구원 위촉연구원
현 (사)한국피해자지원협회 학술위원
현 (사)한국공안행정학회 이사 겸 편집국장
현 서울시 통학로 학교폭력예방디자인 자문위원
현 경남대학교 경찰학과 교수

박동수

광운대학교 일반대학원 범죄학과 (범죄학 박사)

경찰인재개발원 외래강사
중앙경찰학교 외래강사
전 서남대학교 경찰행정학과 교수
현 선문대학교 법·경찰학과 계약제교수

제3판
범죄수사실무론

초판발행	2017년 2월 17일
제2판발행	2018년 3월 27일
제3판발행	2020년 8월 30일
중판발행	2023년 3월 20일

지은이	유재두·박원배·김도우·박동수
펴낸이	안종만·안상준

편 집	이승현
기획/마케팅	이영조
표지디자인	이미연
제 작	우인도·고철민·조영환

펴낸곳	(주) **박영사**
	서울특별시 금천구 가산디지털2로 53, 210호(가산동, 한라시그마밸리)
	등록 1959. 3. 11. 제300-1959-1호(倫)
전 화	02)733-6771
f a x	02)736-4818
e-mail	pys@pybook.co.kr
homepage	www.pybook.co.kr
ISBN	979-11-303-1120-3 93350

copyright©유재두·박원배·김도우·박동수, 2020, Printed in Korea

정 가   29,000원